# 毛泽东年谱

第五卷

中共中央党史和文献研究院 编

主编 逄先知 冯蕙

副主编 陈晋 李捷 熊华源 吴正裕 张素华

中央文献出版社

参加本卷编写的有：

吴正裕　熊华源　黄允升　刘建平

# 目　　录

# 1953年　六十岁

**1月1日**　为转发萧向荣〔1〕一九五二年十二月三十一日关于各军事部门检讨同苏联顾问关系的综合报告，写批语："这个总结很好，发给军事系统一切有顾问的单位。继续团结所有顾问，认真地向他们学习，永远不要骄傲自满，一定要将苏联的一切先进经验都学到手，改变我军的落后状态，建设我军为世界上第二支最优良的现代化的军队，以利于在将来有把握地战胜帝国主义军队的侵略。凡未送检讨报告者，应迅速送来。嗣后每年检讨二次。一九五三年应于七月间检讨一次。此件并发给政府系统各有顾问的单位以为参考。"

**同日**　审阅彭德怀〔2〕一九五二年十二月三十日关于康藏公路昌都至拉萨段定线问题的报告和西南军区同月二十九日关于康

---

〔1〕　萧向荣，当时任中央军委办公厅主任。1954年10月又任中共中央军委副秘书长。

〔2〕　彭德怀，当时任中共中央政治局委员、西北局第一书记、西北军政委员会（1953年1月27日改为西北行政委员会）主席、中央军委副主席、中国人民解放军西北军区司令员、中国人民志愿军司令员兼政治委员。1954年9月任中共中央军委委员并主持军委日常工作，国务院副总理兼国防部部长、国防委员会副主席。

藏公路定线问题给彭德怀、邓小平[1]的报告。彭德怀的报告说：现对昌都至拉萨段定线问题有两种不同的意见，中央交通部、中财委、西南军区均主张采取南线，西藏军区主张采取中北线。毛泽东批示："周[2]、邓阅，退彭办。采取南线为适宜。"二日，彭德怀致信王首道[3]："康藏公路请照毛主席批示决取南线。"

**1月2日** 阅一九五二年十二月二十九日罗瑞卿[4]关于敌人在我企业生产过程中进行破坏情况的报告，批示安子文[5]："这十八件重大事故，应作为审查的根据之一。"

**1月4日** 阅曾山、姚依林[6]一月二日关于国营商业经营不善、积压商品过多、占用大批资金问题的报告，批送周恩来、

---

〔1〕 邓小平，当时任中共中央西南局第一书记、中国人民解放军西南军区政治委员、政务院（1954年9月改为国务院，下同）副总理。1953年9月又兼任财政部部长。1954年4月又任中共中央秘书长、组织部部长，同年9月又任国防委员会副主席。1956年9月又任中共中央总书记。

〔2〕 周，指周恩来，当时任中共中央书记处书记（1956年9月任中央副主席）、政务院总理兼外交部部长、全国政协副主席（1954年12月任主席）。

〔3〕 王首道，当时任中共交通部党组书记、交通部副部长。1954年11月又任国务院第六办公室主任。

〔4〕 罗瑞卿，当时任政务院政务委员、政治法律委员会副主任、公安部部长，中国人民解放军公安部队（1955年7月改称公安军）司令员兼政治委员。1954年11月又任国务院第一办公室主任。

〔5〕 安子文，当时任中共中央组织部副部长、中央纪律检查委员会副书记、人事部部长。

〔6〕 曾山，当时任政务院政务委员兼财政经济委员会副主任、商业部部长、华东行政委员会副主席兼财政经济委员会主任。1954年9月、11月先后任商业部部长、国务院第五办公室副主任。姚依林，当时任商业部副部长。

朱德[1]、彭德怀、彭真、高岗[2]、邓小平、陈云、薄一波[3]、曾山："我认为曾山、姚依林二同志在这封信上所提出的意见是正确的。这个问题牵涉很广，牵涉到一切商品的生产和消费，须要做出一个正确的决定，然后动员全党协力执行决定，才能使我们的商业工作克服目前极大的盲目性和被动状态，而走上正轨。提议在商业厅长会议后由中财委为党中央起草一个商业工作的指示或决定，并在中央会议上讨论一次。"

**1月5日** 中共中央发出《关于反对官僚主义、反对命令主义、反对违法乱纪的指示》[4]。这个指示是毛泽东一九五二年十二月二十五日起草的。指示指出："中央收到山东分局纪律检查

〔1〕 朱德，当时任中共中央书记处书记（1956年9月任副主席）、中央纪律检查委员会书记（至1955年3月）、中央人民政府副主席（至1954年9月）、中央军委副主席（至1954年9月）。1954年9月又先后任中华人民共和国副主席、国防委员会副主席。

〔2〕 彭真，当时任中共中央书记处候补书记、中央组织部部长（1956年9月任政治局委员、书记处书记）、北京市委书记、北京市市长、政务院政治法律委员会副主任（至1954年9月）。1954年9月、12月又先后任全国人大常委会副委员长兼秘书长、全国政协副主席。高岗，当时任中共中央政治局委员、东北局第一书记、中央人民政府副主席、国家计划委员会主席、中央军委副主席、东北人民政府主席、中国人民解放军东北军区司令员兼政治委员。1953年，高岗、饶漱石进行反党分裂活动。1954年8月高岗在北京自杀身亡。

〔3〕 陈云，当时任中共中央书记处书记（1956年9月任副主席）、政务院副总理兼政务院财政经济委员会主任（1954年9月任国务院副总理）、中华全国总工会主席。1956年11月又任商业部部长。薄一波，当时任中共中央华北局第一书记、政务院财政经济委员会副主任兼财政部部长、中国人民解放军华北军区政治委员。1954年11月任国务院第三办公室主任、国家建设委员会主任。1956年5月、9月、11月又先后任国家经济委员会主任、中共中央政治局候补委员、国务院副总理。

〔4〕 反对官僚主义、反对命令主义、反对违法乱纪，当时称为"新三反"。

委员会一九五二年十一月十七日《关于反对官僚主义、反对命令主义、反对违法乱纪的意见的报告》，现转发你们（原文一万八千字，现压缩为六千字）。中央认为山东分局这样集中地暴露党政组织中极端严重地危害人民群众的很多坏人坏事并提出了解决问题的意见，是很好的，是完全必要的。”“我党在‘三反’中基本上解决了中央、大行政区、省市和专区四级许多工作人员中的贪污和浪费两个问题，也基本上解决了许多领导者和被领导的机关人员相脱离的这一部分官僚主义的问题，但对于不了解人民群众的痛苦，不了解离开自己工作机关稍为远一点的下情，不了解县、区、乡三级干部中存在着许多命令主义和违法乱纪的坏人坏事，或者虽然对于这些坏人坏事有一些了解，但是熟视无睹，不引起义愤，不感觉问题的严重，因而不采取积极办法去支持好人，惩治坏人，发扬好事，消灭坏事，这样一方面的官僚主义，则在许多地区、许多方面和许多部门，还是基本上没有解决。即如处理人民来信一事，据报，山东省政府就积压了七万多件没有处理，省以下各级党政组织积压了多少人民来信，则我们还不知道，可以想像是不少的。”“官僚主义和命令主义在我们的党和政府，不但在目前是一个大问题，就是在一个很长的时期内还将是一个大问题。就其社会根源来说，这是反动统治阶级对待人民的反动作风（反人民的作风，国民党的作风）的残余在我们党和政府内的反映的问题。就我们党政组织的领导任务和领导方法来说，这是交代工作任务与交代政策界限、交代工作作风没有联系在一起的问题，即没有和工作任务一道，同时将政策界限和工作作风反复地指示给中下级干部的问题。这是对各级干部特别是对县、区、乡三级干部没有审查，或者审查工作做得不好的问题。这是对县、区、乡三级尚未开展整党工作，尚未在整党中开展反命令主义和清除违法乱纪分子的斗争的问题。这是在我们专区以上的高级机关工作人员中至今还存在着不了解和不关心人民群众的痛苦，不了解和不关心基层组织情况这样一种官僚主义，尚未向它开展斗争和加以肃清的问题。”“请你们仿照山东办法在一九五三年结合整党建党及其他工作，从处理人民来信入手，检查一次官僚主义、命令主义和违法乱纪分子的情况，并向他们展开坚决的斗争。”“凡典型的官僚主义、命令主义和违法乱纪的事例，应在报纸上广为揭发。其违法情形严重者必须给以法律的制裁，如是党员必须执行党纪。”“山东文件中全部精神贯注在揭发坏人坏事，这样做是必要的，这样才可以唤起全党同志的注意。但在开展反坏人坏事的广泛斗争达到了一个适当阶段的时候，就应将各地典型的好人好事加以调查分析和表扬，使全党都向这些好的典型看齐，发扬正气，压倒邪气。”

**同日** 下午，在中南海颐年堂主持召开中共中央书记处扩大会议，朱德、周恩来、陈云、彭真、高岗、彭德怀、邓小平、陈毅〔1〕、薄一波、习仲勋〔2〕、安子文、罗瑞卿、杨尚昆、陈伯

〔1〕陈毅，当时任中共中央华东局第二书记（至1954年11月）、上海市委第一书记（至1954年10月）、上海市市长、中国人民解放军华东军区司令员。1954年9月又任国务院副总理、国防委员会副主席。1956年9月又任中共中央政治局委员。

〔2〕习仲勋，当时任中共中央宣传部部长（至1954年7月）、中共中央西北局第二书记、政务院文化教育委员会副主任、西北军政委员会（1953年1月27日改为西北行政委员会）副主席、中国人民解放军西北军区政治委员。1953年9月又任政务院秘书长（1954年9月任国务院秘书长）。

达、胡乔木、李维汉、赖若愚[1]等出席。

**1月6日** 下午，先后同陈正人、黄炎培[2]谈话。晚上，同陈毅谈话。

**1月7日** 签署人民革命军事委员会主席对中国人民解放军总高级步兵学校第一期开学典礼的训词。训词指出："为了保卫祖国免受帝国主义者的侵略，依靠我们过去和较为落后的国内敌人作战的装备和战术是不够的了，我们必须掌握最新的装备和随之而来的最新的战术。""你们应当成为全军在步兵方面掌握现代军事技术的模范和领导者。"

**1月8日** 致信黄炎培："昨谈违法乱纪事项的有关文件，

---

〔1〕 杨尚昆，当时任中共中央副秘书长（1956年9月任中央书记处候补书记）、中央办公厅主任、中央直属机关委员会书记。1955年1月又兼任中央书记处第一办公室主任。陈伯达，当时任中共中央宣传部副部长、中央农村工作部副部长、中国科学院副院长、毛泽东的秘书。1955年1月、6月又先后任中共中央政治研究室主任、中国科学院哲学社会科学部委员。1956年9月又任中共中央政治局候补委员。胡乔木，当时任中共中央宣传部副部长、毛泽东的秘书。1954年4月又任中共中央副秘书长（1956年9月任中央书记处候补书记）。1955年6月又任中国科学院哲学社会科学部委员。李维汉，当时任中共中央统战部部长、全国政协秘书长、政务院秘书长（至1953年9月）兼民族事务委员会主任。1953年9月，又兼任政务院财政经济委员会副主任。1954年9月、11月、12月，又先后任全国人大常委会副委员长、国务院第八办公室主任、全国政协副主席。赖若愚，当时任中华全国总工会主席。1953年5月又任中华全国总工会书记处书记。

〔2〕 陈正人，当时任建筑工程部部长。1955年1月、11月先后任中共中央农村工作部副部长、国务院第七办公室副主任。黄炎培，当时任中央人民政府委员（至1954年9月）、全国政协常委（1954年12月任副主席）、政务院副总理兼轻工业部部长（均至1954年9月）、中国民主建国会中央主任委员。1954年9月又任全国人大常委会副委员长。

兹附上，阅后请予掷还为荷!”随信送去一月五日中共中央《关于反对官僚主义、反对命令主义、反对违法乱纪的指示》和山东分局纪律检查委员会《关于反对官僚主义、反对命令主义、反对违法乱纪的意见的报告》。

**1月9日** 阅安子文一月七日关于检查原察哈尔省〔1〕农村整党工作的报告。报告提出：在第一批农村整党结束后，必须认真地进行总结，教育整党干部，整编整党队伍，并拟定下一批整党计划。凡没有总结或总结得不好的地方，则不准仓促草率地开始第二批整党。毛泽东批示：“同意此件所提意见，即由组织部指导各地组织部照此处理。第一批整党完毕，应有一个停顿时间(例如一个月)，进行总结和布置，然后再开始第二批整党。”并批送周恩来、邓小平、朱德阅，退安子文办。

**1月11日** 下午，在中南海颐年堂召开有十八位党外民主人士参加的座谈会。

**1月13日** 下午三时，在中南海勤政殿主持召开中央人民政府委员会第二十次会议。会议议题为筹备并召开全国人民代表大会及地方各级代表大会问题。周恩来作关于召开全国人民代表大会及地方各级人民代表大会问题的说明。在李济深、章伯钧〔2〕、黄炎培、张治中、傅作义、陈叔通、马叙伦、彭泽民、

---

〔1〕 察哈尔省于1952年撤销，所辖地区分别划归河北、山西两省。

〔2〕 李济深，当时任中央人民政府副主席、全国政协副主席、中国国民党革命委员会中央主席。1954年9月又任全国人大常委会副委员长。章伯钧，当时任中央人民政府委员、全国政协常委(1954年12月任副主席)、交通部部长、中国农工民主党中央主席、中国民主同盟秘书长(1953年6月又任副主席)。

乌兰夫、陈嘉庚、李章达、何香凝[1]等发言后，毛泽东作总结讲话，阐明关于召开全国人民代表大会问题的几点意见。关于现在办全国选举工作的根据问题，他说：根据的一个方面是《共同纲领》的规定。同时考虑的，还有全国政治协商会议还要不要再搞一届，然后召开全国人大。三年来，大陆上的军事行动已经结束了，土地

〔1〕 张治中，当时任中央人民政府委员、全国政协常委、西北军政委员会（1953年1月27日改为西北行政委员会）副主席、中国国民党革命委员会中央常委（1956年3月任副主席）。1954年9月又任全国人大常委会委员、国防委员会副主席。傅作义，当时任中央人民政府委员、全国政协委员（1954年12月任常委）、水利部部长、中国人民解放军蒙绥军区（1954年3月改称内蒙古军区）司令员。1954年9月又任国防委员会副主席。陈叔通，当时任中央人民政府委员、全国政协副主席、中华全国工商业联合会筹备委员会主任委员（1953年11月任中华全国工商业联合会主任委员）。1954年9月又任全国人大常委会副委员长。马叙伦，当时任中央人民政府委员、全国政协常委、政务院政务委员、高等教育部部长、中国民主促进会中央主席、中国民主同盟中央常委（1953年6月任副主席）。1954年9月又任全国人大常委会委员。1955年6月又任中国科学院哲学社会科学部委员。彭泽民，当时任中央人民政府委员、政务院政治法律委员会副主任、中国农工民主党中央副主席兼中央监察委员会主席、中国民主同盟中央常委。1954年9月又任全国人大常委会委员。乌兰夫，当时任中共中央华北局副书记兼蒙绥分局（1954年3月改称内蒙古分局）书记、政务院民族事务委员会副主任委员、内蒙古自治区人民政府主席、绥远军政委员会副主席、绥远省人民政府主席、中国人民解放军蒙绥军区（1954年3月改称内蒙古军区）司令员兼政治委员。1955年7月中共内蒙古分局撤销后任内蒙古自治区委员会书记（1956年7月设立区委员会书记处后任第一书记）。1956年9月又任中共中央政治局候补委员。陈嘉庚，爱国华侨领袖。当时任中央人民政府委员、全国政协常委（1954年12月任副主席）、政务院华侨事务委员会委员。1954年9月又任全国人大常委会委员。1956年10月又任中华全国归国华侨联合会主席。李章达，当时任中央人民政府委员、广东省人民政府副主席兼广州市人民政府副主席、中国国民党革命委员会中央委员、中国民主同盟中央委员。何香凝，当时任中央人民政府委员、中华全国民主妇女联合会名誉主席、政务院华侨事务委员会主任、中国国民党革命委员会中央常委。

改革已经基本完成了，各界人民已经组织起来了，办全国选举工作的条件已经成熟。如果过两年再开一次政治协商会议后召开全国人大也不好办，不如索性就开全国人民代表大会。关于这样做有什么作用的问题，他说：陈叔通委员讲，做了这个工作，可以使人民民主更加发扬。确实如此。为了发扬民主，对政权组织，特别是县、乡两级，来一次全国普选，很有必要。这对促进经济建设，加强经济建设的领导有积极作用。为了发扬民主，为了加强经济建设，为了加强反对帝国主义的斗争，就要办选举，搞宪法。关于这样做有没有可能、有没有困难的问题，他说：困难总是会有的，但是经过我们的努力，训练好干部，安排好工作，是可以克服这些困难的，是可以把选举工作搞好的。关于这样做对有些党派、阶级、团体是不是有利的问题，他说：除了那些反革命分子、不爱国的分子以外，凡是一切爱国者、能够团结的人都应该团结起来，而且永远是这样。在代表名额分配的比例上，我们的重点是照顾多数，同时照顾少数。凡是对人民国家的事业忠诚的，做了工作的，有相当成绩的，对人民态度比较好的各民族、各党派、各阶级的代表性人物都有份。人民代表大会制的政府，仍将是全国各民族、各民主阶级、各民主党派和各人民团体统一战线的政府，它是对全国人民都有利的。在对一些疑问做了解释后，毛泽东强调指出：总之，中心问题还是这样一个：凡是爱国者都会一道进入社会主义，我们没有理由不同他们一道进入社会主义。会议一致通过《关于召开全国人民代表大会及地方各级人民代表大会的决议》，决定成立以毛泽东为主席的中华人民共和国宪法起草委员会，成立以周恩来为主席的中华人民共和国选举法起草委员会。

**同日** 致信刘少奇〔1〕、周恩来、朱德、陈云、高岗、彭德怀、

〔1〕 刘少奇，当时任中共中央书记处书记（1956年9月任中央副主席）、中央军委副主席、中华全国总工会名誉主席。1954年9月又任全国人大常委会委员长。

邓小平、邓子恢、董必武、林伯渠[1]、习仲勋、彭真、薄一波、安子文、陈伯达、胡乔木、杨尚昆："关于领导责任和领导方法问题——领导的集中或分散的问题，在山东表现得颇严重，在向明[2]这个报告[3]中算是解决了。此问题，不但在山东有，在各地也是有的，在中央也是有的。在过去的中央会议上，我曾几次提出过这个问题。向明的报告请你们一看。中央一月五日的指示[4]附后，请少奇、子恢二同志一阅。"

**同日** 审阅修改中共中央关于福建应进行巩固海防工作、但不宜进行战争的紧急动员给华东局并福建省委的复电稿。复电稿提出："在福建工作中，必须具有充分的敌情观念，必须估计到敌人今后对于沿海的骚扰可能更加频繁，也应该估计到敌人登陆作战的可能，因而必须克服麻痹思想，并在实际工作中做好对付敌人的各项准备，使我们立于有备无患的主动地位。"毛泽东在

〔1〕 邓子恢，当时任中共中央农村工作部部长、中南局第二书记（代理第一书记）、国家计划委员会副主席、政务院财政经济委员会副主任、中南行政委员会副主席、中国人民解放军中南军区第二政治委员。1954年9月又任国务院副总理兼第七办公室主任。董必武，当时任中共中央政治局委员、政务院副总理兼政务院政治法律委员会主任。1954年9月又任最高人民法院院长，12月又任全国政协副主席。1955年3月又任中共中央监察委员会书记。林伯渠，当时任中共中央政治局委员、中央人民政府委员兼秘书长（至1954年9月）。1954年9月又任全国人大常委会副委员长。

〔2〕 向明，当时任中共中央山东分局第二书记（代理第一书记）、山东省人民政府副主席、中国人民解放军山东省军区副政治委员。

〔3〕 指向明1953年1月9日给中共中央华东局等并报毛泽东、中央等的报告。报告说：去年十二月十九日至今年一月五日，山东分局召开扩大会议，检查了山东工作中的缺点和错误，研究了改进领导与转变作风的办法。

〔4〕 指中共中央1953年1月5日《关于反对官僚主义、反对命令主义、反对违法乱纪的指示》。

这段话后加写："建筑坚守海岛的坑道工事，建筑某些海岸要地的战术性野战工事及少数几处的一些坑道工事"。

**1月14日** 为转发中南军区党委一月十二日关于海防检查及今后建设意见的综合报告，起草中央军委给华东军区的批语："此件对于你们有参考价值，望加研究仿行，特别是组织考察团和慰劳团甚为重要。"中南军区党委的报告说：去年十月间接到毛主席《关于纠正放松军事教育和纪律废弛现象的指示》后，组织了三个海防检查团对海防和岛屿守备作了一次大检查，发现很多亟待解决的问题。为了解决这些问题，提高守岛部队的斗志和战斗力，加强岛屿守备与海防建设，报告提出了包括组织海防战备工作检查团和海岛守备部队慰问团在内的九条措施。

**同日** 阅中央军委总政治部一月十日关于一年来朝鲜战场上敌军工作的报告。报告说：一九五二年下半年我军曾连续向敌伪军发动了四次政治攻势，以前那种火线上只见敌人传单到处飞，广播、喊话频繁，而我们活动较少的情况已经扭转过来。播音机宣传效果很好，但现有的多属小播音机。二百五十瓦的效力好，可以压倒敌人广播，最为部队欢迎。毛泽东批示："退总政。此件很好。敌军工作必须加强。大中型播音机应多制。"同时批送周恩来、朱德、彭德怀阅。

**1月15日** 关于新税制问题，致信周恩来、邓小平、陈云、薄一波："新税制事，中央既未讨论，对各中央局、分局、省市委亦未下达通知，匆卒发表，毫无准备。此事似已在全国引起波动，不但上海、北京两处而已，究应如何处理，请你们研究告我。此事我看报始知〔1〕，我看了亦不大懂，无怪向明等人不大

〔1〕 1952年12月31日《人民日报》公布了自1953年1月1日起实施的《中央人民政府政务院财政经济委员会关于税制若干修正及实行日期的通告》。

懂。究竟新税制与旧税制比较利害各如何？何以因税制而引起物价如此波动？请令主管机关条举告我。”

**同日**　致信高岗、邓子恢：“一九五三年一月十四日收到的你们关于国家计划委员会去年十二月的工作情况与今年第一季度的初步工作要点的报告，我已看过，认为很好，可即照此进行工作。此件并已送各政治局同志阅看。”报告拟定的第一季度工作主要是：在中财委提出的五年计划轮廓基础上起草五年计划纲要的说明；协同中财委汇总一九五三年的计划；初步建立各局的工作机构，研究工作方法，并进行计划经济的学习。

**1月16日**　在新华社《内部参考》征求意见表上填写意见：“我认为此种内部参考材料甚为有益。凡重要者，应发到有关部门和有关地方的负责同志，引起他们注意。各大区和各省市最好都有此种《内部参考》，收集和刊印本区本省本市的内部参考材料。”

**同日**　晚上，在中南海颐年堂主持召开中共中央政治局扩大会议，刘少奇、朱德、周恩来、陈云、高岗、彭真、董必武、林伯渠、彭德怀、邓小平、邓子恢、习仲勋、薄一波、曾山、聂荣臻、黄克诚、张宗逊〔1〕、罗瑞卿、陈伯达、胡乔木、李维汉、

〔1〕聂荣臻，当时任中共中央华北局第二书记、中国人民解放军华北军区司令员、中央军委代理总参谋长（以上职务分别至1954年8月、1955年4月、1954年10月）。1954年6月、9月先后任中央军委副主席（至同年9月）、国防委员会副主席。1956年4月、11月又先后任国防部航空工业委员会主任、国务院副总理。黄克诚，当时任中央军委第二副总参谋长兼总后勤部部长（1954年10月兼政治委员）。1954年9月、10月又先后任国防部副部长、中共中央军委秘书长。1956年4月、9月又先后任国防部航空工业委员会副主任、中共中央书记处书记。张宗逊，当时任中央军委第四副总参谋长。1955年4月又任中国人民解放军训练总监部副部长。

安子文、赖若愚、邓颖超、胡耀邦[1]出席。

**1月17日** 晚上，同邓子恢谈话。

**1月18日** 晨零时三十分至六时，同刘少奇谈话。

**1月19日** 下午，在中南海颐年堂主持召开中共中央政治局扩大会议，刘少奇、朱德、周恩来、陈云、高岗、彭真、董必武、林伯渠、彭德怀、邓小平、邓子恢、习仲勋、薄一波、罗瑞卿、陈伯达、胡乔木、李维汉、刘澜涛[2]、胡耀邦、赖若愚、安子文、曾山出席。晚上，继续开会，讨论兵工问题。出席人增加聂荣臻、黄克诚、张宗逊、赵尔陆、黄敬、王鹤寿、杨立三[3]。

**1月20日** 晚上，听取刘亚楼[4]汇报志愿军空军入朝作战情况。毛泽东说：加紧战斗锻炼，加紧抗登陆作战准备工作，多多培养有战斗经验的飞行员，注意保存有战斗经验部队的战斗实力和保存战斗英雄。

**1月21日** 阅萧向荣关于中央军委下发秘密文件的保密工作细则的请示报告，批示："周、刘、邓阅，退萧向荣办。同意

---

〔1〕 邓颖超，当时任中共中央妇女工作委员会副书记、中华全国民主妇女联合会副主席。胡耀邦，当时任中国新民主主义青年团中央书记处书记。

〔2〕 刘澜涛，当时任中共中央华北局第三书记、政务院华北行政委员会主席、中国人民解放军华北军区副政治委员（前两职至1954年8月，后一职至1955年4月）。1954年4月又任中共中央副秘书长（至1956年9月）。1955年1月、4月又先后任中共中央书记处第四办公室主任、中央监察委员会副书记。1956年9月又任中共中央书记处候补书记。

〔3〕 赵尔陆，当时任第二机械工业部部长。1956年4月又任国防部航空工业委员会副主任。黄敬，当时任第一机械工业部部长。1956年5月又任国家技术委员会主任。王鹤寿，当时任重工业部部长。1956年5月、8月又先后任冶金工业部部长、国家建设委员会主任。杨立三，当时任中央军委总后勤部副部长。1953年10月任中央军委财务部部长。

〔4〕 刘亚楼，当时任中国人民解放军空军司令员。

这个文件。党、政保密，同样应颁布法令，建立制度。请萧向荣同志将军委保密法令全文抄送邓小平同志研究办理。”

**同日**　阅周恩来一月十七日转来的李克农、甘泗淇、黄远〔1〕关于俘管处工作问题的请示报告，批示：“管理俘虏工作甚为重要，必须加派干部和兵力，并准备对敌空降作战，一个也不能让敌人劫走。如果被劫走了这批俘虏，我们就没有本钱和敌做交换俘虏的谈判了。”并批示萧华〔2〕办理。

**1月22日**　下午，在中南海颐年堂主持召开中共中央政治局扩大会议，讨论李富春提出的关于兵工生产与建设的五年计划。毛泽东作结论时说：大体上通过这个计划。赞成彭德怀的意见，无论朝鲜战争如何，总要搞兵工生产，没有大炮，靠人海战术不行。兵工不能离开一般工业和财政。发挥积极性、挖潜力要按需要与可能，没有销路的产品如麻袋、纸烟等，虽有潜力也不要去挖。刘少奇、朱德、周恩来、陈云、高岗、彭真、彭德怀、邓小平、邓子恢、习仲勋、薄一波、聂荣臻、黄克诚、张宗逊、曾山、赵尔陆、黄敬、王鹤寿、杨立三、萧向荣、陈锡联〔3〕出席会议。

**1月24日**　下午，在中南海颐年堂主持召开中共中央政治局扩大会议，讨论一九五三年财政收支概算问题，中共中央和中央军

〔1〕李克农，当时任外交部副部长、中央军委第五副总参谋长、中央军委总情报部（1953年2月改为中央军委总参谋部情报部）部长、朝鲜停战谈判中国人民志愿军代表团党委书记。甘泗淇，当时任中国人民志愿军副政治委员兼政治部主任。1953年4月任中央军委总政治部副主任。黄远，当时任中央军委总政治部敌军工作部部长。

〔2〕萧华，当时任中央军委总政治部副主任。1954年11月又任中国人民解放军政治学院副院长。

〔3〕陈锡联，当时任中国人民解放军炮兵司令员。1954年11月又任中国人民解放军总军械部部长。

委各部门负责人出席。

**1月25日**　复信谭戒甫[1]："去年十二月三十日惠书收到，备悉教学勤恳，嘉惠后学，极为感谢！"

**1月26日**　晨，批复周恩来："（一）选举法名称及内容均好，即可由小平于二十八日去作报告；（二）各项安排均妥；（三）谈话会待今日下午再定。"

**同日**　阅萧向荣本日关于青藏公路歇武至昌都段选线问题的报告。报告说：经军委例会讨论，青藏公路已确定走南线（在昌都接线），现在的问题是，由歇武至昌都，究应走东线（歇武—玉隆—昌都），还是应走西线（歇武—玉树—昌都）。东线有原路基，工程易，用款少，通车快，但多绕三百余公里；西线为新辟线，工程难，用款多，通车延长时间，但可节省三百余公里的绕道。中央交通部根据西南交通部、西北公路局提议，同意走东线。总参作战部及聂荣臻代总参谋长也同意，嘱送主席批示。毛泽东批示："同意走东线。退萧向荣办。"

**同日**　晚上，在中南海颐年堂主持召开中共中央书记处会议，刘少奇、周恩来、朱德、陈云出席，高岗、邓小平、薄一波、胡乔木列席。

**1月28日**　阅外交部情报司抄送的一则消息，批示："周总理：似不宜再和印度谈此事，除非印度从联合国撤回原提案[2]，方有资格再谈此事。究宜如何，请令外交部研究见告。"这则消息说，印度驻中国大使已受令探听中国政府是否愿意考虑印度提案的一项修正草案。

**1月29日**　下午，在中南海颐年堂主持召开中共中央政治

---

〔1〕 谭戒甫，当时任湖南大学教授。

〔2〕 参见本书第4卷第632页注〔2〕。

局扩大会议，听取刘少奇作关于率领中共中央代表团出席联共（布）十九大情况的报告。周恩来、朱德、陈云、彭真、高岗、董必武、林伯渠、邓小平、邓子恢、饶漱石〔1〕、薄一波、习仲勋、罗瑞卿、胡乔木、陈伯达、刘澜涛、曾山、安子文、杨尚昆、胡耀邦、赖若愚、黄克诚、张宗逊、李维汉、刘晓〔2〕、萧华、凯丰、贾拓夫〔3〕出席会议。

**1月30日**　阅中共最高人民检察署党组一月十四日关于湖南省桃江县在镇反复查中搞刑讯逼供问题和一月十五日关于甘肃省通渭县公安局以非法手段制造冤案问题先后给政法分党组并报中共中央的两个报告。批示："刘、周、邓阅，送交罗瑞卿同志。像湖南桃江县公安局长高富江、甘肃通渭县公安局长苏朋这一类根本不像样子的公安局长，可能还有一些，以前也有湖南邵阳某区乱杀多人、平原内黄公安局长违法乱纪等重大事件发生。请你考虑收集这些生动例证，加上一篇导言，印成一本小册子，发给各省、县公安厅长局长阅读，并于各省召开公安局长会议时当作教材，对全国所有公安局长进行一次教育，使他们具有作为一个公安局长的起码常识，以免再有这样毫无常识的人当公安局长。"

**同日**　晚上，在中南海颐年堂同黄克诚、张宗逊、萧向荣、

---

〔1〕饶漱石，当时任中共中央华东局第一书记、华东行政委员会主席、中国人民解放军华东军区政治委员。1953年4月又任中共中央组织部部长。1953年高岗、饶漱石进行反党分裂活动，1955年3月中国共产党全国代表会议通过决议，开除饶漱石党籍，撤销党内外一切职务。

〔2〕刘晓，当时任中共中央华东局组织部部长、纪律检查委员会书记，中共上海市委第二书记兼市委党校校长。1955年1月任中国驻苏联大使。

〔3〕凯丰，即何凯丰，又名何克全，当时任中共中央宣传部副部长。1953年3月又任中共中央马列学院院长。贾拓夫，当时任政务院财政经济委员会副主任。1953年9月又任国家计划委员会副主席（1954年11月改称副主任）。1954年9月、11月又先后任轻工业部部长、国务院第四办公室主任。

萧华谈话，指示由黄克诚代理彭德怀、聂荣臻主持中央军委的日常工作。

**1月31日** 签署人民革命军事委员会主席给后勤学院的训词。训词指出："对于现代的军队，组织良好的后方勤务工作有极其重大的意义。任何轻视后勤工作、以为后勤工作不是重要的专门的科学、不需要有系统的学习、不需要精通业务的观点是完全错误的。我们必须学习苏联军队完整的后勤工作建设，研究朝鲜战争中后勤工作的状况和经验，以达到我军后勤工作现代化和正规化的目的。"

**同日** 下午，在中南海颐年堂主持召开中共中央书记处会议，刘少奇、周恩来、朱德、陈云、彭真出席，高岗、邓小平、薄一波、李维汉、胡乔木列席。毛泽东在会上说：对资产阶级还有几个问题没有彻底解决：一、税收，二、劳资关系，三、商业调整，四、资金短缺。这些问题都要解决。

**1月** 审阅修改中国红十字会代表团在同前来协商日侨归国问题的日本代表团第一次正式会谈时的谈话草稿。草稿说："我们同情日本人民今天的处境及其为争取独立、民主、和平而奋斗的努力，我们把日本人民看做是自己的朋友。"毛泽东将其中的"我们把日本人民看做是自己的朋友"，改写为："日本人民的这种努力，已有许多事实表现。因此，我们把一切爱好和平的日本人民看做是自己的朋友，把他们和吉田〔1〕政府区别起来。"

**2月1日** 晚上，在中南海颐年堂主持召开中共中央书记处会议，刘少奇、朱德、周恩来、陈云、彭真出席，高岗、邓小平、薄一波、习仲勋、李维汉、胡乔木列席。毛泽东说：不能说"社会经济结构已经大规模地改组"，只是国营的工业、运输业和批发

---

〔1〕 吉田，指吉田茂，当时任日本首相。

商已经改组了，其他并没有改组。农业、手工业、资本主义商业、资本主义工业才刚开始改组，工业方面还远未完成，国营商业零售面逐渐扩大。农民从地主方面拿到土地，从封建所有制变为个人所有制是改组，从个人所有制变为小集体所有制则正在开始。

**2月2日**　为转发新华社一月三十日编印的《内部参考》第二十四期刊载的《河北省农村基层干部违法乱纪情况严重》的报道，批示新华总社："很有用处。请将此稿发给各中央局、分局、省委和市委的同志们阅看，作为参考。并请令知各省市新华分社仿照河北分社的办法，从各省市方面采访此类消息，刊入《内部参考》。河北省委负责同志林铁、薛迅〔1〕等集中地揭露了该省基层组织中发生的许多违法乱纪事件，证明中央一月五日关于反对官僚主义、命令主义和违法乱纪的指示已经引起了他们的注意；但大多数省市还无这样的反映，故请你们注意在各省市采访这同一主题的消息，并将其中最典型的消息通报各中央局、分局、省委和市委，以促起他们的注意。"

**同日**　为转发中共河北省委一月二十四日关于扩军工作情况给华北局的报告，起草中央批语："此件请华东、西南、西北、中南、东北各中央局、各大军区加以注意，以利在本区扩军运动中，纠正偏向，完成任务。"报告说：全省完成扩军任务已有充分把握，但在地区之间发展不平衡。一些落后地区宣传工作与组织工作脱节，普遍发动与个别动员脱节。在宣传中只说大道理，不联系实际，也有的乱讲，甚至错误地宣传三不归（不死不归，不残不归，不打完帝国主义不归），形成对部分军属和新兵的思

〔1〕林铁，当时任中共河北省委书记、河北省人民政府主席（1955年2月改为省长）、河北省政协主席、中国人民解放军河北省军区政治委员。薛迅，当时任中共河北省委副书记、河北省人民政府副主席。

想压力。

**2月3日** 下午，在中南海颐年堂主持召开中共中央政治局会议。会议讨论《全国人民代表大会及地方各级人民代表大会选举法（草案）》、周恩来准备在全国政协一届四次会议上作的政治报告稿。刘少奇、朱德、周恩来、陈云、高岗、彭真、董必武、林伯渠出席会议，邓小平、薄一波、习仲勋、陈伯达、李维汉、胡乔木列席会议。

**2月3日或4日** 审阅修改周恩来准备在全国政协一届四次会议上作的政治报告稿。在报告稿中谈到我们之所以能够获得这样的大成就的原因这一段话中的“它使广大人民群众能够发挥自己的劳动积极性和创造性”之后，加写：“是由于我国各民族、各民主阶级、各民主党派、各人民团体以及一切爱国民主分子和海外华侨在中国共产党的领导之下，形成了伟大的人民民主统一战线。”

**2月4日** 阅新华社二月二日编印的《内部参考》第二十六期刊载的《安东县〔1〕干部中一件严重违法乱纪案长期未处理》一文，该文反映安东县区村干部违法乱纪、刑讯逼供造成错案。毛泽东批示胡乔木：“此件应在《人民日报》发表，请酌办。”六日，《人民日报》报道了这起严重违法乱纪案件。

**同日** 阅罗瑞卿、萧华二月二日关于一九五二年十一、十二两月的综合报告，批示聂荣臻、黄克诚：“为了防御台匪空军向上海一带的可能的攻击，上海空军及防空两方面均须提高警惕，加紧整顿，准备随时可以对敌作战，确保上海一带的安全。为此请与空司、防司〔2〕筹商应敌计划告我为盼。”九日，审阅萧向荣六日关于加强上海防空问题给毛泽东的报告，批示：“同意这个

---

〔1〕 安东县，今辽宁东沟县。

〔2〕 空司、防司，中国人民解放军空军司令部、防空军司令部的简称。

部署。高射炮弹药问题[1]，请周总理注意。彭、周、朱、刘、黄克诚阅，退萧向荣。”

**同日**　下午三时半，在中南海怀仁堂主持召开全国政协一届四次会议。周恩来作政治报告，陈叔通作全国政协常务委员会会务报告，郭沫若[2]作关于世界人民和平大会的经过和成就的报告[3]。

**同日**　晚上，同安子文、胡乔木谈话。

**2月5日**　下午，在中南海颐年堂主持召开中共中央政治局扩大会议，讨论一九五三年国家财政预算。刘少奇、朱德、周恩来、陈云、高岗、彭真、董必武、林伯渠、邓小平、薄一波、习仲勋、曾山、陈伯达、黄克诚、罗瑞卿、张宗逊、刘澜涛、杨尚昆、贾拓夫、安子文、胡乔木、赖若愚、胡耀邦出席会议。

**2月6日**　下午三时，出席在中南海怀仁堂举行的一届全国政协常务委员会第四十六次会议。会议通过《关于政治报告的决议（草案）》、《关于常务委员会会务报告的决议（草案）》、《关于支持世界人民和平大会各项要求的决议（草案）》、《致中国人民志愿军电稿》。

**同日**　晚上，审阅修改安子文准备二月七日在全国政协一届四次会议上的发言稿，给发言稿加标题《我们必须在全国范围内

〔1〕萧向荣在1953年2月6日的报告中提出防空部队的目前困难是高射炮的弹药太少。

〔2〕郭沫若，当时任中央人民政府委员（至1954年9月）、全国政协副主席、政务院副总理兼政务院文化教育委员会主任（至1954年9月）、中国科学院院长、中华全国文学艺术界联合会主席。1954年9月又任全国人大常委会副委员长。1955年6月又任中国科学院哲学社会科学部主任。

〔3〕以宋庆龄为团长、郭沫若为副团长的中国代表团出席了1952年12月12日至19日在奥地利首都维也纳举行的世界人民和平大会。

和各级机关中开展反对官僚主义、反对命令主义和反对违法乱纪的坚决斗争》，并在稿中加写："我所说的上级领导机关，是指党和政府的中央一级机关、大区一级机关、省（市）一级机关、专区一级机关和县级机关，这五级机关内都有不少的官僚主义，它们只注重布置工作，不注重检查工作。有些领导机关则有强迫命令的作风，甚至包藏有违法乱纪分子。"晚十时，批示李维汉："此件请即付印，在七日大会上散发，使出席者和列席者每人得到一份，并准备安子文同志出席讲话。修改处请饬一专人加以校对，不要错误。"七日上午九时，批示李维汉、徐冰〔1〕："今天下午三时有安子文批评官僚主义的报告，请通知中央一级（党政军及各民主党派、人民团体）部长、副部长等干部一律参加，非病不许缺席。"

**2月7日** 关于修改和公开发表一九五三年国家预算的报告，批示薄一波："请在你的报告内学苏联办法将各类具体数字加进去〔2〕，并准备公开发表。"同日，嘱机要秘书打电话给高岗、陈伯达、胡乔木：明日中午薄一波有一个一九五三年预算报告送给你们，请认真阅改两遍，并于晚上带到会场。

**同日** 下午，出席全国政协一届四次会议闭幕会议。在祝贺会议的成功之后，发表三点意见。第一，要加强抗美援朝的斗争。由于美帝国主义坚持扣留中朝战俘，破坏停战谈判，并且妄图扩大侵朝战争，所以，抗美援朝的斗争必须继续加强。我们是要和平的，但是，只要美帝国主义一天不放弃它那种横蛮无理的

---

〔1〕 徐冰，当时任中共中央统战部副部长、人事部副部长、全国政协副秘书长（1954年12月任秘书长）。

〔2〕 1953年2月6日胡乔木写报告给毛泽东，说苏联和东欧各国每年预算的绝对数字（包括收支总数字和分类数字）也都是公开的，与资本主义国家并无不同。

要求和扩大侵略的阴谋，中国人民的决心就是只有同朝鲜人民一起，一直战斗下去。这不是因为我们好战，我们愿意立即停战，剩下的问题待将来去解决。但美帝国主义不愿意这样做，那么好吧，就打下去，美帝国主义愿意打多少年，我们也就准备跟它打多少年，一直打到美帝国主义愿意罢手的时候为止，一直打到中朝人民完全胜利的时候为止。第二，要学习苏联。我们要进行伟大的国家建设，我们面前的工作是艰苦的，我们的经验是不够的，因此，要认真学习苏联的先进经验。我们不仅要学习马克思、恩格斯、列宁、斯大林的理论，而且要学习苏联先进的科学技术。第三，要在我们各级领导机关和领导干部中反对官僚主义。现在在不少基层组织和基层干部中存在着很严重的命令主义和违法乱纪的现象，这种现象的发生和滋长，是与领导机关和领导干部的官僚主义分不开的。即以中央一级机关来说，许多部门中的许多领导干部，还仅仅满足于坐在机关中写决议，发指示，只注意布置工作，而不注意深入下层去了解情况和检查工作，使自己的领导常常脱离群众和脱离实际，以致在工作中发生了不少的严重问题。我们要进行大规模的国家建设，就必须克服官僚主义，密切联系人民群众。中央和地方各级领导干部都应该经常地深入下层，检查工作。如果领导机关和领导干部克服了官僚主义，下面那些命令主义和违法乱纪的坏现象，也一定会得到克服的。这些毛病都去掉了，我们的国家计划建设就一定会成功，人民民主制度就一定会发展，帝国主义的阴谋就一定会失败，我们就一定能够取得完全的胜利！会议通过《关于政治报告的决议》、《关于常务委员会会务报告的决议》、《关于支持世界人民和平大会各项要求的决议》等文件。

**2月8日**　晨，阅周恩来二月七日关于座谈一九五三年国家财政收支概算表等问题的来信后批示："周总理：概算表可在今晚你们宴会[1]后约九至十时找少数人一谈，如可能也谈一下报告书[2]。下午三至五时，我已应黄炎培、陈叔通、李烛尘、盛丕华[3]四人之约谈一下公债问题，他们要求谈一下，好像很迫切。”

**同日** 下午，同黄炎培、陈叔通、李烛尘、盛丕华谈发行公债问题。

**同日** 晚上，在中南海颐年堂主持召开中共中央书记处会议，讨论薄一波《关于一九五二年国家预算执行情况及一九五三年国家预算编成的报告（草案）》，刘少奇、朱德、周恩来、陈云、彭真出席，高岗、邓小平、薄一波、陈伯达、习仲勋、胡乔木列席。

**2月9日** 为转发安子文关于目前整党建党情况的报告，起草中共中央批语：“中央批准安子文同志一九五三年二月七日关于目前整党建党情况向中央所作的报告，并将这个报告发给各中央局、分局、省市委遵照执行。中央认为报告中所提各项意见和办法是正确的。”安子文的报告提出今后仍必须加强党的工作薄弱地方的建党工作。报告在讲到农村整党工作中存在的问题时说，主要是有些地方没有很好地贯彻党的政策，在反对党员剥削

---

〔1〕 指周恩来定于1953年2月8日下午举行的欢迎苏联新任驻中国大使潘友新的酒会。

〔2〕 指薄一波准备向中央人民政府委员会作的关于1952年国家预算执行情况及1953年国家预算的报告稿。

〔3〕 李烛尘，当时任中央人民政府委员、华北行政委员会副主席、中华全国工商业联合会筹备委员会副主任委员（1953年11月任中华全国工商业联合会副主任委员）、天津市工商联主任委员、中国民主建国会中央副主任委员。盛丕华，当时任全国政协常委、华东行政委员会副主席兼上海市副市长、中华全国工商业联合会筹备委员会副主任委员（1953年11月任中华全国工商业联合会副主任委员）、中国民主建国会中央副主任委员。

行为中有“左”的偏向，组织互助合作中有急躁情绪和形式主义的偏向，在对党员的审查与处理中有畸轻畸重的现象，拟在第二批整党中注意纠正。

**同日** 审阅修改薄一波《关于一九五二年国家预算执行情况及一九五三年国家预算编成的报告（草稿）》，作多处修改，主要加写两段话：（一）“这个新阶段是以过去三年恢复阶段中所获成绩为基础的。过去三年我们国家和人民的艰苦奋斗和一致团结，使得我们解决了恢复经济这个严重的问题。我们的国家已比国家初建时的那种残破不全的情况完全不同了，我们的经济一般已经恢复到过去最高年产量的水平，其中大多数项目则已超过了这一个水平，有些并已超过得很大。这样就给了我们以开始进行第一个五年经济建设计划的可能，就给第一个五年计划奠定了基础。一九五三年是第一个五年经济建设计划的第一年。”（二）“个人所得税是一切财政制度上了轨道的国家都实行的，这不但是为了国家的收入，而且是为了养成国民对于国家事业的关心的一种物质的表现。”〔1〕并批示：“表和报告印发给明天到会各人，请他们带回去研究，提出修改意见，写在便条上，于十一日带来。”

**同日** 下午三时，出席在中南海怀仁堂举行的一届全国政协常务委员会第四十七次会议。在会上就国家预算问题讲话，指出：要重点开支，以顾全大局，可缓办者缓办。这就要说服我们的同志们，一定要重点建设，平均摊派是不行的。只要把大的搞起来，天下样子就变了。预算有三道防线，第一道防线是增加收入，但必须是在发展生产的基础之上。第二道防线是减少支出，估计有很大一部分是支不出的。这个预算还是不准确的，还是要变的，收入要变多，支出要变少，基础是巩固的，不怕。第三道

〔1〕这段话在《关于1953年国家预算的报告》发表时删去。

防线是发票子，在万不得已时就发票子。全国完全统一，即统收统支，这是很大的进步，过去是办不到的。

**2月10日** 同意以毛泽东名义向驻旅顺口地区苏军部队赠送锦旗。锦旗的题词是："伟大的苏中两国人民及其武装力量的亲密团结是远东及世界和平的可靠保障。"二十二日下午，周恩来在庆祝苏联建军三十五周年、慰问驻旅顺口地区苏军部队大会上，代表毛泽东将锦旗赠送苏军指挥官。

**2月11日** 就揭露美方破坏协议、击伤朝中代表团工作人员等问题，致电丁国钰〔1〕并告金日成、彭德怀〔2〕，指出：二月九日二十一时来电和二月八日二十三时半简报及附件均悉。同意来电所作的估计。关于处理方面，你们所提的办法是可以采取的，但在精神上，应首先揭发对方，予以打击，并争取主动。因此，在联络官会议上，你们应指出对方有意破坏协议、轰炸扫射我方代表团车辆，并击伤代表团工作人员三人，对方对这一事件至今未作任何交代，反来要求我方提供对方清楚地知道的材料，明明是有意刁难，企图寻找借口，推卸责任。对方必须立即承认事实，并作出明确的交代，其任何借口、拖延均不能卸脱或掩盖这一责任。上述精神，你们可在会议中引申事实，予以发挥。此次联络官会议可由朱然、柴成文〔3〕两同志出面，以便进行斗争，同时注意在新闻上予以配合。

**同日** 晚上，在中南海颐年堂召集刘少奇、薄一波、陈伯达、胡乔木开会。

---

〔1〕 丁国钰，当时任朝鲜停战谈判中共中国人民志愿军代表团工作委员会书记。

〔2〕 这个电报由有关部门起草，毛泽东审定后发出。

〔3〕 朱然，当时任朝鲜停战谈判朝中代表团首席联络官。柴成文，当时任朝鲜停战谈判朝中代表团联络官和中国人民志愿军代表团秘书长。

**2月12日** 下午三时，在中南海勤政殿主持召开中央人民政府委员会第二十三次会议。会议听取并讨论薄一波作的《关于一九五三年国家预算的报告》，通过《一九五三年国家财政收支预算》。毛泽东作总结讲话，他说：这个预算报告准备发表，让全国人民都知道，大家来讨论。过去我们有些东西不发表不好，不仅人民不知道，干部也不知道。现在我们走上轨道了，要发表。这个预算就是建筑在这样的信心上：我们现在是一边打仗、一边建设，而且是越打越有劲，越打使得建设越有劲，越建设使得打仗越有劲，不怕什么帝国主义。在谈到反官僚主义问题时说：首先就是整我们的中央机关，这一级整好了，底下就好整了。今年要切实整一下，中央人民政府各部门，不管是财经、文教、政法，都要检查一次。着重整官僚主义犯得严重的部门。在谈到华侨问题时说：华侨对祖国是有帮助的。华侨的帮助，不在出多少钱、投多少资，而是整个华侨（有一千一百万华侨散布在世界各国）的绝大多数是拥护人民政府的，只有少数人是站在台湾方面。这是一个最大的帮助。再就是侨汇很大，现在超过过去很多，每年一亿五千万美金，这也是一个帮助。

**2月13日** 将薄一波《关于一九五三年国家预算的报告》批给胡乔木："请与齐燕铭〔1〕联系，看是否有修改意见，收集起来，于明日（十四日）加以修改，送我一阅，准备于十五或十六日发表。请通知人民日报写一社论。"十四日，在胡乔木修改稿上又作修改，其中加写："公债一方面是人民的储蓄，一方面又是人民对国家关心的一种表现，它是爱国主义的。"十八日，这个报告在《人民日报》发表。

---

〔1〕 齐燕铭，当时任中央人民政府办公厅主任、政务院副秘书长。1954年9月、11月先后任国务院副秘书长、总理办公室主任。

**同日**　为转发陈毅关于华东军区开展反官僚主义斗争的意见[1]给唐亮[2]并报毛泽东、中共中央、军委总政治部的电报，起草中央军委给陈毅并华东军区党委，并告各大军区、志司和军委各部门的批语："（一）二月十一日陈毅同志给唐亮同志的电报收悉。我们同意这些意见。（二）请各大军区及军委各部门立即注意反官僚主义的问题，其办法就是经常不断地派有威信的负责人员下去检查工作，对严重的官僚主义与违法乱纪的干部展开批判和斗争，最典型者予以惩处。望对此事加以讨论，并作布置。"

**同日**　阅安子文二月十二日关于中国人民银行总行工作中存在的问题给毛泽东并中共中央的报告，写批语："刘、周、朱、高、小平、邓子恢、薄一波、曾山、贾拓夫、彭真、习仲勋、罗瑞卿、胡乔木各同志阅，退安子文。政府大多数部门的主要缺点是缺乏思想和政治领导，有些部门达到了惊人的程度。这种情况必须改变。中央将在今年对各部逐一加以检讨。请安子文同志领导政府党委抓住几个部门先作检讨。"

**2月14日**　为转发罗瑞卿二月十日关于在公安系统开展反官僚主义、反命令主义、反违法乱纪斗争的报告，起草中共中央给各中央局、分局并转各省市委、各公安机关，并告中央人民政府各党组的批语："中央认为在公安系统内按照中央一月五日指示，有计划地开展反官僚主义、反命令主义、反违法乱纪的斗争

---

〔1〕陈毅在电报中提出：脱离中心工作任务去孤立地空反官僚主义，达不到深入实际的目的。目前反官僚主义、反违法乱纪等正是要大做才对。军区党委每一个月只要能比较彻底地检查三四个部门，彻底痛打一番官僚主义，对全盘工作即可推动，并不需要把一切工作停下来专搞"新三反"。

〔2〕唐亮，当时任中国人民解放军华东军区政治部主任。

是完全必要的，中央批准罗瑞卿同志二月十日的报告，并将此报告转给你们，望督促公安机关按照报告所述方针和步骤妥善实施之。”报告说：镇反运动的伟大胜利，也掩盖着我们工作上和组织上不少严重的缺点和错误，也的确出现过和存在着不少坏人坏事，存在着严重的违法乱纪现象。在农村区乡公安人员中则存在着严重的强迫命令作风。这些严重情况之所以能够存在和发展，并长期得不到纠正，主要原因是各级公安领导机关有严重的官僚主义，放松了政治领导、思想领导和组织工作，不深入基层，不了解情况。因此，在公安系统内开展一个反对官僚主义、反对命令主义、反对违法乱纪的斗争十分必要。

**同日**　审阅赖传珠、徐立清二月十日关于军队实施军衔制度问题的请示报告，批示：“照办。退赖、徐。刘、周、朱、高、黄克诚阅。”中国人民解放军后来于一九五五年九月开始实行军衔制度。

**同日**　晚上，在中南海颐年堂召集刘少奇、朱德、周恩来、高岗、彭真、邓小平、薄一波、陈伯达、安子文、胡乔木开会。

**2月15日**　晨，乘专列离开北京外出视察。罗瑞卿、杨尚昆、杨奇清、武竞天〔1〕等随行。

**同日**　到达河北保定。在专列上听取马国瑞〔2〕汇报河北省工作。随后，到达石家庄、邢台。在专列上听取中共石家庄市委书记齐一丁、市长康修民汇报石家庄市工作，并为华北军区烈士陵园题词“为国牺牲，永垂不朽”。又在专列上听取邢台县长张玉美汇报全县农业互助合作发展情况和两个村的具体情况。得知

---

〔1〕 杨奇清，当时任中南军政委员会政治法律委员会副主任兼公安部部长、最高人民检察署中南分署检察长。1954年9月任公安部副部长。武竞天，当时任铁道部副部长。

〔2〕 马国瑞，当时任中共河北省委第二书记兼省委党校校长、河北省政协副主席（1955年11月任主席）、中国人民解放军河北省军区副政治委员。

东川口村在一九五二年建社的当年粮食就增产百分之十二的情况时，说：多数农民是愿意走社会主义道路的，因为这是一条由穷变富的道路，关键是我们领导采取什么态度。这两个村群众办社的热情很高，思想发动工作搞得也不错。晚饭后继续谈话，毛泽东说：看来，农业不先搞机械化，也能实现合作化，中国不一定仿照苏联的做法。邢台是个老区，合作化可以提前。在合作化问题上，一定要本着积极、稳妥、典型引路的方法去办。谈话时，罗瑞卿、杨尚昆、马国瑞参加。

**同日** 为中共中央起草给中央各部委、中央人民政府各党组和各中央局、分局并转各省市委的通知："中央于一九五一年十二月所发关于农业生产互助合作的决议草案，经一年多的实施证明是正确的，应即作为正式决议，将'草案'二字删去。只将该草案第十一条内'并有机器条件'六字改为'和有适当经济条件'八字〔1〕。此决议可即照此印行单行本。"

**同日** 阅薄一波二月十四日关于私营轮船公司合营问题给毛泽东并中共中央的报告，批示："周总理：此件请予处理。可以同意一波意见；但合营是不可免的，应于再贷款一次后，加紧准备合营的条件，主要是干部。"报告说：上海及长江私营轮船公司现有船只九万吨，但大多因机构臃肿、货源缺乏、经营不善而不能维持，要求贷款合营。经中财委研究，认为这些轮船公司应该整理，但不应操之过急，假使我们号召在自愿原则下公私合营，可以肯定大多数私营轮船公司都会来的，而我们在干部和资

〔1〕 中共中央1951年12月15日关于农业生产互助合作的决议草案第11条中这一段话的原文是："国营农场应当推广，以发挥它的示范作用，并给互助组和合作社以技术上的援助和指导。在农民完全同意并有机器条件的地方，亦可试办少数社会主义性质的集体农庄，例如每省有一个至几个，以便取得经验，并为农民示范。"

金方面一时都准备不及，会陷于被动。因此，决定仍采取先贷款，但要派人监督其用款是否适当，过一时期后，再考虑合营。

**2月16日**　上午，乘专列到达郑州。开车后，同在郑州上车的潘复生、王化云[1]谈话，并向王化云了解三门峡水库建成后的使用年限等问题。强调修水库的同时应注意黄河流域水土保持的问题，“要修水库，不要修泥库”。

**同日**　中午，到达许昌。开车后，同在许昌上车的纪登奎[2]谈话。在得知纪登奎文化程度是小学毕业时说：文化高低不在上过大学还是小学，你们知道谭震林、李先念、谭政[3]几个同志吗？他们有的是上过小学，有的没有念过书，现在都很好，主要是靠自己努力学习。像王化云同志，他就钻进去了，就是一个榜样嘛！毛泽东还谈起一九一八年八月第一次从长沙到北京途中的情况，说：我送勤工俭学学生乘火车去北京，路坏了，在许昌候车三天。到了郑州，黄河正在涨水。那时候还是北洋军

---

〔1〕潘复生，当时任中共河南省委第一书记、河南省政协主席、中国人民解放军河南省军区政治委员。王化云，当时任水利部黄河水利委员会主任。

〔2〕纪登奎，当时任中共许昌地委书记。

〔3〕谭震林，当时任中共中央华东局第三书记、华东行政委员会副主席、江苏省人民政府主席、中国人民解放军华东军区副政治委员。1954年4月又任中共中央副秘书长。1955年1月又任中共中央书记处第二办公室（1956年12月撤销）主任。1956年9月任中共中央书记处书记。李先念，当时任中共中央中南局第三副书记、湖北省委书记、中南行政委员会副主席、湖北省人民政府主席。1954年6月任政务院财政经济委员会副主任兼财政部部长，同年9月、11月先后任国务院副总理兼财政部部长、国务院第五办公室主任。1956年9月又任中共中央政治局委员。谭政，当时任中共中央中南局第一副书记、华南分局第三书记、中国人民解放军中南军区第三政治委员。1954年10月、11月先后任解放军总政治部第一副主任、国防部副部长。1955年4月、9月又先后任中共中央监察委员会副书记、解放军监察委员会副书记。1956年9月又任中央书记处书记。

阀统治。现在革命成功了，都归我们管了，事情好办了。比如黄河，过去不归我们管，治黄问题不能解决，现在黄河回到了人民手里，人民就有权利医治它。

**同日** 下午，到达驻马店。晚上，到达汉口。

**2月17日** 上午，听取中共孝感地委书记王良等关于土改后农村状况的汇报，了解农民的情绪和集市上蔬菜、猪肉的行情，下一步人民政府应做的工作和对中央、省委有什么意见。谈话中毛泽东讲到过渡时期问题，说：什么叫过渡时期？过渡时期的步骤是走向社会主义。他扳着指头解释说：类似过桥，走一步算是过渡一年，两步两年，三步三年，六步六年……十年到十五年走完了。请你们把这话传达给县委书记和县长。

**同日** 上午，乘船沿长江支流汉水上行，察看汉水两岸。船到汉阳高公街附近靠岸，登岸上龟山游览。

**同日** 晚上，同李雪峰〔1〕、李先念、刘子厚、王任重〔2〕谈社会主义问题，并了解武汉市工业、手工业和公私合营情况。毛泽东说：有人说“要巩固新民主主义秩序”，还有人主张“四大自由”〔3〕，我看都是不对的。新民主主义是向社会主义过渡的阶

〔1〕 李雪峰，当时任中共中央中南局第二副书记、中南行政委员会副主席（以上两职至1954年11月）。1954年4月又任中共中央副秘书长（至1956年9月）。1955年1月又任中央书记处第三办公室主任（至1956年12月）。1956年1月、9月又先后任中共中央工业交通工作部部长、中央书记处书记。

〔2〕 刘子厚，当时任中共湖北省委第二书记、湖北省人民政府副主席。王任重，当时任中共武汉市委第一书记、武汉市代理市长。1954年5月任中共湖北省委第一书记。1955年2月又任湖北省政协主席。

〔3〕 四大自由，指当时任中共中央中南局第三书记、中南军政委员会副主席的邓子恢20世纪50年代初提出的雇工自由，借贷自由，贸易自由和土地自由经营、自由处理。

段。在这个过渡阶段，要对私人工商业、手工业、农业进行社会主义改造。过渡要有办法，像从汉口到武昌，要坐船一样。国家实现对农业、手工业和私营工商业的社会主义改造，从现在起大约需要三个五年计划的时间，这是和逐步实现国家工业化同时进行的。我们现在家底子很薄弱，钢很少，汽车不能造，飞机一架也造不出来；面粉、纱布的生产，还是私营为主。私人工商业如何转变？资本家转变什么？他们如何生活？其中有些人会和我们一起进到社会主义的。只要不当反革命，就要给工作，就要给饭吃。要团结民主人士，使他们的生活好一点，争取他们和我们一起搞建设。经济基础不强，政治基础也就不强。在谈到农村情况时指出：全国解放后，富农不敢雇工了。即使还没有搞完土地改革的地方，富农实际上也变成富裕中农了。斯大林建议我们在土改中要保留富农，为的是不要影响农业生产。我们发展农业生产并不依靠富农，而是依靠农民的互助合作。

**2月18日** 上午，乘船游览武昌东湖。午饭后，游览蛇山，察看即将建设的武汉长江大桥桥址线，参观张公祠、黄鹤楼。在蛇山上眺望武汉三镇，说：蛇山很美，与龟山隔江相望，更有诗意。

**同日** 晚上，听取中共武汉市委分管工业的负责人和武昌区委书记汇报手工业问题，并了解码头工人情况。

**2月19日** 上午八时，听取汉口一个街道工作情况的汇报。毛泽东说：要把经济核算的原则与政治任务结合起来。国营商业不能单纯追求利润，要关心工人就业问题。在不赔钱的前提下，应当加工、订货、收购。

**同日** 上午十时，约李雪峰、李先念、刘子厚、赵毅敏〔1〕、

〔1〕 赵毅敏，当时任中共中央中南局宣传部部长、中南行政委员会文化教育委员会主任。

王任重谈话。在谈到社会主义改造时说：我爱进步的中国，不爱落后的中国。中国有三个敌人帝国主义、封建主义、官僚资本主义，已经被打倒了，还有民族资产阶级、个体农业和手工业、文盲这三个问题。当然对待这些不能用对待三个敌人的办法。个体农业，要用合作社和国营农场去代替，手工业要用现代工业去代替。手工业目前还要依靠，还要提倡，没有它不行。对民族资产阶级，可以采取赎买的办法。在谈到民族形式问题时说：你们在东湖盖的两座房子，像个乌龟壳，有什么好看？落后的东西都要逐步废除。木船是民族形式，要不要用轮船代替？为什么人民不喜欢旧茅厕，要用抽水马桶？飞机、汽车、坦克哪一样是民族形式？这是说，要提倡进步，反对保守，反对落后。还是大洋房子比小平房好。在谈到反对官僚主义作风时指出：对人要和气，说话要和气。你们有的人，为什么不和气呢？官僚主义作风主要在上边，你们要敢顶、敢抗。对于上边来的错误的东西，要筑坝，要消毒，对于上级布置的工作任务，要分别轻重缓急来执行。

**同日**　上午十一时半，乘海军长江舰，由洛阳舰护航，离开武汉前往南京。在同官兵交谈时说：过去帝国主义侵略中国大都是从海上来的。现在太平洋还不太平。我们应该有一支强大的海军。帝国主义如此欺负我们，我们要争气，要认真对付。我们的海岸线这么长，一定要建设强大的海军。过去我们只有陆军和炮兵，现在我们有坦克了，还有空军，有海军，我们的国防力量一天比一天强大。现在我们的海军还不够强大，我们大家一起努力干。

**同日**　下午，在舰上同林一山〔1〕谈长江的治理与开发问题。在谈话中，提出南方水多，北方水少，能不能从南方借点水给北方，并了解从白龙江、西汉水、汉水、丹江引水的可能性以及相

〔1〕林一山，当时任水利部长江水利委员会主任。

关的问题，指示林一山对汉水引水方案作进一步的研究，并组织人查勘。在晚餐席上说：我在北京很忙乱，出来后空气新鲜，心情愉快，能自由谈问题，自由地了解情况。

**同日**　下午六时，到达黄石港。上岸前往华中钢铁公司视察轧钢厂、化验室、锻造车间和炼铁厂。临别时，对陪同的黄石市负责人说，希望你们把这个厂办大办好。

**2月20日**　晨，乘长江舰到达江西九江。听取杨尚奎、史辛铭〔1〕关于江西省和九江地区情况的汇报。

**同日**　中午，换乘洛阳舰，由长江舰护航。在向洛阳舰副政治委员了解干部战士政治思想和学习情况时说，要首先注意政治教育，提高同志们的政治热情。我们一定要把我国一万八千多公里的海岸线筑成海上长城和海上铁路。在了解官兵中工农成分与知识分子的比例时说：应该好好团结。今后就更好了，工农分子知识化，知识分子工农化，知识分子和工农分子的界限，慢慢地就消失了。过去在陆地上，我们爱山、爱土；现在你们是海军，就应该爱舰、爱岛、爱海洋。

**同日**　下午，听取林一山关于长江流域规划有关问题的汇报。毛泽东说要驯服这条大江一定要认真研究，这是一个科学问题，并对长江水利委员会组织力量系统地整理了长江历年的水文资料给予赞扬。他一面听汇报，一面看《长江流域水利资源综合利用规划草图》上计划修建的干支流的一系列梯级水库，问道：修这许多水库都加起来，你看能不能抵上三峡一个水库？在得知“抵不上”后，说：那为什么不在这个总口子上卡起来，毕其功

〔1〕　杨尚奎，当时任中共江西省委书记（1956年7月设省委书记处后任第一书记）。1955年1月又任江西省政协主席。史辛铭，当时任中共九江地委书记。

于一役？就先修那个三峡水库怎么样？

**同日** 下午，视察九江市区。在视察中说：九江交通便利，既是赣北门户，又是七省通衢，历来是兵家必争之地。从今后发展来看，九江是很有发展前途的。它临近长江，又和几省毗邻，加上地处庐山脚下，具有得天独厚的条件。在听取史辛铭介绍九江工农业生产情况后说：共产党从接管国民党政权的第一天起，就把眼睛盯住生产建设，不遗余力地抓好这一个中心工作。要让历史证明，我们不仅能够领导好革命战争，而且也一定能够领导好和平时期的经济建设，让全国人民过上好日子。从全国范围来看，三年多来，由于全党、全国人民奋发图强，艰苦奋斗，各项工作有很大的起色，国民经济也得到了很快的恢复。今后，我们必须集中力量，克服困难，把注意力转移到大规模的有计划的经济建设上来，为完成和超额完成国家建设计划而努力工作。

**同日** 下午四时，离开九江。在舰上同史辛铭谈话，毛泽东问：大规模的建设正在开展，工业战线急需干部，如果从地方上抽调一批骨干加强工业建设，对地方工作是否会有影响？史答：有些影响，但不会很大。毛泽东说：今年，是我国大规模经济建设的第一年。各级领导，一定要适应形势发展的需要，熟悉经济工作。同时，还要下决心抽调大批干部到经济战线，加强经济战线的领导力量。这次我到几个省走一走，就是想听听下面的意见，有助于中央做出正确的决策。为了取得国家建设的新胜利，要在指导思想、工作方式、组织领导等方面来一个转变。战争年代，我们一切为了前方的胜利，各项工作都围绕武装斗争进行，包括抽调大批干部到军队中去，以加强对军事工作的领导。现在，我们搞工业建设，也必须坚决地从各方面抽调优秀干部，安排到工业战线上去，把他们培养成工业建设的骨干。在了解农村春耕情况后说：全国二十多个省市，除个别地区外，绝大部分地区都完成了土地改革。农民获得了土地，免去了向地主交纳苛重的地租，必然会激发生产热情。我们要因势利导，采取各种措施帮助农民多打粮食。你们要统筹考虑，帮助困难户搞好备耕，这种做法要坚持下去。我们共产党领导农民完成土改，是为了满足农民对土地的要求，考虑的是农民的根本利益。农民成了土地的主人后，我们共产党帮助他们发展生产，也是从农民的利益出发的。

**同日**　晚上，到达安庆。

**2月21日**　上午，在洛阳舰上同官兵合影。随后，返回长江舰，同该舰官兵合影。毛泽东为长江舰、洛阳舰分别题词，一是“为了反对帝国主义的侵略，我们要建立强大的海军。”一是“为了反对帝国主义的侵略，我们一定要建立强大的海军。”

**同日**　上午十一时，在长江舰上同中共安庆地委书记傅大章、市委书记赵瑾山谈话。在了解陈独秀老家的情况后说：陈独秀早期对宣传马克思主义是有贡献的，后期犯了错误，类似俄国的普列汉诺夫。一九三七年陈独秀出狱后，中央派人做他的工作，争取他参加抗日统一战线的工作，希望他发表个声明承认错误，但陈独秀拒绝了。当谈到土地改革后开展互助合作运动情况时，毛泽东说：要搞好革命的转变问题，假如说，新民主主义革命有十项任务，现在已经完成了七项八项，那么要不要等到把这十项任务都做完了，再去搞社会主义呢？不是的，只要基本条件成熟了，就可以开始进行社会主义革命工作。我们是革命阶段论者，但两个阶段不能截然分开。他还了解淮河水位究竟比长江水位高多少的情况。又说：黄河下游一带有个水源不足的问题，应该引丹江入黄河，就是说把汉江一个支流的水调到黄河去。

**同日**　晚上，到达芜湖。在舰上同中共芜湖地委书记张世荣、市委书记姚克谈话。

**2月22日**　晨，到达南京。到达南京前，向林一山交代说，三峡问题暂时还不考虑开工，我只是摸个底，你也不需要向中央分管这项工作的同志讲，但南水北调的工作要抓紧。抵达南京后，在同林一山分别时说，我算是了解了长江，了解了长江的许多问题和知识，学习了水利，谢谢你！

**同日** 下午，游览玄武湖。在玄武湖梁州草坪接见江苏省的厅局级干部和在南京出席会议的地、市、县委书记。

**2月23日** 下午，谒中山陵，向孙中山座像献花篮。随后，参观紫金山天文台。在得知该台台长张钰哲发现过一颗小行星〔1〕时，说：中国古代就有许多数学家、天文学家，现在更有条件多出天文学家了。离开天文台，参观了当年太平天国革命军与清军浴血奋战的天堡城遗址，说：当年诸葛亮曾对孙权说过“钟山龙蟠，石城虎踞”，用以论金陵形势。“龙蟠虎踞”就是指紫金山像条龙蜿蜒而来，南京城像老虎似的蹲着。天堡城地势险要，是保卫南京的前哨阵地，当年太平天国军队与曾国藩部队展开血战，坚持了两年多，真不简单。如果当年洪秀全能不计较一城一地的得失，情况就会好得多了。在西柏坡时，我就提出来，要大家看《闯王进京》，看来今后还要看。太平天国的革命历史也要建个博物馆〔2〕，这是极有意义的。

**同日** 晚上，再次为《新华日报》题写报名〔3〕。批示柯庆施〔4〕：“提议《新华日报》换一个报头，原报头写得太坏。”

---

〔1〕 1928年11月22日，张钰哲发现的小行星，是中国天文学家发现的第一颗小行星，并由发现者命名为“中华”。

〔2〕 1956年10月1日，太平天国纪念馆在南京落成。

〔3〕 毛泽东第一次为《新华日报》题写报名，是在1949年9月。

〔4〕 柯庆施，当时任中共江苏省委第一书记、江苏省人民政府副主席、中国人民解放军江苏省军区第一政治委员。1954年10月、11月先后任中共上海市委第一书记、中共中央上海局书记。1955年5月又任上海市政协主席。

**同日** 晚上，召集谭震林、柯庆施、江渭清、管文蔚、沙克[1]座谈，就党内与党外、国家与地方、政治与经济等问题交换意见。

**2月24日** 下午，由陈毅、罗瑞卿、张爱萍、王宏坤、陶勇[2]等陪同，视察海军舰艇部队，并观看鱼雷快艇的表演。在听取汇报时说：我们国家穷，钢铁少，海防线很长，帝国主义就是欺负我们没有海军。一百多年来，帝国主义侵略我们都是从海上来的，不要忘记这一历史教训。在得知舰上官兵基本上都掌握了所在岗位的技术时说：要边学边用、边用边学嘛。没有文化的学文化，没有技术的学技术，技术也是可以学会的。我们建设人民海军，就是要靠政治思想好又有技术的人。在了解到军舰所需的技术装备还不能自给，有人认为技术装备复杂需要不走样地向外国学习时，说：我们可以自己制造嘛，光靠人家是不行的，海军的建设一定要放在自力更生的基础上。要学习外国的先进经验，但是不要认为什么都是外国的好。海军是有自己的特点的，但是不能强调海军特殊。我军的好传统不能丢！在谈到海军同人民群众的关系时说：海上也有群众，渔民就是群众。要依靠渔民，不要脱离群众。要到渔民中去，和渔民打成一片，一定要搞好军民关系。在谈到作战原则时说：事物不是静止的，战争也是在发展的，任何时候都不要机械搬用，需要因时因地灵活处置。最后，分别为南昌舰、黄河舰和

---

〔1〕 江渭清，当时任中共江苏省委第二书记（1954年8月改任书记）兼省委党校校长。管文蔚，当时任中共江苏省委副书记兼省委统战部部长、江苏省人民政府副主席。沙克，当时任中共泰兴县委书记。

〔2〕 张爱萍，当时任中国人民解放军华东军区参谋长。1954年10月任中国人民解放军副总参谋长。王宏坤，当时任中国人民解放军海军副司令员。陶勇，当时任中国人民解放军华东军区海军司令员。

广州舰题词："为了反对帝国主义的侵略，我们一定要建立强大的海军。"

**同日** 晚上，乘专列离开南京北返。在专列上，听取中共苏州市委书记刘中、市长李芸华关于苏州情况的汇报。毛泽东说：苏州的文化水平很高。苏州历史上出过许多状元哪！在谈到街道工作时，对李芸华说：现在街道当中各种人都有，那可是一个藏龙卧虎的地方啊！要做些调查研究，把有才能的人都动员起来，发挥他们的才能，为经济建设服务。你这个市长不好当啊！特别是苏州这个地方，搞好街道工作非常重要。武汉的街道工作做得不错。街道是宣传与执行党和政府方针、政策的重要阵地。不是有一部分人的生活很困难吗？对他们要救济，组织他们自力更生、生产自救。还有社会治安、爱国卫生运动、调解群众之间的关系等等工作，街道都要去做。在谈到筹集建设资金时说：今年是第一个五年计划的第一年，要发展生产，搞经济建设，不是需要资金吗？要筹集资金，把闲散的资金都吸收起来。

在南京期间，同中共江苏省委负责人多次谈话。主要内容如下：一、对新民主主义的认识问题。新民主主义是向社会主义过渡的阶段。对县长以上干部讲清楚这个问题，最好的说法是用扳手指头的办法，一、二、三、四、五，五年计划，要三个五年计划。社会主义因素一年年增加上去，社会主义就来了。过渡的时间，多说几年没有坏处，如十五年到二十年可说二十几年。这是性急不得的。私营工业要搞公私合营，一年搞一点，几年后资本家的问题就可解决了。要与五年计划的过程相结合。听说上海有的资本家在公私合营后天天坐在办公室里无公可办，这样不好，应该以我们为主，使他们有事可做。这样的方式，就可取得人家的信任，觉得合营以后也有好处。在建设过程中，国营工业即社会主义工业，经过三年来的工作，已有办法；农业经过多少年的工作也有基础；大的私营企业经过“五反”后摸到底了。另外有三个方面的情况还没有摸清楚，就是税收，手工业和小工厂，商业和市场情况。二、加强党的领导问题。地方干部，领导老百姓搞生产，生产中有困难给贷款，又兴修水利，家庭不和还有婚姻法，可是有些地方老百姓还反对他们，就是因为地方党委没有发挥政治领导作用。部队有三大纪律八项注意，地方干部是否也可以订几条纪律和几大注意。关于党政关系，所谓党政不分的意思，就是党要统一领导，方针政策要统一；所谓党政分开，就是说具体业务由各业务部门去搞。领导要抓三条：第一条调查，把情况搞清楚。第二条指导，包括方针政策、任务、部署在内。第三条检查，检查要直接和下级干部见面，了解情况一起商量，他们觉得有困难，要提出解决办法帮助他们。指导和检查，要实事求是。不调查要犯主观主义，不指导不检查要犯官僚主义。做一件事情首先要试办，不要忙于决定，要搞典型，研究典型，要研究一个好的、一个坏的，只靠好的，不能发现问题。领导人不要弄得人家感到不可测。我们要让人家了解，想得正确的让人家知道，想得不正确的也让人家知道。正确的大家去贯彻，不正确的大家可以提意见，上下一致就通气了。总之，领导人不要使大家感到莫测高深。上面的东西要经过你们过滤，筑坝。好的东西滤出来，臭水滤出去，在中央计划基础上结合当地实际情况，调查、指导、检查，从实际出发。过滤和从实际出发，我从井冈山起就是这样说的。有了任务，要在省委会上讨论。筑坝，首先是省委把住不对的那一股臭水，不要让它放下去，地委、县委对上级的指示和任务也要研究讨论。税收、贸易都要强调这个问题。党委讨论时如何分辨对与不对？要调查，问问自己站稳脚跟没有。干部学习，无论如何要坚持一个星期学习两个半天的制度。现在下边年轻的干部都进步了，你们不学习，就领导不了。先把国文学好，再把算术学好。教育很重要，不教育，就不能应付新的局面。三、财政经济和税收问题。党委对合作社、银行、贸易、税收要管，过去没有管，现在要管了。税收任务，公营的占百分之六十，私营的占百分之三十，农民占百分之十。现在征税中有不实事求是的，引起资本家叫唤，例如收所得税收得多了，这样收税要不得。查田定产，五年计划完成。查田定产不吸收农民参加是不行的，等级要分得多。税收要民主评议，不要变成强迫摊派。资本家应交的税要交，不应当要的我们不要，不要把人家搞光了。中央规定任务的数字是控制数字，经过几个月后再看一看，有的可能超过，有的完不成要研究。税收一定要按率计征。要加强对大批税务人员的教育。资产阶级现在还是要，要使他们能够存在。属于资本家所应得的，不管资本家如何花掉，都不能干涉。要整顿国营贸易工作，主要整三方面，第一是积压多，第二是管理费用大，第三是资金周转慢。最后，毛泽东说：现在办好三件事，天下就不会大乱。第一，征收农业税时确切减税；第二，有灾一定要救；第三，干部年年加薪。

**2月25日**　乘专列到达徐州。听取中共徐州市委书记华诚一、副书记柳林关于徐州工作情况的汇报。毛泽东说：要逐步改善人民的生活。工商业税要按照资本家的情况，实行多等多级。

**同日**　复信李烛尘："惠书说改善建筑方法一事，收到读悉，深为感谢，并已转有关各部门注意。"

**2月26日**　到达天津。听取中共天津市委负责人汇报。视察天津机械厂，鼓励工人和干部当好主人，学会管理城市。晚七时，回到北京。

**2月下旬**　整理从二月十五日至二十六日外出视察期间收集到的意见，拟题为《我在此次旅行中所收集到的意见（一九五三年二月十五日——二十六日）》。全文如下："关于劳保条例，谭震林反映：有几条行不通，此种重大法令希望先征求地方意见。关于流通税，谭震林同志认为行不通，天津市委认为行得通。关于营业税，天津同志反映，认为中财部最近的一个补充指示是行不通的，他们压着未行，正请示中。关于今年预算收入，管文蔚同志认为从一九五三年国民收入六百多万亿元中要收二三三万亿元的税和利润，恐怕是不可能的。在我说明今年经济情况会比去年好些，因此预算可能完成之后，谭震林同志说：国营可能超过些，私营可能减少些，二者相抵可能完成。我说：今年预算不外三种可能：（一）可能超过；（二）可能完成；（三）可能完不成。我们应当争取完成甚至超过；但对工商各税，应依据有多少本钱、做多少生意、赚多少钱、征多少税的原则去做，而不应做杀鸡取卵的事。'不偏肥偏瘦，要多级多等'不只是一句话，而是要照着做（有许多同志怀疑这不过是一句话而已）。"

**2月27日**　晚上，在中南海颐年堂主持召开中共中央政治局会议。在会上介绍了视察湖北时同孝感地委负责人谈过渡时期所说的话。又说：要防止急躁情绪。基本上是什么倾向？是盲目积极性，太急了。斯大林讲的政权到了我们手里不要急。现在要泼半瓢冷水，不要一瓢。刘少奇、朱德、周恩来、高岗、彭真、彭德怀出席会议，邓小平、饶漱石、邓子恢、薄一波、习仲勋、陈伯达、罗瑞卿、胡乔木、李维汉、安子文列席会议。

**2月28日**　审阅修改中共中央转发劳动部二月二十二日关于检查官僚主义的报告的批语稿，加写："（二）中央同时指出，中央人民政府和军委各部门必须尽速召开会议，发动批评和自我批评，深刻揭发领导方面的官僚主义，并规定改正的具体办法。中央认为在很多部门中极端缺乏思想领导和政治领导的状况是完全不能容忍的，这是官僚主义存在和发展的主要原因，因此必须在反对官僚主义的斗争中研究加强思想领导和政治领导的办法。（三）各部门检讨的结果须报告中央。"

**同日**　就新华社二月二十六日编印的《内部参考》第四十四

期刊载的关于台湾当局造谣我成立了一个海岸战区的报道，批示新华社："台湾大道通讯社的两条消息，可移载《参考消息》，这是蒋匪向美国人说的，表明他无力进扰大陆和海南岛，和半个月前蒋匪向美国通讯社发表的谈话，为同一性质。"

**同日**　阅傅连暲〔1〕二月二十七日关于陈云因病入院治疗后须较长期休养的报告，批示："请尚昆照昨晚所谈，与陈云同志商处，并代我致慰问之意。"

**同日**　晚上，约见即将启程赴越南帮助越南人民军组织上寮战役的韦国清〔2〕。

**3月1日**　晚七时半，同程潜谈话。八时，约见黄炎培、陈叔通，谈税收问题，提出工商界应加强调查研究工作。

**3月2日**　审阅修改中共中央为转发胡绩伟〔3〕二月二十一日关于山东省级机关中分散主义现象的报告的批语稿，批示："发后，请尚昆印发在京各中央委员、候补中央委员、邓拓、胡绩伟、胡乔木、陈伯达、安子文、李维汉、凯丰，题为'反对分散主义'，包括中央电及各附件，印成一本。并分送中南局、西南局、西北局、华南分局、东北局、华北局各一份。"十五日，致信饶漱石、安子文："此件有很大的教育意义，我意可以在《人民日报》发表〔4〕。如同意，请考虑是否需要征得山东分局的同意，请酌量处

〔1〕傅连暲，当时任卫生部副部长、中央军委总后勤部卫生部副部长、中华医学会总会理事长。

〔2〕韦国清，当时任中国人民解放军公安部队副司令员、中国驻越南军事顾问团团长。1954年11月又任国家民族事务委员会副主任。1955年2月、8月又先后任广西省省长、中共广西省委第一副书记（1956年7月任书记处书记）。

〔3〕胡绩伟，当时任《人民日报》副总编辑。

〔4〕胡绩伟的这个报告，后来没有在《人民日报》发表。

理。嗣后各地有此类好报告，请你们择要发表。”胡绩伟的报告说：在去年十二月山东分局扩大会议之前，省人民政府总的领导十分薄弱，形成各厅局各自为政的严重分散现象，很多重大的指示、决定，各厅可以不经批准擅自发出。分局委员会本身的党委制也很不健全，同样存在严重分散现象。这个问题不很好解决，开展反对官僚主义、反对命令主义、反对违法乱纪的斗争，将会受到很大影响。

**同日**　晚上，在中南海颐年堂主持召开中共中央政治局会议。

**3月3日**　审阅邓小平三月二日为中共中央起草的关于同意政务院人民监察委员会一九五三年上半年工作要点的复电稿，批示：“凡政府方面要经中央批准的事件，请小平多管一些。拟电下一段〔1〕不要，因原件并非拒绝处理小事，而是说不要将重心放在处理小事上。”

**同日**　为转发习仲勋三月二日关于中共政务院文化教育委员会党组布置反官僚主义斗争情况的报告，起草中央给中央和军委各部门、中央人民政府各党组的批语：“习仲勋同志这个报告很好。现发给你们，供你们在反对官僚主义斗争中作参考。”习仲勋的报告提出反对官僚主义的具体做法是：第一，把反对官僚主义与当前各项实际工作相结合，采取和风细雨的方式进行；第二，对官僚主义要加以分析，抓住关键问题，实事求是地加以解决；第三，重点放在党内；第四，一面反对官僚主义，一面倡导和推行钻研实际、联系群众的工作作风；第五，目前在领导干部和领导机关中应集中力量反对官僚主义，不能同时提出很多口号。

**同日**　阅中央日侨事务委员会二月十九日编印的《日侨回国

---

〔1〕 指复电稿中的以下一段文字：“惟其中‘零打碎敲，就案办案的手工业工作方法’一句可删去，因为监察工作常常总是发生什么事情就要处理什么事情，不能置之不理，所以这样提法是不够恰当的。”

工作简报》，批示："周总理：日侨坚决不愿回国者，不要强迫，已有因强迫引起自杀的事。此报告'送干净'的口号，可能引起强迫遣送行为，请加注意。"

**同日** 晚上，同周扬〔1〕谈话。

**3月4日** 为转发中共中央华北局三月二日关于春耕生产的指示，起草中央给各中央局、分局并转各省市委的批语："在农村目前春耕是压倒一切的工作，其他工作应是配合进行。华北局三月二日的文件是正确的，请你们仿此作出自己的部署。"指示说：在农村中当前压倒一切的中心任务，是加紧春耕的准备工作和开始进行春耕生产。凡是影响与障碍春耕生产的计划，均应改变、推迟或缩小。

**同日** 阅罗瑞卿等二月二十三日关于各地布置反伞特斗争的情况的报告，批示："彭副主席阅后，送罗瑞卿同志：在北朝鲜境内亦应实行安置反伞特据点的办法，可将此件中所述办法电告联司〔2〕，并请联司和人民军总部商量，由志愿军和人民军分担，在北朝鲜境内各山头上安置多数据点，专任反伞特斗争，定期总结经验，加强斗争技术战术，灭尽一切伞特。"

**同日** 阅梅益〔3〕二月十二日关于第一次全国广播工作会议情况的报告，批示习仲勋："似可先将梅益报告由中宣部发给各中央局、分局、省市委及其宣传部，然后再发你所说的中央指示〔4〕，请加酌定。"梅益的报告说：三年来，全国广播工作有很大成绩，但

---

〔1〕 周扬，当时任中共中央宣传部副部长、文化部副部长、中华全国文学艺术界联合会副主席。1953年10月又任中国作家协会副主席。1955年6月又任中国科学院哲学社会科学部委员。

〔2〕 联司，中国人民志愿军、朝鲜人民军联合作战司令部的简称。

〔3〕 梅益，当时任中央广播事业局局长。

〔4〕 指中共中央宣传部报送梅益报告时提出准备为中央起草的关于加强对广播工作领导的指示。

还存在许多弱点：力量太分散；干部奇缺；广播节目一般是量多而质不高；广播收音网不够健全和巩固；广播工业没有统一的管理和统一的生产计划。报告提出了一九五三年广播工作的主要任务。

**同日** 阅署名“一个普通文艺工作者”二月二十五日写的不同意批评胡风〔1〕文艺思想的来信，批示熊复〔2〕：“此事请你调查一下，以其情形告我。”〔3〕来信反映中华全国文学工作者协会

---

〔1〕 胡风，文艺理论家、诗人。当时任中华全国文学艺术界联合会委员、中华全国文学工作者协会委员、《人民文学》杂志编委。

〔2〕 熊复，当时任中共中央宣传部副秘书长。

〔3〕 1953年4月8日，熊复就此事向毛泽东写了调查报告。报告说：胡风于去年7月来京，找周扬和丁玲，并给周总理写信，要求讨论他的文艺思想问题。当时，周总理指示中宣部负责处理。中宣部先后召集了4次座谈会，对胡风的文艺思想作了全面的批评，希望他能够虚心听取大家的意见，进行自我检讨。胡风口头上表示愿意考虑，实际上仍然多方为他的错误思想辩护。因此，中宣部指定何其芳（北京大学文学研究所副所长）和林默涵（中宣部文艺处副处长）写文章进行公开批评。为了使文艺界不感到突然，决定在批评文章发表前由林默涵向北京各文艺团体的负责干部作一报告，介绍批评胡风文艺思想的经过情形，这就是文协召集的于1月29日晚在文化部举行的“座谈会”。这本来是一个报告会，因觉得用座谈会的名义比较随便些，故文协在会议的通知上说是座谈会。由于会议名义与内容不符，就使那位写信者得到不让大家发言的印象。这确实是一个缺点。林默涵和何其芳批评胡风文艺思想的文章发表以后，文艺界一般反映这个批评是正确的、中肯的。在公开批评胡风前，《文艺报》和《人民日报》都收到许多批评胡风文艺思想或检查自己受胡风文艺思想影响的读者投书。林、何文章中所提论点，大半都是读者已经提出的，只是比读者说得较为系统些；但有少数读者对于批评胡风表示不满，或对于批评的论点表示不同意。近两年来，在一般的文艺批评中，的确存在着简单化、断章取义、缺乏艺术分析、指摘多于鼓励等缺点。这些现象，在去年《人民日报》纪念毛泽东《在延安文艺座谈会上的讲话》发表10周年的社论中已经指出。最近这种过“左”的倾向已有改变，但又呈现了文艺批评不够活跃的现象。我们已经注意到这个问题，正由文艺处收集材料，研究改进文艺批评工作。

一月二十九日召集文艺界负责人座谈讨论胡风文艺思想的情况及他个人的感受，说批评胡风的文艺思想使他不理解，感到压抑、苦恼。

**同日** 致电斯大林[1]："获悉您患重病的不幸消息，中国人民、中国政府和我本人怀着最关切的心情，向您谨致诚挚的慰问，并衷心地希望您的病情好转，恢复健康，以慰中国和全世界爱好和平人民的祝望。"本日，和周恩来、朱德、高岗前往苏联驻中国大使馆会见潘友新大使，对斯大林病重深表关切和慰问。三月五日，斯大林逝世。

**同日** 阅傅连暲二月二十一日关于李克农病况给周恩来的报告，批示杨尚昆："克农这样对自己病状的处理是很危险的，请你劝他遵医嘱休养，并决不可那样服药法。"傅连暲的报告说：李克农自一九四三年起即有发作性心前区疼痛症状，每年发作一二次，去年则加重至每月发作五六次。今年返京后每天都发作，昨晚曾晕倒。今早苏联大夫和黄树则[2]同志会诊，诊断为"冠状动脉硬化"及"过度疲劳"，建议到医院检查治疗，李克农尚未同意。安眠药平常服量为零点二毫克，他竟服过零点八毫克，我已再三劝他不能这样用，如此用下去有中毒的危险。

**同日** 晚上，召集周恩来、高岗、彭真、彭德怀、邓小平、饶漱石、薄一波、陈伯达、杨尚昆开会。

**3月5日** 阅萧华本日关于为贯彻中共中央反对官僚主义的指示派干部深入部队检查工作问题给毛泽东、彭德怀的报告，批示萧华："分组下去检查很好。惟每组每次检查时间一个月至一

---

〔1〕 这个电报由周恩来起草，毛泽东审定后发出。

〔2〕 黄树则，当时任中央爱国卫生运动委员会办公室副主任，并负责中央领导人的保健工作。

个半月时间似太长，以半月至二十天回来报告为适宜，过几个月再去检查一次。如以一个半月时间而论，可分三次去，每次半个月尽够了。坐飞机、火车、汽车，半个月可看看许多地方。”

**同日** 为中共中央起草通知：“党的全国代表会议决定延期，确定日子待后通知，但本月内确定不能开会。”

**同日** 晚上，在中南海颐年堂主持召开中共中央政治局会议，讨论政府工作问题，朱德、周恩来、高岗、彭真、林伯渠、彭德怀出席，邓小平、饶漱石、邓子恢、薄一波、曾山、罗瑞卿、习仲勋、杨尚昆、李维汉、安子文列席。

**3月6日** 为悼念斯大林逝世，发布中央人民政府命令：为了表达中国人民对于伟大的斯大林同志——全世界劳动人民的伟大领袖、中国人民的最敬爱的朋友和导师的无限沉痛的哀悼，为了表达中国人民对于伟大盟邦领袖的崇敬，兹规定：一、自一九五三年三月七日起至三月九日止全国下半旗志哀；二、在志哀期间，全国各工矿、企业、部队、机关、学校及人民团体一律停止宴会、娱乐。

**同日** 致电苏联最高苏维埃主席团主席什维尔尼克，对斯大林逝世表示最沉痛的哀悼。电报说：斯大林逝世，“这不仅是苏联人民而且也是中国人民和整个和平民主阵营以及全世界爱好和平的人民的无可估量的损失。我现在谨代表中国人民、中国政府，并以我个人的名义，向您及苏联人民和苏联政府表示最沉痛的哀悼”。“中国人民革命的胜利和斯大林同志三十多年来不断的关怀、指导和支持，是完全分不开的。在中国人民革命胜利后，斯大林同志和在他领导下的伟大的苏联人民和苏联政府，对中国人民的建设事业，又给予了慷慨无私的援助。斯大林同志对于中国人民这样伟大的深厚的友谊，中国人民永远感念不忘。”本日晚十时，和朱德、周恩来、高岗、彭真、林伯渠、张闻天[1]、邓小平、饶漱石等前往苏联驻中国大使馆吊唁。十一时，在中南海菊香书屋同张闻天谈话。

**同日** 为转发中共中央华北局关于继续开展反官僚主义、反命令主义、反违法乱纪斗争的报告，起草中央发至县委的批语："华北局三月一日的文件很好，发给你们参考，并登党刊。华北局对于开展反官僚主义、反命令主义、反违法乱纪的斗争已做出第一个总结，并作了有分别的部署，望你们都仿照这样做。"华北局的报告提出：结合当前工作，继续在全区范围内开展斗争，并采取有领导、有重点地逐步深入的办法，切忌急躁情绪和急风暴雨方式。首先组织各系统的领导机关干部学习有关文件，联系思想，结合实例，进行检查；不同地区和不同部门，应有不同的检查重点；三月初再召开一次省市处理人民来信会议，检查处理人民来信情况。

**同日** 为转发中共中央华北局三月五日通报的河北省委领导开展反官僚主义、反命令主义、反违法乱纪斗争的经验，起草中央发至地委的批语，指出："河北省的经验很好，发给你们参考，并登党刊。希望各省市委仿照河北省委的榜样，在一九五三年内结合各项工作，有领导地开展新三反斗争，并请在春季三个月内选择几个典型案件，由省委书记亲手主持，开展斗争，在报上揭露，以为全省倡导。"通报说：在"新三反"中，河北省委、省政府和有些地、市委连续处理了一批严重违法乱纪、破坏人民利益的典型案件，并且都通过《河北日报》公开发表，对干部和群

---

〔1〕 张闻天，当时任中共中央政治局委员（1956年9月任政治局候补委员）、中国驻苏联大使（至1955年1月）。1954年12月又任外交部副部长。

众起了很大的宣传教育作用。

**同日**　阅中共中央办公厅第一办公室关于在沈阳市建立中心血库的摘报，批示："此事请彭[1]注意，督促有关机关予以审查，起草复电。是否需要建立如此巨大的血库，请加斟酌。"摘报说：中央军委决定在沈阳市建立一个规模巨大的中心血库。根据抗美援朝前方的需要，拟先由机关、部队、学校开始，动员献血，计划每天三百人，采取六万毫升。

**同日**　晚上，主持召开有在京中共中央委员、中央候补委员参加的会议。

**3月7日**　晨，同周恩来、邓小平谈话。

**同日**　审阅修改中共中央本日关于少数民族地区金融贸易政策给政务院财政经济委员会并中国人民银行的复文稿。复文稿指出："对少数民族地区的金融、贸易政策应采取稳步前进而对少数民族（包括本地商人及上层分子）有利的方针。切忌躁进，尤其不可将内地办法搬进少数民族地区实行。解决西南少数民族地区货币问题，中央同意南、胡[2]所提的第二方案[3]，请即照办。"毛泽东在这段话后加写："其他少数民族地区混合使用银元

〔1〕彭，指彭德怀。

〔2〕南，指南汉宸，当时任中国人民银行行长、中国国际贸易促进委员会主席、中华全国工商业联合会筹备委员会副主任委员（1953年11月任中华全国工商业联合会副主任委员）、中国民主建国会中央副主任委员。胡，指胡景沄，当时任中国人民银行副行长。

〔3〕指南汉宸、胡景沄1953年2月25日给毛泽东并中共中央的报告中提出的解决西南少数民族地区货币问题的第二种办法，即：在目前基础上，通过稳定人民币与银元、杂洋比价来稳定货币市场，以开展物资交流，从而使少数民族逐渐转变喜爱硬币心理，建立人民币威信，在将来条件完全成熟，少数民族完全同意的情况下，水到渠成地统一货币流通。

和人民币者，亦照南、胡所提比价[1]作出合理调整。”

**同日** 晚上，在中南海颐年堂召集朱德、高岗、彭真、彭德怀、邓小平、陈伯达、李维汉开会。

**3月8日** 听取邓子恢关于农村工作情况的汇报。

**同日** 复信达赖喇嘛[2]：“饶西·彭措扎喜[3]带来的你于一九五二年八月十九日写给我的信及你的相片均已收到。你对祖国和中央人民政府所表示的亲爱，你为西藏僧俗人民谋求幸福生活，做好各方面工作的决心，使我感到很大的欣慰。在为祖国和西藏民族利益奋斗的道路上，你达赖喇嘛先生和班禅额尔德尼[4]先生和西藏僧俗人民永远会得到中国共产党和中央人民政府的帮助。自然，在建设祖国和为西藏民族谋福利的道路上，我们是会遇到一些困难的；帝国主义和反动破坏分子也会千方百计地阻挠我们，成为我们前进的障碍。因此，必须提高警惕，加强国防，巩固汉藏民族之间和西藏内部的团结，严防帝国主义间谍特务和其他反动破坏分子的阴谋活动，并克服我们建设祖国和为西藏民族谋福利的道路上的障碍。只有这样，才能保证西藏僧俗人民的幸福前途。你和西藏人民如果在这一方面遇到困难，中央人民政府会帮助你获得妥善的解决。西藏的宗教和在国内其他地方的宗

---

〔1〕 指南汉宸、胡景沄报告中提出的人民币与银元的比价，按人民币一万元（旧币）兑换银元一元计算。

〔2〕 达赖喇嘛，西藏地方宗教和政治领袖之一。1953年6月任中国佛教协会名誉会长。1954年9月、12月又先后任全国人大常委会副委员长、全国政协常委。1956年4月又任西藏自治区筹备委员会主任委员。

〔3〕 饶西·彭措扎喜，达赖喇嘛的姐夫，当时在西藏地方政府外事局任职。

〔4〕 班禅额尔德尼，西藏地方宗教和政治领袖之一。1953年6月任中国佛教协会名誉会长。1954年9月、12月又先后任全国人大常委会委员、全国政协副主席。1956年4月又任西藏自治区筹备委员会第一副主任委员。

教一样，是已经受到尊重和保护，并且还将继续受到尊重和保护。只要人民还相信宗教，宗教就不应当也不可能人为地去加以取消或破坏。张经武〔1〕同志不只是中央人民政府的代表，而且是中国共产党的代表，他为西藏僧俗人民谋福利的决心和你是一致的。你遇到任何问题都可以和他商议，他会尽力地帮助你。希望你多找机会和他面谈，如有需要直接告诉我的事情，亦可由他转达。”

**同日**　致信黄炎培、陈叔通：“此件〔2〕请阅，并予掷还。如有意见，请告。任老〔3〕来信要将我上次谈话〔4〕向工商界传达，我认为可将要协商，要公平，有多少本钱做多少生意，赚多少钱收多少税等带原则性的话，说给一些人听，其余不必传达；即使这些原则性的话，也只可非正式的说一说，不必正式传达，因为这些话实在太普通，是普通常识范围内的事，因为我们政府工作中存在着严重的官僚主义，许多事办得不好，才显得这些话好像颇为新鲜。具体解决问题的办法则要由财政部税务机关及其他机关逐一认真研究，才能妥善解决。”

**同日**　晚上，在中南海颐年堂召集朱德、高岗、彭真、彭德怀、邓小平、陈伯达开会。

**3月9日**　为悼念斯大林逝世，在《人民日报》发表《最伟大的友谊》一文。文章指出：“斯大林同志在理论的活动上和在实际的活动上所给予我们当代的贡献，是不可估量的。”“在列宁逝世之后，斯大林同志指导苏联人民，把他和伟大的列宁在十月

---

〔1〕张经武，当时任中共西藏工委书记、中央人民政府驻西藏代表。1955年7月又任中华人民共和国主席办公厅主任。

〔2〕指财政部1953年3月4日关于各地汇报1952年所得税汇算清交工作准备情况给毛泽东并中共中央的报告。

〔3〕指黄炎培。黄炎培字任之。

〔4〕指1953年3月1日毛泽东关于税收问题同黄炎培、陈叔通的谈话。

革命时期共同缔造的世界第一个社会主义国家建成了光明灿烂的社会主义社会。苏联社会主义建设的胜利，这不只是苏联人民的胜利，而且是全世界人民共同的胜利。第一，这个胜利用最现实的生活证明了马克思列宁主义的无限正确，具体地教育了全世界劳动人民应该如何朝着美好的生活前进。第二，这个胜利保证了在第二次世界大战中人类能够有战胜法西斯野兽的力量。不能设想，没有苏联社会主义建设的胜利，而能够有反法西斯战争的胜利。”

**同日** 下午，出席在天安门广场举行的首都各界人民追悼斯大林大会，并向斯大林遗像敬献花圈。

**3月10日** 审阅中共中央三月三日转发西北局检查组关于区、乡工作中若干问题的检查报告的批语稿，重新起草，题为《中央关于解决区乡工作中“五多”问题的指示》。后来又作了修改，于三月十九日发出。

**同日** 阅薄一波三月八日关于一九五二年所得税汇算清交工作会议情况给毛泽东的报告，批示薄一波：“此件很好。应当（一）用中央名义将此件转发各中央局、分局、省委、地委、县委，各大中小城市市委；（二）由中财部以命令下达税务系统的各单位。一个中等县就有八百多财经干部，县委和这些干部对税收政策都不甚摸底，有很大偏差，故须下达至县委。至于小城市，例如临清、泊头等处只要有市委组织，也应下达。以上都请你办。此件已送黄炎培、陈叔通阅，他们表示同意。”薄一波的报告说：中央财政部和税务总局召开了一次会议，各大区及主要城市税务局长均参加。会前税务总局曾作了若干城市税收工作的调查研究，准备充分。这次会是实事求是地解决问题的，一般合乎主席所指示的“有多少本钱，做多少生意，赚多少钱，收多少税”的精神。因此，有转发各地参考的必要。

**同日** 中共中央作出《关于加强中央人民政府系统各部门向

中央请示报告制度及加强中央对于政府工作领导的决定（草案）》，并下发试行。决定草案指出：为了使政府工作避免脱离党中央领导的危险，今后政府工作中一切主要的和重要的方针、政策、计划和重大事项，必须经过党中央的讨论和决定或批准。为了加强中央对于政府工作的领导，今后政府各部门的党组工作应直接接受中央的领导，现在的中央人民政府党组干事会应即撤销。决定草案对现在政府工作中各领导同志的分工，作出明确规定：国家计划工作，由高岗负责；政法工作（包括公安、检察和法院工作），由董必武、彭真、罗瑞卿负责；财经工作，由陈云、薄一波、邓子恢、李富春、曾山、贾拓夫、叶季壮负责；文教工作，由习仲勋负责；外交工作（包括对外贸易、对外经济文化联络和侨务工作），由周恩来负责；其他不属于前述五个范围的工作（包括监察、民族、人事工作等），由邓小平负责。四月二十八日，中共中央又作出《关于加强对中央人民政府财政经济部门工作领导的决定》，主要内容是：（一）对中央人民政府所属各财政经济部门的领导隶属关系，作出调整：高岗领导重工业部、一机部、二机部、燃料工业部、建筑工程部、地质部、轻工业部和纺织工业部；邓小平领导铁道部、交通部、邮电部；邓子恢领导农业部、林业部、水利部、全国合作总社，全国合作总社在业务方面仍应与财委保持联系；饶漱石领导劳动部；陈云仍领导财政部、粮食部、商业部、对外贸易部、人民银行、工商管理局、物资储备局，在陈云休养期间，由薄一波代理。（二）充实国家计划委员会的领导人员和组织，调李富春、贾拓夫任国家计委副主席，在国家计委下增设国家建设事业局和国家物资分配局。（三）由于上述改变，三月十日《中共中央关于加强中央人民政府系统各部门向中央请示报告制度及加强中央对于政府工作领导的决定（草案）》中，所列的现在政府工作中的各领导同志对中央负责的分工范围，属于国家计划工作和财政经济工作方面者，亦应作如下的改变：高岗、李富春、贾拓夫负责国家计划工作和工业工作；陈云、薄一波、曾山、叶季壮负责财政、金融、贸易工作；邓小平负责铁路、交通、邮电工作；邓子恢负责农、林、水利、合作工作；饶漱石负责劳动工作和工资问题。

**同日**　复信达赖喇嘛："感谢你一九五二年八月十六日及九月三日（藏历水龙年七月十四日）的信和礼物。西藏地方政府及人民，在你领导之下，协助人民解放军的入藏部队，加强团结，并争取协议的逐步实现，使我感到很大的欣慰。""中央对西藏的政策除已明确地写在和平解放西藏办法的协议中者外，我在接见致敬团和参观团的代表时曾又简要地告诉过他们。这些简要的话，柳霞·土登塔巴已经在他对西藏的广播中谈到[1]，想你已经知道了。建设新西藏所需要的帮助，凡属能够办到的，中央当尽可能地办到，但因交通阻隔，有些事情一时无法办到，只好等待以后再办。西藏致敬团和参观团的代表们在这里所提出的要求，中央人民政府就是本着以上这种精神处理的。详细情形，相信他们回到拉萨后必会向你报告，兹不赘述。以后你和班禅额尔德尼需要中央帮助之处，均可告诉张代表或请张代表用电报转告我。""祝你领导西藏地方政府和人民逐步地建设，使西藏日渐繁荣，西藏僧俗人民的生活日加改善，藏族的前途日加光明，祖国的边防日加巩固。"毛泽东随函附送一批礼物。

**同日**　复信班禅额尔德尼："感谢你一九五二年八月三日（壬辰六月十二日）的来信和礼物。你回藏后，努力为汉藏两族之间的团结及西藏内部的团结做了许多工作，并为当地僧俗人民的利益做了工作，使我感到很大的欣慰。在爱国和团结的基础

〔1〕有关内容见本书第4卷第610至612页1952年10月8日条。

上，相信我们的友谊会与日俱增地巩固和发展起来。”毛泽东随函附送一批礼物。

**同日**　为中央军委起草关于同意西北剿匪部署给西北军区并西南军区的电报：“西北军区三月八日电悉。同意甘青剿指[1]之剿匪部署及西北军区之意见。望令剿指注意可能遇到的各种困难，主要是物质补给困难和少数民族对我不了解的困难，遇到这些困难时，必须鼓励部属想尽一切办法克服之，务达全歼各匪，不可半途而废。”

**3月12日**　下午，在中南海颐年堂召开会议，讨论第一机械工业部工作，朱德、高岗、彭真、林伯渠、彭德怀、邓小平、饶漱石、邓子恢、薄一波、曾山、陈伯达、习仲勋、杨尚昆、安子文、黄敬、陈正人、王鹤寿、贾拓夫出席。

**3月13日**　下午，同彭德怀谈话。随后，同十一日出院的陈云谈话。晚上，听取高岗关于林彪[2]病情的汇报。

**3月14日**　为中共中央起草给华东局、上海市委和各中央局、分局并转各省市委的指示：“（一）上海市委三月二日及华东局三月九日两电均悉。中央同意华东局对上海市第一次党代表会议着重新三反的综合报告的批示。以后此种会议每半年应开一次，会期可缩短些。（二）今年三、四、五月应着重在大区一级、省市一级和专区一级共三级，检查领导机关和各业务机关中的官僚主义，而将检查县、区、乡三级的命令主义和违法乱纪，作为典型试办，取得经验，以利推广。今年六、七、八、九月应配合

---

〔1〕　甘青剿指，甘肃、青海剿匪指挥部的简称。

〔2〕　林彪，当时任中共中央中南局第一书记、中央军委副主席、中南行政委员会主席（先后至1954年11月、9月、11月）。1954年9月又任中共中央军委委员、国务院副总理、国防委员会副主席。1955年4月又任中共中央政治局委员。

大选工作在县、区、乡三级着重检查命令主义和违法乱纪，同时继续检查大区、省市和专区的官僚主义。望你们按此方针进行部署，并注意和各项具体工作相结合，不要孤立地进行新三反。”

**同日** 阅张震二月十八日关于修筑江西通往福建的铁路选线问题的报告。报告说：铁道部原拟的线路是，从南昌以南的向塘起，经南城、南丰、广昌、石城、瑞金、长汀、朋口、龙岩、漳平、华安至嵩屿，全长九百二十二公里。华东军区又提出如下线路：从浙赣线的贵溪站始，经光泽、邵武、顺昌、南平、沙县、永安、连城、朋口、尤岩、漳平、华安至嵩屿，此线长约一千公里。两个方案相比较，铁道部所拟的方案，距海岸线深远，纵深较大，不易受战争影响。华东军区所提的方案，线路经过福建大部地区，照顾了福建交通不便的情况，在军事上从华东支援作战较近，将来续修至福州的铁路亦较近。究竟修筑哪一条线路为好，请审查指示。毛泽东批示：“高岗同志：此件请你与铁道部同志商谈审查，以其结果告我。我意只要工程方面无特别严重困难，较原拟南昌、抚州、瑞金、厦门线为好，闽北、闽南均可满足。惟贵溪至朋口线国民党时期似未留下勘测材料，须重新做，完成时间可能要延长一点。”后来，江西通往福建的这条铁路，基本上是按毛泽东赞同的华东军区的方案修筑的。

**3月15日** 晨，和朱德、高岗、彭真、邓小平等前往捷克斯洛伐克驻中国大使馆吊唁哥特瓦尔德〔1〕逝世。

**同日** 阅第二机械工业部二月二十日关于开展反对官僚主义斗争情况的报告，批示：“黄克诚、德怀、子恢、小平、仲勋同志阅，退薄一波同志办。此件请你们一看，教训很大。请黄克诚

〔1〕 哥特瓦尔德，当时任捷克斯洛伐克共和国总统、捷克斯洛伐克共产党中央主席。

同志指导总后勤部及各大军区后勤部、志愿军后勤部、各特种兵后勤部，仿照第二机械部办法，彻底检查仓库物资，反对官僚主义。请仲勋指导中央卫生部及各有物资的部门（如电影局），检查官僚主义情形。请子恢指导农、林、水三部检查自己的官僚主义。请一波指导财委所属其他各部仿机械二部办法彻底检查自己的官僚主义。”二机部报告说，在反对官僚主义的检查中初步发现了以下问题：（一）库存物资严重积压，至一九五二年底为止，积压各种物资及原材料总数达二万一千九百八十余亿元。（二）一九五三年的国内供应和国外进口计划均有盲目性。（三）编制计划中也有错误。发生这些问题的主要原因是领导上的官僚主义，脱离实际，脱离群众。

**同日**　阅中共中央华南分局二月二十三日关于“新三反”的指示，批示：“饶漱石、安子文同志：最近有许多关于‘新三反’的文件，文尾多有希望中央指示的话，均请你们予以批复。有些重要的文件，可在中组部的党内刊物上发表，有些则可在《人民日报》发表（如已付给你看的山东分局及胶州地委的文件）。此件写得很好。”华南分局的指示分析了广东地区存在的官僚主义、命令主义和违法乱纪情况，并对华南地区的“新三反”作了具体布置。

**同日**　阅中央贯彻婚姻法运动委员会办公室三月十三日编印的《贯彻婚姻法运动情况简报》第十一号，批示刘景范[1]：“简报上的许多材料，都应当公开报道，并发文字广播，三五天一次，方能影响运动的正确进行。如本号凤城县的好事例及各地的不好事例，凡典型性的，都应当公开报道。请与人民日报和新华

〔1〕刘景范，当时任中共政务院人民监察委员会党组书记、政务院人民监察委员会副主任、中央贯彻婚姻法运动委员会副主任。1954 年 11 月任监察部副部长。1955 年 5 月任地质部副部长。

社同志商酌处理。”

**3月16日** 上午，在中南海颐年堂召开会议，朱德、陈云、高岗、彭真、彭德怀、邓小平、饶漱石、邓子恢、薄一波、曾山、习仲勋、杨尚昆、贾拓夫和各大区负责人出席。

**同日** 审阅中共中央关于批判大汉族主义思想的指示稿，加写一些内容，成为这个指示的主体部分。毛泽东加写的是：“（二）河南民族关系如此不正常（除郑州等处），各省恐怕也有类似情形，故请各中央局、分局、省委、市委负责同志，统战部及民族委员会（有民委的地方）的同志，抽出时间一读张执一、马杰两同志的报告〔1〕。此种情形，对于共产党人说来，是不能容忍的，必须深刻批评我们党内在很多党员和干部中存在着的严重的大汉族主义思想，即地主阶级和资产阶级在民族关系上表现出来的反动思想，即是国民党思想，必须立刻着手改正这一方面的错误。凡有少数民族存在的地方，都要仿照中南的办法，派出像张执一和马杰这样懂民族政策、对于仍然被歧视受痛苦的少数民族同胞怀抱着满腔同情心的同志，率领访问团，前往访问，认真调查研究，帮助当地党政组织发现问题和解决问题，而不是走马看花的

〔1〕 张执一，当时任中共中央中南局统战部部长、政务院民族事务委员会副主任委员，中南行政委员会秘书长、政治法律委员会主任、民族事务委员会主任。马杰，当时任政务院民族事务委员会办公厅秘书处处长。张执一1953年1月30日关于访问河南少数民族的情况给中共中央中南局并中央统战部、中央人民政府民族事务委员会党组、河南省委的报告中反映：河南回、汉民族关系不正常，突出表现在不尊重宗教信仰自由及生活习惯。存在的主要问题是：清真寺的土地被分掉，清真寺本身也有不少被占用；不尊重回民的生活习惯，甚至多方嘲笑、侮辱；大多数回民的收入比解放前降低；拨给少数民族的文教卫生专款多未专用，回民中学的待遇也不及一般中学等。马杰1953年2月21日关于河南少数民族工作的情况给李维汉等的报告，对河南少数民族工作提出一些建议。

访问。根据不少材料看来，中央认为凡有少数民族存在的地方，大都存在着尚未解决的问题，有些是很严重的问题。表面上看来平静无事，实际上问题很严重。……如果我们现在不抓紧时机进行教育，坚决克服党内和人民中的大汉族主义，那是很危险的。在许多地方的党内和人民中，在民族关系上存在的问题，并不是什么大汉族主义的残余的问题，而是严重的大汉族主义的问题，即资产阶级思想统治着这些同志和人民而尚未获得马克思主义教育，尚未学好中央民族政策的问题，故须进行认真的教育，以期一步一步地解决这个问题。”“（三）此件及两个附件请登党刊。另外，应在报纸上根据事实，多写文章，进行公开的批判，教育党和人民。”改写后，将指示稿批送朱德、邓小平、邓子恢、饶漱石、安子文、彭真、彭德怀、林伯渠、董必武、高岗、陈伯达、李维汉、乌兰夫、刘格平、刘春、杨静仁〔1〕、胡乔木阅，杨尚昆办，指出：“此问题很大，故加了两段。如有意见，请批出，送我再阅。如无意见，请尚昆以代电形式，印送各中央局、分局、省市委，西藏则发电报。在北京，印发如前示。”三月二十七日，又批示杨尚昆：“请将胡乔木同志在张执一、马杰两报告中所指要删掉的地方，加以删除，然后以代电发出。在北京另印发如前示。”

**同日**　为中共中央起草下发《中央关于农业生产互助合作的第二个决议（草案）》的批语：“此件发给各中央局、中央分局、省委、市委、地委研究和试行。”

**同日**　审阅修改中央军委本日关于同意中南军区一九五三年工作计划给中南军区党委并告各大军区及志愿军党委、军委各部门的

〔1〕刘格平，当时任中共中央统战部副部长、政务院民族事务委员会副主任委员。1954年9月、11月又先后任全国人大民族委员会主任委员、中央民族学院院长。刘春，当时任政务院民族事务委员会副主任委员。杨静仁，当时任中共中央统战部四处处长。

电报稿，加写以下内容："（三）将此电及中南军区司令部二月二十三日来电发给各大军区及志愿军党委会，关于允许下级批评上级所犯错误，用向上级提意见的方式表现出来，请照此办理。（四）将此电及中南军区司令部二月二十三日电发给军委各部门研究，并加以检查，所犯错误应加改正。（五）关于军委各部门所发文件有些互相矛盾一事，不但与各部门有关系，也与军委过去在这方面缺乏统一调节的工作有关。今后军委当建立这种统一调节的工作。"

**3月17日** 审阅修改中共中央对山东聊城地委关于高唐县的县、区干部脱离群众行为检查情况给山东分局报告的批语稿，为批语拟题《中央关于布置农村工作应照顾小农经济特点的指示》，并加写一段话："即使在互助合作组织普遍发达的农村，也要照顾这种分散的特点，因为目前的互助组和农业生产合作社的组织，还是小型的组织，并且是建立在私有财产基础之上的，使用落后工具的。"

**3月18日** 上午，同从朝鲜前线回国接受任务的杜平〔1〕谈话，彭德怀参加。在了解朝鲜西海岸抗敌登陆的备战工作情况后，毛泽东说：我们有了准备，敌人就不敢来了，即使来了，我们也不怕。艾森豪威尔现在是骑虎难下，要打力不从心，要和于心不甘。所以，我们现在是一动不如一静，让现状拖下去，拖到美国愿意妥协并由它采取行动为止。最后，毛泽东提出要杜平到开城参加朝鲜停战谈判工作。

**3月19日** 为中共中央起草的《关于解决区乡工作中"五多"问题的指示》本日发出。指示说："一九五二年十二月西北

〔1〕 杜平，当时任中国人民志愿军政治部副主任、西海岸指挥部副政治委员兼政治部主任。1953年4月又任朝鲜停战谈判中国人民志愿军代表团党委副书记。

局检查组关于区乡工作中‘五多’问题的报告，写得很好。这个报告集中地反映了我们党政组织在农村工作中一些严重地脱离农民群众损害农民及其积极分子的利益的问题，即所谓‘五多’问题。‘五多’，就是任务多，会议集训多，公文报告表册多，组织多，积极分子兼职多。这些问题，很久就存在了，中央曾对其中有些问题有过指示，要求各级党委予以重视和解决，但是不但没有解决，反而越来越严重。其原因，是没有将整个问题系统地提出来，尤其重要的是没有在中央、大区、省（市）、专区和县这五级党政领导机关中展开反对分散主义和官僚主义的斗争。因为区乡的‘五多’，基本上不是从区乡产生的，而是从上面产生的，是因为在县以上各级党政领导机关中存在着严重的分散主义和官僚主义所引起的，有些则是过去革命战争和土地改革时期的产物，未加改变，遗留至今的。因此，必须在一九五三年内，在执行中央一九五三年一月五日关于反对官僚主义、反对命令主义、反对违法乱纪的指示中，着重地克服领导机关中的官僚主义和分散主义，并将那些过去需要而现在已不需要的制度和办法加以改变，方能解决这个问题。”指示分别责成由中央组织部、中央人民政府政务院及其所属财经、文教、政法三个委员会的主管同志负责，各中央局、分局、省市委及各该级行政机关主管同志负责，对于“五多”问题加以清理，规定适当的制度和办法，并报告中央。指示强调指出：“农业生产是农村中压倒一切的工作，农村中的其他工作都是围绕着农业生产而为它服务的。凡足以妨碍农民进行生产的所谓工作任务和工作方法，都必须避免。目前我国的农业，基本上还是使用旧式工具的分散的小农经济，这和苏联使用机器的集体化的农业，大不相同。因此，我国在目前过渡时期，在农业方面，除国营农场外，还不可能施行统一的有计划的生产，不能对农民施以过多的干涉，还只能用价格政策以及必要和可行的经济工作和政治工作去指导农业生产，并使之和工业相协调而纳入国家经济计划之中。超过这种限度的所谓农业‘计划’，所谓农村中的‘任务’是必然行不通的，而且必然要引起农民的反对，使我党脱离占全国人口百分之八十以上的农民群众，这是非常危险的。”“即就广泛发展中的农业互助组和现在还不多的农业生产合作社来说，也只是几家在一起或几十家在一起的小型的组织，而且是建立在私有财产基础之上的，大多数尚不固定，又是使用旧式农具的。因此，对于这些互助组和合作社，按照中央已有的决定给以积极的提倡和适当的指导是完全必要的，但是决不应当将它们混同于社会主义的集体农庄，决不应当施行过多的干涉。我党现在在农村中的主要的危险倾向，就是许多同志将分散的经济混同于集体的经济，就是干涉过多。”

**同日** 审阅中共中央转发西北局对甘肃临夏检查民族政策执行情况报告的复示的批语稿，批示：“送李维汉同志再阅，在附件中添了一个附注。”毛泽东在西北局的复示中写的附注是：“有些地方民族平等基本实现了，民族隔阂基本消除了，在这些地方可以说大民族主义只是残余了。但在民族平等还未基本实现，民族隔阂还未基本消除的地方则大民族主义还是严重地存在，不能说只是残余。再则目前时期主要的危险思想是大汉族主义，不要笼统提大民族主义。——中央”。

**同日** 致电周恩来：“关于克拉克〔1〕于二月二十二日要求双方先交换重伤病而不能行走的俘虏问题，我方尚未答复。乔冠华〔2〕根据你的意见已拟好一个采取驳斥态度的谈话稿，在我处压下

〔1〕 克拉克，当时任“联合国军”总司令。

〔2〕 乔冠华，当时任中央人民政府办公厅副主任、新闻总署国际新闻局局长、外交部外交政策委员会副主任委员、中国人民外交学会副会长。

未发，等你回来商量后再办。美方此次要求可能是杜勒斯[1]上台后的一种试探作法。我方对策有二，一种是驳斥，一种是表示可以商谈，在商谈中再看情形决定最后对策。你在和苏联同志谈话时，请将这件事提出询问他们的意见。又朝鲜问题的解决途径，据我看，美方似乎以先找苏联商谈的可能性较大，在板门店直接寻求妥协的可能性较小。是否如此，亦请探询苏方意见。”

**同日** 阅贺诚[2]、傅连暲三月十八日关于林彪病况给毛泽东的报告，致信因病正在休养的陈云：“此件请阅。每天用毛巾蘸热水擦身，先热后冷，又冷又热，锻炼皮肤毛血管又收缩又扩张，每擦一次，可经半小时，多至一小时，擦完全身发热。每天一次至两次，擦一二年可收大效，似可试试。林彪同志长期不听医生的话，现在听了，情况有好转。”

**同日** 下午，在中南海颐年堂主持召开中共中央政治局扩大会议。

**3月20日** 上午，同胡乔木谈话。本日，胡乔木致信毛泽东，表示完全同意中共中央关于解决区乡工作中“五多”问题的指示。他认为，任务多的问题，除各部委的责任外，还与中央书记处批发电报的状况有关，因为也有一些下面认为过重的任务是由中央批准过的（至少电报是用中央名义发的）。毛泽东阅后批示：“此点请各同志注意，用中央名义批发的电报不要太多了，非十分必要者不要批发。”二十二日，中央办公厅机要室报来中央及中央直属各部委自一九五三年一月一日起至三月二十日止，所发全国性电报的分类统计报告。报告说：这期间中央署名发各地的指示、通报有一百二十

---

〔1〕 杜勒斯，当时任美国国务卿。

〔2〕 贺诚，当时任卫生部副部长、中央军委总后勤部副部长兼总后勤部卫生部部长。

八份，中央直属各部、委署名发各地的指示、通报有九十八份，以上两项共计二百二十六份，以七十九天计，每日平均不及三件。毛泽东阅后批示："中央在七十九天中发文统计。饶、安、习、周、朱、彭、高、邓、邓〔1〕阅，退毛。""还是太多，要减少。"

**同日**　下午，同邓小平、薄一波谈话。

**3月21日**　阅人民日报社总编室三月十八日编印的《党报通讯》第四期刊载的《上海市税务机关征税中违反政策现象严重》一文，批示："薄一波同志：上海税务局应加整顿，对严重违法乱纪分子应作适当处置，争取主动，免被资本家告发，陷于被动。"

**同日**　审阅邓小平本日报送的徐子荣〔2〕三月十三日关于侵入我国渔区的三艘日本渔轮的处理意见的报告。报告说：山东水产青岛分公司于一九五二年十一月、十二月捕获侵入我国渔区的日本渔轮三艘。现提出如下处理意见：第一，对属独占资本家的一艘渔轮及鱼类全部没收。对属小资本家的两艘除没收鱼类外，渔轮发还。第二，三十八名船员的私人物品发还，船员教育后释放回国。邓小平批示："同意。主席阅后退徐子荣同志办。"毛泽东阅后批示："三艘渔轮，可一起放还，只没收其鱼类。俟将来东京日本水产公司渔轮再来侵渔时，再决定没收其渔轮不迟。"二十二日，邓小平批示徐子荣："请照主席批示办理。"

**同日**　阅萧向荣三月十三日关于中央军委第十六次例会情况的报告，批示萧向荣："各项〔3〕均同意。惟运动员三千人是否可以

---

〔1〕饶、安、习、周、朱、彭、高、邓、邓，指饶漱石、安子文、习仲勋、周恩来、朱德、彭真、高岗、邓小平、邓子恢。

〔2〕徐子荣，当时任公安部副部长。

〔3〕指报告中谈到的军以下各部队以参谋长为第一代理人的问题、军训部的干部配备问题、军事体育问题，以及军队中的抚恤工作改由后勤部门主管的问题。

减少的问题，请由萧克[1]、萧华二同志会同政府有关此事主管人员，商量一次，加以研究，作出统筹计划，送周总理、彭副主席和我核阅。”

**同日**　下午，同陈正人谈话。

**3月22日**　复电在莫斯科的周恩来：“三月二十日、二十一日两电均收到。我们同意所提方针。这实际上即是去年九月上旬我们向谢明诺夫[2]同志所提三个方案中的一个方案，即将已达成协议的俘虏按比例交换，而将未达成协议的俘虏交给如印度一类的中立国管理，待后解决。后来因美国在板门店采取横蛮态度，这个方案未能提出。现在提出这方案是适合时机的。惟我方声明中应将俘虏分成达成协议者和未达成协议者，而不称为愿回家者和不愿回家者，以免和我们历来反对所谓‘自愿遣返’原则相冲突。具体步骤待你回来酌处。”

**同日**　下午，在中南海颐年堂召开会议。

**同日**　晚上，同乔冠华谈话。

**3月23日**　就准备同意讨论交换重伤病战俘问题等，复电丁国钰并告金日成、彭德怀[3]，指出：（一）对方最近在板门店的行动，带有明显的挑衅和威胁的性质，因此应该提高警惕，设想坏的情况，并作必要准备；但另一方面，对方这些行动的目的则显然是逼我谈有关停战的主题，实质上表示对方着急。艾森豪威尔[4]上台后在亚洲采取一系列措施，企图从杜鲁门[5]造成的束缚中解脱出来，争取主动，其建议交换伤病俘可能是对方有意

〔1〕萧克，当时任中央军委军事训练部部长。

〔2〕谢明诺夫，斯大林的代称。

〔3〕这个电报由有关部门起草，毛泽东修改后发出。

〔4〕艾森豪威尔，当时任美国总统。

〔5〕杜鲁门，曾任美国第33届总统，1953年1月离任。

在板门店转弯的一个试探行动。在分析对方具体行动时，必须注意问题的这两个侧面。（二）关于克拉克二月二十二日建议先行交换可以行走的重伤病俘虏一事，我方准备同意讨论此事。

**同日** 下午，在中南海颐年堂召开会议，到会二十一人。

**3月24日** 审阅修改《中共中央关于农业生产互助合作的决议》、《关于春耕生产给各级党委的指示（草案）》稿和《人民日报》社论稿《领导农业生产的关键所在》。对《决议》写一个说明，修改一段文字，加写两段话。写的说明是："这个决议于一九五一年十二月十五日中共中央以草案形式发给各级党委试行，至一九五三年二月十五日中共中央通过成为正式决议，并作了部分的修改。"毛泽东本日修改的一段文字是（加写和改写的文字用着重号标明）："中央估计了它们的两方面的性质，即私有的性质和合作的性质。初级互助组的组员，他们的生产资料是完全私有的，但也带了共同劳动的性质，这就是社会主义的萌芽。常年互助组则使这种萌芽进一步生长起来了。农业生产合作社，就其建立在私有财产的基础上，农民有土地私有权和其他生产资料的私有权，农民得按入股的土地分配一定的收获量，并得按入股的工具及牲畜取得合理的代价这些条件来说，它保存着私有的性质。就其在农民以土地入股后得以统一使用土地，合理使用工具，共同劳动，实行计工取酬，按劳分红，并有某些公共的财产这些条件来说，它就比常年互助组具有更多的社会主义的因素。"加写的两段话是："在农村中压倒一切的工作是农业生产工作，其他工作都是围绕农业生产工作而为它服务的。任何妨碍农业生产的所谓工作任务和工作方法，必须避免。""在解决了有关农业互助合作的许多问题之后，党中央认为必须重复地唤起各级党委和一切从事农村工作的同志和非党积极分子的注意，要充分地满腔热情地没有隔阂地去照顾、帮助和耐心地教育单干农民，必须承认他们的单干是合法的（为共同纲领和土地改革法所规定），不要讥笑他们，不要骂他们落后，更不允许采用威胁和限制的方法打击他们。农业贷款必须合理地贷给互助合作组织和单干农民两方面，不应当只给互助合作组织方面贷款，而不给或少给单干农民方面贷款。在一个农村内，哪怕绝大多数农民都加入了互助组或合作社，单干农民只有极少数，也应采取尊重和团结这少数人的态度。”在修改关于春耕生产的指示草案时，加写一句话：“贷款还期不应当是春借秋还，必须待农民有了两个收成之后然后令其归还。”在审阅和修改三个文件后，致信邓子恢：“指示和社论都看了，只改了几个字。互助合作决议，改了三处，请你看过后，派人走送高岗、朱德、董必武、林伯渠、彭真、彭德怀、邓小平等同志一阅（一天轮完），如果你及他们都同意，请叫廖鲁言〔1〕同志将修改处抄正，再送报社发表。互助合作决议修改处，陈伯达同志已看过。社论，陈伯达同志有些意见，请与他再加斟酌。”三月二十六日，《人民日报》发表《中共中央关于农业生产互助合作的决议》、《中共中央关于春耕生产给各级党委的指示》和《人民日报》社论《领导农业生产的关键所在》。四月一日，毛泽东批示将三个文件汇编成册，题为《当前农村工作指南》，发到全党。

**同日**　阅中共湖北省委三月二日关于贯彻全省手工业代表会议精神给所属的指示，批示：“子恢同志：湖北此件很好。第七

〔1〕廖鲁言，当时任中共中央农村工作部副部长、政务院副秘书长。1954年9月又任农业部部长。1955年11月又任国务院第七办公室副主任。

页上所说十项协议[1]你处如有，请给我一阅。请你替中央起草一个电报，将湖北文件转发各地，要各省也召开手工业代表会议，如何?”湖北省委的指示说：湖北自解放以来手工业有很大发展，但仍存在一些问题。当前最突出的问题，是把小生产者当作资本家，把劳动者内部雇佣、师徒关系当作劳资关系，因而造成关系紧张，影响生产。加之盲目强迫组织联营和合作社，在处理公私关系上某些措施不当，致使部分手工业者不敢大胆雇人，

---

〔1〕 指1953年2月召开的湖北省手工业代表会议通过的《关于师徒、雇佣、劳资之间几项问题的协议》。主要内容是：（一）学徒主要任务是学好技术，因而必须端正劳动态度，遵守劳动纪律，听从师傅在生产上的分配与指导。师傅不得打骂和虐待学徒及强迫学徒做与生产毫无关系的事情，传授学徒技术，提倡教得好，教得快，教得全。提倡尊师爱徒，提倡师傅以教好技术为光荣，学徒以学好技术为光荣。（二）新收学徒，老板可以自由收请不受限制，但在确定收学徒时须通知工会，并在当地劳动部门备案。（三）现有学徒今后主要是学好技术，师傅教好技术，师徒双方负责订立合同，要求在学习期满时，能够掌握一定的技术。（四）学徒因公致病之医药费用，经医生检查证明，小病、轻病及短期病症由师傅负担，大病、重病及长期病症，如师傅全部负担有困难时，可由工人申请，从工会会员困难补助金中酌情补助一部分。（五）学徒3年出师之旧例可以保持，但应尽可能提前教好技术。出师后如因生产发展店内用人，双方自愿可以留下工作，工资另行协商。（六）劳动者内部的雇佣关系，应本有利生产，团结互助，协商解决之精神，处理一切问题。（七）劳资关系中如有纠纷，应本发展生产、劳资两利原则协商解决，必要时可经过劳动部门调解、仲裁或经法院判决。（八）雇请临时工人期满后可以辞雇，不作解雇处理。（九）工作时间，在半机器工厂及手工工场中，每日工作时间，一般不超过10小时；零散的厂店、作坊，每日工作时间一般不超过12小时。（十）休息日连同新旧假期在内，一年暂定45天至70天，各地各业可结合具体情况协商规定。基层工会干部之会议活动，每月不得超过两个生产日，一般工人活动不能占用生产时间。

增加资本，扩大生产。这些都使手工业品供不应求的情况更加严重。指示作出解决这些问题的六项决定。

**同日**　下午，同陈伯达谈话。

**3月25日**　为转发中共山东胶州地委三月十四日关于通过县、区、乡干部大会布置和检查工作进行“新三反”情况的报告，起草中央给各中央局、分局，省市委的指示。指示说：“此件极好，可以发到县委阅看（并登党刊），并可普遍仿照施行，有利无弊。胶州专区所辖各县中已有五个县正确地解决了新三反的问题。其办法是由县委召集县、区、乡三级干部开会，到会人数多者一千四百人，少者七百多人。他们不是专为新三反而开会的，而是为了检查过去工作，布置今后工作而开会，就在这个会中展开了新三反斗争，由县委先作深刻的自我检讨，引导区、乡干部向县、区提出批评，并广泛地展开了自我批评。会议不但批评了坏人坏事，又表扬了好人好事，使人们知道去掉命令主义之后如何去做工作。开会时间十二天至十五天，是用整风方式进行的。这样做，受损伤的人很少，而团结教育觉悟起来的人则很多，各地都可以这样做。由省委指导地委，由地委指导县委好好地去做，做得愈有准备有秩序些就愈好。至于极少数最典型的坏人坏事，则须经过详细调查研究，作专案处理，并予以揭露，教育党和人民。”

**同日**　下午，同邓子恢谈话。

**3月26日**　听取周恩来汇报同苏共领导人商谈朝鲜停战方案的情况，并确定中国政府应采取的方针。

**3月27日**　阅财政部三月二十五日关于上海市税务机关征税中严重违反政策情况的报告，批示：“薄一波同志：此件有教育意义，应由中财部（加一报头，说几句话）发给各大区及省市财委及其财政管理局。”

**同日** 致电金日成[1]。电报说：现友方[2]提议，拟以金、彭名义复克拉克一信，表示我方完全同意关于在战争期间先行交换双方病伤战俘的建议，以重开谈判之门，然后再由北京、平壤、莫斯科相继发表声明，准备在遣返战俘问题上作一让步，以争取朝鲜停战，但也准备在争取不成的情况下继续打下去。请考虑在平壤发表声明后，即由人民军总部宣布南日同志已任外相，改派李相朝同志为朝中方面的首席代表。拟告李相朝同志偕乔冠华同志于本月底由北京动身经平壤往开城。中国志愿军谈判代表拟即由丁国钰、柴成文两同志担任。李克农待谈判重开后即来开城。

**同日** 致电丁国钰并告金日成、彭德怀[3]，指出：如金首相同意此项信稿[4]，请即以电话告开城并电复我们。开城可于二十八日下午将此信交给对方，平壤、北京于二十八日晚广播，二十九日登报。如美方同意派联络官会晤，商定恢复谈判日期，望即电告。

**同日** 复信黄炎培："三月二十六日的信[5]及附件收到，甚谢。此种材料有用，已转付有关同志阅看。五反以来延未解决的问题，今年大致可以获得解决，但尚须大家努力。"

**同日** 复信林志钧[6]："惠书及悼斯大林大元帅长诗收到，充满对人民的感情，极为钦佩。"

**同日** 晚七时四十分，同邓子恢谈话。

**同日** 晚八时十分，在中南海颐年堂召开会议。

---

〔1〕 这个电报由周恩来起草，毛泽东审定后发出。

〔2〕 指苏联。

〔3〕 这个电报由周恩来起草，毛泽东修改后发出。

〔4〕 指由中方起草的金日成、彭德怀对克拉克1953年2月22日来信的复信稿。

〔5〕 这封信中主要介绍了中国民主建国会收集的工商界"五反"以来存在问题的情况。

〔6〕 林志钧，当时任政务院参事室参事。

**3月29日** 为转发中共中央山东分局三月二十六日关于“新三反”问题的报告，起草中央给各中央局、分局并转省市委的批语：“山东分局此件指出各点均很好，可供各地参考。”山东分局的报告提出在“新三反”斗争中，要掌握三个环节：（一）结合中心工作处理违法乱纪的典型事例。到一定阶段，对好人好事予以表扬，好的、坏的典型都公之于众。（二）通过召开党代会、人代会及干部会议，检查总结和布置工作，领导上进行自我检查，开展自下而上的批评。（三）今年参军运动及春耕生产工作均紧密地贯彻了“新三反”斗争的精神。报告还提出，要严格防止界限不清、打击面过宽的偏向和以官僚主义反官僚主义、以命令主义反命令主义、以违法乱纪反违法乱纪的错误。

**同日** 晚九时，审阅周恩来《关于朝鲜停战谈判问题的声明（草稿）》，在末尾加写一句话：“如果联合国军方面对于谋取和平具有诚意的话，我方这个建议是应该能够被接受的。”半小时后，约周恩来商谈。声明指出：中朝两国政府在共同研究了联合国军总司令克拉克将军于一九五三年二月二十二日提出的关于在战争期间先行交换双方病伤战俘的建议之后，一致认为根据一九四九年日内瓦公约第一百零九条的规定，这一问题完全可以得到合理的解决。关于交换病伤战俘问题的合理解决，对于顺利解决全部战俘问题显然具有极重大的意义。因之，我们认为，解决全部战俘问题以保证停止朝鲜战争并缔结停战协定的时机，应当说是已经到来了。但是鉴于双方在这个问题上的分歧是目前达成朝鲜停战的唯一障碍，并且为满足世界人民的和平愿望，中华人民共和国政府和朝鲜民主主义人民共和国政府本着一贯坚持的和平政策，本着一贯努力于迅速实现朝鲜停战，争取和平解决朝鲜问题，以维持和巩固世界和平的立场，准备采取步骤来消除在这个问题上的分歧，以促成朝鲜停战。为此目的，中华人民共和国政府和朝鲜民主主义人民共和国政府提议：谈判双方应保证在停战后立即遣返其所收容的一切坚持遣返的战俘，而将其余的战俘转交中立国，以保证对他们的遣返问题的公正解决。

**同日** 晚十时二十分，主持召开中共中央书记处会议。

**3月30日** 致电金日成[1]："现将北京声明稿发上，并请转给友人一阅。此稿准备于今（三十）日晚间广播，三十一日登报。你对此稿有无意见，望立电复。平壤声明何日发表，请告。"三十一日，复电金日成："三十一日电悉。你的声明[2]，我们完全同意。"

**同日** 阅全国合作总社西南区办事处三月二十日关于西南区合作社调整商业后的严重情况的报告，批示："邓小平同志：此件值得注意。你前次所谈万县事件和江津事件，均是当地犯了错误。万县材料见早几天的《内部参考》，是三反、五反中地书[3]曾戎犯了严重的乱打乱捕及迫死许多人的错误所引起的，应当彻查平反。合作社问题则不止江津，而是全四川各地，犯了大规模撤退的错误。以上请你以电话与西南局一商妥为处理。"西南区办事处的报告说：四川省截至三月初的不完全统计，各地合作社撤销了三千五百多个经营和生产单位，营业额普遍下降。由于这样收缩，造成了合作社业务上的混乱和社员的不满。不少干部无原则迁就私商，私商乘机扰乱市场，杀价收购、高价出售。

**3月31日** 审阅修改邓子恢根据毛泽东三月二十四日指示起草的中共中央关于手工业问题的电报稿。主要修改情况如下（加写和改写的文字用着重号标明）："手工业在国民经济中占有很大比重，是在一个很长的时期内不可缺少的一种经济形式。""由于

---

〔1〕 这个电报由周恩来起草，毛泽东审定后发出。

〔2〕 指金日成发表的《完全同意和支持周恩来〈关于朝鲜停战谈判问题的声明〉的声明》。金日成的声明于1953年3月31日发表。

〔3〕 地委书记的简称。

农民目前的生产资料（如农具、肥料等）与生活资料（如布、手巾、鞋袜、烟等）百分之六十、七十，有的竟至百分之八十左右是依靠城乡手工业品供应（即是说目前农村依靠近代工业供应的物资，只占农村需要量的百分之四十、三十或二十左右），而农产品亦有很大部分作为手工业原料销售。”并将标题改为《中共中央关于应当重视手工业的指示》。同时批示杨尚昆：“此件发到会各同志，准备讨论用。”四月二日，再次审阅这个指示稿。在指示稿中第三项“对于手工业中存在着劳资、雇佣和师徒三种不同的关系划分不清，处理不当，对于组织联营和合作社，采取强迫命令等等，在不同程度上影响到手工业者的生产情绪，不敢大胆雇请工人、学徒，增加资本，扩大生产，这些均应加以注意，有步骤地分别加以解决”之后，加写：“但在另一方面，目前仍有一些手工业资本家和手工业者对于工人和学徒存在着待遇恶劣的情形，亦应当予以妥善的处理。”四月四日，批示邓子恢：“湖北手工业协议，似可在《人民日报》上转载，请予酌定。”四月二十三日，《人民日报》发表湖北省的《关于师徒、雇佣、劳资之间几项问题的协议》。

**4月1日** 下午六时十分，同陈伯达、胡乔木谈话。六时半，同张闻天谈话。

**4月2日** 审阅修改中共中央关于同意推迟执行群众性戒烟运动的指示稿，重拟标题为《中共中央关于推迟群众戒烟时间和给地方党政以权力推迟或停止上级所发那些不合实际情况的命令指示问题的指示》。对指示稿修改如下（加写和改写的文字用着重号标明）：“湖南省委三月十四日电及中南局三月二十一日来电均悉。中央同意湖南省委及中南局的请求，将群众性的戒烟运动推迟执行。并认为凡对生产有妨碍的工作，不论是中央哪一个部门部署的，只要当地党委认为有必要推迟进行，均可提出请求，推迟进行。此外，根据主观主义设想根本不符合实际情况的任何上级的命令指示，必须加以废止或修改者，地方党政有权提出意见。遇到这种情况，地方党政从实际出发提出意见，是正确的；不提意见，将不正确的命令指示，违反群众意见，硬着头皮往下推，则是不正确的。当然，除了遇着紧急情况，地方党政有权得先行处理，然后报请上级追认外，一般事件，最后如何处理，均应报告中央或其他原决定的上级机关批准，然后执行。”

**同日** 阅中南行政委员会三月三十一日关于整顿小学若干问题的指示，批示：“周总理、习仲勋同志：此件你们觉得如何，我看很好，请习交教育部加以研究，有不妥当处酌加修改，由政务院转发各大区、省市仿照施行。”二十二日，政务院转发修改后的中南行政委员会的指示。指示说：整顿巩固、保证质量，是中央对目前整个文教工作的总的方针。中南区的小学教育，过去三年来有很大发展，但由于领导上缺乏计划性，工作带有很大盲目性，目前情况相当混乱，质量多数低劣。因此，必须加以认真的整顿。指示提出了六项具体整顿措施。

**同日** 下午，在中南海颐年堂主持召开中共中央政治局会议。会议听取高岗接手编制第一个五年计划后的情况说明，讨论《中共中央关于应当重视手工业的指示》。

**4月3日** 阅白学光〔1〕三月二十七日关于中央军委总后勤部卫生部领导工作中的几个主要问题的报告，致信周恩来、习仲勋、胡乔木、彭德怀、黄克诚、贺诚。信中说：“白学光同志这个报告，深刻地揭露了军委卫生部的领导方面所犯的极端严重的官僚主义。根据白学光的报告看来，军委卫生部对全军卫生工作可以说是根本没有什么领导，这是完全不能容忍的，必须立刻着手解决。提议：（一）请彭、黄主持，在军委例会上讨论一次，邀军委卫生部

---

〔1〕 白学光，当时任中央军委总后勤部卫生部政治部主任。

部长、副部长及白学光同志到会，决定解决方案，付诸施行。（二）政府卫生部与军委卫生部的部长、副部长不要兼任，另物色适宜的同志（不一定要学过医的同志）充任军委卫生部部长、副部长。以上请彭、黄酌办。因为白学光的揭露，使我想到政府卫生部的领导工作是否和军委卫生部的领导工作有多大差别。我怀疑政府卫生部的领导工作可能和军委卫生部的领导工作同样是一塌糊涂，既看不见政治领导，也看不见认真的业务和技术领导，只是没有白学光这样一个人作出这样有条理有根据的揭露，所以我们还不知道。请习、乔参考白学光的报告，严肃地检查一次政府卫生部的工作，看和军委卫生部好得多少？并对存在的问题决定解决方案，付诸施行。无领导，无政治，也不认真管业务的部门——专门吃饭、做官、当老爷的官僚衙门，除军委卫生部外，可能还有别的部门，请你们在此次反官僚主义斗争中，撕破面皮，将这些彻底整垮，改换面目，建立真正能工作的机关。”同时，批示杨尚昆：“此件请印发在京各中央委员、候补中央委员，中央和军委各部门（发至各总部下面的一切部，卫生部还要发部长、各副部长及处长各一份），中央人民政府各党组。”白学光的报告说：过去军队卫生工作是有很大成绩的，但也存在着许多问题，主要是：第一，摊子摆得太多，部领导忙于直属单位的行政事务，对全军的卫生业务以及直属单位的业务工作缺乏指导，甚至根本没有指导。第二，领导不集中。贺诚部长经常在中央人民政府卫生部工作。几个副部长虽然有分工，但很少一块研究工作，形成分家的现象，有些问题推来推去就误了事。第三，存在着许多严重问题，一是医疗事故多；二是严重浪费；三是成分复杂，各单位领导水平不高；四是许多干部（不论政治、行政、业务）不安心在卫生部门工作，卫生部缺乏政治思想领导，不能很好发挥大家的积极性。白学光建议：贺诚部长回到军委卫生部坐镇；认真地开展反官僚主义，加强政治思想领导；希望总政治部和总后勤部党委加强对卫生部门政治工作的领导，充实一批必要的骨干。

**同日**　审阅彭德怀为中央军委起草的复杨得志[1]并王建安[2]电，作如下修改（加写和改写的文字用着重号标明）："根据目前情况，在我确有充分准备情况下，举行小规模的歼击战，每次歼灭一两个排至一两个连，例如丁字山、老秃山、织女星山一类的作战，使我九兵团及其他兵团取得新的战斗经验及促进停战谈判均有利。如确有把握，发动时间亦可提早，请杨根据实际情况决定之。至于一次同时在前线打数十个据点之敌的战役性的作战，则以待至五月中旬或下旬为宜。"

**4月5日**　阅彭德怀三月三十日关于铁道兵部队建制问题的报告。报告说：关于铁道兵部队直属军委归参谋长管，不属铁道部建制的建议，待朝鲜战争结束可予同意。平时人数少，保存骨干进行技术训练，以备战时按需要扩大。毛泽东批示："朝战停后，十一个师，须以大部修路，一部（骨干）可属参谋部管，进行技术训练，以备战时与主力合并，以应作战需要。恩来意见[3]请注意。"

**同日**　将许涤新[4]四月二日关于一、二两月工商情况的报

---

〔1〕　杨得志，当时任中国人民志愿军第二副司令员。

〔2〕　王建安，当时任中国人民志愿军第9兵团司令员兼政治委员。

〔3〕　周恩来1953年4月3日在彭德怀报告上批的意见是："现在铁道兵团共有11个师，建制属铁道部，但供给托后勤代管。即使朝战停止，铁道部队在国内修路仍有极大作用，特别是内蒙、西北、东北修路更需要他们，因此，此事似应从长计议。"

〔4〕　许涤新，经济学家。当时任中共中央统战部秘书长（1955年7月任副部长）、中华全国工商业联合会筹备委员会副主任委员（1953年11月任中华全国工商业联合会副主任委员）。1954年11月又任国务院第八办公室副主任兼中央工商行政管理局局长。1955年6月又任中国科学院哲学社会科学部委员。

告送黄炎培、陈叔通阅，附信说："许涤新的报告颇有些材料，可以一阅，请予掷还。"

**4月6日**　晨零时，致电乔冠华并告金日成、彭德怀〔1〕，指出：在六日双方联络官会议中，可只谈双方在战争期间按日内瓦公约一〇九、一一〇两条交换病伤战俘问题，而暂不涉及我方新建议和复会时间问题，以免因此发生争论陷于被动。

**同日**　下午，在中南海颐年堂主持召开中共中央政治局会议，讨论一九五三年国民经济计划。

**4月7日**　致电乔冠华并告金日成、彭德怀〔2〕，指出：我方今日发言应表示我方了解对方的立场是将"联合国军收容下的全部病伤被俘人员完全送交"我方。如果对方默然，即证明自愿原则已不存在；如果对方声明并非全部，则我方即可保留将来遣返者收容于中立国的要求，但在联络官会议中可先解决直接遣返的安排细节问题。

**同日**　审阅庆祝五一国际劳动节口号，批示："刘、周、陈、乔木、罗迈〔3〕阅。请考虑提交政协常委会（可扩大些，多邀几个人）通过，用政协全国委员会名义发表。"十七日，再次审阅五一国际劳动节口号，加写三条："十九、向革命烈士家属和革命军人家属致敬！""三十三、男女盐民及盐业工人们，为提高盐的质量而努力！""三十四、男女船民们，为水运畅通发展城乡物资交流而努力！"同时，批示邓小平："（一）略有文句上的增减。（二）政协会谈此件时，应邀各人民团体的负责人及各民主党派的宣传部长先谈一下，或在一起谈也好。"二十日，口号经全国

〔1〕这个电报由周恩来起草，毛泽东审定后发出。

〔2〕这个电报由周恩来起草，毛泽东审定后发出。

〔3〕罗迈，即李维汉。

政协第一届常务委员会第四十八次会议通过。

**4月8日** 致电乔冠华并告金日成、彭德怀〔1〕，指出：在交换病伤战俘协议达成时，须准备发表一书面声明，保留我方提出要求将未被直接遣返的在对方收容下的我方病伤被俘人员收容于中立国的权利。十一日，双方在联络组会议上签订《遣返病伤被俘人员协定》。二十日，双方在板门店开始遣返病伤被俘人员。

**4月9日** 致电乔冠华并告金日成、彭德怀〔2〕：“现将朝中两国政府建议的说明信稿〔3〕发给你们。这一说明是以南日同志名义发给哈利逊的。可于明（十）日在联络官会上面交对方，并于明晚在平壤、北京两地广播，十一日登报。有了这一说明，我方可更主动地要求对方在关于交换病伤战俘的协定达成协议后，

〔1〕 这个电报由周恩来起草，毛泽东审定后发出。

〔2〕 这个电报由周恩来起草，毛泽东审定后发出。

〔3〕 南日1953年4月9日致哈利逊的朝中两国政府关于解决全部战俘问题建议的说明信，对3月30日和31日周恩来总理和金日成元帅先后发表的声明中关于解决全部战俘问题的新建议进行了解释：一、我方认为，在停战后双方战俘应予全部遣返、使之回家过和平生活的原则是不可动摇的。二、鉴于双方在战俘遣返问题上的分歧已经成为目前达成朝鲜停战的唯一障碍，为了消除分歧、促成朝鲜停战，朝中方面在这次新建议中对于战俘遣返的步骤、时间和方法，作了明显的让步。三、我方的这一建议正是根据日内瓦公约、国际惯例和朝鲜停战协定草案规定的战俘应予全部遣返的原则，坚持拘留方面应保证不得对其所收容的所有战俘采用任何强制手段来阻挠他们回家以实行强迫扣留，同时并应保证将停战后未得直接遣返的其余战俘释放出来转交中立国。四、朝中方面不承认有所谓不愿遣返的战俘，因此所谓“强迫遣返”或“武力遣返”的问题根本就不存在，我方主张将一部分因遭受恐吓和压迫而心存疑惧、不敢回家的我方被俘人员转交中立国，经过我方的解释，使他们逐步解除疑惧，从而在遣返问题上得到公正解决。

接着商定恢复双方代表团会议的日期。”

**同日** 阅程子华、张启龙[1]三月二十四日关于调整商业与实行新税制后各地供销合作社出现严重危机等问题的报告，和邓子恢三月三十一日关于供销合作社几个基本问题的意见的报告，批示：“此两件印发中央到会各同志及曾山、贾拓夫、姚依林、程子华、张启龙各同志阅看，准备下星期讨论此问题。”程子华、张启龙的报告说：由于不少地区对中央调整商业指示精神领会不全面不正确，采取简单粗暴和命令主义手段，不根据具体情况就撤销供销合作社的零售点，不合理地限制经营额和减少经营品种，加上新税制的实施，致使全国供销合作社经营额普遍下降，造成供销合作社的严重危机。各地供销合作社被迫紧缩机构，大批“精简”或准备大批“精简”干部。邓子恢的报告说：我认为程子华、张启龙的报告应由中央转发各地办理，先停止供销合作社目前大批裁员、大量撤销零售网点的状态，以避免供销合作社日趋瓦解的趋势。

**同日** 晚上，同周恩来谈话。

**4月10日** 中共中央毛泽东选集出版委员会编辑、人民出版社出版的《毛泽东选集》第三卷，本日起在全国发行。

**同日** 阅中共地质部党组四月三日关于反官僚主义检查情况的报告，批示：“此件发给各同志阅看。就是要这样和被领导的单位密切联系，抓紧检查，全盘了解情况，发现问题及时解决，改正错误，表扬成绩，使工作任务能按计划完成，才算有了合乎情况发展的领导。目前，我们的经济工作中，无领导的现象太多

〔1〕 程子华，当时任中华全国合作社联合总社代理主任。1954年9月又任全国人大预算委员会副主任委员。张启龙，当时任中华全国合作社联合总社副主任。

了，必须在反官僚主义的斗争中学得做领导工作的能力和方法。领导者无领导，这是官僚主义者，不是领导者。”地质部党组的报告说：当前最突出的官僚主义表现是：部、各地区局与勘探队上下脱节，情况不明，大事不摸底；工作指导上控制不紧，检查不严，严重缺乏思想性，以致好事得不到发扬，坏事得不到改正，存在放弃领导，甚至发生分散主义的现象。为了克服官僚主义，准备采取派出调查组，分工负责与局、队联系，进一步了解情况发现问题，并推动局、队揭发官僚主义等措施。

**同日** 阅董必武四月三日关于中国政治法律学会召开成立大会问题给彭真并政法党组干事会的信，及随信附送的《中国政治法律学会章程（草稿）》和《中国政治法律学会成立宣言（草稿）》，将两个附件中几处“毛泽东思想”的字样删去，并批示彭真：“凡有‘毛泽东思想’字样的地方，均应将这些字删去。”

**同日** 晚上，同高岗谈话。

**4月11日** 为转发钱瑛〔1〕的报告，起草中共中央给中央各部委、中央人民政府各党组和各中央局、分局、省市委的批语。批语说：“兹将中央纪律检查委员会副书记钱瑛同志关于在广东方面发生的官僚主义、命令主义和违法乱纪的严重情况的报告一件，发给你们，并请你们根据此件加以检查，在反官僚主义的斗争中，将自己过去所发命令、指示中犯有错误的部分，迅速加以纠正。因为报告中所指各项不能容忍的坏事，或类似的坏事，除了个别事件，例如盐民、渔民问题及种蔗问题，只是在广东及其他若干省区存在以外，其余各项是带普遍性的，几乎每省（市）

〔1〕 钱瑛，当时任中共中央纪律检查委员会副书记、政务院人民监察委员会副主任。1954年9月任监察部部长。1955年4月任中共中央监察委员会副书记。

都有，只是件数多少不同而已。这些事件，很多是发源于中央人民政府的有关部门，其次就是省人民政府和专署的有关部门。而发生了这些事我们还不知道，有些甚至部长也不知道。由此可见，问题的性质是很严重的。中央责成中央人民政府各党组（钱瑛的报告要给各司局长同志看），各中央局、分局、省（市）委，务必迅速加以检查，在尽可能快的时间内纠正各项不能容忍的错误。”

**同日** 下午，在中南海颐年堂主持召开中共中央政治局会议。会议听取并讨论奉命回国的宋劭文〔1〕汇报关于苏联援助中国“一五”计划项目的中苏会谈最新进展情况。十三日下午，主持政治局扩大会议，讨论宋劭文的汇报。会议同意苏联政府对中国“一五”计划所提的建议，赞成在援助项目清单中去掉三类项目：(1) 没有地质资料的；(2) 中国自己已办得了的；(3) 过几年才能办的。并授权李富春代表中国政府在援助协定上签字。

**4月13日** 审阅安子文四月十一日关于清理登记全国革命烈士问题给毛泽东并中共中央的报告，批示：“刘、周、朱、彭、邓、邓、饶〔2〕阅：此事因涉很广，今年工作太多，以推迟至一九五四年举行为宜。退安子文同志办。”报告中说，我们草拟了一个革命烈士清理登记办法（草案），提出了中央革命烈士清理登记委员会的名单，请中央审批。

**4月15日** 复信黄炎培：“惠书及附件收到，已转有关同志参阅。此事请与许涤新同志联系，有材料可交给他。”经过黄炎培等同许涤新协商后，五月二十五日全国工商联和中国民主建国会联合召开工商业问题座谈会，就产销问题、中小工业与手工业问题、劳资关系问题、税务问题、经营管理问题和工商界思想情况

〔1〕 宋劭文，当时任政务院财政经济委员会秘书长。

〔2〕 彭、邓、邓、饶，指彭德怀、邓小平、邓子恢、饶漱石。

交换意见，并提出建议。

**4月16日** 审阅戎子和[1]四月九日报送的中共财政部党组关于召开第四次全国农业税法会议的请示报告，批示：“即送周总理、邓子恢同志：此件应请中央农村工作部加以审查，如有不同意见，应召集戎子和同志至中农部开会商定，然后替中央起草一个给财政部的指示，于数日内交中央几个同志看过发出，因财政部的会议四月二十日就要开了。农业税中存在的问题很严重，据湖北报告，有十分之一的人口春荒断粮。大概全国农业人口中有四千万人左右到春季都要闹荒，这是一个极大的问题，年年如此。必须从今年征粮中开始认真解决此问题。今年是否应比去年加征十六亿斤和发四十亿斤公债，也值得再考虑。”二十一日，审阅修改中共中央对财政部的指示稿，将其中的两段话改写为：“一九五二年公粮实收数为三百四十八亿斤，有些地方如河南、苏北等地由于查田定产偏高，农民负担显得过重。去冬今春，长江黄河之间受寒流侵袭，有些地方番薯和春季作物受损颇大。今年全国雨量如何，目前尚难断定。有些地方，发生旱灾是可能的。因此，今年国家概算中所列征粮计划能否完成，公债发行应否实施，均须从长考虑。但目前就宣布不增加农业税和不发公债，改变国家概算计划，则为过早，应当看几个月再行决定。你们可按各地实际情况，适当地部署夏征，保证农民不要负担过重。确实困难户，实行减免。”“征粮中的社会减免问题，关系极大，全国大约有百分之十的农户要遭春荒夏荒，缺乏口粮，甚至断炊，必须认真减免农业税，望经此次农业税会议拟出具体可行办法，并望多注意对穷困的偏僻山区加以特殊照顾。对约百分之十的农户实行减税免税问题是整个农业税政策中的极端严重问

〔1〕 戎子和，当时任财政部代理部长、党组书记。

题，过去几年都做得不好，今年一定要做好。”并批示：“刘、周、朱、高、邓、邓[1]即阅，尚昆办，于二日内发出。”

**同日** 下午，在中南海颐年堂主持召开中共中央书记处会议。

**4月17日** 阅彭德怀四月十五日关于中央军委直属各部门检查反官僚主义情况的报告，批示：“彭：（一）此件已阅，还你；（二）军衔件已转各同志阅，拟在中央会上讨论。”报告说：自遵照你的指示，于军队系统进行反官僚主义后，军委直属各部门已引起了重视，除本部门检查外，总参作战部、情报部、炮兵、装甲兵、工程兵、防空军等单位，还派出二百多人，分别由各单位的首长率领，着重进行了到下面检查和实地帮助。

**4月18日** 致电乔冠华并告金日成、彭德怀[2]，指出：如对方在会上同意商定复会日期，我方可提议将会期定在二十五日，以便我们对具体实施办法有所准备。

**4月19日、20日** 两天晚上，在中南海颐年堂主持召开中共中央政治局会议，听取并讨论邓子恢关于第一次全国农村工作会议情况的汇报。

**4月20日** 致电志愿军司令部、杜平、乔冠华并告金日成[3]。电报说：停战谈判四月二十五日复会[4]，原志愿军首席代表边章五因病住院，不再出席，解方[5]同志因另有任务，亦不能出席，因此决定以丁国钰同志为志愿军首席代表，柴成文同

---

〔1〕 高、邓、邓，指高岗、邓小平、邓子恢。

〔2〕 这个电报由周恩来起草，毛泽东审定后发出。

〔3〕 这个电报由周恩来起草，毛泽东审定后发出。

〔4〕 后推迟至4月26日复会。

〔5〕 解方，当时任中国人民志愿军参谋长、朝鲜停战谈判朝中代表团志愿军代表。1953年9月任中央军委军训部副部长。

志升任代表。

**4月21日** 复信李烛尘："四月十九日及二十日来信收到，阅悉，甚谢。你做了许多调查工作，你的建议[1]对于解决现存问题是会有帮助的。我已将你的信发给许多有关同志去看去了。"二十六日，再次复信李烛尘："四月二十一日来信收到。工作虽多，可以安排一下，一段时间内只处理一个主要问题，这样也就会不觉得太忙了。"

**4月23日** 阅邓华[2]四月二十日关于在朝鲜战场举行夏季战役反击的几点意见给杨得志等并报中央军委的电报。电报说：这次恢复谈判，停的可能虽比过去要大，但拖的可能还是存在的。我们必须遵照主席指示的方针，争取停、准备拖，而军队方面则应作拖的打算，只管打不管谈，不要松劲，一切仍按原计划进行。毛泽东批示："彭：此件似可批准，使他们好作攻击准备。至于停战得早，或不要打以利谈判，可则于五月间适当时机再行决定。请酌办。"

**同日** 晚上，在中南海西楼会议室主持召开中共中央政治局会议，讨论干部理论学习问题、供销合作社工作问题。

**4月24日** 晨，致电乔冠华并告金日成、彭德怀[3]，指出：板门店双方代表团会议，将于二十五日恢复，我们已拟定了一个关于我方建议的具体实施方案，并已征得了金首相的同意。

〔1〕 指李烛尘用一个多月时间调查天津市40多家大小工厂后，向毛泽东提出的关于解决工商业方面的公私关系、劳资关系、税负、资金等问题的建议。

〔2〕 邓华，当时任中国人民志愿军代理司令员兼代理政治委员。1954年2月、10月先后任中国人民解放军东北军区（1955年4月改称沈阳军区）代理司令员（1955年3月任司令员）、中国人民解放军副总参谋长。

〔3〕 这个电报由周恩来起草，毛泽东审定后发出。

现将方案〔1〕随电附上，望邀集朝中双方负责同志加以研究。我们将于今夜以执行这一方案的各项步骤电告。

**4月25日**　审阅中共中央转发高岗四月十九日关于一九五三年度计划提要报告的批语稿。在报告稿中加了一句话："这个计划提要，是首先由中央财经委员会从去年下半年起就着手编制，至今年国家计划委员会接手而后编成的。"并批示："刘、周阅后，尚昆以代电发各中央局、分局、省市委，另印发如前示。"

**4月26日**　阅中共中央西南局四月十一日关于加强对政府工作的领导及政府系统请示报告制度的规定的报告，批示："周总理：此件似可转至各中央局、分局、省市委，叫他们对各大区行政委员会及省市政府，仿照办理，以期统一地作一次改革。请考虑酌办。"西南局的报告说：为在大区一级加强政府系统的请示报告制度，加强对政府工作的领导，规定：一、决定撤销行政委员会党组干事会，同时健全与加强各委、局、院、行的党组与党组小组的工作。财经、文教、政法、民族、监察各党组均直接归西南局领导。二、政府各党组及党组小组严格执行每月向西南局作定期综合报告一次等项请示报告制度。三、西南局实行统一领导和各同志分工负责的制度。

**同日**　上午，将中华全国总工会第七次全国代表大会的四个文件交胡乔木修改。下午，阅胡乔木关于工会四个文件修改问题的来信，批示饶漱石："我同意胡乔木同志所作的修改，请你和

---

〔1〕 指南日准备1953年4月26日在板门店重新复会的朝鲜停战谈判会上提出的我方关于解决全部战俘遣返问题的具体实施方案（后又称4月26日方案）。具体实施方案共有6项。

工会负责同志再加斟酌。乔木在这封信上所指的缺点[1]，我也有此感觉。现在距开会尚有一段时间，是否可加以补充，亦请你们考虑酌定。我今天有些感冒，明天不一定到会。”

**同日**　审阅彭德怀本日转报的中央军委总干部部关于大军区以上军官军衔应于五月五日前审批下来的报告。彭德怀在报告上写批语：“今年各项工作均挤在一起，颇为紧张，军衔评定工作推迟至年底不知如何?”毛泽东批示：“彭：推迟至年底好。”

**4月27日**　感冒发烧。刘少奇前来探视。

**同日**　审阅陈伯达起草的《为国家工业化而斗争》，批送刘少奇、周恩来、胡乔木阅：“此是陈伯达同志为党代表会议起草的文件，我看了，不甚妥，准备另行起草。此件你们可以望一下。”

**4月28日**　复电乔冠华并告金日成、彭德怀[2]，指出：来电所提各项意见[3]和发言稿，一般同意。为着引导对方进入具体协商的意见，以利谈判的开展，在发言稿中应加上两点：第一点，说明我方所提六条方案已经考虑了对方的三点建议。第二点，只说明在将未被直接遣返的其余战俘送到一个中立国去的前

---

〔1〕胡乔木在信中指出，关于工会工作的报告有一个重要的缺点，就是对目前工作中的具体问题说得不多，只是一般的纲领性的说明，对工作中有哪些要推广的好的经验，有哪些需要批评的错误的倾向，有哪些须加以澄清的争论，或者说得过于简单抽象，或者简直没有说，因此减少了应有的力量。

〔2〕这个电报由周恩来起草，毛泽东审定后发出。

〔3〕指乔冠华1953年4月28日零时30分给毛泽东、金日成、彭德怀的电报中发来的发言稿所提出的意见：我方在4月28日会议上准备继续坚持立场，回击对方的所谓无限期拘留和强迫遣返之说，对对方暗示无期限休会以适当的还击。发言的重心准备放在说明将战俘送到中立国去的合理性上。

提下，我方不打算从中立国监察委员会的成员国中提名这样一个中立国，而不要去驳斥对方昨日会议中所说的“中立国监委会的成员不管由何方提名有责任作为中立者行事”那句话，也不要再具体地提到瑞士，因为我们将来提到中立国遣返委员会时还要利用对方这一句话。最后应该说，双方在谈判中对于对方的建议应该仔细考虑，寻求妥协，而不应该抹杀一切，完全否定，这是对于以妥协精神促成朝鲜停战的希望不利的。

**4月下旬**　审阅四月二十八日印发的《中共中央关于中央一级各部门派人下去检查工作的几项规定》。在第三项中加写一句话：“在一般情况下（特殊者除外）下去检查的干部应该通过而不是超过被检查地区或单位的领导机关去进行检查。”

**5月1日**　上午十时，和朱德、刘少奇、李济深、张澜〔1〕、高岗、林伯渠、周恩来等党和国家领导人出席在天安门举行的庆祝五一国际劳动节大会，检阅首都五十万人的群众游行队伍。

**5月2日**　致电李克农并告金日成、彭德怀〔2〕，指出：每次发言要有中心，不要重复过去已经说过多次的话，并且为引导对方考虑和回答我们所要弄清的问题，也不宜牵涉到这一次并不需要讨论的问题上去，免得对方借此乱扯，难获战果。以后发言，亦望注意这一策略。不管对方今日反应如何，三日均应休会一天，以利观察各方形势。

**同日**　复信章士钊〔3〕：“四月二十日给我的信今天看到，已

〔1〕张澜，当时任中央人民政府副主席（至1954年9月）、全国政协常委（1954年12月任副主席）、中国民主同盟中央主席。1954年9月又任全国人大常委会副委员长。

〔2〕这个电报由周恩来起草，毛泽东审定后发出。

〔3〕章士钊，当时任全国政协委员、政务院政治法律委员会委员、中央文史研究馆副馆长（1959年10月任馆长）。

遵嘱抄寄甘肃邓主席[1]，请他调查去了。”

**同日** 复信毛泽荣[2]：“四月九日给我的信及惠赠食品，均已收到，谢谢你。因你眼睛有病，路上行动恐怕不方便吧，似乎不必来京看我。你有困难，可以相告，替你设法解决。此复。祝你身体健康！”

**5月3日** 嘱机要秘书电话告知杨尚昆：今后中央会议的议事日程由杨负责，讨论的问题要早三天通知到会人看文件。

**5月初** 阅华北区税务管理局四月二十日关于一九五二年所得税汇算清交工作的综合报告。报告说：我们按照中央指示，认真贯彻多赚多征、少赚少征、不赚不征的方针和实事求是的精神，强调注意干部作风，防止强迫命令现象。这次工作比过去都稳当细致，工商业者一般反映良好。根据目前各省市初步统计，大体可以完成计划任务或稍有超过。毛泽东批示：“根据此件，只要认真去做，任务与政策的矛盾，是可以解决的。就是说，只有彻底执行政策，才能更好地完成任务。”

**5月4日** 复电李克农并告金日成、彭德怀[3]，指出：“你们五月三日十六时四十分简报称，据归俘谈，济州岛敌第八战俘营中仍有大批我病伤人员。按第八战俘营是坚持遣返的战俘营。望立即就归俘此项报告进行详细调查，搜集证据和材料，以便在必要时反击敌人。”

**5月4日、7日** 在中南海西楼会议室主持召开中共中央政治局会议，听取姚依林关于国营商业目前情况的报告，并讨论商业工作的几个文件。会议决定周恩来、高岗、薄一波（负责）、

---

〔1〕 指甘肃省人民政府主席邓宝珊。

〔2〕 毛泽荣，毛泽东的堂弟。

〔3〕 这个电报由有关部门起草，毛泽东审定后发出。

曾山、姚依林对商业部关于一九五三年商业工作的指示草案进行修改，再提交中央批准。

**5月5日**　晨，复电李克农并告金日成、彭德怀〔1〕，指出：同意来电所提方针，但在与对方谈判中应采用主动的诱导的方式，以套取敌人表明态度，不要穷追硬逼，造成无话可说或各说各的局面。我们可告以在对方同意将不直接遣返的其余战俘送到中立国去的前提和条件下，我方即可考虑回答中立国的具体提名。

**同日**　审阅中共政务院政治法律委员会党组转报的王一夫〔2〕四月二十五日关于西南灾情和公粮征收中的一些问题给谢觉哉的报告，批示："薄一波同志：像报告内所说的那些地方，应当放手大批减，大批免，不应再有犹豫。"王一夫的报告说：造成西南灾荒的主要原因，除了贫瘠山区生产落后、收入微薄外，还有征收农业税超过群众负担能力的问题。一般干部存有超额完成任务的思想，本应减免的不减免，也有评产时有意提高产量，造成超征。

**同日**　致信黄炎培、陈叔通："这里有两个华北的材料，可以一阅，请予掷还。"

**同日**　下午，在中南海西楼会议室同即将去朝鲜前线接替解方任中国人民志愿军参谋长的李达〔3〕谈话。

**5月6日**　致信陈云、薄一波、李富春："五月二十日开始的财政会议〔4〕，应讨论些什么问题，请你们考虑一下，并在发

---

〔1〕　这个电报由周恩来起草，毛泽东审定后发出。

〔2〕　王一夫，当时任内务部副部长。

〔3〕　李达，当时任中国人民解放军西南军区副司令员兼参谋长、云南省军区司令员。

〔4〕　这个会议推迟至1953年6月13日召开、8月13日结束，即全国财经工作会议。

开会通知中写进去，使各地有所准备。似乎预算问题，增薪问题，县、区、乡财政统一问题，地方财政和大城市财政问题，税收问题，五年计划问题，今年下半年经济安排问题，军费问题（杨立三应参加），均应有所讨论，除由你们对每项问题准备方案外，各大区财委最好能在本月中旬召开一次财政会议，收集意见带来（已开者如西南当然不要召开）。是否可行，请酌定。”

**同日** 审阅修改贾拓夫准备向中华全国总工会第七次全国代表大会作的关于工业情况的报告稿，批示：“高岗同志：此件看过，可用。我只作了一些文字性质的修改，请即送贾拓夫同志照此去讲。”又批示：“刚才又接到恩来同志的修改稿，他比我看得更仔细，我同意他的修改意见，请高统一加以修改，再交拓夫去讲。”贾拓夫的报告对国民经济的恢复情况、新的建设任务、目前国营厂矿企业管理工作中的几个问题分述如下：（一）到一九五二年，我国工农业主要产品的产量大多已超过历史最高年产量，胜利地完成了争取国家财政经济状况根本好转的任务。我国现代工业在工农业总产值中所占的比重已有增长。在现代工业中，国营工业的比重已达到百分之六十左右。以上情况表明，我国现在不但有必要而且已有可能使国民经济走上国家计划的轨道。（二）从一九五三年开始，我国已进入第一个五年计划的建设。第一个五年计划的基本任务，在于集中力量发展重工业，为国家的工业化建立基础，并保证国民经济中社会主义成分的比重稳步增长。在这一总的目标下，相应地发展轻工业，积极地发展农业和手工业，有步骤地促进其合作化，正确地发挥私营工业的作用，并在发展生产的基础上，提高人民的物质文化水平。（三）为了把管理工业的水平提高一步，目前应特别注意建立与加强计划管理，建立与健全责任制度，大力提倡学习苏联和推广先进经验，逐步实行严格的经济核算制度。

**同日**　致信周恩来："请于今日晚间（距板门店开会要提前一较长时间为宜），找印度大使到你处，真实告诉他，我方将于七日十一时提印度为中立国委员会五国之一，并将新方案交给他。并告他，我方四月二十六日方案仍然保留，如美方对我方态度恶劣，我们仍将回到老案，那时并将提名印度一国为接管战俘的唯一中立国。希望印度暂时不要在这两个方案中宣布单独欣赏第二方案，而对第一方案则认为不妥，因为美国甚狡猾，如它不接受我第二方案，则我仍将回到第一方案去。实际上将战俘送到印度去，不会使印度发生很大麻烦，相反，可能大多数战俘会迅速被遣返，剩下的不过少数。印度最近一星期对我第一方案采取暂不表示态度的方针是好的，希望今后也不要将第一方案堵死。亚洲国家应当团结互助，帝国主义总是对我们没有好心的，中国对印度则是信任的。"六日晚，周恩来会见印度驻中国大使馆参赞高伯登，把中国方面将在七日提出的关于战俘遣返问题的第二方案交他转达印度政府。

**同日**　致电李克农并告金日成、彭德怀〔1〕，指出："现将第二方案的发言稿全文发给你们，望准备在五月七日大会上抢先提出，并在发言后以书面文件交给对方。""我方提出新方案，并保留四月二十六日方案，使我们更处于主动，以利与对方进行谈判斗争。如果对方因我让步而故意对新方案在中立国问题上或武装问题上与我纠缠，我们视情况仍可提出第一方案使其选择。即是说，或者将其余战俘送到印度这样一个中立国去，或者让五个中立国组成的遣返委员会以武装接管留在原拘留地的其余战俘，二者之中必须选择其一。"

**5月8日**　为中共中央起草致西北局、西北军区政治部并转甘肃、青海省委并告西南局电："基本上同意西北局五月二日修改

〔1〕这个电报由周恩来起草，毛泽东审定后发出。

补充后的甘青剿指布告。只是（一）第三条[1]‘幡然归来’，改为‘诚意回来’，较为通俗易懂；（二）第五条[2]最后一句：‘对坚决为匪到底者则坚决消灭之’，应删去，不绝匪首自新之路。”

**5月10日**　审阅修改中共中央对东北局关于限期完成购粮计划的指示的批语稿，并批示：“周总理：为了得粮，使富农、小贩得些好处是可以的，文尾数句[3]可删去。”

**同日**　晚上，和萧克、吴法宪[4]同从朝鲜战场回国就任新职的王近山[5]谈话，彭德怀参加。萧克汇报了关于中国人民解放军内务条令、纪律条令、队列条令三个草案修订情况和一九五三年下半年军训情况；吴法宪汇报了关于志愿军空军作战的情况[6]。

**5月上旬**　审阅中共中央转发天津市委关于天津市国营和地方国营工厂发动群众讨论一九五三年生产计划报告的批语稿，在批语稿中的“发给各地参考”后，加写：“普遍推行。此件可登党刊。”并批注：“天津市委关于发动工厂全体职工讨论国家计划

---

〔1〕甘肃、青海剿匪指挥部布告第3条的内容是：“一切因受骗或被迫为匪的部落头人，僧俗群众，只要幡然归来，各安生产，一律既往不咎，并保障其生命财产及以往之地位。”

〔2〕甘肃、青海剿匪指挥部布告第5条的内容是：“无论匪首匪众，凡向人民政府及人民解放军投诚自新者，一律从宽处理；凡脱离匪众，并积极协助剿匪者，允许将功折罪；对坚决为匪到底者，则坚决消灭之。”

〔3〕指批语稿中的这一段话：“中央同时同意你们采取卖粮买货者给以九七折优待办法，但对个体农民结合合同方式集中卖粮二吨以上者给以百分之五的优待，是否会有利富农、小贩，而使零散卖粮的农民得不到好处？请考虑。”

〔4〕吴法宪，当时任中国人民解放军空军副政治委员。

〔5〕王近山，回国后任中国人民解放军山东省军区代理司令员。原任中国人民志愿军第3兵团副司令员兼东海岸指挥部副司令员。

〔6〕据统计，中国人民志愿军空军1953年1月至4月共击落美机70架、击伤21架。

的经验，值得普遍推行。”

**5月11日**　和周恩来联名签署人民革命军事委员会、政务院《关于财经警卫武装领导问题的决定》。决定指出：除重要的国防工业、重要的机械工业、重工业等，应由人民公安部队派出部队担任警卫外，其余的工厂、矿山、企业部门，均应自行组织警卫武装并将其列为各经济企业部门本身的组成部分。此种警卫武装在目前是国家经济建设不可缺少的力量之一，担负保卫经济建设、生产安全的任务，实质上就是人民经济警察，它成为人民警察的组成部分。

**同日**　晚上，在中南海西楼会议室主持召开中共中央政治局扩大会议，讨论农业税等问题。

**5月12日**　晚上，在中南海西楼会议室主持召开中共中央政治局扩大会议，讨论公安部工作、华侨工作、气象预报问题等。会议决定：由周恩来负责，会同邓小平、彭真、薄一波、刘景范起草一个关于宣布“三反”、“五反”总结束的内部通知；由周恩来主管，就全国各地应重视气象预报问题，分别以政务院、中共中央名义起草一个通知和一个指示。

**5月13日**　阅周恩来五月九日关于中共政务院文化教育委员会党组讨论文教系统统战工作情况的报告，批示：“财经、政法两系统的统战工作，亦宜进行检查和调查。”

**同日**　复信张澜、黄炎培：“五月五日惠书[1]及周孝怀先生意见书，收到，阅悉；并已转付有关各部门负责同志阅看。其中有些

〔1〕　指张澜、黄炎培1953年5月5日给毛泽东、周恩来的信。信中说：“周孝怀君从上海来信，大意是：希望政府考虑明令三反、五反总结束，安慰受冤，释放无问题被拘者，扭转人心。附笺还谈到农业税等问题。我们会商一下，认为这些都在政府慎重处理之中，孝怀此函，自是一片忠爱热诚的流露，将原笺送陈，以供参考。”周孝怀，当时任上海民生轮船公司董事长。

问题，已请周总理酌处。便时尚希转告孝怀先生。周书奉还。”

**5月14日** 晨，同周恩来谈话。

**同日** 复电李克农并告金日成、彭德怀[1]，指出：同意来电分析和对敌方荒谬建议[2]提出强硬批评方针以及要点。今天的发言以精练简短为好。只突出要点，凡不必要或未成熟的句子都去掉。在作这个发言时应声明这是初步意见，保留对对方发言及方案作全面发言的权利。

**同日** 晚上，在中南海西楼会议室主持召开中共中央政治局会议。会议讨论外交工作、工业干部教育和农村贷款工作问题，并决定国家统计局提出的《一九五二年国民经济恢复与发展情况公报》，由周恩来、高岗负责审阅，是否公布交下次中央会议决定[3]。

**5月15日** 致信黄炎培、陈叔通：“此两件有些材料，可以一阅，请予掷还为盼。私营问题的中心，和公营一样，是民主改革与增产节约，这个问题解决了，劳资关系等问题就可迎刃而解了。”

**同日** 晚九时，同彭德怀谈话。十时半，应高岗的要求同他谈话。

**5月16日** 晨五时半，复电李克农并告金日成、彭德怀[4]，指出：“一般同意来电办法，将四个主要问题分开，每天

〔1〕 这个电报由有关部门起草，毛泽东审定后发出。

〔2〕 指1953年5月13日哈利逊在朝鲜停战谈判双方代表团会议上提出的26条方案。这个方案的基本内容是：在停战后，将“联合国军”所拘留的不直接遣返的其余战俘分裂为二：（一）朝鲜人民军被俘人员将在“联合国军”的控制地区就地释放而不转交中立国。（二）将中国人民志愿军被俘人员交给一个受着种种限制而被瘫痪了的中立国委员会，经过60天拖延之后，仍然在“联合国军”的控制地区就地释放。

〔3〕 这个公报后来没有公布。

〔4〕 这个电报由有关部门起草，毛泽东审定后发出。

谈一个问题，以便使论点集中、明确而深入，易收效果。但要避免使分开问题形成分裂问题，以免被对方或者各个击破，或者认为我们是每天提新问题，故生枝节。为此，必须将几个主要问题用敌我整个立场基本分歧的对照贯穿起来：我方主张将全部不直接遣返的其余战俘转交中立国，以便对他们的遣返问题求得公正解决，这是合乎我方既反对强迫扣留，也从不主张强迫遣返的一贯立场的。而对方虽然再三承认不应对战俘施用武力加以阻止或迫使他们回返家乡，但实际上却主张对我方朝籍被俘人员实行在停战后在对方军事控制地区就地释放，这就是直接的强迫扣留。对志愿军被俘人员，则将其交由一个瘫痪了的中立国委员会看管，并使对他们的解释工作受到重重限制，经过两个月拖延之后，仍在对方军事控制地区就地释放，这就是变相的强迫扣留。这一基本立场分歧的对照，应在每天分谈一个问题时先指出来。”

**5月17日**　晨六时，复电李克农并告金日成、彭德怀[1]，指出：“一般同意来电各点意见。我们亦认为对方因其方案不得人心，正在想转，至于是否真转，目前尚不易肯定。敌人提出休会三天，我们应抓紧会外宣传斗争，以配合国际形势来打击敌人的无理立场，使其更陷孤立。”“目前正准备一个发言稿，其中心内容是指出双方基本分歧：对方是破坏谈判基础，强迫扣留战俘并瘫痪中立国；我方则是既不许强迫扣留，亦不主张强迫遣返，并尊重和信任中立国。”“开城方面亦应多组织阿兰、贝却敌[2]等外国记者的新闻报道，以资配合。估计敌人因国内死硬派吵闹的压力和国内外的各种矛盾不易解决，挑衅和拖延的可能性还是

〔1〕　这个电报由有关部门起草，毛泽东审定后发出。

〔2〕　阿兰，当时是英国《工人日报》记者。贝却敌，当时是法国《人道报》记者。

存在，我们在这方面亦应加强警惕。”

**同日** 复信黄炎培：“五月十六日惠书〔1〕及附件〔2〕收到，甚谢。解决问题，应当由各有关方面先行协商，然后由政府加以择决；并且希望在不久时间内，对工商界未解问题作成一个草案，此事大概是可能的。”

**5月18日** 致信彭德怀：“关于去朝鲜工作一个时期的问题，西藏来的同志除张国华〔3〕外，还有范明〔4〕，请一并考虑，是否可以让他们两人都去锻炼一次。”“此事请询问一下李维汉同志。”

**同日** 复信陈叔通：“五月九日惠书〔5〕及附件数份，均已收

---

〔1〕黄炎培信中说：中国民主建国会于1953年4月13日至30日召开了12个地方组织的工商情况汇报会。从汇报中看出各地工商业情况已有显著的好转，但好转的情况不平衡，还存在着不少问题。建议注意两点：（一）必须有组织有领导地帮助各地工商业解决一切问题，这里所谓有组织、有领导，就是包括党委、政府、工会、税务、银行、工商联、民主团体等，把这些单位集合在一处，在党政根据总的方针指导下，任何问题都不难解决。（二）处理任何问题，只有环绕着一个中心——搞好生产来活动，才是最有效的方法。信中还提出要采取办法吸收社会上的游资、睡资投入生产。

〔2〕指中国民主建国会召开的地方工商情况汇报会根据各地材料汇集的《资料简报》和《资料提要》。

〔3〕张国华，当时任中共西藏工委第一副书记、中国人民解放军西藏军区司令员。1956年4月又任西藏自治区筹备委员会第二副主任委员。

〔4〕范明，当时任中共西藏工委第三副书记兼统战部部长、中国人民解放军西藏军区副政治委员。

〔5〕陈叔通信中说：送呈上月召集6省工商联秘书长汇报资料一份，又参考资料第10期至第12期共3份，请备查阅。现在是到了要求得解决的阶段。税收方面，政府已作很大的努力。劳资关系，经过这次总工会第七次大会，必有很大的改善。同时，资方应该改造思想，求其在己。至于资金问题，只要公私、劳资关系搞好，可能有办法，即游资、睡资亦可能投入。打通销路，积压亦得到解决。依赖贷款不是办法。总的说来，国营要加强领导，私营要先了解政策。

到，甚为感谢。承示各点，我以为是正确的。”

**同日**　晚上，在中南海西楼会议室主持召开中共中央政治局会议，讨论文化教育工作。毛泽东讲话。在谈到办学问题时说：办好学校，首先要解决学校的领导骨干问题，而且先要解决大学的领导骨干问题。同意总理意见，从宣教部门与青年团抽调一批干部去充实大学的领导。训练与提高中学领导骨干很重要。有了坚强的校长，就会产生好的教员。在谈到教材编写问题时说：目前三十个编辑太少了，增加到三百人也不算多。宁可把别的摊子缩小点，必须抽调大批干部编写教材。确定补充一百五十个编辑干部，由中央组织部负责解决配备。所谓教学改革，就是教育内容与教学方法的改革。在谈到历史与语文教学问题时说：历史与语文应分开教学，责成组织委员会讨论解决。在谈到文字改革问题时说：第一个五年计划期间，要搞出简体字来，简体字可以创造。同时要研究注音字母，它有长期历史。将来拼音，要从汉字注音字母中搞出字母来。文字改革，第一步用简体字，注音字母，第二步拼音化。在谈到小学的整顿问题时说：“整顿巩固，保证质量，重点发展，稳步前进”的方针很好，但不要整过头了。同意少奇同志意见〔1〕，应允许那些私塾式、改良式、不正规的小学存在。用多种多样办法办学，不强求一律。民办小学的存在不限定年限，能办几年就办几年，横直公家不出钱。学田〔2〕也可以容许留，但要在有机动土地的地方，并在有可能拿出来的

---

〔1〕刘少奇的意见是：中国政治经济发展不平衡，教育也发展不平衡，不可能把全国小学都办成一样，不可能整齐划一，不应过分强调正规化。可分为3类：（一）中心小学；（二）不正规的小学；（三）速成小学，编速成教材。农村小学应便于农民子女上学。

〔2〕学田，指划归学校所有的田地，以田地的收入作为学校费用的一种来源。

条件下，才能给学田。

**5月19日** 致信刘少奇、杨尚昆：“（一）华南分局报告及方方的检讨，应加印分发彭真、习仲勋、高岗、薄一波、陈伯达、罗瑞卿、洛甫、贺龙[1]及其他参加中央会议的同志，准备讨论。嗣后，有关较重大的问题的文电，都应如此办。（二）贺龙同志未离京前，应邀他参加中央的各次会议。（三）嗣后，凡用中央名义发出的文件、电报，均须经我看过方能发出，否则无效。请注意。”

**同日** 审阅杨尚昆本日关于处理中共中央政治局会议和书记处会议等文件的情况和意见给毛泽东的报告。报告中说：“中央政治局会议和书记处会议的决定，每次是由我整理好，送少奇、恩来两同志审查后，用中央办公厅名义发出的。遵照来示的精神，今后亦应送你阅后再发。”毛泽东批示：“少奇、恩来、德怀同志阅后，交尚昆同志：（一）请负责检查自去年八月一日（八一以前的有过检查）至今年五月五日用中央和军委名义发出的电报和文件，是否有及有多少未经我看过的（我出巡及患病请假时间内者不算在内），以其结果告我；（二）过去数次中央会议决议不经我看，擅自发出，是错误的，是破坏纪律的；（三）十四号通知照发。”

**同日** 阅中共中央东北局五月十六日关于传达邓子恢在中央农村工作会议的总结时应注意事项给所属的电报。电报说：各地在传达邓子恢在中央农村工作会议上的总结时，对其中“十年至十五年或更多些时间在全国范围内基本上完成农村社会主义改造”一语，在中央未指示如何传达以前，只可传达到县委书记一级干部，并应嘱咐他们暂不下达，亦不向群众宣传，以免引起部

〔1〕 洛甫，即张闻天。贺龙，当时任中共中央西南局第三书记、国家体育运动委员会主任、西南行政委员会副主席、中国人民解放军西南军区司令员。1954年9月又任国务院副总理、国防委员会副主席。

分群众不必要的思想混乱。毛泽东批示："邓子恢同志：此事有通知各地之必要，请考虑加按语转发此电，或另拟一电，送我一阅为盼。"六月初，审阅修改中央关于各地传达邓子恢在中央农村工作会议的总结时应注意事项给各中央局、分局转各省市委的电报，批送刘少奇、周恩来、朱德、高岗、饶漱石阅后发。

**同日**　阅陈叔通本日来信，和陈叔通本日给毛泽东、周恩来、邓小平的信〔1〕及所附一封反映常熟农村情况的信〔2〕，批示："周总理、小平同志阅，交李维汉同志：此数件阅后，请维汉登入《零讯》。原件用后还我。"

**同日**　晚上，在中南海西楼会议室主持召开中共中央书记处扩大会议。会议决定：(一) 基本同意周恩来提出的关于暂停云南植胶问题和紧缩华南植胶计划两个指示草稿，责成周恩来修改后送毛泽东批发。(二) 修改通过周恩来提出的《中国政府对苏联政府备忘录和苏联国家计委关于中国五年计划任务的意见书的回文(草案)》等文件。回文草案指出：苏联政府对于建设和改建中国的九十一个新的企业和正在进行中的五十个企业的援助以及其他方面对于发展中国经济的种种援助，将使中国人民逐步地建立起自己的强大的重工业和国防工业，这对于中国工业化和走向社会主义

---

〔1〕陈叔通在给毛泽东的信中说，他已看到黄炎培转去的毛泽东15日给黄和他的信，主席的指示是全国工商业联合会筹备委员会努力的方向，并亦与黄谈起民主建国会会员亦要共同努力。在给毛、周、邓的信中说，他向来关心农村，是因为尚未到工业化，农村是大本营，就是到了工业化，农村还是十分重要的。政府说增产不增税。有的地方根据估计产量征税，这不能不说是依率计征，但还是等于增税。这样农民受不了。

〔2〕这封信中介绍了当年小麦收成、农民断炊户的比例和银行在农村存款工作中存在的问题等情况。

是具有极其重大作用的。(三)成立由周恩来、彭德怀、邓小平、饶漱石、李富春、薄一波、罗瑞卿、黄克诚等十六人组成的中央保密委员会，并责成由周恩来主持制定各种保密制度和严格的惩罚条例。

**5月20日** 晚上，同前来汇报工作的黄克诚和从朝鲜战场回国述职的洪学智、即去朝鲜战场就任新职的黄永胜〔1〕谈话。

**5月21日** 审阅中央军委总政治部五月二十日关于调查美军虐待俘虏暴行工作的初步布置向毛泽东、周恩来、彭德怀等的报告，加写第四条："(四) 调查应本实事求是原则，有则有，无则无，多则多，少则少，力避主观夸大，但也不要故意缩小。"并批示："周、彭再阅，加了一条。"同日，审阅周恩来本日关于调查美军虐待俘虏暴行工作的意见给金日成的电报稿，加写："各组调查采取实事求是方针，不夸大，不缩小。"

**同日** 晚上，在中南海西楼会议室主持召开中共中央政治局会议，讨论教育工作。

**5月22日** 审阅修改中国文字改革研究委员会举行第三次全体委员会议的新闻稿。新闻稿中有一段转述毛泽东对文字改革的意见的文字是："林汉达〔2〕秘书主任根据胡乔木委员的叙述，传达了毛主席对文字改革工作的重要指示，毛主席指出，文字改革工作关系到几万万人，不可操切从事，要继续深入研究，多方征求意见。毛主席认为去年拟出的拼音字母，在拼音的方法上虽然简单了，但笔画还是太繁，有些比注音字母更难写。拼音文字不必搞成复杂的方块形式，那样的体势不便于书写，尤其不便于

---

〔1〕 黄永胜，当时任中国人民解放军中南军区参谋长。1953年4月又被任命为中国人民志愿军第19兵团司令员。

〔2〕 林汉达，当时任中国文字改革研究委员会委员、中央扫除文盲工作委员会副主任委员、教育部社会教育司司长。

速写。汉字就因为笔画方向乱，所以产生了草书，草书就是打破方块体势的。毛主席认为拼音文字无论如何要简单，要利用原有汉字的简单笔画和草体；笔势基本上要尽量向着一个方向（‘一边倒’），不要复杂；方案要多多征求意见加以改进，必须真正做到简单容易，才能推行。毛主席指出：过去拟出的七百个简体字还不够简。作简体字要多利用草体，找出简化规律，作成基本形体，有规律地进行简化。汉字的数量也必须大大减缩。只有从形体上和数量上同时精简，才算得上简化。”毛泽东将这段文字的开头一句话改写为：“接着进行讨论。在讨论中，大家认为这样的意见是可以作为本会研究的基本方向的。即是说，中国文字改革工作关系到几万万人，不可操切从事，要继续深入研究，多方征求意见。”同时，删去文内“毛主席认为”、“毛主席指出”、“毛主席的主要意思是”等字样；将一处“一致拥护毛主席的指示”，修改为：“一致同意上述意见”；将“主席所指示”、“主席指示”、“毛主席的指示”等改写为别的文字。毛泽东在给中国文字改革研究委员会主任马叙伦的信中说：“此件由胡乔木同志从尊处转来，因给一些同志传阅，耽搁了很多时间，兹特奉还。如要在《中国语文》上发表，请照修改样式为荷！”

**同日**　晚上，在中南海西楼会议室主持召开中共中央书记处扩大会议。毛泽东在发言中说：私营企业中各项问题集中于民主改革和增产节约。在私营企业中可以搞竞赛。“一视同仁，有所不同”，是领导与被领导的不同。中国的上层建筑已为人民所有（政治关系），很大地影响私人所有权，且受限制，极不巩固。私营企业基本上是无政府主义与分散主义。生产经营搞不好，公私关系永远不得解决。增产（生产改革）包含数量与质量（价廉物美）。资本家究竟三分天下有其几，值得研究。四马分肥，资方很赞成。公私、劳资关系，应以增产节约为方针。利用私营工厂训练技工、熟练工人，口号为统筹兼顾。工人为有利于国计民生的私营企业生产，同样光荣，要对私营企业的工人进行教育。在民主改革、生产改革和增产节约的基础上，提高物质待遇。资方分去的红利，由其自己处理。会议通过中央关于六月十一日中财委召开全国财经会议的议程及出席人员的通知，通过《中共中央关于中央一级各部门派人下去检查工作的几项规定》。会议决定，今后凡用中央和军委名义发出的电报、文件，由分工负责的同志审阅核定后，必须再送主席看过后方能发出，否则无效。主席因病、因事请假或出行时，由代理人负责阅看。今后各部门在工作中必须严格遵守"一切主要的和重要的方针、政策、计划和重大事项必须经过党中央的讨论和决定或批准"的原则，克服分散主义的倾向。刘少奇、周恩来、朱德、高岗、彭德怀、张闻天、邓小平、饶漱石、薄一波、贺龙、习仲勋、杨尚昆、安子文出席会议。

**5月24日** 致信杨尚昆："嗣后中央讨论经济工作（工业及其他）的时候，请邀刘澜涛同志到会，并将文件预发他看。星期一讨论高岗同志的两个议程，请即照此办理。"

**同日** 审阅萧克五月十五日报送的中央军委例会通过的内务条令、纪律条令、队列条令三个草案的报告，批示："（一）可以付印。（二）凡有'毛泽东思想'字样的地方均改为'毛泽东同志的著作'字样。"

**5月25日** 审阅修改中共中央关于彻底做好农业税征收工作给各级党委的指示稿。主要作两处修改（加写和改写的文字用着重号标明）：（一）"在今天革命已经胜利、土地改革已经完成之后，如果我们不认真地关心农民的疾苦，改正我们的错误和缺点，从发展生产的环节上，去逐步地改善农民的生活，农民就会不能忍耐，不能原谅我们，就会要损害工农联盟。"（二）"一九五二年的农业产量虽已超过我国历史上的最高年产量，但是我们的农业水平还是非常低劣，农民的生活还很贫困，农产品还远远不够国家和人民的需要，农民不但基本上没储粮，而且每年有百分之十以上的贫苦农民缺少食粮，要闹春荒夏荒，此外，国家的粮食储备也还很少，我们国家还经不起一个较为严重的灾荒。”并批示：“速送刘、周、朱、高、彭、饶、习〔1〕阅，尚昆办。用电报发各中央局、分局，并转各级党委，另在北京印发如前示。”

**同日** 审阅刘少奇五月十三日转报的中共中央对外联络部五月制订的《顾问团工作守则》，批示：“在第一条内加了一句，并将爱国主义放在文尾。”二十七日，致信王稼祥：〔2〕“在给越南工作同志的《顾问守则》中，第一条，‘热爱越南人民及其一草一木’句之下，应加‘尊重越南民族独立及越南人民的风俗习惯，拥护越南劳动党及越南党与人民的领袖胡志明〔3〕同志’。如该件尚未发出，请将上列文句加进去，为盼！”二十九日，根据毛泽东的意见修改后的《顾问团工作守则》，由对外联络部发给中国驻越南顾问团总顾问罗贵波。

**同日** 晚上，在中南海西楼会议室主持召开中共中央政治局扩大会议。会议批准第一机械工业部关于目前机械工业的情况和今后工作部署的指示（草稿），决定由高岗加以修改，并代中央起草一指示；批准高岗提出的努力争取在三年内完成长春第一汽车制造厂建设的意见。会议决定：一、今后三个月内将所有各财经部门的工作，提交中央讨论一次，并作出适当的指示。二、关于中央办公制度及文电处理的改善办法，指定周恩来（负责）、刘少奇、邓小

〔1〕 高、彭、饶、习，指高岗、彭真、饶漱石、习仲勋。

〔2〕 王稼祥，当时任中共中央对外联络部部长、中央国际活动指导委员会主任委员、外交部副部长。1956年9月又任中共中央书记处书记。

〔3〕 胡志明，当时任越南劳动党中央主席、越南民主共和国主席兼政府总理。

平、饶漱石、杨尚昆提出意见，交中央决定。刘少奇、周恩来、朱德、高岗、彭真、林伯渠、张闻天、彭德怀、邓小平、饶漱石、邓子恢、薄一波、习仲勋、陈伯达、罗瑞卿、杨尚昆、贾拓夫、张玺〔1〕、安子文、张有萱、段君毅、汪道涵〔2〕出席会议。

**5月26日** 晚上，在中南海西楼会议室主持召开中共中央书记处扩大会议。会议讨论公安部第二次全国基本建设保卫工作会议决议稿、罗瑞卿关于第二次全国基本建设保卫工作会议的报告以及彭真为中央起草的批语稿。会议决定：一、为了促进我国同苏联和各新民主主义国家的贸易，我国对外贸易部门应经常了解其需要，提出确实的计划。在我国生产方面，应为苏联和各新民主主义国家生产一部分必需的产品。此事应由国家计委加以注意。二、鉴于一九五三年变化甚大，为保证国家预算的平衡，应注意增加收入和紧缩支出。六月十一日召开的全国财经工作会议应将此问题列入议程进行讨论，提出意见报告中央。刘少奇、周恩来、朱德、彭真、高岗、张闻天、邓小平、饶漱石、邓子恢、薄一波、习仲勋、刘澜涛、罗瑞卿、杨尚昆、安子文、李维汉出席会议。

**5月27日** 致信彭德怀、黄克诚："在中央会议中，每月或每两月，应有一次军委的议程。例如早几天克诚同志要和我谈的后勤会议的情况，即可向中央会议作一次报告，其办法是用文字简明地写出来，交杨尚昆同志印发各同志，列入议程，开会时由黄再作简单说明。其他各部门重要事项，准此类推。如同意，请照办。"

**同日** 晚上，同刘少奇、周恩来谈工作问题。

---

〔1〕 张玺，当时任国家计划委员会委员。1954年11月任国家计划委员会副主任。1955年4月又任中共国家计划委员会党组副书记。

〔2〕 张有萱，当时任国家计划委员会机械局局长。段君毅，当时任第一机械工业部副部长、党组副书记。汪道涵，当时任第一机械工业部副部长。

**5月28日** 晚上，在中南海西楼会议室主持召开中共中央政治局扩大会议。会议听取安子文关于五月四日召开的第二次编制工作准备会议讨论编制方案所提意见的报告，决定将编制问题列入全国财经工作会议的议程。会议批准对外贸易部向日本出口食盐三十万吨，并减低税收及利润的意见。刘少奇、周恩来、朱德、高岗、彭真、林伯渠、张闻天、彭德怀、邓小平、饶漱石、薄一波、习仲勋、刘澜涛、陈伯达、罗瑞卿、杨尚昆、安子文、刘景范出席会议。

**5月29日** 听取李维汉关于外出调查资本主义工商业情况的汇报〔1〕。

**5月30日** 晚上，主持召开中共中央书记处会议，讨论朝鲜停战谈判问题，刘少奇、朱德、周恩来出席，彭德怀、邓小平列席。

**5月下旬** 阅薄一波五月二十日关于北京市零售物价不断上涨问题的调查报告，批示杨尚昆："此件列入议程〔2〕，准备讨论。"

**6月1日** 晨三时半，复电金日成〔3〕。复电说："我们同意关于敌方新方案〔4〕可以接受的意见。我们准备指示开城在六月四日复会时，表示基本同意对方的新方案，只在各项条文作若干必要的和技术上的修改。其中主要一点拟在对方新方案第四条第十一款最后一段中作这样的修改，即：'任何战俘凡在中立国遣返委员会负责看管他们后一百二十天内，尚未行使其被遣返权

〔1〕 1953年5月27日，李维汉向中共中央、毛泽东报送了《资本主义工商业的公私关系问题》报告。这是李维汉于这年春季带领中央统战部调查组在武汉、南京、上海等地调查后写出的。

〔2〕 指列入全国财经工作会议的议程。

〔3〕 这个电报由周恩来起草，毛泽东审定后发出。

〔4〕 指"联合国军"方面在1953年5月25日朝鲜停战谈判双方代表团大会上提出的《关于遣返战俘问题的协议》。在这个协议中撤回了无理要求扣留朝鲜人民军被俘人员的方案，基本上接受朝中方面5月7日的方案。

利，又未经政治会议为他们协议出任何其他处理办法者，应由中立国遣返委员会宣布解除他们的战俘身份，使之成为平民；然后根据各人的申请，其中凡有选择前往中立国者，应由中立国遣返委员会和印度红十字会予以协助。这一工作，应在三十天内完成，完成后，中立国遣返委员会即停止职务并宣告解散。’我们估计这一修改与对方就地释放的原提案无基本差别，可以被接受的，但也准备如对方坚持原提案，亦可同意。”

**同日**　晚上，在中南海西楼会议室主持召开中共中央政治局会议。（一）会议通过周恩来提出的朝鲜停战谈判中关于战俘遣返问题的协议草案。毛泽东说：应将病伤战俘归来所反映的情况，通报党内、军内。（二）会议听取并讨论吴波〔1〕关于修正税制执行情况及今后税制修订的方向的报告。毛泽东在谈到今后税制修订问题时说：重点应放在政策和税率方面，不要只顾任务。因此，征收方法甚重要，结果可能多征。专营批发商有五千多户，批准的专营批发商多为大户，约两千多户。一九五二年十二月三十一日社论说到公私完全平等〔2〕，是绝对错误的，落后于孙中山。现暂不批准报告，先听各地意见。报告可作为财政部的意见，提交全国财经工作会议。报告内容有些是好的，总账算得对不对应研究，营业税解决办法待研究。中央与地方共同成立一个小组来讨论。又说：在去年增产基础之上，如果没有“三反”、“五反”，即使实行旧税制，不见得收不到。全年不过多收四万多亿元。会议认为：一九五二年十二月三十一日政务院财经委员会所公布的对税制的若干修正（政务会议核准的），在政治上有原

---

〔1〕吴波，当时任中共财政部党组书记、财政部部长。

〔2〕指《人民日报》发表的《努力推行修正了的税制》社论中，曾说“修正了的税制继续保持公私一律平等纳税的原则”。

则性的错误。同时，这一问题事前未向中央请示，也未提交中央讨论，在组织上也是严重错误的。关于税制修订问题，由薄一波、曾山、姚依林、许涤新、程子华、戎子和、吴波等再加研究，提交全国财经会议征求意见，再交中央讨论。会议提出，原决定由薄一波准备全国财经工作会议，现决定由周恩来主持。

**6月2日** 晚上，在中南海西楼会议室主持召开中共中央书记处扩大会议。会议决定：一、为苏联和各新民主主义国家生产一部分他们必需的产品。二、应注意增加财政收入和紧缩开支，将这个问题列入全国财经工作会议的议程。

**6月3日** 下午，同彭德怀谈话。

**6月4日** 审阅修改中央军委总政治部军校管理部五月一日制定的高级步兵学校政治队第二期教育计划。毛泽东作的主要修改和批注是：（一）将训练要求的第一条"加强马克思列宁主义、毛泽东思想的教育"一句中的"毛泽东思想"五个字删去。（二）将这一条中"了解由新民主主义过渡到社会主义的条件和道路"一句，改为"了解由新民主主义逐步地过渡到社会主义的条件和道路"。（三）在"每天学习时间定为九小时半：正课六小时；复习射击教练、队列教练一小时；自习二小时半"一句中的"九小时半"处批注："似以八小时为好，即正课五小时，操练一小时，自习二小时。"批示彭德怀："此件还你。未细看，望了一下，有几处修改。另关于每天九小时半学习时间，似太多，改为八小时如何？尤其夏天，学生吃不消。"

**同日** 晚上，在中南海西楼会议室主持召开中共中央政治局会议。会议讨论粮食工作，研究了粮食工作的征粮、收购、调运、节约和农村自行调节问题。

**6月5日** 审阅关于新税制问题的五个文件[1]，批示杨尚昆："此五件请印发各同志。总题目为：一九五三年一月至二月间关于新税制问题的几个文件。"

**同日** 审阅修改中共中央批准水利部党组五月六日关于农田水利问题的报告给各中央局、分局、省市委和水利部党组的批语稿。对批语稿的主要修改情况如下（加写和改写的文字用着重号标明）："中央同意这次农田水利会议所提出的各项改进工作意见，即在农田水利建设中，现时应将重点放在开展群众性的各中小型水利，并切实整顿现有水利设施，发展其应用效益方面。除单干户互助组或合作社能自行解决而又不牵涉他方面者外，今后兴办任何一个工程，应按照规模的大小，牵涉的方面，分别经过乡人民代表大会，或区政府或县政府加以审核和批准。并应按照下列一些原则进行"。并批示："刘、周阅，尚昆办。"

**同日** 晚上，在中南海西楼会议室主持召开中共中央政治局扩大会议。会议谈到民族问题（绥远[2]与内蒙古）、过渡时期与所谓巩固新民主主义秩序问题。

**6月6日** 晚上，在中南海颐年堂召集刘少奇、朱德、周恩来、邓小平、陈伯达、胡乔木开会，商谈宪法问题。

**6月8日** 下午二时，朝鲜停战谈判双方正式签订关于遣返战俘的协议。一年多来唯一阻碍朝鲜停战的遣返战俘问题获得解决，至此，停战谈判的所有议程全部达成协议。双方进入重新校

---

〔1〕 这5个文件是：中共中央山东分局第二书记向明等关于在执行新税制过程中物价调整草率造成市场混乱的情况的电报；北京市委关于新税制施行的反映；毛泽东关于新税制问题给周恩来、邓小平、陈云、薄一波的信；薄一波的回信；吴波等关于新旧税制的利弊及此次物价波动的原因的报告。

〔2〕 绥远，省名。1954年6月撤销，原辖地区划归内蒙古自治区。

订军事分界线和拟定停战协定的细节工作。

**同日**　晚上，在中南海西楼会议室主持召开中共中央政治局会议。会议讨论朝鲜停战问题，听取并讨论戎子和关于一九五三年一至四月国家预算执行情况的检查及对今后平衡预算的意见的报告。会议认为：过去几年，财政工作是有成绩的，但是在政策上、政治上和方法上有不少缺点和错误，今后必须加以纠正。关于严格监督国家资金的运用，加强财政纪律，必须定出具体办法。财政部的报告可提交全国财经会议讨论。

**同日**　为中共中央起草给各中央局、分局并转省市委的批语："中央批准华南分局六月一日关于加强分局集体领导与各个部门分工负责的决定，并将此件发给各省市委参照办理。"决定说：华南地区正处在由改革到建设的转变时期，为了做好当前的转变和今后的各种建设工作，关键在于加强分局领导——建立强有力的集体领导与分工负责制度。在分局集中统一领导下，加强对政府工作的具体领导，克服过去曾经存在着的某些分散和无组织的状态。

**6月9日**　晚上，在中南海西楼会议室主持召开中共中央政治局扩大会议。会议听取并讨论滕代远关于对铁道部过去工作的检查及一九五三年中心工作及营业线路、新线工程等问题的报告，批准周恩来关于六月十一日全国财经工作会议如何进行的请示报告，决定由李维汉作关于利用、限制和改造资本主义工商业的若干问题的报告。

**同日**　审阅中共中央关于力争三年建成长春汽车厂的指示，批送刘少奇、朱德、周恩来、邓小平、饶漱石阅。指示指出：争取缩短长春汽车厂的建设时间，不仅对我国国防建设、经济建设有极重要的意义，而且第一机械工业部也可以在长春汽车厂的建设过程中积累经验，培养和壮大自己的建设力量，并为接踵而来的其他重要建设工程创造许多有利条件。由于我们技术落后和没有经验，要在三年内建成这样一个大规模的工程，不论在施工力量的组织、施工的技术、国内设备的供应以及生产的准备等方面，都将会有很大的困难。因此，中央认为有必要通报全国，责成各有关部门对长春汽车厂的建设予以最大的支持，力争三年建成。

**6月10日** 审阅修改中共中央转发山东莱阳地委关于物资供应工作经验的指示稿，加写两段文字："中央曾经发出指示，在农村工作中，一方面，必须照顾小农经济特点，党和政府不可对农民干涉太多，即必须废止各项主观主义的和命令主义的办法；另一方面，为了适当地和有力地指导农业生产，党和政府必须按照农民和国家的需要和可能，进行必要的经济工作和政治工作。现有山东材料一件，证明中央此种指示是完全正确的。"（这一段文字是六月二十四日改定的——编者注）"今后各地合作社干部必须学习莱阳的经验，学会使用新式农具、肥料的技术，下乡去当农民的技术教员，将教技术和销货物结合在一起去进行。今后县、区、乡干部也要认真学习农业技术，充当农民的教员，方能有效地领导农民群众。"同时，批示杨尚昆："此件请列入议程。此件印发中央及到财经会议的各人。"二十四日，这个指示下发各中央局、分局、省市委和农业部党组、全国合作总社党组，并转各地、县级党政部门。

**同日** 晚上，同谭震林、柯庆施、曾希圣、陈丕显〔1〕、李

〔1〕 曾希圣，当时任中共安徽省委书记（1956年7月省委设书记处后任第一书记）、安徽省人民政府主席、中国人民解放军安徽省军区第一政治委员。1955年2月又任安徽省政协主席。陈丕显，当时任中共上海市委第四书记（代理第一书记，1954年10月任第二书记）。

雪峰、李先念、陶铸、金明[1]谈话。

**6月11日**　晚上，在中南海西楼会议室主持召开中共中央政治局会议。会议讨论新疆民族自治区成立时的称谓问题，名称定为新疆维吾尔自治区；听取姚依林关于一九五三年春季国营商业工作的检查及下半年工作部署的报告。毛泽东在讲话中说：新税制违背了二中全会的路线和《共同纲领》的路线，写了社论一篇，说它完全平等，资产阶级马上热烈拥护，共产党至少也得热烈拥护。税制报告没有批准，应作大的修改。又说：商业文件基本上是好的，估计不足是主要缺点。贸易计划总额一百五十五万亿元已变为一百六十万亿元，也被推翻了。此外，对贷款、利息应加研究，运输费、税收、搬运、劳动条件都影响流转率。会议认为：国家商业工作是有成绩的。过去的基本缺点是，对于市场情况估计不足，国营工业利润过高，一九五三年一月全国商业局长会议后，在压缩库存与实行经济核算制方面，要求太快，收购和推销都太少。今后应注意扩大商品流通，加速资金流转，对于大批发商人必须采取适当的办法加以限制。姚依林的报告基本方向是正确的，可提交全国财经工作会议讨论。刘少奇、周恩来、朱德、高岗、彭真、林伯渠、张闻天出席会议，邓小平、饶漱石、薄一波、邓子恢、习仲勋、刘澜涛、陈伯达、胡乔木、杨尚昆、曾山、陈希云[2]、程子华、戎子和、李哲人[3]列席会议。

---

〔1〕 陶铸，当时任中共中央华南分局代理第一书记（1955年7月任广东省委书记）、广东省人民政府代理主席（1955年2月任广东省省长）、中国人民解放军中南军区政治部主任（1955年3月任广州军区第一政治委员）。1955年1月又任广东省政协主席。金明，当时任中共湖南省委书记兼统战部部长。

〔2〕 陈希云，当时任中共粮食部党组书记、粮食部副部长。

〔3〕 李哲人，当时任对外贸易部副部长。

**6月12日** 下午，同陈正人谈话。

**6月13日** 阅彭德怀本日关于报送金日成、彭德怀准备向部队发布的停战命令稿的报告，批示："请周审改，再退我。"

**同日** 晚七时半，在中南海颐年堂接见从抗美援朝前线回国的秦基伟〔1〕。毛泽东说：你们在上甘岭打得好，上甘岭战役是个奇迹，它证明了中国人民志愿军的骨头比美国的钢铁还要硬。这奇迹是你们创造的。朝鲜战争是要停下来的，所以调你到云南工作。云南是我国的西南大门，处于重要的战略位置，边防线长，还有残匪在境外活动，斗争情况复杂。你年轻力壮，到任后要多下去熟悉地形、了解部属，把边防建设好，把大门守好。

**同日** 晚八时，在中南海颐年堂召集刘少奇、朱德、周恩来、彭真、王稼祥开会。

**6月13日—8月13日** 中共中央召开全国财经工作会议。会议围绕如何贯彻过渡时期总路线，主要讨论第一个五年计划、财政、民族资产阶级三个方面的问题，以及财经方面其他一些具体问题。会议期间，高岗、饶漱石利用党纠正财经工作中的缺点、错误的机会，在会内会外进行分裂党的活动，散布流言蜚语，攻击刘少奇、周恩来等党和国家领导人，阴谋攫取党和国家的最高领导权。在一段时间里，讨论和批评新税制成为会议的中心问题。中共中央纠正了在高、饶影响下出现的一部分不正确的意见，会议取得预期的效果。

---

〔1〕 秦基伟，回国后任中国人民解放军云南省军区副司令员兼参谋长。原任中国人民志愿军第3兵团第15军军长。

**6月14日**　阅陈叔通、黄炎培六月十二日的来信[1]，黄炎培十三日给毛泽东、周恩来的信，以及中国民主建国会十二日关于朝鲜停战谈判战俘遣返问题达成协议的座谈会情况的通讯[2]和十三日关于私营工商界现存问题和解决办法的建议，批示："周总理、李维汉同志：此两信及两附件可一阅，并可登入《零讯》。这是资方集中表示意见的一次，大都是应当注意解决的。"本日，复信陈叔通、黄炎培："六月十二日惠书及附件收到，甚

---

〔1〕 陈叔通、黄炎培的信中说：最近全国工商联和民主建国会召开了北京、天津等12个城市的工商问题座谈会，提出了一些建议，包括加工订货、收购包销问题，劳资问题，小工业及手工业问题，税务问题，均已送交财政经济委员会工商行政管理局。大家一致认为，由于中央及各级工商联合会、各地民主建国会和中央及各级政府有关部门联系不够，问题是不可能一次就彻底解决的，新问题还会发生，最好中央及大中小城市经常举行不定期座谈，以协商方式交换意见。各地有这样做的，效果都很好。因此建议中央财政经济委员会指示各地工商行政部门及有关各方面参照执行。

〔2〕 指中国民主建国会1953年6月12日座谈会通讯中记述的由黄炎培根据会上反映的问题和意见归纳的几点看法。（一）由于朝中方面的重大努力，以我方建议为基础的关于战俘遣返问题的协议终于签订了，这是和平解决朝鲜问题的一个重要步骤。（二）伟大的抗美援朝运动以及现已取得的辉煌成就，都是"严明界限，分清敌我"这一正确的政策在国内外贯彻执行的结果。今后，我们要从现在的胜利走上更大的胜利，就必须人人在认识上和实践上都坚持这一政策。（三）我们应该把抗美援朝的革命精神贯彻到我们国家建设的所有工作环节中去，在工商业界，就应该更加提高经营积极性，克服困难，改进业务，配合国家经济建设，以期新中国第一个五年计划的加速完成。（四）在国际情况新的变化之下，不论商业、工业和一切私营企业，必须严肃地遵守国家法令，警惕"五毒"，根据国家经济计划，有领导有组织地发挥其有利于国计民生的经济作用。（五）必须加强学习，学习时事，学习政策法令，民建会员尤须以正确的行动来加强在工商业者中的骨干作用。

谢。此事，现正研究中，大约可以获得若干解决方案。”又复信黄炎培：“六月十三日惠书及附件收到，甚谢。民建会通知所述各点，是适当的。私营企业问题已交财委研究。”

**6月15日** 晨四时，就朝鲜停战协定草案有关条款的修改问题，致电李克农并告金日成、彭德怀〔1〕，指出：“关于军分线问题，应以十五日二十四时的时间为划线的最后根据，因此在十五日会上可将十四日没有变动的各点定下来，而在十六日会上将十五日的情况定下来。”

**同日** 审阅李维汉的报告《关于利用、限制和改组资本主义工商业的若干问题（未定稿）》〔2〕，将标题中的“改组”改为“改造”，并在封面上写了一个讲话提纲：“总路线是照耀一切工作的灯塔。有所不同和一视同仁，公私兼顾、劳资两利和发展生产、繁荣经济，前者管着后者。几点错误观点：（一）确立新民主主义的社会秩序；（二）由新民主主义走向社会主义；（三）确保私有财产。党的任务是在十年至十五年或者更多一些时间内，基本上完成国家工业化和社会主义的改造。所谓社会主义改造的部分：（一）农业；（二）手工业；（三）资本主义企业。逐步。对于将资本主义逐步过渡到社会主义的认识——社会主义成分是可以逐年增长的，资产阶级的基本部分是可教育的。”

**同日** 晚上，在中南海西楼会议室主持召开中共中央政治局会议，听取并讨论李维汉《关于利用、限制和改造资本主义工商业的若干问题》的报告。毛泽东在讲话中，首先对过渡时期党的总路线作了一个比较完整的表述：“从中华人民共和国成立，到社会主义改

---

〔1〕 这个电报由有关部门起草，毛泽东审定后发出。

〔2〕 这个报告是在中共中央统战部1953年5月向中央报送的《资本主义工业中的公私关系问题》的调查报告的基础上写成的。

造基本完成，这是一个过渡时期。党在过渡时期的总路线和总任务，是要在十年到十五年或者更多一些时间内，基本上完成国家工业化和对农业、手工业、资本主义工商业的社会主义改造。”在谈到过渡时期总路线、总任务的基本内容及向社会主义逐步过渡的方法时，他说：过渡时期的时间多长？考虑来考虑去，讲十年到十五年或者更多一些时间比较合适。总路线和总任务包括两部分性质：（一）工业化，工业在国民经济中的比重要超过农业。（二）社会主义改造，即对农业、手工业、资本主义工商业的社会主义改造。在批评“左”、右两种倾向时说：党在过渡时期的总路线是照耀我们各项工作的灯塔。不要脱离这条总路线，脱离了就要发生“左”倾或右倾的错误。有人认为过渡时期太长了，发生急躁情绪。这就要犯“左”倾的错误。有人在民主革命成功以后，仍然停留在原来的地方，他们没有懂得革命性质的转变，还在继续搞他们的“新民主主义”，不去搞社会主义改造。这就要犯右倾的错误。就农业来说，社会主义道路是我国农业唯一的道路。发展互助合作运动，不断地提高农业生产力，这是党在农村中工作的中心。毛泽东批评了“确立新民主主义社会秩序”、“由新民主主义走向社会主义”、“确保私有财产”这三个提法。他说：我们提出逐步过渡到社会主义，这比较好。社会主义因素是逐年增长的，不是说到第十六个年头上突然没收资本主义工商业。我们根据过去四年的经验，资本主义企业中社会主义因素是逐年增长的，不要认为资本主义经济十五年原封不动，不要总把资本主义经济看成一块铁板，看成是不变化的。在谈到对私营企业的政策时，他说：“有所不同，一视同仁”，这是把公私企业拿来相比较。有所不同，一个是社会主义，一个是资本主义，一个是领导者，一个是被领导者，因此，在对它们的政策方面也有所不同。一视同仁，是在劳动生产率提高、经济核算、工资待遇、劳动条件等方面，公私企业大体上相同，总目标是增产节约，减少成本。国营企业与私营企业因为所有权的关系，不能讲完全相同，完全相同是不可能的。资本主义企业的数量不可忽视，其作用是不小的。它有工人和店员三百八十万，而国营企业也只有工人和店员四百二十万，超过它不多。资本主义企业数量很多，目前少不了它，而我们又有办法逐年把它改造为社会主义企业。目前一脚踢开资本主义企业是不行的，我们也没有资格。现在，我们飞机、坦克、汽车、拖拉机等都不能造，就想把资本主义企业一脚踢开，是不对的，不应急躁冒进。统筹兼顾完全必要，以便我们集中主要精力做国营企业的工作，集中力量搞国防，搞重工业。在谈到对资产阶级分子和私营工商业实行改造政策的可能性时，他说：每个城市要好好做几个大资本家的工作，我自己也在做。几年来经验证明，资产阶级的基本部分，或者说多数，是可以教育的。他们是民主人士，可以教育。对资本主义工业的改造和商业的改组是不相同的。对私营工业的改造，是采用加工订货、公私合营两种方式，加强党支部和工会的工作，加强对资产阶级基本部分的教育。对私营商业的改组，向商业资本家做教育工作是可以的，但目的是逐年把它挤掉，使商业资本家转为工业家，我们把店员接收过来。毛泽东最后说：社会主义、半社会主义经济的劳动生产率大大提高，这一点已经清清楚楚地给人民看到了。为什么社会主义经济比较好些？就是劳动生产率比较高，技术提高得快，生产发展得快，又快又好。这说明社会主义比资本主义优胜。会议基本同意李维汉的报告，委托他根据会上的发言，对报告加以补充和修改，提交全国财经工作会议讨论。

**6月16日** 晨四时半，致电李克农并告金日成、彭德怀[1]，指出："关于军事分界线，已定以十五日二十四点的情况为最后根据，不再改变。在这个时间以后的任何发展均不再提出修改。望

〔1〕 这个电报由有关部门起草，毛泽东审定后发出。

根据这个原则与志司通电话，就来电所提交换各点求一决定办法，不再更改。”

**6月17日** 晚上，在中南海西楼会议室主持召开中共中央书记处扩大会议。会议议程有十八项。会议讨论并原则同意习仲勋关于开展上海天主教工作的几点意见，提出目前对天主教的工作，可不提“三自革新”〔1〕口号，只提爱国运动。会议责成由萧华召集军委卫生部、中央人民政府卫生部和内务部及东北、华北和华东各一人开会，研究改进康复医院工作问题，并起草一指示交中央批准〔2〕。刘少奇、周恩来、朱德、彭真、高岗、林伯渠、张闻天、彭德怀、邓小平、饶漱石、李富春、薄一波、邓子恢、黄克诚、习仲勋、刘澜涛、胡乔木、杨尚昆、萧华、刘景范出席会议。

同日 致电金日成〔3〕。鉴于停战协定即将签字，就有关停战事务问题需早作准备，提出具体建议。

**6月18日** 晚上，在中南海菊香书屋召集刘少奇、朱德、周恩来、彭德怀、邓小平开会，商讨朝鲜停战协定签字问题和鉴于李承晚政府破坏战俘协议决定在朝鲜停战前再给予南朝鲜军队以军事打击问题。十九日上午，彭德怀离开北京赴朝鲜，准备参加朝鲜停战协定的签字。

**6月19日** 致电李克农并告金日成、彭德怀〔4〕，指出：美

〔1〕“三自革新”，1950年7月和11月，中国基督教、天主教的爱国人士分别发表宣言，谴责美国侵略朝鲜的罪恶行径，号召全国基督教、天主教教徒发扬爱国主义精神，摆脱外国教会控制，建立中国人民自治、自养、自传的新教会。这个主张得到了广大教徒的广泛响应。

〔2〕1953年7月14日，中共中央、政务院、中央军委发出《关于改进康复医院工作的指示》。

〔3〕这个电报由周恩来起草，毛泽东审定后发出。

〔4〕这个电报由有关部门起草，毛泽东审定后发出。

军总部明知故犯地纵容李承晚破坏战俘协议[1]，引起全世界严重注意和纷纷责难。帝国主义阵营内部的争吵和分歧正在扩大。鉴于这种形势，我们必须在行动上有重大表示方能配合形势，给敌方以充分的压力，使类此事件不敢再度发生，并便于我方掌握主动。

**同日**　晚上，在中南海西楼会议室主持召开中共中央政治局会议。会议讨论中国新民主主义青年团第二次全国代表大会的有关文件，安子文关于全国编制问题的报告和薄一波提出的关于粮食收购办法草案、关于粮食计划供应办法草案、关于加强粮食市场管理办法草案、关于粮食节约办法草案。

**6月21日**　复电彭德怀："六月二十日二十二时电[2]悉。停战签字必须推迟，推迟至何时为适宜，要看情况发展方能作决定。再歼灭伪军万余人，极为必要。"

**6月22日**　阅卫士张仙朋回乡探亲后于五月七日写的山东省福山县宫家岛乡调查报告[3]，批示："写得还好。文字应通俗些。要研究社会情况，学得经验。"

**6月23日**　复信毛泽连[4]："五月八日的信收到。你的眼病脚病未好，甚念。仍以在家养治为宜，不要来京。因为湘雅医

〔1〕李承晚，当时任韩国总统。1953年6月16日，李承晚复函艾森豪威尔，拒绝接受停战协议。6月18日，韩国政府和军队破坏关于遣返战俘问题的协议，胁迫占全部不拟直接遣返的朝鲜人民军被俘人员总数一半以上的25000人离开战俘营，加以扣留。至6月底，共强迫扣留朝鲜人民军战俘27000余人。

〔2〕彭德怀电报中说：根据目前情况，停战签字须推迟至月底似较有利，为加深敌人内部矛盾，拟再给李承晚伪军以打击，再消灭伪军15000人。

〔3〕毛泽东曾指示他的卫士们回乡探亲时每人都要写一份探家报告，并亲自进行批改。

〔4〕毛泽连，毛泽东的堂弟。

院诊不好，北京也不见得能诊好。”

**6月24日**　晚上，在中南海西楼会议室主持召开中共中央书记处扩大会议。会议议程有十五项。会议讨论并批准周恩来六月十三日关于聘请苏联专家的程序、统一管理专家工作及文教政法系统增聘专家等问题的报告；讨论并基本上批准政务院关于发动群众开展造林、育林、护林运动的指示（草稿）和林业部党组关于私有林区木材经营管理方针、政策的报告。刘少奇、周恩来、朱德、高岗、张闻天、邓小平、饶漱石、李富春、薄一波、邓子恢、习仲勋、刘澜涛、杨尚昆、安子文、萧向荣等出席会议。

**6月26日**　晚上，在中南海西楼会议室主持召开中共中央政治局会议，听取并讨论邓子恢关于治理黄河的意见和王化云关于根治黄河与防洪措施的意见，听取并批准李富春《关于在苏联商谈我国五年计划问题的几点体会》的报告、山东省关于山东政权机构编制情况的报告，批准成立马列学院管理委员会，由饶漱石、胡乔木、安子文、陈伯达、凯丰、侯维煜、胡绳〔1〕等组成，胡乔木召集。刘少奇、周恩来、朱德、彭真、林伯渠、张闻天出席会议，邓小平、饶漱石、邓子恢、李富春、习仲勋、刘澜涛、陈伯达、杨尚昆、安子文、胡乔木、马明方〔2〕、潘复生、李葆华〔3〕、向明列席会议。

**6月28日**　晨，阅胡乔木六月二十七日对《关于利用、限

---

〔1〕侯维煜，当时任中共中央马列学院副院长。胡绳，当时任中共中央宣传部秘书长、马列学院一部主任。1955年1月、6月又先后任中共中央政治研究室副主任、中国科学院哲学社会科学部委员。

〔2〕马明方，当时任中共中央西北局第三书记、西北行政委员会副主席、中国人民解放军西北军区副政治委员。1954年4月任中共中央副秘书长、中央组织部副部长。1956年1月又任中共中央财政贸易工作部部长。

〔3〕李葆华，当时任中共水利部党组书记、水利部副部长。

制和改造资本主义工商业的若干问题（二改稿）》的意见给毛泽东、周恩来的信。毛泽东在信上写了准备在六月二十九日政治局扩大会议上讲话的提纲：“（一）现在的资本主义是在人民政府管理下的和社会主义经济联系着的并受其领导的受工人监督的资本主义即国家资本主义。（二）对于党和工人阶级仍以国民党时代的态度对付资本主义企业的批判。（三）对于有所不同，一视同仁的解释。在此原则下的‘公私兼顾、劳资两利’方针的解释。（四）排挤应改为逐步消灭。（五）对于商业劳资的安排。（六）改为中国共产党第某次全国代表会议决议草案，加以修改。（七）集中于党中央及各级党委，日常工作委托统战部。（八）修改过去法令，创制一些法令。工人提高政治水平问题。第六种经济形态。还有相当力量，应警惕。”同时，审阅修改《关于利用、限制和改造资本主义工商业的若干问题（二改稿）》，将“二改稿”改为“修改稿”，并加写题下说明：“一九五三年七月，中共中央政治局提出，先在党刊上登载，交各级党委讨论，俟收集意见，准备提交将来的党的全国代表会议或其他适当的会议上去讨论和决定。其中有许多当前要争取时机迅速解决的问题应予即行解决，要做的工作应即动手去做。”晨四时，批示杨尚昆：“此件及附件印发上次参加讨论此问题的各同志，并列入星期一的议程。印件应于今日下午送到各人手里，并通知他们阅读。”

**6月29日** 晚上，在中南海西楼会议室主持召开中共中央政治局扩大会议，讨论《关于利用、限制和改造资本主义工商业的若干问题（修改稿）》。毛泽东在会议上讲话，他说：关于资本主义工商业的改造问题，七月要搞出几个具体文件，包括法令。文件的作用很大，很有必要。主要问题是方针、路线，方针、路线不搞清楚，具体办法也会不行。中国的资产阶级与苏联和东欧新民主主义国家的不同，是从历史不同来的，他们参加过反对帝国主义的斗争，没有理由没收他们的企业。我们对帝国主义国家在华的资产，也分两种处理办法，对英国、美国、法国的是征用，所有权没有转变。现在中国的资本主义是在人民政府管理下的、和社会主义经济联系着的并受其领导的、受工人监督的资本主义，即国家资本主义。国家资本主义有多种形式。“五反”前，没有来得及搞。“五反”后，阶级关系起了很大变化，所以我们有可能经过公私合营等国家资本主义形式将资本主义经济逐步改造成社会主义经济，并消灭资本主义。这个文件，要有一个地方，批评错误的看法，例如认为党和工人阶级仍应以在国民党统治时期的态度对待资本主义企业。其实，在国民党统治的后期，我们对民族资本主义工商业的政策即有改变。现在已经是在人民政府管理下的、和社会主义经济联系着的并受其领导的、受工人监督的资本主义，我们的同志还把它们看成是同国民党统治下一样的，把它们搞垮完事，不采取积极态度。要写一段来批评党和工人阶级中的这种思想。“有所不同，一视同仁”的原则要加以解释，哪几点相同，哪几点大体相同，不能完全一视同仁。在这个原则下，再解释“公私兼顾，劳资两利”的方针。国营为主，兼顾其他。对资本家不取消公民权，消费财产不交出，现在给利，将来给工作。虽然要警惕，但我们不要怕它。最麻烦的是农民，汪洋大海。商业的排挤，改为排除或消灭。商业资本家转业，资本很少的当工人，有资本的联合起来搞工业，劳动者给以安排。对资本主义工商业改造问题的领导，集中于党中央及各级党委，因为政策性太强。日常工作交给统战部。会议决定：（一）由李维汉、许涤新、胡乔木、陈伯达、李立三[1]等根据会议意见，对修改稿再加以修改，写成《中共中央关于利用、限制和改造资本主义工商业问题决议（草案）》，经此次财经会议讨论后，再加修改，然后发给各中央局、分局、省市委讨论，俟收集意见再加修改后，准备提交将来的党的全国代表大会或其他适当的会议去讨论和决定。（二）李维汉报告中提出来的，在资本主义工商业现存的问题中，有许多当前要争取时机迅速解决的问题，应予即行解决，要做的工作应即动手去做。会议决定决议草案由毛泽东修改定稿。这个决议草案后来没有形成正式文件。刘少奇、周恩来、朱德、高岗、彭真、林伯渠、张闻天、邓小平、饶漱石、李富春、邓子恢、曾山、李立三、习仲勋、刘澜涛、陈伯达、程子华、宋任穷[2]、杨尚昆、胡乔木、李维汉、赖若愚、许涤新、陈希云、陈丕显、陶铸、王任重、李雪峰、何伟、王恩茂、李井泉、曹荻秋[3]、乌

〔1〕 李立三，当时任劳动部部长。1955年1月任中共中央书记处第三办公室副主任。1956年1月任中共中央工业交通工作部副部长。

〔2〕 宋任穷，当时任中共中央西南局第一副书记、西南行政委员会副主席、中国人民解放军西南军区副政治委员。1954年4月、10月又先后任中共中央副秘书长、中国人民解放军总干部部第一副部长。1955年9月又任中共中国人民解放军监察委员会副书记。

〔3〕 何伟，当时任中共广州市委书记、广州市市长。王恩茂，当时任中共中央新疆分局第一书记（1955年10月任中共新疆维吾尔自治区委员会第一书记）。1955年5月又任中国人民解放军新疆军区司令员兼政治委员。李井泉，当时任中共中央西南局第三副书记、四川省委书记（1954年12月改称第一书记）、四川省人民政府主席、中国人民解放军四川省军区政治委员（1955年5月任成都军区政治委员）。1955年1月又任四川省政协主席。曹荻秋，当时任中共重庆市委第一书记、重庆市市长。

兰夫、黄火青、刘秀峰、张明远〔1〕、胡景沄等出席会议。

**6月30日**　下午，和刘少奇、朱德、周恩来、彭真、高岗、林伯渠、邓小平、邓子恢、李富春、薄一波、习仲勋、刘澜涛，在中南海怀仁堂接见中国新民主主义青年团第二次全国代表大会主席团成员。毛泽东讲话。他说：青年团要配合党的中心工作，但在配合党的中心工作当中，要有自己的独立工作，要照顾青年的特点。现在朝鲜议和，土地改革结束，国内工作的重点正在转到社会主义改造和社会主义建设。这就要学习。十四岁到二十五岁的青年们，要学习，要工作，但青年时期是长身体的时期，如果对青年长身体不重视，那很危险。青年比成年人更需要学习，要学会成年人已经学会了的许多东西。但是，他们的学习和工作的负担都不能过重。尤其是十四岁到十八岁的青年，劳动强度不能同成年人一样。我给青年们讲几句话：一、祝贺他们身体好；二、祝贺他们学习好；三、祝贺他们工作好。青年们要睡好，教师也要睡足。现在初中学生上课的时间也多了一些，可以考虑适当减少。一方面学习，一方面娱乐、休息、睡眠，这两方面要充分兼顾。要选青年干部当团中央委员。要充分相信青年人，绝大多数是会胜任的。青年团要照顾青年的特点，要有自己的系统的工作，同时又要受各级党委的领导。青年团的工作，要照顾多数，同时注意先进青年。重点要放在多数，不要只看到少数。毛泽东说：党在过渡时期的总任务，是要经过三个五年计划，基本上完成社会主义工业化和对农业、手工业、资本主义工商业的社

---

〔1〕黄火青，当时任中共天津市委书记兼纪律检查委员会书记。1955年1月又任天津市市长。刘秀峰，当时任中共中央华北局副书记、华北行政委员会副主席兼财政经济计划委员会主任。1954年9月任建筑工程部部长。张明远，当时任中共中央东北局第三副书记兼财经工作部部长、纪律检查委员会书记，东北行政委员会副主席。

会主义改造。基本上完成，不等于全部完成。讲基本上完成，是谨慎的讲法，世界上的事情总是谨慎一点好。我们历来不打无准备无把握之仗，也不打只有准备但无把握之仗。

**7月1日** 审阅中共中央本日为转发福建省委关于落后乡的工作报告给各地的指示稿，加写一段话："各地在今冬明春的农闲季节内，除完成乡选任务外，应集中力量解决区乡新三反问题，并着重地注意解决落后乡问题。但在新区至少须要两三年时间才能全部解决这个问题。"

**同日** 晚上，在中南海西楼会议室主持召开中共中央书记处扩大会议，讨论司法部关于执行第二届全国司法会议决议的指示等十三个文件。刘少奇、周恩来、朱德、彭真、高岗、林伯渠、张闻天、饶漱石、薄一波、邓子恢、王稼祥、习仲勋、刘澜涛、杨尚昆、安子文、胡乔木等出席会议。

**7月2日** 同蔡畅〔1〕谈话。

**同日** 晚八时，同陈伯达谈话。十时，在中南海颐年堂召集刘少奇、朱德、周恩来、高岗、黄克诚开会。

**7月3日** 晚上，在中南海西楼会议室主持召开中共中央政治局会议，讨论对外贸易部的工作报告。

**7月4日** 就迁移马克思墓捐款一事，复信波立特〔2〕："您一九五三年三月十六日的来信收到了。我们极为同意你们对卡尔·马克思墓的处理办法。为表示我们对无产阶级的伟大革命导师的生平和工作的关怀，中共中央认为帮助这一工作顺利进行是

〔1〕蔡畅，当时任中共中央妇女工作委员会书记、中华全国民主妇女联合会主席。

〔2〕波立特，当时任英国共产党中央总书记。1956年5月任英国共产党中央执行委员会主席。

自己的光荣任务，特为移墓所需费用募款七千美元（折合二千五百英镑）。此款请苏共中央代为转去。”

**7月5日**　中午，同陈丕显、王任重谈资本主义工商业问题。

**7月6日**　晨一时，同周恩来谈话。六时，致电金日成并告彭德怀〔1〕，电报说：现将《目前停战谈判情况及关于克拉克来信〔2〕的对策》〔3〕和金、彭复克拉克信稿两个文件发上。这个计划方案和复信已取得友方同意，请首相同志考虑后将你的意见电告，以便指示开城办理。随后，金日成复电同意这两个文件。七日，毛泽东将两个文件发给李克农。

**同日**　晚上，在中南海西楼会议室主持召开中共中央政治局会议。会议批准劳动部党组七月四日关于国营企业中的工资、年终双薪、年休假问题的处理办法的报告，指定由饶漱石代中央起草一个通知，送毛泽东阅后发出；政务院也应发出通知，由周恩来办。会议指出：鉴于今年未经中央正式决定，即

---

〔1〕这个电报由周恩来起草，毛泽东审定后发出。

〔2〕指克拉克1953年6月29日的来信。来信对朝中方面在6月19日就李承晚制造释放战俘事件提出的质问作出答复，不得不公开表示美国愿意在现在情况下达成停战。

〔3〕《目前停战谈判情况及关于克拉克来信的对策》提出，鉴于李承晚制造释放战俘事件和美国因国内外对南朝鲜目前问题的种种矛盾而产生的政策上的动摇性，对目前谈判局势应采取如下步骤：一、准备于1953年7月7日以金、彭名义复信克拉克，同意恢复谈判，加以批评；二、准备在停战协定签字前，再给李承晚伪军以打击，向南推进战线；三、准备7月8日以后恢复代表团大会，并在会上提出有关停战协定实施的问题进行讨论；四、代表团大会开会时，各种参谋会及翻译会同时进行停战协定签字的准备工作；五、估计停战协定签字日期可能为7月15日左右；六、由于情况变化，金日成元帅不宜去板门店参加停战签字，应另委一负责人代表签字。

已将拟于七月一日增加工资的计划普遍传达下去的情况，今后关于涉及广大人民群众利益的事项，凡尚属拟议，未经正式决定并允许下达者，一律不得下达。会议还批准外交部党组关于一九五三年度外事会议的报告、外交部关于一九五三年至一九五四年内进一步基本肃清帝国主义国家在华残余经济势力的方案和公安部关于外侨基本情况及今后一年内外侨管理工作的意见。刘少奇、周恩来、朱德、高岗、彭真、林伯渠、张闻天出席会议，饶漱石、李富春、薄一波、习仲勋、刘澜涛、陈伯达、杨尚昆列席会议。

**7月7日** 复信符定一〔1〕："今日收到惠书，说尊著《联绵字典》再版嘱为题词事。我对尊著未曾研究，因此不可能发表意见。所谓'秦皇汉武之业'，大概是先生听错了。先生是著作家，似不宜与古代封建帝王的事业作类比。方命之处，尚祈鉴谅为荷！"

**7月8日** 晨三时半，复电彭德怀并告金日成、李克农〔2〕，指出："同意将修正军分线问题暂不向对方提出，而推迟到十八日左右看军事进展情况再定。如果到十八日左右原定的军分线无甚变动，即可不提此问题。如果届时攻夺金城以南的任务〔3〕基本上完成，即应提出修正军分线使之符合于当时实际情况。"

---

〔1〕 符定一，当时任全国政协委员、政务院文化教育委员会委员、中央文史研究馆馆长。

〔2〕 这个电报由有关部门起草，毛泽东审定后发出。

〔3〕 指金城战役。李承晚政府破坏战俘遣返协议的事件发生后，为了配合谈判、促进停战，中国人民志愿军和朝鲜人民军于1953年7月13日向西起金化东至北汉江的金城以南的李承晚军队4个师的防御阵地发起进攻。战役至7月27日结束。这次战役共歼敌78000余人，收复阵地178平方公里。

**同日**　复信张澜："一九五三年七月七日惠书及附周、刘两先生的意见书，业已收到，甚为感谢。"

**同日**　晚七时，在中南海颐年堂主持召开中共中央书记处会议，刘少奇、周恩来、朱德、彭真出席，高岗、张闻天、邓子恢、饶漱石、陈伯达、李维汉、胡乔木列席。

**同日**　晚十时，同陶铸谈话。

**7月9日**　审阅中共中央关于国营企业中的工资、年终双薪、年休假问题给各中央局、分局并转省市委的指示〔1〕，劳动部党组关于国营企业中的工资、年终双薪、年休假问题的处理办法的报告，批示："（一）通过两个文件，由中央和政务院速发通知。（二）鉴于今年情况，嗣后应依正式命令办事。（三）应充分估计可能发生的不利情况，进行足够的解释工作。"又批注："计时和计件"、"适当照顾农民"、"灾荒和朝战"。

**同日**　下午，同刘少奇、周恩来、高岗谈话。

**同日**　晚上，致电李克农并告金日成、彭德怀〔2〕，指出：此次复会后的谈判应分两个步骤进行。首先应讨论有关停战协定实施的各种保证，然后再谈签字前的准备工作。

**7月10日**　审阅修改中共中央关于对小土地出租者、富农和地主贷款问题复西南局并告各中央局、分局、省市委的电报

---

〔1〕中央指示说：今年国内农村灾情相当严重，须予以必要的救济；抗美援朝战争虽有暂时停火希望，但停战并不等于获得和平，志愿军还无法迅速撤回，国防费用还不可能有多大减少；国家有计划的经济建设已经开始，必须积累必要资金投入工业建设。因此，中央决定在国营企业中，不进行全面调整工资，标准工资一般不动，并取消年终双薪（或年终奖金）制度和暂缓普遍实行年休假制度。

〔2〕这个电报由有关部门起草，毛泽东审改后发出。

稿。修改如下（加写和改写的文字用着重号标明）：“一九五三年五月九日人民银行西南区行关于农业贷款问题的报告和西南局的意见阅悉，中央同意西南局的关于在贷款问题上对待小土地出租者、富农和地主的各项意见〔1〕。惟对土地改革后确已从事农业，并服从政府法令的地主分子，如其生产确有困难或遇疾病等意外灾害时，在当地群众同意的条件下，在农业贷款中，亦可予以适当照顾。如当地群众反对贷款给地主分子，则不要贷给他们。”

**同日**　审阅修改中共中央关于大批集训区、乡干部问题复西南局并告各中央局、分局转省市委的电报稿。修改如下（加写和改写的文字用着重号标明）：“西南局对四川省不少县份召开扩大会议的意见很好。兹发给各地参考。这是仿照中央转发山东胶州地委的经验召开的，问题是时机不适宜。在农忙季节，集中大批不脱离生产的乡村干部到县、区开会或受训，是不适宜的。这样大的会议，只能在秋收后春耕前农闲季节召开。如果在农忙季节召开，这不仅将削弱乡村干部对农民生产的领导，更坏的是耽误了这些乡村干部本身的生产，而这些乡村干部都是不脱离生产的，是靠自己的生产劳动来养活家口的……各地必须从改变县、区领导工作的方法着手，由各中央局及省委各选择一至二个县，

〔1〕　中共中央西南局1953年5月9日关于贷款给小土地出租者、富农和地主的问题的意见中提出：（一）农贷不贷给地主和富农，这一原则应坚持。至于可否贷给小土地出租者，我们以为应从具体情况出发，凡是从事农业生产确有困难者，可以贷给农贷，否则应以其他方式解决他们的困难，免使农贷变成社会救济。（二）地主在生产和生活中确实存在困难者，我们不应采取不理态度，不理对整个社会不利，要根据不同情况具体处理。（三）对富农基本上是稳定其生产情绪的问题，如有个别划错成分或遭到意外灾害者，当可按特殊情况具体处理。

由各地委各选一个县，帮助县委、县政府改善分工合作的方法，取得经验，然后推广，其中的一项，是要切实纠正使不脱离生产的乡村干部和积极分子误工过多的现象”。

**同日** 下午，和朱德听取陈赓关于中国人民解放军军事工程学院建设简要情况和需要解决的问题的汇报。毛泽东说：陈赓对形势分析得很对。战争还在打，战备不能放松，苏联援助我们的现代化武器装备正在不断送到部队，光靠几个专家顾问指导不行，我们急需要有自己的军事工程技术干部。

**同日** 晚上，在中南海西楼会议室主持召开中共中央政治局会议，讨论十六个文件。

**7月10日或10日后** 在全国财经工作会议领导小组会议纪要第七号（七月九日召开的第十二次会议）上写一段话：“中国现在的资本主义经济其绝大部分是在人民政府管理之下的，用各种形式和国营社会主义经济联系着的，并受工人监督的资本主义经济。这种资本主义经济已经不是普通的资本主义经济，而是一种特殊的资本主义经济，即新式的国家资本主义经济。它主要地不是为了资本家的利润而存在，而是为了供应人民和国家的需要而存在。不错，工人们还要为资本家生产一部分利润，但这只占全部利润中的一小部分，大约只占四分之一左右，其余的四分之三是为工人（福利费）为国家（所得税）及为扩大生产设备（其中包含一小部分是为资本家生产利润的）而生产的。因此，这种新式国家资本主义经济是带着很大的社会主义性质的，是对工人和国家有利的。”

**7月上旬** 阅胡乔木七月六日来信。信中说：本期《学习译丛》末篇提到对于“对立的统一”的批评[1]，请参考。毛泽东写批语：“陈伯达同志阅，退乔木。我认为这种批评是错误的。”

**7月11日** 审阅黄克诚本日关于缩减在辽东[2]、华北、山东半岛、上海、舟山、海南岛等地修建国防工事的计划给毛泽东的报告，批示：“赞成你的缩减计划，这是很必要的，望照此部署。”报告说：鉴于各种条件的限制，如财力、物力、技术、技术领导均缺乏，领导干部和施工部队又无近代筑城经验，五年完成原计划确有很大困难。因此，拟对整个计划重新研究一下，采取稳步修建的方针，即前三年少修，求得锻炼干部，取得经验后再逐年增加。

**同日** 晚上，听取周恩来汇报全国财经工作会议开会情况。毛泽东说：领导小组会议应扩大举行，使各方面有关同志都能听到薄一波同志的发言[3]，同时要展开桌面上的斗争。解决问题，不要采取庸俗态度，当面不说背后说，不直说而绕弯子说，不指名说而暗示式说，都是不对的。

---

〔1〕《学习译丛》主要是译载苏联报刊的理论文章和介绍马克思列宁主义经典著作的文章的刊物。《学习译丛》1953年第6期刊载一篇《评罗森塔尔的〈马克思主义辩证法〉》一文。文内说：罗森塔尔所用的“对立的统一”及“对立的统一和斗争的法则”等名词是不妥当的。对立的“同一”或对立的“统一”等名词，是黑格尔的表述方式的残余。在哲学著作中应当用“对立的斗争”这个名词，因为它最确切地表达了这一法则的实质。在斯大林的著作《辩证唯物主义与历史唯物主义》中，就是把这一法则说成对立的斗争法则。

〔2〕辽东省于1954年与辽西省合并成立辽宁省，合并时辽东省的一部分县市划归吉林省。

〔3〕指薄一波准备于1953年7月13日在全国财经会议扩大的第15次领导小组会议上作第一次检讨。

**7月13日** 审阅中共中央办公厅关于政治局会议决定事项的通知稿，改写一段话（加写和改写的文字用着重号标明）："鉴于今年未经中央正式决定，即已将拟于七月一日增加工资的计划普遍传达下去的情况，今后关于涉及广大人民群众利益的事项，凡尚属拟议，未经正式决定并允许下达者，一律不得下达。"

**7月14日** 晚上，在中南海颐年堂主持召开中共中央书记处扩大会议，刘少奇、朱德、周恩来、彭真、林伯渠、饶漱石、邓子恢、李富春、习仲勋出席。

**7月15日** 长春第一汽车制造厂全体职工举行建厂奠基典礼。此前，毛泽东为该厂题词："第一汽车制造厂奠基纪念"。

**同日** 晨三时，致电李克农并告金日成、彭德怀[1]，指出：哈利逊十三日提出的方案显然怀着两个目的：一个是将朝鲜人民军加至七万六千六百人，占敌人交出名单中朝被俘人员家在北朝鲜的九万六千人的百分之八十，而故意将中国人民志愿军仅加至六千四百人，仅占名单中中国被俘人员两万人的百分之三十二。这一显然的数字上的参差是敌人企图以此来挑拨我朝中人民牢不可破的战斗团结的。另一个目的是，提出对遣返名单以外的被俘人员的'征询'，使我们在客观上承认其'甄别'的效果，然后再落入其所设的'征询'的陷阱中。因此，敌人这一方案不论在数字上、内容上，都是决不可以接受的，应坚决的拒绝和回击。我们过去预想的九万上下数字，一方面可较接近于十一万数字，另一方面可使朝中双方被俘人员在名单上遣俘比例大体接近（比如人民军七万五六千人，志愿军一万五千上下）。现在这个概数

〔1〕 这个电报由周恩来起草，毛泽东修改后发出。

和比例都未达到，而且敌人怀着上述阴谋，又处在敌空军大轰炸[1]之后，我们不仅不应在此原则上让步，并应利用这一形势，扩大宣传，指出敌人企图使用空军狂轰滥炸，得到他在会议桌上所不能得到的东西，并准备扩大朝鲜战争，以逼使敌人接受我方的合理要求。如果敌人拒绝协商，继续拖延谈判，我们就应决心让他拖延，使敌人的主要力量继续受到损伤，最后迫使敌人向我让步。如果在现在敌人的狂炸和挑拨朝中友谊的阴谋计划之下向敌人屈服，这在政治上极为不利。

**同日** 晚上，在中南海颐年堂主持召开中共中央书记处扩大会议，刘少奇、朱德、周恩来、彭真、林伯渠、饶漱石、邓子恢、李富春、习仲勋、陈伯达、杨尚昆、王稼祥、胡乔木、安子文出席。

**7月17日** 晨五时，审阅黄克诚七月十六日晚七时关于歼灭登陆之敌的部署给毛泽东、刘少奇、朱德、周恩来的报告，批示："退黄克诚同志，处置很好。要防敌以另一部在他处登陆。"报告说：今晨四时五十分，蒋军两个团附坦克一部在其海军掩护下，在福建南部的东山岛登陆，与此同时，敌伞兵三百名[2]在飞机三十架掩护下，在东山岛的后林地区降落。我守岛部队与敌展开激战。福建军区和中南军区已派部增援，准备歼灭登陆之敌。为粉碎敌人的阴谋，除已告情报部门严密掌握敌情变化，通讯部门确实保证中南、华东军用电话畅通，中南、华东通令各海

---

〔1〕 1953年7月10日，美国军用飞机在按照双方协议设有明显的战俘营标志的我方遂安战俘收容所上空投弹扫射，打死对方被俘人员5名、打伤对方被俘人员15名、炸毁战俘收容所房屋多处，并打死打伤在战俘收容所中抢救战俘的我方工作人员4名。

〔2〕 1953年7月23日中央军委关于嘉奖参加东山岛作战部队的电报中提到的国民党空降伞兵人数为200余人。

防部队提高警惕防敌可能袭扰。晚十二时，审阅雷英夫〔1〕关于在福建东山岛迎击进犯的国民党军队的战绩〔2〕及今后兵力部署的报告。报告说：据叶飞晚九时三十分报告，东山岛上所有滩头阵地于晚八时全部被我占领，但岛上敌人尚未全部肃清。战斗结束后，拟留一个团在东山岛担任守备，主力即撤回大陆，以免敌再来扫射轰炸时遭受不必要的损失。据此，建议：（一）可同意叶的处置；（二）准备今晚增援东山岛的一个师和炮兵团可解除增援任务；（三）待战斗完全结束、战果弄清后，似应以军委名义通报表扬，并可发布战报。毛泽东批示："照办。"二十三日，毛泽东审定并批发中央军委关于嘉奖参加东山岛作战部队的电报。电报说："此次战斗，我各部队均能按照既定部署顽强抗击及迅速增援，奋勇作战，获得近年来歼灭海上蒋匪的最大战果，粉碎了美帝国主义及蒋残匪帮袭扰计划，特电嘉奖。"

**同日**　晚上，在中南海西楼会议室主持召开中共中央政治局会议，讨论干部问题。会议确定，选干部的标准应是：德才兼优，有为有守。

**7月18日**　晨二时，致电金日成〔3〕，电报说："关于出席停战协定签字问题，我们考虑双方司令官，您及彭德怀同志与克拉克三人均不出席签字仪式，而改由双方司令官预先将字签好，再拿到板门店去由双方谈判首席代表签署。其理由为南朝鲜的破坏行为不利于双方司令官在这个时机出面。如您对此议无不同意见，我们即拟电告开城在联络官会上提出。"在金日成复电表示

〔1〕雷英夫，当时任中央军委总参谋部作战局副局长。

〔2〕据1953年7月20日《人民日报》报道：东山岛战斗共歼灭国民党军队3379人。

〔3〕这个电报由有关部门起草，毛泽东审定后发出。

同意后，十九日晚十一时，毛泽东致电李克农并告金日成、彭德怀[1]，指出："我们应主动向敌方提出，由于李承晚政府曾破坏了关于战俘问题的协议，至今尚反对停战，并声言他们有行动自由，因此，双方高级司令官不宜出席签字仪式，而应各在其司令部先行签字，然后将他们已经签字的文本送板门店，由双方首席代表南日大将及哈利逊中将主持签字仪式，并进行分别签署。"

**同日** 下午，在中南海颐年堂主持召开中共中央书记处会议，刘少奇、朱德、周恩来出席，高岗列席。

**同日** 晚九时，致电李克农并告金日成、彭德怀[2]，指出：签字前的准备工作，除调整军分线外，应包括确定对方手中剩余的不直接遣返战俘送交中立国遣返委员会的地点问题，此事不应留在停战后交军事停战委员会解决。

**7月20日** 致电李克农并告彭德怀[3]，指出："停战后，谈判代表团改为停战代表团，内部仍应朝中各保有同等人数的代表团，依照谈判开始时与金首相的协议，由李克农同志负总的责任，一切问题由朝中双方代表集体协商解决。中方代表即由李克农、杜平、乔冠华三同志担任。此议如你们同意，当再征求金首相意见。"

**同日** 晚上，在中南海西楼会议室主持召开中共中央政治局会议，讨论邮电部工作。

**7月21日** 致电李克农并告彭德怀[4]，指出：签字日期，估计各种准备工作的完成时间不会早于七月二十六日。如你们估计有此可能，可与对方定签字日期为二十六日。应坚持金、彭不

---

〔1〕 这个电报由有关部门起草，毛泽东审定后发出。
〔2〕 这个电报由有关部门起草，毛泽东审定后发出。
〔3〕 这个电报由有关部门起草，毛泽东审定后发出。
〔4〕 这个电报由有关部门起草，毛泽东审定后发出。

参加签字仪式，而应将文本送签。

**7月22日** 为转发杨士杰五月二十三日关于检查农村统计报表情况给华北局的报告，起草中共中央给中央各部委、中央人民政府各党组和各中央局、分局、省市委的批语。批语指出："华北局农村工作部副部长杨士杰同志的报告极好，中央一级，大区一级，省市一级，专区一级和县一级，共五级科长以上负责干部均应当好好地读一遍。县以上党政民各级机关所发统计报表，在农村中已泛滥成灾，达到了完全不能容忍的程度。为此中央责成中央各部委、中央人民政府各党组（主要责成国家统计局)、各中央局、分局、省市委在接到本指示以后，迅即仿照华北局的办法对于统计报表问题指定专人加以调查分析，分别宣布停用、保留和改进，并规定简化报表及控制报表的可行办法，坚决制止滥发统计报表的严重现象。处理滥发统计报表一项问题，应联系'五多'问题中其他四项问题去处理。城市中的滥发统计报表问题，亦应同时注意处理。本指示及附件应登党刊。"

**同日** 审阅修改中共中央转发水利部党组报告的批语稿。在批语稿中加写："中央认为，中央水利部七月十日关于发生在各地水利工程中的三个严重问题的报告是正确的。"水利部党组报告中说的三个严重问题是：一、治淮民工工资较低和因治淮农户负担加重；二、在水利工程中不断发生伤亡、病亡事件；三、由于工程计划没有主动向群众解释，没有注意解决群众长远利益与目前利益的矛盾，甚至发生违犯群众利益、破坏群众纪律的现象，致使发生群众骚动事件。报告提出适当调整治淮工资标准、加强对工地的管理领导、实行安全责任制、解决医务人员缺乏问题和将占用耕地、迁移居民、迁移坟墓的赔偿费列入工程计划等解决办法。

**同日** 晚上，在中南海西楼会议室主持召开中共中央政治局扩大会议，讨论十四个文件。

**7月23日** 晨四时半，致电李克农并告金日成、彭德怀[1]，指出：关于出席签字仪式问题，鉴于李承晚还在公开叫嚣，其采取破坏行动的可能性是存在的，因此我们还是不宜轻易同意双方高级司令官出席而要继续争取送签。在会上，战俘的总数差二千人，还要追问。不直接遣返的数目，也要再追。

**7月24日** 晨，会见苏联驻中国大使库兹涅佐夫。

**7月25日** 晨一时半，同高岗谈话，四时五十五分周恩来参加。

**同日** 晨六时半，致电李克农并告金日成、彭德怀[2]，指出：关于签字仪式问题，可告对方金首相将由崔庸健次帅[3]代表出席签字，彭司令员将亲自出席。签字日期应肯定通知对方为二十七日上午十时。进入签字厅的记者可容许为每方各十人至二十人之数，南朝鲜及蒋帮记者不得参加。

**同日** 上午，同陈云谈话。陈云提前结束在北戴河休假，二十三日返回北京。八月三日，邓小平提前结束在北戴河的休假返回北京。他们是根据毛泽东的“搬兵”指示，回京出席全国财经工作会议的。

**同日** 审阅修改中共中央、中央军委七月二十五日祝贺志愿军夏季反击胜利的电报稿，在电报稿末尾加写：“希望全军指战员防止骄傲，在停战协定签字并生效以后，仍应提高警惕，一面自己严格遵守协定，一面防止敌人可能作出破坏的挑衅。”中央和军委的电报指出：我志愿军和朝鲜人民军自入夏以来向敌展开有重

---

〔1〕 这个电报由有关部门起草，毛泽东审定后发出。

〔2〕 这个电报由有关部门起草，毛泽东审定后发出。

〔3〕 崔庸健，当时任朝鲜民主主义人民共和国内阁副首相兼民族保卫相，1953年2月被授予共和国次帅。

点的战役性的反击作战，迄今已获得重大胜利，自五月十三日至七月十八日两个多月中共歼、伤、俘敌九万余人。尤其自七月十三日开始的战役反击，在金城东西三十余公里的正面，向敌四个多师所据守的阵地，同时进行突破，截至十八日止，五日内共歼敌、俘敌二万八千余人，击溃敌四个多师，共攻占敌纵深十公里、约一百七十平方公里的阵地，给了李承晚军队以严重打击，有力地配合了停战谈判，大大地提高了我军对敌斗争经验，使我军在突破敌坚固设防地带的作战中，获得极宝贵的经验，特电祝贺。

**7月26日**　晨六时，致电李克农并告金日成、彭德怀〔1〕，指出：在双方首席代表签字程序上，除不再反对李、蒋新闻代表出席外，其他可不再变动。

**同日**　审阅中共中央宣传部关于中国历史问题、中国文字改革问题、语文教学问题三个委员会名单向中央的请示报告，批示："照办，指定主任。"在中国历史问题研究委员会名单后，批示"以陈伯达同志为主任"；在中国文字改革问题研究委员会名单后，批示"以胡乔木同志为主任"；在语文教学问题研究委员会名单后，批示"以胡乔木同志为主任"。

**7月27日**　上午十时，在朝鲜板门店，朝中代表团首席代表南日与"联合国军"代表团首席代表哈利逊正式签署《关于朝鲜军事停战的协定》及其附件《中立国遣返委员会的职权范围》、《关于停战协定的临时补充协议》。下午一时，克拉克于汶山在停战协定和临时补充协议上正式签字。晚十时，金日成于平壤在停战协定和临时补充协议上正式签字。二十八日上午九时三十分，彭德怀于开城在停战协定和临时补充协议上正式签字。二十七日晚十时起，朝鲜全线的一切战斗行动完全停止。

---

〔1〕 这个电报由有关部门起草，毛泽东审定后发出。

**同日**　晚上，在中南海西楼会议室主持召开中共中央政治局会议，讨论外交部工作。

**7月28日**　晚上，在中南海颐年堂会见苏联驻中国大使库兹涅佐夫，周恩来参加。

**7月29日**　晚上，在中南海西楼会议室主持召开中共中央政治局会议，听取并讨论陈伯达关于国家资本主义问题的报告。毛泽东发表讲话。在讲到国家资本主义问题时说：在过渡时期，我们对私营资本主义工商业的改造，必须通过国家资本主义逐步过渡到社会主义。资产阶级不接受国家资本主义，没有别的路走，大势所趋，非走这条路不可。我们对资产阶级不实行国家资本主义，也没有别的路，因为现在不能没收他们的财产，而且需要他们。使独立的私人资本主义企业变为受限制的国家资本主义，这是一个大的进攻，只有有了抗美援朝、土地改革、镇压反革命、"三反""五反"、思想改造这五个条件，加上社会主义工业和经济的发展，才能这样搞。国家资本主义是带有进攻性质的，但在总的进攻中有部分退却，如对资本家的"三权"和利润分配。现在资本家的"三权"已经不全，虽然所有权未取消，但管理权公方已经插进去了，他们的"三权"就受到了限制。现在要让一下，特别是在红利上，要给资本家让利，使他们有所得，这就是进攻中的部分退却。所得过少，他们就不愿意来。我们调整商业后，商业方面的问题解决了，我们也退却了，退到三比七〔1〕。工业方面还要让一步，才能解决。但是现在有些工厂让资本家剥削得太少了，这就不能换来国家资本主义。在讲到改造问题时说：现在所说的改造，还不是取消资本家私人所有制，使之变为社会主义企业的最后改造步骤。公私合营是有社会主义成分的，它是半社

---

〔1〕 这里指全国公营商业和私营商业在零售方面商品流转总额的大体比例。

会主义性质的。但是把一切国家资本主义，比如接受加工订货，都叫做半社会主义是不妥当的，应该说它是带有若干社会主义的性质。在讲到国家资本主义转变为社会主义的条件时指出：第一，有社会主义的几千个大工厂；第二，农业合作化，要有计划地、稳步地、积极地、自愿地搞互助合作；第三，国家资本主义企业内部的条件，包括党组织和工会，加上我们的领导，可以保证企业转到社会主义，取消资本家的所有权，同时把他们安排好。要有计划、有步骤、有准备地变私人资本主义为国家资本主义，大体上要用三年到五年的时间完成。在讲到对私营企业实行“有所不同、一视同仁”的政策时说：在所有权方面是一视同仁的，工人所得可以自由支配，资本家分到的红利也可以自由支配。在原料供应、贷款、运输等方面，“不看僧面看佛面”，“佛面”是工人阶级，为了工人，对资本家也需要给以必要的照顾。工资待遇一般原则也是“一视同仁”，高的一般不降，低的也不一定都提，要看具体条件和技术水平。“一视同仁”里面还包括资本家有选举权与被选举权。在讲到国家重点搞重工业但必须兼顾其他时指出：国家重点搞重工业，但还必须搞地方国营工业（不要盲目性），搞国家资本主义，搞手工业合作化。对个体手工业者和个体农民不能采用剥夺的办法，因为他们是脚踏实地的劳动者。对于他们，只能经过劝说，启发自愿，准备劝多少年，一步一步地实现合作化。不搞地方国营工业，不搞国家资本主义，不搞手工业合作化，就不能完成重点建设。我们党内有人反映了资本家的一种意见，即国家专搞重工业，轻工业让私人去搞。我们不能采取这种路线，不能是国家搞原料，资本家搞制造。人民新增的购买力，要靠国营企业主要是地方国营企业来满足，私营企业只能占去一小部分。对“三高”即物价高、利息高、利润高政策的批评，不能过分，要分析。降低工业品价格是工业的根本路线，但是要逐步地降低。

物价还是受供求关系制约的。要看到物价有高有低。工资也不能提得过高，提高容易降则难。在讲到利用资本主义经济法则问题时指出：在社会主义经济法则支配下，适当地利用资本主义经济法则，资本主义经济法则是受限制的。所谓资本主义经济法则，就是剥削剩余价值，这一条已经受到了限制。社会主义经济法则是发展生产，保障需要，这是主要的、基本的，是起领导作用的经济法则。但资本主义经济法则是客观存在的。事物存在，法则当然存在，不能消灭；事物受了限制，法则也受限制。不执行劳资两利，把它变为一利，就是不了解这个法则。会议决定：（一）中央各部和中央人民政府各委、部、署、行的高级干部，应在最近期内，对国家资本主义问题，进行一次研究与讨论；（二）各大区来京参加全国财经会议的干部，亦应利用时间讨论一次国家资本主义问题；（三）中央政治局准备讨论一次价值问题，由陈伯达负责汇集马克思、恩格斯、列宁、斯大林关于论价值问题的若干文献，印成一册，先送中央各同志阅读。

**7月30日** 审阅黄克诚七月二十九日关于中国人民志愿空军在朝鲜停战联合观察小组未到达新义州口岸前，是否继续担任原活动区〔1〕巡逻问题的请示报告，批示："不要过鸭绿江。"

**同日** 复信黄炎培："临行一信，近日一信，均已收读。时局好转，是各方共同努力的结果。先生读马克思著作有心得，可为祝贺。天热，可在海滨多待一些时候。"

**7月31日** 和周恩来致电马林科夫、莫洛托夫〔2〕："衷心

〔1〕中国人民志愿军空军原巡逻活动区主要在鸭绿江以南、清川江以北地区。

〔2〕马林科夫，当时任苏联共产党中央主席团委员、苏联部长会议主席。莫洛托夫，当时任苏联共产党中央主席团委员、苏联部长会议第一副主席兼外交部部长。

感谢苏联各族人民和你们在朝鲜停战协定签字之际所表示的祝贺。朝鲜停战的实现是以苏联为首的世界和平民主阵营的伟大胜利。苏联政府和苏联人民为和平解决朝鲜问题所作的不懈努力，对于朝鲜战争的结束起了巨大的作用。中国人民将与伟大的苏联人民、英雄的朝鲜人民以及全世界爱好和平的人民永远团结在一起，为巩固与保卫远东及世界和平的事业而继续努力。”

**同日** 复信李济深：“七月二十八日惠书〔1〕，并转来李玉麟、陈文运、丁锦、李炳之、张联棻五位先生的长信〔2〕一封，业已收读，甚为感谢，便时尚祈转达五位先生为荷！”

**同日** 晚上，在中南海西楼会议室主持召开中共中央政治局会议，听取地质部党组负责人的工作汇报和讨论全国财经工作会议情况。地质部党组负责人汇报时，毛泽东说：地质队伍更像军队，地质职工不畏艰险，像解放军那样转战南北。地质部要建立政治机关，加强党的工作。要重视群众找矿，要逐步加强科学研究，区域地质调查是地质工作的战略新任务。

**7月下旬** 审阅修改中共中华全国总工会党组七月十四日报送的全国总工会关于加强资本主义工业中的工会工作的指示稿和中央转发这个指示的批语稿。在全国总工会的指示稿中“加强资

〔1〕 李济深的信中说：兹有李玉麟同志等5人，都是我的旧同学、同事。去冬，主席着办失业军人就业，蒙主席照顾，他们都得派在各部服务，生活也得到安定，非常佩服和感激主席。迩届八一建军节，他们在无限感佩中，对于时事作野人献芹的贡献，托代转呈。

〔2〕 李玉麟，曾任北洋军阀政府将军府将军。陈文运，曾任北洋军阀政府库伦办事大员。丁锦，曾任北洋军阀政府陆军部参事。李炳之，曾任北洋军阀政府将军府将军。张联棻，曾任北洋军阀政府参谋本部第三局局长。1953年八一建军节之际，他们联名给毛泽东写信，谈了他们对《共同纲领》、《中苏友好同盟互助条约》及中国人民解放军的认识和感想。

本主义工业中的工会工作，必须贯彻利用、限制和改造的方针”一句后，加写一段话：“这里所说的改造还不是指取消资本家生产资料的私人所有制，使之变为社会主义企业的那种最后的改造步骤。这里所说的改造，是指在承认资本家的受限制的不完全的私人所有制的条件下，使资本主义企业逐步变为国家资本主义企业，即在人民政府管理下的用各种方式和国营社会主义经济联系着的受工人监督的资本主义。这种资本主义已经不是解放以前的那种资本主义，它主要地是为国家和人民的需要而生产的，资本家已不能唯利是图。当然，工人还要为资本家生产一部分利润，但是这一部分利润，在整个企业盈利中不过只占四分之一左右。占了四分之三左右的盈利的主要部分，是为国家（所得税）为工人（福利费）和为扩大企业设备（公积金，这里包含了为资本家生产利润的一个小的成分）而生产的。因此，这种资本主义已经不是普通意义下的资本主义，而是一种特殊的资本主义，即是新式的国家资本主义，它是带了若干（有几种程度不同的情况）社会主义性质的。必须指出，目前并不是一切或绝大多数资本主义工厂已经做到了这一步，还没有，还需要几年的努力才可以做到这一步，但是一定可以做到这一步的。”在中央批语稿的“指示稿中所指出的‘四马分肥’的比例，是适合于多数资本主义工厂企业的，但是如果某些工厂资本家所得超过指示中所指出的比例，只要他们的所得部分是依靠正当经营而不是依靠五毒或其他不法行为，也是可以允许的”这句话之后，毛泽东加写：“资方所得不及此比例的工厂企业要达到此比例，须在向工人说清楚取得工人同意后，方能实行。”

**8月2日** 阅齐燕铭七月二十日关于龙云[1]在土地改革中的退押赔偿问题的处理意见。齐燕铭的意见是：对龙云在其公馆“震庄”内所存古玩珍藏汽车等浮财，云南省委统战部意见拟在其自愿原则之下，劝其献给政府。我们以为不动为好，他如愿自己出卖时听之。毛泽东批示：“不但不要劝他献出，他自己愿献，也不要接收，免处被动。”

**同日** 下午，会见苏联驻中国军事总顾问、苏联驻中国大使馆武官柯托夫中将，黄克诚、萧向荣在座。

**8月3日** 晚上，在中南海西楼会议室主持召开中共中央政治局会议。会议讨论建筑工程部工作和农业税问题，决定今后三年不再增加农业税，农业税大致稳定在三百二十三亿斤小米的基础上。

**8月5日** 再次审阅并批示同意中央军委总政治部为转发中南军区党委关于召开高干会议检查工作的报告给各大军区等的党委和政治部的批语。此前，毛泽东对批语稿的修改是（加写和改写的文字用着重号标明）：“兹将中南军区党委会七月九日关于在该军区高干会议上检查工作的报告摘要转发你们，其中所提出的问题，极为重要，是全军所共有的问题。请各军区、各兵种、各部门同样研究这些问题，并予以解决。中南解决问题的方针是正确的，各处均可参照执行。”中南军区党委召开的高级干部会议提出的主要问题及改进意见是：（一）造成连队工作忙乱，有领导机关作风的问题，即加重连队负担的所谓“五多”。解决这个问题，必须从改善领导作风与领导方法着手。（二）老战士是连

---

〔1〕 龙云，原国民党军将领。当时任中央人民政府委员、西南行政委员会副主席、中国国民党革命委员会中央委员。1954年9月、12月又先后任全国人大常委会委员、国防委员会副主席，全国政协常委。

队的骨干，但现在对待老战士的态度很不好。对老战士须有一个适宜而积极的政策，使其成为新兵中传统作风的传播者。（三）在干部中与领导机关里，不信任和排斥歧视知识分子的情况没有完全解决。对此已指示各部检查纠正。（四）许多领导机关，对待自杀事件只从自杀者方面而不从领导方面找原因，所以得不出真正的经验教训。通过这次会议的检讨，得出以下几点：对落后分子，要采取循循诱导、逐步改造的方针，不可操之过急；要爱护病人，给以关心体贴与勤勤恳恳的照料；对待机关人员中一些不合婚姻法规定的男女间的恋爱关系，不可强行拆散或开会斗争；要使连队干部学会运用思想斗争这个武器去进行思想教育，注意方式和效果。（五）必须在部队经常进行依靠人民爱护人民的教育，经常征询和听取他们对军队的意见，纠正损害群众利益的行为，农忙季节要帮助农民劳作。

**同日** 审阅修改张子意[1]六月二十五日关于西南文化教育委员会机关反分散主义斗争的基本总结的报告和中共中央转发这个报告的通报稿。在通报稿的末尾加写一段话："报告中'一切从人民的长远利益出发'改为'一切从人民的当前利益和长远利益相结合出发'，'个人主义'、'小资产阶级个人主义'均改为'资产阶级个人主义'，'自由主义'改为'资产阶级自由主义'，'小资产阶级思想'改为'资产阶级思想'。"

**同日** 晚上，在中南海西楼会议室主持召开中共中央政治局会议，讨论二十五份文件。

**8月6日** 晚上，就王任重来信谈到的资本家在企业利润分配中所得占百分之十至十五太低应通盘研究一事，约陈云、陈丕

---

〔1〕 张子意，当时任中共中央西南局宣传部部长、西南行政委员会文化教育委员会主任。

显、黄火青、王任重、陈伯达、赖若愚、许涤新商谈。毛泽东说：资本家在企业利润中所得定为百分之二十五的比例，试试看。商业有一百八十万店员，加上夫妻店、摊贩有五百万户、一千万人口，不能统统挤掉，要想办法把其中一部分变为国家的零售店（经过国家资本主义方式）。买私人工厂不妥，如果要买，则不应使其资金逃走或浪费。不要机械地规定百分之五的购买力增长速度，应按市场供求需要。今后增长的购买力主要由国营、地方国营去发展的问题，应从十年或更长的时间去着眼。国家资本主义有相当的社会主义成分，怕资本主义不如说是怕小生产。

**8月8日**　上午，会见程潜、邵力子。

**8月10日**　公安部队首届功臣模范代表会议开幕。毛泽东为会议题词："提高警惕，保卫祖国。"

**同日**　审阅周恩来关于中德贸易问题给德意志民主共和国政府总理格罗提渥的复信稿，在复信稿的"我们认为帮助德国人民是我们的责任，并引以为荣"一句后，加写："只是我们感觉帮助的数目太小，这是因为目前中国的情况还有许多困难，不能以更大的数目帮助你们的缘故。"并批示："照办。加了一句，请考虑是否可以？"

**同日**　晚上，在中南海西楼会议室主持召开中共中央政治局会议，讨论周恩来在全国财经工作会议上的《发言提要（草稿）》。

**8月11日**　审阅修改周恩来的《发言提要（草稿）》。毛泽东将标题《发言提要（草稿）》改为《在一九五三年夏季全国财经工作会议上所做的总结》（定稿时"总结"改为"结论"——编者注），并在封面上批写："财金贸系统的工作同志绝大多数是忠于党与人民的"。稿中引述了毛泽东关于党在过渡时期总路线的比较完整的表述："从中华人民共和国成立，到社会主义改造基本完成，这是一个过渡时期。党在这个过渡时期的总路线和总任务，是要在一个相当长的时期内，基本上实现国家工业化和对农业、手工业、资本主义工商业的社会主义改造。这条总路线，应是照耀我们各项工作的灯塔，各项工作离开它，就要犯右倾或‘左’倾的错误。”毛泽东在稿中加写了一段话：“这条总路线的许多方针政策，在一九四九年三月的党的二中全会的决议里，就已提出，并已作了原则性的解决。可是许多同志，却不愿意遵照二中全会的规定去工作，喜欢在某些问题上另闹一套不符合于二中全会规定的东西，甚至公然违反二中全会的原则。”毛泽东对稿子的主要修改还有（加写和改写的文字用着重号标明）：（一）“党中央和毛主席历来总是强调党的统一领导，反对各个党的组织和党员个人向党闹独立性，反对无政府无组织无纪律的错误倾向，反对分散主义，决不是偶然的。这次税制上、商业上、财政上所犯的许多错误，向党闹独立性，是无政府无组织无纪律的错误倾向，是与分散主义离不开的。而修正税制及其他许多违反党的路线的措施，不向中央请示，不与地方党委商量，亦不考虑有关部门的不同意见，而修改税制一事却与资产阶级的代表人物事先取得了协议，这种离开了党的立场的错误，是分散主义发展起来所必然有的结果。”（二）“应该指出，一波同志过去对敌斗争是勇敢的，在各个时期中在他正确地执行党的路线的时候，他的工作是有相当成绩的。现在的问题是一波同志能不能虚心接受各同志的正确的批评，而坚决改正自己的错误。我们希望他虚心接受同志们的正确批评，坚决改正自己的错误，以便在党的领导下继续做有益于党和人民的工作。”另外，稿中凡是说薄一波犯了带路线性的错误的地方，毛泽东均将“带路线性”四字删去。十月十一日，毛泽东审阅中共中央为转发周恩来在全国财经工作会议上所作结论的批语稿，批示杨尚昆：“（一）此件用代电发出；

（二）文内凡用‘毛主席’的地方，改为‘毛泽东同志’，我已改了一些，请查一下，有未改者，照此改正。”

**同日**　晚上，周恩来在全国财经工作会议上作结论报告。

**8月12日**　下午六时十分，同刘少奇、周恩来、邓小平谈话。

**同日**　晚八时，在中南海西楼会议室出席全国财经工作会议并讲话。毛泽东说：在“三反”、“五反”运动之后，党内有两方面性质的错误：一种是一般性质的错误，另一种是原则性的错误，如资本主义倾向，这是资产阶级思想在党内的反映。“三反”、“五反”以后，我们以为对党内资产阶级思想给了很大的打击，但当时仅仅给了贪污浪费方面以基本打击，刚刚过去只有半年，就可以看出资产阶级思想在党内的反映的问题并没有解决。资产阶级思想不仅财政工作中有，而且在政法、文教和其他工作中也有，中央同志中和地方的同志中都有。对于财经工作中的错误，从去年十二月薄一波同志提出“公私一律平等”的新税制开始，到这次会议，都给了严肃的批评。新税制发展下去，势必离开马列主义，离开党的总路线，向资本主义发展。过渡时期是要过渡到社会主义，这是要经过相当长时期（十年到十五年）的斗争的。新税制的错误跟张子善的问题不同，是思想问题，是离开了党的总路线的问题。我同意少奇、小平两同志的意见及恩来同志的结论所说的，要在党内开展反对资产阶级思想的斗争。为了保证社会主义建设的成功，必须实行集体领导，反对分散主义，反对主观主义。既反对不顾人力物力情况、盲目冒进的主观主义，又反对保守的主观主义。我们反对了教条主义和经验主义即主观主义，才使革命取得胜利，现在也要这样，建设方能成功。实行集体领导，反对分散主义，这是主要的关键。在批判薄一波同志的错误中间，恩来、陈云同志都说要负责任，我说我也要负责任，各有各的账。我的错误在于：（一）抓得少，抓得迟，这是第一条，也是主要的一条。过去忙于土改、抗美援朝，“三反”后应抓财经，抓了一些，但没有钻。我对财经工作生疏，是吃老资格的饭，一凭老资格，二凭过去的革命工作较丰富的经验。现在是建设时期，缺乏知识，未钻进去，要亡羊补牢。（二）统得死了，我也有份。我说过要统收统支，对统收我抓了，统支我没有抓紧，不注意。这一次会议提醒了我，要统一集中，但分级管理也是很必要的。（三）预算问题。去年十一月搞起，经过一月财经会议，中央也讨论了。预算中十六万亿是虚假数字〔1〕，我现在才知道。利润打得太多，支出的太多了。我虽然说了“三道防线”——增产、节约、发行人民币，但错误是报纸上公布得早了，应该慢慢来。我也有急躁冒进。（四）查田定产，我支持过。到武汉、南京后，听到对这个问题有反映，我说做个五年计划吧。回到北京，邓子恢同志看我口气松了，说查田定产否定了土改成果，根本行不通。我说，听你的吧。（五）扫盲，我开始是支持过，后来不行了，接受了大家的意见，修改了原来的意见。（六）失业人员登记，是我的意见，失业的有一百六十万人，加上半失业的人数很多。原因是我接到八百封信都是反映这个问题的，劳动部当时又说这样做没有问题，有些失业救济经费还花不出去。我让恩来同志召集了会议，宣布了劳动就业办法，给地方上增加了麻烦，但也给失业者一些希望。我是中央主席，这些错误都有我的份。这些错误，中央政治局在逐步地纠正中。最后，毛泽东说：要提倡谦虚、学习和坚忍的精神。要坚忍。如抗美援朝，我们打痛了美帝国主义，打得它相当怕。这对我们建设有利，是我们建设的重要条件。最重要的是，我们的军队受到了锻炼，兵勇、干智。当然，我们牺牲了人，用了钱，付出了代价。但是我们就

〔1〕 指将上一年结余打入下一年的预算。

是不怕牺牲，不干则已，一干就干到底。胡宗南进攻陕甘宁边区，我们的县城只剩下一个，但我们并没有退出边区，吃树叶就吃树叶，就是要有一股狠劲。要学习，不要骄傲，不能看不起人。鹅蛋看不起鸡蛋，黑色金属看不起稀有金属，这种看不起人的态度是不科学的。中国是大国，党是大党，也没有理由看不起小国小党。对兄弟国家的人民要永远保持学习的态度，要有真正的国际主义精神。在对外贸易方面，有些人骄傲，妄自尊大，这是不对的。要在全党特别要在出国人员中进行教育。要苦学苦干，在十五年或者更长的时间内，基本上完成社会主义工业化和社会主义改造。那时，我国强大了，也要谦虚，永远保持学习的态度。七届二中全会有几条规定没有写在决议里面。一曰不做寿。做寿不会使人长寿。主要是要把工作做好。二曰不送礼。至少党内不要送。三曰少敬酒。一定场合可以。四曰少拍掌。不要禁止，出于群众热情，也不泼冷水。五曰不以人名作地名。六曰不要把中国同志和马、恩、列、斯平列。这是学生和先生的关系，应当如此。遵守这些规定，就是谦虚态度。总之，要坚持谦虚、学习和坚忍的精神，坚持集体领导的制度，完成社会主义的改造，达到社会主义的胜利。在讲话前，毛泽东写了一个讲话提纲：其中关于对这次会议的估计写道："检查中央的工作，获得了一致的意见，决定了问题，七大以来的首次，是代表会议性质的会议。"

**8月**　写一手稿〔1〕："缩短主观主义时间的办法。（一）批判分散主义，实行集体领导。（二）将各财经、文教、政法部门一个一个列入议程，加以讨论，作出决定，每次都要有简〔2〕的文件，

---

〔1〕初步分析，毛泽东这篇手稿写于1953年6月13日至8月13日全国财经工作会议期间。

〔2〕原文如此。

每年每一部讨论两次。（三）主要干部亲到现场检查工作。”

**8月13日** 下午二时，同谭震林谈话。三时半，同张闻天谈话。

**8月14日** 审阅中共中央本日给罗贵波、邓一凡[1]的电报稿，将电报稿第三条“劳动党的党章规定‘以马克思、恩格斯、列宁、斯大林主义及毛泽东思想与越南革命实践的结合作为党的一切行动的思想基础和指南针’”一句中的“恩格斯”、“斯大林”、“及毛泽东思想”等字删去，批示：“退王稼祥同志照发。第三条中的一句，应改为‘以马克思列宁主义与越南革命实际相结合’。”

**同日** 下午，同中南区的李雪峰、李先念、陶铸谈话。

**同日** 晚上，同华东区的饶漱石、谭震林、向明、陈丕显谈话。

**8月15日** 下午，同西南区的宋任穷、李井泉、曹荻秋、廖志高、苏振华、于一川[2]谈话。

**同日** 晚上，同西北区的习仲勋、马明方、王恩茂谈话。

**8月16日** 晨五时，致电李克农并告金日成、彭德怀[3]，指出：“从敌人在战俘问题上近来一系列的行动，如经常大规模施放毒气、限制并阻挠红会我方人员活动、打伤我红会人员，在

〔1〕 邓一凡，当时任中国驻越南民主共和国顾问团副团长。

〔2〕 廖志高，当时任中共西康省委书记、西康省人民政府主席（1955年1月任省长）、中国人民解放军西康省军区政治委员。1955年9月、12月先后任中共四川省委农村工作部部长、民族工作委员会书记，四川省委第三书记（1956年7月任省委书记处书记）。苏振华，当时任中共贵州省委书记、中国人民解放军贵州省军区司令员兼政治委员。1953年11月任中国人民解放军海军副政治委员兼政治部主任。于一川，当时任中共云南省委副书记（1954年12月任第二书记）。1954年5月又任中国人民解放军云南省军区（1955年4月改称昆明军区）第一副政治委员。1955年2月又任云南省政协副主席。

〔3〕 这个电报由有关部门起草，毛泽东审定后发出。

扣俘问题上讹诈等等看来，显然对方借此挑衅试探我方态度。因此我们应尽力搜集整理上述各个问题上的材料，待对于我方红会人员被打伤事的共同调查报告提出后，考虑下一步应采取的一个强硬步骤。”“凡敌任何限制阻挠或迫害行动均要斗争，切不可沮丧气馁，对敌示弱。”

**同日**　在刘景范七月二十日给周恩来并转毛泽东的来信上批示：“高岗同志阅，退刘景范同志。对此人〔1〕要慎重。这类一贯不满我们的人各地都有，如此人没有秘密活动，只是公开表示他的反动意见，还宜先从教育入手，批判他，孤立他。此外，周总理的意见〔2〕是值得注意的。”

**同日**　复信叶恭绰〔3〕：“承赠清代学者画像一册，业已收到，甚为感谢！不知尚有第一集否？如有，愿借一观。”

**同日**　晚上，同高岗、张明远谈话。

**8月17日**　阅萧劲光〔4〕八月七日关于海军执行运粮任务问题的来电。来电说：华东海军五舰队全力担负运粮任务十万吨。其中：重庆至宜昌段运粮任务为五万吨，因船只损坏严重，尚有

---

〔1〕指刘景范信中谈到的给政务院人民监察委员会写信的吉林省工业厅某职员。刘景范的信中说，该职员在信内肆意诽谤和污蔑我党的政策，并提出许多无理要求，显系反革命分子的恶意攻击和破坏活动。据了解，该职员过去参加过三青团和国民党，解放后一贯对共产党不满，拟与公安部协商查处。

〔2〕周恩来在刘景范来信上批示：“景范同志：同意你的意见。但此人敢于公开来信，除你所谈的政治背景外，还须注意到他所说某些具体事情，特别显著的是吉林省工业厅管理下的三个从上海迁过去的公私合营工厂问题。”

〔3〕叶恭绰，当时任政务院文化教育委员会委员、中央文史研究馆副馆长。

〔4〕萧劲光，当时任中国人民解放军海军司令员。1954年11月又任国防部副部长。

一万余吨运粮任务未完成，华东海军要求减免。如情况许可，能减免甚好。毛泽东复电："八月七日电悉。健康情况好转并已开始工作，甚慰。关于五舰队运粮任务减免问题，经海司、粮食部、交通部等单位共同研究后，已本兼顾救灾和海军建设的原则予以解决，即海军在长江中下游运粮的舰艇，再运输一次即解除运粮任务；现在上游尚能担任运粮任务的舰艇，须继续运粮至八月底始可解除运粮任务。"

**同日** 晚上，在中南海西楼会议室主持召开中共中央政治局会议，讨论轻工业部工作。会议决定：（一）邓小平兼中财委第一副主任和财政部部长。（二）免去薄一波财政部部长职务，仍留任中财委副主任。（三）中央人民政府铁道部、交通部、邮电部由邓小平、薄一波领导。

**8月18日** 晚九时四十分，同即将返莫斯科的中国驻苏联大使张闻天和刘英〔1〕谈话。

**同日** 晚十一时，召集刘少奇、周恩来、陈云、邓小平开会。

**8月19日** 晚上，同华北区的彭真、刘澜涛、王从吾〔2〕、刘秀峰、乌兰夫谈话。

**8月21日** 审阅修改青年团中央关于"中国少年儿童队"改名"中国少年先锋队"的说明草稿。在说明稿的"我们敬爱的领袖毛主席"一语后加"和他的战友们"六个字。将"沿着毛主席为我们开辟的道路勇敢前进!"改为"沿着中国共产党和毛主席及其战友们为我们开辟的道路勇敢前进!"将"为实现毛主席

---

〔1〕 刘英，张闻天的妻子。当时任中国驻苏联大使馆参赞。

〔2〕 王从吾，当时任中共中央纪律检查委员会副书记、华北局副书记兼组织部部长。1954年7月又任中共中央华北地区工作部副部长。1955年4月任中共中央监察委员会副书记。

的伟大理想而奋斗”改为“为实现中国共产党和毛主席的伟大理想而奋斗”。

**同日**　审阅《中共中央关于引用毛主席或中央其他负责同志言论应注意事项的规定》草稿。规定草稿说：“‘生产长一寸’这句话，毛主席是说过的，而‘福利长一分’这句话，则是别人加上去的，把这两句话连接起来，编成口号，把它当作全是毛主席讲的，加以引证，乃是一种在政治上不严肃的表现。”毛泽东在这段话之后加写：“但在指出‘生产长一寸，福利长一分’这种说法不甚确切时，不要使工人们觉得今后好像只要生产，不要福利了，而要说明这句话不如‘在增加生产的基础上逐步地改善工人的生活’这样说较为确切些。”

**同日**　晚上，在中南海西楼会议室主持召开中共中央政治局会议。

**8月24日**　晚上，在中南海西楼会议室主持召开中共中央政治局会议，讨论第一、第二机械工业部工作和一九五四年财政预算问题。

**同日**　复信陈叔通：“八月十七日大示敬悉。尊见甚好，谨致谢意。”

**8月25日**　晚上，同刘少奇谈话。

**8月26日**　签署人民革命军事委员会主席对中国人民解放军军事工程学院〔1〕的训词。训词中说：“中国人民解放军军事工程学院的创办，对于我国的国防事业具有极重大的意义。为了建设现代化的国防，我们的陆军、空军和海军都必须有充分的机械化的装备和设备，这一切都不能离开复杂的专门的技术。今天我们迫切需要的，就是要有大批能够掌握和驾驭技术的人，并使我

---

〔1〕　这个学院于1953年9月1日在哈尔滨成立并举行开学典礼。

们的技术能够得到不断的改善和进步。军事工程学院的创办，其目的就是为了解决这个迫切而光荣的任务。”“保持和发扬中国人民解放军的光荣传统，特别是全心全意为人民服务的精神和自我牺牲的英雄气概，这在你们的学院，是和全军一样，必须充分领会和一刻也不可忘记的。”

**同日** 上午，同彭真谈话。

**同日** 晚上，在中南海西楼会议室主持召开中共中央政治局会议，讨论纺织工业部工作。

**8月27日** 阅中共陕西省委八月二十二日关于传达全国财经工作会议精神给马明方并西北局的请示报告，批送刘少奇考虑此件可否转发各地参考。三十日，审阅刘少奇起草的中央为转发陕西省委的请示报告给各中央局、分局并转省市委的批语稿，在批语稿中加写一段话：“中央八月二十八日紧急指示中曾规定关于全国财经会议的传达，时间要短，三天至五天就够，至于详细讨论及检讨本地财经工作，应在春节前后去做。所谓春节前后，时间是很宽裕的，各地可以自行规定适当时间，以不妨碍今年工作为原则。”

**同日** 复信邹普勋〔1〕：“前后数信，均已收到。托件办妥，甚慰。你的病宜静养，不宜劳作，望加注意。致李漱清、毛禹居〔2〕两位的信，烦便时转交为盼！”毛泽东复李漱清的信如下：“别后来信久已收到，甚谢。乡间情形，便时尚希告我一二。并望保重身体。”毛泽东致毛宇居的信如下：“别后来信久已收到，甚谢。尊恙已愈，甚慰，尚祈注意珍摄。乡间生产、贸易、公粮等项情形，暇时望告一二。”

---

〔1〕 邹普勋，毛泽东少年时的私塾同学和邻居。

〔2〕 毛禹居，即毛宇居，毛泽东的房兄和少年时的私塾教师。

**同日**　晚上，同薄一波谈话。薄一波谈他犯错误后要求到地方工作的想法。毛泽东说：你这个人是努力工作的，但近半年来工作上出了问题，你是有责任的。这次大家对你批评这么多，你一定不满意，心想为什么把问题都推到我身上？不要不满意。好好想想，就可以想通的。中央还需要你工作。薄一波谈到现在有点抬不起头，在中央不好干工作。毛泽东说：不要再这样讲了，你还要在中央做工作。你不要以为天塌下来了，你现在应该出去走一走，看一看，换换空气，看看光明前景。谈话于次日晨三时结束。

**8月28日**　审阅修改《中共中央关于增加生产、增加收入、厉行节约、紧缩开支、平衡国家预算的紧急指示》稿，在指示稿末尾加写一段话："中央各部委党组与各级党委，收到本指示后，望在十天内传达到各有关系统一切适当单位的负责同志，使他们一体知晓坚决执行，并望从九月十五日起每半月将执行情况扼要上报中央一次，今年共须有七次报告。"

**同日**　晚上，在中南海西楼会议室主持召开中共中央政治局会议，讨论修改一九五四年财政收支预算数字和收购棉花的地区差价问题。

**8月31日**　晚上，在中南海西楼会议室主持召开中共中央政治局会议。

**9月1日**　致电金日成并告李克农、彭德怀〔1〕并俘管处，指出：目前拘留中的细菌战俘经审问属实者共二十五名。为在俘虏问题上取得主动起见，经再三研究，已决定将他们全部在九月五日遣返。但因美帝进行细菌战事属众所周知，我们并曾发表美俘供词加以证明，目前对此事应有一个交代。因此，我们准备以

〔1〕这个电报由有关部门起草，毛泽东审定后发出。

朝鲜人民军总政治局局长崔宗学名义公布一项赦免命令，由俘管处请一当地朝鲜负责同志，如内务署长对上述二十五人个别宣布，并于九月五日在俘虏已交对方之后即予广播。如您同意命令内容，请即电碧潼俘管处及开城立即加以宣布，并随即将各俘送去开城。三日，崔庸健复电毛泽东，同意关于释放细菌战俘的电文内容并在进行布置。

**9月2日** 和周恩来致电马林科夫、莫洛托夫，电报说："当此抗日战争胜利的第八周年之际，我们谨代表中国人民和中国人民解放军向苏联人民和苏联武装部队致以热烈的祝贺。中国人民在反抗日本帝国主义侵略的长期艰苦战争中以及在最后击败日本帝国主义的战斗中，自始至终获得了苏联人民的支持和援助。特别是在一九四五年，因为苏联武装部队的参战，和中国人民一起，击败了日本帝国主义，取得了最后的胜利。中华人民共和国建立之后，由于中苏友好同盟互助条约的签订，中国与苏联牢不可破的友谊已经并正在日益巩固和发展。这种伟大的友谊现在已成为远东和平与世界和平的坚强保证。在这里，我们还要提到的，就是苏联给予中国人民的兄弟般的帮助，乃是中国经济迅速恢复和走上有计划建设道路的重要因素。最近，朝鲜停战协定的签字，显然是整个和平民主阵营在争取和平、制止新战争的努力中所获得的新的重大的成就。这一新的重大的成就业已有助于整个世界形势的开始和缓，同时，也将有助于日本人民要求与远东各国建立正常关系的努力，以便防止日本帝国主义侵略之再起。"

**同日** 上午，同习仲勋、陈伯达、杨尚昆、胡乔木谈话。

**同日** 下午，召集刘少奇、周恩来、陈云、彭真、高岗、邓小平开会。

**9月3日** 下午，同陈正人谈话。

**9月4日** 审阅修改陈云准备在中央人民政府会议上的报告

要点稿。在报告要点稿关于财政预算方面的错误、缺点的一段文字上方，批写："预算的收支基本仍是正确的。"在关于修正税制办法中的错误一项的上方，批写："政策与任务必须一致，此点继续执行不变。"在"目前的重点是只能放在国家工业建设，只有走这条路，达到改善民生的目的会更快些"一句后，加写："但是所谓工业为重点，并不是说对目前的民生不加照顾，相反，是应当照顾的。"在"这并不是否认目前存在着的中国资产阶级有他们自己一套的资产阶级思想"一句后，加写："有什么阶级存在，就有什么阶级的思想。"在报告要点稿的末尾加写："我们的一切工作，围绕一个总目的，这就是要达到：在共产党和工人阶级领导之下，在正确地执行公私兼顾、劳资两利、城乡互助、内外交流的政策过程中，稳步地完成过渡时期建设和改造我们国家的伟大任务，即是说，我们要在一个相当长的时期内，基本上完成国家工业化和对农业、手工业及资本主义工商业的社会主义改造这样一个伟大的任务。为了完成这个任务，须要全国各民族、各民主阶级、各民主党派、各人民团体的合作，用批评和自我批评的方法，发扬正确的思想，批判错误的思想。只要我们大家了解，做法适当，我们是有信心逐步地完成这个任务的。"

**同日**　晚上，在中南海西楼会议室主持召开中共中央政治局会议，讨论二十多个文件。

**9月5日**　上午，会见易礼容〔1〕。

**9月6日**　审阅周恩来转报的中共中央国际活动指导委员会八月二十九日关于日本日中友好协会拟派代表团参加中国国庆观礼和国会议员促进日中贸易联盟拟派议员贸易代表团来华访问问

〔1〕易礼容，当时任全国政协副秘书长、中华全国总工会常委兼劳保部部长。

题给中央的请示报告，批示："对平冢[1]复函宜说：（一）欢迎他们来访；（二）我们政协亦拟派代表团在适当时机访日；（三）如他们同意上项建议，则他们的代表团即可于九月下旬来华。而不说'不予同意'的话[2]。"又批示："周再阅，即退稼祥速办。"九月三十日，日本国会议员促进日中贸易联盟代表团，持日本外务省首次签发的前往中华人民共和国进行"通商考察"的护照到达北京。

**同日** 下午，同周恩来、李富春、李维汉谈话。

**9月7日** 晚上，在中南海颐年堂同民主党派和工商界的部分人士李济深、陈叔通、黄炎培、张治中、傅作义、李烛尘、章伯钧、程潜、章乃器[3]、盛丕华谈话，周恩来、陈云、陈毅、李维汉参加。毛泽东系统说明经过国家资本主义完成对私营工商业社会主义改造的形式、方法、时间和利润分配等。所写谈话要点全文如下："（一）过去三年多做了一些工作，但忙别的去了，用力不多，现在起要多做些工作。（二）有了三年多的经验，已经可以肯定：经过国家资本主义完成对私营工商业的社会主义改

---

〔1〕 平冢，指平冢常次郎，当时任日本国会议员促进日中贸易联盟理事长。

〔2〕 中共中央国际活动指导委员会在请示报告中说：今年3月26日，南汉宸曾函复平冢常次郎，日本议员代表团与中国政协代表团双方同时互派为原则。平冢这次（8月8日）来信要求先派其议员代表团于9月20日左右来我国，与此原则不符。经会议讨论，拟对此要求不予同意，并决定复函重申"同时互派原则"。

〔3〕 程潜，当时任中央人民政府委员、中央军委副主席、中南行政委员会副主席、湖南省人民政府主席。1954年9月、12月又先后任全国人大常委会委员、国防委员会副主席，全国政协常委。章乃器，当时任全国政协常委、政务院政务委员兼粮食部部长、中国民主建国会中央副主任委员、中华全国工商业联合会筹备委员会副主任委员（1953年11月任中华全国工商业联合会副主任委员）。

造，是较健全的方针和办法。（三）《共同纲领》第三十一条[1]的方针，现在应明确起来和逐步地具体化。所谓‘明确起来’，是说在中央及地方的领导人物的头脑中，首先肯定国家资本主义是改造资本主义工商业和逐步完成社会主义过渡的必经之路。这一点无论在共产党和民主人士方面，都还没做到，此次会议的目的，应当做到这一点。（四）稳步前进，不能太急。将全国私营工商业基本上（不是一切）引上国家资本主义轨道，至少需要三年至五年的时间，因此不应该发生震动和不安。（五）公私合营、全部出原料收产品的加工订货和只收大部产品，是国家资本主义在私营工业方面的三种形式。（六）私营商业亦可以实行国家资本主义，不可能以‘排除’二字了之。这方面经验较少，尚须研究。（七）占有大约三百八十万工人、店员的私营工商业，是国家的一项大财富，在国计民生中有很大的作用。私营工商业不仅对国家供给产品，而且可以为国家积累资金，可以为国家训练干部。（八）有些资本家对国家保持一个很大的距离，他们仍没有改变唯利是图的思想；有些工人前进得太快了，他们不允许资本家有利可得。我们应向这两方面的人们进行教育，使他们逐步地（争取尽可能快些）适合国家的方针政策：即使中国的私营工商业基本上是为国计民生服务的、部分地是为资本家谋利的——这样就走上国家资本主义的轨道了。有一个表：所得税百分之三十四点五，福利税百分之十五，公积金百分之三十，资方红利百分之二十点五，总计百分之百。（九）需要继续在资本家中间进行

〔1〕《共同纲领》第三十一条规定：“国家资本与私人资本合作的经济为国家资本主义性质的经济。在必要和可能的条件下，应鼓励私人资本向国家资本主义方向发展，例如为国家企业加工，或与国家合营，或用租借形式经营国家的企业，开发国家的富源等。”

爱国主义教育，为此需要有计划地培养一部分眼光远大的、愿意和共产党和人民政府靠近的、先进的资本家，以便经过他们去说服大部分资本家。（十）实行国家资本主义，不但要根据需要和可能（《共同纲领》），而且要出于资本家自愿，因为这是合作的事业，既是合作就不能强迫，这和对地主不同。（十一）全国各民族、各民主阶级、各民主党派、各人民团体在过去几年中已有很大的进步，相信再有三年至五年，这种进步将更大，所以三年至五年内基本上完成将私营工商业引上国家资本主义轨道是有可能的。国营企业的优胜，则是完成这一任务在物质方面的保证。（十二）没有所谓'小五反'，也没有所谓'突然'，这点应当说清楚。（十三）至于完成整个过渡时期，即包括基本上完成国家工业化，基本上完成对农业、对手工业和对资本主义工商业的社会主义改造，则不是三五年所能办到的，而需要几个五年计划的时间。在这个问题上，既要反对遥遥无期的思想，又要反对急躁冒进的思想。（十四）一个是领导者，一个是被领导者，一个是不谋私利者，一个是还要谋一部分私利者，等等，这些是不相同的。但私营工商业基本上是为国计民生服务的（就利润分配上说，约占四分之三左右），因此可以和应当说服工人，和国营一样，实行增产节约、劳动竞赛，提高劳动生产率，降低成本，提高数量质量，这样对公私、劳资都有利。（十五）现在多数公私合营厂的缺点（主要是资方无权和不发红利）必须改正，否则将阻塞国家资本主义的道路。要学民生公司的榜样。"

**9月8日** 审阅中共中央关于同意华南分局召开华南区第二次党代表会议的计划和议程的批语稿，在批语稿的"关于各地召开会议以传达中央财经会议的时间安排，中央曾有指示"一句后，加写："惟目前开会在不妨碍今年生产任务的条件下，可以不限于三五天，一星期至两星期是可以的。"

**同日** 复信文涧泉[1]："惠书收到。承告乡情，甚谢。来京及去上海等地游览事，今年有所不便，请不要来。赵某求学事，我不便介绍，应另想法。"

**同日** 复信张四维[2]："八月十七日的信收到。有成兄病逝，深为悼念。你来京事，今年仍不要来，将来再说吧。"

**9月9日** 晚上，在中南海西楼会议室主持召开中共中央政治局会议。

**9月11日** 晚上，在中南海西楼会议室主持召开中共中央政治局会议，讨论内务部工作。

**9月12日** 下午三时，出席在中南海怀仁堂举行的中央人民政府委员会第二十四次会议，会议听取彭德怀作《关于中国人民志愿军抗美援朝工作的报告》。毛泽东发表讲话。他说：抗美援朝，经过三年，取得了伟大胜利。抗美援朝的胜利是靠什么得来的呢？刚才各位先生说，是由于领导的正确。领导是一个因素，没有正确的领导，事情是做不好的。但主要的是因为我们的战争是人民的战争，全国人民支援，中朝两国人民并肩战斗。我们同美帝国主义这样的敌人作战，他们的武器比我们强许多倍，而我们能够打胜，迫使他们不能不和下来。为什么能够和下来呢？第一，在军事方面，美国侵略者处于不利状态，挨打状态。如果不和，它的整个战线就要被打破，汉城就可能落入朝鲜人民之手。这种形势，去年夏季就已经开始看出来了。我们方面发生的问题，最初是能不能打，后来是能不能守，再后来是能不能保证给养，最后是能不能打破细菌战。这四个问题一个接着一个，都解决了。

---

[1] 文涧泉，毛泽东的表兄。

[2] 张四维，张有成的弟弟，毛泽东少年时的朋友。大革命时曾参加韶山农民运动。当时在中国盐业公司湖南省公司工作。

我们的军队是越战越强。第二，政治方面，敌人内部有许多不能解决的矛盾，全世界人民要求和下来。第三，经济方面，敌人在侵朝战争中用钱很多，它的预算收支不平衡。这几个原因合起来，使敌人不得不和。而第一个原因是主要的原因，没有这一条，同他们讲和是不容易的。美帝国主义者很傲慢，凡是可以不讲理的地方就一定不讲理，要讲一点理的话，那是被逼得不得已了。我们的经验是：依靠人民，再加上一个比较正确的领导，就可以用我们的劣势装备战胜优势装备的敌人。抗美援朝战争的胜利是伟大的，是有很重要的意义的。第一，和朝鲜人民一起，打回到三八线，守住了三八线。如果不打回三八线，前线仍在鸭绿江和图们江，沈阳、鞍山、抚顺这些地方的人民就不能安心生产。第二，取得了军事经验。我们摸了一下美国军队的底，跟它打了三十三个月，美帝国主义并不可怕，这是一条了不起的经验。第三，提高了全国人民的政治觉悟。由于以上三条，就产生了第四条：推迟了帝国主义新的侵华战争，推迟了第三次世界大战。帝国主义者应当懂得：现在中国人民组织起来了，是惹不得的。如果惹翻了，是不好办的。中国人民有这么一条：和平是赞成的，战争也不怕。打仗要用钱，可是抗美援朝战争用钱也不十分多，用了还不到一年的工商业税。当然，能够不打仗，不用这些钱，那就更好，因为现在建设方面要用钱，农民的生活也还有困难。去年、前年收的农业税重了一点，于是有一部分朋友就说话了。他们要求"施仁政"，好像他们代表农民利益似的。说到"施仁政"，我们是要施仁政的。所谓仁政有两种：一种是为人民的当前利益，另一种是为人民的长远利益，例如抗美援朝，建设重工业。前一种是小仁政，后一种是大仁政。两者必须兼顾，不兼顾是错误的。那末重点放在什么地方呢？重点应当放在大仁政上。现在，我们施仁政的重点应当放在建设重工业上。要建设，就要资金。所以，人民的生活虽然要改善，但一时又不能改善很多。就是说，人民生活不可不改善，不可多改善；不可不照顾，不可多照顾。照顾小仁政，妨碍大仁政，这是施仁政的偏向。

**同日** 晚上，同罗瑞卿、习仲勋、胡乔木、汪东兴〔1〕谈话。

**9月13日** 晚上，在中南海怀仁堂约见梁漱溟。〔2〕

**9月14日** 中午，约见李烛尘并共进午餐。

**同日** 下午三时，出席在中南海怀仁堂举行的中央人民政府委员会第二十五次会议。会议听取和批准陈云作的《关于财政经济工作的报告》。

**9月15日** 下午三时，出席在中南海怀仁堂举行的中央人民政府委员会第二十六次会议。会议听取和批准李富春作的《关

---

〔1〕 汪东兴，当时任中共中央办公厅警卫局局长、政务院秘书厅副主任、公安部九局局长（1955年12月任副部长）。

〔2〕 梁漱溟，无党派民主人士，曾任中国民主同盟中央常委。当时任全国政协委员。关于这次约见的前后经过，梁漱溟在《梁漱溟问答录》一书中有较详细的回忆。他说：9月12日，参加政协常委扩大会议的人又列席中央人民政府会议。毛主席即席讲话，他没有点我的名字，却又是明明针对我的发言而发的。我听了毛主席的这番话，一方面出乎意外，一方面甚感不快。当晚我就在气头上写了一封信，第二天面交毛主席。我在信中说：听了主席的一番话，明白实为我昨日的讲话而发。但我不能领受主席的批评，我不仅不反对总路线，而且是拥护总路线的。主席在这样的场合，说这样的话，是不妥当的。不仅我本人受屈，而且会波及他人，谁还敢对领导党贡献肺腑之言呢？希望主席给我机会当面复述一遍我原来的发言而后指教。13日上午，我将信面交毛主席。毛主席约我当晚谈话，即在怀仁堂京剧晚会之前约20分钟。（毛泽东与梁漱溟的谈话时间，从下午6时半到7时45分，实际为75分钟——编者注）谈话时间十分匆促。我要求主席解除对我的误会，而主席则坚谓我是反对经济建设总路线之人，只是不得自明或不承认而已。我甚感失望，言语间频频冲突，结果是不欢而散。

于与苏联政府商谈苏联对我国经济建设援助问题的报告》，通过毛泽东给马林科夫的致谢电。致谢电说："中央人民政府委员会一致认为，由于伟大的苏联政府同意在建设和改建中国的九十一个新的企业以及正在建设和改建的五十个企业中给以系统的经济的和技术的援助，中国人民将能够在学习苏联的先进经验和最新技术成就的努力之下，逐步地建立起自己的强大的重工业，这对于中国工业化、使中国逐步地过渡到社会主义和壮大以苏联为首的和平民主阵营的力量，都具有极其重大的作用。""在商谈过程中，苏联政府根据它三十多年来的伟大社会主义建设的丰富经验，对于我国五年计划任务提出了各项原则的和具体的建议。这些建议将帮助我们在中国经济建设过程中尽可能地避免许多错误和少走许多弯路。我谨代表中国政府和中国人民对于苏联政府和苏联人民这种伟大的、全面的、长期的、无私的援助，表示衷心的感谢。"

**同日** 晚上，约盛丕华、荣毅仁、胡厥文、郭棣活、包达三〔1〕五人在中南海怀仁堂谈话并共进晚餐。毛泽东说：三年来，政府对私营工商企业做了许多工作，但财委无负责人专管此事，

〔1〕 荣毅仁，当时任上海申新纺织印染公司总管理处总经理、华东行政委员会财政经济委员会委员、中华全国工商业联合会筹备委员会副主任委员（1953年11月任中华全国工商业联合会副主任委员）、中国民主建国会中央常委。胡厥文，当时任全国政协委员、上海市政协副主席、中华全国工商业联合会筹备委员会委员（1953年11月任中华全国工商业联合会执行委员）、中国民主建国会中央副主任委员。郭棣活，当时任全国政协委员、中华全国工商业联合会筹备委员会委员（1953年11月任中华全国工商业联合会执行委员）、上海市人民政府委员、上海市侨联主任。包达三，当时任全国政协委员、中华全国工商业联合会筹备委员会委员（1953年11月任中华全国工商业联合会执行委员）、浙江省人民政府副主席。

现在拟由中央统战部李维汉任财委副主任，组织办公厅管私营工商业的事。李维汉和民主党派、工商界都合得来，可以办好。这次会议上所谈的，工商界会不会有什么波动？（五人都说不会有波动）不要以你们的看法代替别人。回去只谈《共同纲领》第三十一条，即在必要和可能的条件下鼓励私人资本向国家资本主义发展，现在只是说，还要做起来看。三五年的时间，看明白了，事实上也做出个样子来了，就好了。先不忙讲社会主义，一看人心归向，不只看工农同意，工商界也要同意，要有百分之九十以上的人赞同；二看工作安排。慢慢讲，讲几个月，讲一年，讲几年。关于大、中、小企业，过去有的同志认为中、小好，不对，企业越大越好，还是大的重要。每个企业要好好经营，搞好劳资关系，发动劳动积极性，搞好劳动纪律，降低成本，提高产量，提高质量，每年扩大设备，这样就有了前途。将来要安排人员，安排就是有饭吃，其次是地位，即选举。明年召开全国人民代表大会，选举代表，每年国家的事向大会报告，这样，国家的各种建设、重工业建设，大家都参加了。政协机构也还存在，这个名字原是蒋介石的，蒋介石不要，我们要。我过去在重庆说过一句话："中国民族资产阶级和无产阶级具有同一命运。"他们均受帝国主义、封建主义的压迫。过去在革命中中立过、参加过，从历史上看，现在从企业情况看，我们没有理由排斥他们。

**9月16日**　下午三时，出席在中南海怀仁堂举行的中央人民政府委员会第二十七次会议。会议听取并批准彭真作的《关于政治法律工作的报告》、郭沫若作的《关于文化教育工作的报告》。政协全国委员会在京委员、政务院政务委员等列席会议。梁漱溟在会上发言，复述他九月十一日在全国政协常委会上发言的内容。

**9月17日**　下午三时，出席继续举行的中央人民政府委员会第二十七次会议。在章伯钧、周恩来批评梁漱溟的发言中，毛泽东不断插话，主要内容有：梁漱溟提出所谓“九天九地”，“工人在九天之上，农民在九地之下”，“工人有工会可靠，农会却靠不住，党、团、妇联等也靠不住，质、量都不行，比工商联也差，因此无信心”。这是赞成总路线吗？否！人民政府能否采纳这种建议呢？我认为是不能的。梁漱溟说工人在“九天之上”，农民在“九地之下”。事实如何呢？差别是有，工人的收入是比农民多一些，但是土地改革后，农民有地，有房子，生活正在一天一天地好起来。有些农民比工人的生活还要好些。有些工人的生活也还有困难。用什么办法让农民多得一些呢？你的意思是“不患寡而患不均”。如果照你的办法去做，不是依靠农民自己劳动生产来增加他们的收入，而是把工人的工资同农民的收入平均一下，拿一部分给农民，那不是要毁灭中国的工业吗？这样一拿，就要亡国亡党。这个亡党，你们不要以为仅仅是亡共产党，民主党派也有份。我们党讲了三十几年工农联盟。马克思列宁主义就是讲工农联盟，工农合作。梁漱溟说工农联盟破坏了，国家建设没有希望了。就是说，如果不采纳梁漱溟的意见，就没有希望搞好工农联盟，就办不好国家建设，社会主义也就没有希望了。梁漱溟所说的那种“工农联盟”，确是没有希望的，我们是不采纳的。

**9月18日** 下午三时，出席在中南海怀仁堂举行的中央人民政府委员会第二十八次会议。会议听取邓小平关于全国人民代表大会及地方各级人民代表大会的选举问题的说明。政协全国委员会在京委员、政务院政务委员等列席会议。梁漱溟在会上作答辩发言。在梁漱溟发言和其他与会人员发言时，毛泽东不断插话。在梁漱溟发言时，插话说：在梁漱溟看来点头承认他是正确的，这就叫有“雅量”；不承认他是正确的，那就叫没有“雅量”。那样的“雅量”，我们大概不会有。但是，我们这一点“雅量”还是有的：你梁漱溟的政协委员还可以继续当下去。在许广平〔1〕等人发言时，插话说：他（指梁漱溟——编者注）已经说了，如果不给他充分说话的时间，是不公平的；如果让他充分地讲，他可以讲几个钟头。而他的问题不是几个钟头，也不是几天，甚至不是几个月可以搞清楚的。这个问题是要移交到人民政协全国委员会去辩论的，去处理的。在陈铭枢〔2〕发言时，插话说：梁漱溟的问题，还是一个思想改造的问题。能不能改造是另外一个问题。但同他辩论是有益处的，可以把问题搞清楚。现在辩论的是什么问题呢？不就是总路线的问题吗？把这个问题搞清楚对我们是有益处的。至于对他这个人如何处置，是另外一个问题。我的意见，不要同张东荪一样处理，政协委员还可以做下去。

**9月19日**　晚上，同彭德怀谈话。

**9月21日**　下午，同张鼎丞谈话。

**同日**　晚上，在中南海西楼会议室主持召开中共中央政治局会议。会议批准中华全国文学艺术工作者第二次代表大会的各项议程和胡乔木、周扬、茅盾、江丰、吕骥〔3〕等准备在大会上作的报告，及中华全国文学艺术界联合会及中国作家协会、中国音

---

〔1〕许广平，当时任全国政协常委、中华全国民主妇女联合会副主席。

〔2〕陈铭枢，当时任中央人民政府委员、中南行政委员会副主席、中国国民党革命委员会中央常委。

〔3〕茅盾，即沈雁冰，作家。当时任全国政协常委、政务院文化教育委员会副主任兼文化部部长、中华全国文学艺术界联合会副主席、中华全国文学工作者协会主席。1955年6月又任中国科学院哲学社会科学部委员。江丰，画家。当时任中华全国美术工作者协会副主席、中央美术学院副院长。吕骥，音乐家。当时任中华全国音乐工作者协会主席、中央音乐学院副院长。

乐家协会、中国美术家协会、中国戏剧家协会的领导机构及负责人名单。批准庆祝中华人民共和国成立四周年的口号，委托胡乔木加以修改，提交政协常委会讨论后，送中央审阅。会议认为，安子文擅自拟定中央政治局委员和党中央各部负责人的名单，并在两个中央委员中征求意见〔1〕，这是错误的，这样做可能影响中央同志之间的团结，决定给安子文当面警告处分，委托刘少奇、饶漱石面告安子文。

**9月22日** 晚上，在中南海菊香书屋召集刘少奇、周恩来、彭德怀、陈毅、张鼎丞、黄克诚、张爱萍、叶飞开会。

**9月23日** 一届全国政协常务委员会第五十次会议讨论通过《中国人民政治协商会议全国委员会庆祝中华人民共和国成立四周年的口号》。口号共六十五条。第二十六条公布了党在过渡时期的总路线，全文是："全国人民一致努力，为实现第一个五年计划的基本任务而奋斗，为在一个相当长的时期内逐步实现国家的社会主义工业化，逐步实现国家对农业、对手工业和对私营工商业的社会主义改造而奋斗！集中主要力量发展重工业，建立国家工业化和国防现代化的基础；相应地培养建设人才，发展交通运输业、轻工业、农业和商业；有步骤地促进农业、手工业的合作化，继续进行对私营工商业的改造，正确地发挥个体农业、手工业和私营工商业的作用；保证国民经济中社会主义成分的比重稳步增长，保证在发展生产的基础上逐步提高人民物质生活和文化生活的水平！"

**9月24日** 晚上，先后同朱德、陈伯达、彭德怀谈话。

〔1〕 两个中央委员，指高岗、饶漱石。高岗看到名单后，到处散布中共中央政治局委员名单中"有薄无林"（即有薄一波无林彪）。高岗利用名单问题，在党内进行挑拨。

**9月25日**　审阅修改中共中央关于收购粮食问题的宣传指示稿。改写一段话（加写和改写的文字用着重号标明）：“今年部分地区灾情比较严重，这些地区的粮食收成受到很大影响。今年秋冬和明年一个整年，我们在粮食战线上的任务是十分艰巨而困难的，在第一第二两个五年计划的大多数年份，这个任务也将是困难的。因此，我们必须在努力发展粮食生产，节约粮食消费的基础上，由国家掌握大部分的商品粮食，才能稳定市场，保证完成国家的各项任务计划。”另在指示稿的“在价格方面，一九五三年和一九五四年，将继续以合理的价格收购粮食和供给工业品，以保障农民的利益”一句话后，加写：“以后也还将根据这个原则办理。”

**同日**　晚上，在中南海西楼会议室主持召开中共中央政治局会议。

**9月26日**　审阅修改朱德将在十月一日国庆庆祝大会上宣读的中国人民解放军总部给全国武装部队的命令稿，加写一段话：“我国人民和各人民民主国家人民之间的友谊，亦已有了进一步的巩固与发展。在世界范围内，一切爱好和平的人民和我国人民之间的友谊，亦正在一天一天地发展着。这一切都证明，在国际上我们不是孤立的。”

**同日**　晚上，同邓子恢谈话。

**9月27日**　审阅刘少文〔1〕九月二十三日为中共中央和中央军委起草的一个电报稿，批示彭德怀并告萧向荣，指出：“军委及所属各部门各系统文电，至今仍只写月日，不写年份，仅见刘少文写的这个电报写了‘一九五三’，也缺一个‘年’字。请你们通知所属，嗣后一切文电均必须将发文年月日写齐，不可只写

---

〔1〕 刘少文，当时任中央军委联络部代理部长。

月日，不写年份。”

**同日** 就沈钧儒〔1〕九月十六日来信建议加强并改进血吸虫病防治工作一事，写复信：“血吸虫病危害甚大，必须着重防治。大函及附件已交习仲勋同志负责处理。”

**同日** 致信易礼容：“杨家生活问题，待接到杨开智〔2〕兄的信以后，可以由我处解决。淑一〔3〕能间常去去看视两位老人〔4〕则更好。”

**同日** 晚七时，同张鼎丞谈话。九时，同贺敏学〔5〕谈话。十二时，同刘少奇谈话。

**9月28日** 审阅高岗、李富春、贾拓夫〔6〕九月六日关于拖拉机厂、矿山机械厂的厂址问题给毛泽东并中共中央的报告，批送刘少奇、周恩来、朱德、陈云、邓小平阅，退李富春办：“同意改在郑州地区〔7〕。军事方面在洛阳建设营房，亦应注意维护古物。”报告说：委托苏联设计的拖拉机厂及矿山机械厂，过去中央曾决定其厂址在洛阳，但据第一机械部派人至当地调查后报称，洛阳为古墓葬群之地，内战时军阀、土匪又在当地挖过许多地道、地洞和地下仓库。因此，对厂房基础极为不利，不宜建

---

〔1〕 沈钧儒，当时任中央人民政府委员、最高人民法院院长、全国政协副主席、中国民主同盟中央副主席。1954年9月又任全国人大常委会副委员长。

〔2〕 杨开智，杨开慧的哥哥。

〔3〕 淑一，即李淑一，杨开慧的同学。当时在湖南长沙福湘女中任教。

〔4〕 指杨开慧的母亲向振熙和向振熙的姐姐。

〔5〕 贺敏学，贺子珍的哥哥。当时任华东行政委员会建筑工程局局长。

〔6〕 李富春，当时任中共中央副秘书长、政务院财政经济委员会副主任、国家计划委员会副主席。1954年9月任国务院副总理兼国家计划委员会主任。1956年9月又任中共中央政治局委员。

〔7〕 后因郑州水位高、风沙大等原因，拖拉机厂和矿山机械厂仍建在洛阳。

厂。钱俊瑞〔1〕召集有关部门研究后，也认为该地是极重要的古文化遗址，应予保护。因此建议在郑州附近另选厂址。

**9月29日**　晨，在中南海菊香书屋召集周恩来、彭真、高岗、邓小平、罗瑞卿开会。

**同日**　晚上，同贺龙〔2〕谈话，周恩来、邓小平、罗瑞卿参加。

**10月1日**　上午十时，和朱德、刘少奇、宋庆龄〔3〕、李济深、张澜、高岗、林伯渠、周恩来等党和国家领导人出席在天安门举行的中华人民共和国成立四周年庆祝大会，检阅中国人民解放军部队和群众游行队伍。晚上，毛泽东等在天安门城楼观看焰火。

**同日**　晚上，在天安门城楼休息室听取陈云关于粮食征购与配售办法的汇报，表示赞同。嘱陈云为中央起草《关于召开全国粮食紧急会议的通知》。次日晨，修改陈云起草的通知稿。

**10月2日**　下午，在中南海西楼会议室主持召开中共中央政治局会议，听取陈云作关于粮食问题的报告。陈云介绍国家粮食收购少销售多，不少地方粮食市场已出现混乱等严重情况，提出实行农村征购、城市逐步采取粮食配售、严格管制私商、逐步消灭粮食贩子等应对办法。他还汇报了召集全国粮食紧急会议需要做的几项准备工作。陈云报告后，毛泽东作结论。他说：赞成陈

---

〔1〕钱俊瑞，当时任政务院文化教育委员会秘书长、中苏友好协会总会总干事。1954年11月又任国务院第二办公室副主任兼文化部副部长。1955年1月、6月又先后任中共文化部党组书记、中国科学院哲学社会科学部委员。

〔2〕贺龙作为中国人民第三届赴朝慰问团总团长，于1953年10月4日率领慰问团离开北京去朝鲜。

〔3〕宋庆龄，当时任中央人民政府副主席（至1954年9月）、中华全国民主妇女联合会名誉主席、中国人民救济总会会长。1954年9月、12月又先后任全国人大常委会副委员长、全国政协副主席。

云同志的报告。粮食问题采取统购统销这样的措施是否迟了一步，将来再看，也许不迟。从现在起到十一月中旬或十一月底作准备，从十二月到明年一月征粮、购粮同时进行，因此征粮的布置要推迟一个月。要充分准备，紧急动员。农民有自发性和盲目性的一面。农民的基本出路是社会主义，由互助合作到大合作社（不一定叫集体农庄）。分土地的好处有些农民开始忘记了，他们正处在由个体经济到社会主义集体经济的过渡时期。我国经济的主体是国营经济，有两个翅膀，一翼是国家资本主义（对私人资本主义的改造），一翼是互助合作、粮食征购（对农民的改造）。有人要摸农村的底，农村的底有六条：（一）小农经济。（二）百分之十左右的缺粮户，共约有四千八百万左右的农民缺粮。（三）每年两千万到四千万灾民。（四）百分之十左右的落后乡。以上四条都是不好的方面，以下两条是好的方面。（五）百分之八十到九十的农民欢欣鼓舞，拥护政府。缺粮户和灾民也拥护政府。我们在农村的基础就是这百分之八十到九十的农民。（六）互助合作已经发展起来，老区是百分之六十到七十，新区是百分之二十到二十五，其中也有部分是假的。我国农村将来进一步的发展，基本上是靠第六条。水利、农具、肥料、耕作法，这些也靠互助合作，将来进一步搞社会主义，就要靠机器（拖拉机）。对农民实行粮食征购制，主要依靠党员，他们是乡村干部和农民中的积极分子。贫农、中农、缺粮户都有这样的积极分子，光靠缺粮户是不行的。关于配售问题。不叫配售也可以，可叫计划供应。粮食征购、整顿私商、统一管理势在必行，配售问题看来也势在必行，因为小农经济增产不多，而城市粮食的需要年年增长，如果我们能够做到城市、乡村不同时紧张更好，但恐怕办不到。这样做可能出的毛病：第一是农民不满；第二是市民不满；第三是外国舆论不满。问题是看我们的工作。关于宣传问题，要大张旗鼓，但报纸一字不登。方针已定，今天会后可暂时不讲，但有关机关可以讨论，并注意布置。

**10月4日**　复信毛月秋[1]："你给我的信收到。为了了解乡间情况的目的（不是为了祝寿。为了节约，无论哪一年均不要祝寿，此点要讲清楚），我同意你来京一行。尚有毛翼臣[2]（不知住什么地方）、文东仙[3]（唐家坨）二同志过去来信，表示要来我处一看。如你及乡间其他同志同意的话，你可约同他们二位一道来京。除你们三人外，其他没有预先约好的同志，一概不要来。你们到京住一个短期仍回家乡。你们来时，即持此信先到长沙湖南省委统一战线部，找那里的同志帮忙，发给你们三人来京的路费，并请他们派一人送你们来京。另请你持此信，到韶山、石城两处乡政府及当地的两个区政府及党的负责同志处，和他们商量，如果他们同意的话，请他们将两乡两区的情况及迫切需要解决的困难问题，写成书面材料，交你带来，作为参考之用（不是为了直接解决乡间问题）。你们三人来时，不要带任何礼物。你们到京时间，以早为好，希望不迟于阳历十月二十日至二十五日。"

**10月5日**　在印度尼西亚总统祝贺我国国庆的电报上批示："外交部：各方贺电，应复电致谢。"

**同日**　在李大梁[4]的来信上批示："此件请李维汉同志酌处。据王季范[5]先生称：此人希望政府予以招待。请派人了解情况，酌量处理。此人系民国初年湖南第一师范心理学教员。"

---

〔1〕毛月秋，毛泽东的族叔。大革命时期曾在韶山任中共慈悦支部书记。中华人民共和国成立后在韶山毛泽东旧居做接待工作。

〔2〕毛翼臣，应为毛锡臣，毛泽东的房叔祖父。

〔3〕文东仙，毛泽东的堂表弟。

〔4〕李大梁，当时任湖南省文史研究馆馆员。

〔5〕王季范，毛泽东的表兄，毛泽东在湖南省立第一师范学校读书时的教师。当时任政务院参事室参事。1954年9月任全国人大代表。

**10月8日** 晚上，在中南海菊香书屋主持召开中共中央书记处会议，刘少奇、朱德、陈云出席，彭德怀、邓小平、饶漱石、李维汉列席。

**10月10日** 阅李维汉转来的梁漱溟十月四日给陈叔通、李维汉的信。信中说："日来漱于自己错误渐有觉悟，特写出如另纸，奉求明教！因我的问题既已交到全国委员会，所以将此稿送会；然实盼主席一阅，俾知我近情盖如此。"毛泽东将此信批送刘少奇、朱德、陈云、习仲勋、邓小平、陈伯达、胡乔木、彭真、林伯渠、董必武、饶漱石、彭德怀阅。

**同日** 晚上，同李先念谈话。

**10月12日** 阅邓子恢十月十日关于在中南传达中央粮食方针的情况简报，在简报上写了许多关于粮食征购、配售和管理等方面的文字。其中关于粮食统一管理问题，写道："(1) 由中央公布控制数目，各大区保证完成，负责管理，组织供应；(2) 各区需粮交大区，区省间分配掌握，东北各掌一部；(3) 除上外，粮均归中央，包括出口、供给、储备、备大荒、机动等项；(4) 地方发生自己不能克服的困难，中央予以援助；(5) 中央认为需要和可能调出粮食，经慎重考虑决定后，地方应照调，地方小困难应服从全国性的大困难；(6) 粮价由中央统一规定，中心点及以下的定价原则；(7) 供应标准，全国应大体一致，各地可提意见。"

**同日** 晚上，在中南海菊香书屋主持召开中共中央书记处扩大会议，讨论正在召开的全国粮食紧急会议的有关问题，刘少奇、朱德、陈云、邓小平、李富春、李先念、谭震林、杨尚昆出席。

**10月13日** 陈云在全国粮食紧急会议上的总结报告中说：毛主席昨天晚上说："征购、配售"的名称可否改变一下？因为日本人搞过这个事情，这个名称有些吓人的。章乃器先生提出把"配售"改为"计划供应"，我们就把"征购"改为"计划收购"，简称叫做“统购、统销”。考虑到今年情况特殊，农村一部分人已经卖了粮食，所以毛主席提出就是在农村百分之五十的人口中进行计划收购。这百分之五十里又有重点，百分之二十五是粮食更多一点的，就应该多收购一点。偏僻的地方，死角粮的地方，粮食运不出来，就不必再计划收购了。此外，毛主席特别提出来要我们注意的是落后乡。关于工作安排，毛主席要求在农历年前全国基本上办完征粮、购粮工作。今年冬天以什么工作为中心呢？毛主席说，仍然以生产为中心，因为生产总是重要的。陈云作报告后，邓小平说：有一个问题我想补充一下，就是毛主席昨天晚上交代的要搞统购统销必须结合总路线来讲。

**同日** 晚七时，同陈伯达、杨尚昆谈话。

**同日** 晚八时，同出席全国粮食紧急会议的刘澜涛、张秀山〔1〕、李井泉、马明方谈话。

**10月14日** 晚八时半，同饶漱石谈话。

**同日** 晚十时，听取刘少奇汇报中共中央正在召开的第二次全国组织工作会议〔2〕情况。

**10月15日** 就农业互助合作问题，同陈伯达、廖鲁言谈话。〔3〕毛泽东说：办好农业生产合作社，即可带动互助组大发展。在新区，无论大中小县，要在今冬明春，经过充分准备，办好一个到两个合作社，至少一个，一般一个到两个，至多三个，

---

〔1〕 张秀山，当时任中共中央东北局第二副书记兼纪律检查委员会书记、东北行政委员会人民监察委员会主任、中国人民解放军东北军区副政治委员。

〔2〕 这次会议于1953年9月16日至10月27日在北京召开。

〔3〕 1953年10月，党在过渡时期总路线向全国公布，中共中央决定提前召开第三次农业互助合作会议。毛泽东这个谈话就是为了开好这次会议。这次会议于10月26日至11月5日在北京召开。

根据工作好坏而定。要分派数字，摊派。多了冒进，少了右倾。有也可以，没有也可以，那就是自流了。只要合乎条件，合乎章程、决议，是自愿的，有强的领导骨干（主要是两条：公道，能干），办得好，那是韩信将兵，多多益善。要有控制数字，摊派下去。个别地方是少数民族区，又未完成土改，可以不搞。个别县，工作很坏的县，县委书记很弱，一搞就要出乱子，可以暂缺，不派数字，但是省委、地委要负责帮助整顿工作，准备条件，明年秋收以后，冬季要搞起来。一般规律是经过互助组再到合作社，但是直接搞社，也可允许试一试。各级农村工作部要把互助合作这件事看作极为重要的事。个体农民，增产有限，必须发展互助合作。对于农村的阵地，社会主义如果不去占领，资本主义就必然会去占领。资本主义道路也可增产，但时间要长，而且是痛苦的道路。我们不搞资本主义，这是定了的。“确保私有财产”，“四大自由”，都是有利于富农和富裕中农的。现在农民卖地，这不好。法律不禁止，但我们要做工作，阻止农民卖地。办法就是合作社。大合作社可以使得农民不必出租土地了，一二百户的大合作社带几户鳏寡孤独，问题就解决了。互助组也要帮助鳏寡孤独。合作社不能搞大的，搞中的；不能搞中的，搞小的；但能搞中的就应当搞中的，能搞大的就应当搞大的，不要看见大的就不高兴。在大社之下设几个分社，这也是一种创造，不一定去解散大社。老区应当多发展一些。有些新区可能比有些老区发展得快。华北现有六千个合作社，翻一番——摊派，翻两番——商量。东北一番，一番半或两番。发展合作社，也要做到数多、质高、成本低。所谓成本低，就是不出废品。最后的结果是要多产粮食、棉花、甘蔗、蔬菜等等。不能多打粮食，是没有出路的，于国于民都不利。在城市郊区，要多产蔬菜。城市郊区土地肥沃，土地平坦，又是公有的，可以首先搞大社。要典型试办，不能冒进。大城市蔬菜的供求现在有极大的矛盾，粮食、棉花的供求也都有极大的矛盾，肉类、油脂不久也会出现极大的矛盾。从解决这种供求矛盾出发，就要解决所有制与生产力的矛盾问题。个体所有制的生产关系与大量供应是完全冲突的。个体所有制必须过渡到集体所有制，过渡到社会主义。合作社有低级的，土地入股；有高级的，土地归公，归合作社之公。总路线也可以说就是解决所有制的问题。国有制扩大——国营企业的新建、改建、扩建。私人所有制有两种，劳动人民的和资产阶级的，改变为集体所有制和国营（经过公私合营，统一于社会主义），这才能提高生产力，完成国家工业化。生产力发展了，才能解决供求的矛盾。

**10月16日**　审阅修改中共中央关于实行粮食计划收购与计划供应的决议稿。在决议稿第二部分的“这不仅因为农民得到了合理的粮价，得到了物价稳定的好处，更主要的是因为农民只有走互助合作的道路，走社会主义的道路，才能最后地解除自己的贫穷”一句之后，加写：“过着一年一年富裕起来的生活，才能使商品粮大量增加，供应城乡人民的需要。”在第六部分的“必须使他们懂得党在过渡时期的总路线和总任务”一句之后，加写：“即是要在大约三个五年计划内，或者说大约十五年左右的时间内，将我们的国家建设成为一个伟大的社会主义国家，使我国由新民主主义过渡到社会主义。”同时，为中央起草通知：“兹将《中共中央关于实行粮食的计划收购与计划供应的决议》发给你们，请予认真执行。除迅速发至县委和城市区委外，可登党刊。”当天晚七时，在中南海西楼会议室主持召开中共中央书记处扩大会议，讨论通过《中共中央关于实行粮食的计划征购与计划供应的决议》。

**同日**　阅中共中央华南分局十月七日给中南局并报中央的报告，就报告中提出的关于具体执行粮食征购、配售等方针的意见，批示：“陈云同志：恐须允许广东及广西只在一半或三分之一的地方用征购办法，大体上即同意用‘重点区试办’（来电末段）的办法[1]去做；而在配售方面，则在广州等大中城市办理。如何，请酌。”

**同日** 晚上，致信陈云、邓小平：“关于重要土产和副食品，逐步抓过来归国家和合作社经营，实有必要。这是一项大财富，不但可以解决自己的问题，而且可以帮助兄弟国家。请你们邀集叶季壮、曾山、姚依林、程子华等同志，专为此事谈一次，定出今年两个月及明年的购销计划。例如油脂（植物油和动物油），油料（大豆、花生、芝麻、菜子、茶子、棉子等），商品毛猪，商品屠宰牛、羊，蛋类，以及大中城市的蔬菜（关于菜农生产的合作化，我已告陈伯达、廖鲁言于本月底互助合作会议上加以讨论）等类，逐步走上国营和合作社营，目前就要有计划，动手做起来。像五千万头商品毛猪，国、合仅仅做了百分之六，即三百万头（其中一百九十万头出口），这是太少了，明年至少加一番，达到百分之十二，即六百万头。如外贸及内贸有销路，还可加大。大中城市蔬菜必须管起来，生产合作化和供销合作化（后者加国营控制），应是同时进行，过去这一方面我们全没有管。油脂、油料比普通粮食还有价值些，目前绝大部分还在私营手里，今冬及明年必须由国、合管起来。当然目前几年不可能是全部或大部，但三分之一或一半能由我们管就好。我们对德国[2]应当全力帮助，我想可以答应三亿二千万卢布的生意，只是向他们声明：（一）明年上半年办不到，下半年准备用一切努力满足他们的要求；（二）德国货多给我们需要的日用品（他们有的，或能

〔1〕 中共中央华南分局的报告中提出，考虑到华南地区的特殊情况，在具体执行上可否在两广地区暂缓执行，即推迟到明年夏收后再执行，或在今冬明春先选择重点区试办。

〔2〕 指德意志民主共和国。

产的），少给我们暂时不能用的机器（也要准备来一部分政治积压，甚至欠账）。他们比我们苦得多，我们不能不管。此事请你们与外贸同志再加考虑。”“朝鲜是赠送，德国是易货贸易，是不相同的，因为德国未打仗。但德国却和朝鲜一样处在对敌斗争的最前线。在民主阵营内只有这两个国家是被分割为二的，波、捷、匈等国都是统一的。”

**同日**　复信李漱清：“惠书敬悉。承告乡情，甚感。地方事，我只愿收集材料以供参考，不愿也不应当直接处理一般地方性的问题，使地方党政不好办事。尚祈谅之。”

**10月17日**　嘱机要秘书告彭德怀，同意周恩来和他的意见，让疲劳久病、肺病日趋加重的李克农回国休养。

**同日**　晚九时半，同即将赴越南的韦国清〔1〕谈话。毛泽东说：今年的一件大事，朝鲜停战了。抗美援朝经过三年，取得了伟大胜利，靠的是领导的正确，没有正确的领导，事情是做不好的。前不久我在中央人民政府委员会作报告讲抗美援朝战争胜利的伟大意义时，讲了好几条，头两条最重要。第一是打到了三八线，守住了三八线；第二，取得了军事经验。中国人民志愿军的各军兵种取得了对美国侵略军实际作战的经验，这是了不起的经验。《三国志》里有很多战例，蕴含着很深的战略战术。三国时代，刘备终不能取天下，首先是因为误于诸葛亮初出茅庐时的《隆中对》，其为刘备设计的战略本身就有错误。千里之遥而二分兵力，其终则关羽、刘备、诸葛亮三分兵力，安得不败？去年这个时候，胡志明、长征〔2〕来北京，我们向他们提出的先攻西北、

〔1〕中共中央1953年10月10日致电越南劳动党中央，告知韦国清担任中国驻越南民主共和国军事顾问团总顾问。

〔2〕长征，当时任越南劳动党中央总书记。

上寮，再逐步南进的战略方针，他们是接受了的。

**同日** 晚十一时半，听取刘少奇、陈伯达、胡乔木汇报第二次全国组织工作会议本日开会情况。

**10月18日** 上午八时半，和朱德在中南海勤政殿接受西藏国庆观礼团、昌都地区国庆观礼团、四川省藏族自治区〔1〕国庆观礼代表团、出席中国佛教协会成立会议的西藏代表团、来京参加中华全国工商业联合会第一次全国会员代表大会的西藏代表团、西藏青年参观团、昌都地区青年参观团的献旗、献礼。随后，接见各代表团的团长和副团长。林伯渠、邓小平、习仲勋、李维汉、刘格平、张国华参加。毛泽东在谈话中说：我们要和各民族讲团结，不论大的民族、小的民族都要团结。只要是中国人，不分民族，凡是反对帝国主义、主张爱国和团结的，我们都要和他们团结。团结起来，按照各民族不同地区的不同情况进行工作。有些地方可以做得快一点，有些地方可以做得慢一点，不论做快做慢都要先商量好了再做，没有商量好就不勉强做。商量好了，大多数人赞成了，就慢慢地去做。做好事也要商量着做。商量办事，这是共产党和国民党不同的地方。国民党势力大就压迫人，他们不仅压迫少数民族，还压迫大多数汉人。国民党是做坏事的。坏事是不应当做的。我们的干部有了错误就要批评。我们在西藏的工作有什么缺点和错误，请你们讲，你们不同意的和你们认为不利于人民的都可以讲，便于我们纠正。有了缺点就马上纠正，这是我们和国民党不同的地方。过去两年来，中央人民政府和西藏地方之间的相互了解以及汉藏两个民族之间的相互了解是有进步的，西藏地方对中央以及藏族和汉族之间都是一天一

---

〔1〕 四川省藏族自治区，1955年11月改为阿坝藏族自治州，1987年7月改为阿坝藏族羌族自治州。

天靠拢的，相信将来会更加靠拢。整个中国现在还很落后，需要发展。这是因为过去有帝国主义和国民党压迫的关系。他们现在已被我们赶走了，这四年来我们就有很大进步。在国家经济恢复以后，今年开始了第一个国家建设的五年计划，预计在三个五年计划以后，我们的大工业就建立起来了，对西藏就会有更大的帮助了。帮助各少数民族，让各少数民族得到发展和进步，是整个国家的利益。各少数民族的发展和进步都是有希望的。西藏政治、经济、文化、宗教的发展，主要靠西藏的领袖和人民自己商量去做，中央只是帮助。总之，我们的方针是团结进步，更加发展。

**同日**　上午十一时半，同陈伯达谈话。

**同日**　晚九时半，同即将返回朝鲜前线的杨得志谈话。

**同日**　晚十一时十分，听取刘少奇、胡乔木关于第二次全国组织工作会议领导小组第一次会议情况的汇报。

**10月19日**　晚上，主持召开中共中央书记处扩大会议。会议听取刘少奇汇报第二次全国组织工作会议领导小组会议本日开会情况和中央组织部内部的争论问题，并进行讨论。会议决定：（一）中组部内部争论问题，应本团结方针，在自我批评的基础上加以解决。（二）领导小组会停会两天，以便饶漱石、安子文、刘少奇准备结论性的发言。（三）大会上不再提组织部内部争论问题，而应强调团结。（四）在领导小组会和大会上刘少奇、饶漱石、安子文三同志的发言，均交书记处先阅。刘少奇、朱德、邓小平、饶漱石、习仲勋、杨尚昆、胡乔木出席会议。

**10月20日**　上午，同陈伯达、李维汉谈话。

**同日**　晚上，主持召开中共中央书记处扩大会议，讨论第二次全国组织工作会议问题。刘少奇、邓小平、习仲勋出席会议，至十时又有朱德、杨尚昆、安子文、李楚离、龚子荣[1]参加会议。会上，安子文、李楚离、龚子荣均表示同意中央的团结方针，在自我批评的基础上解决问题，并保证今后在饶漱石领导下把工作做好。

**10月21日** 晚上，主持召开中共中央书记处扩大会议，刘少奇、朱德、陈云、邓小平、李富春、饶漱石、习仲勋、杨尚昆、安子文、胡乔木出席。会议传阅刘少奇、饶漱石、安子文准备在第二次全国组织工作会议领导小组会上的讲话草稿，并决定领导小组会于二十二日下午三时开会，请朱德、邓小平、李富春、习仲勋到会并作简要发言。

**10月22日** 致信杨尚昆："请将《联共党史》六条结束语[2]印成单张，于今晚或明天发给到组织会议的各同志，请他们利用停会的两三天时间，加以阅读、研究，可能时还加以讨论，使他们在刘少奇同志及别的同志在大会上讲话讲到这个问题

〔1〕 龚子荣，当时任中共中央组织部副部长。

〔2〕 指《联共（布）党史简明教程》在结束语中对布尔什维克党所经过的历史道路作出的6条基本总结。主要内容为：（一）没有一个革命的无产阶级政党，没有一个消除了机会主义、对妥协主义者和投降主义者毫不调和、对资产阶级及其国家政权采取革命态度的党，无产阶级革命的胜利、无产阶级专政的胜利是不可能的。（二）工人阶级的党如果不掌握工人运动的先进理论，不掌握马克思主义理论，就当不了无产阶级革命的组织者和领导者。（三）如果不打垮那些在工人阶级队伍中进行活动、把工人阶级的落后阶层推进资产阶级怀抱、从而破坏工人阶级的统一的小资产阶级党派，那末无产阶级革命就不能获得胜利。（四）工人阶级的党不同自己队伍中的机会主义者作不调和的斗争，不打垮自己队伍中的投降主义者，就不能保持自己队伍的统一和纪律，就担当不了无产阶级革命的组织者和领导者，就担当不了社会主义新社会的建设者。（五）如果党陶醉于胜利而

时，已经有所了解。此事（印发结束语）在今日下午领导小组开会时，请告诉刘、饶及胡乔木同志一声。同时可多印一点（可印一二千份），发给北京的干部，并由总党委通知各部门、各党组，要他们阅读和讨论。”

**10月23日**　审阅修改刘少奇、饶漱石、安子文十月二十二日在全国组织工作会议领导小组会上的讲话稿后，于晨三时批示杨尚昆：“请将刘、饶、安三同志在领导小组会上的讲话稿，用打字打十多份（校对勿讹），准备交各中央局、分局组织部长各带去一份，你处存二份，今日下午我进城时交我一份备用。星期六可以不开会。”在刘少奇的讲话稿末尾加写一段话：“现在是全党团结起来认真执行党在过渡时期总路线的时候，我们要将一个落后的农业国，改变为一个工业国，我们要对现存的农业、手工业和资本主义工商业实行社会主义的改造，我们要在大约十五年左右的时间内基本上完成这个伟大的任务，我们的组织工作就要好好地为这个总路线而服务，我相信同志们是高兴并是能够担负这个任务的。”在饶漱石讲话稿末尾加写一段话：“目前在全党执行党在过渡时期总路线，即变农业国为社会主义工业国、改造各种非社会主义的经济成分为社会主义的经济成分这样一个历史的时机，我们做组织工作的人，必须全神贯注为保证这个党的总路线而奋斗。我相信，全党组织部门工作的同志是能够担负这个伟大光荣的任务的。”

---

开始骄傲起来，如果它不再注意自己工作中的缺点，如果它害怕承认自己的错误，害怕公开地老实地及时改正这些错误，那它就当不了工人阶级的领导者。（六）工人阶级的党如果不同群众保持广泛的联系，不经常巩固这种联系，不善于倾听群众的呼声和了解他们的疾苦，没有不仅教导群众而且向群众学习的决心，那它就不能成为能够领导千百万工人阶级群众和全体劳动群众的真正群众性的党。

**同日** 就张恕[1]来信要求安排工作事，批示："请王首道同志酌量处理。"张恕后来任湖南省文物管理委员会委员、湖南省文史馆馆员。

**10月24日** 上午，在中南海颐年堂主持召开中共中央书记处扩大会议。会议通过北京市面粉计划供应意见，同意北京市各界人民代表会议的召开。会议决定城市计划供应工作由陈云负责管理。会议听取李维汉汇报正在召开的中华全国工商联代表大会情况。会议提出，要大力宣传过渡时期总路线，要讲清道理，把握好分寸，目的是：（一）逐步改变生产关系；（二）改造私营工商业的技术管理人员；（三）加强企业，发展生产力；（四）积累资金，培养干部；（五）购买。刘少奇、朱德、周恩来、陈云、彭真、彭德怀、邓小平、饶漱石、李富春、罗瑞卿、习仲勋、陈伯达、杨尚昆、李维汉、胡乔木出席会议。

**10月25日** 复信文九明[2]："十月二日的信收到。你有关于乡间的意见告我，可以来京一行。自备路费，由我补发。毛泽荣，小名宋五，是我的兄弟，住在限门前，他多次来信想来京一行，请你找他一路同来。他没有出过门，请你帮忙他。他的路费亦由自备，由我补发。你们来时如可以不找省委统战部则不找，如无路费，可以持此信找统战部同志帮忙。路上冷，每人要带一条薄棉被。不要带任何礼物，至嘱。其他的人不要来。能于十一月上旬到京为好。"

**同日** 会见从湖南来北京的亲戚毛月秋、文东仙，了解家乡情况。

**10月26日** 致信刘少奇："三个文件[3]都看了，均同意。我

---

〔1〕 张恕，毛泽东在湖南省立第一师范学校读书时的同学。

〔2〕 文九明，毛泽东的表侄。

〔3〕 指刘少奇、饶漱石、安子文1953年10月22日分别在中共中央第二次全国组织工作会议领导小组会上的讲话稿。

这两天不大舒服，今天不进城了。请你邀集朱、陈、邓、习、富春、饶、安、乔木、尚昆[1]诸同志将三个文件传阅并讨论一次。如今晚来得及，则在今晚，如今晚来不及，则在明天，请酌办。”

**同日** 审阅修改饶漱石在中国共产党第二次全国组织工作会议上的总结报告稿。将总结报告稿中的“对农村中的富农剥削，暂时也还不能全部予以消灭”一句，改写为：“对农村中的富农剥削，暂时也还应按照人民政府的法令有限制地允许其存在。”

**10月29日** 阅朱启钤[2]、章士钊、叶恭绰十月二十七日关于人民英雄纪念碑设计建议的来信，批示彭真：“此件请付委员会[3]讨论，并邀建议三人参加。”来信就纪念碑的浮雕题材、碑身造型、纹样设计等提出意见。

**10月30日** 下午，主持召开中共中央政治局扩大会议，批准水利部党组关于过去工作检查及今后工作意见的报告、财政部关于一九五四年发行公债的报告。

**10月31日** 审阅修改中共中央十月二十九日关于统购粮食的宣传要点稿[4]。主要修改了四段文字（加写和改写的文字用着重号标明）：（一）“要过更好的日子，一定还要实行社会主义工业化和对农业对手工业对资本主义工商业的社会主义改造。就

[1] 朱、陈、邓、习、富春、饶、安，指朱德、陈云、邓小平、习仲勋、李富春、饶漱石、安子文。

[2] 朱启钤，古建筑学家。曾任北洋政府交通总长、内务总长、代理国务总理。当时任中央文史研究馆馆员。

[3] 指1952年5月10日成立的首都人民英雄纪念碑兴建委员会。

[4] 中共中央的宣传要点指出：中央人民政府决定从今年起实行统购粮食。它的目的是保障全国城市农村人人有饭吃，保障国家按总路线实行经济建设，保障我国能够一步一步走社会主义的路。宣传要点主要讲了3个问题：（一）为什么要走社会主义的路？（二）什么是过渡到社会主义去的总路线？（三）实行总路线，建设社会主义，为什么要统购粮食？

农业来说，只有在农村中一步一步地实行社会主义的制度，才能使农业生产和农民生活一步一步地和普遍地获得提高。”（二）“农村里一切明白道理的人都应当积极加入带有社会主义萌芽性质的互助组，加入半社会主义的生产合作社和供销合作社，将来就可以再进一步实行集体农民公有制的完全社会主义性质的生产合作社（就是集体农场）和供销合作社，实现集体生产和富裕生活。工人在城市里建设，农民在农村里建设，农民要和工人一面合作，一面比赛，把农村也改造得和城市差不多，这才是真正的工农联盟。要不是这样，所谓工农联盟，就不能发展和巩固，而且有使已经建立的工农联盟归于破裂的危险。”（三）“实现国家的社会主义工业化。社会主义工业化就是要使中国由工业不发达的国家变成工业发达的国家，由非社会主义的工业变成社会主义的工业。这就一方面要努力建设社会主义的新工业（新的工厂，新的矿山），另一方面要将手工业和资本主义工业加以社会主义的改造。这里最要紧的是多炼钢铁，多产煤炭、煤油和电力，多造机器。只有工业发达了，国家才能多造新农具和农业机器来帮助农民发展大规模的社会主义农业生产合作社（即集体农场），才能多修铁路公路把城市和农村联接起来，才能多修水利来发展农业，才能用大量的便宜的化学肥料、杀虫药剂、药品、糖、布匹、自行车、收音机、电影等各种日用东西来供给农民。”（四）“农业怎样改造？就是按照农民自愿（不能单靠行政命令，尤其不能采用强迫办法），一步一步发展互助合作运动，由办带有社会主义萌芽性质的互助组到办半社会主义的生产合作社，再发展到办完全社会主义的生产合作社（集体农场）。因为大家劳动，力量大，单干办不到的事，互助组能够办得到，互助组办不到的事，合作社能够办得到，所以互助组比单干强，合作社比互助组强，走一步就能使生产发展一步，生活提高一步。同时能用更多的粮食棉花和别的农产品供给国家和全国人民，又可以一步一步培养大家集体劳动的习惯（但不是吃大锅饭），一步一步积累资金，学习经管这个大家务的本事，一步一步走到社会主义。”同日，毛泽东致信胡乔木：“农村宣传要点中，‘合作社社员所有制’，‘社员’下应加‘集体’二字。”

**同日**　致电金日成并告李克农和志愿军司令部、政治部〔1〕：“克农同志因过劳久病，需回来稍事休息。我们已决定令他于下月初旬动身回北京，并同意来电所作各点安排。他在开城的工作由杜平同志总的代理，对外谈判业务由乔冠华同志负责，一切工作经朝中双方代表团协商进行。以后关于对外谈判的请示报告各电，均应由李相朝、杜平、乔冠华三同志签署分发平壤及北京，复电仍由北京发出。”

**11月3日**　晚上，在中南海西楼会议室主持召开中共中央政治局扩大会议，讨论并批准文化部党组关于目前文化艺术工作状况和今后改进意见的报告。

**11月4日**　就农业互助合作问题，再次同陈伯达、廖鲁言谈话。毛泽东说：做一切工作，必须切合实际。切合实际就是要看需要与可能，可能就是包括政治条件、经济条件和干部条件。发展农业生产合作社，现在是既需要，又可能，潜在力很大。“纠正急躁冒进”，总是一股风吧，吹倒了一些不应当吹倒的农业生产合作社。“确保私有”是受了资产阶级的影响。“群居终日，言不及义，好行小惠，难矣哉”。“言不及义”就是言不及社会主义，不搞社会主义。搞农贷，发救济粮，依率计征，依法减免，兴修小型水利，打井开渠，深耕密植，合理施肥，推广新式步犁、水车、喷雾器、农药，反对“五多”等等，这些都是好事，但是不靠社会主义，只在小农经济基础上搞这一套，那就是对农

〔1〕这个电报由有关部门起草，毛泽东审定后发出。

民行小惠。必须使这些好事与社会主义联系起来。至于“确保私有”、“四大自由”，那更是小惠了，而且是惠及富农和富裕中农。不靠社会主义，想从小农经济做文章，靠在个体经济基础上行小惠，而希望大增产粮食，解决粮食问题，解决国计民生的大计，那真是难矣哉！有句古语，“纲举目张”。拿起纲，目才能张，纲就是主题。社会主义和资本主义的矛盾，并且逐步解决这个矛盾，这就是主题，就是纲。我们所采取的步骤是稳的，由社会主义萌芽的互助组，进到半社会主义的合作社，再进到完全社会主义的合作社（将来也叫农业生产合作社，不要叫集体农庄）。稳步不前，右了，超过实际可能办到的程度勉强去办，“左”了，这都是主观主义。冒进是错误的，可办的不办也是错误的，强迫解散更是错误的。对于个体经济实行社会主义改造，搞互助合作，办合作社，这不仅是个方向，而且是当前的任务。鉴于今年大半年互助合作运动缩了一下，所以这次会议要积极一些，但是政策要交代清楚。这大半年，缩了一下，稳步而不前进，这不大妥当。但是，也有好处，比如打仗，打了一仗，休整一下，再展开第二个战役。问题是有些阵地退多了一些，有一些不是退多了，而是本来可以发展的没有发展，不让发展，不批准，成了非法的。积极、稳步就是要有控制数字，派任务，尔后再检查完成没有。在三亩地上“确保私有”，搞“四大自由”，结果就是发展少数富农，走资本主义的路。县干部、区干部的工作要逐步转到农业生产互助合作这方面来，转到搞社会主义这方面来。县委书记、区委书记要把办社会主义之事当作大事看。一定要书记负责，我就是中央的书记，各级书记，都要负责，亲自动手。中央现在百分之七八十的精力，都集中在办农业社会主义改造之事上。农业生产合作社到明年秋收前，发展三万二千多个，一九五七年可以发展到七十万个。但是要估计到有时候可能突然发展一下，可能发展到一百万个，也许不止一百万个。总之，既要办多，又要办好，积极领导，稳步发展。

**同日**　为中共中央起草关于批判党内的资本主义思想的指示："中南局和湖北省委抓紧了关于党的总路线在干部中的教育，及时地批判了干部中存在着的资本主义思想及各种糊涂观念，这在目前及今后一个相当长时期内都是完全必要的。湖北和中南党内的这种思想情况，在各地都是存在的，请你们务必对党员首先是干部抓紧进行教育和批判，并将情况和结果向中央作报告。"

**同日**　审阅中共中央国际活动指导委员会关于捐款救助印度水灾灾民的报告。报告说：今年七、八两月印度北部一些地方发生大水灾，灾民四百六十万。印度红十字会曾通过日内瓦红十字协会向中国红十字会呼吁救济，我国驻印度大使亦来电建议给予捐助，经指委会讨论，拟以中国人民救济总会和中国红十字会的名义，捐助人民币十亿五千万元。毛泽东批示："款数似应增加至十五亿或二十亿人民币。"

**11月5日**　审阅修改李维汉十月二十七日在中华全国工商业联合会会员代表大会上的讲话稿，批示："退李维汉同志：（一）同意于十日发表；（二）我只在第七页、第十页、第十三页、第十四页上增改了几个字；（三）请送一份给高岗同志阅；如周总理在十日前回京，应送他看一遍。""再：会议应通过决议，拥护你的报告及陈叔通的开幕词。"

**同日**　阅萧华十一月二日关于批发公安部为中央警卫团抽调文工团队员的电报的错误给毛泽东的检讨报告，批示："刘、朱、彭、罗瑞卿、周阅，尚昆处理。根本不应设此文工团，三反后又发生此事是不应当的。萧华只负批发电报的错误，根本的错误在公安机关。"

**11月8日**　为转发国家计划委员会关于当前增产节约情况的

报告，起草中共中央给各中央局、分局、省市委和中央人民政府各党组的批语："中央同意国家计划委员会十月二十九日关于当前增产节约情况的报告，认为报告中提出的各项意见是正确的，现发给你们，请迅速研究照办。今年只有一个多月了，明年第一季度即将到来，务望你们抓紧今年最后一个季度的增产节约工作，并迅即动手布置明年第一个季度的各项工作，争取今年能够完成和超额完成已定的任务，并在这个基础上争取明年第一季度的生产工作和可做的基建工作不低于今年第四季度工作的数量和质量。"报告说：增产节约运动在全国范围内已经逐步深入，干部和群众的情绪甚高，九月份的生产情况已有好转。在增加生产的基础上，我们在财政上的困难情况正在得到克服。为了把运动推进一步，各级领导的重点是：应用大力帮助目前运动开展得不好或尚未开展的单位，使他们迅速把全体职工发动起来，使增产节约计划与各项具体措施结合起来，提高生产管理水平。同时，注意把目前生产同明年计划的编制工作及明年第一季度生产的准备工作很好地结合起来，避免两个年度之间生产工作上的中断或脱节现象。

**同日** 审阅胡乔木本日报送的《人民日报》社论稿《必须大张旗鼓地向农民宣传过渡时期总路线》，批示胡乔木："已阅，可用。"这篇社论于十一月九日发表。

**同日** 就准备公布美军十九名细菌战战俘的供词，致电金日成〔1〕："美国最近在联合国大会就细菌战问题重起风波，诬我以酷刑逼细菌战俘造假供状。我们拟将美细菌战俘十九人供词公布，并在公布之前，以朝鲜人民军总政治局和中国人民志愿军政治部名义发表关于这十九份供词的公报。公报、供词、录音及各俘照片均将于十一月九日以飞机送平壤。我们拟于十一月十日上

〔1〕 这个电报由有关部门起草，毛泽东审定后发出。

午北京时间十一时将公报广播，十一日见报。自十一日起连续广播各俘口供并连续在广播后之次日见报。拟请平壤亦照此日程公布上项公报和供词。以上各点均请电告您的意见。”当日晚，金日成复电毛泽东：“关于公布十九名美细菌战俘供词问题，完全同意来电所示意见，特复。”十一月十日，毛泽东再致电金日成〔1〕：“关于细菌战俘的新闻和供词的广播和见报可以一律顺延一天，自十一日上午开始广播，十二日开始见报。关于发公报问题，经再研究后认为无此必要，故公报稿已改为一个新闻由新华社密电发平壤。”

**11月9日**　晚上，在中南海颐年堂主持召开中共中央书记处扩大会议。会议批准政务院关于编制一九五四年预算草案的指示、中共中央关于省市自筹经费问题给各级党委的指示、政务院财政经济委员会关于发行新人民币问题的请示报告。会议决定：本年度粮食计划收购数字必须完成，同时又必须抓紧明年度的农业生产，保证农业增产计划的实现。刘少奇、周恩来、朱德、陈云、彭真、高岗、彭德怀、邓小平、李富春、饶漱石、习仲勋、罗瑞卿、杨尚昆出席会议。

**11月10日**　就全国军事系统党的高级干部会议的准备问题，致信彭德怀，指出：“军事会议快要开了，你是否准备写一个书面报告。要写，现在就要着手了。我觉得有一个简明扼要的书面报告为好，讲时可加发挥，使人好去传达，免致传错，会上讨论时也眉目清晰些。如你无暇写，可要萧向荣照着你的意思去写。请酌定。”“对于我们配备干部不满意，不但是那个写信的同志一个人的意见，我估计有相当一些人有意见。我认为我们配备的干部一般是正确的，对此不满的人是不多的，但我们对于二、四方面

---

〔1〕这个电报由有关部门起草，毛泽东审定后发出。

军的同志应当提拔的可能有些未提拔，他们可能认为一方面军的人提拔得太多，而二、四太少和照顾不周，值得注意。请你找赖传珠、徐立清、萧华、甘泗淇四同志一商此问题，可将那封无记名信给他们看，要他们对此加以注意，并征求他们的意见，把在这个问题上的缺点加以改变。”信中还讲到，应有一段时间使到会同志对军委工作广泛提出意见，以弄清问题，统一意志。

**同日** 晚上，在中南海西楼会议室召开会议。

**11 月 13 日** 下午三时，在中南海颐年堂主持召开中共中央书记处会议，刘少奇、周恩来、朱德、陈云出席，高岗、彭德怀、邓小平列席。

**同日** 下午五时，会见金日成率领的朝鲜政府代表团，并商定两国政府代表团会谈的主要问题。朱德、刘少奇、周恩来、陈云、高岗、邓小平等参加。

**11 月 15 日** 晚上，在中南海颐年堂主持召开中共中央书记处扩大会议，讨论同朝鲜签订经济及文化合作协定的问题，刘少奇、周恩来、朱德、陈云、高岗、彭德怀、邓小平、李克农、叶季壮出席。

**11 月 20 日** 阅中共天津市委统战部十一月十四日关于天津市资本家对过渡时期总路线的反映的综合报告，为中央起草转发这个报告的批语：“（一）此件值得注意，发给你们参考；（二）请你们注意各地资产阶级的动态，加强对他们的工作和教育。”综合报告说：国庆口号中公布过渡时期总路线以后，资本家波动很大，其中尤以中小资本家为甚。资产阶级对总路线是不满的，但又无可奈何。他们要求保持现在的秩序。

**11 月 21 日** 审阅周恩来本日报送的中朝经济及文化合作协定、中朝两国政府谈判公报、中朝关于铁路的议定书、中朝关于技术人员的协定、中朝关于留学生的协定、中朝关于民航的换文和中朝关于难童的换文等七个文件和招待金日成一行的安排的报告，批示："周总理：（一）各件均看过，同意；（二）同意签字、宴会、晚会等各项安排；（三）签字时似应有我国公职民主人士到场，如是，则各件应先给他们一阅，请酌定。"

**11月22日**　晚上，在中南海颐年堂主持召开中共中央书记处扩大会议，讨论将于明日签字的《中朝经济及文化合作协定》等。刘少奇、周恩来、朱德、陈云、高岗、彭德怀、邓小平、饶漱石、习仲勋出席会议。九时半，与会者同由彭真、李维汉陪同来的民主党派、工商界代表李济深、章伯钧、黄炎培、陈叔通、章乃器、郭沫若、傅作义、李烛尘、彭泽民一起，继续讨论《中朝经济及文化合作协定》。

**11月23日**　下午五时，和朱德、刘少奇、李济深、高岗、周恩来、董必武、陈云、郭沫若、黄炎培、邓小平等，出席在中南海勤政殿举行的《中朝经济及文化合作协定》等文件的签字仪式。周恩来、金日成分别代表本国政府在协定上签字。

**同日**　下午六时，设宴招待金日成和他率领的朝鲜政府代表团。

**同日**　致电越南民主共和国和越南劳动党主席胡志明。电报说："目前法国人民要求经过和谈结束越南战争的压力愈来愈大，法国统治阶级中一部分人也认为侵越战争得不偿失，主张和谈，拉尼埃〔1〕也两次正式表示愿意谈判；但是美帝从朝鲜停战后便企图使侵越战争扩大化，胁迫法帝打到底。在这个时候，越南民主共和国政府正式表示愿意用和平协商方式解决越南战争，是需要的，合时宜的。只有这样，才能把和平旗帜抓在我们手里，更进一步鼓励法国及全世界爱好和平人民的积极斗争，揭穿法国反动派说越南不要和平，把战争责任推在越南身上的阴谋。也只有

〔1〕拉尼埃，当时任法国政府总理。

这样，才能利用和扩大法美之间的矛盾。”“和帝国主义者和谈，同战争一样，也是一种长时间的尖锐的斗争。”“朝鲜停战的经验证明，只有我们力量强大，在战场上给敌人的打击愈多愈痛的时候，和谈才有可能获得成功。所以应当边打边谈、谈谈打打，两者不可偏废。决不可因为和谈而稍为放松自己在军事上打击敌人的努力。”

**11月24日**　晚上，同章士钊谈话，李维汉参加。

**11月25日**　下午，同陈伯达、廖鲁言谈话。

**11月26日**　致电贺龙：“同意你到上甘岭一带了解工事情况，十二日前[1]回北京参加军委会议。”

**11月27日**　晚上，在中南海西楼会议室主持召开中共中央政治局会议，讨论并批准铁道部《关于从速修通宝成线问题的研究结果的报告》、政务院《关于发行一九五四年国家经济建设公债的指示》，还讨论了海军建设问题。

**11月28日**　审阅彭德怀十一月二十七日关于全国军事系统党的高级干部会议[2]的议程安排和主席团组成人员的报告，批示“照办”。

**同日**　晚上，在中南海颐年堂主持召开中共中央书记处会议，讨论彭德怀准备在军事系统党的高级干部会议上作的《四年来的军事工作总结和今后军事建设上的几个基本问题》报告的草稿和朝中方面将于十一月三十日向美国方面提出的全面建议。刘少奇、周恩来、朱德、陈云出席会议，高岗、彭德怀、邓小平、陈伯达、胡乔木列席会议。此前，审阅修改彭德怀的报告稿，批

〔1〕贺龙当时率中国人民第三届赴朝慰问团，正在朝鲜慰问中国人民志愿军和朝鲜军民。后因情况变化，于12月18日回到北京。

〔2〕这个会议于1953年12月7日至1954年1月26日在北京召开。

示："可用。略有修改。乔木已作修改。"

**12月2日** 晚上，同罗荣桓、胡乔木、凯丰谈话。

**12月3日** 复信袁希洛〔1〕："十月二十九日惠书敬悉，甚谢！大著已付此间文史馆研究。"同时，复信黄炎培："十二月一日惠书敬悉，甚谢！袁希洛先生的著作已付中央文史馆研究，并已复告袁先生了。"

**12月4日** 晨，致信杨尚昆："今天会议文件〔2〕，除科学院一件外，我均已看过，请电话督促各同志均于会前看一遍，以便讨论。科学院一件，推至下次。今晚应加上彭德怀同志准备在军事会议上作的报告一件，加以讨论、通过，并拟临时约刘伯承、叶剑英、聂、黄、张〔3〕五同志列席。请告各同志看文件。开会时间，待我起床再定，也许要推迟一二小时。"

**同日** 晚上，在中南海西楼会议室主持召开中共中央政治局

---

〔1〕袁希洛，辛亥革命时的同盟会会员和临时议会代表，曾任江苏省启东县县长。当时任上海市人民政府参事室参事、上海市文史研究馆馆员。

〔2〕指1953年12月4日中共中央政治局扩大会议准备讨论的文件，计有：劳动部党组关于过去工作检查和改进今后工作意见的报告，国家体育运动委员会关于加强人民体育运动的报告，出版总署党组关于1953年出版工作情况和今后工作方针任务的报告，中共中央批准高等教育部党组关于全国高等工业学校行政会议的报告的指示，中国科学院党委关于1953年工作情况的报告。

〔3〕刘伯承，当时任中共中央西南局第二书记、西南行政委员会主席、中国人民解放军军事学院院长兼政治委员。1954年6月、9月又先后任中央军委副主席、国防委员会副主席。1955年4月又任中国人民解放军训练总监部部长（未到职）。叶剑英，当时任中共中央中南局代理第一书记、中南行政委员会代理主席、中国人民解放军中南军区代理司令员。1954年6月、9月、10月又先后任中央军委副主席、国防委员会副主席、中国人民解放军武装力量监察部部长。聂、黄、张，指聂荣臻、黄克诚、张宗逊。

扩大会议。会议批准劳动部党组、国家体育运动委员会、出版总署党组、高等教育部党组的文件，讨论通过彭德怀十二月七日将在全国军事系统党的高级干部会议上作的报告。毛泽东在发言中讲到海军建设问题时说："为了肃清海匪的骚扰，保障海道运输的安全，为了准备力量于适当时机收复台湾，最后统一全部国土，为了准备力量反对帝国主义从海上来的侵略，我们必须在一个较长时期内，根据工业发展的情况和财政的情况，有计划地逐步地建设一支强大的海军。"还说：在第一个五年计划时期内，国家机构经费（军、政两项经费）占全部国家的支出，最后要不超过百分之三十。刘少奇、周恩来、朱德、陈云、高岗、董必武、林伯渠、彭德怀、邓小平、饶漱石、刘伯承、陈毅、叶剑英、李立三、陈伯达、黄克诚、罗瑞卿、习仲勋、刘澜涛、谭政、张宗逊、萧劲光、陈赓、杨尚昆、胡乔木、刘亚楼、凯丰、毛齐华、刘亚雄、宋平、荣高棠、陈克寒〔1〕出席会议。

**12月5日** 就批准《一九五四年国家经济建设公债条例》和《中朝经济及文化合作协定》，致信周恩来："公债及批准中朝协定两事，仍以于数日内召集一次中央人民政府委员会通过为适宜，时间可在下星期任择一天。命令及条例〔2〕待会后再公布。"

**同日** 晚上，会见家乡人并请吃饭。

**12月7日** 晚上，就起草过渡时期总路线宣传提纲问题，致信胡乔木："宣传大纲请你们于数日内写好，先经你及凯丰、

〔1〕毛齐华、刘亚雄、宋平，当时任劳动部副部长。荣高棠，当时任国家体育运动委员会秘书长、中国新民主主义青年团中央书记处书记。陈克寒，当时任中共出版总署党组书记、出版总署副署长。

〔2〕指《1954年国家经济建设公债条例》和毛泽东为公布这个条例签署的中央人民政府命令。

伯达几位同志看过，最好座谈一下，于十二月十一日以前交我为盼!”十日晚上，阅胡乔木九日来信，信中说：“总路线宣传与学习提纲的第六次稿本日上午已约请陈伯达、凯丰、胡绳、熊复、许立群、于光远、马洪〔1〕等同志讨论后，认为尚须作相当的修改，现正由凯丰修改，十一日可以送上。”毛泽东批示：“如来不及，十二日交我即可。”十三日晨，修改胡乔木报送的以中共中央宣传部名义提出的《为动员一切力量把我国建设成为伟大的社会主义国家而斗争——关于党在过渡时期总路线的学习和宣传提纲》草稿之后，致信胡乔木、杨尚昆：“此件已看一遍，比前好多了。我作了一些增改，请你邀伯达、凯丰看一下，看是否妥当；如有意见请告我；如无意见即送尚昆照扩大名单印发各同志阅看。最好今天即能印发，并请各同志明天（十四）即看一遍，准备提出修改意见。估计还会有些修改的。”毛泽东对宣传提纲加写了两段话，主要修改了两段话，并最后确定过渡时期总路线的表述。加写的两段话是：（一）“我们说标志着革命性质的转变、标志着新民主主义革命阶段的基本结束和社会主义革命阶段的开始的东西是政权的转变，是国民党反革命政权的灭亡和中华人民共和国的成立，并不是说社会主义改造这样一个伟大的任务，在人民共和国成立以后就可以立即在全国一切方面着手施行了。不是的，那时，我们还须在广大的农村中解决封建主义与民主主义即地主与农民之间的矛盾。那时在农村中的主要矛盾是封建主义与民主主义之间的矛盾，而不是资本主义与社会主义之间的矛盾，因此需要有两年至三年时间在农村实行土地改革。那时我们一方面在农

〔1〕熊复，当时任中共中央宣传部秘书长。许立群、于光远，当时分别任中央宣传部理论宣传处处长、副处长。马洪，当时任国家计划委员会秘书长。

村实行民主主义的土地改革，一方面在城市立即着手接收官僚资本主义企业使之变为社会主义的企业，建立社会主义的国家银行，同时在全国范围内着手建立社会主义的国营商业和合作社商业，并已在过去几年中对私人资本主义企业开始实行了国家资本主义的措施。所有这些显示着我国过渡时期头几年中的错综复杂的形象。”（二）“集体领导是我们这一类型的党组织的最高原则，它能防止分散主义，它能防止党内个人野心家的非法活动（如像中国的张国焘〔1〕，苏联的贝利亚〔2〕），因此必须特别强调和认真实行党组织的集体领导制度，而决不可以不适当地过分地去强调任何个人的英雄作用，决不可以使共产党员由满腔热情地勤勤恳恳地为人民服务的高贵品质堕落到资产阶级的卑鄙的个人主义。”主要修改的两段话是（加写和改写的文字用着重号标明）：（一）“党在过渡时期的总路线的实质，就是使生产资料的社会主义所有制成为我国国家和社会的唯一的经济基础。我们所以必须这样做，是因为只有完成了由生产资料的私人所有制到社会主义所有制的过渡，才利于社会生产力的迅速向前发展，才利于在技术上起一个革命，把在我国绝大部分社会经济中使用简单的落后的工具农具去工作的情况，改变为使用各类机器直至最先进的机器去工作

〔1〕张国焘，1931年任中共中央政治局常委、鄂豫皖中央分局书记。1935年6月红军第一、第四方面军会师后，任红军总政治委员。他反对中央关于红军北上抗日的决定，进行分裂党和红军的活动，另立中央。1936年6月被迫取消第二中央，随后与红军第二、四方面军一起北上，12月到达陕北。1937年9月起，任陕甘宁边区政府副主席、代主席。1938年4月，逃离陕甘宁边区，投入国民党特务集团，成为中国革命的叛徒，随即被开除出党。

〔2〕贝利亚，曾任苏联共产党中央主席团委员、苏联部长会议第一副主席兼内务部部长。1953年6月被清除出党，12月被处决。

的情况，借以达到大规模地出产各种工业和农业产品，满足人民日益增长着的需要，提高人民的生活水平，确有把握地增强国防力量，反对帝国主义的侵略，以及最后地巩固人民政权，防止反革命复辟这些目的。要完成这个任务，大约需要经过三个五年计划，就是大约十五年左右的时间（从一九五三年算起，到一九六七年基本上完成，加上经济恢复时期的三年，则为十八年，这十八年中已经过去了四年），那时中国就可以基本上建设成为一个伟大的社会主义国家。”（二）“国家对资本主义工商业实行社会主义的改造是必要的，这是因为资本主义所有制和社会主义所有制之间的矛盾，资本主义所有制和资本主义的生产社会性之间的矛盾，资本主义生产的无政府状态和国家有计划的经济建设之间之矛盾，资本主义企业内的工人和资本家之间的矛盾，都是不可克服的。由于上述的矛盾，这些企业的设备利用率和劳动生产率低，成本高，资金很多浪费，扩大再生产的能力很小或甚至没有，因而影响到工业产品在市场上供不应求，影响到国家计划受到破坏。如果不改变这种情况，这个广大部分的社会生产力就不可能获得充分的合理的发展以适应国计民生的需要，我国的社会主义工业化就不能全部实现。”毛泽东在宣传提纲中将过渡时期总路线的表述最后确定为：“从中华人民共和国成立，到社会主义改造基本完成，这是一个过渡时期。党在这个过渡时期的总路线和总任务，是要在一个相当长的时期内，逐步实现国家的社会主义工业化，并逐步实现国家对农业、对手工业和对资本主义工商业的社会主义改造。这条总路线是照耀我们各项工作的灯塔，各项工作离开它，就要犯右倾或‘左’倾的错误。”

**同日** 晚上，在玉泉山住处听取陈毅汇报华东执行过渡时期总路线的情况。

**12月8日** 晚八时半，和刘少奇、周恩来、朱德、陈云等到设在中南海勤政殿的投票站，投票选举北京市西单区人大代表。

**同日** 晚九时，在中南海菊香书屋召集周恩来、陈云、邓小平开会。

**12月9日** 下午五时，出席在中南海勤政殿举行的中央人民政府委员会第二十九次会议。在讨论《一九五四年国家经济建设公债条例》时，毛泽东说：准备的时间是不是短了些，十二月只有半个月了，十二月、明年一月还有粮食统购统销的大事，是否从一月准备，组织推销委员会，分发控制数字，二三月动手。公务人员、工人有的买不起，灾区、贫瘠地区要除外。总之，工作要有重点。这个时候正是搞购粮，我们把购粮当做极大的事，全国动员，可能做好。发行公债也要当做一件大事，如果摊派下去，搞得不细致，还有可能重犯一九五〇年发行公债时强迫命令的错误。这次公债发行从二月一日开始，要公平合理，要避免过去的缺点，工作要越做越细致，不是越做越粗糙。财委要切实掌握这项工作，如像掌握粮食统购统销一样地掌握。会议批准《中朝经济及文化合作协定》，通过《一九五四年国家经济建设公债条例》和各项任免案。

**同日** 发布中央人民政府命令，公布实施《一九五四年国家经济建设公债条例》。

**同日** 复信戴毓本〔1〕：“九月来信收到，迟复为歉。你在工人医院工作甚好，希望你在那里坚持工作下去。到一个新地方可能有困难，那你就应当坚持地逐步地去克服那里的困难，过一个时期就可能顺利起来。这样，对你和国家都是有益的。”

**同日** 晚上，在中南海颐年堂主持召开中共中央政治局扩大

---

〔1〕 戴毓本，杨开慧在湖南长沙福湘女校、岳云中学读书时的同学，五四运动后曾在毛泽东等创办的自修大学学习。当时在唐山工人医院工作。

会议。会议讨论李维汉的汇报提纲《关于将资本主义工业纳入国家资本主义的轨道的意见》和关于民主人士安排问题的报告。刘少奇、周恩来、朱德、陈云、高岗、彭真、董必武、林伯渠、彭德怀、邓小平、邓子恢、饶漱石、刘伯承、陈毅、叶剑英、陈伯达、习仲勋、李维汉、杨尚昆、胡乔木出席会议。毛泽东在会上讲话。他说：必须经过国家资本主义，改造资本主义工商业。不这样做，一切矛盾不能解决，公私、劳资、资资、劳劳、国劳（公公）的矛盾，不可终日。改造资本主义工商业，有三类办法：第一类，苏联办法〔1〕，不见得完全好，生产低落，资产阶级进行破坏。第二类，发行公债购买，十年买完，但谁出钱买公债、谁付息？资产阶级也不会那么满意。第三类，我们现在的办法，十三年，工人付给资本家利润，把资产阶级养活起来，在一段时间，企业还归他们管着。国家资本主义的理论是列宁提出的，但苏联没有怎么搞起来。新经济政策时期，苏联是否在商业方面多搞了一点国家资本主义？我们现在的办法，不仅使资产阶级不搞破坏，还要使他们的生产增长。还有，我们现在对私营工商业“一下子吞不了”。三年半的经验，我们找出这条改造资本主义工商业的道路。公私合营，实际上百分之九十是社会主义。第二个五年计划让不让私人资本主义发展，这要由我们的政策来决定。但政策决定于需要，如果社会对私人资本主义有需要，那还是要发展。私营工厂，十人以上的可能有残留，十人以下的可能有发展，还可能有新生的。社会有需要时，让它发展，想办法管起来，以后再合营。十年搞掉十人以上的私营工厂，这没有什么急躁冒进。改造十人以上的私营工厂可能不要十年，也许只要七年。已过了四年，天下小变；再过四年，天下大变，包括人、经

---

〔1〕 指将私人资本主义企业无偿收归国有即直接剥夺的办法。

济、文化、社会舆论。实行国家资本主义，明年一定要比较稳，后年大进一步，突飞猛进还在后两年。撑着石头打泡泅[1]，淹不死人。基本上赞成这个计划，准备修改。大致控制数字，还要看发展。总之，这是一件极大的事，每年到这里讨论三四次，至少两次。实行国家资本主义，一定要给资方分红利，十三年准备支出五十万亿元给资本家。这可能成为另外一种方式的购买，比较行得通。工人付给红利，养活资本家。工人和我们党内都应当意识到这一点。这还不是仁至义尽?“新民主主义那么好”，资本家称赞的，就是这一条。私营企业要多少年才实行国营?可能有先有后，要看发展，看看他们的生活、社会、人心等。实行国营，资本家的前途是光明的，今后可当工人，就是拿工钱吃饭。统战人士的安排问题，是一个策略方针问题。他们可以当全国、省、市人民代表大会的代表，担任政府职务。要正确认识统战组织成分不纯的问题。瑞金时代组织最纯洁，但有一个缺点，形式纯洁，却孤立了自己，政权不稳当，要搬家。搬到延安，组织不纯洁了，表现了灵活性。说共产党没有灵活性，我不相信。从延安起组织不纯，不纯，日子就好过了。到了北京组织又不纯了，许多人反对，特别是青年娃娃。要他们看《水浒传》，水浒寨百分之九十以上不是劳动人民，水浒寨是一个很好的统一战线。清朝政府最厉害，能用汉人。统一战线中，工农联盟是工人阶级同劳动人民的联盟，对这第一个联盟没有争论。第二个联盟，也就是劳动人民同资产阶级的联盟。统一战线的根本问题，是资产阶级问题。资产阶级是一个敌对阶级，但不同于别的敌对阶级，它同我们合作。不善于区别能合作和不能合作的敌对者，就会犯路线错误。一九四九年农村不能宣传过渡时期总路线，那时农村主

---

〔1〕 打泡泅，即游泳。

要矛盾是农民阶级同封建地主阶级的矛盾，不是社会主义同资本主义的矛盾。资产阶级性质的民主革命，就是农民阶级对地主阶级的革命。就中华民族来说，首先是中华民族对帝国主义的革命。现在新的矛盾产生了，农村里产生新的资本主义，所以要大大宣传总路线，宣传农业集体化。那时，城市也不能宣传过渡时期总路线，国营经济才接收，国营经济、合作社经济摊子没有摆开，没有做出榜样，优势没有形成。现在是应该也有可能大大宣传总路线和国家资本主义。

**12月10日**　审阅陈云十二月八日关于增发五至七万亿人民币问题给毛泽东的报告，批示："刘、周、朱、高即阅，退陈云同志照办。"陈云在报告中提出：如果今晚开会，我可报告一下，如今晚不开会，而需要我当面报告一下，则请通知我去向你报告。毛泽东批示："不需要再报告了。"

**同日**　阅胡乔木十二月七日给毛泽东、刘少奇的信。信中提出：一、在我即将离开北京并暂时离开宣传部工作的条件下，凯丰同志似有能经常列席中央会议的需要，因宣传部负着每天指导宣传工作特别是报纸评论的工作，而仲勋同志现在对宣传部工作过问的可能很少，所以希望中央对此能予以格外的考虑。二、少数民族文字问题和汉字改革问题的两个文件均已印发，关于少数民族文字问题，拟由政务院以指示形式发布，希望能在最近的中央会议上通过。汉字改革问题较为复杂，盼中央能对所提改革办法作一原则指示。毛泽东批示："刘、周、朱、陈、高、小平、仲勋、尚昆阅，退少奇处理。（一）乔木暂离时期，凯丰列席中央会议是必要的；（二）文字问题待会谈。"

**12月上旬**　听取卫生部副部长贺诚等汇报，谈对卫生工作的意见。毛泽东说：卫生工作队伍很大，管的是全国人民的生老病死问题，任务就很大了。几年来，卫生工作成绩很大，缺点很多，最大的缺点是政治少了。正因为政治少了，所以技术也管不好。党必须领导一切，领导我们的各种工作。你不懂，就不能管我，有这种想法的人是相当多的，要经过较长时期的斗争才能解决。我们是依靠政治来领导，离开了政治就谈不上领导。你们当部长的职位，就是做领导工作、政治工作。凡是做领导工作的人，都要做政治工作、行政工作。盲干和单干都不好。盲干就是忽视了党的领导，没有方向；单干就是忽视集体领导，也就忽视了党的最高原则。集体领导必须发扬民主，虚心听取群众意见。做领导的要同大家商量问题，要同上级、下级、平级三方面商量。党组开会必须要有准备，听取大家的意见，争取大家多提意见，学习中央开会的办法，真正做好集体领导。领导人是要讲道理的，说服力强，才是真正的强。毛泽东说：我们中国如果说有东西贡献全世界，我看中医是一项。我们的西医少，广大人民迫切需要，在目前是依靠中医。对中医的团结要加强，对中西医要有正确的认识。中医是在农业与手工业的基础上产生出来的。这是一大笔遗产，必须批判地接受，把其积极的一面吸收过来加以发挥，使它科学化；另一面，对不合理的要研究，分析批判。中医的金、木、水、火、土是不合理的，西医说大脑、小脑、细胞、细菌是科学的。什么是科学？有系统的、正确的知识，这才是科学。西医也有不合理的部分，不合理的要批判。中西医要团结，互相看不起是不好的，一定要打破宗派主义。中医学习一点西医是好的。如果城市医疗问题不搞好，卫生部门就没有做好工作。这个问题必须解决。充实医院，培养医生，这是根本的办法；改善医院管理制度，加强管理，加强领导，也能解决一部分问题。目前这两个办法可以同时并用。

**12月12日**　审阅中共中央统战部十一月十七日关于拟于一九五四年一月召开在实行人民代表大会制时民主人士安排问题工

作会议的请示报告，批示："全国人民代表大会要明年九月才召集，安排会议太早了不好，以在明年春末夏初时为宜。"

**同日**　上午，同萧向荣谈话。

**12月13日**　晨，审阅《中共中央关于发展农业生产合作社的决议（草案）》〔1〕后，批示："即退陈伯达同志，尚昆同志。第（七）节〔2〕加得好，但还应发挥一点，可引用过去决议中的一些话。改好，即送尚昆同志印发扩大人数那些同志看，最好今天能印发，请他们明天（十二月十四日）准备提出修改的意见。"此前几天，毛泽东对决议草案作了修改，主要有（加写和改写的文字用着重号标明）：（一）"现有形式的农业生产合作社可以成为引导农民过渡到更高级的完全社会主义的农业生产合作社（集体农庄）的简便形式。也就是说，这是自然地不勉强地吸引农民走向社会主义的过渡形式。这种形式，使个体农民和加入了互助组的农民在他们进到高级的、社会主义的农业经济组织的时候不感到突然，而是事先有了精神的和物质的准备的，因而能够避免由于突然上升而引起的种种损失。"（二）"中央认为各级党委有必要更多和更好地注意对于发展农业生产合作社的领导，……目前许多地区的党委在这方面注意太少，缺乏领导或没有领导的状

---

〔1〕《中共中央关于发展农业生产合作社的决议（草案）》曾提交中共中央于1953年10月26日至11月5日召开的第三次农业互助合作会议讨论和征求意见。

〔2〕指决议草案修改过程中加写的第7点，主要内容是：在发展农业互助合作的运动中，要继续切实注意和贯彻执行党中央关于农业生产互助合作决议中指出的"要满腔热情地去照顾、帮助和耐心地教育单干农民"的指示，必须执行适当照顾单干农民的生产积极性的政策，发挥单干农民可能的生产潜在力量，给以必要的贷款和可能的技术援助，帮助他们克服所遇到的困难，而避免受富农、高利贷主和投机商人的剥削。

态，必须加以改变。”（三）“这种单干制度长久下去，就要使农民的大多数成为富农、高利贷主和商业资本家进行剥削和投机事业的牺牲品，重新失掉自己的土地。……每一个省和每一个县，只要是完成了土地改革的地方，均必须有领导地认真办好一批农业生产合作社。”二十二日，在邓子恢十八日为送审决议最后修改稿的来信上批示：“刘、周、陈、朱、小平阅，交邓子恢同志处理。在报上发表，并写一社论〔1〕，同时广播。”

**同日** 复信廖静文〔2〕：“十月间的信和徐先生所绘奔马，早已收到，甚为感念。兹派田家英〔3〕同志询问你们的情况，如有困难，请告知为盼！”本日，批示田家英：“请你持此信去访问徐悲鸿先生的夫人廖静文，看其有无困难，是否需要帮助（政府是否已有帮助），告我为盼！”

**同日** 下午，同易礼容谈话。

**同日** 晚上，同陈毅谈高岗、饶漱石问题。后同薄一波、刘澜涛谈话。

**12月14日** 致电李相朝、杜平、乔冠华并告金日成、彭德怀〔4〕，指出：“美国方面片面中断双方会谈，我们认为应由奇石

---

〔1〕《中共中央关于发展农业生产合作社的决议》于1954年1月9日在《人民日报》发表，《人民日报》同时发表题为《正确地贯彻中国共产党中央委员会关于发展农业生产合作社的决议》的社论。

〔2〕廖静文，徐悲鸿的妻子。徐悲鸿，画家、美术教育家。曾任中华全国美术工作者协会主席、中央美术学院院长。1953年9月26日因病去世。

〔3〕田家英，当时任毛泽东的秘书、中共中央办公厅秘书室负责人。1955年5月、7月又先后任中共中央政治研究室副主任、中华人民共和国主席办公厅副主任。

〔4〕这个电报由有关部门起草，毛泽东审定后发出。

福和黄华〔1〕二同志出面发表声明予以斥责。〔2〕现发来声明稿，望即备函连同声明送交美方。函中应告对方于例行会议时间前来板门店开会，并通知我方。如果到时不来，再以公报形式发表美方拒不开会事实。这个声明，北京将于十四日晚广播，十五日见报。请平壤亦于十四日晚广播。”

**同日**　下午，同邓子恢、陈伯达、杨尚昆、胡乔木谈话。又先后同彭德怀、刘少奇谈话。

**12月15日**　下午，在中南海颐年堂主持召开中共中央书记处扩大会议。会议讨论和决定的事项有：（一）通过《中国共产党中央委员会关于发展农业生产合作社的决议》，决定在报上公开发表；通过《为动员一切力量把我国建设成为一个伟大的社会主义国家而斗争——关于党在过渡时期总路线的学习和宣传提纲》。（二）决定增加刘伯承、贺龙、陈毅、罗荣桓、徐向前〔3〕、聂荣臻、叶剑英为人民革命军事委员会副主席。（三）讨论了中华人民共和国宪法的起草问题。（四）决定毛泽东外出期间中央书记处会议由刘少奇、周恩来、朱德、陈云、邓小平、高岗、彭

〔1〕奇石福，当时任朝鲜民主主义人民共和国政府外务省参事、参加政治会议问题会谈的朝鲜政府代表。黄华，当时任外交部参事，参加政治会议问题会谈的中国政府代表。

〔2〕1953年10月26日至12月12日，朝中两国政府代表和美国政府代表在板门店举行关于政治会议问题的双边会谈。由于美方在参加政治会议成员问题上制造障碍，会议未能达成协议。最后，美方代表片面宣布无限期休会。12月14日，朝中两国政府代表发表联合声明，指出：美方中断会谈的行径，暴露了美方“希图破坏政治会议，使朝鲜问题不得和平解决，以便借此保持国际紧张局势”。

〔3〕徐向前，当时任中央军委总参谋长、中国人民解放军华北军区第一副司令员。1954年6月、9月先后任中央军委副主席、国防委员会副主席。

德怀参加，集体讨论解决问题。〔1〕（五）王震〔2〕任铁道兵团司令员。刘少奇、周恩来、朱德、陈云、高岗、彭德怀、邓小平、杨尚昆、胡乔木出席会议。

**12月16日**　上午，先后同朱德、饶漱石谈话。下午，同邓小平谈话。

**同日**　晚上，同从朝鲜回国参加全国军事系统党的高级干部会议的邓华谈话。

**12月17日**　晨，同周恩来谈话。下午五时半，同陈云、邓小平谈话，晚上约周恩来一起谈。

**12月18日**　上午，同谭政谈话。下午，先后同邓子恢、李富春谈话。晚上，同周恩来、陈云、彭德怀、邓小平谈话。

**12月19日**　阅张震十二月十六日关于先攻打上下大陈岛等浙东沿海岛屿再取金门的补充意见给彭德怀、聂荣臻的信，批示："退彭。此意见可注意。"

**同日**　下午，同黄克诚谈话。

**同日**　晚上，同陈云、邓小平谈话。毛泽东委派陈云去高岗南下所到之地上海、杭州、广州、武汉，代表中央向高岗游说过的有关方面负责人打招呼，通报高岗用阴谋手段反对刘少奇、分裂党的问题，要求他们不要上高岗的当。毛泽东还特地要他转告在杭州休养的林彪："林彪如果不改变意见，我与他分离，等他

---

〔1〕在这次会议上，毛泽东提议在他外出期间，由刘少奇临时主持中央工作。刘少奇表示由书记处同志轮流主持为好。会议大多数同志同意由刘少奇主持，不赞成轮流主持，而高岗一再坚持说：轮流吧，搞轮流好。会后，高岗又分别找陈云、邓小平，动员他们也赞成轮流主持。

〔2〕王震，当时任中共中央新疆分局常委、中国人民解放军新疆军区司令员。1954年2月任中国人民解放军铁道兵司令员兼政治委员，同年10月又任中国人民解放军副总参谋长。

改了再与他联合。”〔1〕

**12月20日**　上午，同彭德怀、刘伯承、陈毅、贺龙、叶剑英谈话。在谈话中强调党内团结，认为高饶阴谋活动的真相已大白。下午，同刘少奇谈话。晚上，同周恩来谈话。

**12月21日**　下午，同朱德谈话。晚上，先后同罗瑞卿、陈毅谈话。

**12月22日**　审阅王尚荣十二月十九日关于攻击金门作战费用的概算给黄克诚并报彭德怀的报告，批示：“刘、周、朱、彭、陈毅同志阅，请彭处理。陈毅同志意见，目前不打金门为有利，否则很被动，且无攻克的充分把握。我同意此项意见。需费近五万亿元，无法支出，至少一九五四年不应动用如此大笔经费。”

**同日**　上午，先后同杨尚昆、彭德怀谈话。下午，同周恩来谈话。

**12月23日**　下午三时半，同周恩来谈话。四时四十分，同高岗谈话。晚八时四十分，同彭德怀谈话。

**同日**　晚十时，召集刘少奇、周恩来、彭德怀、邓小平开会。

**12月24日**　复信鞍山钢铁公司全体职工：“你们一九五三年十二月二十一日的来信收到了。鞍山无缝钢管厂、鞍山大型轧钢厂和鞍山第七号炼铁炉的提前完成建设工程并开始生产，是一九五三年我国重工业发展中的巨大事件。我向参加这三项工程的

〔1〕陈云到杭州后，向林彪转达了毛泽东的话，并把高岗如何利用人民解放军第四野战军旗帜、如何在全国财经会议上煽动各大区负责人、如何到处活动等问题告诉了林彪。林彪答复说：“对这件事主席和你比我了解，我同意。”1954年1月9日，陈云由武汉回到北京。

全体职工、鞍山钢铁公司全体职工和帮助鞍山建设事业的全体苏联同志致以热烈的祝贺和深切的感谢。我国人民现正团结一致，为实现我国的社会主义工业化而奋斗，你们的英勇劳动就是对于这一目标的重大贡献。希望你们继续努力，学习苏联先进经验，发挥你们的智慧和力量，争取更大的成就。”

**同日** 下午二时，在中南海颐年堂主持召开中共中央政治局扩大会议。会议揭露高岗的问题。毛泽东在讲话中说：北京有两个司令部，一个是以我为首的司令部，就是刮阳风，烧阳火，一个是以别人为司令的司令部，叫做刮阴风，烧阴火，一股地下水。会议一致同意毛泽东的建议，决定起草关于增强党的团结的决议。会议决定，毛泽东外出期间，由刘少奇代理主持中央工作。刘少奇、周恩来、朱德、高岗、彭真、董必武、彭德怀、邓小平、饶漱石、邓子恢、李富春、薄一波、刘伯承、陈毅、贺龙、聂荣臻、叶剑英、王稼祥、黄克诚、陈伯达、罗瑞卿、习仲勋、刘澜涛、杨尚昆、李维汉、安子文、胡乔木、凯丰出席会议。

**同日** 下午四时，乘专列离开北京前往杭州，主持起草中华人民共和国宪法草案。

**12月25日** 上午，专列经过济南，在专列上听取向明汇报山东工作。本日，随行的杨尚昆致电刘少奇：“我们十时半过济南。奉指示转告，请你根据昨日中央政治局会议的精神，写一关于增强党的团结的决议，字数以五百字左右为限，写好经中央会议讨论修改后，派飞机专送到目的地〔1〕（飞机可请总理处办理），以备审阅。”

**12月26日** 下午，到达南京浦口。在专列上听取柯庆施汇报江苏工作。

〔1〕 指杭州。

**12月27日**　晨，到达上海。下午，参观上海市容。晚上，离开上海。谭启龙[1]同行。

**12月28日**　晨零时，到达杭州，住刘庄。

**本年**　在一次会议上讲资本主义工商业改造问题。他说：几年对资产阶级改造做得不够，可能性估计不足。中国资产阶级处在特殊状况中，特别“三反”、“五反”后是孤立的。那以后做了一系列的工作，经济、政治、教育。孤立中有分化。如果说现在资产阶级还像“五反”前那样猖狂进攻，是不合事实的。节节抵抗，节节变化。对资产阶级与对地主阶级不同，以教育为主，斗争为辅，教育中以鼓励为主，批评为辅，百分之九十几是可以改造的。批评通过他们自己进行。资产阶级有进步、中间、落后、反动、反革命，在报纸上说资产阶级，应实事求是，要具体分析。争取中间的和落后的，孤立反动的，有些人对这个问题思想不明确。不敢讲资产阶级一句好话，不是实事求是的。联合不是空话，有政治、经济（饭票）。世界事物，两个东西碰在一起不能不起变化。我们同资产阶级发生关系，它不起变化是不可思议的。当前对资产阶级改造的关键问题是带着相当大的盲目性，对资产阶级可能接受改造，或者不相信，或者相信而不坚定。还要强调资产阶级的两重性，反帝的作用还有，还表现在接受不接受社会主义改造的问题上。虽然是被迫接受，也是两重性。接受要有条件：（一）阶级同个人有差别，阶级消灭，个人不消灭。（二）资本家同共产党发生关系，就会起变化。（三）加上我们的

〔1〕谭启龙，当时任中共浙江省委书记、浙江省人民政府主席、中国人民解放军浙江省军区政治委员。1954年8月任中共山东省委第二书记。1955年1月、3月又先后任山东省政协主席、中国人民解放军济南军区政治委员。

工作和资产阶级孤立。从历史上看，在反帝反封建革命时期资产阶级即同我们有关系，现在更要靠我们。接受改造是生路，抗拒改造是死路，不应当让他们走抗拒改造这条死路。“五反”前，资产阶级猖狂进攻而我们不自觉；“五反”后，资产阶级不能不跟我们走而我们也不自觉。资本家的家庭也在起变化。不能希望他们变成马列主义者。国际条件很有利。我们工作的缺点，是不知道什么时候应当强调什么东西，老是一个老调子。今天不强调教育，不懂社会主义成绩，不懂瓜熟蒂落情况，用斧头砍他。没有看到新情况，“左”的表现，右的实质。“左”是表现对资产阶级改造的悲观论调，这是没有分析的结果。通过教育来达到改造的目的，这是积极的主动的更有效果的措施，千万不要看成是消极的措施。农村合作社，推迟两年不会死人，但可快而不快不是好的领导。赎买是否到第二个五年计划末？对斗争的尖锐化复杂化要有全面分析，不能笼统地讲。“五反”后资产阶级基本上屈服了，对资产阶级要求同克异，在政治上经济上孤立他们。他们内部在分化。逐步改造，有利可图（利润中的一小部分）。怕同资产阶级接触是糊涂思想。现在改造条件成熟了，明年能否来个高潮。

**本年** 为海南岛海榆中线公路〔1〕纪念碑题词：“加强防卫，巩固海南。”

---

〔1〕 1952年8月决定修建海南岛海（口）至榆（林）中线公路，1954年12月竣工，全长296公里。

# 1954年　六十一岁

**1月3日**　下午，在杭州会见前来中国参加鞍山钢铁公司的大型轧钢厂、无缝钢管厂和第七号炼铁炉开工典礼的苏联部长会议副主席兼冶金工业部部长捷沃西安一行和苏联驻中国大使尤金，杨尚昆在座。

**1月4日**　下午，同尤金谈话。

**同日**　审阅修改邓子恢一九五三年十二月十一日报送的关于老根据地干部情况的报告和他为中共中央转发该报告起草的批语稿，批示："刘、周、朱、陈、高、饶、安子文、小平、子恢、仲勋阅，尚昆办。"邓子恢在报告中谈了他回龙岩故乡途经长汀、瑞金、于都、赣州、吉安等老革命根据地，感到较普遍地存在着对地方干部培养与提拔不够的问题。毛泽东对报告和批语稿作多处修改。将报告和批语稿中的"苏维埃时代"改为"第二次国内革命战争时代"或"内战时代"；将"苏区"、"老苏区"分别改为"根据地"、"老根据地"。在报告讲到干部地方化处，加写一段话："所谓干部地方化，当然不是说地方高级和中级领导机关都要用本地人，不能用外地人，相反是必须要用必要的外地人的，现在如此，将来还会如此。在农业机械化实施的时候，农村技术人员也是要用一些外地人的。我在这里说的主要是指目前县区干部的情况。"在批语稿的末尾加写一句话："此外，不但老根据地应这样做，一切晚解放区也应大体上这样做，也应用极大的注意力去培养和提拔地方干部。"

**1月5日** 下午，召集杨尚昆等谈话。谈话前，杨尚昆、陈伯达、胡乔木、田家英等曾讨论关于增强党的团结的决议草案。

**1月6日** 审阅修改《关于增加党的团结的决议》草案。在“工人阶级是由党领导着的，党又是由它的中央委员会领导着的”之后，加写“党的中央委员会还紧紧地依靠着一批忠实的有能力的高级干部”。将原稿中“这是一个比新民主主义革命更深刻更广泛的革命”，改为“这是一个比反对帝国主义、封建主义和官僚资本主义的新民主主义革命更深刻更广泛的革命”。将“因此应当把维护和巩固党的团结作为指导自己言论和行动的标准”后面的一段话改为：“即有利于党的团结的话就说，不利于党的团结的话就不说，有利于党的团结的事就做，不利于党的团结的事就不做。”晚上，召集杨尚昆等开会。决定杨尚昆次日返回北京。

**1月7日** 复信刘少奇并中共中央书记处各同志：“信及决议草案收到。决议草案已作了修改，使之有根据些和更明确些。参加修改的，有在这里的几位同志，林彪同志亦表示同意。此决议似宜召开一次中央全会通过，以示慎重。中委大多数在京，不在京的是少数，召集甚易，加上若干负重要工作责任的同志参加会议。此议是否可行，请你们考虑。如召开全会，时间以在一月下旬为宜。议程可有三个：（一）批准三中全会以来中央政治局的工作；（二）决定于本年内召开党的全国代表会议讨论第一个五年计划纲要；（三）通过关于加强党的团结的决议。报告请刘少奇同志做，事先写好，有四五千字就够了。报告可分为三段：第一段，略叙抗美援朝、土地改革、镇反、恢复经济、过渡时期总路线及第一个五年计划第一年的成绩等事；第二段，为了讨论和通过第一个五年计划的纲要，有必要于本年内召开一次党的全国代表会议，并述代表已经选出，只待文件准备好，即可召开；第三段，将关于加强党的团结的决议草案的要点加以叙述，请求全会讨论和批准这个决议。此报告有三五天工夫即可写成，如时间许可，请用有线电发给我一看，如定于一月二十五日开会，则时间完全来得及。馀请尚昆同志面报。”又在信末补充写道：“关于第三个议程，应尽可能做到只作正面说明，不对任何同志展开批评。”十二日，中央政治局会议按照毛泽东的提议，决定一月三十日起召开中共七届四中全会（后延迟至二月六日起举行——编者注），全会内容为上述三项议程。

**同日**　致信刘少奇：“如各同志同意开全会，于你的报告稿宣读完毕后，似宜接着宣读你已有准备的自我批评稿，两稿各有一小时左右即够。自我批评稿宜扼要，有三四千字即可，内容宜适当，不可承认并非错误者为错误。如可能，请一并电告我一阅。”

**1月8日**　晨，致电刘少奇：“杨尚昆同志于七日下午十时由此返京，九日可到，带有修改了的决议草案及我的一封信。我在信中建议召开一次中央全会通过这个决议以示慎重，目前大多数中委在京，召开全会甚为容易，请待尚昆到后会商酌定。”

**同日**　收到刘少奇通报近日中央工作情况的来电。电报说：“自您走后，此间情况如常，同志们是团结一致地工作。军委会议〔1〕要说话的人还多，最近几天还不能结束。政治局和书记处照常开会，讨论了科学院和检察署的工作以及其他的一些文件。朝鲜问题和中印关于西藏问题的谈判也讨论过。关于农业生产合作社的决议，根据华东局及其他若干同志提议，将‘依靠贫农、巩固地团结中农，逐步发展互助合作，限制富农剥削以至消灭富农剥削’的口号，改为‘依靠贫农和中农的巩固联盟，逐步发展

〔1〕指1953年12月7日至1954年1月26日在北京召开的全国军事系统党的高级干部会议。

互助合作，限制富农剥削’，暂时不提消灭富农剥削。因为这样对于公开宣传较为有利。这个修改已经中央会议通过，决议和社论即日公开发表，另发一内部指示说明修改这个口号及其与总路线学习和宣传要点中关于这个口号的提法不完全一致的理由。其余若干情况俟陈毅同志回华东时面报。”

**1月9日** 本日正式开始主持宪法起草小组的起草工作。

**同日** 《人民日报》发表《中国共产党中央委员会关于发展农业生产合作社的决议》。

**1月15日** 致电刘少奇并中共中央各同志，通报宪法小组的宪法起草工作计划。电报还说："望各政治局委员及在京各中央委员从现在起即抽暇阅看下列各主要参考文件：（一）一九三六年苏联宪法及斯大林报告（有单行本）；（二）一九一八年苏俄宪法（见政府办公厅编宪法及选举法资料汇编一）；（三）罗马尼亚、波兰、德国、捷克等国宪法（见人民出版社《人民民主国家宪法汇编》，该书所辑各国宪法大同小异，罗、波取其较新，德、捷取其较详并有特异之点，其余有时间亦可多看）；（四）一九一三年天坛宪法草案，一九二三年曹锟宪法，一九四六年蒋介石宪法（见宪法选举法资料汇编三，可代表内阁制、联省自治制、总统独裁制三型）；（五）法国一九四六年宪法（见宪法选举法资料汇编四，可代表较进步较完整的资产阶级内阁制宪法）。有何意见望告。"十六日，刘少奇复电毛泽东："此间同志同意主席所定宪法起草工作及讨论的计划。即将来电印发给在京各中委及候补中委，并要他们阅读所列参考文件。"

**1月16日** 收到刘少奇本日来电。电报说："四中全会决定在一月三十日开会，通知今日已发出。向全会的报告正在起草中，大约在一月二十日可送交主席。现将我准备在全会的检讨发上，请予审阅和修改。这个检讨已经周、陈、彭、邓[1]诸同志审阅修改过。其中有几处地方不是检讨，而是辩护，因为有人对这些地方进行过激烈的攻击，稍加辩护，似有必要。但这样也可能引起人家的攻击。如果有人要攻击，就让人攻击一下，似乎也没有什么不好。”

**1月18日**　致电刘少奇并中共中央书记处各同志：“中央全会既定本月三十日开会，还有十几天时间，为使在各地的中央委员、候补中央委员及参加会议的同志事先有所准备起见，建议将关于加强党的团结的决议草案即日用电报发给他们阅看，如有因病因事不能到会的，请他用电报表示意见。同时可征求各中央局、分局、省市委的意见，以供全会参考。又张闻天同志宜通知他到会。以上请酌定。”

**1月19日**　刘少奇召集周恩来、陈云、彭德怀、邓小平、李富春开会，讨论高岗给毛泽东的信。高岗在信中提出想去杭州找毛泽东商量他在四中全会上作自我批评的事。会议提议：由毛泽东指定刘少奇、周恩来同高岗谈话，邓小平可参加。并请毛泽东回复高岗，不必去杭州，可委托别人找他谈话。

**1月中旬**　先后审阅宪法草案初稿、二稿、第一次修正稿，做多处修改，并批注一些意见。将序言首句“中国人民经过了一百多年的英勇奋斗，终于在一九四九年取得了人民革命的伟大胜利”中的“人民革命”改为“推翻帝国主义、封建主义和官僚资本主义”。将“伟大的十月社会主义革命”改为“伟大的俄罗斯十月社会主义革命”。在“八万万以上的自由人民”之前，加写“苏联、中国和各人民民主国家共有”十四个字。对初稿第十一条第二款“任何个人的私有财产不得用以反对和损害公共利益”，

---

〔1〕周、陈、彭、邓，指周恩来、陈云、彭德怀、邓小平。

毛泽东批注："宜单列一条。"第一次修正稿第三十二条对全国人民代表大会行使罢免权的规定中，没有罢免国家主席的内容，毛泽东批注："国家主席的罢免。"对第一次修正稿的国务院一节（含第三十七至第四十条），毛泽东批注："主席有交议权，最高会议决议的性质。"

**1月21日**　深夜，听取刚从北京到达杭州的杨尚昆的汇报。

**1月22日**　致电刘少奇："杨尚昆同志到此，收到所需文件，并收到高岗同志一信。高岗同志在信里说完全拥护和赞成关于增强党的团结的决议草案，并说他犯了错误，拟在四中全会上作自我批评，想于会前来这里和我商量这件事。我认为全会开会在即，高岗同志不宜来此，他所要商量的问题，请你和恩来同志或再加小平同志和他商量就可以了。关于四中全会开会的方针，除文件表示者外，对任何同志的自我批评均表欢迎，但应尽可能避免对任何同志展开批评，以便等候犯错误同志的觉悟。这后一点我在一月七日致你和书记处各同志的信中已说到了。如你们同意这个方针，就请你们据此和到会同志事先商谈，并和高岗同志商谈他所要商谈的问题。尚昆留此几天即回北京。此电请送高岗同志一阅，我就不另复信了。"

**1月23日**　收到刘少奇本日晨四时来电。电报说："向党的四中全会的报告初稿，经周、陈、彭、邓诸同志审阅修改过，现用电报发上，请审阅修改。这个初稿准备提交一月二十四日的书记处会议审改后，再派人送至主席处。二十四日的书记处会议除原来七人参加外，已通知子恢、彭真、富春、漱石、仲勋、澜涛、凯丰参加。"

**同日**　审阅刘少奇代表中共中央政治局向七届四中全会的报告初稿，在开头加写一句："我受中央政治局和毛泽东同志的委托向党的七届四中全会作下述报告。"

**同日** 复电彭德怀："原则上同意你在军事系统党的高级干部会议上的结论稿，即可照此先讲，会后经书记处讨论修改后再印发。"彭德怀的结论稿主要讲了五个问题：关于会议的收获；关于正规化、现代化；关于学习苏联经验与发扬我军光荣传统；关于组织编制；关于加强团结，改进领导。

**1月25日** 收到刘少奇本日晨七时来电。电报说："向党的四中全会的报告初稿，经书记处会议讨论后又有一些修改，现将修改稿送上，请予审阅修改！您一月二十二日来电，已送给高岗同志及书记处其他同志看了。高岗同志已找恩来同志、富春同志和我个别谈过话，有一些自我批评，同时也有一些解释。定于今晚由我和恩来、小平同志一道再和高岗同志谈，我们当本主席的指示给他以尽可能的帮助。""我们现在是和谐一致地进行工作，望勿挂念！"毛泽东阅后批给在杭州的林彪、罗瑞卿阅。

**同日** 审阅朱德准备一月二十六日在全国军事系统党的高级干部会议上作的闭幕词，复电朱德："一月二十四日电及闭幕词收到。罗瑞卿、陈伯达二同志建议，在说党军关系及学习苏联的地方增加几句话，我看了认为可以，请你和德怀同志等酌定之。"在闭幕词讲到党和军队关系处，陈伯达加写一段话："必须使全军了解：我们的武装部队是在党的领导之下建设和发展起来的，是在党的领导之下战胜了敌人的。没有党的领导，就没有我们的革命武装部队。我们军委是在党中央的领导之下进行工作。我们武装部队的高级干部应当时刻记住毛泽东同志的指示：'我们的原则是党指挥枪，而决不容许枪指挥党。'就是说，我们的武装部队和武装部队的一切干部，要忠诚地服从党的领导，在党中央的领导之下紧紧地团结起来。"在讲到向苏联学习处，罗瑞卿加写一段话："拒绝学习苏联的态度是完全错误的，必须加以反对。但脱离我军的实际去高谈学习苏联，也是一种不正确的学习态度，因而就一定会是学不好的。”

**1月26日** 下午，同胡乔木、杨尚昆等谈中共七届四中全会文件修改问题。

**1月27日** 下午，召集胡乔木、杨尚昆等开会，讨论中共七届四中全会文件。

**同日** 致电刘少奇并中共中央书记处各同志：“关于文件修改情形及我的一些意见，请杨尚昆同志向你们作报告。我和其他同志在这里都好。”

**1月28日** 同杨尚昆谈话。关于中共七届四中全会文件的修改和公布，毛泽东说：文件政治局基本通过，来电和信印发全会各同志。由凯丰、杨尚昆、邓小平组织一个委员会审查，作若干修改，交政治局。不要冲淡了中心。不一定所有意见都加上，要加了有益。修改经过，由杨尚昆给以说明。七届四中全会的文件应交尤金，包括报告和决议，可以登党刊。关于四中全会的方针，毛泽东说：会议三天为好，必要时四天，看情况。方针是坚持正面批评，“惩前毖后，治病救人”。争取逐步改变环境，决议通过后就会改变，造成不利其阴谋活动的环境，增强教育、说服力量。给一条路让他走，有好路可走，就不走绝路了，当作一种可能性来争取。

**2月5日** 复电朱德，同意他准备在七届四中全会的发言稿。

**2月6日—10日** 中共七届四中全会在北京举行。中央书记处书记刘少奇受中央政治局和毛泽东的委托作《中共中央政治局向第七届第四次中央全会的报告》，朱德、周恩来等四十四人发言。全会一致通过根据毛泽东的建议提出的《关于增强党的团结的决议》，一致通过批准三中全会以来中央政治局的工作和在一九五四年年内召开党的全国代表会议的决议。

**2月17日** 致电刘少奇并中共中央书记处各同志：“现将宪

法初稿（五份）派人送上，请加印分送政治局及在京中委各同志，于二月二十日以后的一星期内开会讨论几次，将修改意见交小平、维汉二同志带来这里，再行讨论修改（约七天左右即够）。然后，再交中央讨论，作初步决定（仍是初稿），即可提交宪法起草委员会讨论。因此，小平、维汉原定二十日动身来此的计划，可推迟到月底动身。送初稿的人明（十八）日动身，二十日可到北京。”

**2月18日**　苏、美、英、法四国外长发表柏林会议公报，建议由苏联、美国、英国、法国、中华人民共和国、大韩民国、朝鲜民主主义人民共和国及其他有武装部队参加朝鲜战争并愿意参加会议的国家的代表于一九五四年四月二十六日在日内瓦举行会议，以期对朝鲜问题取得和平解决，并同意在日内瓦会议上讨论恢复印度支那和平的问题。三月初，中国政府复电苏联政府，表示同意派出全权代表参加日内瓦会议。

**2月24日**　致信刘少奇：“兹将宪草初稿第二章以下二读稿及宪草小组报告送上，请印发各同志阅看。”

**同日**　批示胡乔木：“今天所谈可作修改的地方，请于明日加以修改，并由小组各同志商酌一次，于明夜二十四点以前打好清样送我，准备后天（二十六）送给中央。”

**2月25日**　宪法起草小组改出《中华人民共和国宪法草案（初稿）》三读稿。三读稿说明中写道：“这个修正草稿较二读稿已作了很多修改（主要是根据主席指示）。”“除内容上的若干修改外，这次修正，根据主席指示，特别把许多可以避免应当避免的文言字句改掉，力求通顺。”

**2月26日**　致信刘少奇并中共中央书记处各同志：“为便于中央在这几天讨论宪法草案，这里的小组赶于两天内又作了一次修改，称为三读稿，现送上，请照此印发中央各同志阅看。”二月二十八日、三月一日，刘少奇在北京主持召开中共中央政治局扩大会议，讨论并基本通过三读稿。会议决定，由董必武、彭真、张际春〔1〕根据会议讨论的意见，对三读稿加以研究和修改。

**同日** 中央军委主席毛泽东向中央人民政府委员会提出关于增加军委副主席和军委委员的建议："为加强人民革命军事委员会的领导，特建议增加下列七人为军委副主席，计：军委委员、军事学院院长刘伯承，军委委员、西南军区司令员贺龙，军委委员、华东军区司令员陈毅，总政治部主任罗荣桓，军委委员、总参谋长徐向前，军委委员、华北军区司令员、代总参谋长聂荣臻，军委委员、中南军区代司令员叶剑英。并建议增加徐海东为军委委员。可否，请审查任命。"

**2月28日** 审阅修改周恩来在高岗问题座谈会上的发言提纲后，致信刘少奇并中共中央书记处各同志："恩来同志二月二十五日的发言提纲，经胡乔木、陈伯达二同志作了一些修改，我同意这些修改，请你们考虑酌定。"在提纲讲到高岗的黑暗面（个人主义和私生活的腐化）长期没有得到纠正和制止，而在全国胜利后更大大发展了之后，毛泽东加写："高岗的这种黑暗面的发展，使他一步一步地变成为资产阶级在我们党内的实际代理人。"在提纲的"高岗在最近时期的反党行为，就是他的黑暗面发展的必然结果"之后，毛泽东加写："同时也就是资产阶级在过渡时期企图分裂、破坏和腐化我们党的一种反映。"三月三日，中共中央转发了周恩来的发言提纲。

**3月1日** 复电杜平、乔冠华并告金日成、彭德怀〔2〕，指

〔1〕张际春，当时任中共中央宣传部副部长，西南局第二副书记兼纪律检查委员会书记、农村工作部部长，中国人民解放军西南军区副政治委员。

〔2〕这个电报由有关部门起草，刘少奇审定后发出。

出："一、为了准备参加日内瓦会议，同意李克农同志意见，乔冠华、黄华等同志迅速回京，参加筹备工作。乔、黄过平壤时应向金首相报告工作并请示意见。二、同意代表团党委改组，由丁国钰同志任党委副书记；以后向北京、平壤的报告请示改由李相朝、杜平、丁国钰三同志署名。三、因杜平同志尚不能完全离开部队工作，故在杜不在开城时，党委工作即由丁国钰同志负责（柴成文同志协助），向北京、平壤的报告请示即由李相朝、丁国钰二同志署名。在工作情况许可的条件下，丁国钰、柴成文二同志可以轮流回国休假。"

**3月2日**　批示田家英："（一）杨秀生〔1〕信请抄转长沙杨开智先生，询问信内所述情形是否属实，我完全不记得了。（二）今年寄杨家补助费一千二百万元，上半年的六百万元宜即寄去，请予办理。（三）李淑一女士，长沙柳直荀〔2〕同志（烈士）的未亡人，教书为业，年长课繁，难乎为继。有人求我将她荐到北京文史馆为馆员，文史馆资格颇严，我荐了几人，没有录取，未便再荐。拟以我的稿费若干为助，解决这个问题，未知她本人愿意接受此种帮助否？她是杨开慧的亲密朋友，给以帮助也说得过去。请函询杨开智先生转询李淑一先生，请她表示意见。"

**3月上旬**　审阅《宪法草案（初稿）说明》〔3〕，加上落款"中华人民共和国宪法草案初稿起草小组"。《说明》共分五个问题：（一）宪法草案从法律上保证实施过渡时期的总路线；（二）宪法草案从法律上发展国家的民主化；（三）宪法草案从法律上

〔1〕杨秀生，杨开慧的堂兄。

〔2〕柳直荀，毛泽东的早年战友。1924年2月加入中国共产党。曾任湖南省农民协会秘书长、中国工农红军第2军团政治部主任、中共鄂西北临时分特委书记。1932年9月牺牲。

〔3〕这个《说明》署的日期为1954年3月2日。

加强各民族的团结；（四）宪法草案是《共同纲领》的发展；（五）宪法草案在结构和文字上的特点。

**3月9日** 宪法草案初稿起草小组工作结束。[1]

**3月12日** 阅黄炎培来信及所附三月一日在上海工商界的讲话稿，复信黄炎培："三月八日惠书阅悉。附件已付周总理、李维汉部长斟酌奉告。'人们'是指资产阶级和民主党派，不包括地主阶级和官僚资产阶级，即不是'包括一切的'。'无痛分娩法'一词最好不写在印刷品上，因实际上那些不甚觉悟的人们总会觉得有些痛苦的。支票开得多了，可能引起幻想，而不去加重教育和学习，不去提高政治觉悟，结果感觉痛苦的人就会对我们不满。尚请斟酌。"

**同日** 致信周恩来、李维汉："此件请审阅斟酌，并告黄副总理。'阶级消灭，个人愉快'似以改为'阶级消灭，个人存在'为适宜，亦可告以非正式发表的谈话不要他在印刷品中引用，请酌。如他的讲演不登报，又碍难修改，听其引用亦无不可。他所谓'无痛分娩法'亦不甚妥当，只作印刷品不登报，亦可不改。末了引我的话之后他说'人们''是包括一切的'，我已复告他不是包括一切的，地主阶级和官僚资产阶级不包括在内。我复黄信只说这一点和批评无痛分娩法一点，此外说他的信[2]已付你们二位斟酌告他。"随信附上给黄炎培的复信，请他们阅后转交黄炎培。十七日，周恩来阅信后批示李维汉："请照主席修改的意见办理。"

---

〔1〕 1954年3月23日陈伯达在中华人民共和国宪法起草委员会第一次会议上关于起草工作所作的说明中说："宪法草案的内容，是根据中共中央和毛主席的指示而写成的。中共中央指定了一个宪法起草小组，这个小组，是在毛主席的亲自领导下和亲自参加下进行工作的。宪法草案的每一章、每一节、每一条，毛主席都亲自参加了讨论。"

〔2〕 指黄炎培来信的附件。

**同日** 晚八时半，批示陈伯达、胡乔木："此件〔1〕中央限我于今明两天提出意见，现送上，请你们看一下，提出你们意见，于明（十三）日下午告我，以便晚上电话告诉中央。"十三日，陈伯达、胡乔木报告毛泽东，认为对世界工联的意见和建议，内容很好，唯有些文字语气有些生硬，作了若干修改。

**同日** 审阅三月一日邓小平、陈毅、谭震林关于饶漱石问题座谈会结果给中共中央的报告，批示："此件送小平同志。在第四页上'毛主席'改为'毛泽东同志'。其余均同意。"十五日，中央政治局会议批准了这个报告，十六日在党内下发。

**3月12日、13日、15日** 刘少奇在北京主持召开中共中央政治局扩大会议，讨论《中华人民共和国宪法草案（初稿）》四读稿。会议决定：由陈伯达、胡乔木、董必武、彭真、邓小平、李维汉、张际春、田家英组成宪法小组，负责宪法草案初稿的最后修改；组成宪法起草委员会办公室，李维汉为秘书长。

**3月17日** 晚上，从杭州回到北京。毛泽东在杭州期间，在起草宪法的繁重工作中，抽出时间坚持爬山，登过玉皇山、南高峰、北高峰、五云山、凤凰山等。

**同日** 晚上，在中南海颐年堂召开会议。

**3月18日** 上午十一时，去香山爬山，下午二时返回中南海。

**3月19日** 下午，在中南海菊香书屋主持召开中共中央书记处会议，刘少奇、周恩来、陈云出席。会议中间邓小平、彭德怀来参加。

**3月20日或21日** 审阅修改《中华人民共和国宪法草案（初稿）》的三月十八、十九日讨论修改稿，批示田家英："一些意见，请提交党组会上讨论。"在修改稿封面上批注："副主席受

---

〔1〕 指中共中华全国总工会党组对世界工联工作的意见和建议稿。

委托得代行主席部分职权此点必须加入。除‘同时’外，所有的‘时’均改为‘的时候’。”在“序言”部分，将“土地改革”改为“土地制度的改革”，“镇压反革命”改为“镇压反革命分子”，并批注：“‘土地改革’不成文，应加‘制度的’。‘镇压反革命’下加‘分子’。”关于全国人大常委会职权部分，在“通过和发布具有法律效力的决议和条例”条款旁批：“此处不写‘发布’为宜，免与主席职权分歧”；在“批准和废除同外国缔结的条约”条款旁批：“此条应采纳周鲠生〔1〕意见。”关于国家主席职权部分，在“主席因故临时离开职务时”和“由中华人民共和国副主席代行主席的部分职权”之间加写：“或者受主席委托时”。关于国家主席召开最高国务会议的条款，讨论中提出两个方案，其一是“在必要时召集中华人民共和国副主席、国务院总理和其他有关人员举行最高国务会议”，其二是“在必要时召集有关人员举行最高国务会议”，毛泽东在前一方案旁批：“较妥”。关于检察机关的职权，将其中一款“对政府机关、国家机关工作人员和公民的犯罪行为，行使检察权”中的“犯罪行为”一词改为“犯法行为”。

**3月21日** 晚上，在中南海颐年堂召开会议，讨论宪法草案，刘少奇、周恩来、陈云、彭真、彭德怀、邓小平、陈伯达、杨尚昆、胡乔木、李维汉、田家英出席。

**3月22日** 晚上，先后同邓子恢、陈伯达谈话。

**3月23日** 下午三时，在中南海勤政殿主持召开中华人民共和国宪法起草委员会第一次会议，代表中国共产党提出《中华人民共和国宪法草案（初稿）》。陈伯达作关于《中华人民共和国宪法草案（初稿）》起草工作和主要内容的说明，毛泽东多次插话。讲到宪法草案的起草经过时，毛泽东说：宪法起草小组自一月九

---

〔1〕 周鲠生，法学家。当时任外交部顾问、中国人民外交学会副会长。

日开始工作，三月九日工作结束。起草小组进行了一度工作后，由董老、彭真、张际春等同志组成了研究小组，还请了周鲠生先生和钱端升[1]先生为法律顾问，叶圣陶[2]先生和吕叔湘[3]先生为语文顾问，又搞了个把月。同时，中共中央也讨论了三次，每次都有很多修改。讲到宪法要充分表达我国逐步过渡到社会主义社会这一根本要求时，毛泽东指出：这个宪法，是以《共同纲领》为基础，加上总路线，是过渡时期的宪法，大概可以管十五年左右。我们的宪法是过渡时期的宪法，我国的各种办法大部分是过渡性质的。人民的权利，如劳动权、受教育权等，是逐步保证，不能一下子保证。我们的选举，也是过渡性质的选举，普遍算是普遍了，但也有限制，地主没有选举权，也不完全普遍。我们只有基层选举是直接的，其余都是间接的。总之，我们的办法不那么彻底，因为是过渡时期。人民的权利和义务，也有过渡时期的特点。支票开得好看，但不能兑现，人民要求兑现，怎么办？还是老实点吧！讲到我国的人民代表大会制度时，毛泽东指出：我们的主席、总理，都是由全国人民代表大会产生出来的，一定要服从全国人民代表大会，不能跳出如来佛的手掌。苏联叫最高苏维埃，我们叫全国人民代表大会；苏联叫最高苏维埃主席团，我们叫全国人民代表大会常务委员会；苏联叫部长会议，我们叫国务院。我们就是多一个主席，有个议长[4]，还有个国家主席，叠

〔1〕 钱端升，法学家。当时任北京政法学院院长、中国政治法律学会副主席、中国人民外交学会副会长。

〔2〕 叶圣陶，作家、教育家。当时任全国政协委员、教育部副部长兼人民教育出版社社长和总编辑、出版总署副署长兼编审局局长。

〔3〕 吕叔湘，语言学家。当时任中国科学院语言研究所研究员。1955年6月又任中国科学院哲学社会科学部委员。

〔4〕 指全国人民代表大会常务委员会委员长。

床架屋，这个办法可以不可以，大家是不是赞成？可以讨论。讲到中央统一领导与各地方、各民族的积极性可以结合时，毛泽东说：中央议事，地方办事。和专制时代不同。讲到国家主席时，毛泽东说：资本主义国家的总统可以解散议会，我们的主席不能解散全国人民代表大会，相反地，全国人民代表大会可以罢免主席。主席也不是政府，国务院不向他报告工作。我们中国是一个大国，叠床架屋地设个主席，目的是为着使国家更加安全。有议长，有总理，又有主席，就更安全些，不至于三个地方同时都出毛病。如果全国人民代表大会出了毛病，那毫无办法，只好等四年再说。设主席，在国务院与全国人大常务委员会之间有个缓冲作用。讲到民族自治权时，毛泽东说：为了照顾少数民族特别是西藏的情况，在第六十一条中写了第三款，即“各民族自治地方的自治机关的具体形式，按照实行区域自治的民族大多数人民的意愿规定”。现在西藏是达赖管事情。如果按第六十一条第二款办，就要开人民代表大会，选举人民政府。这样办，恐怕达赖不干，怎么办？可以按照第三款办事。不搞人民政府不行，但可以搞具体形式。究竟搞个什么形式，由那里大多数人民的意愿决定。我对西藏代表团说过，我们不强迫你们，你们搞不搞土地改革，搞不搞选举，由你们决定。十七条协议不实行可以不可以？不可以，一定要实行。但其中哪一条你们现在不愿实行，可以暂时不实行，可以拖，因为协议上并没有说哪年哪月哪天一定要实行。已经拖了三年，如要拖，可以再拖三年，三年过去后，还可拖三年，拖他九年也可以。不能干人家反对干的事情，要等待人民的觉悟，我们相信人民一定会觉悟。我们曾发表过社论说，汉族干部不能干西藏人民所不愿干的事，要按大多数人民的意愿办事。讲到宪法草案的文字尽量通俗、便于群众掌握时，毛泽东说：把什么什么“时”都改为“的时候”。讲话一般不说“我们在讨论宪法时”，而说“我们在讨论宪法的时候”。“为”字老百姓不懂，都改成了“是”字。什么什么“规定之”，“之”字在一句话的末尾，只是重复了上面的，毫无用处，也都去掉了。也许还有改得不彻底的地方，还可以改。

会议决定，在最近两个月内完成对宪法草案初稿的讨论和修正。讨论除由宪法起草委员会全体会议进行外，并会同政协全国委员会进行分组讨论，同时分发各大行政区、各省市的领导机关和各民主党派、各人民团体的地方组织讨论。至五月二十九日，政协全国委员会和各大区、省、市宪法草案初稿座谈基本结束，七千五百多人参加了讨论。

**3月24日**　晚上，同刘少奇、周恩来谈话。

**3月26日**　下午，同李富春谈话。晚上，会见苏联驻中国大使尤金。

**3月27日**　下午，同彭德怀谈话。

**3月28日**　晚上，同刘少奇、周恩来、邓小平谈话。

**3月31日**　复信彭石麟〔1〕：“一九五四年三月九日函示敬悉。尊事已托毛蕊珠〔2〕兄，我的斡旋可以不必了。我不大愿意为乡里亲友形诸荐牍，间或也有，但极少。李漱清先生、文运昌〔3〕兄，以此见托，我婉辞了，他们的问题是他们自己托人解决的。先生生计困难，可以告我，在费用方面，我再助先生若干，是不难的。”

**同日**　晚上，同刘少奇、周恩来谈话。

**4月1日**　审阅彭德怀报送的刘伯承三月二十七日关于军事

---

〔1〕彭石麟，大革命时期任湘潭县清溪乡女子职业学校校长，毛泽东在清溪一带从事革命活动时得到过他的帮助。

〔2〕毛蕊珠，即毛宇居。

〔3〕文运昌，毛泽东的表兄。

学院学员毕业证件的请示报告，批注："'附件'中'在毛泽东军事思想基础上努力学习……'，应改为'在毛泽东同志的号召下努力学习……'。"并对附件作了相应的修改。

**4月2日** 晚上，同刘少奇、邓小平谈话，研究东北地区党的高级干部会议问题。

**4月3日** 关于帮助越南建立炮兵团、工兵团问题，致信彭德怀，指出："越南必须增建四个炮兵团、两个工兵团，限期六个月内组成装备并训练成功，请计算是否可能。炮如不足，应从中国现有炮兵中抽调，让我们的一部分炮兵暂时变为徒手，以待将来补充。四个炮兵团、两个工兵团的教员和顾问，应全部从去朝鲜打过仗的炮兵部队中抽调，应有师级和军级干部。训练地点最好在越南，否则广西亦可。六个月时间甚紧，如你同意，请饬参谋部会同炮司迅速作出计划，一方面电商越方取得同意，务须全力以赴。两个炮兵师，不是招新兵，要以正规步兵师团或独立团营改充。此两个炮兵师建成，连前一个炮兵师，再集中五个步兵师，共步炮八个师，就可攻击河内、西贡了。此外，为三个炮兵师所需的充足的炮弹和工兵器材的供应，亦须立即筹备。高射炮应相应增加。奠边府必须坚决攻克，如机动顺利，确有把握，应提早总攻。为补充奠边府的兵员消耗，应立即至少动员五千至八千新兵，训练三个月，迅即补充缺额。休整一个半月至多两个月，即打琅勃拉邦和越曾（如无真正不可克服的困难，夏秋两季务必完成），冬季至迟明年初春即打河内。日内瓦和谈即使成功，上述炮兵建设不变。"

**4月4日** 晚上，邀请程潜、王季范等到中南海看电影，并共进晚餐。

**4月5日** 上午，和程潜、王季范等一同游十三陵。

**4月7日** 阅胡乔木报送的中共中央宣传部同中央纪律检

查委员会副书记钱瑛、中央人民政府政务院人民监察委员会副主任刘景范四月五日座谈的记录，批示："周、朱、刘、陈、邓、习、彭阅，退乔木。此件很值得注意，请你们看一下。"这次座谈是为了解在处理人民群众的批评和控诉信件中所遇到的主要问题而召开的。座谈中反映，中纪委去年收到的控诉信是前年的五倍，经调查百分之八十以上是真实的。但很多领导干部对报纸上的批评有反感，甚至抵制中纪委的调查。向中央反映情况的人有时甚至受到打击。胡乔木在报送材料的附信中说：座谈记录"反映党内民主生活的不健全和批评、监督、检查所遇到的重重困难"。

**同日** 晚上，听取李维汉、田家英关于各小组讨论宪法草案情况的汇报。

**4月10日** 复信达赖喇嘛："感谢你去年八月一日的来信和礼物。解放后你们在西藏作了不少对国家和西藏民族有益的事，是很好的。正如你的来信所说，为了使西藏僧俗人民对新的祖国更加了解，为了日渐巩固和加强汉藏民族的团结，西藏每年有些人到内地来参观，确实很好。除此以外，西藏还可以选送一些青年到内地来短期或长期地学习，以便更好地培养建设西藏的民族干部。随函附上牛奶分离机两部，扩音机一部，两用收音机一台。"

**4月11日** 乘火车去官厅水库视察。

**同日** 阅邓小平关于报送中共中央统战部对全国人大代表选举中民主人士安排的材料的来信。信中说："因为各地统战部同志还在这里等中央的决定，最好能于明（十二）日约几个同志在你处谈一次。""这个文件我已发给下列同志：刘、周、陈、彭德怀、董老、林老、彭真、邓小平、邓子恢、习仲勋、杨尚昆、安子文。谈话时哪些人到，请酌定后直接通知。"邓小平随信附上十日李维汉给他的信。李的信中说："七日晚在主席处谈宪草讨论情况时，曾谈及选举中民主人士安排问题。主席同意日内谈一次，嘱快送名单。"十二日下午，毛泽东召集刘少奇、邓小平、李维汉开会。

**4月13日** 下午，主持召开中共中央书记处会议，听取周恩来汇报在莫斯科出席苏、中、朝、越四国领导人为参加日内瓦会议作准备的会议情况，刘少奇、陈云出席，彭德怀、邓小平、李克农列席。

**4月14日** 晚上，同邓子恢谈话。

**4月15日** 周恩来写报告给毛泽东、刘少奇并中共中央。报告说：根据中央政治局扩大会议决定和主席指示，我于二月二十日邀集彭德怀、李富春（代高岗）、刘伯承、贺龙、陈毅、聂荣臻、谭政、黄克诚、萧劲光、罗舜初、方强、周希汉〔1〕、黄敬、赵尔陆、王鹤寿、万毅〔2〕、萧向荣等同志研究了海军建设问题。邓小平同志发言说，主席指示第一个五年计划内国家机构经费最后要做到不超过国家支出的百分之三十，根据这一原则，军费今后只能每年递增四万亿元。彭德怀发言说，这个原则不能动摇，应以此作标准，拟定各兵种的均衡发展计划。

**同日** 复电李相朝、杜平、丁国钰并告金日成、彭德怀〔3〕：四月十四日一时来电悉。发言稿一般可用。稿子第五段改为"你方不顾我方早已提出的抗议，继续违反停战协定，运进增援性的军事人员、作战飞机、装甲车辆、武器和弹药。你方的目的显然

---

〔1〕 方强、周希汉，当时分别任中国人民解放军海军第三副司令员、参谋长。

〔2〕 万毅，当时任第二机械工业部副部长、中央军委总参谋部装备计划部部长。

〔3〕 这个电报由有关部门起草，毛泽东审定后发出。

是为了扩大你方军力来保持朝鲜停战的不稳定状态，借以阻挠朝鲜问题的解决。对于你方这种非法行为，我再一次向你提出强硬的抗议”。

**同日**　审阅中国人民解放军政治工作条例（草案）〔1〕，批示：“略有修改，可即印发。修改处请刘少奇、彭德怀、罗荣桓同志一阅。”主要修改是，将条例总则的第四条中的“中国共产党在中国人民解放军中的政治工作是我军战斗力量的保证”一句，改回为“中国共产党在中国人民解放军中的政治工作是我军的生命线”。

**4月17日**　关于越南军事部署问题批示黄克诚、粟裕〔2〕：“（一）可照韦国清、粟裕所提意见办理，彭电〔3〕可不发；（二）估计到越南有停战可能，新建炮兵训练不宜在我国境内，并宜将炮等早日运入越境，请商韦国清另作计划。”又批示：“刘阅后，退黄克诚、粟裕办。”

**同日**　审阅罗瑞卿在东北地区党的高级干部会议上的发言稿，批示：“此件可用。略有修改。”主要修改是：（一）将“依靠我们伟大领袖毛泽东同志的正确领导”改为“依靠以毛泽东同志为首的党的中央委员会的正确领导”。（二）删去“我们党在中

〔1〕中国人民解放军政治工作条例（草案），共有20种，送毛泽东审阅的是其中的4种：《中国人民解放军政治工作总则（草案）》、《中国共产党军队委员会条例（草案）》、《中国人民解放军政治委员工作条例（草案）》、《中央人民政府人民革命军事委员会总政治部工作条例（草案）》。

〔2〕粟裕，当时任华东行政委员会副主席、中央军委总参谋部第二副总参谋长、中国人民解放军华东军区副司令员。1954年10月任中国人民解放军总参谋长。

〔3〕指彭德怀为中央军委起草的给韦国清的电报。

央和毛泽东同志的领导下”中的“和毛泽东同志”六个字，又删去“这与党中央和毛主席的正确领导与特别关心分得开吗?”中的“和毛主席”四个字。

**同日** 上午，同罗瑞卿、陈伯达、田家英谈话。下午，参观雍和宫。

**4月中旬** 审阅陈云四月十六日报送的《一九五三年至一九五七年国民经济发展计划纲要（初稿）》，批示：“刘、周、彭、邓阅，退毛。”陈云附信说：“因为等待这本初稿出来，所以从前你指定的八人小组（中有高岗）尚未开会，待下星期才能开第一次会来讨论这个初稿。”“搞这一本的办法是按你的指示，组织了一个小组（陈云、张玺、梅行〔1〕、周太和、邱纯甫五人，梅行是动笔写的，周、邱是我的秘书），共开了十四次会，每日一次，共十五天才议出来的。原始稿本和材料全是计委准备的。”

**4月18日** 深夜，同杨尚昆、罗瑞卿谈话。〔2〕

**4月19日** 阅周恩来的信和他报送的关于中国代表团为出席日内瓦会议准备的五个文件〔3〕。信中说：“这五个文件在昨日均已先后送给伯达、乔木两同志，请他们在修改后送给主席审阅。现在听说乔木病了，伯达睡得早，可能还没看完，故再专送一份给主席。今晚七八时拟来主席处请示，并请约刘、陈、彭、

〔1〕梅行，当时任国家计划委员会办公厅副主任。

〔2〕据《杨尚昆日记》1954年4月18日记载：“主席忽然想去西安，因准备不及未果。”

〔3〕5个文件，即《关于日内瓦会议的估计及其准备工作的初步意见》、《关于和平统一朝鲜方案的初步意见》、《朝鲜和平统一方案第一方案（草案）》、《关于和平解决印度支那问题的初步意见》、《保障亚洲和平公约草案（基本原则）》。

邓四同志一并会谈。二十日早五时即将离京西飞，并报。”当晚七时，毛泽东在中南海颐年堂召集刘少奇、周恩来、陈云、彭德怀、邓小平商谈出席日内瓦会议的有关问题。

**同日**　中央人民政府主席毛泽东任命周恩来为出席日内瓦会议的中华人民共和国代表团首席代表，张闻天、王稼祥、李克农为代表。二十日，周恩来率中国代表团离开北京赴瑞士出席日内瓦会议。

**同日**　复信马叙伦：“马部长：四月十七日函读悉。休养甚好，时间可不限于一月，以病愈为度。此复。顺颂康吉。”

**同日**　晚十时，乘专列离开北京。二十日晨一时到达天津，晚七时半到达山海关。

**4月21日**　审阅修改《中共中央关于加强中医工作的指示（草案）》，批示杨尚昆：“此件印若干份，在星期四会上分发。”在指示草案的“对待中医的问题，实际上是关系四万万七千万农民的疾病医疗问题”一句中的“四万万七千万农民”之后，加上“及一部分城市居民”。在“我们应该有批判地接受这一部分文化遗产，去其糟粕，存其精华，把它的合理部分增加到医学中去，更好地为治疗疾病，增进人民健康服务”一句中的“医学”之后，加上“科学”二字，在“治疗疾病”之前加上“预防疾病”。在“依靠中西医合作，根据中医实际应用的经验，进行一种谨慎的长期的科学研究工作”之后，加上“和说服教育工作”。在“将中医团结起来，安定下来，把他们现有经验保存下来……”这段话中的“现有经验”改为“现有的合理经验”。

**同日**　中午，参观位于渤海之滨的长城起点和山海关。下午，在秦皇岛市视察海港和耀华玻璃厂等。后到达北戴河。

**4月22日**　晨，在北戴河看日出。下午，在唐山市视察启新水泥厂。晚上，到达天津新港。

**4月23日**　在天津市参观永利化学厂和造纸厂。晚十时，回到北京。

**4月25日**　致信刘少奇、陈云、邓小平、罗瑞卿、杨尚昆、汪东兴："江青此信请阅。为补救计，建造费五亿[1]由我的稿费中支出，游泳池封闭不用。"并在信封上注明："此件存杨尚昆同志处。"江青在四月二十日写信给毛泽东，就她擅自提议给毛泽东在玉泉山建造游泳池一事作出检讨。信中说："昨天接到你的电话之后，我的心上很感觉沉重。我犯了错误，用五个亿我是不知道，但是这件事情却是我建议的，我不能辞其咎。"

**同日**　晚上，听取杨尚昆关于撤销大区一级党政机构后交接方案的汇报。

**4月26日**　下午，在中南海颐年堂主持召开中共中央书记处扩大会议，讨论撤销大区一级党政机构的有关具体问题，刘少奇、陈云、邓小平、陈毅、谭震林、李雪峰、宋任穷、马明方、刘澜涛、习仲勋、邓子恢、杨尚昆、罗瑞卿出席。

**同日**　关于讨论和平解决朝鲜问题和恢复印度支那和平问题的日内瓦会议本日开幕。

**4月27日**　下午，在中南海菊香书屋主持召开中共中央书记处会议，刘少奇、陈云出席，彭德怀、邓小平列席。随后，主持召开中央政治局扩大会议，讨论决定撤销大区一级党政机构和增设一些中央工作机构。会议决定：一、任命邓小平为中央秘书

〔1〕 指当时流通的中国人民银行1948年12月发行的第一套人民币。中国人民银行1955年3月1日起在全国发行第二套人民币，第二套人民币一元等于第一套人民币一万元。

长，谭震林、马明方、宋任穷、刘澜涛、林枫[1]、李雪峰、杨尚昆、胡乔木为中央副秘书长。二、任命邓小平兼任中央组织部部长，增加马明方、宋任穷为中央组织部副部长。三、撤销饶漱石现任中央组织部部长的职务。

**同日**　审阅中共中央准备转发的西北局委员会扩大会议传达讨论七届四中全会精神和高岗、饶漱石问题情况的报告，删去其中的“西北地区全党同志只是，也只能是相信建立在马克思列宁主义和毛主席思想基础上的党中央”一句中的“和毛主席思想”六个字。

**4月28日**　下午，先后同陈毅、李维汉谈话。晚上，先后同朱德、谭震林谈话。

**同日**　关于确保越南奠边府战役的后方交通线安全问题致电彭德怀、黄克诚，指出：“目前越南最大可能发生的危险，似乎不在奠边府以南，而在我军[2]的后方交通线。如敌以两个伞兵营降落在我后方交通线上最扼要的地点，筑堡据守起来，整个交通将为之切断，如我军不能迅速歼灭此敌，旷日持久，奠边府我军即有被迫撤退之可能。军委去电已估计到敌有袭占交通线可能，但强调不够，并以之与琅勃拉邦方向并列。请你们再加考虑，叫越方迅调必要兵力位于适当地区，专门对付此种意外事变，以免奠边府作战功亏一篑。”五月七日，越南人民军取得奠边府战役的胜利。

**同日**　将张闻天三月二十七日报送的《苏联宣传中对斯大林

---

〔1〕林枫，当时还任中共中央东北局第一副书记、东北行政委员会副主席、中国人民解放军东北军区副政治委员。1954年11月又任国务院第二办公室主任。

〔2〕指越南人民军。

提法的改变》[1]，批送刘少奇，指出："此件，及去年冬季中宣部所辑关于反对个人崇拜反对教条主义的一个文件[2]，都是重要文件，宜作为内部文件，印发给在京及在各地的中委、候补中委，在京某些应当阅读的同志（如李维汉、安子文），请考虑酌定。"

**同日** 复信叶恭绰："惠书并明人著作一函收到，甚为感谢！"

**同日** 复信陈嘉庚："一月二十二日惠书[3]收到。所提建议，已交铁道部研究。"此前，曾在来信上批示："抄送铁道部研究，原信退我待复。"

**同日** 复信文平山[4]："来信收到，甚为高兴。和你祖母合照的相片，没有多的，故未寄你。毛雪华[5]同志在苏联学习，现时你不必和他通信。此复。祝你进步！"

---

〔1〕这个材料是中国驻苏联大使馆研究室整理的。材料指出：一年来，苏联宣传中对于斯大林的提法有了一些改变，主要表现在两个问题上。一是过去对于斯大林的功绩提得过高，有些个人崇拜的偏向。现在对于苏联在各方面的成就，包括在国家工业化、农业集体化、文化革命、伟大卫国战争等方面所获得的成就，多强调群众的功绩，强调党的领导，强调包括有列宁其他学生在内的党中央委员会的集体领导，斯大林个人的功绩则很少提到，更不单独叙述。二是对列宁和斯大林两人的评价，过去往往把斯大林和列宁相提并论，甚至比列宁提得还多些，现在则强调斯大林是列宁的助手、继承者。如关于早期革命活动，过去把斯大林和列宁同称为党的创建者，现在则说他协助列宁建立了党。对于列宁逝世后的苏联历史，过去提斯大林个人领导较多，现在则首先指出列宁生前既已制定了社会主义建设纲领，社会主义社会的建成是列宁遗嘱的实现。

〔2〕指中共中央宣传部编印的《宣教动态》1954年第3、4期刊载的中国驻苏联大使馆研究室1953年12月25日报送中宣部的《苏联宣传工作中的几个问题》和《苏联共产党反对宣传工作中的教条主义》两个参考材料。

〔3〕1954年1月22日陈嘉庚致信毛泽东，报告了他向周恩来提出的关于修建闽南铁路线路的建议。

〔4〕文平山，毛泽东的表兄文运昌的孙子。

〔5〕毛雪华，毛泽东的族侄。

**4月29日**　致信湖南省湘乡县石城乡党支部、乡政府："毛月秋同志来北京，带来你们的报告，甚为感谢。我的亲戚唐家圫文家，过去几年常有人来北京看我。回去之后，有些人骄傲起来，不大服政府管，这是不对的。文家任何人，都要同乡里众人一样，服从党与政府的领导，勤耕守法，不应特殊。请你们不要因为文家是我的亲戚，觉得不好放手管理。我的态度是：第一，因为他们是劳动人民，又是我的亲戚，我是爱他们的。第二，因为我爱他们，我就希望他们进步，勤耕守法，参加互助合作组织，完全和众人一样，不能有任何特殊。如有落后行为，应受批评，不应因为他们是我的亲戚就不批评他们的缺点错误。现有文炳璋[1]同志的一封信，付给你们看，我是同意文炳璋同志的意见的，请你们加以处理。并请你们将我这信及文炳璋的信给唐家圫的人们看，帮助他们改正缺点错误。我相信，只要我和你们都采取正确的态度，只要他们不固执成见，他们的缺点错误是可以改正，并会进步的。"

**同日**　审阅田家英四月十九日报送的经宪法起草委员会党组讨论修改的《中华人民共和国宪法草案（初稿）》的序言和第一章总纲，批示田家英："此件已阅，无意见。"

**同日**　下午，在中南海颐年堂召集会议，刘少奇、朱德、陈云、邓小平等及党外民主人士共三十人参加。

**同日**　中国政府代表团与印度政府代表团发表谈判公报，宣布自一九五三年十二月三十一日至一九五四年四月二十九日双方就中印两国在中国西藏地方的关系问题在北京举行了谈判。双方在互相尊重领土主权、互不侵犯、互不干涉内政、平等互惠、和平共处的原则下进行了充分的协商，签订了两国关于中国西藏地

---

〔1〕 文炳璋，毛泽东的表侄。当时在中国人民解放军某部工作。

方和印度之间的通商和交通的协定。印度政府愉快地同意撤退其在中国西藏地方的武装卫队；并愉快地同意将印度政府在中国西藏地方的全部驿站和邮政、电报及电话等企业以及其全部设备交给中国政府，其具体办法将由双方继续在北京商谈。

**4月30日**　下午，在中南海勤政殿会见以金应基为团长的朝鲜人民访华代表团。会见时，朱德、刘少奇、宋庆龄、李济深、林伯渠、陈云、郭沫若、黄炎培、邓小平、彭真、章伯钧、陈叔通、廖承志〔1〕等在座。

**4月**　复信班禅额尔德尼："感谢你一九五三年八月一日的来信和礼物。知道你身体很好并经常为团结努力，我很高兴。西藏每年有些人来内地参观是很好的。此外，每年还可以选送一些青年来内地学习，长期学习和短期学习都好。因为这样可以更多地培养一些建设西藏的民族干部。随函附上牛奶分离机一部，扩音机一部，两用无线电收音机一台。"

**5月1日**　上午十时，和刘少奇、朱德、宋庆龄、李济深、张澜、林伯渠等党和国家领导人出席在天安门举行的庆祝五一国际劳动节大会，检阅首都五十万人的群众游行队伍。晚八时，毛泽东等在天安门城楼观看焰火。

**5月3日**　复信黄炎培："五月一日惠书并大作一册收到，甚为感谢！爱国热忱，溢于言表，足征孟晋。大作尚待暇时从容研究。"

**同日**　晚八时，听取林枫汇报中共中央东北地区党的高级干部会议情况及问题。

---

〔1〕廖承志，当时任中共中央统战部副部长、中央国际活动指导委员会副主任委员、政务院华侨事务委员会副主任、中华全国民主青年联合会主席、中国人民保卫世界和平大会副主席。

**同日**　晚十一时，在中南海菊香书屋召集刘少奇、陈云、邓小平、李维汉、陈伯达、田家英开会，谈宪法问题。

**5月4日**　下午，同朱德谈话。

**同日**　晚上，同李维汉、陈伯达、田家英谈宪法问题。

**5月9日**　晚上，同陈云谈话，后请刘少奇、邓小平参加。

**5月11日**　晚上，同李维汉、陈伯达、田家英谈宪法问题。

**5月12日**　复电李相朝、丁国钰并告金日成、志愿军司令部并周恩来〔1〕。电报说：五月九日十一时来电悉。对方指使两瑞〔2〕建议修改停战协定，改换我方三个指定口岸，估计其用意除一般诬蔑我方并为美方辩护外，还在于为进一步破坏中监会制造根据，并将责任归于我方。这是美方近一时期的活动中心。因此，我们应抓紧维护停战协定、维护中监会的旗帜，对美方企图破坏停战协定和中监会的活动在会内会外予以揭发，并由波、捷配合行动。如果美方就两瑞的建议提出要求修改停战协定，我们应作总结性发言予以痛斥，并指出正在日内瓦会议期间美提出这一要求，是有意制造紧张气氛，影响日内瓦会议。我对中监会关于两瑞来信的复信可暂缓发出。

**同日**　审阅刘少奇送阅的彭德怀为中央军委起草的关于越南奠边府战役后的军事部署问题给韦国清的电报稿，在文末加写一句话："如和谈成功则另作停战部署，目前应作和谈不成功的部署，不可等待和谈。"

**5月13日**　官厅水库举行竣工庆祝大会。水利部部长傅作义在大会上将绣有毛泽东题词"庆祝官厅水库工程胜利完成"的锦旗授予水库建设者。

---

〔1〕 这个电报由有关部门起草，毛泽东审定后发出。

〔2〕 指瑞士、瑞典。

**5月15日** 下午，在中南海菊香书屋主持召开中共中央书记处会议，刘少奇、朱德、陈云出席，邓小平列席。

**5月16日** 晚上，同陈正人谈话。

**5月18日** 下午，邀程潜、符定一、章士钊、李烛尘、王季范共进晚餐，饭后一同看电影。

**5月19日** 审阅粟裕五月十八日的请示报告。粟裕提出：为实施将华东海军主力推进到定海、石浦海区的计划，并为加强今后海军的发展基础和海上对台斗争以转变闽浙沿海敌我斗争形势，应给海军配属有关之特种兵部队以加强海军之战斗力。拟采取增调装甲兵作为海军陆战队的发展基础、增调高射炮部队和空军部队加强宁波、定海、岱山等基地的防卫力量等措施。毛泽东批示：“退黄克诚、粟裕照办。”

**5月20日** 下午，同陈叔通谈话。

**5月21日** 下午，到北京西郊观赏花卉。

**5月23日** 晚上，在中南海菊香书屋主持召开中共中央书记处会议，刘少奇、朱德、陈云出席，邓小平、李维汉列席。

**5月27日** 刘少奇主持召开宪法起草委员会第二次会议，讨论《中华人民共和国宪法草案（初稿）》的序言和第一章总纲。

**5月28日** 致电李相朝、丁国钰并告金日成、志愿军司令部〔1〕，指出：美国力图破坏朝鲜中立国监察委员会的工作，并在宣传上利用它来打击我们由中立国机构监察朝鲜选举和印支停战的主张。对此，我们的方针应是维护中监会，争取它尽可能做些工作，而不应存散摊子的思想，受美国的挑衅，上它的当。我们和波、捷对待两瑞和美国的态度应有所区别。最近期间两瑞完

〔1〕 这个电报由有关部门起草，毛泽东审定后发出。

全为美所用，予以揭露和打击是必要的，但在今后工作中仍应注意美国和两瑞之不同并充分利用其不同。

**同日** 致电南非印度人大会联合名誉书记卡查利亚和米斯特里：“我代表中国人民完全支持南非的非白色人民（包括印度人及其他亚、非人民）争取民主权利、反抗种族歧视和压迫的正义主张。祝大会在团结印度人和所有的南非人民——白色和非白色人民——争取和平、自由、民主与进步的事业中获得成功。”

**同日** 刘少奇主持召开宪法起草委员会第三次会议，讨论《中华人民共和国宪法草案（初稿）》的第二章“国家机关”。

**5月29日** 刘少奇主持召开宪法起草委员会第四次会议，讨论《中华人民共和国宪法草案（初稿）》的第二章和第三章“公民的权利和义务”。

**5月30日** 晚七时，召集刘少奇、李维汉、田家英商谈宪法问题，十一时陈云、邓小平参加。

**5月31日** 刘少奇主持召开宪法起草委员会第五次会议，讨论《中华人民共和国宪法草案（初稿）》的第二章和第四章“国旗、国徽、首都”，并再次讨论了整部初稿。

**6月1日** 晚上，召集刘少奇、陈云、邓小平、李富春、李先念开会。

**6月2日** 审阅粟裕六月一日关于在舟山群岛南部海面发现美舰的处理情况的报告。报告说：据华东军区报告，在舟山群岛南部海面发现美巡洋舰和驱逐舰共八艘，并有飞机在该海区上空盘旋，显系美帝向我军进行挑衅。当即指示华东军区转告我陆海空军，严密注意监视，随时报告，如敌不向我炮击或轰炸，我军不得向其射击，以免引起冲突。如大陈岛的蒋军乘机向我守岛部队进攻，则应坚决予以还击。毛泽东批示：“处理正确，不要先向美军开炮，只取守势，尽量避免冲突。”

**同日**　晚上，同薄一波、刘澜涛、安子文谈话。

**6月3日**　阅中共西藏工委关于五月三十日达赖为庆祝中印谈判成功[1]宴请张经武、谭冠三、李觉[2]等情况的报告。报告说：达赖已决定于六月二日正式通知噶厦他去北京的问题，并已初步拟定藏历六月初（即八月初）动身，为了早作布置，请将开会时间及参加会议人选的正式通知速示。毛泽东批示："刘、邓、李维汉同志：达赖、班禅等藏族代表应尽早起程，九月五日前（最好九月一日前）务必到达北京，请即作部署。"

**同日**　晚上，主持召开中共中央书记处会议，刘少奇、陈云出席，邓小平、杨尚昆列席。

**6月5日**　上午，同薄一波、傅作义谈话。

**同日**　晚上，在中南海颐年堂召开会议，刘少奇、朱德、彭真、董必武、邓小平、陈伯达、李维汉、杨尚昆、田家英出席。

**同日**　同周泽昭[3]等谈发展中医的问题。指出：对中医问题，不只是给几个人看好病的问题，而是文化遗产问题。要把中医提高到对全世界有贡献的问题。对新来的外国东西重视了，对自己本国的东西倒轻视了。按摩，连剃头的、修脚的都能做，就看不起，不叫按摩疗法。看不起本国的东西，看不起中医，这种思想作风是很坏的，很恶劣的。西医要向中医学习。第一，思想作风上要转变。要尊重我国有悠久历史的文化遗产，看得起中医，也才能学得进去。第二，要建立研究机构。不尊重，不学习，就谈不上研究。不研究，就不能提高。总是有精华和糟粕的

〔1〕指中印两国关于中国西藏地方和印度之间的通商和交通的协定的签订。

〔2〕谭冠三，当时任中共西藏工委第二副书记、中国人民解放军西藏军区政治委员。李觉，当时任中国人民解放军西藏军区参谋长。

〔3〕周泽昭，当时任北京医院院长。

嘛。这项工作，卫生部没有人干，我来干。

**6月7日**　下午，在中南海颐年堂召开会议，刘少奇、朱德、陈云、邓小平、伍修权、杨尚昆出席。

**同日**　审阅修改中央农村工作部关于第二次全国农村工作会议的报告稿，批示："刘少奇、邓子恢同志：在第三页上作了一点修改，请酌定。"在第三页上改写两段话（加写和改写的文字用着重号标明）：（一）"这种有计划地大量增产的要求和小农经济分散私有的性质以及农业技术的落后性质之间的矛盾是越来越明显了，困难越来越多了。这是两个带根本性质的矛盾。解决这些矛盾的第一个方针，就是实行社会革命，即农业合作化，就必须把劳动农民个人所有制逐步过渡到集体所有制，逐步过渡到社会主义。第二个方针，就是实行技术革命，即在农业中逐步使用机器和实行其他技术改革。"（二）"提高单位面积产量，是目前农业增产的主要出路。但要发挥这种增产潜在力，靠小农经济是有限的，靠在农业中实行大规模的机械化是工业发展以后的远景，在最近几年之内必须依靠大力发展农业合作化，在合作化的基础上适当地进行各种可能的技术改革。"

**6月8日**　晚上，在中南海颐年堂主持召开中共中央书记处扩大会议，刘少奇、朱德、陈云、彭真、董必武、林伯渠、邓小平、陈毅、邓子恢、习仲勋、陈伯达出席。

**同日**　刘少奇主持召开宪法起草委员会第六次会议，讨论《中华人民共和国宪法草案（修正稿）》。

**6月9日**　下午，在中南海颐年堂召开座谈会。刘少奇、朱德、陈云、邓小平、陈毅、邓子恢、习仲勋、刘澜涛、林枫、李维汉和党外人士宋庆龄、李济深、张澜、程潜、张治中、邵力子、沈钧儒、章伯钧、罗隆基、高崇民〔1〕、陈叔通、黄炎培、李烛尘、章乃器、马叙伦、许德珩、张奚若〔2〕、陈嘉庚、庄明理（陈嘉庚的翻译）、张难先〔3〕出席会议。

**同日** 关于印发《中华人民共和国宪法草案（修正稿）》，批示："少奇同志阅后，交李维汉同志：此件可即印发有关各人（宪法起草委员、中央人民政府委员），并要他们于六月十一日带到会场。"

**6月11日** 下午，在中南海勤政殿主持召开宪法起草委员会第七次会议，中央人民政府委员列席会议。会议讨论通过《中华人民共和国宪法草案》和《中华人民共和国宪法起草委员会关于宪法起草工作经过的报告》。在齐燕铭宣读《中华人民共和国宪法草案》全文后，毛泽东同与会委员共同讨论修改了部分具体条文，并对委员们提出的问题作了回答。他说：宪法的起草，前后差不多七个月。最初第一个稿子是在去年十一、十二月间，那

〔1〕罗隆基，当时任全国政协常委、政务院政务委员、中国民主同盟中央副主席。1954年9月又任全国人大常委会委员。1956年5月又任森林工业部部长。高崇民，当时任中央人民政府委员、东北行政委员会副主席、最高人民法院东北分院院长、中国民主同盟中央副主席兼东北总支部主任委员。1954年9月又任全国人大常委会委员。

〔2〕许德珩，当时任全国政协常委、政务院法制委员会副主任委员、九三学社主席。1954年9月又任全国人大常委会委员。1956年5月又任水产部部长。张奚若，当时任中央人民政府委员、全国政协常委、政务院政治法律委员会副主任、教育部部长、中国人民外交学会会长。

〔3〕庄明理，当时任全国政协委员、政务院华侨事务委员会委员、中华全国工商业联合会执行委员。张难先，当时任中央人民政府委员、中南行政委员会副主席。1954年9月又任全国人大常委会委员。

是陈伯达同志一个人写的。第二次稿，是在西湖两个月，那是一个小组。第三次稿是在北京，就是中共中央提出的宪法草案初稿，到现在又修改了许多。每一次稿本身都有多次修改。在西湖那一次稿，就有七八次稿子。前后总算起来，恐怕有一二十个稿子了。大家尽了很多力量。全国有八千多人讨论，提出了五千几百条意见，采纳了百把十条。最后到今天还依靠在座各位讨论修改。总之是反复研究，不厌其详。将来公布以后，还要征求全国人民的意见。宪法是采取征求广大人民的意见这样一个办法起草的。这个宪法草案大体上是适合我们的国家的情况的。（黄炎培：关于国歌问题，有人觉得现在的国歌是一个抗日时期的歌曲，已经过时了。我个人意见觉得倒是现在的国歌好。）国歌不必规定在宪法上。不喜欢现在的国歌的人，主要是不喜欢"中华民族到了最危险的时候"一句，但是如果说"我们国家现在是太平无事的时候"，那也不好了。现在帝国主义包围得还很厉害，唱一句"最危险的时候"也没有什么坏处吧。（何香凝：中央要集权，才能迅速及时处理国家大事。）你这个意思是好的。中央的权力宪法规定得很够了。我们和帝国主义国家不同，我们是把权力的主要首脑放在全国人民代表大会常务委员会，政府是它的执行机关。政府的权力也是很大的，并不是权力小。我们是中央集权，不是地方分权。一切法律都要中央来制定，地方不能制定法律。中央可以改变地方的决定，下级要服从上级，地方要服从中央。（何香凝：如果遇到紧急关头，比如帝国主义侵略我们，中央要能采取办法才行。）你的意见很对，我赞成你的意见。就是要集中权力，要能灵活使用。遇到紧急关头，别人打进来了，常务委员会可以决定问题（第三十一条第十五项[1]），无须等着开全国人民代表大会。这还是讲宣布战争状态。如果敌人打来了，我们的军队当然立即打，“兵来将挡，水来土掩”。不是等到宣布了战争状态再开枪，而是先“打”后“布”。常务委员会也可以立即开会，国务院总理也可以立即下命令行动起来，中华人民共和国主席可以立即指挥军队。根据宪法草案第二十条，我们军队的任务是“保卫国家的安全和领土主权的完整”，哪个打来我们就打，讨论也不要讨论。至于宣布战争状态，那是常务委员会的事了。（何香凝：“中央人民政府”的名字还是要好。）“中央人民政府”的名字不要了，太长了。这是上次会议议的，也是反复了几次。初稿是“国务院”，后来改做“中央人民政府”，最后又改回来叫“国务院”。按照外国的习惯，一个国家只有一个政府。我们现在的政府多得很，省、县、乡都叫政府，现在宪法草案上规定都改叫“人民委员会”。我们大家研究了一下，觉得这样可以。全国只有一个政府，即国务院。会议决定将《中华人民共和国宪法草案》提请中央人民政府委员会审查通过后公布，并在全国人民中组织讨论。

**6月12日** 上午，约李济深、程潜、邵力子谈话，并看电影，共进午餐。

**6月13日** 晚上，主持召开中共中央书记处会议。

**同日** 审阅邓小平报送的中共中央关于积极争取同印度、印度尼西亚、缅甸签订双边或多边的互不侵犯条约问题给周恩来的

---

〔1〕 1954年9月第一届全国人大一次会议通过的《中华人民共和国宪法》第31条关于全国人民代表大会常务委员会职权的第16款规定：“在全国人民代表大会闭会期间，如果遇到国家遭受武装侵犯或者必须履行国际间共同防止侵略的条约的情况，决定战争状态的宣布”。

电报稿，批示："刘、朱、陈阅，尚昆办。"十七日，周恩来复电中央，赞成中央的意见。

**6月14日**　下午三时半，在中南海菊香书屋召集会议，刘少奇、朱德、陈云、彭真、董必武、邓小平、邓子恢、陈伯达、李维汉、习仲勋、田家英出席。

**同日**　下午五时，在中南海勤政殿主持召开中央人民政府委员会第三十次会议。会议讨论《中华人民共和国宪法草案》，宋庆龄、李济深、张澜、黄炎培、张难先、马叙伦、乌兰夫、何香凝、陈叔通、赛福鼎〔1〕、程潜、傅作义、章伯钧、朱学范〔2〕、陈嘉庚、章蕴、张治中、胡耀邦、李四光、陈其尤〔3〕、许德珩等二十一人发言，提出意见和建议。会议一致通过《中华人民共和国宪法草案》和关于公布《中华人民共和国宪法草案》的决议。

毛泽东在会上作关于中华人民共和国宪法草案的讲话。他说：我们起草宪法采取了领导机关的意见和广大群众的意见相结合的方法。公布以后，还要由全国人民讨论，使中央的意见和全国人民的意见相结合。一切重要的立法都要采用这个方法。这个宪法草案所以得到大家的拥护，主要是两条。第一，这个宪法草

〔1〕赛福鼎，即赛福鼎·艾则孜，当时任中共中央新疆分局第四书记（1955年10月任中共新疆维吾尔自治区委员会第三书记兼自治区区委党校校长）、西北行政委员会副主席、新疆省人民政府副主席（1955年10月任新疆维吾尔自治区人民委员会主席）、中国人民解放军新疆省军区副司令员。1954年9月又任全国人大常委会副委员长。

〔2〕朱学范，当时任中华全国总工会副主席、邮电部部长、中国国民党革命委员会中央委员。1954年12月又任全国政协常委。

〔3〕李四光，地质学家。当时任全国政协常委（1954年12月任副主席）、地质部部长、中国科学院副院长、中华全国自然科学专门学会联合会主席。陈其尤，当时任全国政协常委、中国致公党中央主席。1954年9月又任全国人大法案委员会委员。

案，总结了历史经验，特别是最近五年的革命和建设的经验，也总结了从清朝末年以来关于宪法问题的经验。我们的宪法是属于社会主义宪法类型的。我们是以自己的经验为主，也参考了苏联和各人民民主国家宪法中好的东西。讲到宪法，资产阶级是先行的。我们对资产阶级民主不能一笔抹杀，说他们的宪法在历史上没有地位。但是，现在资产阶级的宪法完全是不好的，是坏的。第二，我们的宪法草案，结合了原则性和灵活性。原则基本上是两个：民主原则和社会主义原则。我们的民主不是资产阶级的民主，而是人民民主，这就是无产阶级领导的、以工农联盟为基础的人民民主专政。人民民主的原则贯串在我们整个宪法中。另一个是社会主义原则。我国现在就有社会主义。宪法中规定，一定要完成社会主义改造，实现国家的社会主义工业化。这是原则性。社会主义全民所有制是原则，要达到这个原则就要结合灵活性。灵活性是国家资本主义，并且形式不是一种，而是“各种”，实现不是一天，而是“逐步”。这就灵活了。现在能实行的我们就写，不能实行的就不写。还有少数民族问题，它有共同性，也有特殊性。共同的就适用共同的条文，特殊的就适用特殊的条文。少数民族在政治、经济、文化上都有自己的特点。宪法草案第七十条规定，少数民族地区，“可以依照当地民族的政治、经济和文化的特点，制定自治条例和单行条例”。所有这些，都是原则性和灵活性的结合。毛泽东说：一个团体要有一个章程，一个国家也要有一个章程，宪法就是一个总章程，是根本大法。用宪法这样一个根本大法的形式，把人民民主和社会主义原则固定下来，使全国人民有一条清楚的轨道，使全国人民感到有一条清楚的明确的和正确的道路可走，就可以提高全国人民的积极性。我们的总目标，是为建设一个伟大的社会主义国家而奋斗。大概经过五十年即十个五年计划，就像个样子了，就同现在大不一样了。但是，就是到五十年后像个样子了，也要和现在一样谦虚。一百年也不要骄傲。永远也不要翘尾巴。

**6月15日** 美国等国家在日内瓦会议关于和平解决朝鲜问题的第十五次会议上提出《十六国共同宣言》，否认继续讨论朝鲜问题的必要。日内瓦会议关于和平解决朝鲜问题的讨论在没有达成任何协议的情况下被迫结束。

**6月16日** 下午三时半，在中南海菊香书屋召集刘少奇、陈云、邓小平、李富春开会。

**同日** 下午五时，出席在中南海勤政殿举行的中央人民政府委员会第三十一次会议。会议听取财政部部长邓小平关于一九五四年国家预算草案的报告，讨论一九五四年国家预算。

**6月17日** 下午四时，召集刘少奇、陈云、邓小平、邓子恢开会。

**同日** 下午五时，继续出席中央人民政府委员会第三十一次会议。会议讨论通过一九五四年国家预算。

**同日** 审阅《人民日报》社论稿《全力保证实现一九五四年国家预算》，批示："送人民日报邓拓〔1〕同志，此件已阅，可用。"这篇社论在六月十八日《人民日报》发表。

**6月19日** 下午三时半，在中南海菊香书屋召集刘少奇、陈云、邓小平、陈毅、刘伯承、邓子恢、林枫开会。

**同日** 下午五时，出席在中南海勤政殿举行的中央人民政府委员会第三十二次会议。会议听取刘少奇关于撤销大区一级行政机构和合并若干省、市建制的说明，讨论并通过《关于撤销大区一级行政机构和合并若干省、市建制的决定》和《关于批准将绥

〔1〕 邓拓，当时任《人民日报》总编辑、中国新闻工作者联谊会会长。1955年6月又任中国科学院哲学社会科学部委员。

远省划归内蒙古自治区并撤销绥远省建制的决定》。会议还听取中央选举委员会秘书长邓小平关于基层选举工作完成情况的报告。

**6月20日**　为中共中央起草致周恩来电，指出："在日内瓦会议有进展并可能在七月达成停战协议的情况下，越南人民军的作战规模以不要扩大也不要缩小即保持现在的规模似较适宜。前些日子韦国清同志电告越军作了一个新部署，准备在七月内把战争规模略为扩大。我们认为可以照韦电增加一部分军队于红河三角洲区域，以威胁法国人，但七月不要大打。何时可以大打，应完全依日内瓦会议情况作决定。以上意见是否妥当，请与胡、武〔1〕、韦三同志酌定。"

**同日**　晚上，在中南海菊香书屋召集刘少奇、陈云、邓小平、章汉夫〔2〕开会。

**6月21日**　审阅修改中共中央致周恩来并告袁仲贤〔3〕的电报稿。电报提出：你访印后是否访缅的问题需加考虑。此次接受尼赫鲁〔4〕的邀请，在日内瓦返国途中访印。尼赫鲁或吴努〔5〕本人，可能提出访缅的邀请，届时如何答复似需考虑。又如由印返国，航线尚待安排，如必须一停，是否可能在仰光停落，并在停留时间内，顺便拜访吴努一下。有无此种必要，请将你的意见告知。毛泽东在电报末尾加写一段话："此外尼赫鲁向袁大使询问你访印时间，我们认为如有必要，可在印度多停留一二日，由你临时酌定。又尼赫鲁似希望你到新德里某名胜地点一游，亦可由

〔1〕胡，指胡志明。武，指武元甲，当时任越南劳动党中央政治局委员、越南民主共和国国防部部长、越南人民军总司令。

〔2〕章汉夫，当时任外交部副部长。

〔3〕袁仲贤，当时任中国驻印度大使。

〔4〕尼赫鲁，当时任印度国大党主席、印度政府总理兼外交部部长。

〔5〕吴努，当时任缅甸反法西斯人民自由同盟主席、缅甸政府总理。

你临时酌定。”

**6月22日**　晚上，在中南海菊香书屋召集刘少奇、朱德、陈云、邓小平、章汉夫开会。

**6月23日**　晨三时，致信刘少奇：“今天的政治局会议讨论山东问题，请考虑邀安子文、钱瑛[1]、刘景范三同志到会，听陈毅同志的报告（先将陈毅的书面报告及总结发言两件发给他们看），因这个问题曾和他们有密切关系，宜使他们与闻中央的决定。请予酌定。又：舒同同志如在北京似亦宜请他到会。”毛泽东在信上注明：“如少奇同志已睡，则于上午送交尚昆同志。”

**6月24日**　审阅中共中央致周恩来的电报稿。毛泽东对电报稿作了修改（加写和改写的文字用着重点标明）：“你访问印度的消息和具体安排均已公开，此间有同志建议由印度飞广州的安全问题，即台湾敌人是否有袭击的可能，值得考虑。如果由印度直飞广州不能很好保证安全，则只好改为由印再飞日内瓦，访问东德后经莫斯科回国（与越南同志的会见则改在北京举行）。此种顾虑是否合理，或者将到达广东附近的时间放在黄昏或晚上使敌机难于袭击，你意如何请考虑电告。”六月二十五日至二十八日，周恩来访问印度，于二十八日代表中国政府同印度总理尼赫鲁发表联合声明，重申和平共处五项原则为指导两国关系的原则，并强调也应成为指导中印两国同世界各国相互关系的原则。二十八日至二十九日，周恩来访问缅甸，于二十九日代表中国政府同缅甸联邦总理吴努发表联合声明，确认和平共处五项原则也应该是指导中国和缅甸之间关系的原则。二十九日晚，周恩来离仰光经香港回国。三十日上午，乘飞机安全到达广州。毛泽东起床后，机要秘书当即向他报告。

---

〔1〕钱瑛，当时任中共中央监察委员会副书记、监察部部长。

**同日** 复信毛泽荣："你给我的信都收到了，很高兴。江青病况略有进步，她对你的关怀，甚为感谢。孩子们都好。你们都好吗?"

**6月25日** 下午，同林枫、凯丰谈话。

**6月26日** 晚上，在中南海菊香书屋召集刘少奇、陈云、邓小平开会。

**6月29日—7月2日** 在中南海西楼会议室主持召开中共中央政治局扩大会议，讨论编制第一个五年计划的有关问题。二十九日、三十日，陈云汇报第一个五年计划的编制情况。

**7月1日** 阅《政法研究》编辑部编译的《苏联宪法草案的全民讨论》一文，批送刘少奇、朱德、邓小平、李维汉、彭真："此件值得看一下。"又批示："送田家英同志阅，退毛。"

**7月5日** 晚上，召集刘少奇、朱德、陈云、邓小平、杨尚昆开会。

**7月6日** 阅中共中央华东局统战部六月三十日关于党外人士座谈会情况的报告，批示："李维汉同志：此件似可转发各中央局、各省市委统战部（除华东）仿照办理。"华东局统战部的报告，汇报了座谈会讨论关于公布宪法草案、召开全国人民代表大会、撤销大行政区等问题的情况。

**同日** 阅中共西藏工委七月五日关于西藏地方政府提出减裁藏军问题给中央并军委的报告，批示杨尚昆："这类问题应由统战部拟处，是属于政治性质的，军委不好处理。"

**同日** 周恩来七月三日至五日在广西柳州同胡志明就日内瓦会议关于恢复印度支那和平问题等举行会谈后，于本日回到北京。

**同日** 晚上，在中南海菊香书屋召集刘少奇、朱德、周恩来、陈云、邓小平开会，听取周恩来关于日内瓦会议进展情况的汇报。

**7月7日**　在中南海西楼会议室主持召开中共中央政治局扩大会议。会议听取周恩来关于出席日内瓦会议以及访问印度、缅甸和举行中越会谈等问题的报告。毛泽东发表讲话。他说：周恩来同志的报告很好，我们应当同意他所讲的这些方针，并且批准代表团过去这些活动。过去两个半月的活动是很好的。我们几个国家，苏联、中国，还有朝鲜和越南，是团结得很好的，方针是正确的，活动是有成绩的。在日内瓦，我们抓住了和平这个口号，就是我们要和平。而美国人就不抓这个东西，它就是要打，这样，它就没有道理了。现在要和平的人多了，我们要跟一切愿意和平的人合作，来孤立那些好战分子，就是孤立美国当局，主要还是那里头急于要打仗的那一派。在谈判中该让的就必须让，该坚持的就必须坚持。根据总方针，这些具体活动做得恰当，是可以和下来的，就可以达到联合多数、孤立少数（就是美国当局）的目的。今后是会议的最后一个阶段了，继续执行这个方针，并且在有些具体问题上抓紧一点，估计可以达成协议，就可以开展一个局势。现在总的国际形势就是美国人相当孤立，局势很有希望。现在，门要关死已经不可能了，而且很有一种有利的局势，需要我们走出去。比如丘吉尔在华盛顿同美国谈判，他们发表联合宣言，写了六条，就不能不写那个第一、第二条〔1〕，这两条就是说要跟我们拉手。这是艾森豪威尔答应了要拉手。对什么国家、在什么条件下拉手，他们说什么要有确实的保障，有很好的行动。我们有五项原则，那不是很好的保障吗？我们参加

〔1〕英国首相丘吉尔和美国总统艾森豪威尔1954年6月29日在华盛顿发表的联合宣言的第1条说："我们将本着亲密友爱的精神继续共同努力，在我们重新肯定下来的大西洋宪章原则的基础上，谋求世界和平。"第2条说："我们共同地并各个地继续向任何和一切以庄严的保证和切实的行动表明它们希望参加一个公正和公平的和平的国家伸出友谊之手。"

日内瓦会议不是很好的行动吗？美国内部也是有矛盾的。对美国这样的国家也不是没有文章可做。现在美国同我们关系中的一个重要问题就是台湾问题，这个问题是个长时间的问题。我们要破坏美国跟台湾订条约〔1〕的可能。我们要组织一些宣传，要大骂美国搞台湾，蒋介石继续卖国。缓和国际紧张局势，不同制度的国家可以和平共处，这是苏联提出来的口号，也是我们的口号，现在变成艾登他们口里的话了，变成尼赫鲁他们口里的话了，他们也讲缓和国际紧张局势。这就是很大一个变化。这种变化，估计再有一个时期，只要东南亚这个问题和下来之后，会有个促进。所以，整个形势应当说是比较过去大为好转。同时对美国要使它分化，使它孤立，孤立以后它总要分化的。在目前世界上这样四分五裂的形势下，一块铁板那样的事情是不可能的。总之，国际上我们就是执行这个方针，只要在和平这个问题上能够团结的，就和他们拉关系，来保卫我们的国家，保卫社会主义，为建设一个伟大的社会主义国家而奋斗。会议批准了中国代表团在日内瓦会议期间的工作和今后的方针。

**7月8日** 下午，出席在中南海勤政殿举行的一届全国政协常务委员会第五十七次扩大会议。会议听取周恩来关于出席日内瓦会议以及访问印度、缅甸和举行中越会谈等问题的报告。毛泽东在会上讲话。他说：同意周总理报告中所讲的外交方针——国

---

〔1〕 1954年12月2日，美国政府不顾中国政府和人民的反对，同台湾当局签署了《共同防御条约》。该条约规定：美国帮助台湾当局维持并发展武装部队；台湾遭到“武装攻击”时，“美国将采取行动”，对付“共同危险”；美国有在台湾、澎湖及其附近部署陆、海、空军的权利，还可扩及到经双方认定的“其他领土”。1955年3月3日条约生效。1978年12月15日，美国政府就美中建交发表的声明宣布，美台《共同防御条约》将予以终止。1980年1月1日起该条约正式废除。

际和平统一战线。目前比过去几年中间，在外交方面开始有了改变——和平协商达成协议。毛泽东对中国外交及有关工作，提出了十一条意见：（一）争取恢复印度支那和平。（二）开始建立东南亚和平区域，建立合作并发展它，订立互助条约或集体和平公约。（三）与英国改善关系，争取建立正式外交关系。（四）争取与法国改善关系，建立邦交。（五）争取与美国政府改善某些关系——孤立与分化。（六）团结一切愿意和平的力量（包括政府在内），孤立和分化美国。（七）国内要团结，支持代表团，争取外交胜利。（八）国内统一战线发展和巩固。有人怀疑圈子越搞越小，并非如此。（九）国际和平统一战线。（十）增强警惕——敌人要破坏与分裂我们国内联盟和同苏新国家的和平联盟。门打开了，要团结、警惕。（十一）增强外交工作阵营。为保护建设和工业化，没有外交阵营的发展是不可能的。

**7月9日**　刘少奇受毛泽东委托召集会议，传达毛泽东关于中医工作的指示。传达的内容主要是：团结中西医是卫生工作的方针之一。中西医团结问题没有做好，原因是西医存在很大问题，主要是西医有宗派作风。西医传到中国来以后，有很大一部分人就把中医忽视了。必须把中医重视起来。把中医提得过高也是不正确的。团结中医的目的，是为了发展中国医药科学。首先要弄清楚，这不仅是为了中国的问题，同时是为了世界。掌握中医中药，必须要有西医参加，也要吸收有经验的中医，靠单方面是不够的，单有西医没有中医不行，有中医没有西医也不行。中医问题，关系到几亿劳动人民防治疾病的问题，是关系到我们中华民族的尊严、独立和提高民族自信心的一部分工作。我们中国的医学，历史是最久的，有丰富的内容，当然也有糟粕。在医学上，我们是有条件创造自己的新医学的。中国人口能达到六亿，这里面中医就有一部分功劳嘛。西医到中国来，也不过百把年。

当然，西医是近代的，有好的东西。但什么都是“舶来品”好，这是奴化思想的影响。看不起中国的东西，不尊重民族文化遗产，这是极端卑鄙恶劣的资产阶级的心理在作怪。如果西医没有宗派作风的话，对中医能治好病的效能，可以用科学方法把它整理起来。对中医的“汤头”不能单从化学上研究，要与临床上的研究结合起来，才能提高中医。中国古书上这样说：“上医医国，中医医人，下医医病。”这意思就是强调人的整体性，和巴甫洛夫学说是一致的。中医在几千年前就用了新的技术，如“体育”、“按摩”等，里面虽有些唯心的东西，但我们可以将其中好的提炼出来。中医要进大医院，中医要进医科大学，中医还要出国。中药要发展，要建立研究机构，要出版中医中药书籍。西医要跟中医学习，具备两套本领，以便中西医结合，有统一的中国新医学、新药学。这些工作一定要制定出具体措施。

**7月10日** 关于在苏联援助下建设远程轰炸机部队问题，致信彭德怀：“此件经中央讨论，认为应采积极方针，分为四年建设远程轰炸机部队四个师（120架），外汇方面，已交周总理便道与苏方商量可否借款问题，俟得结果再行决定。”

**7月13日、14日、16日** 三天晚上在中南海西楼会议室召开会议。

**7月18日** 晚上，主持召开中共中央书记处会议，刘少奇、朱德、陈云出席，邓小平列席。

**7月19日** 为中共中央起草给在日内瓦的周恩来的复电：“（一）各件均悉，你们的方针是正确的；（二）望在与梅农[1]接触时探讨我们与泰国的关系是否有改善的可能。泰国是否愿意和

〔1〕 梅农，当时任印度驻联合国代表。

我国外交人员（袁仲贤或姚仲明[1]）作一些个人接触。泰国是接受美援国家，最近銮披汶[2]有愿让美国在泰建立军事基地的表示，但似尚未实行建立。泰国与我国是紧邻，惧怕我军南下，又有数百万华侨，因此似乎不会完全拒绝与我外交人员进行某些接触。但要进行此事，宜由印度居间。”

**同日** 晚上，在中南海西楼会议室召开会议。会后同谭震林谈话。

**7月20日** 晚上，在中南海西楼会议室召开会议。

**7月21日** 日内瓦会议通过《关于恢复印度支那和平问题的日内瓦会议最后宣言》。二十三日，历时近三个月的日内瓦会议闭幕。周恩来率中国代表团离开日内瓦。

**7月22日** 下午，同朱德谈话。

**7月23日** 致电胡志明，祝贺印度支那停战问题和政治问题达成协议。贺电说：“越南民主共和国代表团在日内瓦会议上，代表着为民族独立和自由而英勇斗争并已取得辉煌胜利的越南人民的和平愿望，努力争取恢复印度支那和平，终于达成协议，这是越南人民的又一重大胜利，这一胜利有助于促进亚洲的集体和平与安全，有助于进一步缓和国际紧张局势。全中国的人民将与越南人民一道为保证与争取协议的彻底实现，为维护和巩固亚洲及全世界的和平与安全而努力。”

**同日** 审阅修改中央军委关于保卫领海主权及护航注意事项的指示稿，批示：“刘、陈、邓阅，退彭[3]。”指示稿分两个部分。第一部分为领海与公海之规定，共两条。第二部分为

〔1〕 姚仲明，当时任中国驻缅甸大使。

〔2〕 銮披汶，当时任泰国政府总理。

〔3〕 彭，指彭德怀。

维护我领海领空主权及进入公海应注意事项，共五条。毛泽东对第二部分中的三段文字作如下修改（加写和改写的文字用着重号标明）：（一）“当我海空军巡逻公海或直接护航的时候，对一切外国的飞机军舰均不得攻击。只有在经查明确认是国民党匪帮的飞机军舰向我护航目标（商船或油轮）有敌对行为（攻击或行劫掠）的时候，则坚决攻击之，以达到我护航之目的。除护航外，经确实查明是国民党匪帮的飞机军舰者，均坚决攻击之。”（二）“目前我护航任务仅限于防止国民党匪帮抢劫行为，对其他任何外国海空军，因在和平时期不会发生抢劫行为，故不发生自卫问题，一律不得采取攻击行动。”（三）“望你们严格布置执行，并加反复多次教育检查，将其情况上告。如有违犯此规定者，当受到应得的处分。”

**同日** 复信黎锦熙[1]：“先生元旦给我的信，我的秘书处转给文字研究会去了，书也转去了，我未见，不久前才又转回来，我已看了。我同意您的推广注音字母的意见，具体解决，请向文字研究会商洽。尊恙已好些否？宜多静养。如有困难，请告知为荷。”

**同日** 写信给李敏、李讷[2]：“我的亲爱的女儿：你们的信都收到了，很欢喜。北戴河、秦皇岛、山海关一带是曹孟德（操）到过的地方。他不仅是政治家，也是诗人。他的碣石诗是有名的，妈妈那里有古诗选本，可请妈妈教你们读。我好，勿念。”

**同日** 晚上，在中南海西楼会议室召开会议。

**7月24日** 审阅华东海军司令部七月二十一日关于攻击大陈港敌舰方案给海军司令部的电报，批示彭德怀、黄克诚：“请

---

〔1〕 黎锦熙，当时任北京师范大学中文系主任、教授，《中国大辞典》编纂处总主任。

〔2〕 李敏、李讷，毛泽东的女儿。

考虑是否须调华东军区，福建、浙江、上海三军区的负责人各一人来京讨论此问题。此电内所提三十天准备时间是必要的，必要时还可延长至四十天。”

**同日**　晚上，召集刘少奇、陈云、彭德怀、邓小平开会。

**7月25日**　审阅修改章汉夫关于七月二十三日英国运输机被击落事件的新闻稿和复英国代办杜维廉的照会稿，批示：“少奇同志：请你召集陈、彭、邓及章汉夫在你处一谈这两文件，考虑其措词是否适当。两件我均作一些修改，请你们再加斟酌。复英照会原稿第二段，措词极不适当，故作了修改。复英照会，以二十六日交出并广播二十七日登报为适宜。”毛泽东将照会稿中的一段话改写为（加写和改写的文字用着重号标明）：“据我军事机关收到来自海南岛方面的报告：七月二十三日晨，中华人民共和国的巡逻飞机在海南岛榆林港上空执行巡逻任务之际，曾经与一架蒋匪帮的飞机在该地上空遭遇，发生战斗等语。中华人民共和国政府得此消息后，即行多方面调查，始知该项飞机，实系英国所有的运输机，被我巡逻飞机误认为国民党匪帮飞机侵袭我榆林港军事基地者。发生此项不幸事件，实完全出于意外。”二十六日，章汉夫将照会交英国代办杜威廉。

**同日**　复信许志行〔1〕：“三月的信，早已收到，迟复为歉。知你仍在做教育工作，甚为高兴。”

**7月26日**　乘专列从北京到北戴河，住一号楼。

**7月27日**　中共中央致电在波兰访问的周恩来〔2〕。关于当前国际局势，电报指出：“中央最近研究了日内瓦会议后的形势，

〔1〕许志行，当时在上海市格致中学任教。1919年冬在武汉同毛泽东相识，1926年曾应毛泽东之邀到广州国民党中央宣传部工作。

〔2〕这个电报，是邓小平根据毛泽东的指示精神起草的。

认为在朝鲜和印度支那停战后，美国不会甘心于日内瓦会议的失败，必将继续执行其制造国际紧张局势、进一步地从英法手中夺得更多的势力范围、扩大军事基地、准备战争和敌视我国的政策。”“最近一个时期美国与蒋介石正在商谈订立美蒋共同防御条约，以及美国不断增加对于台湾蒋匪的军事援助，这是值得我们十分注意的。根据公开的消息，美国对于订立美蒋共同防御条约一事，似乎还有顾虑，似乎还未下最后决心，而如果美蒋签订了一个这样的条约，则我们与美国的关系将会长期紧张下去，更难寻求缓和与转弯的余地。所以，击破美蒋共同防御条约和东南亚防御条约〔1〕，乃是我们当前对美斗争的最中心的任务。”关于当前对台斗争任务，电报指出：“我们认为，在我国大陆解放战争胜利结束和朝鲜战争胜利停战之后，现在我们面前仍然存在一个战争，即对台湾蒋介石匪帮之间的战争，现在我们面前仍然存在一个任务，即解放台湾的任务。在朝鲜停战之后，我们没有及时(约迟了半年时间）地向全国人民提出这个任务，没有及时地根据这个任务在军事方面、外交方面和宣传方面采取必要的措施和进行有效的工作，这是不妥当的。如果我们现在还不提出这个任务，还不进行一系列的工作，那我们将犯一个严重的政治错误。提出这个任务的作用，不仅在于击破美蒋军事条约，而更重要的是可以提高全国人民的政治觉悟和政治警惕心，从而激发人民的热情，以推动国家建设任务的完成，并且可以利用这个斗争来加强我们的国防力量，学会海上斗争的本领。”关于中央拟采取的一些措施，电报指出：“（一）在政治上，国内已开始了必须收复台湾和

〔1〕1954年9月，在美国策动下，由美国、英国、法国、澳大利亚、新西兰、菲律宾、泰国和巴基斯坦8国在菲律宾首都马尼拉签订《东南亚集体防务条约》，即“马尼拉条约”。1955年条约生效时，成立了东南亚条约组织，总部设在泰国首都曼谷。1977年6月，该组织解散。

揭露美蒋的宣传，并且准备在你回京之后，以外交部长的名义就台湾问题发表一个公开的声明，接着由各党派发表一个联合声明，然后根据两个声明，在全国人民中进行广泛深入的长期经常的宣传教育工作。此外，我们正在组织专门对台湾的广播工作。”“（二）在军事上，业已由军委发出专门指示，加强沿海对蒋匪的海空斗争，同时严格规定我海空军的作战目标只能限于蒋介石的军用飞机和军舰，对于美国飞机和军舰除了它们向我军攻击的情况之外，不许向它们作任何主动的攻击。”“（三）鉴于我们与美蒋在沿海的斗争是一个很长期的事情，而我们的军队在海上斗争的能力和经验又极为缺乏的情况，加强海空军建设，成为我国军队建设的一个长期任务。我们的海军拟采取‘先艇后舰’的建设方针，我们的空军必须学会在海上作战的本领。为了适应目前时期紧急斗争的需要，拟在今后三年内向苏联增加一批海空军装备的订货，军委已提出约五亿卢布的货单，在财政预算上没有困难，但在外汇上还须多想办法。此事拟在你回来后，再行斟酌决定。”

**同日** 晚上，在北戴河一号楼召开会议，研究目前局势问题，刘少奇、朱德、彭德怀、邓小平出席。

**7月29日** 晨七时，在北戴河一号楼会见陈叔通、邵力子。上午八时，同邓小平谈话。晚上，召集刘少奇、朱德、陈云、彭德怀、邓小平开会。

**7月31日** 阅中共中央宣传部编印的《宣教动态》一九五四年第十七期刊登的《苏联纠正反世界主义斗争的某些偏向》一文，批示：“陈云、彭真、李富春、陈伯达、田家英诸同志阅，并留待刘少奇、周恩来、邓小平、朱、彭、董诸同志阅后，退江青。此件值得一看，请少奇同志考虑是否转发地委以上各级党委。”该文介绍了苏联报刊批评思想文化战线上对于历史遗产和现代外国科学技术成就持全盘否定的错误态度。这种错误首先表现在对马克思主义诞生以前的哲学持一概否定的态度，同时还表现在拒绝接受外国科学技术成就，否认各民族间精神上的交往和相互影响。八月五日，中共中央向各地转发了这个材料。

**同日** 新华社发布消息，自一九四九年十月到一九五四年六月，人民解放军在东南沿海的作战中，肃清了沿海各省残敌，并解放了舟山群岛、嵊泗列岛、厦门岛、海南岛、万山群岛等重要战略岛屿和其他岛屿共四十六处，歼灭国民党军三十五万二千五百二十六人，击落击伤飞机八十六架，击沉击伤舰艇三十六艘。

**7月下旬或8月上旬** 对文运昌来信开列的要求安排文家十五人在北京工作或上学的名单，作批示："许多人介绍工作，不能办，人们会要说话的。"文运昌这封信是七月二十日写给毛泽东的秘书田家英的，请他设法安排这十五人的事。田家英将文运昌的信转报毛泽东。

**8月1日** 致信国营三二〇厂全体职工："七月二十六日报告阅悉。祝贺你们试制第一架雅克十八型飞机成功的胜利。这在建立我国的飞机制造业和增强国防力量上都是一个良好的开端。希望你们继续努力，在苏联专家的指导下，进一步地掌握技术和提高质量，保证完成正式生产的任务。"

**8月3日** 审阅彭德怀七月二十八日关于最近几年部队存在的几个急待解决的问题的请示报告，批示："少奇同志：此件似应在中央会议讨论，作出决定。"八月二十七日，中共中央政治局会议决定：（一）关于在一部分高级干部中滋长着的若干个人享乐、腐化堕落的恶劣现象和严重的失密事件，必须开展适当的斗争和严格执行纪律，由军委在一九五四年冬或一九五五年春召开一次解放军全军党代表会议，提出讨论并作出决定；（二）关于兵员的问题和下级干部的婚姻问题，待中央讨论兵役法时再行讨论。

**8月4日**　上午，同彭真谈话。

**8月5日**　晚上，在北戴河一号楼召集周恩来、朱德、陈云、彭真、董必武、林伯渠、邓小平开会。

**8月6日**　阅中共中央华南分局八月四日关于广东省人民代表大会有代表提出是否可以通过提请全国人大给予毛泽东最高荣誉勋章的提案的请示报告，批示："邓小平同志：请即复不要通过此项提案。"同日，邓小平为中共中央起草致华南分局的复电："广东省代表提出给予毛主席以最高勋章事，因我国尚无勋章制度，对毛主席的尊敬亦非给勋章所能完全表达，故以说服提案人，撤回此项提议为好。"

**同日**　阅一份关于美国加紧拼凑东南亚防务集团的材料，批示："周总理阅。你的报告和各党派联合声明，均应就此问题加以批评。"十一日，周恩来在中央人民政府委员会第三十三次会议上作外交报告，谴责美国组织所谓东南亚防务集团，破坏日内瓦会议协议，继续与中国人民为敌的行径。二十二日，各民主党派各人民团体发表《为解放台湾联合宣言》，再次谴责美国拼凑东南亚防务集团。

**8月7日**　晚上，在北戴河一号楼召集周恩来、朱德、陈云、邓小平、王稼祥开会。

**夏**　在北戴河作《浪淘沙·北戴河》："大雨落幽燕，白浪滔天，秦皇岛外打鱼船。一片汪洋都不见，知向谁边？　往事越千年，魏武挥鞭，东临碣石有遗篇。萧瑟秋风今又是，换了人间。"

**8月8日**　审阅彭德怀八月五日报送的对台斗争的军事计划与实施步骤的报告，批示彭德怀、黄克诚："此件经中央各同志看过，认为可行，望照办。”报告中提出：其中开始行动[1]的时间，原拟于八月十日前后开始，经讨论后，为了各地更加充分准备，便于战斗开始后进行连续打击，故将开始时间改为九月一日至九月五日。最近洪水阻碍交通，造成兵力调动的某些困难，也是推迟开始日期的原因。

**同日** 晚上，在北戴河一号楼召集刘少奇、周恩来、朱德、邓小平、罗瑞卿、李维汉、杨尚昆开会。

**8月9日** 晚上，在北戴河一号楼召集刘少奇、周恩来、朱德、陈云、彭真、董必武、林伯渠、邓小平、李维汉和十五位民主人士开会。

**8月10日** 审阅修改邓小平为中共中央起草的关于下发《全国人民代表大会组织条例（草案）》等五个组织条例草案[2]请各省市自治区组织本地区代表阅读和讨论的通知稿，批示杨尚昆即办。

**8月上旬** 阅海军党委七月三十日关于传达贯彻毛泽东关于加强对敌斗争和解放台湾问题指示的报告，批示：“此件很好。刘、周、朱、陈、邓同志阅，退黄克诚。”海军党委的报告说：萧副主任[3]在七月二十八日总政部务会议上传达毛主席关于加强对敌斗争和准备解放台湾的指示，我们在七月二十九日上午召开党委

---

〔1〕 指炮击金门。这一行动后推迟至9月。1954年9月3日、22日，人民解放军分两次开始连续多日炮击金门，表达中国人民反对外来干涉、一定要解放台湾的决心。

〔2〕 其他4个组织条例草案是：《中华人民共和国国务院组织条例（草案）》、《中华人民共和国人民法院组织条例（草案）》、《中华人民共和国人民检察院组织条例（草案）》、《中华人民共和国地方各级人民代表大会和地方各级人民委员会组织条例（草案）》。

〔3〕 指中央军委总政治部副主任萧华。

会，由苏振华同志作了传达，并进行了讨论。一致认识到今后进一步加强海上斗争和解放台湾战争的长期性，进一步明确了边打边建的方针，特别是在准备解放台湾的战争中建设海军，这对我们鼓励很大，同时也是艰巨的任务。拟作专门研究，提出一个计划报中央、军委，以加强海上战斗力量，进一步展开海上对敌斗争。

**8月11日**　下午三时，出席在北戴河中直礼堂举行的中央人民政府委员会第三十三次会议。会议听取并讨论批准周恩来的外交报告，通过关于召开中华人民共和国第一届全国人民代表大会第一次会议的决议。毛泽东在会上发表关于解放台湾问题的讲话，指出：解放台湾，这个方针不是今天才提出的，它是早已就提出过了。现在把它提出来，是为了强调它。从前在抗美援朝的时候，我们讲过边打边建，现在还是边打边建，在现在更应该是建。解放台湾的时间也不会很短。要知道，蒋介石有两种。一种是过去在大陆上的蒋介石，一种是在水里的蒋介石。过去在没有水的地方打仗，我们有经验，但是在水里打仗的经验就缺乏了。我们不应该轻视现在的蒋介石。我们要搞海军、空军。台湾能不能收复？我想是能够收复的。海、空两军搞强大起来了，就能够收复台湾。这里面有军事工作、外交工作、宣传工作、政治工作。政治工作，主要是讲团结，特别是沿海各省的团结。宣传也是件很大的工作，各民主党派都要做。同时，收复台湾也是个经济工作，如修建铁路，现在福建的经济和对国外的通商，因为有蒋介石，是个很大的障碍。这次政府委员会开会以后还要召集一个政协常委扩大会议，有各大城市的人参加，在那个会上通过一个联合宣言。因为这不是一件小事，而是很复杂的，是个艰巨的工作。我们是可以收复台湾的，因为台湾是我们的，美国在这个问题上是最孤立的。

**8月13日**　审阅中共中央宣传部五月十一日关于答复英国

共产党总书记波立特来信问题向中央的请示报告，批示：“陆定一〔1〕同志：中央宣传部在这个问题上犯了错误——同意英国党的错误提议——应当注意。”波立特在三月二十九日给中共中央的来信中提出：要在《毛泽东选集》第二卷《战争和战略问题》一文的英译本中，删去第一节中的第一、第二两个自然段〔2〕。并说：“因为假使我们发表了这一节，就会给我们在美国的同志招致很多困难，而且因为这一节也不符合一九五一年二月出版的我们的纲领——‘英国到社会主义之路’，对于若干公式经过极端认真的考虑之后，纲领认为，鉴于变化了的国际形势，苏联夺取政权的方式并不适用于英国。”毛泽东对此批注：“这样提问题似不妥当。”同时，在中宣部为中央起草的准备同意这一删节的复信稿上批注：“这样答复，似不妥。”

**同日** 审阅中共中央对外联络部重新为中央起草的给波立特的复信，批示：“刘、朱、陈、小平、陆定一同志阅，退王稼祥同志照办。”复信不同意在《毛泽东选集》第二卷的英译本中把《战争和战略问题》第一节的头两个自然段删去的提议，并指出：“因为毛泽东同志在该文件中所说到的原则，是马列主义的普遍真理，并不因为国际形势的变化，而须要作什么修正。而且《毛泽东选集》已经出版俄文版及其他外国文版，都没有作什么修改。至于《毛泽东选集》在美国出版发行的困难问题，可以采取下列的办法

〔1〕 陆定一，当时任中共中央宣传部部长、政务院文化教育委员会副主任。1956年9月又任中共中央政治局候补委员。

〔2〕 波立特提出拟删去的两个自然段，见《战争和战略问题》第一节“中国的特点和革命战争”。在这两段中，毛泽东阐述了“革命的中心任务和最高形式是武装夺取政权，是战争解决问题”的论断，并指出：“这个马克思列宁主义的革命原则是普遍地对的，不论在中国在外国，一概都是对的。”

解决：出版能在美国发行的选集，某些文章或演说如被美国反动法律禁止出版时，可不包括在选集内，但是《毛泽东选集》的美国版的目录事先应当征得作者的同意。”复信于八月二十三日发出。

**8月16日** 游览山海关。

**8月17日** 下午，在北戴河一号楼召集刘少奇、朱德、董必武、林伯渠、罗瑞卿、杨尚昆开会。

**8月20日** 由北戴河回到北京。

**8月21日** 在北京市第一届人民代表大会第一次会议上当选为第一届全国人民代表大会代表。

**同日** 阅中央军委总参谋部作战部八月十九日关于美国海军在华东沿海活动情况的报告，批示：“刘、周、陈、邓、彭〔1〕阅。此情况值得注意。”

**同日** 阅中央军委防空司令部八月二十日关于美国空军在大陈岛地区活动情况及我国飞机起飞情况的报告，批示：“刘、周、陈、邓阅后，送彭德怀、黄克诚同志：请注意，需确实查清没有美舰美机的时机，方可对上下大陈进行攻击，否则不要攻击。”

**同日** 下午，在中南海颐年堂召开会议，刘少奇、周恩来、陈云、彭真、彭德怀、邓小平、邓子恢、陆定一、杨尚昆、李维汉、习仲勋出席。

**8月22日** 和刘少奇、周恩来、彭真等在中山公园中山堂前广场接见出席北京市第一届人民代表大会第一次会议的全体代表，并和全国工业劳动模范刘英源、全国纺织工业劳动模范刘世梅、北京市农业劳动模范殷维臣、作家舒舍予（老舍）、数学家华罗庚、北京市工商业联合会主任委员乐松生等握手。

**8月24日** 下午，在中南海勤政殿会见以艾德礼为团长的

---

〔1〕 彭，指彭德怀。

英国工党代表团，刘少奇、周恩来、陈云、邓小平、李济深、章伯钧、黄炎培、郭沫若、陈叔通、张奚若在座。会见中，毛泽东说：从第二次世界大战开始以来，中英关系已经根本改变，虽然并不是说我们之间没有争论，没有不同意见，也不是说我们两国的制度没有不同之处。过去日本统治过中国，对日战争胜利以后，美国又代替了日本，帮助蒋介石欺负我们。在这两个阶段，英国都改变了对中国的态度。在我们和你们之间，基本的争论是不多了，这是基本问题。我们和法国的关系同样是这样。我们同美国之间也有一个洋，叫太平洋，可是太平洋不太平。有些问题我们不了解。例如，澳大利亚和美国签订了一个条约，声明说是为了反对共产党，说我们要侵略澳大利亚，因此有必要同美国和新西兰一起签订这个条约〔1〕，一齐反共。反共的声浪在世界相当高哩，特别在前一个时期。据说，中国人犯了大罪，主要是把一个很好的人叫蒋介石给赶走了。我读过比万〔2〕先生的一篇文章，他说美国人发明了一种新逻辑，说中国人自己侵略了自己。在美国看来，蒋介石比我们好。你们的看法不同些，因为你们早已不承认蒋介石了，所以我说和你们没有根本分歧。我们彼此在日本问题上也没有根本分歧，因为对日本问题，英国今天管不了了。因此我们看见你们觉得很高兴。客人问：中国能不能和英国工党所主张的社会主义和平共处？毛泽东说：我认为可以和平共处。这里发生一个问题，难道只能和这种社会主义共处，不可以和别的事物共处吗，和非社会主义的事物，像资本主义、帝国主义、封建王国等共处吗？我认为，回答也是肯定的，只需要一个

〔1〕 指1951年9月签订的《澳新美安全条约》。

〔2〕 比万，英国工党领袖。当时是英国工党访华代表团成员，毛泽东会见时在座。

条件，就是双方愿意共处。我们认为，不同的制度是可以和平共处的。我们和你们也可以合作。我们之间首先就不会打仗。我们不仅不会和工党开仗，也不会和保守党开仗。我们走的是两条路。让我们做朋友吧，不仅在经济上合作，而且在政治上也合作。在日内瓦会议上，中、苏、英、法四国，还有越南民主共和国，就能合作，因为我们有共同要求。客人问：你看国际形势可能怎样发展？毛泽东说：我看现在的国际形势是好的。日内瓦会议以后，有了一些改变。中国是一个正在开始改变面貌的落后国家，经济上、文化上都比西方国家落后。但是现在正在开始改变面貌，已经取得了改变的可能性。中国是农业国，要变为工业国需要几十年，需要各方面帮助，首先需要和平环境。经常打仗不好办事，养许多兵是会妨碍经济建设的。如果诸位同意的话，我们要继续创造一个和平的国际环境。我想，这也是英国、法国所需要的。我们的国家现在还很穷，如果能得到几十年和平就好了。你们赞成吗？如果赞成，就让我们订一个条约，当然不是今天下午订，订个几十年不打仗的条约。谁要打仗，就反对他。我们没有别的本钱，只有一桩，就是老百姓。人多，地大，是我们的两桩本钱。至于建设近代化的国家，那需要很多的时间、精力。我们这类国家，如中国和苏联，主要依靠国内市场，而不是国外市场。这并不是说不要国外联系，不做生意。不，需要联系，需要做生意，不要孤立。有两个基本条件使我们完全可以合作：一、都要和平，不愿打仗；二、各人搞自己的建设，因此也要做生意。和平、通商，这总是可以取得同意的。毛泽东说：中国、苏联、英国和其他各大国都靠拢些，也包括美国在内。希望美国也采取和平共处的政策。美国这样的大国如果不要和平，我们就不得安宁，大家也不得安宁。这个工作英国人好做，因为我们和美国人彼此对骂得很厉害。美国人做的事太不像样子，他们支持蒋介石差不多每天都骚扰大陆。所以你们最好劝劝美国人把第七舰队拿走。他们是违反国际形势、违反历史的。他们只是美国的少数人，如杜勒斯之流。我们希望工党朋友们劝劝美国人：一、把第七舰队拿走，不要管台湾的事，因为台湾是中国的地方；二、不要搞东南亚条约，这也是违反历史的，要搞就搞集体和平公约；三、不要武装日本，武装日本的目的是反对中国和苏联，最后会害自己和西南太平洋各国，这是搬石头打自己的脚，这种可能性是有的；四、不要武装西德，武装结果不是好事，也会是搬石头打自己的脚。

**8月25日**　下午，同周恩来谈话。

**8月26日**　复信熊子容〔1〕：“七月三十日的信收到。进步甚慰。当选为人民代表，可为祝贺。工作问题，似以仍在原地为宜，易地则了解你的人可能不如原地多。”

**8月下旬**　审阅《中华人民共和国全国人民代表大会组织条例草案（修改稿）》，批示：“‘条例’似宜均改称‘法’。”九月二十九日，《中华人民共和国全国人民代表大会组织法》正式颁布。

**8月28日**　下午，在中南海菊香书屋召集刘少奇、周恩来、陈云、彭德怀、邓小平开会。

**8月31日**　上午，同董必武、徐以新〔2〕谈话。晚上，同刘少奇谈话。

**9月1日**　中共中央主席毛泽东关于高岗自杀问题发通报给苏共中央。通报说：“现将中共中央政治局委员高岗最近自杀身死的事，正式通知你们。关于高岗进行反党反中央及阴谋篡夺党

---

〔1〕熊子容，毛泽东在湖南省立第一师范学校读书时的同学。当时任南京师范学院教授。

〔2〕徐以新，当时任中国驻阿尔巴尼亚大使。

和国家最高权力的活动事实，今年三月间我们曾经告诉过你们。在最近半年，根据中共各个地方党的组织所揭发的材料，更加证实了高岗的罪行。但是，高岗在被管教的这一期间，却仍毫无悔悟表现，反于八月十七日实行第二次自杀，充分暴露了他的坚持仇恨党的立场和自绝于中国人民。高岗死后，我们进行了一系列的调查，以便确切查清他的死因。根据医生所作的临床诊断、尿便化验、病理剖检的各项结果和公安工作同志的调查、现场检查情形等，可以肯定高岗确是自杀，是服用多量安眠药致死的。同时，从其他各方面所作的进一步调查，亦证实了高岗在他的阴谋被揭穿后，早就有意识地积存安眠药和准备用这种办法实行自杀。对于高岗自杀事，中共中央决定对外暂不公布。同时，中共中央决定将高岗及另一中共中央委员饶漱石的反党反中央及阴谋篡夺党和国家最高权力的罪恶行为，向中共全体党员和中国新民主主义青年团全体团员进行传达，对中国国内的各民主党派、人民团体和在政府机关工作的党外干部，亦作适当的通知。中共中央还决定将高饶事件通知各兄弟国家的党的中央，并以书面向苏共中央作如上的通知。”

**同日** 晚上，同陈云谈话。

**9月2日** 和周恩来致电马林科夫、莫洛托夫，庆祝战胜日本帝国主义九周年。电报指出：“美国侵略集团不甘心于它的失败，正在积极复活日本军国主义，策动组织西太平洋和亚洲的战争集团，并加紧指使和帮助蒋介石卖国集团对中国大陆和沿海岛屿不断进行骚扰性和破坏性的战争，以扩大对远东及世界的战争威胁。中国人民坚决反对美国侵略集团的这种战争政策，一定要解放台湾，以保障中国的国家主权和领土完整，以维护远东及世界的和平和安全。恢复远东各国与日本之间的正常关系，防止日本军国主义的复活，已成为亚洲所有爱好和平的国家和人民的迫切任务。中国人民愿为这一任务的实现而努力。”

**同日** 下午，同周恩来谈话。

**9月3日** 下午，同朱德谈话。晚上，在中南海菊香书屋召集刘少奇、周恩来、朱德、陈云、彭德怀、邓小平开会。

**9月4日** 下午，会见王季范等。

**9月5日** 晚上，在中南海菊香书屋召集刘少奇、周恩来、朱德、陈云、彭真、邓小平、李维汉开会。

**同日** 阅中国人民外交学会秘书处九月四日转报的日本社会党外交局局长佐多忠隆关于日本记者随日本社会党代表访华问题给张奚若的信，批示：“送周总理酌处。要求派十名记者似可照办。”对来信中“日本社会党代表已经到达了可以访问贵国的阶段”一句，批注：“是否还要增加自由党代表？”九月二十九日至十月二十四日，由日本社会党、日本自由党等七政党国会议员组成的日本国会议员访华团应邀来中国访问。

**9月6日** 下午，在中南海菊香书屋召集周恩来、朱德、陈云、邓小平开会。晚上，召集刘少奇、周恩来、陈云、彭真、邓小平、李维汉、陈伯达、田家英开会，讨论宪法草案。

**9月7日** 中午，约见傅作义、张治中、程潜、邓宝珊〔1〕。

**同日** 晚上，在中南海菊香书屋召集周恩来、朱德、陈云、彭真、邓小平、李维汉、陈伯达、田家英开会。会议讨论宪法草案，并听取和讨论周恩来关于外交部对驻外使节调整情况的汇报。

**9月8日** 晚上，在中南海菊香书屋召集周恩来、彭真、邓

---

〔1〕 邓宝珊，当时任全国政协委员、甘肃省人民政府主席（1954年12月任省长）。1954年9月29日又任国防委员会委员。1956年3月又任中国国民党革命委员会中央副主席。

小平、陈伯达、田家英开会，讨论宪法草案。

**同日**　审阅修改准备提交九月九日中央人民政府委员会第三十四次会议讨论的《中华人民共和国宪法草案》。在序言部分，将“我国根据平等、互利、互相尊重领土主权的原则同任何国家建立和发展外交关系的政策”中的“互相尊重领土主权”，改为“互相尊重主权和领土完整”。在第一章总纲部分，将第五条中的“中华人民共和国的生产资料所有制现在有下列各种”，改为“中华人民共和国的生产资料所有制现在主要有下列各种”。将第二十条“中华人民共和国的武装力量属于人民，它的任务是保卫人民革命和国家建设的成果，保卫国家的安全和领土主权的完整”中的“保卫国家的安全和领土主权的完整”，改为“保卫国家的主权、领土完整和安全”。

**9月9日**　晨，批示机要秘书高智：“高智用电话通知：请周、朱、陈、小平四位同志，今日下午五时以前及下午七时以后，看少奇同志宪法报告的头两章，以便晚上十一时左右，和少奇、伯达一起，到我处谈一下这两章中的有些问题。”

**同日**　下午，在中南海勤政殿主持召开中央人民政府委员会第三十四次会议。会议讨论并修正通过《中华人民共和国宪法草案》，决定提交即将召开的第一届全国人民代表大会第一次会议审议。

**同日**　晚上，在中南海菊香书屋召集刘少奇、周恩来、陈云、彭真、邓小平、陈伯达、胡乔木、田家英等开会，讨论刘少奇关于宪法草案的报告稿。

**9月10日**　晚上，在中南海菊香书屋召集刘少奇、周恩来、彭真、邓小平开会。

**9月上旬**　审阅修改九月七日排印的《关于中华人民共和国宪法草案的报告（修正稿）》（加写和改写的文字用着重号标明）。

将报告稿的第一部分中关于是否能维持现状不变的一段话，修改为："我国是否还有什么别的道路可走呢？或许有人想到一条维持现状的道路，即既不是资本主义的道路，也不是社会主义的道路，而是既有社会主义又有资本主义，将我们现在所处的状态维持下去。这是否可能呢？大家知道，我国正处在建设社会主义社会的过渡时期。在我国，这个时期也叫做新民主主义时期，这个时期在经济上的特点，就是既有社会主义又有资本主义。有一些人就希望永远保存这种状态，最好不要改变。他们说：有了共同纲领就够了，何必还要宪法呢？最近几年，我们还常常听见'巩固新民主主义秩序'这样一种说法，这种说法就是反映了这种维持现状的思想。"在报告稿的第二部分讲到团结城市和乡村的个体手工业者和其他非农业的个体劳动者的地方，加写"他们是属于工农联盟的范畴之内的"。在讲到我国现阶段的人民民主统一战线的地方，加写：这是以工农联盟为基础而又"较工农联盟更为广泛的联盟，即劳动人民同可以合作的非劳动人民之间的一种联盟"。将关于过渡时期的多种经济成分的论述，修改为："就目前来说，我国的生产资料所有制，主要的有：国家所有制，即全民所有制；合作社所有制，即劳动群众集体所有制；个体劳动者所有制；资本家所有制。国家的任务是尽力巩固和发展前两种所有制的经济成分，即社会主义的经济成分，所以国家要'保证优先发展国营经济'，特别要注意逐步建立社会主义主要经济基础的重工业，同时要'鼓励、指导和帮助合作社经济的发展'。"

**9月11日** 下午，在中南海勤政殿接见前来北京参加第一届全国人大一次会议的达赖喇嘛和班禅额尔德尼，以及随行的高级僧俗官员林仓活佛、赤江活佛、尕金洛桑尼玛、噶玛巴活佛、孔管家、阿沛·阿旺晋美、计晋美、德吉才仁[1]等，刘少奇、宋庆龄、李济深、张澜、郭沫若、黄炎培、陈叔通、李维汉、汪锋[2]、张经武、范明参加。

**同日**　再次修改《关于中华人民共和国宪法草案的报告（修正稿）》。将“修正稿”改为“草稿”，并署上刘少奇的名字。将报告稿的第一部分中有关辛亥革命和《临时约法》的局限性的一段话，修改为（加写和改写的文字用着重号标明）：“但是当时的革命派是有缺点的。他们没有一个彻底的反对帝国主义和封建主义的纲领，没有广泛地发动和组织可以依靠的人民大众的力量，因此他们不能取得对于帝国主义和封建主义的彻底胜利。这次革命终于失败了，袁世凯领导的反动派篡夺了国家权力。”在报告稿的第二部分中讲到用和平方式进行社会主义改造的地方，加写两句话：“那种认为我国已经没有阶级斗争了的想法，是完全错误的。”“他们（指资本家——编者注）的政治权利也不会被剥夺。这和我们对待封建地主阶级的政策是大有区别的。”在讲到有人以“左”的面孔攻击我国社会主义改造的具体步骤的地方，加写一段话：“他们要我们破裂同民族资产阶级的联盟，立即剥夺民族资产阶级。他们又嫌我们的农业政策‘太慢了’，他们要我们破裂同农民的联盟。这些难道不是完全的胡说吗？我们如果照这样作，当然只有帝国主义和蒋介石卖国贼最为高兴。”在报告稿的第三部分讲到公民的自由和权利的地方，加写：“任何资

〔1〕阿沛·阿旺晋美，当时任西藏地方政府噶伦、昌都地区人民解放委员会副主任、中国人民解放军西藏军区第一副司令员。1956年4月又任西藏自治区筹备委员会秘书长。计晋美，当时任班禅堪布会议厅委员会主任委员、全国人大民族委员会委员。德吉才仁，达赖喇嘛的母亲。

〔2〕汪锋，当时任中共中央统战部副部长、政务院民族事务委员会副主任委员。1954年11月任国家民族事务委员会副主任。

本主义国家的人民群众，都没有也不可能有我国人民这样广泛的个人自由。”

**9月12日** 复电在青岛养病的林彪[1]：“来电已悉，同意你不出席全国人民代表大会，中央已代你报到并列入大会主席团名单。现在中央正在考虑政府组织和国防委员会与国防部的组织问题，有些问题需要同你商量一下，如果你身体情况许可，希望你能于九月二十日以前回京一行，但仍可不出席大会。是否可能，请电复。”

**同日** 在中南海菊香书屋召集刘少奇、周恩来、邓小平开会。

**9月13日** 晨，审阅修改九月十一日排印的《关于中华人民共和国宪法草案的报告（草稿）》，批示：“此件送陈伯达同志阅后，送交刘少奇同志：又作了一些修改，请阅酌。拟于晚上谈一下。”在报告稿的第一部分讲到康有为等改良派的变法运动的地方，加写：“他们虽然是改良派，但在当时的条件下还是有进步意义的”。在说明新中国成立五年来的巨大变化的地方，将一句话修改为（加写和改写的文字用着重号标明）：“五年来的生活充分证明，由目前复杂的社会经济状况过渡到单一的社会主义社会[2]，是我国应当走的唯一正确的道路。”在讲到美帝国主义还侵占着台湾，蒋介石集团还盘踞在台湾继续作恶，反动派的复辟仍然是一个实际的危险的地方，加写：“如果有人看轻这种危险，那就犯了错误。”“必须努力加强我们的国防力量”。

**同日** 下午，接受瑞士新任驻中国公使贝努义递交国书。交

---

〔1〕 这个电报由邓小平起草，毛泽东审定后发出。

〔2〕 正式发表时，改为：“由目前复杂的经济结构的社会过渡到单一的社会主义经济结构的社会，即由目前的新民主主义社会过渡到社会主义社会”。

谈中，毛泽东提出：我们希望中立国监察委员会的瑞士委员不要退出。瑞士、瑞典是两个没有经受战争的欧洲国家，应该致力保障和平。我们很希望你们不要退出中立国监察委员会。麻烦是麻烦的，关系有点不好，可以改善。有这样一个组织在那里，对维护和平有好处。贝努义说：由于中国代表团的努力，日内瓦会议以缔结和平而告结束。毛泽东说：这个会议是一个和平的会议。有人说，中国人口多，因此就要向外面打主意。这是完全不对的。人多地少，需要向外侵略，这是希特勒曾经用过的理论，日本军阀也用过这种理论。事实上，发展生产就能在国家内部解决人民生活的问题，而且还可以改善人民生活，不需要向外面打主意。战争没有好处，我们也是愿意和平而不愿意战争的。瑞士是个工业国，在社会经济方面你们比我们先进。目前中国能跟外国交换的东西主要是农产品。随着中国经济的发展，随着几个五年计划的执行，中国出口的东西就会增加。

**同日**　晚上，在中南海菊香书屋召集刘少奇、周恩来、陈伯达开会，讨论刘少奇关于宪法草案的报告稿。

**9月14日**　下午，在中南海勤政殿主持召开中央人民政府委员会临时会议，并讲话。毛泽东说：宪法草案有两个地方要修改，这是代表们提出的意见。一个地方是序言第三段，在“第一届全国人民代表大会”后面加“第一次会议”五个字，将“我国的第一个宪法”改为“中华人民共和国宪法”。过去到现在，中国的宪法有九个（草案不在内）：清朝的《宪法大纲》，孙中山的《中华民国临时约法》，袁世凯的《中华民国约法》，曹锟的宪法，《中华民国训政时期约法》，蒋介石的宪法，瑞金工农民主中央政府颁布的宪法，《中国人民政治协商会议共同纲领》，《中华人民共和国宪法》。说这个宪法是“中国第一个宪法”，不妥。说它是“中华人民共和国宪法”，则名符其实。这是属于文字性质的但是重要的修改，不改就不那么妥。另一个地方是总纲的第三条第三款中各民族“都有保持或者改革自己的风俗习惯和宗教信仰的自由”，问题出在“和宗教信仰”这五个字上。改革“宗教”可以，改革“信仰”则不妥。而且第三章第八十八条“中华人民共和国公民有宗教信仰的自由”，已经有了规定。这一条意见是有理由的，把“和宗教信仰”五个字删掉。今天开会就是为着改这两个地方。毛泽东说：宪法不是天衣无缝，总是会有缺点的。宪法以及别的法律，都是会有缺点的。什么时候发现，就修改。能过得去的，那就不要改了。他最后说：这是一个比较完整的宪法了。最先是中共中央起草，然后是北京五百多高级干部讨论，全国八千多人讨论，然后是三个月的全国人民讨论。这一次全国人民代表大会代表一千多人又讨论。宪法的起草是慎重的，每一条、每一个字都是认真搞了的，但也不必讲是毫无缺点，天衣无缝。这个宪法是适合我们目前的实际情况的，它坚持了原则性，但是又有灵活性。

会议修正通过《中华人民共和国宪法草案》之后，毛泽东又讲话。他说：利用这个机会，讲一点对于辛亥革命的评价问题。有相当一部分朋友对于我们讲“辛亥革命是资产阶级民主革命”觉得不妥，在感情上有些过不去。但从社会发展历史上说，辛亥革命确实是一次资产阶级性质的民主革命。在人类历史上有过几次性质不同的大的革命。第一次，是奴隶主推翻原始共产主义社会，使人类的生产和社会大进一步。第二次，是封建地主革掉奴隶主的命。这次革命，在中国大概是在春秋战国时代。关于这个问题，历史学家们还在争论不决，有人说西周就是封建社会了。我想，今天中央人民政府委员会对这个问题可以不去作结论。我个人是比较相信郭沫若副总理的在春秋战国时代产生封建制的主张的。郭沫若用很多材料证明，孔夫子所以成为圣人，是因为他是革命党，到处参加造反。所以此人不可一笔抹杀，不能简单地就是“打倒孔家店”。总之，在春秋战国时代发生了激烈的变化，发生了大的阶级斗争、革命斗争，从那时起，开始允许土地私有，允许土地收租。第三次，是资产阶级革封建地主阶级的命，也就是民主主义革封建主义的命。在中国，就是辛亥革命。孙中山及其一派人领导的辛亥革命，是人类历史上资产阶级民主革命中的一次。在辛亥革命以前，中国还有过改良派。对改良派也应该估计有进步的一面。戊戌变法在当时受压迫，为什么？就是因为它有进步性，它受到顽固派的仇恨。孙中山比改良派又更进一大步，他公开号召实行资产阶级民主革命，推翻了清朝的统治，结束了中国两千多年的封建帝制，建立了中华民国和临时革命政府，并制定了一个《临时约法》。辛亥革命以后，谁要再想做皇帝，就做不成了。所以我们说它有伟大的历史意义。辛亥革命没有成功，失败了。为什么失败？就是因为孙中山的领导集团犯了错误，有缺点。关于这一点，孙中山有过自我批评，国民党第一次全国代表大会通过的宣言上曾经说，当时向袁世凯妥协是不对的。人总是有缺点的，总是要犯错误的，只是不要错得太多就是了。凡是我有了错误，希望能及时得到朋友们的批评和纠正。要做到“言者无罪，闻者足戒”。我们是靠老实吃饭，不靠摆架子吃饭。如果共产党的领袖人物就说不得，各民主党派、人民团体的领导人物就说不得，那就不好了。我们不能这样，我们要实事求是。我们对一切事情都要加以分析：好，就肯定；不好，就批评。在第三十次中央人民政府委员会会议上，我曾经提到《联共党史》结束语第二条对马克思、恩格斯就批评过。恩格斯有个别原理是错误的，应该抛弃，拿新的原理来代替它。古语说“人非圣贤，孰能无过”。我看这句话要改一下。人，包括圣贤在内，总是有过的，有过必改就好了。不要造成偶像，就是不要说谁不能批评，而要说可以批评，但批评要正确，对于批评要分析。

**同日** 审阅中央军委关于同意再次炮击金门计划给华东军区的复电，批示："照发。"华东军区九月十三日的请示电说：国民党军正在向金门增兵加强防务，但仍有可能对我采取登陆突袭报复。为报复国民党军海空轰炸，准备在九月二十日前后对大小金门组织第二次集中炮击。

**同日** 晚上，在中南海菊香书屋召集刘少奇、周恩来、陈云、邓小平、李维汉、陈伯达、胡乔木开会。

**9月15日—28日** 第一届全国人民代表大会第一次会议在北京中南海怀仁堂举行。这次会议的任务是：制定宪法；制定几个重要的法律；通过《政府工作报告》；选举新的国家领导工作人员。

**9月15日** 下午三时，第一届全国人民代表大会第一次会议开幕，毛泽东主持并致开幕词。他说："我们这次会议具有伟大的历史意义。这次会议是标志着我国人民从一九四九年建国以来的新胜利和新发展的里程碑，这次会议所制定的宪法将大大地促进我国的社会主义事业。我们的总任务是：团结全国人民，争取一切国际朋友的支援，为了建设一个伟大的社会主义国家而奋斗，为了保卫国际和平和发展人类进步事业而奋斗。我国人民应当努力工作，努力学习苏联和各兄弟国家的先进经验，老老实实，勤勤恳恳，互勉互助，力戒任何的虚夸和骄傲，准备在几个五年计划之内，将我们现在这样一个经济上文化上落后的国家，建设成为一个工业化的具有高度现代文化程度的伟大的国家。我们的事业是正义的。正义的事业是任何敌人也攻不破的。领导我们事业的核心力量是中国共产党。指导我们思想的理论基础是马克思列宁主义。我们有充分的信心，克服一切艰难困苦，将我国建设成为一个伟大的社会主义共和国。我们正在前进。我们正在做我们的前人从来没有做过的极其光荣伟大的事业。我们的目的一定要达到。我们的目的一定能够达到。全中国六万万人团结起来，为我们的共同事业而努力奋斗！我们的伟大的祖国万岁！”接着，刘少奇作《关于中华人民共和国宪法草案的报告》。

**9月16日**　晚上，在中南海菊香书屋召集刘少奇、周恩来、陈云、邓小平、李维汉、陈伯达、胡乔木开会。

**9月17日**　下午三时，出席第一届全国人大一次会议。会议继续讨论《中华人民共和国宪法草案》和《关于中华人民共和国宪法草案的报告》。

**同日**　晚八时半，同陈伯达、胡乔木谈话。九时，同林彪谈话。九时半，在中南海菊香书屋召集刘少奇、周恩来、陈云、邓小平开会。

**9月18日**　下午三时，出席第一届全国人大一次会议。

**同日**　晚九时四十分，同陈伯达、胡乔木谈话。十时半，在中南海菊香书屋召集刘少奇、周恩来、邓小平、李维汉、杨尚昆开会。

**9月19日**　审阅邓小平本日报送的准备提交第一届全国人大一次会议通过的国防委员会成员名单，批示：“照办。即退邓小平同志。”邓小平在报告中说：我们又开了一次会通过了这个名单。会前恩来同志提出党外加黄琪翔、郑洞国〔1〕两人。黄与陈诚〔2〕有较深的关系，郑是蒋的嫡系。会议中，大家认为必要，

〔1〕　黄琪翔，原国民党军将领。当时任全国政协常委、中南行政委员会政治法律委员会副主任、中国农工民主党中央秘书长。1954年11月又任国家体育运动委员会副主任。郑洞国，原国民党军将领。当时任国防委员会委员、水利部参事。

〔2〕　陈诚，当时任台湾当局“副总统”。

故党内勾去了李天佑、赵寿山[1]两人。二十八日，大会通过了这个名单。

**同日** 审阅修改周恩来《政府工作报告（草稿）》，批示胡乔木："此件看了一遍。有些觉得不妥处作了记号，有些处改了几个字，请你斟酌。"

**同日** 晚七时，在中南海菊香书屋同周恩来、陈伯达、胡乔木谈话。九时，召集刘少奇、周恩来、陈云、彭真、邓小平、李维汉开会。

**9月20日** 下午三时，出席第一届全国人大一次会议。会议一致通过《中华人民共和国宪法》及《中华人民共和国全国人民代表大会组织法》。二十一日，会议通过《中华人民共和国国务院组织法》、《中华人民共和国人民法院组织法》、《中华人民共和国人民检察院组织法》、《中华人民共和国地方各级人民代表大会和地方各级人民委员会组织法》。

**同日** 晚八时，同陈伯达、胡乔木谈话。八时半，在中南海菊香书屋召集刘少奇、周恩来、陈云、彭真、邓小平、李维汉开会。

**9月21日** 晚上，在中南海菊香书屋召集刘少奇、周恩来、陈云、彭真、邓小平、李维汉、陈伯达、胡乔木开会。

**9月22日** 晚七时半，同陈伯达、胡乔木谈话。随后，在中南海菊香书屋召集刘少奇、周恩来、陈云、彭真、邓小平、李维汉开会。

**9月23日** 下午三时，出席第一届全国人大一次会议。会

---

〔1〕 李天佑，当时任中共广西省委书记、中国人民解放军广西省军区司令员。赵寿山，当时任全国政协委员、陕西省人民政府主席、中国人民解放军西北军区副司令员。

议听取周恩来作《政府工作报告》，并进行讨论。

**同日**　晚上，在中南海颐年堂召集会议，讨论国家领导工作人员人选名单。刘少奇、周恩来、陈云、彭真、邓小平、陈毅、李维汉、乌兰夫和党外人士宋庆龄、李济深、张澜、沈钧儒、郭沫若、黄炎培、陈叔通、李四光、程潜、章伯钧、马叙伦、张治中、傅作义、龙云出席会议。

**9月24日**　下午三时，出席第一届全国人大一次会议。会议继续讨论《政府工作报告》。

**9月25日**　下午，在中南海勤政殿先后会见前来参加国庆五周年庆祝活动的由阿波斯托尔〔1〕率领的罗马尼亚政府代表团和由柯别茨基〔2〕率领的捷克斯洛伐克政府代表团，刘少奇、宋庆龄、周恩来、董必武、陈云、邓小平在座。

**同日**　晚上，在中南海菊香书屋召集刘少奇、周恩来、陈云、彭真、邓小平、李维汉开会，研究国庆五周年口号等问题。

**同日**　中共中央发出《关于解放台湾宣传方针的指示》。

**9月26日**　下午，在中南海勤政殿先后会见前来参加国庆五周年庆祝活动的由赫格居斯〔3〕率领的匈牙利政府代表团和由博尔茨〔4〕率领的德意志民主共和国政府代表团，刘少奇、周恩来、陈云、邓小平、邓子恢、李富春在座。

**同日**　晚十时，在中南海勤政殿会见前来参加国庆五周年庆

---

〔1〕 阿波斯托尔，当时任罗马尼亚工人党中央第一书记、罗马尼亚部长会议副主席。

〔2〕 柯别茨基，当时任捷克斯洛伐克共产党中央政治局委员、捷克斯洛伐克政府副总理兼文化部部长。

〔3〕 赫格居斯，当时任匈牙利劳动人民党中央政治局委员、匈牙利部长会议第一副主席兼农业部部长。

〔4〕 博尔茨，当时任德意志民主共和国政府副总理兼外交部部长。

祝活动的由黄明鉴[1]率领的越南民主共和国政府代表团，刘少奇、周恩来、陈云、习仲勋、章伯钧、张奚若在座。

**同日** 晚十时四十分，在中南海菊香书屋召集刘少奇、周恩来、陈云、彭德怀、邓小平、李维汉开会。

**9月27日** 下午，出席第一届全国人大一次会议。会议选举：毛泽东为中华人民共和国主席、朱德为副主席；刘少奇为第一届全国人大常委会委员长，宋庆龄、林伯渠、李济深、张澜、罗荣桓、沈钧儒、郭沫若、黄炎培、彭真、李维汉、陈叔通、达赖喇嘛·丹增嘉措、赛福鼎为副委员长，彭真为秘书长，王昆仑、王维舟、古大存、司徒美堂、吴玉章等六十五人为委员；董必武为中华人民共和国最高人民法院院长；张鼎丞为中华人民共和国最高人民检察院检察长。根据中华人民共和国主席的提名，会议通过周恩来为中华人民共和国国务院总理的决定。

**同日** 下午，在中南海勤政殿会见前来参加国庆五周年庆祝活动的由桑布[2]率领的蒙古人民共和国政府代表团，刘少奇、李济深、周恩来、林伯渠、董必武在座。

**同日** 审阅修改拟任国防部部长彭德怀准备在国庆节阅兵时的命令稿，批示："退萧向荣同志办。已加修改。中央书记处各同志及彭德怀、邓小平同志已看过。"

**同日** 晚九时，在中南海勤政殿会见前来参加国庆五周年庆祝活动的由达米扬诺夫[3]率领的保加利亚政府代表团，刘少奇、周恩来、董必武、邓小平、陈毅在座。

---

〔1〕 黄明鉴，当时任越南民主共和国宣传部部长。

〔2〕 桑布，当时任蒙古人民革命党中央政治局委员、蒙古人民共和国大人民呼拉尔主席团主席。

〔3〕 达米扬诺夫，当时任保加利亚共产党中央政治局委员、保加利亚部长会议副主席。

**同日**　晚十一时，在中南海菊香书屋召集刘少奇、周恩来、陈云、彭德怀、邓小平开会。

**9月28日**　上午，在中南海西楼会议室主持召开中共中央政治局会议。会议作出关于成立中共中央军事委员会的决议。决议指出：中央政治局认为，必须同过去一样，在中央政治局和书记处之下成立一个党的军事委员会，担负整个军事工作的领导。中央政治局决定，由毛泽东、朱德、彭德怀、林彪、刘伯承、贺龙、陈毅、邓小平、罗荣桓〔1〕、徐向前、聂荣臻、叶剑英组成中共中央军事委员会，毛泽东任主席，彭德怀主持中共中央军委日常工作。

**同日**　下午二时，在中南海勤政殿会见前来参加国庆五周年庆祝活动的由金日成率领的朝鲜民主主义人民共和国政府代表团，刘少奇、周恩来、陈云、彭德怀、彭真、陈叔通在座。

**同日**　下午二时十五分，在中南海勤政殿会见前来参加国庆五周年庆祝活动的由贝鲁特〔2〕率领的波兰政府代表团，刘少奇、周恩来、林伯渠、陈云、李富春、沈雁冰在座。

**同日**　下午三时半，主持第一届全国人大一次会议最后一次会议。会议决定中华人民共和国国务院组成人员、中华人民共和国国防委员会副主席和委员名单，并通过第一届全国人大民族委员会、法案委员会、预算委员会的主任委员和委员名单。

**同日**　发布中华人民共和国主席令，颁布施行《中华人民共和国国务院组织法》、《中华人民共和国人民法院组织法》、《中华

---

〔1〕 罗荣桓，当时任全国人大常委会副委员长、国防委员会副主席、中国人民解放军总政治部主任兼总干部部部长。1955年9月又任中国人民解放军监察委员会书记。

〔2〕 贝鲁特，当时任波兰统一工人党中央第一书记。

人民共和国人民检察院组织法》、《中华人民共和国地方各级人民代表大会和地方各级人民委员会组织法》。

**9月29日** 发布中华人民共和国主席令，根据第一届全国人大一次会议的决定，任命中华人民共和国国务院副总理、各部部长、各委员会主任、秘书长。陈云、林彪、彭德怀、邓小平、邓子恢、贺龙、陈毅、乌兰夫、李富春、李先念为国务院副总理，习仲勋为国务院秘书长。

**同日** 发布中华人民共和国主席令，根据第一届全国人大一次会议的决定，任命中华人民共和国国防委员会副主席和委员。朱德、彭德怀、林彪、刘伯承、贺龙、陈毅、邓小平、罗荣桓、徐向前、聂荣臻、叶剑英、程潜、张治中、傅作义、龙云为国防委员会副主席，于学忠等八十一人为国防委员会委员。

**同日** 下午，在中南海勤政殿会见前来参加国庆五周年庆祝活动的由什图拉〔1〕率领的阿尔巴尼亚政府代表团，刘少奇、周恩来、陈云、习仲勋、萧华在座。

**同日** 晚上，出席招待前来中国参加国庆五周年活动的各国外宾的酒会，并致祝酒词。酒会结束后，写信给周恩来："刚才我说的几句话如下，如发表，请照此文句。欢迎各位朋友来到中国！对于各位朋友带来的友谊，我们表示感谢！祝贺各位朋友身体健康！祝贺我们相互间的友谊更加增进！祝贺世界和平更加巩固！"

**9月30日** 晨，在中南海菊香书屋召集刘少奇、周恩来、彭真、邓小平、罗瑞卿开会。

**同日** 下午，在中南海勤政殿会见前来参加国庆五周年庆祝

---

〔1〕 什图拉，当时任阿尔巴尼亚外交部部长。

活动的苏联政府代表团团长赫鲁晓夫〔1〕等，朱德、刘少奇、周恩来、陈云、彭真、董必武、林伯渠、彭德怀、邓小平、邓子恢、李富春等在座。

**同日**　晚七时十五分，在中南海怀仁堂出席首都各界庆祝中华人民共和国成立五周年大会。

**同日**　晚十时半，在中南海怀仁堂会见由乌玛·尼赫鲁〔2〕率领的印中友好协会访华代表团。交谈中，乌玛·尼赫鲁说：我到了中国以后，就学习中国的文字。我希望主席能把中国的文字简化一下。毛泽东说：在这一方面，我们的革命还没有完成。我们一定要把我们的不合理的、复杂的文字加以改善。中国是一个落后的国家，在经济上还不如印度。比如你们的铁路比我们多，你们的纺织业比我们大一倍。这是帝国主义压迫中国的结果，他们使中国没有工业。乌玛·尼赫鲁说：他们使我们处于饥饿状态，但是他们又不把我们逼得饿死，因为那样人民就要起来革命。因此，他们使我们处在半死不活的状态。毛泽东说：我们亚洲国家有许多共同的地方，主要的一点就是我们都受过帝国主义的压迫。因此，我们东方国家的人容易互相接近，容易谈得拢。中国和印度的人口加起来就等于世界人口的一半，我们应当增加相互的接触和来往，不互相损害，而互相帮助。乌玛·尼赫鲁说：我们两国现在正是这样做的。你们的总理到印度，同尼赫鲁总理一起提出了和平共处五项原则。毛泽东说：这五项原则应当普遍用于各国之间的关系。现在这五项原则已经是世界闻名了。会见时，刘少奇、周恩来、陈毅、邓小平、彭真在座。

---

〔1〕　赫鲁晓夫，当时任苏联共产党中央第一书记、苏联最高苏维埃主席团委员。

〔2〕　乌玛·尼赫鲁，印度政府总理尼赫鲁的妻子。当时任印度国会议员。

**10月1日** 上午十时，和朱德、刘少奇、周恩来、宋庆龄、林伯渠、李济深、张澜等党和国家领导人出席在天安门举行的中华人民共和国成立五周年庆祝大会，检阅中国人民解放军部队和群众游行队伍。晚上，毛泽东等在天安门城楼观看焰火。

**10月2日** 晚上，在中南海菊香书屋召集刘少奇、周恩来、陈云、邓小平、陈毅开会。

**10月3日** 下午，在中南海颐年堂同赫鲁晓夫会谈，中方朱德、刘少奇、周恩来、陈云、彭德怀、邓小平等和苏方布尔加宁、米高扬〔1〕等参加。

**同日** 晚上，在中南海怀仁堂设宴招待前来中国参加国庆五周年庆祝活动的各国政府代表团，朱德、刘少奇、周恩来等作陪。

**10月4日** 下午，在中南海颐年堂会见金日成，刘少奇、周恩来、陈云、彭德怀、邓小平在座。

**同日** 晚上，和朱德、刘少奇、周恩来在中南海怀仁堂观看苏联国立民间舞蹈团的演出，赫鲁晓夫、布尔加宁、米高扬等陪同观看。

**10月5日** 下午二时，主持召开中共中央书记处会议，刘少奇、周恩来、陈云出席，彭德怀、邓小平列席。

**同日** 下午三时，在中南海颐年堂同赫鲁晓夫会谈，中方朱德、刘少奇、周恩来、陈云、彭德怀、邓小平等和苏方布尔加宁、米高扬等参加。

**同日** 晚上，在中南海菊香书屋召集刘少奇、周恩来、陈

---

〔1〕 布尔加宁，当时任苏联共产党中央主席团委员、苏联部长会议第一副主席。米高扬，当时任苏联共产党中央主席团委员、苏联部长会议副主席（1955年2月任第一副主席）。

云、邓小平、邓子恢、李富春开会。

**10月6日**　下午一时半，在中南海菊香书屋召集彭真、董必武、李先念、刘伯承、贺龙、聂荣臻、叶剑英开会。

**同日**　下午三时半，在中南海颐年堂同赫鲁晓夫会谈，中方朱德、刘少奇、周恩来、陈云、彭德怀、邓小平等和苏方布尔加宁、米高扬等参加。

**10月7日**　下午，在中南海颐年堂主持召开中共中央军事委员会第一次会议，朱德、彭德怀、林彪、刘伯承、贺龙、邓小平、罗荣桓、徐向前、聂荣臻、叶剑英、黄克诚、萧向荣出席。

**同日**　晚九时，接见印度尼西亚华侨代表张国基〔1〕，廖承志参加。

**同日**　晚十一时许，召集刘少奇、周恩来、陈云、彭真、邓小平、李维汉开会。

**10月8日**　审阅十月六日彭德怀关于中共中央军委直属各总部称谓问题给毛泽东的请示报告。报告说：军委直属之总参谋部、总政治部、总干部部、总后勤部等部，原隶属中央人民政府人民革命军事委员会，现人民革命军事委员会名义已撤销，而国防委员会则为咨询机关性质，军委系党的组织，许多问题不能公开署名。为此，昨与刘伯承、贺龙、罗荣桓、聂荣臻、叶剑英诸同志共同考虑，拟均冠以“中国人民解放军”，称“中国人民解放军总参谋部”等等。毛泽东批示：“退彭德怀同志。中央书记处已批准照此办理。”

**同日**　下午，同张经武谈西藏问题。

---

〔1〕张国基，毛泽东在湖南省立第一师范学校读书时的同学。1918年加入新民学会。1927年4月经毛泽东等介绍，加入中国共产党。南昌起义时任独立第一师师长。1929年后旅居印度尼西亚，从事华侨教育工作。当时任全国人大代表。

**10月9日** 下午，接见达赖喇嘛。在听取达赖喇嘛的意见后，毛泽东说：你们希望中央帮助西藏人民提高生活水平，这是从经济上同时也是从政治上代表大多数西藏人民提出的意见。如果说帮助，就要在多少年后使西藏人民在物质生活、文化生活和人口发展上有改进，如果没有改进，就称不上是帮助。少数民族的人口占全国人口的十五分之一到十四分之一，汉族十四个人帮少数民族一个人，完全可能，完全应该。将来少数民族也可以帮助汉族，所以是互相帮助。至于如何帮助，这是个很复杂的问题。据我们看，这是不能性急的，性急反倒慢了，不性急反倒会快。现在，在西藏上层反对改革的人较多，如果勉强办，你就会孤立。改革的事，没有多数人赞同是办不通的。要让西藏人看到改革有好处，才肯改革。第一，汉族、藏族要互相了解、信任；第二，汉族要帮助西藏办一些能办的事，使大家觉得有好处。还要帮助藏族训练干部，帮助他们成长起来。西藏要办小学、中学，还要办大学，不仅要有大学生，还要有各种各样的干部和科学家。西藏的改革，有一个重要条件，就是要西藏地方政府的官员们和寺庙负责人赞成，至少是他们的多数人赞成，才能进行。少数人急进，不会得人心。不要以为中央急于想改革，我们并不是这样想的，也许在西藏的某些汉族干部有这个想法，这就要说服他们耐心等待。总之，条件不具备就不要改革。要藏族人民自己愿意，不能将汉人的意愿强加于西藏人民。急性的人，大家反对，丧失信用，以后再要进行改革就更困难。要团结一切能够团结的人。至于西藏内部的关系问题，中央一定会帮助解决。现在可以把前藏、后藏、昌都各方面代表人物团结起来，组织西藏自治区筹备委员会。究竟好不好，你们研究一下。要照顾到各方面的关系，不要使各方面互相怕。接见时，在座的有刘少奇、周恩来、邓小平、李维汉。

**同日**　晚上，会见由贝鲁特率领的波兰政府代表团。交谈中，毛泽东说：我们的合作可以是多方面的，包括科学、技术、经济、文化等。工业化不但是一个国家的事，而且是有国际意义的。过去几十年来，我们在国际事务中没有贡献。我们要改变这种情况，首先要把国家改变成工业国。我们准备在十五年之内打下基础，要真正的工业化，还需要更多的时间。贝鲁特说：中国党一定能够把自己的国家改造成为先进的国家，并且会很快。毛泽东说：恐怕不会很快，但进步总是会有的，因为人民的热情很高，都组织起来了。这就是我们的政治基础，我们的房子就建筑在这个基础之上。我们的政权之所以巩固，正是因为有人民的积极支持。会见时，刘少奇、周恩来、陈云在座。

**10月10日**　下午，接见班禅额尔德尼。在听取班禅汇报返藏后的几项工作并提出几项要求后，毛泽东谈了一些意见。关于请各方面的代表协商一些问题，他说：这次拟由达赖方面、班禅方面、昌都方面的人参加，和中央方面指定的人员共同组织一个商量的机构，在这里开会商量解决一些问题。首先要将所有的问题都提出来，要吵架就在这里吵，我们吵架是为了团结。一次不行两次，两次不行三次、四次、五次，以至很多次，总是要各方面都觉得可以了，做出决定，写成文字，报告中央政府批准。也可能有一些问题，条件还不成熟，大家的意见还不能一致，就得拖一下。要将所有的问题一次解决也是困难的。关于达赖和班禅在西藏的地位问题，他说：中央对这个问题的态度是根据西藏的实际情况，力争安排得合情合理。西藏只能成立一个自治区，对谁主谁副的问题，应该采取合情合理、实事求是的态度，才能主动，才能站稳。达赖方面也是这样。只要两方面的脚都站稳了，事情才好办。你们过去在青海，现在回到西藏，在那里安家立业，这对你们是一个很大的利益。过去在历史上你们互相都有对不起的地方，旧账最好不算。现在都是新人，新的达赖，新的班禅，我们是共产党，不是清政府和国民党政府，都是新的关系，就应该在新的基础上来解决问题。要抓住团结的旗帜，在团结的口号下求得进步，搞好工作。西藏内部也要团结起来，工作才能发展。

**同日** 晚上，在中南海颐年堂主持召开最高国务会议第一次会议，听取周恩来关于同苏联政府代表团会谈情况的报告，刘少奇、朱德、陈云、彭真、董必武、邓小平、乌兰夫、李维汉、宋庆龄、李济深、沈钧儒、郭沫若、黄炎培、陈叔通、张治中、傅作义、龙云、陈嘉庚、张奚若、李四光、程潜、章伯钧、马叙伦等出席。会前，同刘少奇、周恩来、陈云、邓小平、李维汉谈话。

**10月11日** 致信周恩来："（一）关于修筑新疆铁路及四个公司归中国独有〔1〕等事，请你于今日抽一时间（或要小平）告诉赛福鼎同志一声（他事也可告知一些）。（二）各文件及消息发表时，要写社论一篇，在同日或第二日发表〔2〕。"

**同日** 下午，会见赫鲁晓夫、布尔加宁、米高扬等，并共进晚餐。朱德、刘少奇、周恩来、陈云、彭德怀、邓小平参加。

**同日** 晚上，和朱德、刘少奇、周恩来、陈云、彭德怀、邓

---

〔1〕 指中苏两国决定修建自兰州经乌鲁木齐至阿拉木图的铁路和苏联决定将新疆省开采有色及稀有金属公司等4家公司中的苏联股份移交给中国。

〔2〕 1954年10月13日，《人民日报》发表题为《无比深厚的伟大友谊》的社论。

小平等出席中国政府同苏联政府联合宣言、联合公报等文件〔1〕的签字仪式。

**10月12日** 致信赫鲁晓夫并苏联政府代表团，对苏联政府代表团向中国国营农场赠送一批农业机器和设备表示感谢。信中说："在中华人民共和国成立五周年的时候，苏联政府代表团代表苏联人民赠给中国人民以组织拥有两万公顷播种面积的国营谷物农场所必需的机器和设备。在组织国营谷物农场时期和熟悉农场生产的第一年，苏联政府为了在建设和管理国营谷物农场方面给中国以组织上和技术上的帮助，准备派遣一批专家到中华人民共和国充任顾问，使领导这个国营谷物农场的中国工作人员能够同苏联专家一起在最短期间内掌握技术和大型谷物农场的管理办法。我谨代表中华人民共和国和中国人民对苏联政府和人民这一重要的、巨大的、友谊的援助表示热烈的欢迎和衷心的感谢。"

**同日** 致信赫鲁晓夫并苏联政府代表团，对苏联政府将苏联经济及文化建设成就展览会上展出的八十三件机床和农业机器等展品赠给中国政府表示感谢。

**同日** 下午，回拜苏联政府代表团。晚上，和朱德、刘少奇、周恩来出席苏联驻中国大使尤金为苏联政府代表团访问中国

〔1〕 指《关于中苏关系和国际形势各项问题的联合宣言》、《关于对日本关系的联合宣言》、《关于苏联军队自共同使用的中国旅顺口海军根据地撤退并将该根据地交由中华人民共和国完全支配的联合公报》、《关于将各股份公司中的苏联股份移交给中华人民共和国的联合公报》、《关于签订科学技术合作协定的联合公报》、《关于修建兰州—乌鲁木齐—阿拉木图铁路并组织联运的联合公报》，以及《关于苏联政府给予中华人民共和国政府五亿二千万卢布长期贷款的协定》、《关于苏联政府帮助中华人民共和国政府新建十五项中国工业企业和扩大原有协定规定的一百四十一项企业设备的供应范围的议定书》。

举行的招待会。赫鲁晓夫和周恩来在招待会上先后致词。

**10月13日** 致信李维汉："叶恭绰、朱蕴山[1]似应在政协方面予以安排。"

**10月14日** 下午，去中南海瀛台参观展览。随后同廖鲁言谈话。

**同日** 晚上，在中南海菊香书屋召集刘少奇、周恩来、陈云、彭真、彭德怀、邓小平、李维汉开会。

**10月15日** 审阅中国驻印度大使申健十月十四日关于尼赫鲁专机飞行路线的安排给外交部的报告，批示："周总理：请迅即令知我空军及有关方面，注意严格保护，不得发生任何微小的误会和不便。"

**同日** 下午，同陈伯达、胡乔木谈话。

**10月16日** 关于《红楼梦》研究问题致信各同志[2]。信中说："驳俞平伯[3]的两篇文章[4]付上，请一阅。这是三十多年以来向所谓《红楼梦》研究权威作家的错误观点的第一次认真

---

〔1〕 朱蕴山，当时任全国政协委员（1954年12月任常委）、中国国民党革命委员会中央常委兼组织部部长。

〔2〕 毛泽东在这封信的信封上写有："刘少奇、周恩来、陈云、朱德、邓小平、胡绳、彭真、董老、林老、彭德怀、陆定一、胡乔木、陈伯达、郭沫若、沈雁冰、邓拓、袁水拍、林淡秋、周扬、林枫、凯丰、田家英、林默涵、张际春、丁玲、冯雪峰、习仲勋、何其芳诸同志阅。退毛泽东。"

〔3〕 俞平伯，红学家，著有《〈红楼梦〉简论》、《〈红楼梦〉研究》等。当时任中国文学艺术界联合会委员、北京大学文学研究所研究员。

〔4〕 指李希凡、蓝翎写的《关于〈红楼梦简论〉及其他》和《评〈红楼梦研究〉》两篇文章。《关于〈红楼梦简论〉及其他》一文，原载山东大学《文史哲》1954年第9期，后在《文艺报》同年第18期转载。李希凡、蓝翎写的《评〈红楼梦研究〉》一文，1954年10月10日在《光明日报》发表。

的开火。”在概述李希凡、蓝翎撰写的两篇文章公开发表的曲折过程之后说：“看样子，这个反对在古典文学领域毒害青年三十余年的胡适派资产阶级唯心论的斗争，也许可以开展起来了。事情是两个‘小人物’做起来的，而‘大人物’往往不注意，并往往加以拦阻，他们同资产阶级作家在唯心论方面讲统一战线，甘心作资产阶级的俘虏，这同影片《清宫秘史》和《武训传》放映时候的情形几乎是相同的。被人称为爱国主义影片而实际是卖国主义影片的《清宫秘史》，在全国放映之后，至今没有被批判。《武训传》虽然批判了，却至今没有引出教训，又出现了容忍俞平伯唯心论和阻拦‘小人物’的很有生气的批判文章的奇怪事情，这是值得我们注意的。”又说：“俞平伯这一类资产阶级知识分子，当然是应当对他们采取团结态度的，但应当批判他们的毒害青年的错误思想，不应当对他们投降。”此信附有毛泽东批阅过的《关于〈红楼梦简论〉及其他》和《评〈红楼梦研究〉》两篇文章。对《文艺报》转载《关于〈红楼梦简论〉及其他》一文时所写的编者按，写了多处批语。编者按说：“他们试着从科学的观点对俞平伯先生在《〈红楼梦〉简论》一文中的观点提出了批评。”毛泽东批注：“不过是不成熟的试作。”编者按说：“作者的意见显然还有不够周密和不够全面的地方。”毛泽东批注：“对两青年的缺点则决不饶过。”“很成熟的文章，妄加贬斥。”编者按说：转载这篇文章希望引起讨论，使我们对《红楼梦》有“更深刻和更正确的了解”；只有继续深入地研究，才能使我们的了解“更深刻和周密”。毛泽东批注：“不应当承认俞平伯的观点是正确的。”“不是更深刻周密的问题，而是批判错误思想的问题。”对《评〈红楼梦研究〉》一文也写了多处批语。文中说：“贾氏的衰败不是一个家庭的问题，也不仅仅是贾氏家族兴衰的命运，而是整个封建官僚地主阶级，在逐渐形成的新的历史条件下必然走向崩溃的征兆。"毛泽东批注："这个问题值得研究。"文中说："这样的豪华享受，单依靠向农民索取地租还不能维持，唯一的出路只有大量的借高利贷，因而它的经济基础必然要走向崩溃。"毛泽东批注："这一点讲得有缺点。"对文中引用俞平伯在《〈红楼梦〉研究》中的一段话"原来批评文学的眼光是很容易有偏见的，所以甲是乙非了无标准"，即"麻油拌韭菜，各人心里爱"，毛泽东批注："这就是胡适〔1〕哲学的相对主义即实用主义。"文中说："俞平伯先生这样评价《红楼梦》也许和胡适的目的不同，但其效果却是一致的。即都是否认《红楼梦》是一部伟大的现实主义杰作，否认《红楼梦》所反映的是典型的社会的人的悲剧，进而肯定《红楼梦》是个别家庭和个别的人的悲剧，把《红楼梦》歪曲成为一部自然主义的写生的作品。这就是新索隐派所企图达到的共同目标。《〈红楼梦〉研究》就是这种新索隐派的典型代表作品。"毛泽东批注："这里写得有缺点，不应该替俞平伯开脱。"

**同日**　阅公安部十月十二日转报的广州市公安局关于国庆节期间保卫工作的情况报告。报告主要汇报了国庆节期间广州市的敌特活动情况和我公安部门侦查破案的情况。其中谈到国庆期间敌机共入侵三批四架次，有一次飞至增城东面离广州市六十公里空域，被我机追击逃跑。毛泽东批示："刘、周、朱、陈、邓、彭〔2〕阅。此件值得注意。请彭对广州的防空加以布置。"

**10月17日**　阅中共中央统战部的一份材料，批示："刘、周、陈、邓小平、彭真阅。此件最后一页注意，应有所准备。"

---

〔1〕胡适，曾任国民党政府驻美国大使，北京大学教授、文学院院长、校长。1949年4月去美国，1958年4月到台湾。早年在美国留学时曾师从实用主义哲学家杜威。

〔2〕彭，指彭德怀。

这份材料的最后一页说到陈叔通准备向全国人大常委会提出的两个建议：第一，全国人民代表大会上许多代表提出的带有原则性的意见，应加以归纳，由常委会加以研究，并应分别情况，可行的由政府加以推行；第二，从宪法的规定看，中央和地方颁布的法令中有问题的不少，对这些有问题的法令，由全国人大常委会处理还是由政府处理，应加以确定。

**同日**　下午，会见毛远耀、毛泽全等亲属。

**同日**　晚上，在中南海菊香书屋召集刘少奇、周恩来、陈云、邓小平、贺龙、叶剑英开会。

**10月18日**　下午，在中南海紫光阁主持召开国防委员会第一次会议。在致开幕词中说：今天是大敌当前，敌人很强大，他们包围我们、威胁我们，我们应当团结起来。今天在座的，有人民解放军的骨干，有社会上有名望的以及过去做军事工作有经验的人，都是在各方面联系群众的，对于实现我们的共同目标是能起作用的。蒋介石卖国集团现在还盘踞在台湾，全国解放战争在台湾这一部分还没有完成。我们国家的国防任务很大。除了工业问题以外，还有建军问题和作战问题。我们现在的作战任务是解放台湾，将来的作战任务是防御帝国主义的侵略。国防委员会今后的任务是：团结起来，训练我们的军队和人民，逐步建设一支近代化的革命军队。这是人民的目标，是宪法规定的目标。在与会者发言之后，毛泽东讲话。他说：中国军队的近代化，我看可以分作三个阶段。第一代是清朝末年搞的新军。这个新军和孙中山建立的革命党，在人民拥护的基础上，完成了推翻清朝的任务，但后来腐化了，脱离了人民，四分五裂，各人筹各人的饷，各搞各的地盘，被人民所唾弃。第二代是黄埔军。它曾经是一个革命军，革了前面所说的那个军队的命。黄埔军也曾受到了人民的拥护，北伐时势如破竹，但也有一个缺点，就是脱离人民。共产党那时候犯过一个错误，就是不要军队，只在军队里派党代表。后来蒋介石把党代表一驱逐，进行清党，在共产党直接控制下的军队就只有叶挺的一个独立团。南昌起义后，党所领导的军队变成了游击队，这个游击队一直打了二十二年。现在的中国人民解放军是第三代。人民解放军的前身是红军。这三代，代表了中国近代军队的三个阶段。中国要搞一部军事史，把这三个时代的进步写一下就好。我们的军队距现代化还相差很远，因此必须努力学习。原子武器出现以后，军队的战略战术和装备都有很大的变化，而在这一方面我们一点都不懂。从历史上看，我们的建军目标是能够达到的，我们的事业是有希望的。我们的军队距离现代化很远，但是在朝鲜打败了美帝国主义。人民的希望，人民所需要的方向，再加上我们自己的各种努力，过去可以北伐，可以解放全中国，可以开始进行国家的建设。今后，在人民拥护的基础上，加上我们的努力，就一定能够战胜帝国主义的侵略和解放台湾，也一定能够建设一支现代化的革命军队。帝国主义对我们的估计有一条是失算的，就是中国现在的潜在力量将来发挥出来是惊人的。中国是个大国，要有强大的陆、海、空军。我国有那样长的海岸线，一定要建设强大的海军。全国人民都希望我们有空军，开始的时候我们只有一支小小的空军，就像在天安门阅兵时看到的那样。一九五四年，我们国家自己出产了一架飞机，自从盘古开天地，三皇五帝到如今，这是一件惊天动地的大事，虽然还只是一架教练机。中国是一个庞然大国，但工业不如荷兰、比利时，汽车制造不如丹麦。有一句俗话，叫做“夹起尾巴做人”。我们现在坦克、汽车、大口径的大炮、拖拉机都不能造，还是把尾巴夹起的好。为了我们共同的目标，应当搞出些名堂来，使国家像个样子。能不能办到？能够的，只要我们有信心。我们所有干部，都要努一把力。国防委员会有各方面的人，具有各个时代经验的人，大家为爱国主义所鼓舞，为着一个共同的目标，这一点是很可宝贵的。现在常常听到有人说要摸底，有什么底？宪法就是底。共产党的底就是发挥一切有用的因素，破坏阻碍的因素。有用的因素是建设性的力量，包括各种知识分子，旧军队出身的将军和士兵。建设工业要有工程师，办学校要有教授，要团结他们，没有他们是不行的。当然，没有新人也不行。割断历史是不行的，好像什么都是我们白手起家，这种看法是不对的。

**10月19日** 下午，在中南海勤政殿会见印度总理尼赫鲁，朱德、刘少奇、周恩来、宋庆龄、陈云、袁仲贤在座。毛泽东说：我们所有东方人，在历史上都受过西方帝国主义国家的欺侮。中国受西方帝国主义国家的欺侮有一百多年。你们的国家受欺侮的时间更长，有三百多年。我们东方人有团结起来的感情，有保卫自己的感情。尽管我们在思想上、社会制度上有不同，但是我们有一个很大的共同点，那就是我们都要对付帝国主义。尼赫鲁总理不要以为中国已经完全独立，没有问题了，我们还有很大的问题，台湾就还在美国和蒋介石的手里。这些岛屿都被美蒋盘踞着，我们的船不能通过，外国船也不能通过。美国飞机飞到我们内地的上空，空投特务。这就说明，美国当局中的一小部分人，一有机会就要整我们的。我们的国家不是一个工业国，而是一个农业国。我国的工业水平比印度还低。我们要努力十年二十年之后才能取得一些成绩。帝国主义国家现在是看不起我们的。我们两国的处境差不多，这也是东方国家的共同处境。我读了尼赫鲁总理上月二十九日的演说，尼赫鲁总理所表示的情绪同我们的差不多。我们两国人民对互访的两国领导人所表示的欢迎，说明他们着重的不是思想和社会制度方面的不同，而是我们的共同点。当尼赫鲁谈到如果把和平共处五项原则付诸实施就有可能消除亚洲国家对中国的恐惧时，毛泽东说：应当把五项原则推广到所有国家的关系中去。尼赫鲁总理在上月二十九日的演说中就说过，应当按五项原则来受约束，承担义务。如果一个国家说了不做，那末就有理由来指责它，它在人们眼中就输了理。问题是有些大国不愿受约束，不愿像我们两国那样，根据五项原则订立协定。美国和英国也说，它们要求和平，不干涉他国内政。但是，如果我们要同它们根据五项原则发表声明，它们又不愿意干。当尼赫鲁谈到美国害怕丧失它的地位时，毛泽东说：不能设想任何国家会开军队到美国去。至于说美国怕丧失它在世界各地占据的地方，可是我好像听说美国是反对英、法殖民主义的。美国的恐惧也实在太过分了。它把防线摆在南朝鲜、台湾、印度支那，这些地方离美国那么远，离我们倒很近。这使得我们很难睡稳觉。当尼赫鲁谈到要美国看着世界上做着它所不喜欢的事是很困难的时，毛泽东说：美国做事是不管别人能不能受得了的。例如，搞东南亚条约，它就没有问问中国和印度。亚洲有许多国家，但是它只问了三个：巴基斯坦、泰国、菲律宾。（尼赫鲁：东南亚条约是美国对日内瓦协议的一个反应。）很对。日内瓦会议做了好事，美国就来破坏。在谈到美国的全球战略时，毛泽东说：我有两点怀疑：第一，美国叫着反共的口号，它反对共产党倒是实在的事。但是，它是否真的害怕中国共产党呢？中国只有几支烂枪，我们有的只是人、农业和手工业。我看美国不是真怕中国共产党，而是以此为题目，另有其他的目的。第二，像英国、法国、澳大利亚这些国家，为什么要跟着美国走，而印度、印度尼西亚、缅甸和北欧的一些国家却不一定跟着美国走呢？我看这是因为英国、法国、澳大利亚这些国家把它们的利益套在美国车子上，美国火车头下一个命令，它们不得不服从。印度、印度尼西亚、缅甸和北欧的一些国家没有把它们的利益套在美国车子上，或者套得不紧，因此没有必要跟着美国走。最后，毛泽东说：我还想跟尼赫鲁总理谈一谈战争作为政策的工具是否有利益的问题。两次世界大战已经证明是利小害大的。如果以后再要搞，究竟会怎么样？我另找机会同你谈。

**同日** 晚上，在中南海颐年堂会见安东诺夫〔1〕等苏联军队负责人，彭德怀、刘伯承、贺龙、邓小平、聂荣臻、叶剑英等在座。

**10月20日** 阅中共中央十月十八日给张闻天的电报〔2〕，批示："周总理：给张大使电报发后，请将这整套文件交少奇、尚昆同志，邀集（已阅过者不邀）在北京的中央委员、候补中央委员及个别工作同志，到西楼轮阅一遍（不要印刷，或者还要加上第一次赫鲁晓夫的来信〔3〕）。"

**同日** 下午，同国防委员会委员中的党外人士谈话，孙蔚如、陈明仁、李明灏、鹿钟麟、曾泽生、郑洞国、陶峙岳、邓兆祥参加，叶剑英、贺龙在座。

**同日** 晚上，在中南海菊香书屋召集刘少奇、周恩来、陈云、邓小平开会。

**10月21日** 晚上，和朱德、刘少奇、周恩来、陈云、邓小平在新侨饭店出席印度驻中国大使赖嘉文为尼赫鲁访问中国举行的招待会，毛泽东致祝酒词。在同尼赫鲁谈话时，指出：我们在合作方面得到一条经验，无论是人与人之间、政党与政党之间、

〔1〕 安东诺夫，当时任苏联国防部副部长、苏联军队副总参谋长。

〔2〕 电报说，中央同意即与南斯拉夫建立外交关系，并决定由张闻天代表中国政府在莫斯科同南斯拉夫驻苏联大使进行建交谈判。1955年1月2日，中国同南斯拉夫建立外交关系。

〔3〕 指赫鲁晓夫1954年9月23日关于苏联及东欧各人民民主国家同南斯拉夫关系问题给中共中央、毛泽东的电报。

国与国之间的合作，都必须是互利的，而不能使任何一方受到损害。如果任何一方受到损害，合作就不能维持下去。正因为这个原因，我们的五项原则之一就是平等互利。中国古代的圣人之一孟子曾经说过："夫物之不齐，物之情也。"这就是说，事物的多样性是世界的实况。马克思主义也是承认事物的多样性的，这是同形而上学不同的地方。国与国之间不应该互相警戒，尤其是在友好的国家之间。像我国同美国这样互相警戒着是不好的。

**10月22日**　下午，同陆定一、周扬、林默涵[1]谈《红楼梦》研究的有关问题。

**10月下旬**　审阅中共中央军委十月二十二日报送的关于中央军委各委员分工等问题的报告，批示："已阅。刘少奇同志处理。"报告说：根据十月二十一日中央军委第三次会议的讨论，确定军委委员的分工为：聂荣臻主管总参谋部的工作；罗荣桓主管总政治部、总干部部、军事法院的工作；贺龙、徐向前主管各特种兵的工作；刘伯承主管军事训练及各军事学院、学校，军事科学研究和军事出版工作（在刘伯承未到北京之前，由叶剑英兼管）；叶剑英主管武装力量监察部的工作。

**10月23日**　阅薄一波十月十九日关于董其武[2]提出不愿意继续做军事工作问题给邓小平的信，批示："不调动为宜。在我们和他在工作上合作方面，可能有些问题，应令六十九军党委注意，给以改善。"薄一波的信中说：董其武在最近找我谈他不愿意继续做军事工作，愿改行。建议对董其武的工作目前以不调

〔1〕林默涵，当时任中共中央宣传部文艺处处长、政务院文化教育委员会办公厅副主任、中国作家协会理事。

〔2〕董其武，当时任全国政协委员、华北行政委员会委员、中国人民解放军第69军军长。

动为好。

**同日**　晚上，在中南海颐年堂第二次会见尼赫鲁。毛泽东说：我们现在需要几十年的和平，至少几十年的和平，以便开发国内的生产，改善人民的生活。我们不愿打仗。假如能创造这样一个环境，那就很好。凡是赞成这个目标的，我们都能同他合作。关于战争是否有好处，这是一个值得研究的问题。我们可以看一看两次世界大战究竟对谁、对哪些国家有好处。可以说两次大战对三类国家有利，对其余的国家都是有害的。第一类国家是美国帝国主义，它在两次大战中获得了利益，得到了发展。第二类是在两次大战以后建立起来的、由共产党和工人阶级领导的国家。第三类是被压迫的民族和国家，这些不是共产党领导的，而是由爱国的团体和政党领导的，像印度、印度尼西亚、缅甸、叙利亚和埃及这样的国家属于这一类。要搞战争的话，就要动员人民，就要使人民处于紧张状态，并且使他们学会打仗。但是，人民结合起来以后，势必会产生革命。例如，中国革命就是这样，印度的革命也是这样。我们两国的独立都是第二次世界大战的结果，没有第二次大战，很难取得独立。另外一些国家被战争削弱了，例如德国、意大利、日本；英国、法国虽然是战胜国，但是也削弱了。在中国，由于日本和蒋介石削弱了，我们就起来了。由于英国削弱了，印度、缅甸和埃及起来了。由于法国削弱了，越南、叙利亚起来了。由于荷兰削弱了，印度尼西亚起来了。如果再要打仗的话，不知道美国军事集团是怎样的想法。他们过去的经验是在两次大战中得到利益和发展，他们希望通过再一次战争得到更大的利益和发展。他们是根据自己的经验这样想的，但是，这只是一方面的经验；另一方面，两次大战以后还建立了共产党领导的国家和爱国党派领导的国家。如果再打大战，我看美国不一定得利，而且美国本身就会发生问题。如果再打大战，西亚和非洲的大部或全部、整个拉丁美洲都会脱离帝国主义。在武器方面，美国以为它有原子弹和大炮，以为它的海、空军强大，因此它依靠这些东西。我想武器虽然有变化，但是除了杀伤的人数增多以外，没有根本的不同。如果打第三次世界大战，那末死伤的人数恐怕就不是以千万计，而是要以亿万计。最后决定战争胜负的还是人，看谁拿着武器，看掌握着武器的战士们认为什么对他们最有利，看谁会打仗。此外，还有一条经验，在两次世界大战中，都是防御者胜利，进攻者失败。最后我们可以得出结论：不应该再打大战，应该长期和平。再打大战的结果，是对侵略者不利的。归根结底一句话，不打仗最好。我们现在正执行五年计划，社会主义改造也正在开始。如果发生战争，我们的全盘计划就会打乱。我们的钱都放在建设方面了。如果发生战争，我们的经济和文化计划都要停止，而不得不搞一个战争计划来对付战争。这就会使中国的工业化过程延迟。但是把中国全部毁灭，炸到海底下去，是有困难的，中国人是会永远存在的。印度也是这样。总之，我们应该共同努力来防止战争，争取持久的和平。会见结束后，毛泽东在勤政殿设晚宴款待尼赫鲁。朱德、刘少奇、周恩来、宋庆龄、陈云、袁仲贤等参加会见和晚宴。

**10月24日** 晚上，在中南海菊香书屋召集刘少奇、周恩来、陈云、彭德怀、邓小平开会，听取邓子恢汇报农村工作问题，并进行讨论。

**10月25日** 复信国营三三一厂全体职工，祝贺他们试制成功第一批爱姆-11型航空发动机，指出“这在建立我国的飞机制造业和增强国防力量上都是一个良好的开端”。

**同日** 下午，在中南海勤政殿接见西藏地方政府噶伦索康·旺清格勒、西藏地方政府代理机巧堪布洛桑三旦，西藏参观团团长然巴·囊吉旺堆、副团长何巴敦、拉加利·朗吉嘉措、欧协·土登桑却、森德班官，红教活佛墨竹林，花教活佛萨迦东色，班禅堪布会议厅代理却本堪布洛桑图丹等，周恩来、邓小平、乌兰夫、习仲勋、李维汉、张经武参加。

**同日** 晚上，和刘少奇、周恩来、朱德、陈云、林伯渠、董必武、彭真、彭德怀、邓小平参观在北京举办的苏联经济及文化建设成就展览会，历时四个小时，并联名题词。题词中说："苏联政府和苏联人民在我们的建设事业中给了我们多方面的一贯的巨大的援助，这种援助经过最近的中苏会谈是更加扩大了，而苏联经济及文化建设成就展览会的举行，也正是苏联对我国热情援助的一种表现。"

**同日** 复电金日成，答谢他十月二十四日祝贺中国人民志愿军入朝作战四周年的电报。指出："英雄的朝鲜人民和中国人民在反抗侵略、保卫和平的正义斗争中已经结成了血肉相关的战斗友谊。这种友谊是维护远东和平的重要因素。"

**10月26日** 下午一时，在中南海菊香书屋听取周扬关于《红楼梦》研究座谈会情况的汇报，陆定一、邓拓、袁水拍〔1〕参加。

**同日** 下午四时十五分，在中南海勤政殿第三次会见尼赫鲁。一开始，双方都谈到一些离别时的感受。毛泽东说：大约两千多年前，中国的一个诗人屈原曾有两句诗："悲莫悲兮生别离，乐莫乐兮新相知。"尼赫鲁说：主席刚才引用的两句诗，不仅是用于个人，而且也适用于国与国之间。我们两国经过了很长的时期以后，又相遇了。毛泽东说：印度是一个有希望的民族，是一

---

〔1〕 袁水拍，诗人。当时任《人民日报》文学艺术和副刊部主任、中国作家协会理事、中国文学艺术界联合会委员。

个伟大的民族。印度好了，对世界是有利的。尼赫鲁总理这次来访，一定会看出来，中国是很需要朋友的。我们是一个新中国，虽然号称大国，但是力量还弱。在我们面前站着一个强大的对手，那就是美国。美国只要有机会，总是要整我们，因此我们需要朋友。这是尼赫鲁总理可以感觉到的。我想印度也是需要朋友的。这一点可以从我们这几次会谈，从过去几年我们的合作，从周总理访问印度时受到的欢迎和进行的恳谈看得出来。尼赫鲁总理主张建立和扩大和平区域，并且表示希望赞成和平的国家日益增多。建立和扩大和平区域是一个很好的口号，我们赞成。为此目的，就需要去除一些足以引起怀疑、妨碍合作的因素。中印签订了关于西藏的协定，这是有利于消除引起怀疑、妨碍合作的因素的。我们共同宣布了五项原则，这也是很好的。华侨问题也应该适当地解决。如果华侨保持侨民身份，他们就不应该参加所在国的政治活动；如果取得了所在国的国籍，那末就应该按该国的法律办事。华侨也应该遵守所在国的法律。凡是足以引起怀疑、妨碍合作的问题，我们都要来解决，这就能达到五项原则中的平等互利。合作不能对任何一方有害，否则就不能持久，一定会破裂。不论是朋友之间、国与国之间或是政党与政党之间的合作，都是如此。会见时，朱德、刘少奇、周恩来、宋庆龄、陈云、袁仲贤等在座。

**同日** 晚上，同胡乔木谈话。

**10月27日** 审阅陆定一关于开展《红楼梦》研究问题的批判给毛泽东并中共中央的报告，批示：“刘、周、陈、朱、邓阅，退陆定一照办。”报告说：看到毛主席关于《红楼梦》研究问题的批示后，作家协会党组即召开了会议，参加会议的同志初步检查了自己思想上的错误和缺点，大家认为这是又一次暴露了文艺方面的领导同志对资产阶级的反动思想危害性的严重麻痹和忽视新生力量的狭隘作风。为了开展这一思想斗争，作家协会古典文学部于本月二十四日召开了关于《红楼梦》研究问题的讨论会，到会的有古典文学研究者、作家、文艺批评工作者和各报刊编辑等六十多人，俞平伯在上午也到了会。会上，一致认为李希凡、蓝翎二人关于《〈红楼梦〉研究》和《〈红楼梦〉简论》的批评具有重要意义，并且认为消除胡适派资产阶级唯心主义观点在古典文学研究界的影响，是一场严重斗争，经过这个斗争，将使古典文学研究工作开始进入一个新的阶段。报告提出：在讨论和批评中必须防止简单化的粗暴作风，允许发表不同的意见，只有经过充分的争论，正确的意见才能真正为多数人所接受。对那些缺乏正确观点的古典文学研究者，仍应采取团结的、教育的态度，使他们在这次讨论中得到益处，改进他们的研究方法。这次讨论应该发展到其他部门去，从哲学、历史学、教育学、语言学等方面彻底地批判胡适的资产阶级唯心论的影响，以确立和巩固我国整个学术界马克思主义思想的领导地位。

**同日**　审阅邓拓报送的袁水拍《质问〈文艺报〉编者》一文，批示："即送人民日报邓拓同志照此发表。"对袁水拍文章作了多处修改，加写一段话："《文艺报》在这里跟资产阶级唯心论和资产阶级名人有密切联系，跟马克思主义和宣扬马克思主义的新生力量却疏远得很，这难道不是显然的吗？"

**同日**　复信程潜："遵嘱写了几个字，不知合用否？"毛泽东题写的是"湖南省人民委员会"。

**同日**　晚上，在中南海菊香书屋主持召开中共中央书记处会议，刘少奇、周恩来、陈云出席，邓小平列席。

**10月28日**　下午，同邓拓、袁水拍谈话。晚上，同彭德怀、邓小平谈话。后同周扬谈话。

**10月29日**　下午三时，在中南海菊香书屋召集刘少奇、周恩来、邓小平开会。

**同日**　下午六时，在中南海颐年堂会见罗马尼亚国民议会主席团主席格罗查，朱德、刘少奇、周恩来、宋庆龄、陈云、邓小平在座。

**同日**　阅蒋竹如的来信〔1〕，批示："此信附件建议四点，值得注意，请陈云、小平二同志一阅。写信人是一个中学教员，过去我的同学。"并复信蒋竹如："八月九日的信收到。建议四点很好，已告有关同志注意。"

**同日**　复信邹普勋、谭熙春〔2〕、毛锡臣："你们三位的信都收到了。熙春、锡臣（龙头山的）想来北京一次，普勋想再来北京一次，我想可以。现天气已冷，可在明年开春（阴历三月间）来，如果你们愿意早来，亦可在阳历十二月中旬来。由你们三人结伴同行，自己出路费，路上买车票等事亦由自己经理。到京住一个月即回家。如果你们同意，即可照这样办。此外，我弟毛泽连（东茅塘的）要求来京治眼病，请邹普勋兄告诉他，亦可同来。除你们四人之外，别人都不要来。如有不得许可，自己来的，不便招待。锡臣、熙春二位不另复，即请普勋兄转致。"

---

〔1〕 蒋竹如，毛泽东在湖南省立第一师范读书时的同学。他1954年8月9日给毛泽东来信并附有4点建议：（一）今后购粮工作，似应禁止超额竞赛办法。（二）洪水为灾，似应准备大建水库。一则预防洪水，二则预抗旱灾，一举两利，似属至善。（三）特殊的教育制度似应加以改进。湖南的育才幼儿园、省幼儿园、军区幼儿园在教育界中显得特殊，一则给群众不好的印象，二则那些幼儿，过惯了优裕生活，也没有好处。（四）铁路工作人员的免票似应加以限制，只能限于工作者本人享有免票权利。

〔2〕 谭熙春，1922年加入中国共产党。早年曾和毛泽东在安源从事工人运动。

**同日**　复信郭梓材、刘天民[1]：“十月十五日来信收到。寄上人民币三百万元，为补助日用之费。嗣后有困难，尚可设法帮助。不要来京，以省往返之劳。”

**10月31日**　下午二时，在中南海颐年堂主持召开中共中央政治局扩大会议，刘少奇、周恩来、朱德、陈云、彭真、董必武、林伯渠、彭德怀、邓小平、李富春、习仲勋、陆定一、杨尚昆、胡乔木、贺龙、聂荣臻、叶剑英、陈毅、李先念、薄一波、徐向前、罗荣桓、罗瑞卿、李维汉出席。会议提出在十二月中旬召开党的全国代表会议[2]，讨论第一个五年计划，作出关于高饶问题的决议；考虑在一九五六年召开中共八大，确定三项议程：作政治报告，修改党章，选举中央委员会。会议批准毛泽东、刘少奇、周恩来请假离京一个月，这期间留京的以陈云为主，由朱德、陈云、彭真组成中央书记处，邓小平、彭德怀参加。会议还通过中央军委各部门负责人员名单。

**同日**　下午三时半，乘专列离开北京，前往广州。途中在湖北武汉、广东韶关稍作停留，十一月三日抵达广州，住小岛招待所（今珠岛宾馆）。

**11月3日—24日**　在广州同刘少奇、周恩来、李富春等讨论修改《中华人民共和国发展国民经济的第一个五年计划草案（初稿）》。在一次会议上，毛泽东说：要把三峡工程列入计划，但按我们国家现在的物力、财力，又不能列入五年计划，只能列

---

〔1〕　郭梓材，毛泽东的私塾同学，曾一起在长沙参加新军，大革命时期在韶山参加农民运动。中华人民共和国成立后曾任湖南湘潭建中猪鬃厂会计。刘天民，郭梓材的妻子，杨开慧的好友。大革命时期曾在毛泽东、杨开慧的影响下参加革命工作。中华人民共和国成立后曾任湘潭市政协委员。

〔2〕　中国共产党全国代表会议后来延期到1955年3月召开。

入长期计划。我是看不到了。这时，毛泽东对在场的邓力群[1]说：将来建成时，写一篇祭文告诉我。

**11月9日** 发布中华人民共和国主席令，根据第一届全国人大常委会第二次会议的决定，任命粟裕为中国人民解放军总参谋长，刘伯承为中国人民解放军训练总监部部长，罗荣桓为中国人民解放军总政治部主任和总干部部部长，叶剑英为中国人民解放军武装力量监察部部长，黄克诚为中国人民解放军总后勤部部长，杨立三为中国人民解放军财务部部长。

**11月10日** 和刘少奇、周恩来致电中共中央："现在亟须要有各省市的地区计划，我们代中央起草了一个指示电报，如同意，请即发出为盼。"指示电说："中央已将《中华人民共和国发展国民经济的第一个五年计划草案（初稿）》发给你们，除请你们于十一月底以前提出意见报告中央外，并请各省、市委召集本地区的计划工作会议，根据草案的精神和主要指标，结合当地的特点和具体情况，定出各省、市地方经济的五年计划纲要，于十二月十日送中央"。指示电要求各地的计划纲要包括工业生产、手工业生产、农业生产、林业生产、地方交通运输、国内贸易、基本建设、劳动、文化教育卫生、地方财政等十个方面的计划。在上述计划中，请各省委特别注意发展本省的农业生产的计划。

**11月15日—25日** 陈云在北京主持中共中央会议，讨论第一个五年计划草案。在北京的中央委员、候补中央委员、中央和国务院有关部门负责人出席会议。十五日，陈云在会上传达毛泽东、刘少奇、周恩来对第一个五年计划草案的指示。

**11月18日** 致信刘少奇、周恩来、李富春、陈伯达、李维汉、陶铸："《人民日报》十一月十三、十四两日载有苏联新作

---

〔1〕 邓力群，当时任中共中央书记处办公室组长。

《政治经济学教科书》第二十二章的译文，请你们看一下，足见所谓‘在社会主义全部或大部建成以前不可能有社会主义经济法则’的说法是错误的。请伯达同志将《新建设》及《学习》上论过渡时期经济法则的文章看一下，看有无错误。”

**同日** 阅政协全国委员会工作会议讨论筹备第二届全国政协会议情况的简报，批示：“周总理：章程与名单数日内即宜大体确定，否则十二月二十日以前开会恐来不及。”十九日，周恩来致信毛泽东、刘少奇：“政协章程已送到。总纲部分，我已请伯达同志加以研究，北京也在修改中。名单，据小平同志给少奇同志电话，数日内可大体商定。会期恐仍在十二月二十以后为妥。〔1〕”二十三日，收阅周恩来报送的第二届全国政协委员会初拟名单。

**11月19日** 阅越南劳动党中央十月二十七日给中共中央的电报，得知越南部分地区面临饥荒，请求中方紧急救济一万吨大米和五百万米布匹。批示：“刘、周：此件是否已处理，似宜满足越方要求。”同日，周恩来致信毛泽东、刘少奇：“此件在我离京前已与陈云同志商好，拟照所提要求办理，约值六百亿元人民币。当时已去电询罗贵波如何运送。现当再电话北京，询执行结果。”

**11月20日** 审阅周恩来十一月十九日转来的杨尚昆报送的国防部关于颁发中国人民解放军在中国人民革命战争时期有功人员勋章、奖章的决议草案等三个文件，和杨尚昆十六日给周恩来的信。杨尚昆的信中说：决议草案和条例草案中有一个问题须考虑，原件中的第二次国内革命战争时期、第三次国内革命战争时

〔1〕 中国人民政治协商会议第二届全国委员会第一次全体会议，1954年12月21日至25日在北京举行。

期的提法，在政治局讨论时，认为可能引起关于第一次国内革命战争时期的问题，故提议改为中国工农红军时期、解放战争时期。周恩来同意这个提议，将上述文件中的“第二次国内革命战争时期”、“第三次国内革命战争时期”的提法，已分别改为“中国工农红军时期”、“解放战争时期”。对此，毛泽东批示照办。在审阅决议草案时，将“中国人民解放军在中国共产党和毛泽东主席的领导下”一语中的“和毛泽东主席”六个字删去。并批示：“照办。删掉了几个字。”

**11月21日** 杨立三致信曾山，转达毛泽东对加紧研制国产高级香烟的意见。信中说：毛主席告我说，现在我们做的纸烟质量总比外国人制的差，要拿好一点的纸烟招待外宾，纸烟上面没有中国字，都是外文，很不好。嘱食品工业部要搞一种较好的纸烟出来，不用一个外国字。信中请曾山布置上海飞马卷烟厂研制一种国产高级香烟，以代替“炮台”、“三五”等外国香烟。

**11月23日** 审阅彭德怀十一月十八日关于报送中华人民共和国兵役法草案和颁发中国人民解放军在中国人民革命战争时期有功人员勋章、奖章条例草案的报告，批示：“退彭德怀同志照办。同意周恩来同志的修改意见。应召集在京的国防委员会委员（主要是党外人士）开一次会，征集意见。”

**同日** 复信黄炎培：“十月三十日惠书收到。购粮事，我在京所闻，亦如先生所述。来广州时沿途调查，始知问题仍是有的，但一般尚好，据说比去年要好得多。‘五反’余案，已请陈云副总理注意。尊恙如何甚念，尚希注意护养。”

**同日** 审阅修改周恩来报送的《中国人民政治协商会议章程（草案）》。章程草案总纲的第一段第一句话是：“中国人民在新民主主义革命斗争中，结成了以中国共产党为领导的人民民主统一战线。”毛泽东将其中的“新民主主义”五个字改为“反对帝国主义、封建主义和官僚资本主义的伟大的”二十一个字。总纲的第三段第一句话是：“中华人民共和国第一届全国人民代表大会第一次会议已经于一九五四年九月召开，中华人民共和国宪法已经颁布，中国人民政治协商会议全体会议代行全国人民代表大会职权的任务已经结束。”毛泽东在“中华人民共和国宪法已经颁布”之后，加写：“中国人民政治协商会议共同纲领的基本内容已经列入宪法，这个共同纲领已经为宪法所代替。”

**11月24日**　致电金日成并告志愿军司令部：“过去由于谈判的需要，开城的工作一直由中国同志负较大部分的责任。在共同对外的斗争中朝中同志都取得了若干经验，同时开城工作显然有长期化的趋势，在这种情况下，开城工作今后交由朝鲜同志负责，由您直接领导较为适宜。”十二月一日，金日成复电毛泽东：“我们完全同意您对开城工作所提的办法。”

**同日**　和刘少奇、周恩来乘专列离开广州回北京。

**11月26日、27日**　和刘少奇、周恩来途经武汉、郑州。先后听取林一山关于长江流域规划和三峡工程设计工作的汇报，以及赵明甫[1]关于根治黄河水害和开发黄河水利的规划的汇报。

**11月28日**　晚上，和刘少奇、周恩来回到北京。

**11月30日**　审阅彭德怀本日关于中共中央军委第十四次会议决定十二月召开军委扩大会议准备讨论全国军区划分等问题及参会人员的请示报告，批示：“刘、周、朱、陈、邓阅，退彭德怀同志照办。会议请彭德怀同志主持，我不准备参加。”

**同日**　晚上，和刘少奇、周恩来等观看苏联国立莫斯科音乐剧院演出的芭蕾舞剧《巴黎圣母院》。在演出休息时，接见剧院院长、副院长及主要演员。

---

〔1〕 赵明甫，当时任水利部黄河水利委员会副主任。

**12月1日** 下午二时半，在中南海菊香书屋召集刘少奇、周恩来、朱德、陈云、邓小平开会。

**同日** 下午六时半，在中南海勤政殿会见缅甸总理吴努和夫人，朱德、刘少奇、周恩来、陈云、陈毅、姚仲明在座。毛泽东说：我们两国是密切的邻邦，多年的友好国家，应该和平共处。吴努说：很坦率地说，我们对于大国是恐惧的，但是周总理访问了缅甸以后，大大地消除了缅甸人的这种恐惧。毛泽东说：两个国家在一个时期之内互相不够了解，这是很自然的。我们应该在合作中增进了解。我们很需要和平的环境，我们还有许多事没有办好。我们国内的问题，是应该而且也可以在国内解决的。我们所需要的就是国际合作和帮助。例如，我们人口多，可以用发展生产的方法来解决。我们反对希特勒过去说过的人口多就应该向国外扩张。又如土地问题，我们用分配土地、组织合作社、开荒等办法来解决。现在我们搞计划经济，这是我们过去没有做过的，这件工作不容易，有许多困难。第一个五年计划已经执行快两年了，取得了一些成绩，但成绩不大，慢慢来。我们两国的经济水平差不多，主要都是农业国，像中国、缅甸、印度、印度尼西亚这样的国家大体都在同样的经济水平上。我们都希望把自己的国家变成工业国家，这是一个长时期的工作，不能在短期间完成。我们需要和平环境，需要朋友。在谈到中缅两国关系时，毛泽东说：我们两国总理发表的联合声明，已经确定了我们相互关系的五项原则。其中有一条叫作不干涉内政，另一条叫作平等互利。什么叫不干涉内政呢？那就是说，一国的国内纠纷，由这个国家自己管，别国不得过问，别国也不得利用这种国内纠纷。一个国家只能承认别国人民自己选择的政府。一个国家也只能有一个政府，至于这个国家将来是否会有另外一个政府，那是这个国家的事，我们不管。中国将来是否会有另外一个政府，那是中国的事，别国也不能管。这就是我们的方针。我们两国的国界很长，有些疆界还没有划定。我们两国边境上的少数民族也有许多是相同的，这些人相互往来是非常可能的。不满意政府的人相互跑，也是非常可能的。但是我们决不利用跑来的人去损害缅甸政府的利益。这就是互不干涉内政，这也是互利的，因为互利就不能相互损害。我们既然讲合作，就不能互相损害，否则就合作不好。我们经常嘱咐华侨遵守居留国的法律。既然在居留国生活，就要守法，不应该参加居留国国内的非法活动。我们常常做这种教育工作，教华侨守法，搞好同居留国政府和人民的关系。国籍问题也要搞清楚，不应该有双重国籍。在谈到即将召开的亚非会议时，毛泽东说：对于亚非会议，我们很感兴趣。尼赫鲁总理告诉我们，亚非会议的宗旨是扩大和平区域和反对殖民主义。我们认为，这个宗旨很好，我们支持这个会议。如果各国同意，我们希望参加这个会议。这个会议是为了亚非国家的合作，因此也大大有利于世界和平。最后，吴努表示，希望毛泽东能到缅甸访问。毛泽东说：我也希望到世界各国去走走。我的知识很少，如果能到缅甸去增长一些知识，也是好的。各个民族都有特点和长处可以学习，各民族间应该交流长处。

**同日**　晚九时，同周扬谈批判胡适问题。

**12月2日**　下午三时二十分，在中南海游泳池住处召集刘少奇、周恩来、朱德、陈云、邓小平、陈伯达、胡乔木开会。六时半，同邓拓谈话。

**12月3日**　审阅周扬十二月二日报送的关于批判胡适问题的报告，批示："刘、周、朱、陈、邓、陈伯达、胡乔木、邓拓、周扬同志阅，照此办理。退毛。"报告说，根据你昨晚谈话的精神，对原来讨论胡适问题的计划草案作了根本修改，并经中国科学院院部与作家协会主席团联席会议讨论通过。这个计划改为以批判胡适思想为主。

**同日** 下午，会见亲友毛泽连、邹普勋等六人。

**同日** 晚上，在中南海菊香书屋召集刘少奇、周恩来、彭德怀、邓小平、徐冰开会。

**12月4日** 晚上，和刘少奇、朱德、周恩来出席缅甸驻中国大使吴拉茂为缅甸总理吴努访问中国举行的招待会，毛泽东致祝酒词。

**12月5日** 审阅修改刘少奇报送的中共中央宣传部关于毛泽东思想应如何讲解问题的通知稿，在通知稿的末尾加写一句话："在写文章作讲演遇到需要提到毛泽东同志的时候，可用'毛泽东的著作'等字样。"通知稿中说："毛泽东同志曾指示今后不要再用'毛泽东思想'这个提法，以免引起误解。我们认为今后党内同志写文章作报告时，应照毛泽东同志的指示办理。至于讲解党章和过去党的重要文件决议时仍应按照原文讲解，不必改变，但应注意说明'毛泽东思想'就是马克思列宁主义思想，避免对两者有不同内容的可能误解。"中宣部的这个通知下达后，有的省委对通知中毛泽东加写的这句话电询中宣部："毛泽东同志"是否为"毛泽东思想"之误。中宣部复电说："原文系同志，并无错误。意思即是说，在需要提到毛泽东同志的一般观点或意见的时候，可用'毛泽东著作'的字样去代替'毛泽东思想'的字样。"

**12月6日** 下午，在中南海游泳池住处召集刘少奇、周恩来、朱德、陈云、邓小平、陈伯达、胡乔木、周扬、胡绳开会。

**12月8日** 审阅即将提交中华全国文学艺术界联合会主席团、中国作家协会主席团扩大联席会议讨论的关于《文艺报》的决议稿和周扬、郭沫若在扩大联席会议上的讲话稿，批示："周扬同志：均已看过。决议可用。你的讲稿〔1〕是好的，在几处地方作了一点修改，请加斟酌。郭老讲稿很好，有一点小的修改，请告郭老斟酌。'思想斗争的文化动员'这个题目不很醒目，请商郭老是否可以改换一个〔2〕。"

**同日**　中华人民共和国外交部部长周恩来发表关于美蒋"共同防御条约"的声明，严正指出：台湾是中国的领土。解放台湾，完全是中国的主权和内政，决不容许他国干涉。美蒋"共同防御条约"根本是非法的、无效的。中国人民热烈地要求和平，但是决不会拿自己的领土和主权作代价乞求和平。

**同日**　晚上，先后同陈伯达、胡乔木谈话。

**12月9日**　晚上，同刘少奇谈话，后在中南海游泳池住处召集刘少奇、周恩来、邓小平开会。

**12月10日**　晚八时半，同胡绳、田家英谈话。

**同日**　晚十时半，在中南海游泳池住处召集刘少奇、周恩来、陈云、邓小平、陈伯达、胡乔木开会，讨论第一个五年计划。

**12月11日**　阅中央军委总参谋部十二月九日报送的关于美国第七舰队在我国东海海面进行演习情况的报告，批示："刘、周阅，此事值得注意。退毛。"

**同日**　审阅华东军区十二月九日关于进攻一江山岛作战计划方案向中共中央军委的请示报告，批示彭德怀、粟裕："因美军正在浙东海面作大演习，攻击一江山时机目前是否适宜，请加考虑。"中央军委根据这一批示，决定将解放一江山岛战斗的发起

〔1〕周扬的讲话题为《我们必须战斗》，1954年12月10日在《人民日报》发表。

〔2〕郭沫若的讲话在1954年12月9日《人民日报》发表时，题目是《三点建议》。

时间推迟到一九五五年一月。

**同日** 晚上，在中南海颐年堂第二次会见吴努和夫人，刘少奇、周恩来、朱德、陈云、陈毅、姚仲明在座。毛泽东说：我们的方针是同你们友好。五项原则是一个大发展，我们应该采取一些步骤使五项原则具体实现，不要使五项原则成为抽象的原则，讲讲就算了。五项原则是一个长期方针，不是为了临时应付的。这五项原则是适合我国的情况的，我国需要长期的和平环境。五项原则也是适合你们国家的情况的，适合亚洲、非洲绝大多数国家的情况的。对我们来说，稳定比较好，不仅是国际上要稳定，而且国内也要稳定。我们希望你们国内和平。至于具体地如何取得国内和平，那要你们自己处理。如果我们在这个具体问题上表示态度，那就不妥当了。共产党的问题不是一个国家的问题，而是一个世界性的问题，因为大多数国家都有共产党。因此各国都要自己处理自己的问题。每一国都有几种党。对于这几种党，我们不能表示反对哪些党，赞成哪些党。我们只能以每一国的政府为对象来解决问题。吴努说：这是一个很正确的态度，任何别的态度都是不正确的。我完全同意主席的意见。毛泽东说：吴努总理说缅甸的内战已经成为很重的负担。我看你们自己是否能够谈谈，看看是否能取得妥协。如果能够这样，缅甸就能把全部精力放在建设上。我们将很高兴看到这一点。我们对西藏的办法，可以供你们参考。我们准备在很长的时期内同西藏地方政府谈，同他们商量。关于西藏的社会改革，我们不是坚持现在一定要做，如果同他们商量了以后，他们说可以，我们就做一点，他们说不可以，我们就暂时不做。当然，中国的经验只能供你们参考，因为我们两国内部的情况不同。各国都应该根据自己的条件来处理自己的问题。毛泽东说：这里也可以同时谈谈革命的问题。一个国家靠外国的帮助，靠别国的党的帮助，而取得革命的胜利，在历史上是很少见的。东欧各国，是因为苏联军队同纳粹德国作战时占领了这些国家，不然的话，靠外国的帮助，靠外国输出革命，而取得胜利是不可能的。我们就是在这个意义上说，革命不能输出。在缅甸的华侨中也有激烈分子，我们劝他们不要干涉缅甸的内政。我们教育他们服从侨居国的法律，不要跟以武装反对缅甸政府的政党联系。我们在华侨中不组织共产党，已有的支部已经解散。我们在印度尼西亚和新加坡也是这样做的。我们嘱咐缅甸的华侨不要参加缅甸国内的政治活动，只可以参加缅甸政府准许的一些活动，如庆祝活动等等，别的就不要参加。我们在泰国有三百万华侨，我们的方针也是一样。泰国对我们不友好，原因不在我们。我们实在是想搞好同泰国的关系，我们很想同泰国建立外交关系，希望吴努总理把我们的意思向泰国当局说一下。吴努说：我已经答应了周总理。毛泽东说：我们认为，国家不应该分大小。我们反对大国有特别的权利，因为这样就把大国和小国放在不平等的地位。大国高一级，小国低一级，这是帝国主义的理论。一个国家不论多么小，即使它的人口只有几十万或者甚至几万，它同另外一个有几万万人口的国家，也应该是完全平等的。这是一个基本原则，不是空话。既然说平等，大国就不应该损害小国，不应该在经济上剥削小国，在政治上压迫小国，不应该把自己的意志、政策和思想强加在小国身上。既然说平等，互相就要有礼貌，大国不能像封建家庭里的家长，把其他国家看成是它的子弟。不论大国小国，互相之间都应该是平等的、民主的、友好的和互助互利的关系，而不是不平等的和互相损害的关系。吴努提出：希望中国共产党派一些公正的人士到缅甸实地研究一下缅甸政府的立场以及缅甸人民对叛乱分子的感觉。毛泽东说：我们派观察团到缅甸去，是不妥当的。吴努说：你们是应我们的邀请而来的，不是违背我们的意愿而来的，因此不是干涉内政。毛泽东说：不能说凡是政府愿意的，就不是干涉内政。有四种情况：第一，同盟国家为了反对侵略，和共同的敌人作战时，一个同盟国家的军队可以到另一个同盟国家的土地上去，这不是干涉内政。第二，一个国家到另外一个国家的土地上去建立军事基地，附带军事和政治条件的援助和贷款，在另外一个国家建立的宗教机关进行间谍活动等，都是干涉内政。第三，纯粹属于内政范围的事，如民族之间或党派之间的斗争，如果外国介入，就是干涉内政。第四，请外国的教授和专家，这不是干涉内政，这是互助。第二、第三种情况是干涉内政，因为侵害了一国的民族利益。会见后，毛泽东等同客人在勤政殿共进晚餐。

**12月13日** 晚上，同胡乔木谈话。

**12月15日** 下午，同邓子恢谈话。

**同日** 晚上，在中南海菊香书屋召集刘少奇、周恩来、陈云、彭德怀、邓小平、陈伯达开会。

**12月16日** 晚上，在中南海游泳池住处召集刘少奇、周恩来、陈云、邓小平、陈伯达开会。

**12月17日** 复信黄炎培："惠书〔1〕及大文〔2〕收到，已付几个同志传阅〔3〕，须稍待方能璧还，乞谅为幸。"二十日，毛泽

---

〔1〕 指黄炎培1954年12月15日给毛泽东的信。信中谈到最近时期工商界的情况时说：自强调爱国守法以来，工商界多少有些进步，但问题还有，有些还很严重，其中中小工商业较难导向国家资本主义，而以中小商业为尤甚。河北将棉布统销和私营布商的全行业改造相结合，分为维持、转业、改造三种处理方法，是很好的典型，如果各地按其不同情况参酌进行，当能完成改造私营工商业的任务。

〔2〕 指黄炎培写的《关于思想问题的四点答问》一文。

〔3〕 黄炎培的来信和文章当时正在送刘少奇、周恩来、陈云、邓小平传阅。

东批示："徐冰同志阅，对黄文请提出意见。"二十九日，致信黄炎培："大作奉还。附上徐冰同志意见，可供参考。"

**同日**　复信章士钊："惠书敬悉。某君事因有些人不同意，故未能提名。[1] 此复。"

**同日**　晚上，同陈毅谈话。

**12月18日**　审阅张际春报送的中共中央宣传部十二月二日关于五四运动时期陈独秀的评价问题给中央的请示报告。报告提出：陈独秀在五四前后提倡新文化和传播马克思主义的运动中，作用是不可抹杀的。如果完全否认他在这个时期的进步作用，把他的名字略而不提，把凡是他的文章都删掉，那么当时有不少事实就难于说明。因此，有关的历史事实的叙述可以不必避免提及他，有关的历史资料可以选录他的一部分有影响的论文，但应有适当的批判和说明。毛泽东批示："少奇同志：此件请予处理。"十九日，刘少奇批示："同意。退张际春办。"

**同日**　复信郭耿光[2]："十二月六日的信收到。寄上人民币二百万元，以助急需。"

**同日**　复信毛泽荣："你的信收到了。你要求明年四月再来北京一次，我认为可以。还有毛仙梅[3]想来，你可和他一道来。在此住一个月回家。寄上人民币二百万元，以助日用。"

**同日**　晚上，在中南海游泳池住处召集刘少奇、周恩来、陈云、彭真、邓小平开会。

**12月19日**　晚上，邀请各民主党派负责人和无党派民主人

---

〔1〕 章士钊1954年12月9日给毛泽东来信，建议将王冷斋安排进第一届全国政协委员名单中。王冷斋，1937年卢沟桥事变时任宛平县县长并担任中日谈判的中方首席代表。1959年4月任全国政协委员。

〔2〕 郭耿光，1927年前在湘潭做小买卖时掩护过毛泽东。

〔3〕 毛仙梅，毛泽东的族兄。

士在中南海颐年堂座谈，发表关于政协的性质和任务的谈话。〔1〕毛泽东说：召开全国人民代表大会以后，有些人认为政协的作用不大了，政协是否还需要成了问题。现在证明是需要的，通过政协能够容纳许多人来商量事情。主要的问题是政协的性质问题。政协的性质有别于国家权力机关——全国人民代表大会，它也不是国家的行政机关。有人说，政协全国委员会的职权要相等或大体相等于国家机关，才说明它是被重视的。如果把政协全国委员会也搞成国家机关，那就会一国二公，是不行的。政协是全国各民族、各民主阶级、各民主党派、各人民团体、国外华侨和其他爱国民主人士的统一战线组织，是党派性的。政协的任务是什么呢？（一）协商国际问题。像过去的抗美援朝，现在的美国占领台湾问题，包括将来如发生外国侵略等，都需要商量。这类事大概每年都会有。这些事国务院要办，外交部和国防部要办，但有些问题，我们需要先商量商量，取得一致方针。有些人大常委会不好做，国务院做不完，要由政协来做。（二）商量候选人名单。对全国人民代表大会代表和地方同级人民代表大会代表的候选人名单以及政协各级委员会组成人员的人选进行协商，它有这种权利。全国人民代表大会的代表是人民选举的，但各党派、团体要先进行协商。（三）提意见。当前主要是对社会主义改造的问题提意见。资本主义工商业、农业和手工业都要改造，这就发生各方面的关系问题。社会主义改造是很纷繁的，各种工作就要协商。总之，国家各方面的关系都要协商。国民党的参议会才是投闲置散、虚应故事的，我们的政协是有事情做的。（四）协调各民族、各党

〔1〕 毛泽东在当天写了一个谈话提纲，全文是："性质、会期、任务。(1) 外交；(2) 内政——选举；(3) 向党和国务院提意见（社会主义改造）并加以协商；(4) 协调各民族各党派团体及其他人员间的关系；(5) 学习。"

派、各人民团体和社会民主人士领导人员之间的关系。过去汉族统治者不好，压迫少数民族，现在要改变。（五）学习马列主义。我们不提毛泽东思想。如果把毛泽东思想同马列主义并提，有人会以为是两个东西，为了不使发生误会，就不提毛泽东思想。列宁主义也是列宁死后别人提的。各国共产党都有一些自己的但仍是马列主义的东西。学习是自愿的，不能强制。毛泽东最后说：我们的国家制度是人民民主专政，民主是商量办事，不是独裁，但集中是必要的。出席会议的有：刘少奇、周恩来、董必武、彭真、邓小平、陈毅、赖若愚、胡耀邦、徐冰、刘格平、宋庆龄、李济深、张澜、沈钧儒、黄炎培、郭沫若、陈叔通、李烛尘、盛丕华、马叙伦、章伯钧、许德珩、陈其尤、李纯青〔1〕、沈雁冰、李四光、李德全〔2〕、达赖喇嘛、班禅额尔德尼、包尔汉、吴耀宗〔3〕、程潜、张治中、傅作义、许广平。

**12月20日** 晚上，同谭震林谈话。后同彭真谈话。

**12月21日** 下午三时，中国人民政治协商会议第二届全国委员会第一次全体会议在中南海怀仁堂开幕，毛泽东主持会议。会议通过议事日程，选出主席团和秘书长。会议听取陈叔通作第一届全国政协工作报告，章伯钧作关于《中国人民政治协商会议章程（草案）》的说明，周恩来作政治报告。

**同日** 下午四时十分，同彭德怀谈话。

---

〔1〕 李纯青，当时任天津大公报社副社长、台湾民主自治同盟副主席。1954年12月25日又任全国政协常委。

〔2〕 李德全，当时任全国政协常委、卫生部部长、中华全国民主妇女联合会副主席、中国红十字会会长。

〔3〕 包尔汉，当时任全国政协常委、全国人大民族委员会副主任委员、新疆省人民政府主席、新疆省政协主席。吴耀宗，当时任全国政协常委、中国人民救济总会副主席、中国基督教三自爱国运动委员会主席。

**同日** 晚上，召集陈伯达、胡绳、邓拓、田家英、袁水拍谈有关《红楼梦》研究中的问题。

**12月23日** 晨，在中南海游泳池住处召集刘少奇、周恩来、彭真、邓小平开会。

**同日** 晚十时，同邓子恢谈话。

**同日** 晚十时半，在中南海游泳池住处召集刘少奇、周恩来、陈云、彭真、邓小平开会，研究全国政协二届一次会议宣言、章程及增加台盟和蒙古族各一人为政协常委等问题。

**12月24日** 复信李济深："十二月二十二日惠书〔1〕收读。你的意见是对的，已告有关同志注意。"并批示："刘、周、朱、陈、邓、彭、彭〔2〕、陈毅阅，请周酌处，退毛。"

**同日** 晚上，在中南海游泳池住处召集刘少奇、周恩来、陈云、彭真、邓小平、陈毅开会。

**12月25日** 全国政协二届一次会议闭幕。毛泽东被推举为名誉主席，周恩来当选为主席。

**同日** 康藏公路〔3〕、青藏公路全线正式通车。拉萨各界三万多人在布达拉宫前人民广场举行庆祝大会。此前，毛泽东题词："庆贺康藏、青藏两公路的通车，巩固各民族人民的团结，建设

〔1〕 李济深1954年12月22日给毛泽东、朱德、刘少奇、周恩来的信中说：20日全国人民代表大会常务委员会通过了1955年发行建设公债案，昨日并由主席公布了。这件事在法律手续上是正确的，但在步骤上我心里总有点不大自然。因为自人民共和国政府成立以来，政府凡有一件比较大的事，都先经过协商机关座谈一番，然后提交政府委员会通过公布，而于推行上比较更顺利。这次是否因为时间关系，又值政协第二届全国委员会开会，不便提出，故急于如此办理。现在兵役法又要提出了，是否照往例先交政协协商一番，于将来推行似亦有帮助。

〔2〕 彭、彭，指彭真、彭德怀。

〔3〕 1955年西康省建制撤销后改称川藏公路。

祖国！”

**12月27日**　上午，同陈伯达谈话。

**12月28日**　晨，同彭真谈话。

**同日**　审阅同意彭德怀十二月二十七日报送的中央军委扩大会议的总结。从十二月十七日至二十九日召开的军委扩大会议，决定为加速军队现代化正规化建设，实行义务兵役制、军官服役条例、军官薪金制度，并决定全国统一划分设立十二个军区〔1〕。

**同日**　复信李达〔2〕：“十二月二十日的信及两篇文章〔3〕，收到看过了，觉得很好。特别是政治思想一篇，对读者帮助更大。似乎有些错字，例如‘实用主义者主张物质的第一性和意识的第二性’。此外，在批判实用主义时，对实用主义所说的实用和效果，和我们所说的大体同样的名词，还需加以比较说明，因为一般人对这些还是混淆不清的。宇宙‘是一篇未完的草稿……’几句话，也须作明确的批判。你的文章通俗易懂，这是很好的。在再写文章时，建议对一些哲学的基本概念，利用适当的场合，加以说明，使一般干部都能够看懂。要利用这个机会，使成百万的不懂哲学的党内外干部懂得一点马克思主义的哲学。未知以为如何？”

**同日**　复信毛月秋：“你的信，全体农民的信，收到了，十

---

〔1〕这12个军区是：北京军区、沈阳军区、南京军区、济南军区、武汉军区、广州军区、兰州军区、昆明军区、成都军区、内蒙古军区、西藏军区、新疆军区。

〔2〕李达，哲学家。当时任全国人大代表、全国政协委员、武汉大学校长。1955年6月又任中国科学院哲学社会科学部委员。

〔3〕指李达写的《胡适的政治思想批判》（发表在1954年12月31日《人民日报》）和《胡适思想批判》（发表在《新建设》1955年1月号）。

分高兴。请你转告韶山乡的党政同志及全体农民同志，感谢他们的好意。”毛泽东将韶山全体农民的信送刘少奇、周恩来、朱德、陈云、邓小平、邓子恢、陈伯达、杨尚昆阅，并写批语：“韶山乡的情况，值得一阅。韶山乡五百八十六户，去年卖余粮十二万斤，今年卖二十万斤，增加了八万斤，生活还比去年好。除此信外，现有四位农民来北京，受我招待，他们都说情形很好。”又在毛月秋的来信上批注：“毛月秋，七十多岁，老党员，现受政府命看守我家乡的那个屋子。”

**12月29日** 晨，召集刘少奇、周恩来、彭真商议中苏友好协会理事会问题。下午，中苏友好协会第二次全国代表会议选举产生第二届理事会，宋庆龄为会长，林伯渠等为副会长。

**同日** 下午，同彭德怀谈话。

**同日** 晚上，在中南海游泳池住处召集陈伯达、胡绳、田家英、袁水拍开会。

**12月30日** 审阅中共中央农村工作部十一月十九日关于全国第四次互助合作会议的报告和中央转发这个报告的通知稿，批示：“刘、周、邓再阅，即发。在第九、第十、第十一页及其他地方增加了几句话。”毛泽东在通知稿中“省委也应指定一个书记或副书记负责掌握有关农业生产互助合作的具体业务”后，加写“而第一书记则应负责统筹指导”。对中央农村工作部的报告作了两处修改（加写和改写的文字用着重号标明）：（一）“党在农村的阶级政策是：依靠贫农（包括全部原来是贫农的新中农在内，这样的贫农占农村人口总数百分之五十到七十），巩固地团结中农，发展互助合作，由逐步限制到最后消灭富农剥削。”（二）“干部的提拔、撤换必须遵守社章所规定的民主手续。但应着重注意培养现在仍是贫农的以及贫农出身的领导干部，同时必须吸收老中农参加领导，并且不能太少，应有十分之三的数目。”

并加写两段文字：（一）“提出依靠包括原来是贫农现在已上升为新中农的人们在内的贫农这个口号，在互助合作的对象（已取得土地的雇农、贫农、中农）范围内，即占了绝对大多数，在农村人口总数内（包括地主富农）也是百分之五十至百分之七十，在人数上也是占优势的。”（二）“这里所说的中农是指老中农。老中农在农村人口总数中的比重，多者百分之四十，少者百分之二十，这个数目仅次于贫农，他们又有较好的经济条件，如果不好好地团结他们，挫折了他们的积极性，那就是极大的损失。”

**同日** 阅周恩来本日的来信。来信汇报了十二月二十九日召开国务院常务会议、三十日上午召开中央政治局会议，听取并讨论陈云关于调整工业问题报告等的有关情况。信中说：“调整和安排工业生产问题，根据前次在主席处审定的统筹兼顾、各得其所的方针，已由陈云同志在国务院常务会议作了报告并进行了讨论。今日上午又提交政治局会议，仍由陈云同志报告，经过讨论后批准了这个方针，并决定由陈云、一波、拓夫〔1〕三同志起草一个报告给中央，然后由中央批转各部门和各省、市。”

**12月31日** 晨，召集刘少奇、周恩来、彭真开会。

**同日** 阅冯雪峰的诗和寓言〔2〕，写批语：“此件送刘、周、朱、陈、邓、彭真、彭德怀、陈毅、陆定一各同志阅，退毛。冯雪峰的诗及寓言数首，可一阅。如无时间，看第一篇《火狱》即可。”又写批语：“陈伯达、胡乔木、胡绳、田家英各同志阅，退毛。冯雪峰的诗及寓言，如无时间，看《火狱》一篇即可。”

**同日** 和周恩来致电胡志明、范文同，祝贺越南民主共和国

---

〔1〕 一波、拓夫，即薄一波、贾拓夫。

〔2〕 指冯雪峰写的诗《火》、《三月五晨》和寓言《火狱》、《曾为反对派而后为宣传家的鸭》、《猴子医生和重病的驴子》。冯雪峰，当时任中国作家协会副主席、人民文学出版社社长、《文艺报》主编。

政府还都河内。电报说："越南政府还都河内，是由于英勇的越南人民在越南劳动党和胡志明主席领导下八年艰苦抗战获得辉煌胜利的结果，是由于越南政府一贯执行和平政策的结果。"

**同日** 晚上，同姚仲明、陈家康〔1〕谈话。

〔1〕 陈家康，当时任外交部部长助理兼亚洲司司长。

# 1955年　六十二岁

**1月1日**　晚上，在中南海怀仁堂同刘少奇、周恩来、朱德、宋庆龄、林伯渠、李济深、沈钧儒等党和国家领导人出席国务院举行的元旦团拜和戏剧晚会。

**1月2日**　下午，在中南海菊香书屋主持召开中共中央书记处会议，讨论国家计委关于召开全国计划会议的准备情况和会议开法等问题的报告，刘少奇、周恩来、朱德、陈云、彭真出席，彭德怀、邓小平、李富春、陈伯达列席。晚七时会议结束后，一同去中南海紫光阁出席庆祝沈钧儒八十寿辰宴会。

**1月3日**　晨，乘专列离京去外地，杨尚昆同行。

**同日**　经过保定时，毛泽东要杨尚昆同邓小平通电话，请邓通知安徽曾希圣、黄岩〔1〕于四日上午到徐州。下午，到达郑州，毛泽东在专列上听取吴芝圃、杨蔚屏〔2〕汇报。吴、杨主要汇报农村工作，说现在农业生产问题省委各同志已较前摸底，增产有把握，目前因三统〔3〕、合作社、征兵三个任务同时在搞，农村中有紧张情况。元旦社论中提到的农村阶级路线很明确，对我们

---

〔1〕黄岩，当时任中共安徽省委副书记、安徽省人民政府副主席（1955年3月任省长）。

〔2〕吴芝圃，当时任中共河南省委第二书记、河南省人民政府主席（1955年2月任省长）。杨蔚屏，当时任中共河南省委第一副书记。1955年2月任省政协副主席。

〔3〕指国家实行的统一财政和对粮食等关系国计民生的重要物资实行统购与统销的政策。

帮助甚大，过去的认识是很不明白的，现在提高了一步。毛泽东表示河南省委同志对工作已较有信心，对情况也有了进一步的认识，比去年他由广东北返时省委的汇报要好些了，并鼓励他们多抓农业生产。

**1月4日** 晨，在专列上同吴芝圃、杨蔚屏继续谈话。吴、杨汇报说：牛大为减少，原因是：（一）因受灾饲料少；（二）价格不合理，牛皮价高于牛价；（三）农业合作社只要大牲口，小的不要。商业上对零售商改造有冒进，小市镇私商只剩百分之二十。农民对粮食问题意见不多，意见多的是油料和棉花留少了。下午三时，到达徐州，毛泽东在专列上听取曾希圣、黄岩和安徽省委秘书长吴文瑞汇报。主要汇报农业生产问题。他们说：去年安徽水灾很严重，由于省委注意了农业生产，采取了“三改”办法，如按灾情计算要减产七十八亿斤，但实际上只减产十九亿斤，成绩是很大的。由于注意了防疫工作，灾后死人很少。关于地方工业问题，曾希圣认为，中央对地方工业限制太多，打击了地方的积极性，主张在财政上不牵动中央预算、不影响全国平衡和地方确有需要的原则下，让地方多搞些工业。对中央机关办事手续多、见不到主要负责人有意见。曾希圣还汇报了对治淮的意见：（一）不应修的水渠修了（如在河南境内）；（二）对内涝注意不够，经费上也未着重投资于内涝；（三）技术上有些问题未解决。六百亿至八百亿流量之争，水利专家不注意去群众中调查而只凭主观。晚七时半，专列由徐州北上，当晚到达济南。

**1月5日** 在专列上同舒同〔1〕、谭启龙谈话。他们主要汇

〔1〕 舒同，当时任中共山东省委第一书记、中国人民解放军山东省军区第一政治委员。

报以下问题：（一）向明问题[1]和若干干部问题；（二）如何改变山东党的工作作风问题；（三）农业生产和农村中紧张状态问题；（四）工商业问题。下午，离开济南北上。晚上，到达天津。

**1月6日** 在停靠天津的专列上同黄火青、吴德、李耕涛[2]谈话。他们主要汇报：（一）天津地方工业与私营工业的生产问题；（二）商业上对批发、零售商的改造问题；（三）农村的货物供应问题。晚八时二十分，回到北京。

**同日** 晚十时，同陈云、邓小平谈话。

**1月7日** 晚上，在中南海菊香书屋主持召开中共中央书记处会议，听取周恩来汇报同联合国秘书长哈马舍尔德会谈情况，刘少奇、陈云出席，邓小平列席。

**1月8日** 下午五时，同彭德怀谈话。晚七时，会见苏联驻中国大使尤金。十一时，主持召开中共中央书记处会议，刘少奇、周恩来、陈云出席，邓小平列席。

**1月9日** 晚上，同周扬谈话。

**1月10日** 晨，同周恩来谈话。

**同日** 审阅修改中共中央关于统一战线工作的指示稿，加写第七条："必须指出，在强调加强人民民主统一战线的任务的时

---

〔1〕 向明，原任中共中央山东分局代理第一书记等职。1955年因所谓参加高岗、饶漱石反党联盟问题，被撤销党内职务。1955年10月被开除党籍。1963年5月，中共山东省委关于向明问题的甄别情况报告说，省委1955年9月向中央作的《关于检查领导情况及对向明同志处理意见的报告》和1957年6月向中央作的《关于以向明为首的反党宗派集团专案审查总结报告》是错误的，决定予以撤销，恢复向明的党的生活。1980年中共中央撤销了对向明所作的参加高饶反党联盟的结论和处分，给予平反。

〔2〕 李耕涛，当时任中共天津市委私人企业工作委员会书记、天津市副市长。

候，不要忘记又团结又斗争的原则。在民主人士中存在着的政治上的和思想上的错误倾向，必须加以分析，并在适当的时机用适当的方式向他们指出，有些应当提出批评，或加以讨论，以达帮助他们提高思想、改正错误的目的。认为在人民民主统一战线中可以只要团结、不要斗争的想法是完全错误的。我们的任务是：既要反对关门主义的‘左’的偏向，又要反对同错误思想和平共居的右的偏向。”在指示稿谈到“政协各省、市地方委员会全体会议，每年至少应开会一次，对于有关国家政治生活和统一战线的重大问题，特别是关于资本主义工商业的改造、人民代表大会代表和人民委员会的候选名单、政协地方委员会的各种名单等，应提到适当的会议上进行协商”之后，加写一段文字：“这种对重大问题的协商会议每年至少要有四次，即平均每季有一次；此外还应有一些对若干个别问题的协商会议。”

**1月11日**　下午，在中南海菊香书屋主持召开中共中央书记处扩大会议，讨论胡风问题和私营工商业问题，刘少奇、周恩来、陈云、邓小平、陆定一、周扬、张际春出席。

**同日**　晚上，同陈伯达谈话。

**1月12日**　阅彭真一月三日关于建议国家不为个人祝寿问题给毛泽东、刘少奇、周恩来、陈云、邓小平的信。信中说：黄炎培副委员长曾给全国人大常委会办公厅写信，提议国家不为个人祝寿。我觉得，借黄的提议，把国家做寿的例停止了为好，免得成了惯例。如果中央决定接受黄的提议，废除已开之例，我即把黄炎培的信在常委〔1〕适当范围内传阅，并在和几个民主人士碰头时，借征求意见的方式作适当酝酿，非正式地和党外人士商得个一致意见。毛泽东批示：“退彭真。同意这样处理。”

---

〔1〕　指全国人大常委会委员。

**同日**　审阅中国作家协会主席团本日关于公开印发胡风给中央报告[1]的部分内容的请示和附送的说明，批示："刘、周、邓即阅，退陆定一同志，照办。作了一点文字上的增改。"

**同日**　下午，会见苏联驻中国大使尤金。

**同日**　晚上，在中南海菊香书屋主持召开中共中央书记处扩大会议，刘少奇、周恩来、陈云、彭真、彭德怀、邓小平、李富春出席。

**1月13日**　阅中共财政部党组一月十一日关于目前税务干部中贪污盗窃国家税款情况给国务院并报中央的报告，批送刘少奇、周恩来、邓小平、李先念、陈毅、习仲勋、杨尚昆阅，指出："这是财政部党组写给国务院，请它'批转各省市党委'的一个报告。这种请政府命令党委的观点是错误的，并且不止一个部如此，请作纠正。"

**1月14日**　审阅周恩来本日报送的中苏《关于在中华人民共和国进行放射性元素的寻找、鉴定和地质勘察工作的议定书》。周恩来在附信中说："此件已经陈云、一波、刘杰、伍修权[2]等同志研究过，认为可以同意。尤金大使通知我，苏联政府命他代表签字，我方因陈云同志不在，可改由我代表签字。妥否，请主席批示。"毛泽东批示："照办。"二十日，周恩来代表中国政府在议定书上签字。

**同日**　中午，同周扬谈胡风问题。

**1月15日**　阅周扬本日关于同胡风谈话情况给陆定一并转毛泽东的报告。报告说：昨晚胡风来谈话，表示承认错误，说他是以小资产阶级观点来代替无产阶级观点，思想方法片面，并有

〔1〕　指胡风1954年7月向中共中央提出的《关于几年来文艺实践情况的报告》。

〔2〕　一波，即薄一波。刘杰，当时任中共地质部党组书记、地质部副部长。伍修权，当时任外交部副部长。

个人英雄主义，以致发展到与党所领导的文艺事业对抗，并说希望不要发表他一九五四年七月给中共中央的报告，如一定要发表，也希望作些修改，并在卷首附上他的一篇声明。周扬的报告附送了胡风十三日写的《我的声明》。声明的主要内容是：一、给中央的报告中所表现的对党、对文学事业的态度，已初步认识到是错误的，有害的。二、这个报告对今天的文艺运动所得出的判断是带有很大的主观成分的，其中有些具体提到的情况和例证，当时没有很好地调查研究，后来发觉有不切合实际之处，现在材料已印好，来不及修正。周扬在报告中提出，准备回绝胡风发表这样笼统声明的要求。毛泽东批示："刘、周、小平阅，退周扬同志：（一）这样的声明不能登载；（二）应对胡风的资产阶级唯心论，反党反人民的文艺思想，进行彻底的批判，不要让他逃到'小资产阶级观点'里躲藏起来。"

**同日** 下午，在中南海颐年堂主持召开中共中央书记处扩大会议，听取李四光、钱三强〔1〕和刘杰关于中国原子能科学的研究现状、铀矿资源情况的汇报以及有关核反应堆、原子武器、原子能和平用途等的讲解，讨论发展原子能事业问题。刘少奇、周恩来、彭真、邓小平、李富春、薄一波出席会议。毛泽东说：今天，我们这些人当小学生，就原子能有关问题，请你们来上课。接着，李四光拿出从野外带回来的黑黄色铀矿石标本递给毛泽东、周恩来等看，并说明铀矿地质与我国的铀矿资源及勘察的情况。钱三强用射线探测仪器对铀矿石作了演示。毛泽东说：我们国家，现在已经知道有铀矿，进一步勘探一定会找出更多的铀矿

〔1〕 钱三强，核物理学家。当时任中国科学院副秘书长兼近代物理研究所所长、中国科学院学部委员。1956 年 11 月又任第三机械工业部副部长。

来。解放以来，我们也训练了一些人，科学研究也有了一定的基础，创造了一定的条件。过去几年其他事情很多，还来不及抓这件事。这件事总是要抓的。现在到时候了，该抓了。只要排上日程，认真抓一下，一定可以搞起来。现在苏联对我们援助，我们一定要搞好，我们自己干，也一定能干好。我们只要有人，又有资源，什么奇迹都可以创造出来。毛泽东还从哲学的角度谈了粒子可分的问题，鼓励核科学家们进一步地开展这方面的科学研究工作。会议作出中国要发展原子能事业的战略决策。

**1月17日**　阅国务院第五办公室一月十四日关于全国财经工作会议拟讨论的主要议题和初步意见给各省市党委、人民政府和国务院各有关部门并报中共中央的电报，批送刘少奇、周恩来、邓小平、李先念、陈毅、习仲勋、杨尚昆阅，指出："由国务院向各省市委下达命令的办法不妥，此类内部命令，似由国务院与党中央联名下达为宜。"

**同日**　晚上，在中南海菊香书屋主持召开中共中央书记处会议，刘少奇、周恩来、彭真出席，彭德怀、邓小平列席。

**1月18日**　晚上，在中南海菊香书屋主持召开中共中央书记处会议，讨论饶漱石的问题，刘少奇、周恩来出席，邓小平、谭震林列席。

**1月20日**　晚八时，同彭德怀谈话。

**同日**　晚十时，在中南海菊香书屋主持召开中共中央书记处会议，谈陈毅春节回上海一次问题，并讨论一江山岛攻下〔1〕后准备攻大陈岛问题。刘少奇、周恩来出席会议，邓小平、陈毅、谭震林列席会议。

**1月21日**　上午，同中国驻印度大使袁仲贤谈话，陈家康

---

〔1〕 中国人民解放军于1955年1月18日解放一江山岛。

参加。

**1月23日** 审阅中共中央为转发中央宣传部关于开展批判胡风思想的报告的指示稿。中央指示指出：胡风的文艺思想，是资产阶级唯心论的错误思想，他披着“马克思主义”外衣，在长时期内进行着反党反人民的斗争，对一部分作家和读者发生欺骗作用，因此必须加以彻底批判。各级党委必须把这一思想斗争作为在党内党外宣传唯物论反对唯心论的一项重要工作来看待。中宣部的报告列举了胡风文艺思想的错误，并开始使用了“胡风小集团”的提法。

**1月24日** 审阅中共中央关于在干部和知识分子中组织宣传唯物主义思想、批判资产阶级唯心主义思想的演讲工作的通知稿，批示：“可用。”通知指出：对俞平伯《〈红楼梦〉研究》的错误思想的批判已告一段落，对胡适派思想的批判已经初步展开，对胡风及其一派的文艺思想的批判亦将展开。这些思想斗争有极其重要的意义，这是通过对我国知识分子所熟悉的资产阶级唯心主义思想的批判来具体地宣传马克思主义唯物主义思想。向人民群众宣传唯物主义思想以提高他们的觉悟，是党的一项最基本的经常的任务。

**同日** 晚上，在中南海菊香书屋主持召开中共中央书记处扩大会议，讨论周恩来总理兼外交部部长《关于美国政府干涉中国人民解放台湾的声明》稿，刘少奇、周恩来、彭真、彭德怀、邓小平出席。声明于当晚发表，其中指出：“美国政府在中国人民最近胜利地解放一江山岛之后，就一面加紧军事行动，进行战争挑衅，另一面策动通过联合国进行所谓停火的诡计，来干涉中国人民解放台湾。”“解放台湾是中国的主权和内政，决不容他人干涉。”“中国人民必须解放台湾，美国必须停止对中国内政的干涉，美国的一切武装力量必须从台湾和台湾海峡撤走。”

**1月25日**　审阅由陈云主持起草的关于第一个五年计划的报告稿，批示：“陈云同志：看了一遍，作了些小的修改。有些打问号的地方还待商量。商业部分请你考虑是否改写一下。整个报告是很好的，看了觉得很高兴。”三月二十一日，陈云在中国共产党全国代表会议上代表中央作了关于发展国民经济的第一个五年计划的报告。

**1月27日**　阅陆定一一月十九日关于修改和发表梁漱溟《告台湾同胞》一文给周恩来的请示报告，批示：“刘、周阅，退陆定一同志。陆提各点均可不改，只在文尾倒数第三行第二删去‘事不宜迟，……’几句。此文可以广播，并可在北京、香港两处报上发表。”后来，梁漱溟的这篇以自己的所见所闻赞颂共产党、呼吁祖国统一的文章，发表在二月三日的《人民日报》和二月五日的香港《文汇报》。

**同日**　晚上，同陆定一、陈伯达、周扬、胡绳、邓拓谈话。

**1月28日**　接受芬兰首任驻中国大使孙士敦递交国书。毛泽东致答词说：中芬两国的友好合作的关系充分证明不同社会制度的国家是可以和平共处和友好合作的。在同大使的谈话中，提到中国和芬兰是友好的国家，从来没有发生过冲突，并提到英法联军、八国联军对中国的进攻。交谈中，当大使谈到今天世界形势仍然危险，中国亦受到威胁时，毛泽东说：世界战争的危险和对中国的威胁主要来自美国的好战分子。他们侵占中国的台湾和台湾海峡，还想发动原子战争。我们有两条：第一，我们不要战争；第二，如果有人来侵略我们，我们就予以坚决回击。美国的原子讹诈，是吓不倒中国的。如果飞机加原子弹的美国对中国发动侵略战争，那末小米加步枪的中国一定会取得胜利。全世界人民会支持我们。美国如果发动第三次世界大战，那末，算它要打八年或十年吧，其结果是美国和英国及其他帮凶国家的统治阶级要被扫光，世界上大部分地方都要变成共产党领导的国家。

**1月29日** 下午，在中南海菊香书屋主持召开中共中央书记处会议，刘少奇、周恩来、陈云、彭真出席，彭德怀、邓小平列席。

**同日** 致信杨树达[1]：“惠书及大著数种收到，甚谢！尊恙向愈，极慰。待完全康复之后，欢迎先生来北京一游。”

**1月30日** 下午，在中南海菊香书屋主持召开中共中央书记处会议，刘少奇、周恩来、陈云、彭真出席，彭德怀、邓小平列席。会议研究关于联合国安理会讨论台湾问题和关于苏联建议帮助中国研究和平利用原子能问题。

**同日** 复信章士钊：“前后三函均已收到，甚为感谢。有关方面乞代致意。”

**1月31日** 晚上，在中南海菊香书屋主持召开中共中央书记处扩大会议，刘少奇、周恩来、陈云、彭真、彭德怀、邓小平出席。

**1月下旬** 阅章士钊一月二十四日转送的金韫颖[2]写的《自述》和章士钊请求对她“优予提振”的来信，批示：“周总理阅，并请考虑是否须酌予处理。”在金韫颖《自述》上批注：“走进了人民群众，变成了一个有志气的人。”

**2月1日** 阅中共最高人民法院党组一月二十一日报送的

---

〔1〕 杨树达，早年在长沙任教时同毛泽东相识。一直从事古汉语语法及文字训诂学的教学和研究工作。当时任全国政协委员、湖南省文史研究馆馆长、湖南师范学院教授。1955年6月又任中国科学院哲学社会科学部委员。

〔2〕 金韫颖，清朝末代皇帝溥仪的妹妹。东北解放后曾在吉林省通化摆烟摊维持生活，1949年来北京，后任北京市东城区政协委员。

湖南省人民法院关于绥宁县错判事件的检查总结。检查总结说：绥宁县人民法院盲目受理了大量附会一种迷信传说的案件，在审理中又只重口供，不重证据，甚至采取逼供、诱供等审讯方法乱捕乱押，造成大量错判。毛泽东批示："少奇同志：此件可以批发全国县以上各级党委及政府党组，并登党刊，借此引起法院——工作人员注意，改善审判作风。至于错判'放蛊'事件，不过是不良作风表现在若干案件上面而已，应使重点放在改善作风。"

**同日**　晚上，在中南海菊香书屋主持召开中共中央书记处会议，刘少奇、周恩来、陈云、彭真出席，邓小平列席。

**2月2日**　阅海军司令部二月一日给中共中央军委的请示电。电报说：在目前对大陈岛蒋军的作战中，蒋军撤退时将在判明有无美舰的情况下有限制地使用海岸炮火。毛泽东批示："彭德怀同志：在蒋军撤退时，无论有无美舰均不向港口及靠近港口一带射击，即是说，让敌人安全撤走，不要贪这点小便宜。"

**同日**　晚上，同刘晓谈话。

**2月3日**　审阅彭德怀转报的邓华、刘亚楼关于苏军从旅顺口撤退和将该地区设备移交中国政府的情况汇报，对彭德怀所提出的"控制设备折款不超过八亿卢布"的意见，批示："请周酌定是否这样办，我意似可照彭意见处理。"四日，周恩来致信毛泽东等，提出接受装备以不超过八亿卢布为妥，水鱼雷轰炸机可只接受一个团，汽车、拖拉机、运油车需付现款。六日，毛泽东批示："我意似可照周意见处理。"

**同日**　审阅修改周恩来报送的致联合国秘书长哈马舍尔德并转安理会主席贝朗德的电报稿，电报于本日发出。此前联合国安理会通过决议，将首先讨论新西兰代表提出的《在中国大陆沿岸某些岛屿地区的敌对行动》的提案，然后讨论苏联代表提出的《美国在中国的台湾和其他岛屿地区对中华人民共和国的侵略行为》的提案，并请中国派代表参加。周恩来在电报中表示：中国政府坚决反对干涉中国内政、掩盖美国对中国的侵略行为的新西兰建议。只有在为了讨论苏联提案并在安理会驱逐蒋介石集团的代表而由中华人民共和国代表出席代表中国的情况下，中国政府才能同意派代表参加安理会的讨论。

**同日** 审阅陆定一一月七日给邓小平并毛泽东的请示报告。报告说，外交部转来保加利亚共产党出版社出版的保文版《毛泽东选集》第一册稿酬支票，建议转送保共中央，并建议今后凡类此问题均将稿酬转送各该国兄弟党。毛泽东批示：“照办。退回为好。”

**同日** 复信陈嘉庚：“一月十八日惠书及附件业已收到阅悉，甚为感谢！”

**同日** 在周敦祥希望毛泽东能给她介绍一个工作的来信上批示：“将此信转寄湖南省委统战部，看是否能在省参事室及文史馆给以位置。”同时，复信周敦祥〔1〕：“来信收到。尊况甚表同情。已请湖南省委统一战线部酌量设法为助，未知能如愿否，你可就近接洽。如有急切困难，尚望见告。”

**2月6日** 阅粟裕二月一日关于发布《华东军区首长电贺解放一江山岛的部队》的新闻给彭德怀并报中央军委、中共中央的检讨报告。报告说：一月二十一日《人民日报》登载的该条新闻，是在华东军区主管首长不在的情况下，由秘书擅自答复同意发表的，这是严重的无组织无纪律行为；同时，发布这个贺电也

〔1〕周敦祥，曾加入新民学会。1955年4月被安排为湖南省文史研究馆馆员。

违反了中央军委一月十二日关于战报与军事新闻发布问题的指示。毛泽东批示彭德怀并粟裕："应召集有关人员（包括新华社）开一次会，具体规定实行军委一月十二日指示的办法，并对华东军区有所批评与指示。"

**同日**　晚上，在中南海菊香书屋主持召开中共中央书记处扩大会议，听取李富春关于全国计划会议情况的汇报，刘少奇、周恩来、陈云、彭真、邓小平、李富春出席。

**2月7日**　阅缅甸总理吴努二月三日关于在新德里举行会议讨论和平解决台湾问题致周恩来的电报，批示："苏联的建议已经发出，我方并与印度谈过，可以复吴努简电了。"此前，周恩来于六日会见印度大使赖嘉文，指出：现在国际上有一个阴谋，要在台湾地区搞成两个中国的形势。美国对在联合国范围以外举行国际会议讨论和缓远东紧张局势的建议不感兴趣。现在问题的关键在美国。我们主张在国际会议上谈。中国政府不会同意蒋介石参加拟议中的国际会议。十二日，周恩来将中方意见电告吴努。

**2月8日**　阅罗荣桓、谭政、傅钟〔1〕、萧华、甘泗淇关于军队审查干部工作的初步情况报告。报告说：经过长期战争考验的我军绝大多数干部在政治上是纯洁可靠的，但也有少部分干部的情况是复杂的，而有些领导机关有麻痹疏忽、提拔干部重才轻德的现象。毛泽东批送刘少奇、周恩来、陈云、邓小平、彭真阅，指出："此件值得看一下。全党干部审查问题，请小平同志督促进行。"

**同日**　晚上，先后同彭真、陈伯达谈话。

**2月9日**　晚上，和刘少奇、周恩来、陈云等前往北京中山公园中山堂，参加本日去世的张澜的入殓仪式。

---

〔1〕 傅钟，当时任中国人民解放军总政治部副主任。

**2月10日** 复信毛森品[1]："惠书收到。寄上人民币二百万元，以为尊恙医疗之助。为了实行你的节约主张，希望你不要来京。"

**同日** 晚七时，同陈伯达、胡绳、田家英谈话。九时，同张闻天谈话。

**2月11日** 复信张之江[2]："惠书早已收到。本想约谈，因循未果。近日查询，知先生已返上海，只好待之将来了。先生热忱爱国，如有所见，尚望随时赐教。"

**2月12日** 发布中华人民共和国主席令，公布由第一届全国人大常委会第七次会议通过的中华人民共和国授予中国人民解放军在中国人民革命战争时期有功人员的勋章奖章条例。

**同日** 和刘少奇、周恩来致电伏罗希洛夫[3]、布尔加宁、莫洛托夫，祝贺中苏友好同盟互助条约签订五周年。贺电指出："苏联政府先后帮助中国新建和扩建共达一百五十六项的巨大工业企业，派遣大批优秀专家帮助中国建设，几次给予中国优惠贷款，将中苏共同管理的中国长春铁路和苏联机关于一九四五年在中国东北境内由日本所有者手中所获得的财产无偿地移交中国，将中苏合营企业的苏联股份出售给中国，并决定把中苏共同使用的旅顺口海军根据地和该地区的设备交由中国完全支配，最近，又建议在促进原子能和平用途的研究方面给予中国以科学、技术和工业上的帮助。这种友好的合作和真诚的援助，极大地推进了我国建设事业的发展，并向全世界显示了这种新型国际关系的伟

〔1〕毛森品，毛泽东在湖南湘乡县立东山高等小学堂读书时的同学。

〔2〕张之江，原国民党西北军将领。曾任国民党中央执行委员、国民参政会参政员。当时任全国政协委员。

〔3〕伏罗希洛夫，当时任苏联共产党中央主席团委员、苏联最高苏维埃主席团主席。

大生命力。”贺电认为：美国侵略集团及其追随者正在到处推进战争政策，制造国际紧张局势，目前美国在台湾地区对中国的侵略行为和战争挑衅，这是对中国安全的严重威胁。中苏友好同盟在反对侵略、保卫和平的事业中必将日益发挥它的重大作用。

同日　晚上，同彭真谈话。

**2月13日**　下午，在中南海菊香书屋主持召开中共中央书记处会议，刘少奇、周恩来、陈云出席，邓小平列席。

**2月14日**　晚上，和刘少奇、周恩来等党和国家领导人，应邀出席苏联驻中国大使馆临时代办罗迈进为庆祝中苏友好同盟互助条约签订五周年在北京饭店举行的招待会。毛泽东在致词中说：我庆祝中苏两国的伟大的合作。这种合作是为了发展社会主义事业的合作，是为了反对帝国主义的侵略计划的合作，是为了国际和平的合作。在我们中苏两个伟大的国家的合作之下，我相信，帝国主义的侵略计划是要被粉碎的。

**2月15日**　在中南海菊香书屋主持召开中共中央书记处会议，刘少奇、周恩来、陈云、彭真出席，邓小平列席。

**2月20日**　致信刘少奇、周恩来、陈云、邓小平、彭真：“五年计划纲要第二稿，我已看过一遍，有些意见，已告陈伯达同志。请你们即于日内分别找伯达谈一次，将你们看过后的意见告诉他，或将你们修改的本子交给他，连同其他同志的意见，由他汇集起来，加以修改，加上地方计划一章，于本月底或下月初印出第三稿。那时我们可以看第三遍，可于三月十日左右印第四稿，即可作为基本定论。明后天我开始看高饶问题文件，看完再集谈一下。”

**2月21日**　审阅修改中共中央办公厅机要室一月二十二日印发的《关于高岗、饶漱石反党联盟问题的报告》（三次稿），在第五部分加写一段话：“我们党内曾经出现过陈独秀、张国焘等著名的大叛徒，他们都是阶级敌人在我们党内的代理人，我们曾经进行严肃的斗争驱逐了这些叛徒。有些同志觉得高饶反党联盟是难以理解的现象，这是不了解党的历史、阶级斗争的历史和现状的原故。”同时在报告稿上批示：“刘、陈、彭真、小平阅后，交恩来同志：高、饶联盟文件已看了一遍，全文可用，作了一些修改，主要是从第九页起刮掉了两段〔1〕，因为我觉得这个问题不宜这样地在这里辩论，刮掉后似乎要好一些，请你们斟酌。刘、陈、彭、邓各同志的修改意见，请于日内即交恩来，以便明日或后日谈一下。”

**同日**　和刘少奇、周恩来致电伏罗希洛夫、布尔加宁、莫洛托夫，祝贺苏联军队建军三十七周年，指出：“光荣的苏联军队在第二次世界大战中曾以无敌的威力摧毁了法西斯势力，保卫了欧洲和世界文明，对人类进步的事业作出了无可估量的贡献。现在，正当帝国主义战争集团加紧制造国际紧张局势、准备原子战争、进行战争挑衅、严重地威胁世界和平的时候，强大的和久经考验的苏联军队乃是保卫世界和平的不可战胜的力量。”

**2月23日**　下午四时，和刘少奇、周恩来、邓小平、李维汉、习仲勋等在中南海勤政殿接见西康省〔2〕理塘县理塘大喇嘛寺活佛。

**同日**　下午五时，在中南海勤政殿接受达赖喇嘛、班禅额尔德尼拜贺藏历木羊年新年，并同他们谈话。毛泽东说：我们的国家本来是地大物博，人口众多，自然条件及气候也好，只是过去由一些坏人在这里领导，政治上不好，因而各方面比一般的先进的国家落后一百多年。我们承认落后是有好处的，我们可以向先进的国家学习，向苏联学习。在我们内部各民族互相学习，亲密团结，共同建

〔1〕这两段文字的内容，主要是批驳高岗捏造事实，制造谣言，攻击中央领导人等。

〔2〕西康省于1955年撤销，所辖金沙江以东地区划归四川省，1956年原所辖昌都地区划归西藏。

设，那末我们各民族都有希望，全国都有希望。在你们两人的领导下，西藏的事情一定会做好，但不要急，慢慢地来，做事情要取得大多数的同意。我们在中央办事也经常征求地方政府的意见，和你们商量，请你们放心，我们不会强迫你们办任何事情。

**2月24日** 下午五时，同陈伯达谈第一个五年计划纲要修改问题。

**同日** 下午六时，和刘少奇、周恩来等出席达赖喇嘛、班禅额尔德尼为庆祝藏历木羊年新年在中南海紫光阁举行的宴会。达赖喇嘛和班禅额尔德尼先后致词，称颂毛主席的伟大民族政策的光辉。毛泽东致祝酒词说："我们大家应当努力，进一步加强和巩固我国各民族间的团结，进一步加强和巩固汉、藏民族间以及藏族内部的团结，共同建设我们伟大的祖国。"

**2月26日** 在中南海菊香书屋主持召开中共中央书记处扩大会议，讨论对胡风如何展开批判等问题，刘少奇、周恩来、陈云、彭真、邓小平、陆定一、陈伯达、胡乔木、周扬、胡绳、邓拓等出席。

**3月1日** 下午，同周恩来谈话。

**3月2日** 下午，同朱德谈话。

**3月3日** 审阅中共中央、国务院《关于迅速布置粮食购销工作，安定农民生产情绪的紧急指示》稿，批示："即退尚昆照办。"指示指出："根据各地反映，目前农村的情况相当紧张，不少地方，农民大量杀猪、宰牛，不热心积肥，不积极准备春耕，生产情绪不高。""从整个说来，它实质上是农民群众，主要是中农群众对于党和政府在农村中的若干措施表示不满的一种警告。产生这种情况有很多原因，比如有些地区的互助合作运动搞得过粗过快，某些措施不尽合理，农村供应工作有缺点等。""但应该说，农民不满的主要原因是农民对统购统销工作感到无底；感到增产多少，国家收购多少，对自己没有好处；感到购的数目过大，留的数目太少，不能满足他们的实际需要”。指示根据减轻征购任务的原则，规定本年度（一九五五年七月至一九五六年六月）的粮食征购指标为九百亿斤，并强调指出：“同时再把农村合作化的步骤放慢一些，这对于缓和当前农村紧张情况，安定农民生产情绪，有重大的意义。”

**3月5日** 阅卫士李银桥带回的河北安平县细雨村副村长关于组织农业生产合作社情况给毛泽东的信。信中反映，细雨村在组织农业生产合作社的过程中，简单化地用“跟共产党走，还是跟老蒋走”一类的大帽子压群众入社，造成农民生产积极性下降。毛泽东批示林铁：“此事请你予以处理。这是我的卫士回他的家乡安平县从那里带回的一封信。这种情况恐怕不止安平县一个乡里有，很值得注意。”

**同日** 就台湾地区的局势和解放台湾问题复电赫鲁晓夫，指出：“即使夺取马祖和金门的准备工作作好，是否就发起军事行动，也还要看当时美国军队在沿海岛屿地区的具体情况再定。”“美国想要我们答应不以武力解放台湾和沿海岛屿，来交换沿海岛屿的撤退，从而在事实上承认美国对台湾的霸占，并在事实上造成‘两个中国’的形势。”我们“坚决不能同意美国人用沿海岛屿交换台湾、澎湖造成两个中国的要求”，“我们宁可让美国人在一个时期内事实上占领台湾而不去进攻台湾，但不能承认美国的占领合法化，不能放弃解放台湾的口号，不能承认两个中国”。

**3月6日** 复信周敦祜[1]：“二月二十八日的信收到。我对

〔1〕周敦祜，早年在长沙读书时同毛泽东相识。当时在中国作家协会文学讲习所工作。

学生入学的事都不直接干与，因此不能满足你的要求，尚希鉴谅。是否可待今年暑期在北京报考，请你自己酌定。”

**同日**　晚上，在中南海菊香书屋主持召开中共中央书记处扩大会议，讨论党的全国代表会议文件修改问题，刘少奇、陈云、彭真、邓小平、李富春、胡乔木出席。

**3月7日**　晚上，同陈毅谈话。

**3月上旬**　同邓子恢谈农业合作化问题，指出：五年实现农业合作化的步子太快，有许多农民入社，可以肯定不是自愿的。到一九五七年入社农户发展到三分之一就可以了，不一定要求达到百分之五十。粮食征购已经到了界限，征购任务是九百亿斤，多一斤都不行。合作化也要放慢，干脆现在就停下来，到明年秋后再看，停止一年半。

**3月8日**　晚七时，会见苏联驻中国大使尤金。

**同日**　晚八时二十分，同张经武、汪锋谈话。九时，和张、汪去看望达赖喇嘛，并同他谈话。毛泽东说：我们要向先进的国家和民族学习，学习对本民族有用的东西，但不是所有的方面都要学别的民族，而要保持本民族的特点。一个民族能在世界上在很长的时间内保存下来，是有理由的，就是因为有其长处及特点。佛教的创始人释迦牟尼是代表当时在印度受压迫的人讲话的。他主张普度众生，为了免除众生的痛苦，他不当王子，创立了佛教。因此，你们信佛教的人和我们共产党人合作，在为众生（即人民群众）解除受压迫的痛苦这一点上是有共同之处的。当然有许多不同之点。在西藏工作的汉族干部是去帮忙的，不是代替的。实行区域自治是真正的自治，主要是依靠西藏自己的干部。我们曾对派去西藏工作的汉族干部强调说，要全心全意地去帮忙，为了帮忙，性命也可以放弃，要把忙帮好，不准帮坏。我们对西藏民族寄予的希望很大，将来会对我们有很大的帮助。西藏民族在政治上给我们的帮助很大，民族团结搞好了，事情就好办。将来在经济上西藏也会对我们有很大的帮助。在你们那里可能有大量的石油，同时还有各种矿产，将来开采后对国家建设很有用。

**同日** 晚十时半，同彭德怀谈话。

**3月9日** 晚上，和张经武、汪锋、范明去看望班禅额尔德尼，并同他谈话。毛泽东说：你们的政策搞对了，你们能主动地拥护他们，主动地让步，能让达赖喇嘛当主任，你当副主任，计晋美能主动提议让阿沛当秘书长，〔1〕这是很好的，比我们共产党来提出要好得多。这样今后的事情就好办了。由于过去汉人的反动统治阶级统治你们压迫你们，造成了不好的影响，所以产生了对汉人害怕，印象不好。因此，我们今后必须很好地多办些好事，才能使西藏人民慢慢相信汉人是帮助他们的，不是搞他们的。不能只说汉人帮少数民族的忙，少数民族同样是帮助汉人的。西藏有这样大的一块地方，又有很多资源，西藏民族和汉族很好地团结和互相帮助，所以你们受到祖国各方面的欢迎。我们人民解放军进了西藏，给西藏人民做的事情还不多，修通了两条公路，办了两个小学，给藏民打了一些防疫针。这些帮助只能说是才开始，不过今后会逐年扩大起来的。西藏地方蕴藏有很多矿产，就从经济上来说，也不单是汉人帮助西藏的，是互相帮助的。

**3月10日** 下午，接见达赖喇嘛，张经武、汪锋参加。

**同日** 晚上，同陈伯达、胡乔木谈党的全国代表会议文件修

---

〔1〕1955年3月9日国务院第7次全体会议通过《关于成立西藏自治区筹备委员会的决定》，确定达赖喇嘛·丹增嘉措任主任委员，班禅额尔德尼·确吉坚赞任副主任委员，阿沛·阿旺晋美任秘书长。

改问题。

**3月11日**　就苏联同东欧七国缔结华沙条约问题复电赫鲁晓夫，表示完全赞成苏方提出的由苏联、波兰、捷克斯洛伐克、德意志民主共和国、匈牙利、罗马尼亚、保加利亚、阿尔巴尼亚八国订立一项友好合作互助条约的建议和条约草案的基本内容。此前，毛泽东于三月五日收到由尤金大使转来的赫鲁晓夫来电及有关附件材料。

**同日**　晚上，接见班禅额尔德尼，张经武、汪锋、范明参加。

**3月12日**　达赖喇嘛和班禅额尔德尼离京返藏〔1〕。在北京期间，出席了第一届全国人大一次会议、全国政协二届一次会议和国务院讨论西藏工作的全体会议，参与商讨成立由西藏地方政府、班禅堪布会议厅和昌都地区人民解放委员会参加的统一的西藏自治区筹备委员会问题。

**同日**　审阅修改拟由周恩来在中国共产党全国代表会议上作的《关于高岗、饶漱石反党联盟的报告》第三次修正稿，批示："即送胡乔木同志：此件你阅后请送恩来同志阅，最好能于今天或明天在政治局会议上通过，今晚或明晚即印发党代表会议参加者。"

**3月13日**　审阅中共华南分局发来的卫立煌〔2〕回国声明《告台湾袍泽朋友书》后，批示："刘、朱、邓（请小平办）：此

〔1〕达赖喇嘛和班禅额尔德尼于1954年9月4日到达北京。在参加全国人大会议和国庆活动后，赴天津、上海、杭州、沈阳、鞍山、哈尔滨等城市参观，后又赴西安、兰州、甘南藏区、西宁（包括塔尔寺）、武汉、重庆、成都等地参观。

〔2〕卫立煌，原国民党军将领。解放战争后期，担任国民党军东北"剿匪"总司令部总司令，因没有积极执行蒋介石的作战命令，被软禁于南京。1949年1月在蒋介石引退后去香港。1955年3月回到祖国大陆。

件以一字不改，照原文待卫到广州时即行发表为好。在广州发表时，即送香港登报，并登广州报纸。同时由新华社发来北京，播发北京及全国登报，并发口语广播，译成外文发表。此件完全可用，不须要修改。”

**3月14日** 收到全国人大常委会办公厅三月七日寄来的给全国人大代表七个月的工作费三百五十元，在付费通知单上批示杨尚昆：“此项工作费，我不需要使用，应交给中央。此次送来的以及以后的，均请你交给中央会计机关。”

**同日** 阅华东军区关于打击马祖等岛屿蒋军的措施给福建省军区、华东海军司令部并报总参谋部的电报。电报就加强对马祖、金门蒋军的侦察工作以及发现蒋军撤逃并在无美机、美舰顾虑的情况下相机歼敌的部署作出了具体指示。毛泽东批示：“彭德怀同志：马祖及其他任何岛屿敌人撤走时，我均应让其撤走，不要加以任何攻击或阻碍。此点请予考虑确定，指示华东及福建。”

**同日** 复信黄炎培：“三月十一日惠书收读。民建开代表大会，很好，谨致祝贺。农村粮食问题已采取措施，下一年度可以缓和下来，目前则仍有些紧张。”黄炎培在来信中报告民建筹备全国代表大会的情况，还谈到最近家乡来人反映农民生活苦，而一些农村干部疑心农民家有藏粮，致使民间有怨声。

**同日** 晚上，在中南海菊香书屋主持召开中共中央书记处扩大会议，讨论关于发展国民经济第一个五年计划草案的修改问题，刘少奇、陈云、邓小平、李富春、陈伯达、胡乔木出席。

**3月15日** 晚上，先后同柯庆施、周小舟〔1〕谈话。

---

〔1〕 周小舟，当时任中共湖南省委书记（1956年7月设省委书记处后任第一书记）、湖南省副省长、湖南省政协主席。

**3月16日**　晚上，同舒同、谭启龙、林铁、吴芝圃谈话。

**3月17日**　阅卫立煌三月十六日自广州发来的电报。电报说："立煌昨日返回祖国，平安抵穗，谨电致敬，并问候刘委员长、周总理、朱副主席及中央各位先生。"毛泽东批示杨尚昆："应发一电表示欢迎。由华南分局派适当干部好好护送来京。如他愿意在广州、长沙、武汉、郑州等处（或走上海、天津）看看建设情况，应先电告各处好好引导招待，并表示热情欢迎态度。"同日，复电卫立煌："三月十六日电报收到。先生返国，甚表欢迎，盼早日来京，借图良晤。如有兴趣，可于沿途看看情况，于本月底或下月初到京，也是好的。"

**同日**　阅罗瑞卿三月十六日送审的准备在中国共产党全国代表会议上作的关于高岗、饶漱石反党联盟的发言稿，批示："可用。略有增减。"

**同日**　对杨树达来信作批示："转科学院，请令有关单位予以注意。"同时，复信杨树达："二月十四日惠书〔1〕收读。序言已看过。并将大函转付科学院方面，请他们予以注意。"

**同日**　下午，同陶铸、王任重、曾希圣谈话。毛泽东谈到统购统销问题，问向农民少购一点，反应如何？又说合作社搞慢一点。

**3月18日**　下午六时半，听取杨尚昆汇报本日下午中共中央政治局会议情况。会议讨论了陈云关于第一个五年计划的报告、邓小平关于党代表会议准备情况的报告等。毛泽东提出必须召开五中全会。

**同日**　晚八时五十分，在中南海菊香书屋主持召开中共中央

---

〔1〕杨树达信中要求毛泽东看一下他写的《耐林庼甲文说》自序，其中批评了中国科学院在审查该书稿中有官僚主义作风。

书记处会议，刘少奇、陈云、彭真出席，邓小平列席。

**3月18日前后** 审阅中共中央办公厅机要室三月十三日印发的中国共产党全国代表会议文件《关于高岗、饶漱石反党联盟的报告》。原定代表中央在会上作报告的周恩来因做阑尾炎手术，改由邓小平代表中央作报告。

**3月中旬** 听取邓子恢、陈伯达、廖鲁言、陈正人、杜润生[1]等汇报农村互助合作和粮食征购情况。毛泽东说：生产关系要适应生产力发展的要求，否则生产力就会起来暴动。当前农民杀猪宰羊就是生产力起来暴动。关于农业生产合作社的发展方针，他说：方针是“三字经”，叫一曰停，二曰缩，三曰发。经讨论议定，浙江、河北两省收缩一些，东北、华北一般停止发展，其他地区（主要是新区）适当发展一些。

**3月19日** 将起草的《在中国共产党全国代表会议上的开幕词》送交打印。二十日，同陈伯达、胡乔木对开幕词进行修改后，批示杨尚昆“印若干份，在明天下午开会时，在会场上临时分发各代表，每人一份”。

**同日** 阅彭德怀三月十八日送审的准备在中国共产党全国代表会议上作的关于高岗、饶漱石反党联盟的发言稿，批示：“彭德怀同志，此件已阅，可用。”

**同日** 晚上，在中南海西楼会议室主持中共七届五中全会第一次会议。毛泽东提出全国党代表会议的议程有三：（一）关于第一个五年计划；（二）关于高饶问题；（三）关于成立监察委员会问题。关于五年计划，毛泽东说：这是经过几年功夫准备的，比较接近于实际，从一九五一年就开始搞，中央自己搞了三遍，还有苏联同志的帮助，现在算起草出来了，真是“五年计划四年

〔1〕 杜润生，当时任中共中央农村工作部秘书长。

成"！准备在党代表会议之后，经过修改，再提交全国人民代表大会第二次会议。关于高饶问题，毛泽东说：这个文件（指邓小平作的《关于高岗、饶漱石反党联盟的报告》——编者注）也搞了一年，几经反复才写成现在这个样子，即是指出他们的联盟是一个阴谋集团，不是什么堂堂正正地拿出自己的主张来争取领导，而是烧阴火、煽阴风，见不得太阳，这样来说它是比较恰当些，也是合乎实际的。会议一致通过：一、同意三项议程，对三项议程的决议和监察委员会名单，委托政治局向代表会议提出。二、同意饶漱石不出席代表会议；同意不开除饶的党籍，只撤销中央委员。三、准备在一九五六年召开党的第八次全国代表大会。

**3月20日** 阅刘少奇送审的准备在中国共产党全国代表会议上发言的提纲，批示："即退刘少奇同志：题目可不要'提纲'二字。"

**同日** 晚上，同朱德谈话。

**3月21日—31日** 在中南海怀仁堂主持召开中国共产党全国代表会议，致开幕词并为会议作结论。会议听取陈云作关于发展国民经济的第一个五年计划的报告，邓小平作关于高岗、饶漱石反党联盟的报告。会议通过《关于中华人民共和国发展国民经济的第一个五年计划草案的决议》；通过《关于高岗、饶漱石反党联盟的决议》，开除高岗、饶漱石的党籍，并撤销他们的党内外各项职务；通过《关于成立党的中央和地方监察委员会的决议》，决定成立党的中央和地方的各级监察委员会，以代替原有的中央和地方的各级党的纪律检查委员会，并选举产生了以董必武为书记的中共中央监察委员会。

**3月21日** 上午，对《在中国共产党全国代表会议上的开幕词》再作修改后，批示杨尚昆重印。毛泽东加写了一段文字："鉴于种种历史教训，鉴于个人的智慧必须和集体的智慧相结合才能发挥较好的作用和使我们在工作中少犯错误，中央和各级党委必须坚持集体领导的原则，继续反对个人独裁和分散主义两种偏向。必须懂得，集体领导和个人负责这样两个方面，不是互相对立的，而是互相结合的。而个人负责，则和违反集体领导原则的个人独裁，是完全不同的两件事。”

**同日** 下午三时，中国共产党全国代表会议开幕。毛泽东致开幕词，他说：中央委员会根据列宁关于过渡时期的学说，总结了中华人民共和国成立以来的经验，在我国国民经济恢复阶段将要结束的时候，即一九五二年，提出了党在过渡时期的总路线。发展国民经济的第一个五年计划是实现党的总路线的一个重大的步骤。在我们这样一个大国里面，情况是复杂的，国民经济原来又很落后，要建成社会主义社会，并不是轻而易举的事。我们可能经过三个五年计划建成社会主义社会，但要建成为一个强大的高度社会主义工业化的国家，就需要有几十年的艰苦努力，比如说，要有五十年的时间，即本世纪的整个下半世纪。我们的任务要求我们必须很好地处理我国人民内部的关系——特别是工人阶级和农民之间的关系，很好地处理我国各民族之间的关系；同时，必须很好地继续发展同伟大的先进社会主义国家苏联和各人民民主国家的亲密合作，也要发展同资本主义世界一切爱好和平的国家和人民的合作。高岗、饶漱石反党联盟的出现，不是偶然的现象，它是我国现阶段激烈阶级斗争的一种尖锐的表现。这个反党联盟的罪恶目的，是要分裂我们的党，用阴谋方法夺取党和国家的最高权力，而为反革命的复辟开辟道路。高岗、饶漱石在党内玩弄阴谋，进行秘密活动，在同志背后进行挑拨离间，但在公开场合则把他们的活动伪装起来。他们的这种活动完全是地主阶级和资产阶级在历史上常常采取的那一类丑恶的活动。中央委员会认为有必要在这个时候按照党章成立中央监察委员会，代替过去的纪律检查委员会，借以在新的激烈的阶级斗争时期加强党的纪律，加强对各种违法乱纪现象的斗争，特别是防止像高、饶反党联盟这一类严重危害党的利益的事件重复发生。我们现在是处在新的历史时期。一个六万万人口的东方国家举行社会主义革命，要在这个国家里改变历史方向和国家面貌，要在大约三个五年计划期间内使国家基本上工业化，并且要对农业、手工业和资本主义工商业完成社会主义改造，要在大约几十年内追上或赶过世界上最强大的资本主义国家，这是决不会不遇到困难的，如同我们在民主革命时期所曾经遇到过的许多困难那样，也许还会要遇到比过去更大的困难。但是，同志们，我们共产党人是以不怕困难著名的。我们在战术上必须重视一切困难。对于每一个具体的困难，我们都要采取认真对待的态度，创造必要的条件，讲究对付的方法，一个一个地、一批一批地将它们克服下去。根据我们几十年的经验，我们遇到的每一个困难，果然都被克服下去了。种种困难，遇到共产党人，它们就只好退却，真是“高山也要低头，河水也要让路”。这里就得出一条经验，它叫我们可以藐视困难。这说的是在战略方面，是在总的方面。我们可以藐视而且必须藐视人世遭逢的任何巨大的困难，把它们放在“不在话下”的位置。只要我们更多地懂得马克思列宁主义，更多地懂得自然科学，一句话，更多地懂得客观世界的规律，少犯主观主义错误，我们的革命工作和建设工作，是一定能够达到目的的。

**3月22日**　下午三时，出席中国共产党全国代表会议。晚上，在天桥剧场观看群众业余音乐舞蹈演出。

**3月23日**　阅陈毅三月二十二日送审的准备在中国共产党全国代表会议上的发言稿。陈毅在附信中说：所呈发言稿对“高、饶罪恶作了揭露，又引申到批评党内现状，是否需要、是否过火，我在这点上是有些犹豫的”。毛泽东批示：“退陈毅同志：你的发言稿，看了一遍，觉得很好，可以和应该那样说，不算过火。在第二十一页上，我加了几个字，我感觉，饶漱石的罪恶，可能不比高岗小一些。”陈毅发言稿第二十一页上说：“反党分子高岗，是高岗、饶漱石反党联盟的首脑人物，他的反党罪行比饶漱石更严重一些。”毛泽东把这句话改为：“反党分子高岗，是高岗、饶漱石反党联盟的首脑人物，他的反党罪行从某一点上看，或者可以说比饶漱石更严重一些。”

**同日** 下午三时，出席中国共产党全国代表会议。晚上，同陈毅、谭震林谈话。

**3月24日、25日、26日** 每天下午三时，出席中国共产党全国代表会议。

**3月27日** 中午，同彭真谈话。

**同日** 下午三时，在中南海颐年堂召集全国党代表会议各组组长开会，刘少奇、邓小平和中央组王从吾、李楚离〔1〕，中南组陶铸、王任重，华北组乌兰夫、林铁，东北组欧阳钦、黄欧东〔2〕，西南组李井泉、谢富治〔3〕，西北组张德生、王恩茂〔4〕，华东组柯庆施、舒同出席。

**同日** 下午五时四十分，在中南海怀仁堂召开全国党代表会议主席团会议。

---

〔1〕 李楚离，当时任中共中央组织部副部长。

〔2〕 欧阳钦，当时任中共黑龙江省委书记（1955年6月设省委书记处后任第一书记）、中国人民解放军黑龙江省军区第一政治委员。1955年4月又任黑龙江省政协主席。黄欧东，当时任中共辽宁省委书记、辽宁省政协主席、中国人民解放军辽宁省军区政治委员。

〔3〕 谢富治，当时任中共云南省委书记（1956年7月设省委书记处后任第一书记）、云南省政协主席、中国人民解放军昆明军区司令员兼政治委员。

〔4〕 张德生，当时任中共陕西省委第一书记、陕西省政协主席、中国人民解放军陕西省军区第一政治委员。

**3月28日、29日**　每天下午三时，出席中国共产党全国代表会议。

**3月30日**　下午一时二十分，会见苏联驻中国大使尤金。

**同日**　下午二时四十分，在中南海颐年堂主持召开中共中央政治局扩大会议，刘少奇、周恩来、朱德、陈云、彭真、董必武、林伯渠、彭德怀、张闻天、康生、邓小平、林枫、谭震林、陈毅出席。

**3月31日**　下午，在中国共产党全国代表会议上作结论，共讲五个问题。在讲到对这次代表会议的评价时，毛泽东说：绝大多数同志认为，这次会议开得很好，是从延安整风以来的又一次整风会议，发扬了民主，开展了批评与自我批评，使得我们互相了解更多了，思想更加统一了，使得我们有了共同的认识。这次会议表明我们是进步了的。在讲到第一个五年计划时，毛泽东说：我们进入了这样一个时期，就是我们现在所从事的、所思考的、所钻研的，是钻社会主义工业化，钻社会主义改造，钻现代化的国防，并且开始要钻原子能这样的历史的新时期。现在我们面临的是新问题：社会主义工业化、社会主义改造、新的国防、其他各方面的新的工作。适合这种新的情况钻进去，成为内行，这是我们的任务。我们要在党内外五百万知识分子和各级干部中，宣传并使他们获得辩证唯物论，反对唯心论，我们将会组成一支强大的理论队伍，而这是我们极为需要的。没有这支队伍，对我们全党的事业，对我国的社会主义工业化、社会主义改造、现代化国防、原子能的研究，是不行的。我希望，所有的省委书记、市委书记、地委书记以及中央各部门的负责同志，都要奋发努力，在提高马克思列宁主义水平的基础上，使自己成为精通政治工作和经济工作的专家。在讲到高岗、饶漱石反党联盟时，毛泽东说：在原则性的问题上，在同志之间，对于违反党的原则的言论、行动，应当经常注意保持一个距离。不能因为是老朋友，老上司，老部下，老同事，同学，同乡等而废去这个距离。在讲到目前形势时，毛泽东说：要戒“左”戒右。什么叫“左”？超过时代，超过当前的情况，在方针政策上、在行动上冒进，在斗争的问题上、在发生争论的问题上乱斗，这是“左”，这个不好。落在时代的后面，落在当前情况的后面，缺乏斗争性，这是右，这个也不好。我们要进行两条战线的斗争，既反对“左”，也反对右。在讲到召开党的第八次全国代表大会时，毛泽东说：中央决定一九五六年下半年召开党的第八次全国代表大会。有人建议一年或者两年开一次这样的会议，使同志之间互相监督，我认为可以考虑。谁监督我们这些人呢？互相监督是好办法。定期召开会议，进行批评和自我批评，这是一种同志间互相监督，促使党和国家事业迅速进步的好办法。

**同日** 《长江日报》发表毛泽东为庆贺武汉人民战胜一九五四年洪水的题词：“庆贺武汉人民战胜了一九五四年的洪水，还要准备战胜今后可能发生的同样严重的洪水。”

**3月** 为三月二十一日在北京开幕的空军首届英雄模范功臣代表大会题词：“建立一支强大的人民空军，保卫祖国，准备战胜侵略者。”

**4月1日** 阅王明[1]本日来信。信中说：这次会议，因准假治病，未能得到很多的教益，感到莫大的损失，但自觉并未因病而和党疏远。毛泽东批示：“刘少奇同志阅后，交邓小平同志印发各代表，并告王明可以继续请假治病。”此前，参加中国共产党全国代表会议的代表、吉林省委副书记富振声于三月三十日

〔1〕王明，即陈绍禹，当时任中共中央委员。1956年1月去苏联，此后一直滞留苏联。

致信毛泽东并会议主席团说：这次会议在党的建设上具有重大的历史意义，陈绍禹身为中央委员，应该参加这次会议，但不到会，对党的会议采取如此轻视的态度，说明他和党的距离是越来越远了。毛泽东在该信上批示："印发给各代表，并送一份给王明。"

**同日** 晚上，同陈伯达谈话。

**4月2日** 下午六时半，同陈毅、谭震林、罗瑞卿谈话。

**同日** 晚九时，在中南海菊香书屋主持召开中共中央书记处扩大会议，刘少奇、周恩来、朱德、陈云、彭真、邓小平、陈毅、谭震林、罗瑞卿出席。

**4月3日** 下午，同陈毅、谭启龙、江华〔1〕谈话。晚上，同罗瑞卿谈话，后又请刘少奇参加。

**4月4日** 晨，同邓小平、谭震林谈话。

**同日** 中午十二时半，在中南海菊香书屋主持召开中共中央书记处会议，刘少奇、周恩来、朱德、陈云、彭真出席，邓小平列席。下午三时，主持召开中央政治局会议。

**同日** 下午四时，在中南海西楼会议室主持召开中共七届五中全会第二次会议。全会批准中国共产党全国代表会议所通过的三项决议：《关于中华人民共和国发展国民经济第一个五年计划草案的决议》、《关于高岗、饶漱石反党联盟的决议》、《关于成立党的中央和地方监察委员会的决议》。全会委托中央政治局根据党的全国代表会议的讨论，对发展国民经济的第一个五年计划草案作适当修改，然后提交第一届全国人民代表大会第二次会议予以审议和通过。全会补选林彪、邓小平为中央政治局委员。

**4月5日** 晨，致信杨尚昆："五年计划，陈、邓两个报告，

---

〔1〕 江华，当时任中共浙江省委书记（1956年7月设省委书记处后任第一书记）、浙江省政协主席。

我的开幕词，少奇发言等五件正译成俄文，准备十号送交尤金转苏共中央，请其提意见。请你即于今日为中共中央起草一个致苏共中央的信，于下午交我看。”

**同日** 晚上，在中南海颐年堂主持召开中共中央政治局扩大会议。会议听取周恩来汇报参加亚非会议的准备情况，讨论通过《参加亚非会议的方案（草案）》、《访问印度尼西亚计划（草案）》和《关于目前中缅两国间一些实际问题的处理方针》三个文件。《参加亚非会议的方案（草案）》指出：“我们在亚非会议的总方针应该是争取扩大世界和平统一战线，促进民族独立运动，并为建立和加强我国同若干亚非国家的事务和对外关系创造条件。”

**4月6日** 致信苏共中央，通报中国共产党全国代表会议情况，并征求对中国第一个五年计划的意见。信中说：“现特送上中华人民共和国发展国民经济的第一个五年计划（草案）和陈云同志关于发展国民经济的第一个五年计划的报告，请求你们替我们加以审阅，提出修改的意见。”“你们的经验比我们多，为了少犯错误起见，还是请你们替我们看一下吧。”“此外，在我们党的全国代表会议上，还有邓小平同志关于高岗、饶漱石反党联盟的报告，刘少奇同志关于目前国际形势问题的发言和我的开幕词，一并送给你们，作为参考，你们如有兴趣，也可以看一下，如有意见，也请向我们提出。这些都是不公开发表的，刘少奇同志的发言并且是机密的。”

**同日** 复信赫鲁晓夫：“三月二十五日来信收到。对于您的热情的邀请〔1〕，我表示衷心的感谢。我很愿意能到苏联和同志们聚谈和往各地参观。但因我近日身体有些不舒服，周恩来同志本月内又要出席亚非会议，因此不能成行，待以后再约时间吧。”

---

〔1〕 赫鲁晓夫邀请毛泽东于1955年5月访问苏联。

**同日** 晚上，在中南海颐年堂主持召开中共中央书记处扩大会议，刘少奇、周恩来、陈云、彭真、邓小平、陈毅、谭震林、罗瑞卿出席。会后，乘专列离京去杭州。

**4月7日** 中华人民共和国主席毛泽东颁布《关于结束中华人民共和国同德国之间的战争状态的命令》。命令指出："中华人民共和国坚决支持德意志民主共和国和全德人民以及苏联和所有爱好和平的国家和人民为争取德国和平统一、促进对德和约的缔结、保障欧洲集体安全和维护世界和平的斗争，同时为了中国人民和全德人民的利益，现根据中华人民共和国第一届全国人民代表大会常务委员会一九五五年四月七日第九次会议的决议，宣布：一、中华人民共和国同德国之间的战争状态从此结束。两国之间的和平关系应当建立起来。二、中华人民共和国同德国之间的战争状态的结束并不改变德国的国际义务。同时并不影响中华人民共和国根据有关德国的国际协定而享有的权利和承担的义务。"

**4月9日** 到达杭州，住刘庄。

**4月13日** 任命国务院总理兼外交部部长周恩来为中国出席亚非会议代表团首席代表，副总理陈毅、对外贸易部部长叶季壮、外交部副部长章汉夫和驻印度尼西亚大使黄镇为代表；批准周恩来参加亚非会议期间，总理职务由副总理陈云代行，外交部部长职务由副部长张闻天代行。

**4月15日** 下午，派汪东兴到朱琏〔1〕住处看望并传达指示：针灸是中医里面的精华之精华，要好好地推广、研究，它将来的前途很广。有些同志坚持努力，是有成绩的，也证实了中医政策的提出是正确的。中国医学的经验是很丰富的，它有几千年的历史了，要有同志去整理它。这项工作是难做的，首先是卫生

〔1〕 朱琏，针灸专家。当时任卫生部妇幼卫生司副司长。

部行政领导上不支持，去年七月以后可能好一些，但还没有具体行动。我是支持的，我可以当卫生部长，也可以把这项工作做起来。不要以为我不懂医就不能做，这不是懂不懂医的问题，而是思想问题。晚上，在刘庄同朱琏谈中医问题，毛泽东说：巴甫洛夫的高级神经活动学说的理论，对针灸治病的神秘提供了解释的钥匙，反过来针灸又能够给它提供丰富的实际材料，如进一步研究，一定可以发挥更大的效果，丰富与充实现代的医学。研究针灸对医学理论的改革将发生极大的作用。你们不要以为针灸是土东西，针灸不是土东西，针灸是科学的，将来世界各国都要用它。中医的经验要有西医参加整理，单靠中医本身是很难整理的。谈到生活习惯和身体锻炼，毛泽东说：我是没有出门休养过的。去年出来，医生为我定下一个计划，规定我第一天散步十分钟，第二天散步十五分钟，第三天散步二十分钟，以后每天散步定为二十五分钟。我突破了医生规定的这个计划，第一天就走了三个多钟点，还上了山。身体是要锻炼的，还要看具体人的情况，不能作一般的硬性规定。

**4月19日** 晚上，乘专列离开杭州回北京。

**4月23日** 晨，回到北京。

**同日** 晚上，在中南海颐年堂召集刘少奇、朱德、彭真、彭德怀、邓小平、谭震林、邓子恢开会。此前，邓子恢于四月十九日向刘少奇汇报农村工作会议准备情况，谈到全国农业生产合作社已发展到六十七万个，大大超过原定发展计划。二十日，刘少奇主持召开中共中央书记处扩大会议，邓子恢、廖鲁言参加，由杜润生汇报农村情况，主要讲浙江问题。

**4月25日** 下午，邀请卫立煌、张治中、李济深、黄炎培、陈叔通、章士钊、龙云到中南海菊香书屋观赏海棠花，看电影，并共进晚餐。

**4月26日** 在中南海颐年堂召集刘少奇、邓小平、陆定一、陈伯达、胡乔木、周扬、邓拓、胡绳开会，听取陆定一、周扬关于批判胡风问题的汇报。

**4月27日**　接受巴基斯坦新任驻中国大使阿哈默德递交国书。在同大使交谈中，毛泽东说：中国和巴基斯坦都是东方国家，东方国家有许多共同点，他们过去都受西方国家的压迫。中巴之间从来没有战争，现在也没有任何争执，两国有贸易来往，因此中巴应该成为好朋友。中国愿意同一切国家包括美国在内和平共处。周总理在声明中已表示我们愿意同美国人坐下来谈判〔1〕。一切问题应通过谈判来解决，打仗的办法不好。

**4月28日**　审阅中共中央、国务院关于加强整顿粮食统销工作的指示稿。指示稿说：由于许多地区没有结合定产、定购、定销做好粮食统销工作，致使本年度三、四月份的粮食销量大大超过国家规定的合理指标，这是极端反常和危险的。解决这一紧急重大问题的关键，在于深入发动群众、进行充分的政治工作和群众工作，说明国家销售指标不应当也不可能再增加。毛泽东在末尾加写一段话："国务院和中共中央要求各省市委和省市人民政府，在接到本指示后的二十天左右的时间内，将本指示的要点，结合当地情况，作出自己的指示和安排，一直传达到乡，并开始见之实行。"并批示："刘阅后发。"

**同日**　晚上，和刘少奇、朱德、陈云等一起参观捷克斯洛伐克十年社会主义建设成就展览会，并联名为展览会题词。题词中说："捷克斯洛伐克在工业特别是机器制造业方面的迅速发展的

---

〔1〕 1955年4月23日，周恩来在出席亚非会议的缅甸、锡兰（今斯里兰卡）、中国、印度、印度尼西亚、巴基斯坦、菲律宾和泰国8国代表团团长举行的会议上发表声明，指出："中国人民同美国人民是友好的。中国人民不要同美国打仗。中国政府愿意同美国政府坐下来谈判，讨论和缓远东紧张局势的问题，特别是和缓台湾地区的紧张局势问题。"

事实大大地加强了我国人民对正在开始的工业化事业的信心，并且预示中捷两国贸易发展和科学技术合作的日见广阔的前景。”

**4月29日** 会见并宴请英国共产党中央总书记波立特和中央监察委员会主席斯图尔特，刘少奇、邓小平等参加。在谈话中，毛泽东说：我们对美国的看法，可以说是可怕，但又不可怕。美国手里有几颗原子弹，如果说不怕它，那末我们为什么要搞和平运动呢？但其实又不可怕。目前美国在广大的中间地带，从东京到伦敦建立军事基地，把三百万军队中的一百多万人都钉在这些基地上，动都动弹不得。这不像是个打仗的架势。美国实行着实力政策，如果真的打起来，首先中间地带就完了。但是，这广大中间地带的人民中，亚非两大陆就有十四个亿，还有欧洲的人民，都是我们反对美国侵略的同盟者。战争打起来，资本主义制度就会早些完蛋；如果不打，还可以多活几年。

**同日** 复信黄炎培：“四月二十五、六日惠书收读，甚谢！粮食问题，下一个月还会是紧的，六月以后将会好些了。”黄炎培来信中反映农村粮食问题，说这个问题的严重性还在于此时正临农忙，人为的丰和歉将取决于这一关头，似须经过正确了解后及时处理。

**5月1日** 上午十时，和刘少奇、朱德、陈云等党和国家领导人出席在天安门举行的庆祝五一国际劳动节大会，检阅群众游行队伍。其间，毛泽东同谭震林谈到农村的情况，说：合作化还可以快一点。我前一段出去看到沿途的庄稼都长得很好，麦子长得半人高，谁说生产消极？农民种田的积极性很高，办合作社的积极性也高。但是，给合作社说好话的人不多。柯庆施说下边有三分之一的干部对合作化有右倾消极情绪，这和上边有关部门领导不无关系。晚八时后，毛泽东等在天安门城楼观看焰火。

**同日** 上午，去天安门出席五一国际劳动节庆祝活动前，主持召开中共中央书记处扩大会议，讨论彭德怀准备在华沙召开的欧洲国家保障欧洲和平安全会议第二次会议上的发言稿。刘少奇、朱德、陈云、彭真、邓小平、彭德怀、胡乔木出席。毛泽东在会上重申中国的战略方针是“积极防御，决不先发制人”，并指示即将出访苏联等国和列席华沙会议的彭德怀，就共同反侵略斗争问题同苏联交换意见。

**同日** 复信陈嘉庚：“迭接惠书，论及粮食和飞机场二事，均已转付有关机关研究去了。盛意甚感，谨此奉复。”陈嘉庚在给毛泽东的信中，建议全国食用较粗糙的米以节约粮食，并建议福建省晋江青阳机场改建在青阳公路以南。

**同日** 复信周世钊[1]：“三月惠书收读，甚谢！学校部署很好。规程和经费均不要同他处立异，但在教学内容方面多做工作，这就是我所希望的。我情形如去年那样，游水颇有好处。”

**同日** 复信蒋竹如：“二月惠书收读，甚谢！兄作语文学研究，提出不同意见，我虽未能同意，但辩论总是会有益的。来书已付文字改革委员会研究去了。拼音文字是较便利的一种文字形式。汉字太繁难，目前只作简化改革，将来总有一天要作根本改革的。”

**同日** 复信谭世瑛[2]：“去年夏历十二月二十八日来书收读。情况困难，甚表同情，寄上人民币三百元，聊为杯水之助。如有所需，尚望续告。年老出门，颇多不便，似以无动为宜。如体健兴高，亦可出门看看。”

**同日** 复信文炳璋：“二月十五日的信收到。你可去找毛泽荣（逊五）、毛仙梅二人，和他们一道来京一行，即持此信为证。

---

〔1〕 周世钊，毛泽东在湖南省立第一师范学校读书时的同学。当时任湖南省教育厅副厅长兼第一师范学校校长。

〔2〕 谭世瑛，毛泽东在湖南湘乡县立东山高等小学堂读书时的同学。

其他各人均不要来。请你转告文梅清[1]、文东仙二同志，他们给我的信收到了，他们的问题我不能解决，他们不要来京。韶山方面有要来的，除泽荣、仙梅二人可以来之外，均不可来。问你母亲及各位朋友的好!”“此信给毛泽荣、毛仙梅二人一阅。”

**同日** 复信张沛民[2]：“二月十五日的信收到。寄上二百元，聊助涓滴，不要还的。如有困难，尚可续告。”

**同日** 复信张四维：“三月二日的信收到。你说的事，我不能答复。生活困难，付上二百元，以为小助。”

**5月3日** 晚上，同刘少奇、邓小平谈话。

**5月4日** 晚上，听取李先念汇报粮食问题。

**5月5日** 晚上，听取邓子恢汇报全国农村工作会议情况，邓子恢准备在次日的会议上作总结。毛泽东说：不要重犯一九五三年大批解散合作社的错误，否则又要作检讨。邓子恢对这个警告未引起重视，次日作总结时，未向会议传达毛泽东的这个话，仍按照三月间毛泽东同他谈话的精神，说现在根据主席决定，今年一般停止发展，有少数省份秋后还可以酌量发展。

**5月7日** 下午，在中南海颐年堂主持召开中共中央政治局会议，听取周恩来报告参加亚非会议的情况，刘少奇、朱德、陈云、彭真、林伯渠、董必武、康生、张闻天、邓小平出席，陈毅、王稼祥、杨尚昆列席。

**5月9日** 复信赫鲁晓夫，告知已于五月二日收到尤金转来的信和所附的《关于建立友好合作互助条约参加国武装力量联合司令部议定书（草案）》及有关公报（草案），表示：“我们完全

---

〔1〕 文梅清，毛泽东的表兄。

〔2〕 张沛民，毛泽东在湖南省立第一师范学校读书时的同学刘政谋的妻子。刘政谋已病故，张沛民生活困难。

同意将上述两个草案提交华沙八国会议作为会议的相当决议的基础予以讨论，并且已经指示彭德怀同志在华沙会议上对上述条约和议定书表示完全支持。”

**同日**　晚上，在中南海颐年堂同李先念、邓子恢、廖鲁言、陈国栋[1]谈粮食与农业合作化问题，周恩来参加。毛泽东说：粮食，原定征购九百亿斤，可考虑压到八百七十亿斤。这样可以缓和一下，这也是一个让步。粮食征购数字减一点，换来个社会主义，增加农业生产，为农业合作化打下基础。今后两三年是农业合作化的紧要关头，必须在这两三年内打下合作化的基础。毛泽东问：到一九五七年化个百分之四十可不可以？邓子恢说：上次说三分之一，还是三分之一左右为好。毛泽东说：三分之一也可以。农民对社会主义改造是有矛盾的。农民是要“自由”的，我们要社会主义。在县、区、乡干部中，有一批是反映农民这种情绪的，据柯庆施同志说有百分之三十。不仅县、区、乡干部中有，上面也有，省里有，中央机关干部中也有。说农民生产情绪消极，那只是少部分的。我沿路看见，麦子长得半人高，生产消极吗？

**5月10日**　下午，在中南海颐年堂邀请党外人士李济深、郭沫若、黄炎培、沈钧儒、陈叔通、张治中、傅作义、龙云、马叙伦、张奚若、许德珩、罗隆基、李德全、马寅初[2]，商谈粮食、外交、台湾、大赦等问题，周恩来、朱德、陈云、董必武、彭真、邓小平、陈毅参加。

**同日**　阅粟裕本日关于美军飞机侵入我领空及我应采取之对策的报告。报告说：今日上午十时二十七分，美机F－86型歼击

〔1〕陈国栋，当时任粮食部副部长。

〔2〕马寅初，经济学家。当时任全国人大常委会委员、全国政协常委、北京大学校长、中苏友好协会总会副会长。1955年6月又任中国科学院哲学社会科学部委员。

机一批八架，侵入至安东〔1〕以南地区领空，与我机遭遇，发生空战。判断敌机仍有来犯之可能，我之对策是：当查明美机北上时，我机即进入待机空域巡逻监视其行动，如入侵至我领空及我保卫目标上空时，则组织所有防空兵力火器坚决打击之，要求安东、旅大地区空军密切协同动作，以确保我军机场及保卫目标的安全。毛泽东批示："照办。"

**5月11日**　审阅周扬报送的《文艺报》为发表胡风〔2〕的检讨《我的自我批判》和舒芜的揭发材料起草的编者按，批示：

---

〔1〕安东，今辽宁丹东。

〔2〕胡风1954年7月向中共中央政治局提出《关于几年来文艺实践情况的报告》(即"三十万言书")，系统地陈述他对党的文艺思想和文艺工作方面的意见。1955年1月20日，中共中央宣传部向中央提出关于开展批判胡风思想的报告，认为胡风的文艺思想是彻头彻尾资产阶级唯心论的，是反党反人民的文艺思想；他的活动是宗派主义小集团的活动，其目的就是要为他的资产阶级文艺思想争取领导地位，反对和抵制党的文艺思想和党所领导的文艺运动。中央批准并转发了中宣部的报告，要求各级党委重视这一思想斗争。5月13日，《人民日报》发表胡风的《我的自我批判》、舒芜的《关于胡风反党集团的一些材料》，和毛泽东为《人民日报》写的编者按，将胡风及有关一些持相同意见的人，定性为"胡风反党集团"。随后，又定性为"胡风反革命集团"。5月18日，全国人大常委会批准将胡风逮捕。1965年，胡风被判处有期徒刑14年。1969年又加判为无期徒刑。1978年底撤销对胡风的无期徒刑的判决，宣布释放。1980年9月29日，中共中央批转公安部党组、最高人民检察院党组、最高人民法院党组关于"胡风反革命集团"案件的复查报告的通知，宣布为"胡风反革命集团"平反，指出："胡风反革命集团"一案，是在当时的历史条件下，混淆了两类不同性质的矛盾的一件错案。1988年6月，中共中央办公厅又发出《关于为胡风同志进一步平反的补充通知》，指出：关于胡风同志的文艺思想，应"由文艺界和广大读者通过科学的正常的文艺批评和讨论，求得正确解决，不必在中央文件中作出决断。这个问题也从《通知》中撤销"。

"周扬同志：按语不好，改写了一个，请你和陆定一同志看看可用否？如以为可用，请另抄付印，原稿退还给我为盼！可登《人民日报》，然后在《文艺报》转载。按语要用较大型的字。如不同意，可偕定一于今晚十一时以后，或明日下午，来我处一商。"毛泽东重新写的按语指出："从舒芜文章[1]所揭露的材料，读者可以看出，胡风和他所领导的反党反人民的文艺集团是怎样老早就敌对、仇视和痛恨中国共产党和非党的进步作家。读者从胡风写给舒芜的那些信上，难道可以嗅得出一丝一毫的革命气味来吗？从这些信上发散出来的气味，难道不是同我们曾经从国民党特务机关出版的《社会新闻》、《新闻天地》一类刊物上嗅到过的一模一样吗？""假的就是假的，伪装应当剥去。胡风反党集团中像舒芜那样被欺骗而不愿永远跟着胡风跑的人，可能还有，他们应当向党提供更多的揭露胡风的材料。""胡风应当做剥去假面的工作，而不是骗人的检讨。剥去假面，揭露真相，帮助党彻底弄清胡风及其反党集团的全部情况，从此做个真正的人，是胡风及胡风派每一个人的唯一出路。"五月十三日，胡风的《我的自我批判》、舒芜的揭发材料连同《人民日报》编者按，在《人民日报》发表，标题为《关于胡风反党集团的一些材料》。

**同日**　下午，同周恩来、陈云、彭真、邓小平谈话，后陆定一参加。

**5月12日**　下午六时，在中南海游泳池住处召集周恩来、陈云、彭真、邓小平、陈毅开会。

**同日**　晚七时半，在中南海颐年堂主持召开最高国务会议第三次会议。会议通过毛泽东提出的肃反工作的方针："提高警惕，肃清一切特务分子；防止偏差，不要冤枉一个好人。"出席会议

---

[1]　指舒芜的《关于胡风反党集团的一些材料》。

的有：周恩来、朱德、陈云、彭真、林伯渠、董必武、邓小平、陈毅、李维汉、李济深、郭沫若、黄炎培、沈钧儒、陈叔通、张治中、傅作义、龙云、马叙伦、张奚若、许德珩、罗隆基、李德全、马寅初、何香凝、章乃器。

**5月13日** 晚上，同周恩来、陈云、邓小平谈话。

**5月14日** 下午，在中南海颐年堂庭院同中央警卫局干部大队一中队全体指战员合影。毛泽东讲话，谈到党的历史、社会主义改造和社会主义建设、粮食统购统销、调查研究等问题。他说：我们工作的目的是为共产主义，具体讲就是平时说的为人民服务。三国时的孙权、刘备破曹操，万事俱备，就缺东风。现在我们就是缺东风。什么是东风呢？就是缺工业，缺近代工业。有了工业，才有汽车、拖拉机、火车头、飞机、坦克、重机枪。我们要通过三个五年计划即十五年左右，基本上达到社会主义社会。我们要建设一个高度现代化的工业国家。那时候，我们国家就繁荣富强了，人民过着幸福的美好的日子了。他说：你们是做警卫工作的，我现在给你们增加一项调查工作。做好这个工作，对我对中央都有帮助。你们有三个任务：一个是保卫工作；一个是学习，学习文化；再加一个调查工作。今后你们回家，了解农村情况，回来向我汇报。但不要说是毛主席派来的，不要摆架子。要尊重乡村干部，要尊重你们的父母，礼节要周到。谦虚就可以调查出东西。摆架子，群众是不满意的，你们千万要记住这一点。我想的这个办法实在好，通过你们和广大农民联系起来了，建立了关系。你们见到农村，我看到你们，就间接见到了农民。我通过你们，你们通过农民，把情况了解上来，这就是搞调查。在这次讲话前后，毛泽东为中央警卫团一中队写了一个《出差守则》：“（一）保密——不要说这里的情况。（二）态度——不要摆架子。（三）宣传——解释建设工业和实行社会主义的好处。

（四）警惕——不要上反革命分子的当。（五）调查——生产、征购、合作社、生活、对工作人员的意见。”

**同日**　晚上，在中南海菊香书屋召集陆定一、陈伯达、罗瑞卿、胡乔木、邓拓开会，听取周扬关于胡风问题的汇报。

**5月15日**　下午五时半，在中南海游泳池住处召集周恩来、陈云、彭真、邓小平、罗瑞卿、陆定一、周扬、杨奇清开会。晚十一时，同谭震林、李先念、陆定一、周小舟谈话。

**5月16日**　审阅邓小平本日报送的中共中央关于人民代表到各地视察工作的通知稿。通知稿说：第一届全国人民代表大会第二次会议将于一九五五年七月初召开。在开会前，全国人大全体代表将分赴各地或就近在城市和乡村视察。这次视察的重点，在城市主要是粮食和建设等方面的问题，特别是浪费问题；在乡村主要是粮食统购统销、社会治安、农业生产和互助合作等问题。各地对于代表的视察，应该采取积极和欢迎的态度。毛泽东批示："尚昆用电话问周、陈、彭真有无意见，如无，立即发出。退尚昆于十七日发出，并立即印发给来京的各省市代表。"

**同日**　阅中共中央办公厅机要室印发的全国政协委员彭一湖四月二十四日向国务院反映农村情况的信。彭一湖在信中谈到他家乡湖南东部农村存在的一些问题：一是去年办统购时给农民留下的粮食数量过少，使农民吃不饱，影响了生产。二是一九五二年定产时产量定得过高，去年雨水过多，实际产量降低，统购时对这一点估计不足，使农民留粮进一步减少。三是一些区、乡干部不深入了解实际情况，用强迫命令的方式去完成任务，引起群众的反感。毛泽东批示："即送杨尚昆同志：请将彭一湖的信立即印发给明天（十七）到颐年堂的会〔1〕的各同志。"

〔1〕指1955年5月17日中共中央召开的15个省市委书记会议。

**同日** 下午，在中南海游泳池住处同华东地区五位省市委书记陈丕显、刘顺元[1]、江华、曾希圣、谭启龙谈话，谭震林、陈伯达参加。

**同日** 晚八时五十分，同邓拓谈胡风问题。

**同日** 晚九时十分，在中南海颐年堂同中南地区七位省市委书记陶铸、陈漫远[2]、周小舟、杨蔚屏、杨尚奎[3]、王任重、宋侃夫[4]谈话，邓小平、邓子恢参加。毛泽东主要谈粮食问题、农业合作化问题、人大代表下去考察问题。

**5月17日** 晨，在中南海颐年堂主持召开中共中央书记处扩大会议，讨论胡风问题，周恩来、陈云、彭真、罗瑞卿、陆定一、周扬出席。

**同日** 下午，在中南海颐年堂主持召开华东、中南、华北三个地区的十五个省市委书记会议，讨论农业合作化、粮食统购统销等问题。毛泽东讲话。他说：下乡考察，是民主人士提出来的，我们把它普遍化，集体组织下去考察。各省市要招呼县、区、乡，对考察要表示欢迎，采取老实态度和积极态度。借民主人士下去这一压，对工作也有好处。我们的工作有成绩也有缺点。我们说，乱子不少，但一般还好。合作化问题，乱子也是不少，但大体是好的。不强调大体好，那就会犯错误。在合作化问题上，有种消极情绪，我看必须改变，再不改变就会犯大错误。

---

〔1〕 刘顺元，当时任中共江苏省委副书记、江苏省副省长。

〔2〕 陈漫远，当时任中共广西省委代理第一书记（1956年7月任第一书记）、广西省政协主席、中国人民解放军广西省军区第二政治委员。

〔3〕 杨尚奎，当时任中共江西省委书记（1956年7月设省委书记处后任第一书记）、江西省政协主席、中国人民解放军江西省军区第一政治委员。

〔4〕 宋侃夫，当时任中共武汉市委第二书记、武汉市市长。

对于合作化，一曰停，二曰缩，三曰发。缩有全缩，有半缩，有多缩，有少缩。社员一定要退社，那有什么办法。缩必须按实际情况，片面地缩，势必损伤干部和群众的积极性。后解放的地区就是要发，不是停、不是缩，基本是发。有的地方也要停，但一般是发。华北、东北老解放区里面，也有要发的。比如山东百分之三十的村子没有社，那里就不是停，不是缩，那里就是发。该停者停，该缩者缩，该发者发。发展合作社的原则是自愿互利。牲口（连地主富农的在内）入社，都要合理作价，贫农不要在这方面占便宜。在土地、农具、牲口上，贫农都不要揩油。互利就能换得自愿，不互利就没有自愿。要做到完全不损害中农利益，这样合作社就可以迅速发展起来。合作社章程要快点搞。在粮食问题上，党内党外有一种潮流，就是说大事不好。这不对。照我说，大事好，就是有些乱子。粮食统购统销是五利：对缺粮户即贫农有利，对“六民”〔1〕有利，对灾民有利，也有利于城市（工业化），有利于打台湾。一小不利（对余粮户）。除“六民”和灾民外，剩下的缺粮户究竟有多少，要切实摸一下。主要的矛盾，是个体农民跟国家，跟社会主义的矛盾。这不是对抗性的矛盾，是可以克服的。粮食问题根本上要从生产上解决。征购，原定九百亿斤，可以减到八百七十亿斤。征购减下来，三年不变。以后三年，要做到年年有余。“过头粮”，在购粮的时候不要有了，要搞得适当。与会者发言后，毛泽东作结论，定下农业生产合作社的发展指标是：河南七万、湖北四万五、湖南四万五、广东四万五、广西三万五、江西三万五、江苏六万五。

**同日**　致信中共湘乡县委并转第二区区委、石洞乡支部各同志：“石洞乡的谭世瑛，四十多年前，曾在湘乡东山学校和我有

〔1〕 指盐民、林民、渔民、牧民、船民、种植经济作物的农民。

过同学关系。解放后来过几次信，我亦回过几封信，因他叫困难，最近又寄了一点钱给他。”“据他说，他有两个儿子在三年前镇反斗争中被枪决，一个是营长，一个是排长，听说有血债被枪决的。他本人也被剥夺公民权，管制一年，现已解除管制但仍不能入农会。”“他说，他的成分是贫农。他又说，他教了几十年书，只在二十七年前在国民党的邵阳县政府当过五个月的科员，并未作坏事云云。此人历史我完全不清楚，请你们查明告我为盼。”

**同日**　复信杨树达：“违教多年，最近两接惠书，甚为感谢！所论问题，先生在第二封信里已作解决，我以为取这种态度较好的。”

**5月中旬**　审阅邓拓五月十五日报送的题为《胡风的反党反人民集团必须彻底批判》的一组文章的清样，将标题改为《提高警惕，揭露胡风》，并批示：“按语不用，另换一个。”五月十八日，按语和这组文章在《人民日报》发表。

**5月18日**　晚上，在中南海颐年堂召集周恩来、陈云、彭真、邓小平、陆定一、周扬、王稼祥、罗瑞卿、杨奇清开会，讨论胡风问题和对印度驻联合国首席代表梅农提出的方案的对策。

**5月19日**　审阅粟裕五月十二日给中共中央军委的报告。报告说：福建地区新建机场将竣工。为保护浙闽沿海航线的安全，防止和打击敌机对福建沿海主要城市的空袭，并为解放金门、马祖创造条件，当上述基地竣工后，我即应进驻部队。周恩来曾在报告上批写意见：“各项均妥，只第四项执行时应注意时机和有利条件。”“摧毁敌人雷达后，敌人仍可再设，因之必须在我较有把握条件下方可进行空炮联合作战，否则易遭过多损失。”粟裕报告的第四项，是关于马祖敌设雷达的处置方法。毛泽东批示：“退贺〔1〕、粟照办。请注意研究周总理所提意见。”

---

〔1〕贺，指贺龙。

**5月20日**　下午，在中南海勤政殿会见印度驻联合国首席代表梅农，周恩来、陈毅在座。此前，周恩来曾多次同梅农谈缓和台湾地区的紧张局势问题，阐明中国的主张。

**5月21日**　审阅周恩来报送的中国出席亚非会议代表团同印度等几个国家的代表团团长关于台湾问题谈话情况的报告，这份报告是准备交给苏联政府的。毛泽东批示："退周总理。此件可用。最近和梅农所谈，亦应通知苏方。"报告说：我们在各次会谈中都说明，台湾问题存在着两个性质不同而又相互关联的方面，即中华人民共和国解放台湾、统一国家的内政问题和美国侵占台湾地区造成紧张局势的中美间国际问题。中美两国应该谈判以缓和台湾地区的紧张局势，但任何有关的国际会议不能允许蒋介石集团的代表参加。中国认为，只有美国放弃侵略和干涉，只有美国武装力量撤出台湾和台湾海峡，才能和缓和消除台湾地区的紧张局势。报告指出：中国人民有权使用一切方法解放台湾，但只有在美国放弃侵略和干涉、撤走一切武装力量后，和平解放台湾以完成中国的完全统一，才有可能。

**同日**　审阅《中共中央关于处理胡风反革命集团的指示》草稿。指示草稿指出："胡风集团，现已大体判明是一个反革命的阴谋集团"。"各党委（和党组）必须提高警惕，领导全党，为肃清胡风集团及其思想影响而斗争"。毛泽东作个别字句修改后，批示："即送周、朱、彭真、瑞卿阅后，照发。"

**5月23日**　晚上，在中南海颐年堂召集周恩来、彭真、邓小平、陈毅、谭震林、罗瑞卿、陆定一、周扬开会，讨论胡风问题。

**5月下旬**　审阅准备在《人民日报》发表的《胡风反革命活动的证据》的清样，将标题中的"证据"改为"第二批材料"，并在编者按语中加写两段话："有些同情胡风或者口头上反对胡风但内心是同情胡风的人们在说，那些材料大都是解放以前的，不能据此定罪。那末，好吧，现在请看第二批材料。”“反革命的胡风分子同其他公开的或暗藏的反革命分子一样，他们是把希望寄托在反革命政权的复辟和人民革命政权的倒台的。他们认为，这就是他们要‘等待’的‘时机’。”这批材料五月二十四日在《人民日报》发表，题为《关于胡风反党集团的第二批材料》。

**5月24日** 晚八时四十分，同陈伯达谈话，十时邓子恢参加，次日晨一时二十分结束。

**5月25日** 晚七时半，同周扬谈话，八时四十五分陆定一、胡乔木参加。

**同日** 晚十时半，在中南海颐年堂会见苏联驻中国大使尤金。

**5月26日** 阅中国文联主席团和中国作协主席团五月二十五日联席扩大会议通过的关于开除胡风作家协会会籍并撤销他担任的文联全国委员会委员、作协理事和《人民文学》编委职务等的决议，批示：“此件即送新华社立即发表，今天（二十六日）在北京及各地见报。”

**同日** 阅中共山西省委给所属并报中央的一个通知。通知说：至今有不少单位在干部调动时，请吃饭、照相、送礼，不仅浪费了国家财产，而且对干部的思想意识有严重的腐蚀作用，在干部和群众中造成了恶劣的影响。省委决定不许这样做。毛泽东批示：“刘、邓：山西此项决定很好，可转发全党。请为中央写一指示，放在前面。”

**同日** 阅中共中央书记处第一办公室五月二十五日编印的《情况简报》第二二七号刊登的安徽省潜山县模范乡整顿粮食统销经验的材料，批示：“少奇、小平同志：可用中央名义写一简短指示，转发安徽这个经验，叫各地普遍仿办；并催督各地务必全党动员，在一切乡中普遍做好定销工作，压低总供应量，充分供应少数真缺粮户。”

**同日**　审阅中共中央关于征求党内外对继续镇压反革命和举行大赦问题的意见的通知稿。通知稿指出："鉴于应否大赦及如何大赦的问题，是一个关连到广大群众的政治行动，必须在党内党外更多地交换意见之后，才能作出决定。因此，请各省市委对这个问题作一次专门的讨论，同时以政协为主体举行一次座谈会，然后将党内党外对这个问题（即应否大赦及如何大赦的问题）的意见，于六月二十日以前报告中央，以便确定是否要向全国人民代表大会提出大赦的议案。"在这段话后，毛泽东加写："或者第一个五年计划期内不举行大赦，以避免可能产生的不利影响（反革命气焰高涨，人民不高兴），过几年再谈这件事，这种意见，民主人士中也有不少人提出。究以何者为宜，请你们征询电告。"〔1〕

**同日**　复信黄炎培："五月二十五日惠书〔2〕收读。凡重要问题不厌求详地征求意见，总是有好处的。最近我又找了十五个省市的负责同志征询了关于粮食、镇反、合作社等项问题的意见，得了更多的材料，证实了我在最高国务会议所说的那些。但还要进一步研究，看到底是否如此。先生此次下去考察，望注意用全面分析方法。民建会议材料〔3〕我已看过，很有兴趣，拟发各党派参考。"同时批示："此件，各同志阅后请彭真同志印发人代常委、政协常委各人作参考。"

---

〔1〕经过向党内外征求意见，中共中央决定不向第一届全国人民代表大会第二次会议提出关于举行大赦的议案。

〔2〕黄炎培在来信中说：中国民主建国会昨天召集京津两地常委、中委座谈，传达了最高国务会议上毛主席关于加强镇压反革命和实行大赦问题的讲话精神。大家对毛主席的"提高警惕，肃清一切特务分子；防止偏差，不要冤枉一个好人"24字结语一致表示拥护。对于毛主席博采众议、高度民主的精神，一致表示感佩。对于大赦，大都主张可在适当时期进行有教育性的有原则的赦免。

〔3〕指1955年5月24日中国民主建国会京津两地常委、中委座谈会记录。

**同日** 派身边一警卫人员回家乡广西作农村调查，主要了解：生产问题，粮食“三定”[1]问题，农业合作社问题，农民生活问题，群众对工作人员的意见，各民族之间的关系。

**同日** 晚上，会见印度尼西亚总理沙斯特罗阿米佐约，朱德、刘少奇、周恩来、邓小平、陈毅等在座。在谈话中，毛泽东说：西方国家几百年以来，由于进行长期侵略，它们对亚非两洲产生一种心理，轻视落后国家。在西方国家面前，我们的问题是团结起来，保卫自己，而不是互相打主意，彼此损害。我们的关系不是互相损害，而是互利，不仅在商业上和文化上如此，在政治上也进行合作，万隆会议就是一个例子。就是西方国家，只要它们愿意，我们也愿同它们合作。我们愿意用和平的方法来解决存在的问题。打仗总是不好的，特别是对西方国家是没有好结果的，历史已经证明了这一点。正是考虑了这一点，我们说，用谈判来解决问题，试试看，况且朝鲜战争和印度支那战争最后都是用谈判解决的，台湾问题也可以用谈判解决。如果美国愿意签订一个和平条约，多长的时期都可以，五十年不够就一百年，不知道美国干不干。

**5月27日** 晚上，应谭震林要求同他谈话。谭震林于二十八日去上海、杭州。

**5月28日** 为中共中央起草关于调查粮食问题的各项情况给上海局、各分局、各省市委的通知。通知要求它们于接电报后一个月内将下列各项调查清楚报告中央：“（一）去年定产偏高的占百分之几，偏低的占百分之几，恰当的占百分之几；（二）缺粮户（以缺一个月粮为起点计算）占百分之几，自足户占百分之几，余粮户占百分之几；（三）缺粮户供应方面，该供应的真缺

---

〔1〕 指对农村粮食的定产、定购、定销。

粮户占百分之几，不该供应而供应了的假缺粮户占百分之几（除去周转粮不计在内），本粮食年度内因对假缺粮户盲目供应而耗费的粮食共有若干；（四）以叫唤缺粮的人为一百，真缺粮而又供应不足或供应不及时因而引起叫唤的占百分之几，假叫唤的占百分之几；（五）销售补课工作，已经做好的占乡或户的百分之几，尚未做好的乡或户占百分之几，何时可以做好？（六）各省市销粮肯定应当减少，下一粮食年度究竟可减销若干。以上六项问题，如因时间来不及，请根据若干可靠的典型材料加以估算，于七月五日以前（全国人民代表大会开会以前）先行报来。精确调查，留待下半年做。”起草后批示：“刘、周、邓阅发。发后抄邓子恢、廖鲁言、李先念、陈国栋，毛、刘、周、朱、陈、邓。”

**5月29日**　晨，同陆定一、周扬、邓拓谈话。

**同日**　晚上，和朱德、刘少奇、周恩来出席印度尼西亚驻中国大使莫诺努图为印尼总理沙斯特罗阿米佐约和夫人访问中国举行的招待会。

**5月下旬**　阅姜黄族英〔1〕来信，批示：“似可酌予帮助，请统战部徐冰同志处理。罗迈〔2〕知姜济寰为人。”

**6月1日**　阅中共北京市委五月三十日关于查处胡风分子问题给中央的报告。报告说：市委根据中央对处理胡风反革命集团的指示，召开了党员干部会，布置了这一工作，并已发现若干可疑线索等情况，表示将继续调查，待进一步弄清情况后，再根据中央指示分别处理。毛泽东批示：“陆定一同志：请考虑用中央

〔1〕姜黄族英，姜济寰的妻子。姜济寰在20世纪20年代同毛泽东相识，曾参加八一南昌起义，1935年病故。姜黄族英早年从事小学教育工作。她1955年4月27日致信毛泽东，说年已60岁，生活困难，请求安排一个工作。后被安排为江苏省文史研究馆馆员。

〔2〕罗迈，即李维汉。

名义将此件通报各地党委及中央各部门和国家机关各党组，要他们注意在所属机关、学校、人民团体和部队中调查和研究有无胡风分子，并按情况作适当处理。凡有胡风分子较多的省市均应指定几个可靠同志（例如五人）组织胡风问题小组，专门注意处理此事。前谈指示〔1〕，可后发，先发此件。请于日内拟好，交我，为盼。”

**同日**　晚上，在中南海勤政殿宴请沙斯特罗阿米佐约和夫人，朱德、刘少奇、周恩来、邓小平、李济深、何香凝等参加。宴会后举行了歌舞和京剧晚会。

**6月2日**　阅曾山五月三十日关于南昌市鸿泰百货专业代销店情况的报告。报告说：我们在南昌市了解市场情况时，看到南昌市鸿泰私营百货专业代销店的一些做法，对我们如何使私营商业经过国家资本主义过渡为社会主义商业很有启发。该店解放后因经营不善、人员过多，营业额下降，亏累日增。在这种情况下，他们向市百货公司申请代销，在严格的合同督促下，改善了经营管理，扩大了营业额。通过这种形式，将来过渡到国营商店，是易如反掌的。建议各地作典型试验，经过研究总结后，再逐步有计划地推进。毛泽东批示：“少奇、小平同志：此件很有用，请你们看看，可否用中央名义转各省市委及中商部、合作总社党组，叫他们通知各地试办。”中共中央于次日向各地党委及国务院有关部门党组转发了这个报告。

**同日**　晚七时半，同陈伯达谈话。九时半，同周扬、袁水拍谈话。十一时，在中南海颐年堂召集刘少奇、周恩来、彭真、邓小平、李富春、邓子恢、李先念、陆定一、陈伯达开会。

**6月3日**　晨，同陆定一、周扬谈话。晚上，收到陆定一晚

〔1〕　指准备发出的《中共中央关于揭露胡风反革命集团的指示》。

七时送审的中共中央关于揭露胡风反革命集团给各级党委的指示稿。毛泽东审阅修改后，于八时十分约陆定一、陈伯达、罗瑞卿、胡乔木、邓拓谈话。毛泽东对指示稿作了几处修改。指示稿第一条中讲我们现在的党政军民各种机关中和厂矿学校中，绝大多数是好人。在“绝大多数”后面，毛泽东加写“（百分之九十几）”。第一条中讲这些机关学校中，也都有暗藏的反革命分子，他们在全体人员中是绝对少数。在“绝对少数”后面加写“（占百分之几，大约有百分之五左右）”。在第五条中讲到成立五人小组进行工作处，加写“党委书记和常委对此事应积极注意抓紧领导”。在指示稿末尾，加写第六条：“各省市委和党组必须认识这一斗争的目的，不但在于肃清胡风反革命集团分子，主要地是借着这一斗争提高广大群众（主要是知识分子和干部）的觉悟，揭露各种暗藏的反革命分子（国民党特务分子，帝国主义的特务分子，托派分子和其他反动分子），进一步纯洁革命队伍。因此，当斗争有了进一步的发展时，就要公开号召一切暗藏的反革命分子和反动分子进行自我坦白，这种坦白，向小组会向大会向负责人去做或写书面材料都可以。但在中学学生和小学学生中不要去进行这种坦白的号召。”修改后批示：“刘、周、邓小平、彭真阅后即发。”

**同日**　晚八时，在中南海游泳池住处同陆定一、陈伯达、胡乔木、罗瑞卿、周扬、邓拓谈话。

**同日**　晚九时四十分，在中南海颐年堂召开会议，讨论粮食问题，刘少奇、周恩来、彭真、邓小平、邓子恢、李先念、陈伯达、王稼祥、陈国栋、廖鲁言出席。

**6月4日**　下午，同朱德、彭德怀谈话。晚上，同刘少奇、周恩来、邓小平谈话。

**6月5日** 复信陈云[1]："来信并附你父陈昌[2]烈士略传，均收到了。去年一信也收到了。略传已转付党史资料机关作参考。"

**同日** 晚九时半，在中南海勤政殿参观各国军服式样展览。随后，在中南海菊香书屋召开会议，讨论中国人民解放军军服式样问题，刘少奇、周恩来、彭真、彭德怀、邓小平、陈毅、贺龙、粟裕、黄克诚、张爱萍出席。十一时二十分，去中南海瀛台参观重工业展览。

**6月6日** 审阅《关于胡风反革命集团的第三批材料》清样，对注文作了一些修改。改后致信陆定一、周扬："社论[3]尚未看。对'第三批材料'的注文，修改了一点，增加了几段。请你们两位，或再邀请别的几位同志，如陈伯达、胡乔木、邓拓、林默涵等，共同商量一下，看是否妥当。我以为应当借此机会做一点文章进去。请再打清样送我看一次。清样打出来后（最好今天下午打出），除送你们认为要送的人以外，请送刘、周、小平、彭真、彭德怀、董老、张闻天、康生各一份（朱、林、陈云同志不在家），并请他们提出意见。"七日、八日，继续修改《关于胡风反革命集团的第三批材料》清样。这三次修改，为胡风等人的来往信件写了十七篇按语，主要内容为："各种剥削阶级的代表人物，当着他们处在不利情况的时候，为了保护他们现在的生存，以利将来的发展，他们往往采取以攻为守的策略。或者无中生有，当面造谣；或者抓住若干表面现象，攻击事情的本质；或者吹捧一部分人，攻击一部分人；或者借题发挥，'打开一个缺

---

〔1〕 陈云，陈昌的儿子，当时是湖南长沙幼儿师范学校附属小学教员。

〔2〕 陈昌，毛泽东在湖南省立第一师范学校读书时的同学、中国共产党早期党员。1930年2月牺牲。

〔3〕 指《人民日报》社论稿《必须从胡风事件吸取教训》。

口’，使我们处于困难地位。总之，他们老是在研究对付我们的策略，‘窥测方向’，以求一逞。有时他们会‘装死躺下’，等待时机，‘反攻过去’。他们有长期的阶级斗争经验，他们会做各种形式的斗争——合法的斗争和非法的斗争。我们革命党人必须懂得他们这一套，必须研究他们的策略，以便将他们战而胜之。切不可书生气十足，把复杂的阶级斗争看得太简单了。”“由于我们革命党人骄傲自满，麻痹大意，或者顾了业务，忘记政治，以致许多反革命分子‘深入到’我们的‘肝脏里面’来了。”“一切犯有思想上和政治上错误的共产党员，在他们受到批评的时候，应当采取什么态度呢？这里有两条可供选择的道路：一条是改正错误，做一个好的党员；一条是堕落下去，甚至跌入反革命坑内。这后一条路是确实存在的，反革命分子可能正在那里招手呢！”“从这类信里可以看出，我们的机关、部队、企业或团体里是有人偷窃机密的。这种人就是混入这些机关、部队、企业或团体内的反革命分子，有些自由主义分子则是这些反革命分子的好朋友。这种情况，难道还不应该引起全体工作人员和全体人民的严重注意吗？”“从来的革命，除了奴隶制代替原始公社制那一次是以剥削制度代替非剥削制度以外，其余的都是以一种剥削制度代替另一种剥削制度为其结果的，他们没有必要也没有可能去作彻底镇压反革命的事情。只有我们，只有无产阶级和共产党领导的人民大众的革命，是以最后消灭任何剥削制度和任何阶级为目标的革命，被消灭的阶级无论如何是要经由它们的反革命政党、集团或某些个人出来反抗的，而人民大众则必须团结起来坚决、彻底、干净、全部地将这些反抗势力镇压下去。只有这时，才有这种必要，也才有这种可能。”

对《人民日报》社论稿《必须从胡风事件吸取教训》修改了两次，作了较大删改，将原标题《必须引为教训》改为《必须从胡风事件吸取教训》。在文尾加写三段文字："我们革命队伍中的绝大多数（百分之九十几）都是好人，只有少数是暗藏的反革命分子或坏分子。但是我们决不可以看轻这些反革命分子或坏分子，必须坚决地把他们清除出去。否则，他们就会蔓延起来，扩大他们的人数，损害我们的肌体，使我们的事业遭到严重的损失。""在为国家的社会主义工业化和建成社会主义社会的伟大运动中，阶级斗争更加尖锐，反革命分子必然要更加进行破坏活动。但是我们是有能力粉碎一切反革命分子的活动的，因为我们有着强大的革命力量。我们力量的基础是人民群众的政治警惕性和他们对于反革命分子的辨别能力。这就要求我们的各级领导机关充分注意加强自己对群众的政治教育工作和组织领导工作。""必须注意清查出一切暗藏的反革命分子，必须坚决地有分别地对于清查出来的这些分子给以适当的处理。这是整个革命队伍一切成员的任务，这是一切爱国者必须注意的大事情。"八日，致信陆定一、周扬、邓拓："社论和'材料'两件都作了一些修改和补充，请你们酌定。请照此再打清样送各政治局同志看。关于写文章，请注意不要用过于夸大的修饰词，反而减损了力量。必须注意各种词语的逻辑界限和整篇文章的条理（也是逻辑问题）。废话应当尽量除去。请定一务于今天下午四时前将胡风分子简历送交我为盼！此信和两件清样请给乔木同志一阅。"《人民日报》社论于六月十日发表。

**同日** 晚上，在中南海颐年堂召开会议，讨论《中共中央关于加强管理、控制购销、改进粮食工作的指示》，刘少奇、周恩来、邓小平、李先念、廖鲁言、陈国栋出席。

**6月7日** 审阅《中共中央关于建立省市委书记处的决定》稿。决定稿说：目前，我国正紧张地进行着社会主义建设和社会主义改造事业，为了使省市委既能集中精力研究重大的政策和工作问题，又能及时有效地处理日常工作，中央决定各省市委成立书记处。毛泽东批示："少奇同志：此事似应由政治局通过，然后方好发出，请酌定。"这个决定，后经中共中央政治局会议通过，于六月十日正式发出。

**6月8日**　晨零时至二时半，在中南海瀛台参观重工业展览。

**同日**　复信谭世瑛："六月四日的信及大作一首收到，甚谢！我赞成你于日内返乡。中共湘乡县委有信（乡支部也有一信）给我，对于你家情况有所说明。据称：你的两个儿子确实有罪，这是因为他们在几次宽释之后还要犯罪，而且犯了严重罪行的原故。因此，政府和人民对他们依法处理，是应该的。你则只有一些旧社会带来的缺点和在对待你两个儿子的态度上有些不当，故给以一年管制，现已解除。县委来信认为你无其他罪行。我认为县委对你的评语，是公道的。你应当在新旧社会的根本变化上去看问题，逐步地把你的思想和情绪转变过来。这样就可以想开些，把一些缺点改掉，督促全家努力生产。最要紧的是服从政府法令，听干部们的话。这样，几年之后，人们对你的态度就会更好些了。如你认为必要的话，此信可给县区乡负责同志一阅。"

**同日**　中午十二时，同刘少奇、周恩来、彭真、邓小平谈话。下午一时半，同陆定一、周扬、邓拓谈话。下午二时，乘专列离京去杭州。本日上午陆定一曾召开关于审查"胡风反革命集团"分子问题的座谈会。晚上，刘少奇召开会议，讨论《关于胡风反革命集团的第三批材料》及《人民日报》社论稿。

**6月9日**　为天安门广场人民英雄纪念碑题词："人民英雄永垂不朽"。

**6月10日**　上午，到达杭州，住刘庄。

**同日**　致信胡乔木："请你将你所收集的关于河北、山西两省农业生产合作社的发展情况（包括下面大发展，省委核减等数字），写一简要材料给我为盼。”

**6月12日**　为《关于胡风反革命集团的材料》一书[1]写序言和按语后，致信陆定一、周扬、邓拓：“写了一个序言，两条按语，另外有些文字上的修改。请你们看后打清样交上次会议那些同志看过，加以修改，然后付印。”

序言说：“广大人民群众很需要这样一部材料。反革命分子怎样要两面派手法呢？他们怎样以假象欺骗我们，而在暗里却干着我们意料不到的事情呢？这一切，成千成万的善良人是不知道的。就是因为这个原故，许多反革命分子钻进我们的队伍中来了。我们的人眼睛不亮，不善于辨别好人和坏人。我们善于辨别在正常情况之下从事活动的好人和坏人，但是我们不善于辨别在特殊情况下从事活动的某些人们。”“我们所以重视胡风事件，就是要用这个事件向广大人民群众，首先是向具有阅读能力的工作干部和知识分子进行教育，向他们推荐这个‘材料’，借以提高他们的觉悟程度。这个‘材料’具有极大的尖锐性和鲜明性，十分引人注意。反革命分子固然注意它，革命人民尤其注意它。只要广大的革命人民从这个事件和材料学得了一些东西，激发了革命热情，提高了辨别能力，各种暗藏的反革命分子就会被我们一步一步地清查出来的。”

按语之一说：“胡风所谓‘舆论一律’，是指不许反革命分子发表反革命意见。这是确实的，我们的制度就是不许一切反革命分子有言论自由，而只许人民内部有这种自由。我们在人民内部，是允许舆论不一律的，这就是批评的自由，发表各种不同意见的自由，宣传有神论和宣传无神论（即唯物论）的自由。一个社会，

---

〔1〕该书收入1955年5月13日至6月10日期间《人民日报》发表的关于“胡风反革命集团”的3批材料和6月10日《人民日报》社论《必须从胡风事件吸取教训》，并附有胡风的《我的自我批判》，由人民出版社出版。

无论何时，总有先进和落后两种人们、两种意见矛盾地存在着和斗争着，总是先进的意见克服落后的意见，要想使‘舆论一律’是不可能的，也是不应该的。只有充分地发扬先进的东西去克服落后的东西，才能使社会前进。但是在国际国内尚有阶级和阶级斗争存在的时代，夺取了国家权力的工人阶级和人民大众，必须镇压一切反革命阶级、集团和个人对于革命的反抗，制止他们的复辟活动，禁止一切反革命分子利用言论自由去达到他们的反革命目的。”“我们的舆论，是一律，又是不一律。在人民内部，允许先进的人们和落后的人们自由利用我们的报纸、刊物、讲坛等等去竞赛，以期由先进的人们以民主和说服的方法去教育落后的人们，克服落后的思想和制度。一种矛盾克服了，又会产生新矛盾，又是这样去竞赛。这样，社会就会不断地前进。有矛盾存在就是不一律。克服了矛盾，暂时归于一律了；但不久又会产生新矛盾，又不一律，又须要克服。在人民与反革命之间的矛盾，则是人民在工人阶级和共产党领导之下对于反革命的专政。在这里，不是用的民主的方法，而是用的专政即独裁的方法，即只许他们规规矩矩，不许他们乱说乱动。这里不但舆论一律，而且法律也一律。”有些糊涂的人们，“他们分不清楚人民的内部和外部两个不同的范畴。在内部，压制自由，压制人民对党和政府的错误缺点的批评，压制学术界的自由讨论，是犯罪的行为。这是我们的制度。”

**6月16日** 审阅经修改重印的《关于胡风反革命集团的材料》一书清样后，致信陆定一、周扬、邓拓：“此件又作了一些修改，请你们再看一遍，如无错误，即可付印，并打纸版送各地照印。此书出版的时候，可将《序言》一篇在《人民日报》上发表（题目叫《〈关于胡风反革命集团的材料〉的序言》），以期引起人们注意。其他的，不要登报。”后来《序言》发表在六月二十日《人民日报》。

**6月18日** 审阅《中共中央关于开展斗争肃清暗藏的反革命分子的指示》稿。指示稿指出：解放后，经过镇压反革命运动，把公开的暴露的反革命分子基本上肃清了；但是，对于大批的采取两面派手法的暗藏的反革命分子还没有来得及处理，相反的，他们钻进我们的“肝脏里”来了。因此，必须利用胡风事件在党内外进行深入的教育，开展各条战线上的揭露和肃清暗藏的反革命分子的斗争。毛泽东批示：“定一同志：此件已看过，我看可用。可提到此次会议征求意见，看有无须要修改的地方。文件内鲁迅的例子可以不举〔1〕。”

**同日** 晚上，离开杭州。

**6月19日** 晚十时，到达长沙，在专列上休息。

**6月20日** 上午十时，在周小舟、谭余保〔2〕、程潜、周世钊、杨树达等陪同下，前往长沙市城北七码头上船，逆江而上。在船上，听取中共长沙市委书记秦雨屏汇报长沙市的情况。船到猴子石后，下水横渡湘江，畅游一小时。在牌楼口北侧上岸后，登岳麓山，游白鹤泉、云麓宫、望湘亭。下午三时，参观岳麓书院、赫曦台。在岳麓书院，同杨树达谈文字改革问题。晚上，听取周小舟、周惠〔3〕、谭余保、胡继宗〔4〕汇报湖南省农业合作化兴起的情况、取得的初步经验和存在的问题。午夜，离开长沙回北京。

**6月23日** 晚七时半，回到北京。九时半，在中南海颐年堂召开会议，讨论胡风问题、粮食问题和第一届全国人大二次会议问题，刘少奇、周恩来、陈云、彭真、邓小平、李先念、陆定

---

〔1〕 指示稿中原有一段话说：暗藏的反革命分子的特点就是表面上顺着我们，甚至称赞我们，阿谀我们，胡风就是用这样的办法骗取了鲁迅的信任。

〔2〕 谭余保，当时任中共湖南省委副书记兼纪律检查委员会书记。

〔3〕 周惠，当时任中共湖南省委副书记。

〔4〕 胡继宗，当时任中共湖南省委常委兼省委秘书长。

一、陈国栋出席。

**6月24日** 晚上，在中南海颐年堂召开会议，讨论关于越南问题的几个文件，刘少奇、周恩来、彭真、彭德怀、邓小平、陈毅、王稼祥出席。

**6月25日** 上午十时，和刘少奇、周恩来、朱德等前往北京西郊机场，迎接来访的由胡志明率领的越南民主共和国政府代表团。中午十二时在中南海勤政殿、晚八时在颐年堂，两次会见胡志明一行，刘少奇、周恩来、朱德、陈云、彭真、邓小平、王稼祥参加。

**6月27日** 下午五时半，在中南海游泳池住处召开会议，听取邓小平、王稼祥汇报同越南政府代表团会谈情况，刘少奇、周恩来、陈云出席。晚九时半，和刘少奇、周恩来、陈云、邓小平、王稼祥前往北京新六所同越南政府代表团进行会谈。

**6月28日** 晚上，和刘少奇、周恩来、陈云等出席越南驻中国大使黄文欢为胡志明率团访问中国在北京饭店举行的宴会，毛泽东致祝酒词。

**6月29日** 下午三时，同胡乔木谈预算报告。四时十五分，约黄炎培谈话。

**同日** 晚七时半，在中南海游泳池住处召集刘少奇、陈云、彭德怀、邓小平、王稼祥开会。十时，去瀛台参观重工业展览，至次日晨一时。

**6月30日** 下午六时半，接受南斯拉夫首任驻中国大使波波维奇递交国书。在同大使交谈中，毛泽东说：现在我们两国建立了外交关系，这是件好事情。我们同你们迟延建交是有其理由的，这就是我们希望同苏联一起同你们搞好关系。现在这个僵持的问题已经解决了。国际局势促进了这个问题的解决，促进了彼此关系的改善。这是为了国际和平事业，为了社会主义事业，这是符合马列主义的。我们要强调共同的地方，至于不同的地方，我们可以展开讨论，但如果不能得到一致的意见，那可以放在一旁，以后再谈，不使它妨碍彼此的关系，这是有好处的。

**同日** 晚七时半，在中南海怀仁堂会见以外交部副部长钱达为团长的印度文化代表团，刘少奇、周恩来、朱德、李济深、黄炎培、陈云、邓小平、陈毅、李维汉在座。随后，同胡志明一起在怀仁堂观看印度文化代表团艺术家的演出。

**同日** 晚十一时十分，在中南海游泳池住处召集刘少奇、周恩来、陈云、彭真、邓小平、王稼祥开会。

**6月下旬** 阅中共安徽省委农村工作部办公室六月十一日编印的《农村工作通讯》第五十八期刊载的三篇材料，其中一篇材料《中共滁县地委农村工作部关于滁县白庙乡、全椒三圣乡处理自发社情况的通报》说：这两个乡所以有很多自发社，是在乡村干部和党团员不根据实际情况，盲目追求合作化的情绪指导下造成的。同时，也受到老社增产的影响，这两个乡的老社皆增产，对周围农民影响很大。而在处理自发社时，采取了简单地强迫命令和轻率的态度，勒令改组，挫折了农民的生产情绪和基层干部的工作积极性，其后果是极坏的。毛泽东批注："此篇可阅。"

**7月1日** 下午，在中南海颐年堂会见苏联驻中国大使馆临时代办罗迈进。罗迈进交来苏共中央关于同南斯拉夫谈判的通知和同尼赫鲁谈判的通知这两个文件。

**同日** 晚上，和刘少奇、周恩来、朱德、陈云、董必武、林伯渠、彭真、康生、张闻天、彭德怀、邓小平陪同胡志明、长征参加中共北京市委为庆祝中国共产党成立三十四周年和欢迎越南政府代表团在中山公园举行的游园晚会。

**7月2日** 阅中共山东省委六月二十九日关于当前抗旱夏种的紧急通知。通知提出：要求在一切旱灾地区，全力突击抗旱播种。地、县委负责同志要深入灾区，大力发动群众，坚定干部群众的抗旱信心。毛泽东批示："小平同志：此件请转发河南、陕西两省委作参考。"

**7月3日**　下午四时十分，在中南海游泳池住处召集刘少奇、周恩来、陈云、邓小平、王稼祥开会。晚八时，在颐年堂再次召集刘少奇、周恩来、陈云、彭真、彭德怀、邓小平开会。九时，和刘少奇、周恩来、朱德、陈云、彭真、邓小平、王稼祥同越南政府代表团会谈。

**7月4日**　为转发中央国家机关党委关于开展肃清一切暗藏反革命分子运动的专题报告，起草中共中央批语："上海局，各省市委，中央各部委，国家机关各党组：现将北京国家机关党委一九五五年六月三十日关于开展肃清一切暗藏反革命分子运动的专题报告一件，发给你们参考。你们那里如有相同的偏向，望注意纠正。"并批示："刘、邓阅，尚昆用电报发去。"

**同日**　晚上，在中南海颐年堂主持召开最高国务会议第四次会议。出席会议的有：刘少奇、周恩来、朱德、董必武、彭真、邓小平、陈毅、乌兰夫、李维汉、宋庆龄、李济深、沈钧儒、程潜、张治中、傅作义、马叙伦、章伯钧、陈嘉庚、许德珩、李烛尘、章乃器。会议结束后，毛泽东同刘少奇、周恩来、彭真、陈毅继续开会。

**7月5日—30日**　第一届全国人民代表大会第二次会议在中南海怀仁堂举行。

**7月5日**　下午三时，出席第一届全国人大二次会议开幕式。

**7月6日**　下午三时，出席第一届全国人大二次会议。

**同日**　晚上，在中南海颐年堂召开会议，听取韦国清汇报工作，刘少奇、周恩来、彭真、彭德怀、邓小平、王稼祥出席。

**7月7日**　审阅彭德怀本日关于对台湾驾机起义人员的奖励

标准问题的报告。报告提出：鉴于过去的规定没有具体的奖励标准，现拟按起义者政治上的自觉程度和驾驶的不同机种，分别给予不同的奖金：一、驾驶喷气式战斗机起义者，每人奖人民币一万五千元；二、驾驶螺旋桨战斗机和轰炸机起义者，每人奖人民币六千元；三、驾驶运输机起义者，每人奖人民币五千元；四、驾驶教练机起义者，每人奖人民币三千元。毛泽东批示："刘、周、陈、朱、彭真、小平阅，退彭办。似应提高一些。如二万、一万五千、一万、八千等。"中央军委据此提高奖励标准后，以总政治部的名义下发关于对台湾空军起义人员奖励标准的规定。

**同日** 上午，在中南海游泳池住处同陆定一、罗瑞卿、周扬、谭政、邓拓谈话，中间刘少奇、陈云、彭真、邓小平、胡乔木参加。

**同日** 下午六时半，在中南海勤政殿设宴款待胡志明率领的越南政府代表团，刘少奇、周恩来、朱德、宋庆龄、陈云、彭真、彭德怀等参加。宴会后，出席中越联合公报的签字仪式。公报呼吁贯彻日内瓦协议以使越南通过普选实现和平统一，并表明中越两国在民族解放斗争、经济建设等方面相互支持、平等合作的一致决心。晚八时十分，和刘少奇、周恩来、朱德、陈云、彭德怀、邓小平、王稼祥同胡志明、长征等交谈。

**7月8日** 阅《人民日报》总编室七月六日编印的《人民日报情况》。其中第五页《读者反映山西和顺、昔阳两县农民缺粮情况严重》材料说：据六月中旬收到的和顺、昔阳等地读者来信反映，由于缺粮十分严重，不少农民放弃了生产，成群结队到外地投亲找事或行乞。农民怨言很多，各种谣言不断出现。毛泽东批示："小平同志：此件第五页所载山西两个县缺粮情况是否属实，请转山西省委派人前往调查，以其结果报告中央为盼。"

**7月9日** 毛泽东的机要秘书接到刘少奇电话。刘少奇说：邓子恢同志对农业合作社问题有些意见，同他谈了一次。我准备向主席报告一下，请主席召开中央书记处会议，请邓子恢同志参加。

**7月10日**　为转发中央国家机关党委《关于开展斗争肃清暗藏反革命分子的专题报告》，起草中共中央给各省市区党委的批语："现将北京国家机关党委一九五五年七月六日关于开展斗争肃清暗藏反革命分子的专题报告一件，发给你们，请你们参酌办理。各省市情况，望仿此方式择要上报。"并批示："刘、邓阅，尚昆用电报发去，并印发在京各中委和军委各部门。"

**同日**　晚七时，同刘少奇谈话。

**同日**　晚八时，在中南海颐年堂召开会议，刘少奇、彭真、邓小平、陈毅、李富春、李先念、陈伯达出席。

**7月11日**　中午十二时，在中南海颐年堂同谭震林、邓子恢、廖鲁言、陈正人、刘建勋[1]、陈伯达、杜润生谈农业合作化问题。邓子恢首先汇报，介绍全国农业合作化的基本情况。毛泽东听完汇报后，批评邓子恢，说邓子恢自以为了解农民，又很固执。邓子恢作了检讨，还说，主席啊，我没有说过"砍"合作社。毛泽东说，你没有说过"砍"合作社，我就放心了。谈话于下午五时四十分结束。

**7月12日**　晚七时二十分，同彭德怀谈话。

**同日**　晚九时四十分，在中南海颐年堂召集刘少奇、周恩来、陈云、彭真、邓小平、陈毅开会。

**7月13日**　阅中央五人小组[2]办公室关于中央一级机关肃

〔1〕刘建勋，当时任中共中央书记处第二办公室副主任。1955年11月又任中共中央农村工作部副部长。

〔2〕指1955年5月成立的中央处理"胡风反革命案"五人小组，组长陆定一，副组长罗瑞卿。同年7月，中央五人小组扩大为中央十人小组。

清暗藏反革命分子的斗争情况简报。简报说：中直机关党委、国家机关党委分别对所属单位传达了中共中央关于肃清一切暗藏反革命分子的指示后，运动较以前有较大进展，但仍有少数单位的群众没有发动起来或发动得很差。有些单位领导上还存在着右倾麻痹思想，不敢广泛深入发动群众；不少单位对在小组中有领导有重点地开展揭露反革命活动的思想斗争的重要性认识不足，缺乏经验。毛泽东为中央起草转发这个简报给各省市区党委的批语，指出："关于北京方面开展肃清暗藏反革命分子的斗争的经验，前已将国家机关党委的报告两件发给你们。现又有中央五人小组办公室一九五五年七月九日简报一件，特再发给你们。此件内容虽然和前两件有一些重复，但仍有参考的价值。盼望你们的报告。"并批示："刘、邓阅，尚昆用电报发去。另印发在京各中委，军委委员，军委系统各部门首长，中央各部委，中央政府各党组及若干重要干部各一份。"

**同日**　审阅彭德怀七月十二日报送的关于军队拟成立党的监察委员会的请示报告。报告说：为适应阶级斗争的新时期加强党的纪律的任务，经军委研究，拟成立中国共产党人民解放军监察委员会。报告提出军委监察委员会以罗荣桓为书记，谭政、宋任穷为副书记。毛泽东批示："少奇同志：请提中央会议通过。"

**同日**　致信陈叔通、黄炎培："送上浙江农村材料一件，暇时可一阅，阅后掷还为荷！"浙江农村材料，指中共浙江省委一九五五年六月三十日关于农业生产合作社端正互利政策问题给所属并报中央、上海局的指示。

**同日**　晚上，同胡乔木谈话。后同陆定一、罗瑞卿谈话。

**7月14日**　阅彭德怀报送的中共中央军委总参谋部七月八日召开的关于福建沿海作战问题会议的纪要。纪要说：我们在研究沿海作战时，必须把军事、政治、外交等因素同时加以考虑，不能单纯从军事出发，而在采取军事行动时必须紧紧掌握战必胜的原则，必须慎重，不能急躁。会议决定目前沿海的作战方针，应是坚持军委一九五四年八月十三日对沿海作战的方针，即：要充分准备，逐岛攻击，先选敌最小最弱的一个岛子攻占之，求得战必胜，攻占后即巩固之，然后再看情况决定下一步的作战行动。毛泽东批示："退彭德怀同志：同意。"

**同日**　晚上，在中南海颐年堂召集刘少奇、周恩来、陈云、彭真、邓小平、罗瑞卿开会。

**7月15日**　审阅萧华报送的他七月十四日在中国人民解放军各总部直属机关和驻京部队团以上干部大会上作的关于进一步肃清一切暗藏的反革命分子的报告。报告认为暗藏的反革命分子对军队的破坏是严重的，指出目前存在的主要思想倾向是右倾麻痹。报告提出全军必须大张旗鼓地进行一次广大的肃清暗藏反革命分子的运动，以保证军队现代化建设的顺利进行。毛泽东批示："周、朱、陈、邓阅。退萧华：此件似可发给各级党委，至师党委为止。"

**同日**　阅周恩来七月十一日送阅的巴基斯坦总理阿里六月中旬给周恩来的来信。来信感谢周恩来在亚非会议上所表现的谅解和合作的精神。毛泽东批示："似可回一封信，以资联络。"

**同日**　下午，在中南海颐年堂同林铁、吴芝圃、王任重、周礼〔1〕、柯庆施、舒同谈农业合作化问题，谭震林、陈伯达参加。毛泽东说：（一）在这几年以内，搞合作社主要是依靠贫农，还是依靠中农？什么人拥护社会主义？他们的动态如何？（王任重：贫农听说合作化要慢一点，感到"冷半截"，说又要多受几年苦了。富裕中农听到说合作化要放慢一点，感到很兴奋，说"如同

〔1〕周礼，又名周里，当时任中共湖南省委副书记、湖南省政协副主席。

朝拜木兰山”。）要以贫农为基础，包括新中农（新中农里的富裕中农除外）和老中农中的下中农，合计在南方约为农村总人口的百分之七十左右，北方约为百分之五十左右，这些人拥护合作社、统购统销，有了这些人做基础就好办事了。（二）关于合作社的发展，原来我也主张停一年，在南方不要办得太快。看到浙江、安徽都搞了好几万个社，我的主意变了，为什么其他省不可以多搞一些呢？说合作社办得不好，不巩固，刚办起来当然会有许多问题，像新修的坝一样不坚固，要加工修筑。河北省派了一万二千干部下乡，搞了两个月，只有百分之六的社解散了，百分之七的户退出了，其余百分之九十四的社、百分之九十三的户都巩固下来了。各省也要这样做，每发展一批就要巩固一批，要派大批干部下乡，在统购以前好好整顿一番。把合作社的发展计划改为三分之一左右是我的意见，实际上可能达到百分之五十左右，现在已经有些县达到了百分之六十，并没有什么问题。（三）对中农半妥协的问题。对中农包括富裕中农在内，不能剥夺他们的财产，中农入社作价很低，一百年还清等于剥夺了他们的财产。不要揩中农的油，照顾到中农的利益，就是半妥协，全妥协就是不搞社会主义。合作社增产了，中农收入没有减少反而增加了，中农满意了，这就可以。牲口折价低了要调整，归公多了不好可以改正，有的社牲口没有瘦，没有死，有的社十五头增为十九头，小牛换大牛就很好，不一定一律改为私有私喂。（四）生产力与生产关系问题。社会经济的规律是不能违反的，生产关系一定要适合生产力，生产力是最活跃的。生产关系处理得好，生产力就会发展，牲口增加，猪增加，肥料增加。如果处理得不好就会破坏生产力。合作社是改变生产关系的，农民的私有观念很强，先改为部分公有，即半社会主义，以促进生产力的发展。河北有一个合作社把十几个牲口集中起来喂养，乱打架，四十八根缰绳都搞断了，这样就不如私有私喂，租用雇用。生产关系处理得不好，违反了经济规律，农民会骂人，要砍树，对生产不利。统购任务过大，农民就顶牛。上层建筑不能违反经济发展规律，违反了就会使生产力起埂子。生产关系在一定条件下决定生产力的停滞、下降或发展。我们的各项政策一定要促进生产力的发展。政策过头不对头，对生产力的影响是很灵的。（五）今年农村工作要搞好。还有半年时间，要搞好生产，搞好政策，搞好互助合作和统购统销。定产要定到户，产量定得低一点，“四留”要留得多一点，就不顶牛了，好办了，农民的积极性就大了。农业生产计划你们要搞得比中央大一点，要努力超过，多想办法。我们的民族大有希望。河北合作社社员里贫农（包括新中农）约占百分之六十至七十，老中农百分之三十至四十，你们各省也摸一摸，到底情形如何，告诉我，我现在很注意农村阶级情况。有困难，要抓紧，抓而不紧不行。如互助组不纯，不要全组转社，要经过个别吸收办法，妥善处理。富裕中农不入社不强制，而且不吸收，让他找上门来，还要他等一等。

**7月16日** 下午三时，出席第一届全国人大二次会议。

**同日** 下午五时，同张经武、胡乔木谈话。

**7月17日** 晚八时，在中南海游泳池住处召开会议，讨论第一届全国人大二次会议明日开会问题，刘少奇、周恩来、陈云、彭真、邓小平出席。

**同日** 晚九时，在中南海颐年堂召开会议，听取陆定一汇报十一个省五人小组的情况，刘少奇、周恩来、彭真、邓小平、罗瑞卿、张际春、宋任穷出席。

**7月18日** 致信杜润生：“请将上次农村工作会议（四、五月间)[1] 的各项材料，如报告、各人发言和结论，送我一阅为盼。”

**同日**　下午五时，出席第一届全国人大二次会议。

**同日**　晚上，去中南海瀛台参观重工业展览。

**7月19日**　阅中共河北省委报送的《关于展开斗争肃清暗藏的反革命分子的计划》和省委书记处书记张承先在省直、地市委五人小组负责人会议上作的结论。这两个文件提出开展这一斗争的重点和方针政策、原则要求、具体部署，各级党委必须加强对这个斗争的领导。毛泽东为中央起草转发这两个文件给上海局、各省市区党委、中央和军委各部门、国家机关各党组的批语，指出：“河北省委一九五五年七月十四日关于展开斗争肃清暗藏的反革命分子的计划和张承先同志在省直与地市委五人小组负责人会议上所作的结论，都很好，现发给你们参考。”并批示：“刘、邓、陆定一阅，尚昆办。此件值得过细看一下。我们谈过的一些问题，这里都解决得很好。”

**同日**　阅中央警卫团三名河南籍战士受毛泽东所派回乡探亲后写的调查材料。关于河南兰考县一个村的调查材料说：由于连年水灾，该村缺粮户达百分之五十。原因主要是发放的购粮证太少，困难户太多，定产过高，实际产量达不到，农民不满。毛泽东在材料上写批语：“此乡缺粮，农民不满，值得注意。”关于河南延津县一个村的调查材料说：该村农民对粮食统购统销政策反映不一，有好有坏。实际上现在没有吃的是少数。开始建社时，由于速度过快，又没有采取自愿互利原则，使部分人思想不通，准备退社。毛泽东在材料上写批语：“此乡粮食有些问题，不大。

〔1〕 指1955年4月21日至5月6日中共中央农村工作部召开的第三次全国农村工作会议。

合作社问题较大。”关于河南新蔡县一个乡的调查材料说：该乡连年受灾，粮食收成不好，缺粮户增多，私商从中牟利，粮价上涨，有些人为买粮把农具、日用品都卖光了。而有些区、乡、村干部的余粮则未卖，农民有意见。毛泽东在材料上写批语：“据说，这个乡有些问题。乡主席邹明发（较富裕的老中农）有三百二十斤余粮，只卖出七十斤，春季又向政府购进二十斤，人民有意见。”以上三个材料，毛泽东均批送吴芝圃阅后退回。

**7月20日**　审阅修改邓小平七月十九日报送的陆定一准备在第一届全国人大二次会议上的发言稿。删去发言稿中“凡是希望社会主义建设和社会主义改造的工作得到成功的人，不管自已是唯心主义者或是唯物主义者，都应该积极赞助或者不要反对现在正在进行着的马克思主义的思想运动，因为这是关系到我们国家和民族的命运的运动，是我国社会主义建设和社会主义改造工作中绝对不可缺少的一个部分”一段，批注：“要求资产阶级和宗教信徒积极赞助和不反对马克思主义，是很难的。”又删去“我们也应该在广大的青年群众中、妇女群众中、学生中、工人中，积极宣传无神论，这就是通俗化的唯物主义思想”一段，批注：“这一点可在另外的地方讲，暂时不要在这个会上讲。”毛泽东批示：“送交陆定一同志：除小平修改的以外，我又修改了一些（打红画的），请你加以酌定。”

**同日**　为转发中共上海市委七月十八日关于肃清一切暗藏反革命分子斗争情况的通报，起草中央给各省市区党委的批语，指出：上海市委的通报很好，“现发给你们参考。你们的好经验，望择要报来”。并批示：“刘、邓阅，尚昆用电报发去，另印发各单位。”

**同日**　为转发中国人民解放军总政治部审干办公室七月十四日《关于北京军区、公安军、各特种兵等单位开展肃清暗藏反革命分子运动的情况简报》，起草中共中央给上海局、各省市区党委的批语："关于肃清暗藏反革命分子的工作，希望你们和当地军事机关联系和配合进行，并给他们以帮助。你们的五人小组开会时应邀军事机关的适当代表参加。"并批示："刘、周、邓、彭德怀、谭政阅，尚昆用电报发去。"

**同日** 为转发中共广东省委七月十七日关于肃清暗藏反革命分子运动情况的报告，起草中央给上海局、各省市区党委的批语，指出："中央认为这个文件是正确的。各地可能有同样的问题发生，可以参考广东的经验。"并批示："刘、周、邓、彭真、陈云、陆定一阅，尚昆用电报发，另印发北京各单位。此件很好。内有关于历史的估计。"广东省委的报告说：广东的组织内部不纯情况是十分严重的。解放以来干部队伍构成复杂，而纯洁内部工作又做得差。要较彻底地解决内部不纯、暗藏反革命分子的问题，没有一个大的运动是不可能的。

**同日** 下午四时半至晚八时半，听取中央警卫团几名警卫战士汇报农村情况，并一起吃晚饭。他们受毛泽东所派，回乡探亲时作了调查。

**同日** 晚九时，在中南海游泳池住处召开会议，讨论第一届全国人大二次会议明日开会问题，刘少奇、周恩来、陈云、彭真、邓小平出席。

**同日** 晚十时二十分，和刘少奇、周恩来、陈云、彭真、彭德怀、邓小平在中南海丰泽园门前湖边同胡志明、长征等话别，至次日晨零时十五分结束。七月二十一日，胡志明一行离开北京回国，毛泽东、周恩来、朱德、陈云等到西郊机场送行。

**7月21日** 下午三时，出席第一届全国人大二次会议。

**7月22日** 审阅廖鲁言准备在第一届全国人大二次会议上的发言稿。发言稿主要谈四个问题：（一）第一个五年计划草案规定的粮食、棉花、油料以及牲畜、水产等各项增产指标是比较可靠的，是可以完成并可以超过的。（二）第一个五年计划草案所规定的工农业投资比例是适当的，也是符合我国当前农业生产的具体条件的。（三）对几年来农业合作化运动应有恰当的估计，农业合作化运动的成绩是很大的。（四）开展互助合作运动发展了农业生产，农民的生活有了显著的提高。毛泽东批示："即送陈云同志：请你即看一下，有无与你所讲相矛盾的地方。阅后即退廖鲁言同志。我觉得此件很好。"

**同日**　晨六时半至上午十时，听取中央警卫团七名广东、广西、湖南籍警卫战士回乡探亲所了解的农村情况的汇报，阅看他们写的调查材料。对其中三人的材料写了批语。关于广东南雄县一个村的调查材料说：该村的合作社成立一年来，战胜了灾害，完成了增产任务，产量比单干户和互助组增加了百分之三十，被评为全县二等模范社。农民都踊跃卖余粮，但也有极少数农民不愿意卖余粮，有一户中农和一户贫农拒卖余粮，被工作干部扣留起来，造成不好的影响。毛泽东在材料上写道："扣留了两户不愿卖余粮的。合作社很好。"关于广西防城县一个村的调查材料说：该村对粮食问题的反映主要是叫苦，而这些叫苦的绝大多数是单干的中农，十户叫苦的中农中没有一个有真正的苦。报告还谈到相邻的钦县遭受大旱灾，粮食恐慌，每人每天只能吃到一两米，完全靠上山挖野生植物吃。毛泽东在材料上写道："中农叫苦是假的。钦县大旱灾。"关于湖南宁乡县一个乡的调查材料，毛泽东写道："此份报告写得不错。有分析，有例证。"

**同日**　下午三时，出席第一届全国人大二次会议。

**7月23日**　阅中共陕西省委七月二十日关于当前批准逮捕人犯工作中应注意的几个问题给所属并报中央的报告。报告指出：从最近反映的批捕人犯工作情况看，不少拟捕对象的罪证是失实的。根据这种情况，各地党委必须注意：一、严格掌握中央公安会议所规定的应捕和不应捕的政策界线；二、各地联合办公机构要特别加强审查批捕人犯名单的工作；三、大捕以前还需做好捕前的一系列组织工作；四、鉴于各地准备工作还不够充分，部分地区逮捕工作的时间应有所推迟。毛泽东批示："罗瑞卿同志：此件所说问题带一般性，请加注意。此件请你们商量一下，可否用中央名义转发各省市党委注意仿办。"

**同日**　上午，同彭真谈话。

**同日**　下午三时，出席第一届全国人大二次会议。

**7月24日**　上午，同刘少奇、陈伯达谈话。

**同日**　晚上，在中南海丰泽园门前湖边，召集刘少奇、周恩来、陈云、彭真、邓小平开会。

**7月25日**　上午，同胡乔木、陈伯达、廖鲁言谈话。

**同日**　下午三时，出席第一届全国人大二次会议。

**7月26日**　下午三时，出席第一届全国人大二次会议。

**同日**　晚上，在中南海颐年堂约柯庆施、舒同、欧阳钦、黄欧东、林铁、陶鲁笳〔1〕、王任重、吴芝圃谈话，谭震林、陈伯达参加。毛泽东说：和邓子恢同志的争论可以和缓下来，观点汇合了。你们回去，每个乡（除坏乡外）都搞一点合作社，搞一个也好，包括明夏在内。要有充分准备，又要做巩固工作。要准备材料，要有思想性。材料是为了证明一个道理。单是供应材料不行，要加工，要消化。要有材料为证，达到说服的目的。个人决定好，还是集体领导好？有不同意见就要辩论，没有取得多数同意就不要发指示。开会、发电报，要有纪律。合作社的巩固

〔1〕陶鲁笳，当时任中共山西省委第一书记、山西省政协主席、中国人民解放军山西省军区政治委员。

工作，一年抓三次，订计划一次，检查生产一次，分配搞一次，就搞好了。不打无准备之仗，不打无把握之仗。办合作社要分多批，宣传一批，觉悟一批，发展一批。八年工夫搞半社会主义，还有五年半，赶上来不算落后。富裕农民提高了觉悟的也让他进来。地富在三年到四年内不要，比较稳当，以后准其加入老社。要做发展猪、牛、油料的计划，多搞点油料。过渡时期，生产关系必须适合生产力的性质，生产力是最革命最积极的因素。改变所有制必须改善技术，没有机器也还是要搞合作化。

**7月27日**　上午，同邓小平谈话。

**同日**　下午三时，出席第一届全国人大二次会议。

**同日**　晚九时，去中南海怀仁堂参观治理黄河展览。

**同日**　晚十时二十分，同彭真谈话。

**7月28日**　阅中共黑龙江省委、省人民委员会七月十五日关于召开全省粮食会议情况给中央和国务院的报告。报告说：黑龙江省于七月六日至十日召开的粮食会议传达讨论了全国粮食会议精神，与会同志一致拥护中央“坚决压缩销量，适当减低购量”的方针，表示要坚决把粮食销量压下来。会议认为实行“以人定量”的供应制度是压缩销量的重要措施。毛泽东为中央起草转发这个报告给上海局、各省市区党委的批语，指出：“粮食问题极为重要，各地必须抓紧处理。现将黑龙江报告一件，发给你们参考。”并批示：“刘、周、陈云、小平阅发。”

**同日**　晚上，彭真来向毛泽东请示有关问题。

**7月29日**　阅中共中央农村工作部报送的《农业合作化最近简报》。简报说：全国现有六十五万个农业合作社，一九五五年至一九五六年度的发展计划，据现有材料统计，将由现有约六十五万个社发展到一百零三万余个。毛泽东批示：“小平同志：

此件请即印发各省市委书记及应到会的人（政治局委员加若干在京干部），原件用后退我为盼。我在此件表上的侧面及背面所写的字不要印。”毛泽东所写文字的主要内容有：“增加生产：必须完成，并争取超额完成五年计划所规定的增产指标，决不能减产。是否能做到？我们党是否在这个问题上要犯一次大错误？苏联所犯过的错误我们是否能避免？”“目前不是批评冒进的问题，不是批评‘超过了客观可能性’的问题，而是批评不进的问题，而是批评不认识和不去利用‘客观可能性’的问题，即不认识和不去利用广大农民群众由于土地不足、生活贫苦或者生活还不富裕，有一种走社会主义道路的积极性，而我们有些人却不认识和不去利用这种客观存在的可能性。农民的两面性——集体经营与个体经营两种思想的矛盾，哪一面占优势？随着宣传和合作社示范，集体经营的思想先在一部分人中占优势，然后在第二部分人中占优势，然后在第三部分人中占优势，然后在大部分人中占优势，最后在全体人民中占优势，我们应当逐步地（经过十五年）造成这种优势。”“在改变所有制的问题上，即端正政策的问题。‘揩油’问题已经发生，应当教育农民不要‘揩油’，应当端正各项政策，并以发放贷款的办法去支持贫农，这是一方面。但同时应当教育中农顾大局，只要能增产，只要产量收入比过去多，小小的入社时的不公道，也就算了。要教育两方面的人顾大局，而不是所谓‘全妥协’，全妥协就没有社会主义了。又团结、又斗争是我们的方针。”“要有坚定的方向，不要动摇。要别人不动摇，就要自己首先不动摇。要看到问题的本质方面，要看到事物的主导或主流方面，这样才能不动摇。事物的非本质方面，次要方面必须不忽略，必须去解决存在着的一切问题，但不应将这些看成事物的主流，迷惑了自己的方向。”“是否有把握（不打无把握之仗，不打无准备之仗）？即是否冒进？去年是否冒进了十万个社？今后一年又由六十五万个社，增至一百零三万个社……是否可以？”

**同日** 上午，同邓小平谈话。

**同日** 下午一时十五分，在中南海游泳池住处召集刘少奇、朱德、陈云、彭真、邓小平、邓子恢、陈伯达开会。

**同日** 下午三时，出席第一届全国人大二次会议。

**同日** 晚上，在中南海丰泽园门前湖边召集刘少奇、周恩来、陈云、彭真、邓小平开会。

**同日** 复信黄守湜[1]：“七月四日惠书收到。深表同情。寄上人民币二百元，聊为杯水之助。再有困难，望续告。”

**7月30日** 下午三时，出席第一届全国人大二次会议闭幕会。会议通过发展国民经济的第一个五年计划；批准一九五四年国家决算和一九五五年国家预算；批准关于根治黄河水害和开发黄河水利综合规划的原则和基本内容；通过《中华人民共和国兵役法》等。

**同日** 晚上，在中南海丰泽园门前湖边，同周小舟、黄岩、邵式平[2]、李井泉、于一川、周林[3]、张德生、张仲良[4]、王恩茂、乌兰夫、吴德[5]、陈漫远谈话。次日下午一时四十分，在中南海游泳池住处同陶铸、江华、周小舟谈话。

**7月31日** 下午三时，中共中央召开的省、市、自治区党

---

〔1〕 黄守湜，毛泽东在湖南省立第一师范学校读书时的同学。

〔2〕 邵式平，当时任中共江西省委第二书记、江西省省长。

〔3〕 周林，当时任中共贵州省委书记（1956年6月设省委书记处后任第一书记）、贵州省省长、中国人民解放军贵州省军区政治委员。

〔4〕 张仲良，当时任中共甘肃省委第一书记、甘肃省政协主席。

〔5〕 吴德，当时任中共吉林省委第一书记、中国人民解放军吉林省军区第一政治委员。

委书记会议在中南海怀仁堂举行。毛泽东作《关于农业合作化问题》的报告。报告一开头提出对农业合作化的形势估计和指导方针，说："在全国农村中，新的社会主义群众运动的高潮就要到来。我们的某些同志却像一个小脚女人，东摇西摆地在那里走路，老是埋怨旁人说：走快了，走快了。过多的评头品足，不适当的埋怨，无穷的忧虑，数不尽的清规和戒律，以为这是指导农村中社会主义群众运动的正确方针。否，这不是正确的方针，这是错误的方针。目前农村中合作化的社会改革的高潮，有些地方已经到来，全国也即将到来。这是五亿多农村人口的大规模的社会主义的革命运动，带有极其伟大的世界意义。我们应当积极地热情地有计划地去领导这个运动，而不是用各种办法去拉它向后退。"报告批评了浙江采取的"坚决收缩"的方针，"是在一种惊惶失措的情绪支配下定出来的"。报告说："在发展的问题上，目前不是批评冒进的问题。说现在合作社的发展'超过了实际可能'，'超过了群众的觉悟水平'，这是不对的。""这些同志看问题的方法不对。他们不去看问题的本质方面，主流方面，而是强调那些非本质方面、非主流方面的东西。"报告说："广大农民的生活，虽然在土地改革以后，比较以前有所改善或者大为改善，但是他们中间的许多人仍然有困难，许多人仍然不富裕，富裕的农民只占比较的少数，因此大多数农民有一种走社会主义道路的积极性。我国社会主义工业化的建设和它的成就，正在日益促进他们的这种积极性。对于他们说来，除了社会主义，再无别的出路。这种状况的农民，占全国农村人口的百分之六十到七十。这就是说，全国大多数农民，为了摆脱贫困，改善生活，为了抵御灾荒，只有联合起来，向社会主义大道前进，才能达到目的。""农业生产合作社，在生产上，必须比较单干户和互助组增加农作物的产量。决不能老是等于单干户或互助组的产量，如果这样就失败了，何必要合作社呢？更不能减低产量。”报告论述了农业合作化与工业化的相互关系，说：有些同志“不知道社会主义工业化是不能离开农业合作化而孤立地去进行的”。“我国的商品粮食和工业原料的生产水平，现在是很低的，而国家对于这些物资的需要却是一年一年地增大，这是一个尖锐的矛盾。如果我们不能在大约三个五年计划的时期内基本上解决农业合作化的问题，即农业由使用畜力农具的小规模的经营跃进到使用机器的大规模的经营，包括由国家组织的使用机器的大规模的移民垦荒在内（三个五年计划期内，准备垦荒四亿亩至五亿亩），我们就不能解决年年增长的商品粮食和工业原料的需要同现时主要农作物一般产量很低之间的矛盾，我们的社会主义工业化事业就会遇到绝大的困难，我们就不可能完成社会主义工业化。”“社会主义工业化的一个最重要的部门——重工业，它的拖拉机的生产，它的其他农业机器的生产，它的化学肥料的生产，它的供农业使用的现代运输工具的生产，它的供农业使用的煤油和电力的生产等等，所有这些，只有在农业已经形成了合作化的大规模经营的基础上才有使用的可能，或者才能大量地使用。我们现在不但正在进行关于社会制度方面的由私有制到公有制的革命，而且正在进行技术方面的由手工业生产到大规模现代化机器生产的革命，而这两种革命是结合在一起的。在农业方面，在我国的条件下（在资本主义国家内是使农业资本主义化），则必须先有合作化，然后才能使用大机器。由此可见，我们对于工业和农业、社会主义的工业化和社会主义的农业改造这样两件事，决不可以分割起来和互相孤立起来去看，决不可以只强调一方面，减弱另一方面。”“为了完成国家工业化和农业技术改造所需要的大量资金，其中有一个相当大的部分是要从农业方面积累起来的。这除了直接的农业税以外，就是发展为农民所需要的大量生活资料的轻工业的生产，拿这些东西去同农民的商品粮食和轻工业原料相交换，既满足了农民和国家两方面的物资需要，又为国家积累了资金。而轻工业的大规模的发展不但需要重工业的发展，也需要农业的发展。因为大规模的轻工业的发展，不是在小农经济的基础上所能实现的，它有待于大规模的农业，而在我国就是社会主义的合作化的农业。因为只有这种农业，才能够使农民有比较现在不知大到多少倍的购买力。”报告批评了认为目前合作化运动有破坏工农联盟危险的看法，说：“有些同志，从资产阶级、富农或者具有资本主义自发倾向的富裕中农的立场出发，错误地观察了工农联盟这样一个极端重要的问题。他们认为目前合作化运动的情况很危险，他们劝我们从目前合作化的道路上‘赶快下马’。他们向我们提出了警告：‘如果不赶快下马，就有破坏工农联盟的危险。’我们认为恰好相反，如果不赶快上马，就有破坏工农联盟的危险。”“现在农村中存在的是富农的资本主义所有制和像汪洋大海一样的个体农民的所有制。大家已经看见，在最近几年中间，农村中的资本主义自发势力一天一天地在发展，新富农已经到处出现，许多富裕中农力求把自己变为富农。许多贫农，则因为生产资料不足，仍然处于贫困地位，有些人欠了债，有些人出卖土地，或者出租土地。这种情况如果让它发展下去，农村中向两极分化的现象必然一天一天地严重起来。”关于农业合作化的发展步骤，报告说：“从中华人民共和国成立直到第三个五年计划的完成，共有时间十八年。我们准备在这个时间内，同基本上完成社会主义工业化、基本上完成手工业和资本主义工商业的社会主义改造同时，基本上完成农业方面的社会主义的改造。”《关于农业合作化问题》的报告，不点名地批评了邓子恢和他领导的中央农村工作部在农业合作化进度等问题上的所谓错误〔1〕。

**8月1日**　上午九时四十分，在中南海游泳池住处同周小舟、王任重、陶铸、黄岩、江华、柯庆施、吴芝圃谈话。十一时五十分，同李井泉、廖志高、于一川、周林谈话。

**同日**　下午，在中南海怀仁堂出席省、市、自治区党委书记会议，会议讨论农业合作化和粮食“三定”等问题。会议于本日结束。

**8月3日**　为转发中央国家机关党委七月二十九日关于肃清暗藏的反革命分子的专题简报，起草中共中央给上海局、各省市区党委的批语：“此件很好，发给你们参考。并可转发给各单位仿照办理。”并批示：“刘、朱、周、陈、邓即阅，尚昆用电报发去，另印发。”简报提出进一步深入开展运动应当注意解决的问题：第一，克服干部中存在的自满情绪和麻痹思想，加强对运动的领导。第二，克服一般化的领导方法和粗糙简单的斗争方式，注意调查研究。

**同日**　审阅彭德怀八月二日报送的关于在现役军官中准备授予少将以上军衔的请示报告，批示：“刘、邓：请印发各政治局委员，在一次政治局会议上讨论批准。”

**同日**　审阅修改李先念本日报送的《中共中央关于建立制度、控制购销、改进粮食工作的指示》稿。将指示稿的“一九五五年春季许多叫喊缺粮的人，其中有很大一部分并不是真正缺

---

〔1〕1981年3月9日，中共中央办公厅为转发国家农委党组《关于为邓子恢同志平反问题的请示报告》的通知中指出：“国家农委党组《关于为邓子恢同志平反问题的请示报告》已经中央同意。”中央认为邓子恢“对农业集体化运动中一些重要问题所提出的意见，大都是正确的。过去党内对他和中央农村工作部的批判、处理是错误的，应予平反。强加的一切不实之词，应予推倒，恢复名誉”。

粮”的后半句，改为“其中绝大多数并不是真正缺粮”。指示稿说：“中央检查了一九五三年以来的粮食统购统销工作，认为可以得出这样的结论，就是：大体还好，问题不少。”毛泽东将“大体还好，问题不少”改为“虽然问题不少，但是大体上是好的”。指示稿说：“这样农民就能够留有较多的粮食，用以改善生活，并在此基础上扩大再生产。”毛泽东在“用以改善生活”后，加写“增加牲畜饲料”。将指示稿的“必须抓紧每年七至十二月的销量，在这一期间要尽可能减少销售，以免在一般农民有粮季节销得过多”，改为“必须抓紧每年七至十二月的销量，在这一期间，教育农民吃少一点、吃稀一点，国家则要尽可能减少销售，以免在一般农民有粮季节吃得过多，或国家销得过多”。并批示：“即送刘、朱、周、陈、邓、先念同志阅，尚昆办。照此办理。在第一、二、三、四页上改了或加了几句话。”“各项办法和表格已阅，均照办。”

**同日** 复信孙燕〔1〕：“你的信收到，很高兴。你们想到北京一看，是可以的；但是今年不要来，明年再说吧。你母亲在何处工作，情况如何？如有困难，可告知。”

**同日** 下午，同邓子恢谈话。

**同日** 晚上，主持召开中共中央书记处扩大会议，刘少奇、周恩来、陈云、彭真、邓小平、罗瑞卿、陆定一出席。

**8月4日** 为转发北京军区空军党委关于勤杂人员中发现的严重问题的通报，起草中共中央给中央和军委各部门、中央国家机关各党组、上海局、各省市区党委的批语，指出：“勤杂人员

---

〔1〕 孙燕，又名孙配君。她的母亲陈玉英1926年冬到毛泽东和杨开慧的家里做保姆，1930年10月随杨开慧一起被国民党反动派逮捕，在狱中同敌人作了不屈的斗争。

成分不纯问题，很值得注意，应在此次肃反斗争中予以解决。”并批示：“刘、周、陈、邓阅，尚昆用电报发去，另印发。”

**同日**　阅中共中央书记处第一办公室八月二日编印的《情况简报》第三三四号。简报反映儿童读物奇缺，有关部门重视不够。毛泽东批示：“林枫同志：此事请你注意，邀些有关的同志谈一下，设法解决。”

**8月5日**　为转发建筑工程部五人小组七月二十五日关于在设计部门中发动技术人员开展肃反斗争的报告，起草中共中央给中央和军委各部门、各省市区党委的批语，指出：“建筑工程部五人小组这个报告很好，发给你们参考。并可转发一切有工程技术人员的单位仿照办理。”并批示：“刘、周、陈、邓阅，尚昆用电报发去，另印发。”报告介绍了该部肃反斗争的经验：第一，领导思想上必须认识技术人员中同样绝大多数是好人，要善于把不良的思想作风和由于技术水平不高所造成的过错同反革命分子的破坏活动区别开来。第二，领导必须亲自动手，反复动员，交代政策，提高觉悟，解除顾虑。第三，重视发动技术人员参加运动。第四，造成一种群众性的劝说运动。

**同日**　复信湘潭县韶山乡政府：“给我的信收到。互助合作大有发展，极为高兴。希望你们继续努力！”

**同日**　复信湘潭县云源乡政府：“你们给我的信收到了，谢谢你们。乡间情形，尚望随时告我为盼！顺祝工作进步！”

**同日**　下午，和刘少奇、周恩来、陈云、彭德怀审看中国人民解放军军服修改样式。

**8月6日**　阅粟裕七月十一日关于修建福建地区一线机场及布置空军部队进驻福建问题的检讨报告。报告说：总参谋部关于修建福建地区一线机场及布置空军进驻福建，由于对敌情估计不足，对空军进驻福建后可能发生的情况估计不周到，对由此影响到的复杂的外交斗争理解不深刻，没有及时请示，应该引以为今后工作的教训。今后要经常到下面去检查工作，了解情况，借机学习，以克服事务主义的工作方法。毛泽东批示："彭阅，退粟裕同志。有计划地每年下部队检查几次，很有必要。"又批示："我已于五月十九日批示同意你们的意见，因此你们已无不事先请示的责任，只有在后来决定具体部署时没有请示的责任。"

**同日** 复信刘松林〔1〕："信收到。患重感冒，好生休养，恢复体力，以利出国。如今日好些，望来此一看；否则不要来。最要紧是争一口气，学成为国效力。""你要的列宁选集两卷，给你送上。"

**同日** 晚上，乘专列离开北京去北戴河，住一号楼。在北戴河期间，一面休息一面工作。每天下午到海滨浴场游泳三四个小时。

**8月7日** 为转发中共广东省委七月二十四日关于广州市属机关开展肃清暗藏反革命分子运动情况的报告，起草中央给上海局、各省市区党委的批语，指出："请你们特别注意充分发动群众和反复交代政策这两点。"并批示："刘、周、邓、陆定一阅，尚昆用电报发去，另印发。"

**8月8日** 为转发中共河南省委转报的洛阳拖拉机厂临时党委七月二十九日关于在工程技术人员中开展肃清暗藏反革命分子斗争的报告，起草中央给上海局、各省市区党委等的批语。批语指出："关于在工程技术人员中开展肃反斗争，既要肃清一切真正的反革命分子，并作适当的处理，又要团结、教育和提高百分之九十以上的好人（包括犯有某些错误的人在内），是一件极为

〔1〕 刘松林，原名刘思齐，1949年10月同毛泽东的长子毛岸英结婚。1950年11月毛岸英在抗美援朝战争中牺牲。刘松林当时准备去苏联学习。

重要的事情。在这方面的经验中，现有洛阳拖拉机厂党委报告一件，发给你们参考，并可转发有关各单位。但应指出：该厂参加坦白检举运动的工程师和四级以上技术员四十八人中，有重点斗争对象十三人，这个比例很大。现在假定这十三人都是有反革命的历史问题或现行问题的人，我们必须注意分别情节轻重，做出不同的结论，争取其中的多数人留在厂内，在领导控制和群众监督之下，继续工作，在工作中加以改造。只对极少数几个人，因为情节十分严重，留在厂内极为不利，可考虑另外的处理办法。此点望各级党委严重注意。”并批示：“刘、朱、陈、周、陆定一、罗瑞卿阅，尚昆用电报发去，另印发（前批各件是否都已办了？我处没有收到印件）。”

**同日** 阅昆明军区八月一日关于肃反运动情况的简报，批示谭政：“此件似可转发。你是否都看这类报告？应当都看，择要转发，及时指导各地。每隔一个半月，应召集全军性的会议讨论一次。”

**同日** 阅南京军区政治部七月三十日转报的安徽省军区党委和政治部关于肃反情况的简报。简报提出在兵役干部中存在问题较多，必须注意清理。毛泽东批示谭政：“兵役干部复杂，不独安徽为然，此件似可转发各省军区仿办，请酌处。萧华病况如何，盼告。”

**8月11日** 致电金日成：“中华人民共和国愉快地接受并感谢朝鲜民主主义人民共和国的邀请，以朱德同志为首的中华人民共和国代表团，将前往贵国参加一九五五年八月十五日在平壤举行的纪念朝鲜解放十周年典礼。”晚上，同朱德谈话。次日，朱德率代表团赴朝鲜。

**8月12日** 审阅彭德怀八月六日关于一九五五年度复员、征兵、补充现役兵及组建预备训练师问题的报告，批示：“少奇、小平同志：此件请印发各政治局委员，于数日内在政治局会议上通过。”

**同日** 和刘少奇、周恩来致电金日成等，祝贺朝鲜解放十周年。电报说：“朝鲜停战以来，朝鲜人民军和中国人民志愿军严格遵守朝鲜停战协定，朝中两国政府始终本着协商精神谋求朝鲜问题的和平解决。但是和平的敌人却多方图谋破坏停战协定，致使朝鲜停战至今仍处于不稳定的状态。但是，朝鲜停战协定决不容许破坏，和平解决朝鲜问题必须实现。”

**8月13日** 为转发中共湖北省委八月五日关于农业生产合作社发展规划的报告，起草中央给上海局、各省市区党委的批语。批语说：“现将湖北省委一九五五年八月五日关于农业生产合作社部署问题的报告一件，发给你们参考。中央认为湖北省委的方针是正确的。关于为什么‘有些干部在社会主义改造的进程中，不是比土地改革时期的劲头更大，热情更高，而是滋长着一种极其危险的消极和怕困难的情绪’的问题，应当加以分析，给予明确的回答。关于各省区在一九五六年秋季以前按照实际情况究竟能够发展到多少个社的问题，望和较多的同志加以研究，确定一个计划，报告中央。湖北各地委目前正在召集区委委员以上的活动分子会议，讨论地、县、区的规划布局。湖北省委准备召开地书联席会议进一步研究和确定全省规划方案。中央希望各省区也能这样做，时间或在八月底，或在九月上中旬，以在九月二十日以前研究和确定全省区的规划方案为适宜。关于用大力、分几次、认真地而不是走马看花地整顿现有合作社的问题，是一个很重要的问题，湖北报告中没有提到，中央希望你们严重地加以注意，于九月二十日以前，务必作出切实的部署，连同全省发展规划，一起报来为盼。”并批示：“刘、陈、周、小平阅，尚昆办。另印发在京各中央委员、候补中央委员，中央农村工作部、农业部党组及各有关同志。”

**同日** 审阅中共中央转发中央十人小组办公室关于城市设计院揭发出冒牌工程师的情况简报的批语稿，修改一段话（加写和改写的文字用着重号标明）：“对高级知识分子一味照顾，即令有严重问题也不去触动他们的想法是错误的。正确的方针是：坚决保护一切好人，而对真正的反革命分子和其他坏分子则必须发动群众认真清查出来，并作适当的处理。”并批示：“刘、陈、邓、陆定一阅，尚昆用电报发去，另印发。”

**8月15日** 晚上，在北戴河一号楼召开会议，讨论关于中美大使级会谈及中央十人小组等问题，刘少奇、陈云、彭真、邓小平、陈毅、李富春、陆定一、罗瑞卿等出席。

**8月16日** 为转发中共辽宁省委八月十二日关于农业合作化问题给中央的报告，起草中央给上海局、各省市区党委的批语。批语说：“中央认为辽宁省委的方针是正确的。关于社会主义工业化和农业社会主义改造的相互关系问题，必须强调二者的紧密联系，而不可只强调前者，减弱后者。因为如果不使农业社会主义改造的速度和社会主义工业化的速度相适应，则社会主义工业化不可能孤立地完成，势必遇到极大的困难。而目前党内正有许多人还不了解这一点。关于整社建社扩社的各项准备工作，辽宁省委指出，应包括‘逐级做好思想发动，批判克服右倾思想，积极发挥广大干部和群众的热情和积极性；逐级做好发展社的全面规划，特别是着重解决村一级（按即乡一级，东北各省还未改称乡）合作化的阶级规划，继续做好现有社整顿巩固工作，进一步贯彻合作化的具体政策，审查、清理和纯洁合作社的组织；加强对互助组的领导，打好建社的基础；把整社建社和加强党的基层组织建设，密切结合起来’，这些都是适当的。辽宁省委决定于九月上旬召开全省县委书记和区委书记的联席会议讨论合作化问题，各省可以酌量仿行。辽宁没有地委一级，为了加强对合作化的领导，立即建立这一级机构，我们认为是必要的。”并批示：“刘、陈、彭真、小平、陈毅、恩来阅，尚昆用电报发去，另印发如前示。”

**8月17日**　阅黄炎培为转交袁希洛致毛泽东函而写给徐冰的信，批示：“刘、周、陈、邓、彭真、陈毅阅，退毛。似可允其来京一行，并参加国庆观礼。此人是江苏教育会派要人之一，似可考虑给以某种名义。”

**同日**　晚上，在北戴河一号楼召开会议，听取陆定一汇报中央十人小组会议情况，刘少奇、陈云、彭真、邓小平、陈毅、李富春、陆定一、罗瑞卿、周扬等出席。

**8月18日**　阅广州军区政治部八月十三日关于驻广州市部队发生严重中毒事件给总政治部的报告。报告说：驻广州市部队在八一建军节期间先后有二十四个伙食单位一千五百余人中毒，初步分析，有的是因反革命分子投毒所致，有的是因食物腐烂所致。各单位正根据具体情况，实事求是地查清问题的性质，予以处理。毛泽东批示：“罗瑞卿、邓小平、杨尚昆、汪东兴各同志阅。敌人放毒事值得注意。请你们对中央机关的防卫问题，加强注意。”

**同日**　晚上，同萧华谈话。

**8月19日**　为转发中共广东省委八月十四日关于清查处理敌人的档案给所属并报中央的紧急通知，起草中央给上海局、各省市区党委的批语。批语指出：“关于妥善地保存和严格地清查处理敌人遗留下来的各项档案材料，对于肃清反革命分子和审查干部的工作，都有极为重要的作用。这些档案，不但省市一级大量存在，而且在专县两级也是存在的，各级党委、政府必须通令所属妥善保存，并严格地加以清查和处理。广东省委对于此事已作了适当的部署，现发给你们参考。请你们仿照广东的办法，作出同样的部署。”并批示：“刘、陈、彭真、小平、瑞卿、定一阅，尚昆办。”紧急通知说：解放后各地区接收了不少敌人遗留下来的档案，对我肃清反革命分子工作有重要参考价值。但发现不少单位将这些档案予以烧毁或作废纸出卖，大部分地区在对敌斗争中也未很好地加以利用。通知对妥善保存过去接收的档案作出具体部署。

**8月20日** 复信赫鲁晓夫：“您七月七日的来信以及附来的南共中央致苏共中央的信和苏共中央复南共中央的信，都已阅悉。我们完全同意苏共中央给南共中央信中所阐述的观点，完全同意苏共中央对南共所采取的耐心争取的方针。中国党也将利用一切可能，同各兄弟党一道，进行这个对国际共产主义事业具有重大意义的工作。”

**同日** 阅中国驻印度大使馆八月十七日关于印度群众要求收复果阿〔1〕斗争的新发展和葡萄牙当局进行血腥镇压等情况给外交部的电报。电报建议国内群众团体对印度人民的这一斗争表示同情和道义上的支持，对殖民主义的暴行予以谴责，并在报纸和新闻上予以评论。毛泽东批示：“周总理：我国人民团体和舆论界对此应有所表示。”二十一日，毛泽东审阅中共中央关于在北京、天津、上海、武汉、广州五个城市举行群众集会支持印度人民收复果阿斗争的通知稿时，加上沈阳、重庆、西安三个城市。并批示：“少奇、小平同志：拟议增加三个城市，报道亦可发来北京，因为此事有颇大的国际意义。请小平处理。”

〔1〕果阿，位于印度西海岸，原为印度领土，16世纪初连同附近的达曼、第乌一起沦为葡萄牙的属地。果阿地区的人民为民族独立一直坚持斗争，直到1961年12月印度出兵收复了果阿、达曼与第乌。

**同日** 阅中共广东省委八月十三日关于肃清一切暗藏反革命分子运动情况给中央的报告。报告说：广东省委为了贯彻中央肃反指示，对今后运动作了计划：对前一段运动进行总结、检查；对省、地、县肃反工作作出具体安排；各单位根据具体情况，适当分出一些人管业务；继续放手发动群众，反复交代政策；有计划地掀起高潮，有步骤地分批分期打击敌人。毛泽东批示："陆定一、罗瑞卿同志：此件值得一看。此件中的意见，请考虑是否有一些可以吸收到你们现正起草的中央文件[1]中去。"

**8月21日** 嘱机要秘书电话告陈伯达来北戴河。

**8月22日** 审阅修改经邓小平改后报送的《中共中央关于彻底肃清暗藏的反革命分子的指示（修正草案）》，主要作两处修改：（一）在指示稿谈到"对于反革命分子的畏罪自杀和假自杀"问题处，加写："但是为了保存有用材料的目的，也要尽可能地防止反革命分子的自杀"。（二）在指示稿中的"对高级技术人员一味照顾，即令有严重问题也不去触动他们的想法，也是不对的"一句后，加写："对少数因有某种必要经中央或各省市委区党委批准暂时不去触动的人，不在此例"。审改后批示："即退小平同志处理。此件很好。略为作了一点修改。"

**同日** 晨，听取彭真汇报各国议会联盟问题。晚上，在北戴河一号楼主持召开中共中央书记处会议，讨论关于派中国代表团参加各国议会联盟问题，刘少奇、陈云、彭真出席，邓小平列席。

**8月23日** 将《关于农业合作化问题》的修改本送刘少奇、周恩来、陈云、邓小平、彭真、董必武、彭德怀、陈伯达、陆定

---

〔1〕 指已于1955年8月20日形成文件，并准备征求意见后再进行修改的《中共中央关于彻底肃清暗藏的反革命分子的指示（修正草案）》。这个指示于1955年8月26日发出。

一、陈毅、谭震林、邓子恢、李富春征求意见。附信说：“各同志：此件已根据七月三十一日——八月一日省市委书记会议的讨论，作了一些修改，主要是增加了谈建社准备工作一段和谈苏联经验的两段，其余都是文字方面的修改。请你们在收到后一、两天内看一下，提出修改意见，于八月二十四日或二十五日退还给我为盼！”

**同日**　审阅中共中央军委关于在军队中成立党的各级监察委员会给中央的报告。报告说：根据中央关于成立党的中央和地方监察委员会的指示，我们认为在军队中亦应成立各级党的监察委员会，并同时结束党的纪律检查委员会。现将总政治部所拟的关于在军队中成立各级党的监察委员会的通知送上，请批示。毛泽东批示：“陈云、小平阅，退军委照办。”

**8月25日**　晚上，同访问朝鲜后回国的朱德谈话。

**8月26日**　为中共中央起草下发《关于农业合作化问题》的通知：“上海局、各省市委、自治区党委：现将毛泽东同志一九五五年七月三十一日在省委市委和区党委书记会议上所作的关于农业合作化问题的报告（修正本），发给你们。你们收到后，可即印发给各级党委、党组、党内干部直至农村支部，但暂时不要在公开的报纸刊物上发表。各省市委区党委书记带去的未修正本，请缴还中央办公厅。”

**同日**　阅中共青海省委八月二十日关于在牧业区提倡畜牧业生产中的原有团结互助组织形式问题向中央的请示报告，批示：“小平、尚昆同志：请电话通知中央农村工作部：在目前几个月内，各省市区党委关于农业合作化问题的电报，由中央直接拟电答复；并告批发此类来报的同志，不要批上‘请农村工作部办’字样。但对其他来报，例如青海省委关于畜牧问题的请示电报，仍应批交‘农村工作部办’。”

**同日** 为转发中共广东省委八月十九日关于认真地推进农业合作化运动给中央的报告，起草中央给上海局、各省市区党委的批语，指出："中央认为这个报告所述的方针、政策和具体措施是正确的。"并批示："刘、朱、邓阅，尚昆用电报发去。"报告说：八月十一日召开省委扩大会议，经研究讨论，确定广东到一九五七年基本上达到合作化。为保证大发展计划的实现，必须做好训练干部、整党建党和党外的思想教育宣传工作。对新建社明确了几项政策：对社的形式与内容，一二年内不要要求太高级、太复杂；要求做好土地入股，其他牲畜、农具等入股问题待条件成熟后逐步解决；不要急于搞投资过大、过分集中的副业生产；贯彻互利政策；为着解决社员的家畜饲料与吃菜等需要，必须适当留给每户社员一份耕地。

**同日** 审阅修改经刘少奇、邓小平修改后准备下发的《中共中央关于彻底肃清暗藏的反革命分子的指示》稿。在指示稿谈到各项工作部署问题的末尾，加写一段话："除了分批进行这一个部署以外，在一个工作单位中，凡是同完成五年计划中的年度季度月度计划有关的单位，必须将领导人员分为两部分，一部分人主持日常工作，在大问题上兼顾肃反，另一部分人专门主持肃反工作。群众则须在工余课余进行肃反，在必要的时候也可以占用一部分工课时间，但以不误工课为原则。"在指示稿谈到对反革命分子"我们有材料但坚不坦白的必须坚决逮捕"一句后，加写"（我们无材料则不要轻易逮捕）"。审改后批示："少奇、小平同志：在第十二页上加了一段。不加这一段则没有完全解决误工误课问题。如以为可，即可照发。"

**8月27日** 为中共中央起草通知："上海局、各省市委、自治区党委：今年国庆节前后，中央有可能召集各省市委区党委书记和各地委书记来京参加讨论农业合作化问题及其他问题的中央会议。因此请你们预作准备，并请你们通知各地委书记作准备。准备事项，主要是深入了解当地农业合作化运动的实际情况和制定一个切实可行的关于合作化的全面规划。此项准备工作，须于九月二十五日以前完成。”

**同日**　为转发中共热河〔1〕省委八月二十日关于农业合作化计划的报告和青海省委八月十五日关于农业生产合作社发展计划的报告，起草中央给上海局、各省市区党委的批语：“中央认为这两个报告是正确的。两个报告都提出了各该省基本上完成合作化的全面规划，热河省委还对全部农村工作做了安排，这些都是好的。”并批示：“刘、朱、陈、邓阅，尚昆用电报发去，另抄农村工作部和农业部党组。”

**8月31日**　为转发中共安徽省委八月二十一日关于农业合作化的报告，起草中央给上海局、各省市区党委的批语：“中央认为安徽省委的方针是正确的。安徽省委尖锐地批判了在农业合作化问题上的右倾机会主义思想，这种批判是完全必要的。安徽省委还在十个具体问题上提出了自己的意见。中央认为安徽可以按照这些意见去做，在做的中间再考验这些意见的正确性，如有某些需要修改的地方，那时可以进行修改。中央认为这十条意见应当提到全国各省市各自治区〔2〕，在适当的会议上，加以讨论，征求意见，并于今年国庆节以前报告中央。”并批示：“周、陈〔3〕阅后，即送刘、朱、陈、彭真、小平、子恢阅，尚昆用电报即速发去。另抄在京各中委、各副秘书长，农村工作部、农业部党组。”报告说：安徽省八月六日至十日在地、市委书记和农村工作部

〔1〕热河省于1955年底撤销，所辖地区分别划归河北、辽宁两省和内蒙古自治区。

〔2〕当时只有一个自治区，即内蒙古自治区。

〔3〕陈，指陈伯达。

部长一级会议上传达和讨论了主席关于农业合作社问题的指示与主席在省市区党委书记会议上的总结。会议一致认为主席指示是千真万确的，现在办社已成为群众运动。必须进一步揭发和批判“小脚女人”才能正确贯彻主席的指示。报告就耕畜和农具的处理、土地和劳力的分配、社员投资、社员自留地、副业、防止单干农民不愿兴修水利、鼓励社员积肥、吸收鳏寡孤独农民入社、小手工业者入社、常年互助组共十个办社的具体问题提出意见。

**同日** 阅中国驻朝鲜大使馆八月二十七日报送的金日成首相同朱德副主席谈话的摘要。金日成介绍朝鲜在战争时期及战后建立地下工厂的情况时说：地下工厂可以保障战争时期的安全生产。地下建厂不像地面建筑那样复杂，建设起来也很坚固。在地下也可以建立大型工厂。地下工厂只是要求好的通气设备和排水设备。毛泽东批示：“陈云、李富春同志阅，退毛。关于地下工厂一段，值得一看。我国似亦应注意建立地下工厂。”

**9月1日** 和刘少奇、周恩来致电胡志明等，祝贺越南民主共和国成立十周年。电报说：“一九五四年日内瓦会议达成了恢复印度支那和平和通过全国选举实现越南统一的协议，但目前和平的敌人却又在阴谋破坏日内瓦协议的实施，这是一切正义的人们所绝对不能容许的。中国人民对越南人民为争取彻底实现日内瓦协议、召开南北双方协商会议以准备全国自由选举所作的不断努力，给予极大的同情和支持。”

**同日** 阅中共广东省委八月二十三日关于一九五六年农业生产合作社的训练经费与贷款问题的请示报告。报告说：广东省一九五六年新建社骨干的训练需经费一百二十七万六千元，一九五六年新社与老社的巩固工作又需训练经费一百一十八万三千元，两项共计二百四十六万元，需请中央拨付。另外，新建社的贫农合作基金以及合作社必要的基建、副业生产和开耕的生产费用合计共需贷款三千七百八十三万元，也请求中央予以解决。毛泽东批示："小平同志：这类电报须速复，请告子恢办理。广东所提要求我看是合理的。照此计算，全国每年须付干部训练费约五千万元左右，在几年内每年须付贷款五亿元左右，付出这两笔钱是值得的。"

**同日**　阅国务院第五办公室八月三十日编印的《粮食简报》第十六期。简报登载了江苏省粮食"三定"工作经验的电话汇报。毛泽东批示："先念同志：此类经验，宜用电话向各省市通知，此类简报也可以用最快办法送去各省市。总之，迅速交换经验，及时指导运动，随时发扬成绩，纠正错误，最为紧要。以上请酌处。"

**同日**　晨四时半，去海滨观看海水落潮，并游泳至上午八时半。下午，看望周恩来。

**9月2日**　晚上，同陈伯达谈《关于农业合作化问题》报告的修改问题。

**9月3日**　阅中共黑龙江省委八月十七日关于农村工作会议情况的报告和山西省委八月二十二日关于农业合作化问题的报告。黑龙江省确定，到一九五七年春耕以前入社农户发展到百分之七十左右。山西省确定，到一九五七年入社农户达到百分之七十至八十。毛泽东为中央分别起草转发这两个报告给上海局、各省市区党委的批语，肯定它们的方针是正确的。

**同日**　晚上，同周恩来谈话。

**9月4日**　阅中共河南省委八月二十八日关于农业合作化问题的报告。报告说：八月十六日至二十二日召开省委扩大会议，通过了全省发展农业合作社的指标，一九五七年底以前入社农户达到百分之六十以上。毛泽东为中央起草转发这个报告给上海局、各省市区党委的批语，肯定河南省委的方针是正确的。

**同日** 为转发中共福建省委八月三十一日关于农业合作化问题的报告，起草中央给上海局、各省市区党委的批语。批语指出："中央认为福建省委的方针是正确的。关于'依靠贫农（包括全部原为贫农的新中农在内）巩固地团结中农'这个口号，在目前基本上依然是正确的，但是因为（一）新中农中间出现了富裕中农（即上中农），这些人中间除了若干政治觉悟较高的人以外，其余的人暂时还不愿意加入合作社；（二）老中农中间的下中农，由于他们的经济地位原来就不富裕，有些则因为在土地改革的时候不正当地受了一些侵犯，这些人在经济地位上和新中农中间的下中农大体相似，他们对于加入合作社一般地感到兴趣。因为以上两个原因，故在一切合作化还没有达到高潮，富裕中农还缺乏觉悟的地方，以首先吸收（一）贫农；（二）新中农中间的下中农（在毛泽东同志报告的修正本中，对于中农只分为上中农下中农两部分，未提中中农，以免分得过细，不易区别。现在所说的下中农实际上包括原来所说的新中农中间的下中农和中中农两个部分）；（三）老中农中间的下中农，这样三部分人加入合作社为适宜（并应依其觉悟程度，分作多批吸收进来，首先吸收觉悟较高的分子）。对于凡在目前不愿入社的富裕中农，即新老中农中间的上中农，则不要勉强拉入。目前许多地方发生强迫富裕中农入社，目的在打他们的耕畜农具的主意（作价过低，还期过长），实际上侵犯他们的利益，违反了'巩固地团结中农'的原则。而这个马克思主义的原则，我们无论在什么时候都是决不可以违反的。"批语还指出：在农村中，我们首先应当依靠党团员，其次应当依靠非党群众中比较更积极一些的分子，第三才是依靠一般贫农和两部分下中农的广大群众。毛泽东并批示："周、伯达、刘、朱、陈、邓、彭真、子恢同志阅，尚昆用电报发去。

另印发如前示。如有不同意见，请少奇同志召集会议讨论一次，待我返京斟酌后再发。”中央的这个批语，经中央政治局讨论并略作补充后，连同转发的报告于九月七日下发。

**同日**　晚七时，在北戴河海滨浴场同周恩来、陈伯达、廖鲁言谈农业合作化问题。

**同日**　晚九时半，在北戴河一号楼会见邵力子〔1〕，周恩来、徐冰参加。

**9月5日**　为中共中央起草关于召开七届六中全会的通知。通知指出：“中央政治局决定召集第七届中央委员会第六次全体会议（扩大），议程有两项：（甲）讨论和通过关于农业合作化的决议；（乙）讨论和通过关于召开党的第八次全国代表大会和代表选举工作的决议。”“上海局各省委市委自治区党委和区党委地委书记的发言请立即开始准备，均须写成发言稿。”“发言内容主要讲合作化，应占字数十分之七至八左右，可以连带说一点粮食三定，社会镇反和建党整党等项工作的意见，连同召开八大问题，总共占字数十分之二至三左右。发言内容应尽可能有较深刻的思想性，而以具体经验和计划数字充实和证明之。因为会期只有五天，不可能每人都宣读发言稿，准备以一部分有代表性的地区宣读自己的发言稿，而将另一部分地区的发言稿印发给大家看，因此各地方同志虽然不可能都发言，但是每人都必须写好发言稿。此项发言稿，看其内容如何，准备略加修改（包括去掉合作化问题以外的某些部分），成为文章形式，在报纸上发表，借以交流经验，推动合作化运动。”并批示：“周、伯达同志阅后，即送邓小平同志：此件请小平商少奇同志，加以斟酌修改，印发

〔1〕邵力子，当时任全国人大常委会委员、全国政协常委、中国国民党革命委员会中央常委。

各政治局委员，立即召开一次政治局会议讨论通过，用电报发去，须使各省市和地委于九月十一日以前收到为宜。”中共中央的这个通知，经中央政治局讨论通过后，于九月七日发出。

**同日** 上午，在北戴河一号楼约陈叔通、郭沫若、张奚若、章乃器、邵力子、黄炎培座谈，并共进午餐，周恩来、徐冰参加。

**同日** 晚上，由北戴河回到北京。

**9月6日** 晨，致信杨尚昆：“此两件〔1〕，请于今日上午印好，下午即送在京各中委、候补中委、各副秘书长、农村工作部各副部长和秘书长各一份。并请告胡乔木请他研究和主持修改示范章程。”并为中共中央办公厅起草通知：“各同志：送上农业合作化决议草案（陈伯达同志起草）和农业生产合作社示范章程试行草案（廖鲁言同志根据原草案作了修改）各一件，请于收到三日内审阅一遍，批注修改意见，送还杨尚昆同志为盼!”

**同日** 晚上，在中南海颐年堂召开会议，讨论农业合作化问题的决议草案和农业生产合作社示范章程试行草案，刘少奇、陈云、彭真、邓小平、邓子恢、谭震林、陈伯达、杨尚昆、廖鲁言、胡乔木、田家英出席。

**9月8日** 阅苏共中央社会科学院格列则尔曼教授关于中共中央马列学院〔2〕哲学教学经验给杨献珍〔3〕的信。信中说：我们认为最可宝贵的，是你们反对学习当中的教条主义倾向和经验主义倾向的尖锐性。理论与实践联系是你们的经验的最宝贵的方面。在指明世界观同实际工作、党的工作作风之间的有机联系，把它

---

〔1〕 指准备提交中共七届六中全会的《关于农业合作化问题的决议（草案）》和《农业生产合作社示范章程（试行草案）》。

〔2〕 马列学院是中共中央高级党校的前身。

〔3〕 杨献珍，哲学家。当时任中共中央高级党校校长、中国科学院哲学社会科学部委员。

当作行动的指南方面，也很有价值。把学习理论和实现批评与自我批评原则有机联系起来，也是一项重要的宝贵的经验。如果可能，在研究辩证唯物主义与历史唯物主义的时候，从中国哲学史当中引用一些材料，这样做是有好处的。你们在研究马克思主义哲学的时候，把辩证唯物主义与历史唯物主义的一般原理，马克思列宁主义的战略和策略跟对于你们国家的历史发展的估价和分析结合起来，跟中国历史、中国共产党历史的研究结合起来，这是非常宝贵的经验。毛泽东阅后写一批语："很感兴趣地看了这封信。"

**同日**　阅中共浙江省委八月十五日关于农业合作化问题的报告。报告检讨了浙江农业合作化工作，认为一九五五年四月采取"坚决收缩"的方针是错误的，这种错误是唯心主义在实际工作中的具体表现，是富裕农民抵抗社会主义改造的思想在党内的具体反映。报告提出，必须全党动员起来，深入地批判和克服代表富裕农民的思想，树立社会主义思想。毛泽东为中央起草转发这个报告给上海局、各省市区党委的批语，指出："中央认为浙江省委的方针是正确的。浙江省委对于今春'坚决收缩'的错误方针所做的批评也是正确的。因为这个错误方针是由中央农村工作部向浙江省委建议的，因此应由中央农村工作部负主要责任。中央农村工作部的同志现在也已经认识了自己的这个错误，并且已经做了自我批评。"同时为中央起草给浙江省委的复电："你们八月十五日关于农业合作化问题的报告，已经收到，中央认为是正确的，并发给各省市委、自治区党委参考。这里再说两点：（一）报告第六页第一行'唯心主义'，应改为'主观主义'；报告第九页第十一行'深入地批判与克服代表富裕农民的思想'一句，应改为'深入地批判与克服代表资产阶级的思想以及代表富裕中农的资本主义自发倾向的思想'。（二）同意你们将这个报告发到支部。"

**同日** 中午，同陈伯达、廖鲁言、胡乔木谈农业合作化文件。晚上，同邓子恢谈话，陈伯达参加。

**9月9日** 为转发中共甘肃省委八月二十日关于农业合作化的报告，起草中央给上海局、各省市区党委的批语，指出："中央认为甘肃省委的方针是正确的。甘肃省委在自己的报告中还规定了多项具体的政策和办法，中央认为可以照此在甘肃实行。实行中如发现有需要修改的部分，可以在那时加以修改。全国各省，可以根据自己的情况酌量采用。"并批示："即送刘、朱、陈、彭真、小平、子恢、伯达阅，尚昆用电报发去。另印如前示。因甘肃催得很急，请各同志务于本日白天看完，下午或晚上发出。"报告说，省委扩大会议检讨了今春以来在办社问题上领导思想出现的落后、迟钝和摇摆不定的问题，修正了合作社的发展计划，确定一九五七年冬季前入社农户达到总农户的百分之四十五以上。报告还提出多项具体措施。

**同日** 审阅中共中央为转发温州地委关于农业合作化领导方针的解释的电报和浙江省委同意温州地委解释的电报的批语稿。毛泽东重新起草中央的批语，指出："中央关于发展农业生产合作社的决议中所规定的'积极领导，稳步前进'的方针和最近毛泽东同志关于农业合作化问题的报告中所提出的'全面规划，加强领导'的方针是一致的，温州地委和浙江省委对于这个问题的解释是正确的。现将浙江两个文件发给你们。当地如有同样问题发生，望照此作统一的解释。"并批示："刘、朱、陈、邓、伯达阅，尚昆用电报发去，另印如前示。"

**同日** 审阅修改中共云南省委八月三十日关于发展农业生产合作社的报告和中央为转发这个报告的批语稿。将报告中"社会主义群众革命大风暴"改为"社会主义群众革命高潮"。对中央的批语稿作如下修改（加写和改写的文字用着重号标明）：中央同意云南省委的报告，“其中关于进行规划时采用‘从省至地、县、区、乡自上而下分配指标与逐乡的自下而上讨论相结合’、‘在执行每个年度计划中，给予县委有百分之十增减的机动权’以及实事求是地灵活实现党的政策，克服千篇一律强迫群众照办的不良作风等项规定，各地均可仿行”。并批示：“刘、朱、陈、邓阅发。另印发。”

**同日**　为转发中共河北省委九月一日关于农业合作化规划和农业增产规划的报告，起草中央给上海局、各省市区党委的批语，指出：“这个报告中特别值得注意的，是除合作化规划之外，作了全省的农业增产规划，请你们着重地加以研究。中央要求全国各省委、市委、自治区党委一律仿照河北办法（安徽省委早几年就注意这个问题了，只是在最近的合作化报告中没有写上这一部分）对自己区域的农业增产问题，经过研究，做出全面的规划，报告中央，是为至要。”并批示：“刘、朱、陈、邓、彭真、子恢、伯达阅，尚昆用电报发去，另印如前示。”报告说：省委召开的第四次党代表会议，确定了全省今后三年农业合作化发展的计划，一九五八年入社农户达到百分之八十以上，实现全省农业合作化。会议还确定了全省第一个五年计划后三年的粮棉增产要求，研究了增产措施，要求百分之九十以上的社能够增产。

**同日**　审阅中共中央为转发山西省委关于农业合作化的报告的批语稿，批示：“此件已经复过，并已发各地。故只将贷款等问题再复一电就行了。刘、朱、陈、邓、子恢阅发。”经毛泽东删改后的中央批语为：“你们报告中所提贫农合作基金贷款，骨干训练经费，中央已另有通知统一拨下，故不另复。关于水利贷款，水利部已于八月二十二日召开之华北五省农田水利工作会议作了解决，请山西研究一下该会议所确定的贷款数字是否能够满足你们的需要，如尚不足，可再次提出所要求的贷款额数。”

**同日**　晚上，在中南海颐年堂召开会议，讨论元帅军衔问题[1]和陆定一关于肃反中一些政策问题的请示，刘少奇、陈云、彭真、邓小平、陈毅、聂荣臻、罗瑞卿、宋任穷、陆定一、周扬、张际春等出席。

**9月10日**　阅国务院九月八日关于召开粮食工作汇报会议给湖南、湖北、江西、广东、广西、江苏、浙江、安徽、四川九省人民委员会的通知。通知说：为了迅速交流今年农村粮食“三定”工作的经验，及时指导运动的开展，国务院责成第五办公室在本

---

〔1〕据当时任中国人民解放军总干部部第一副部长宋任穷回忆：根据军官服役条例和勋章奖章条例，按照毛主席等中央领导同志的历史功勋和在部队的任职情况，是应该给他们授衔和授勋的。在初步方案中，毛泽东主席为大元帅，周恩来、刘少奇、邓小平为元帅，李先念、谭震林、邓子恢、张鼎丞等为大将，毛泽东主席等中央领导同志也列入了授勋名单。但毛主席坚持不要大元帅军衔，不要勋章。这事，在一次全国人大常委会上还引起热烈讨论，认为毛泽东等领导同志，是人民解放军的缔造者和领导者，指挥过许多重大战役，为军队的建设和发展作出了重大贡献，在全党全军和全国人民中都享有崇高的声誉，应该给他们授衔授勋。尤其是毛主席功劳最大，应该授予大元帅，授3个一级勋章。有一次，我和赖传珠同志随彭德怀、罗荣桓同志去向毛主席等中央领导同志汇报授衔授勋工作，由当时主持中央军委日常工作的彭德怀同志和罗荣桓同志主谈，汇报了我们提出的初步方案。毛主席听完汇报后说：你们搞评衔，是很大的工作，也是很不好搞的工作。我这个大元帅就不要了，让我穿上大元帅的制服，多不舒服啊！到群众中去讲话、活动，多不方便啊！依我看呀，现在在地方工作的，都不评军衔为好！他问少奇同志：你在部队里搞过，你也是元帅。少奇同志当即表示：不要评了。他又问周恩来、邓小平同志：你们的元帅军衔，还要不要评啊？周、邓都摆手说：不要评了，不要评了。毛主席又转身问几位过去长期在军队担任领导工作，后来到地方工作的邓子恢、张鼎丞等同志：你们几位的大将军衔还要不要评啊？这几位同志也都说：不要评了，不要评了。

月十二日召开第一批汇报会议。汇报的内容是各地运动的主要情况和存在的问题，工作中可能发生的偏差。毛泽东批示："陈云同志：这种分批短期检查工作的办法很好，请告一切财经部门仿行。"

**同日**　复信张云逸[1]："八月十四日的信收到。身体有起色，甚慰。我同意你的办法，即以休养为主，视身体情况许可，酌量看些文件，参加一些党的和国家机关的会议。为准备六中全会，这些天没有时间，俟稍闲时再约谈。"

**同日**　晚上，同陈伯达、廖鲁言、胡乔木谈话。

**9月11日**　晚上，在中南海颐年堂召开会议，讨论评元帅军衔和农业合作化等问题，刘少奇、陈云、彭真、邓小平、陈毅、聂荣臻、宋任穷、杨尚昆出席。

**9月12日**　审阅修改陈伯达九月十一日报送的中共七届六中全会（扩大）关于农业合作化问题的决议（草稿），于晨四时批示："刘、陈、邓、伯达阅，请于本日阅完，尚昆即印若干份（在北京发各中委和乔木、鲁言、农村工作部若干同志），用飞机送各省市委、自治区党委，征求修改的意见，于月底来京参加中央全会时带来。""此件我看可用，只作了一些文字上的修改。如伯达有不同意见，可于下午和我一谈。"毛泽东对决议草稿的修改，主要是在第九条中的"现在各省还存在着一些土地改革不彻底的落后乡村"之后，加写"大约占乡村数的百分之五左右"。

**9月13日**　阅身边警卫工作人员钟顺通写的家乡河北省博野县农村情况的汇报材料。材料说：这次调查了解了十五个合作社，好社有三个，中等社有五个，下等社有七个。关于"三定"政策的执行情况，有的按定产数收购，有的就不执行政策

---

〔1〕张云逸，当时任中共中央华南分局第二书记、广西省委第一书记、广西省人民政府主席、中国人民解放军广西省军区第一政治委员。

按实产数收购，打击了农民的增产情绪。农民要求，秋后一定要整社，整顿干部和党员，加强对农村干部特别是乡、村、社干部的政策思想教育。毛泽东阅后批示："此件送河北省委林铁同志阅。钟顺通是我们这里的一个警卫工作人员。据他说，博野县有些合作社并没有认真去整顿。请省委注意此事，如果属实，应设法加以解决。"

**同日** 中午，先后同胡乔木、陈伯达谈话。

**同日** 晚上，在中南海颐年堂召开会议，听取李先念汇报南方九省粮食会议情况，刘少奇、陈云、邓小平、陈国栋、杨尚昆出席。

**9月14日** 阅中共中央调查部九月十三日关于日本有关人士对我外交部关于日侨问题声明〔1〕的反应的报告，批示："周总理阅，退毛。对日本似应明确提出外交关系正常化作为第一个问题，因为这个问题在日本方面已有广大舆论基础。虽然实际上日本政府现在尚不愿谈这个问题，但我们可以此去压它。请加考虑。"

**同日** 下午，乘专列离开北京去北戴河，晚上到达，住一号楼。

**9月15日** 上午，游泳。

**9月16日** 阅邓小平九月十三日转报杜润生关于中共河北省委电话询问"老中农中的中中农该划到下中农抑上中农"问题给毛泽东的信。邓小平信中说：杜润生转来河北省的问题请予以指示。我觉得：中中农这个词不要再用。从老中农的政治经济情况看来，只宜把其中生活贫困的一部分划入下中农，不宜把老中农的大部分划入下中农。不要一家一家地去确定谁是上中农或下中农，从对于愿否加入合作社的态度就可以大体判明他是属于哪

---

〔1〕 指中国外交部发言人1955年8月16日关于日本政府提出所谓撤退滞留在中国大陆的日本人问题发表的声明。

一类的。毛泽东在邓小平的信上批示："小平、子恢、伯达、鲁言同志阅，交杜润生同志处理。我认为小平同志的意见是正确的。"

**同日** 北戴河大雨，游泳十分钟。

**9月17日** 下午，游泳。

**9月18日** 审阅邓小平九月十七日报送的准备在中共七届六中全会上作的《关于召开第八次党的全国代表大会的决议草案的说明》稿，说明稿主要解释了八大延迟召开的原因。毛泽东批示："恩来同志阅，退小平办。我认为可以照这样去讲，只改了几个字。"

**同日** 下午，游泳。晚上，同在北京的刘少奇通电话。

**9月19日** 下午，游泳。后在浴场同周恩来谈话。

**9月20日—23日** 每天下午游泳。

**9月24日** 就编辑《怎样办农业生产合作社》一书[1]的有关问题，致信田家英："最后部分付上，请付排。八月下旬的《人民日报》上载有邢台地委书记写的一篇关于邢台地区合作化的文章，请清出加印到河北省部分中去。此外，请商廖鲁言同志翻阅一下今年一月至九月的《人民日报》看有无好的（要是很好的）材料可用的。"此前，毛泽东为编辑这本书还有一个批示："（一）依地区排列，制一个目录（照每篇文章上的题目，不照原件每一省市的总目）。（二）有几篇，要鲁言查明材料来源，注明在每一篇的题目之下。（三）校对一遍，文字上加以修改，使更加通俗化。（四）几天内先印几份清样，至少毛、田、乔木、伯达各一份，可能时再送刘．周、小平各一份。（五）争取月底或下月初印出四百本（样本）。（六）用人民出版社印，告知尚昆。"

---

〔1〕这部书是毛泽东1955年9月主持编辑的。1955年12月第二次编辑时书名改为《中国农村的社会主义高潮》。

**9月25日**　为《怎样办农业生产合作社》一书写序言。序言指出："在从资本主义到社会主义的过渡时期内，中国共产党的总路线是：基本上完成国家的工业化，同时对于农业、手工业和资本主义工商业基本上完成社会主义的改造。这个过渡时期大约需要十八年，即恢复时期的三年，加上三个五年计划。在我们党内，对于这个总路线的提法和时间的规定，从表面上看，大家都是同意的，但是在实际上是有不同意见的。这种不同意见，在目前，主要地表现在关于农业的社会主义改造即农业合作化的问题上。有些人说，在农业合作化的问题上，几年以来，似乎可以看出这样一条规律，即在冬季是提倡发展的，一到春季就有人反冒进。""所谓反冒进，不但是停止发展，而且是成批地强迫解散（一名'砍掉'）已经建成的合作社，引起了干部和农民群众的不满意。""为什么有些同志会发生这种在常人看来完全不应该有的动摇呢？因为他们受了一些中农的影响。""我们的一些同志不去从党的政策和工作方法上解决问题，听了富裕中农一叫，工作中又有一些偏差，就惊惶失措起来，大反其'冒进'，动不动就要'砍掉'合作社，好像如果不赶快割去这个毒瘤，人就会要死了似的。实际的情况完全不是这样。我们工作中的缺点是有的，但是整个的运动是健康的。广大的贫农和下中农欢迎合作社。一部分中农需要看一看，我们就应当让他们看一看。富裕中农，除了那些自愿的以外，更应当让他们看的时间长一些。目前，在这个问题上的主要的缺点，是在很多的地方，党的领导没有赶上去，他们没有把整个运动的领导拿到自己的手里来，没有一省一县一区一乡的完整的规划，只是零敲碎打地在那里做，他们缺乏一种主动的积极的高兴的欢迎的全力以赴的精神。""我们现在编了一本书，叫做《怎样办农业生产合作社》。这本书里所收的，都是各省、市、区的实际例子，共有一百二十几篇。""在一部分材料上，我们写了一点按语。”“这些材料告诉我们，运动是健康的。出乱子的地方都是党委没有好好去指导。一待党委根据中央的方针跑上去做了适当的指导，那里的问题就立即解决了。这些材料很有说服力，它们可以使那些对于这个运动到现在还是采取消极态度的人们积极起来，它们可以使那些到现在还不知道怎样办合作社的人们找到办合作社的方法，它们更可以使那些动不动喜欢‘砍掉’合作社的人们闭口无言。”

**同日**　晚上，从北戴河回到北京。

**9月26日**　审阅《农业生产合作社示范章程（试行草案）》修正稿，批示：“退胡乔木同志：此件看了一遍，觉得改得很好，较原件大有进步。我只作了一些个别的主要是文字的修改，请你斟酌采用。”

**同日**　上午，在中南海菊香书屋召集陈伯达、胡乔木、廖鲁言、田家英开会。下午，在游泳池住处主持召开中共中央书记处扩大会议，刘少奇、周恩来、朱德、陈云、彭真、彭德怀、邓小平出席。

**9月27日**　晨，就编辑《怎样办农业生产合作社》一书的有关问题，致信田家英：“请付工厂照改。每省的题目和每篇的题目，均照我在目录上改的去改正。其余的，今天可以不必送我看了。迅速打出八份（加陈云同志一份），最好于今日下午或晚上送交各同志。你和乔木各分一半彻底地作一次文字上的修改，包括题目改得生动些，请告乔木。”

**同日**　阅田家英关于送审《怎样办农业生产合作社》部分清样的信，批示：“都看过。修改处，请令印厂照改。是从二一四页起，不是从二〇四页起[1]。二一四页以前的，请再送来看一

〔1〕　田家英的来信将送审的《怎样办农业生产合作社》部分清样的页码214—414，误写为204—414。

次。二一四页以后的题目又作了一些修改，和昨天在目录上改的有些不一样，请注意。”

**同日** 下午四时半，在中南海怀仁堂召集刘少奇、周恩来、朱德、陈云、彭真、彭德怀、邓小平开会，商谈军队授衔、授勋问题。会后于五时一起参加授衔、授勋典礼。毛泽东将授予中华人民共和国元帅军衔的命令状依次授予朱德、彭德怀、林彪、刘伯承〔1〕、贺龙、陈毅、罗荣桓、徐向前、聂荣臻、叶剑英〔2〕。

**9月28日** 阅田家英关于送审《怎样办农业生产合作社》部分注释的信，批示：“在题目和小题目上作了一些修改，请令照改。有几篇缺少刊物名称或未注明时间，应查补。按语因已改过，此份上面就未再改了。”

**同日** 下午二时，在中南海游泳池住处同柯庆施、李井泉、陶铸、王任重、周小舟、吴芝圃、曾希圣谈话。

**同日** 下午三时，和刘少奇、周恩来、朱德、陈云、彭真、康生、林伯渠、张闻天、邓小平出席在中南海怀仁堂举行的全国社会主义建设青年积极分子大会闭幕式，并同青年积极分子合影。

**同日** 下午四时，在中南海怀仁堂主持召开中共七届六中全会预备会议。二十九日下午，继续主持预备会议。

**9月30日** 上午十时半至下午二时半，在中南海颐年堂约见程潜、章士钊、谭戒甫、杨树达、王季范，并共进午餐。

**同日** 晚十时，审阅修改陈伯达准备在中共七届六中全会作的《关于农业合作化问题的决议草案的说明》稿后，批示：“尚昆同志：此件请于今夜印十几份，明日上午即送交各政治局委

---

〔1〕 林彪、刘伯承因病未出席授衔、授勋典礼。

〔2〕 叶剑英因在辽宁大连进行辽东军事演习的筹备工作未出席授衔、授勋典礼。

员，外加邓子恢、陈伯达、廖鲁言等人各一份。并请你用电话催他们于十月二日上午十二时以前看完，批注意见直交陈伯达同志，二日下午或晚上必须印发到六中全会各同志。我的短信，请附印在封面上，或另印一纸条。”短信为：“政治局各同志：送上陈伯达同志准备在六中全会上讲的《关于农业合作化问题的决议草案的说明》一件，请即予审阅。如有修改的意见，请在文件上注明，于十月二日上午十二时以前送交陈伯达同志。”

**同日**　晚十时半，在中南海游泳池住处召集刘少奇、周恩来、陈云、彭真、彭德怀、邓小平开会。

**9月**　为编辑《怎样办农业生产合作社》一书，对所收文章仔细修改标题，并撰写按语十九篇。下面介绍的是一些按语的全文或摘要。

《张郭庄合作社的政治工作》一文[1]按语：“这篇文章的观点是正确的。合作社必须强调做好政治工作。政治工作的基本任务是向农民群众不断地灌输社会主义思想，批评资本主义倾向。”

《解决生产资金不足的困难》一文[2]按语：“这个合作社的经验也证明，适当地，不是过多地，并且是在启发社员有了充分的觉悟以后，对于贫苦社员又加以照顾等项条件之下，发动社员投资，解决合作社生产资金不足的困难，是完全可能的。”

《错误地解散十八个“自发社”的教训》一文[3]按语：“这是胡乱解散合作社造成恶果的又一处教训。在这里是‘勒令改

---

〔1〕这篇文章原题为《巩固社的关键——记张郭庄乡农业生产合作社的政治工作》。

〔2〕这篇文章是中共山东莒南县委关于新建农业生产合作社发动社员投资的情况报告。

〔3〕这篇文章是中共安徽滁县地委农村工作部关于滁县白庙乡、全椒县三圣乡错误地解散18个“自发社”的通报。

组'，在浙江是'坚决收缩'，都是一些干部在一种惊慌失措的情绪支配之下做出来的。我们希望这种错误不要重复了。"

《合作化模范邓家乡》一文〔1〕按语中说："有些同志认为合作化很困难，一定要出很多毛病，因此畏缩不前，不敢推广合作化，只是因为他们脱离了浙江邓家乡的这样一种领导路线。而浙江邓家乡的路线（深入一点，取得经验，推动全般），同河北遵化县第十区、安徽凤阳县城西乡的路线一样，不是别的，就是我党在全国一切群众工作中早已行之有效的一条著名的马克思列宁主义的路线。"

《襄阳县伙牌乡襄部农业生产合作社关于喂养和使用耕牛的经验》一文〔2〕按语："作者以很大的热情研究了这个问题，所述农民的意见也确是农民自己的语言，似乎作者是到了这个乡同群众一道研究过这个问题的。我们希望全国二百几十个地委的书记，每人都下乡去研究一个至几个合作社，每人写出一两篇文章来。"

《湘潭县清风乡党支部帮助贫苦社员解决困难》一文〔3〕按语中说："各省应当在自己的关于合作化问题的决议或者指示里面指出，一切合作社有责任帮助鳏寡孤独缺乏劳动力的社员（应当吸收他们入社）和虽然有劳动力但是生活上十分困难的社员，解决他们的困难。目前，有许多合作社，缺乏帮助困难户的社会主义的精神，甚至根本排斥贫农，这是完全错误的。"

---

〔1〕 这篇文章原题为《邓家乡怎样运用中心社带动互助组和个体农民开展生产运动的》。

〔2〕 这篇文章原题为《襄阳县伙牌乡襄部农业生产合作社耕牛喂养使用的制度和经验》。

〔3〕 这篇文章原题为《中共湘潭县清风乡支部领导农业社帮助贫苦社员解决困难的情况与做法》。

《我当大社主任的经验》一文[1]按语中说："不要以为只有老解放区才能大规模地推广合作化的运动，晚解放区则不能够，这样想是不符合实际情况的。晚解放区同样可以大规模地推广合作化。就若干的县、区、乡来说，晚解放区可能和老解放区同时完成、甚至先期完成合作化，现在已经有了一些事例证明了这一点。"

《季节包工》一文[2]按语中说："我们希望全国二千几百个县的县级领导机关，密切地注意全县合作化运动的发展情况，发现问题，研究解决问题的办法，及时地召开全县的合作社主任的会议，或者全县的重点合作社主任的会议，作出决定，迅速推行。不要等到问题成了堆，闹出了许多乱子，然后才去解决。领导一定要走在运动的前面，不要落在它的后面。在一个县的范围内，党的县委应当起主要的领导作用。"

《一个混乱的合作社整顿好了》一文[3]按语中说："这个材料指出了一个真理，就是任何情况混乱的合作社，都是可以整理的。因为加入合作社的都是劳动农民，不管他们各个阶层之间意见怎样不合，总是可以说清楚的。有些合作社，在一个时期内，确是混乱的，唯一的原因是得不到党的领导，党没有向群众讲明自己的政策和办法。""这个材料又提出了一个在落后乡村是否可以建立合作社的问题。回答是肯定的。本文作者所说的这个合作社，就是处在一个落后村。"

《一个违背领导意愿由群众自动办起来的合作社》一文[4]按

---

〔1〕 这篇文章原题为《我当大社主任四个月的几点体会》。

〔2〕 这篇文章原题为《镇宁县马鞍山乡第一农业生产合作社是怎样推行季节包工的》。

〔3〕 这篇文章原题为《西畴县戈木乡东升农业社是如何由混乱走向巩固提高的》。

〔4〕 这篇文章原题为《一个群众自办的农业社》。

语中说："这是一篇动人的叙述，希望读者好好地看一遍。特别要请那些不相信广大农民群众有走社会主义道路的积极性的同志和那些动不动就想拿起刀来'砍掉'合作社的同志好好地看一遍。现在全国农村中，社会主义因素每日每时都在增长，广大农民群众要求组织合作社，群众中涌出了大批的聪明、能干、公道、积极的领袖人物，这种情况十分令人兴奋。最大的缺点，就是在许多地方党的领导还没有主动地赶上去。"

《西乡县杨河坝乡党支部正确地领导了那里的互助合作》一文〔1〕按语中说："根据几处地方的反映，在农业生产合作社的管理委员会内设立政治副职，是必要的。各地都可以设立起来，在党支部的领导之下，专责进行政治工作。""我们一定要相信这样一点，即劳动人民中的缺点或者错误，是能够经过适当的政治工作使他们加以克服或者改正的。"

**10月1日** 上午十时，和刘少奇、周恩来、朱德、陈云、宋庆龄等党和国家领导人出席在天安门举行的中华人民共和国成立六周年庆祝大会，检阅中国人民解放军部队和群众游行队伍。晚上，和刘少奇、周恩来等在天安门城楼观看焰火，并会见一些外国客人。

**同日** 晚上，阅田家英本日来信。信中说：昨夜十二点后，已是今日，少奇同志处电话告我，少奇同志对《序言》有两处文字方面的意见：(一)"好像如果不赶快割去这个毒瘤"一句中的"毒瘤"二字，主张加一引号。(二)"这就使得很多的同志对于这个问题没有提起他们的注意"中，主张删去"他们的"三字。毛泽东阅后，对第一处意见批注："不要加引号，因为这是就人身的毒瘤说，对于合作社是比喻，不是直说合作社。"对第二处

〔1〕这篇文章原题为《中共西乡县杨河坝乡支部领导互助合作的经验》。

意见批注："已删去。"同时就编辑出版《怎样办农业生产合作社》一书有关事宜批示田家英："请照修改的文字付印。五〇五页以下各页均已看完，付上。有两事请你注意：（一）目录要照每篇题目修改的文字加以改正；（二）按语修改处，要照着改在这一个本子上。十月四日要出书（样本），务请赶快改好付印。"

**10月2日** 下午三时，和刘少奇、周恩来、朱德、彭真、邓小平、张闻天等出席在北京先农坛体育场举行的全国第一届工人体育运动大会开幕式。

**同日** 下午五时，在中南海勤政殿会见日本恢复日中、日苏邦交国民会议会长久原房之助，周恩来在座。

**同日** 晚上，和刘少奇、周恩来、朱德等出席北京市市长彭真举行的国庆联欢晚会，并会见各国文化艺术团体的负责人。

**同日** 审阅陈伯达准备在中共七届六中全会上作的《关于农业合作化问题的决议草案的说明》，批示："尚昆同志：此件请即付印，发给参加六中全会的各同志，每人一份，于明（三）日发到各人手里。"

**10月3日** 下午，在中南海勤政殿会见世界和平理事会副主席、意大利全国和平理事会主席、意大利社会党总书记南尼，刘少奇、邓小平、陈毅、郭沫若、廖承志在座。毛泽东说：对你们促进重建中意两国邦交的努力，我们很赞成。重建邦交对双方都是有利的。说到困难，只有一点，我们要求意大利同蒋介石断绝关系，我们反对美国搞的"两个中国"。意大利现在不是联合国的会员国，所以不发生在联合国承认国民党的问题。问题在于美国给意大利施加压力，要它不承认人民中国。只要意大利政府能抵抗这种压力，我们马上可以建交，估计这还要有一段时间。有些国家对中国人民并不友好，只要是建立了正常关系，我们也做生意。我们很愿意同意大利建立正常的关系，这对两国人民都是有利的。

**同日**　晚上，在中南海颐年堂召开会议，商谈次日召开中共七届六中全会（扩大）的有关问题，刘少奇、陈云、邓小平、林枫、李雪峰、谭震林、刘澜涛、宋任穷、马明方出席。

**10月4日—11日**　中共七届六中全会（扩大）在北京中南海怀仁堂举行。毛泽东主持。会议通过《关于农业合作化问题的决议》、《关于召开党的第八次全国代表大会的决议》、《关于党的第八次全国代表大会代表名额和选举办法的规定》。会议基本上通过在试行中经过多次修改的《农业生产合作社示范章程（草案）》，决定提交国务院和全国人大常委会讨论。

**10月4日**　下午三时，中共七届六中全会开幕。毛泽东致开会词。他说：这次会议讨论两个重要问题，农业合作化问题和召开党的八大的问题。现在我们已经有很宽的地方在发展合作化。华北、东北，加上山东、安徽、浙江、河南，全县基本合作化的，可能超过一百个县。所以，农业合作化问题现在是摆在我们面前一个很广大的问题，但是在中央领导机关，在省、市、自治区，在地委，在县、区、乡，直到合作社，内部的意见是不统一的，有不同的意见，有要快一点的，有要慢一点的。现在基本的一个问题，就是运动很广大，而领导意志不统一，没有采取主动地、积极地、欢迎地、高兴地全力去做这个工作的态度。所以，现在我们有必要开这么一个会议。参加这个会议只有中央、省（市）委、地委三级，然后我们去说服县、区、乡三级，来解决意志不统一、看法不一致的问题。关于召开八大，从开国到现在，按党章规定，中间应该召开一次代表大会，我们没有开，这是个缺点。不过党章上也说，按照情形，可以延长或缩短。到明年开也有好处，主要是把高饶问题解决了，现在我们进行的肃反工作又把相当多一部分有问题的干部搞清楚，在这样的基础上进行代表和中央委员会的选举是有好处的。

**同日**　复信周世钊："惠书早已收读，迟复为歉。承录示程颂万〔1〕遗作，甚感，并请向曹子谷〔2〕先生致谢意。校额诸件待暇当为一书，近日尚未能从事于此。读大作各首甚有兴趣，奉和一律，尚祈指政。春江浩荡暂徘徊，又踏层峰望眼开。风起绿洲吹浪去，雨从青野上山来。尊前谈笑人依旧，域外鸡虫事可哀。莫叹韶华容易逝，卅年仍到赫曦台〔3〕。"

**同日**　晚上，在中南海颐年堂会见袁希洛，徐冰参加。当袁希洛谈到愿去台湾见蒋介石时，毛泽东说，要去台湾须先致函蒋介石，得其同意始为妥善。十二日，阅袁希洛送来的致蒋介石信。信中说："希洛年虽八十，愿出任和平解放台湾使者"，"若承同意，即日复我"。毛泽东批示："刘、周、陈毅、彭真阅，退毛。此人要求去见蒋，我说须得台湾许可才能去，因此他写了一封信，似可听其发去。此人书生气很重，人是好人。""退徐冰处理。"

**10月5日**　下午三时，出席中共七届六中全会第二次会议。

**同日**　晚上，在中南海勤政殿会见以奈温〔4〕中将为团长的缅甸军事友好代表团，刘少奇、朱德、彭德怀、陈毅在座。

**10月6日**　下午三时，出席中共七届六中全会第三次会议。

**同日**　审阅陈云准备在中共七届六中全会的发言稿，批示："陈云同志：此件很好。作了一点修改，请加斟酌。是否在末尾对召开八大问题说几句话，请考虑。再则原稿末尾两行所说'得

---

〔1〕程颂万，湖南宁乡人，晚清诗人。

〔2〕曹子谷，即曹典球，当时任湖南省政协常委、湖南省文史研究馆副馆长。

〔3〕赫曦台，是湖南长沙岳麓书院的附属建筑之一。

〔4〕奈温，当时任缅甸武装部队总司令。

益的将有更多的同志'这个意思〔1〕，也可以展开多说几句，号召各财经部门的同志都应检查自己的工作，克服可能存在的资本主义思想。”毛泽东的修改主要是，在发言稿几次提到“富裕中农”、“富裕农民”处，均在前面加上“资产阶级、富农和”七个字。

**10月7日** 审阅邓小平准备在中共七届六中全会的发言稿，批示：“退邓小平同志。此件很好。作了一点修改，请你斟酌。”毛泽东对发言稿主要作了两处修改。在发言稿的“在对于农业社会主义改造抱有右倾观点的共产党员中，确有同资产阶级共呼吸的人”之后，加写“他们是对资产阶级思想的投降主义者”。另外，加写一段话：“一切在这个问题上犯右倾错误的同志，因为他们同党外的资产阶级思想有某些共同点，他们在资产阶级分子向党进攻的时候，就会丧失警觉，解除武装，不能理直气壮地驳斥资产阶级分子的谬论。例如在一九五三年，党内党外都有人叫喊所谓‘农民苦’，而在一九五五年，党内党外又都有人叫喊所谓‘农民生产情绪低落’，我们怎样能够希望这样的同志去理直气壮地驳斥党外的那些谬论呢？”

**同日** 下午三时，出席中共七届六中全会第四次会议。

**10月8日** 下午，在中南海怀仁堂召集中共中央政治局委员及副秘书长开会。会后出席七届六中全会第五次会议。

**10月9日** 审阅彭真准备在中共七届六中全会的发言稿，批示：“退彭真同志。此件很好。作了一点修改，请酌定。”毛泽东对发言稿主要作了三处修改。在发言稿讲到应该知道农民的优点和缺点处，加写：他们“是劳动者又是小私有者这样两方面的

〔1〕 陈云发言稿的末尾两行说：我们应该把农业合作化问题上的错误，作为教训，来检查各个部门的领导，那末，得益的将有更多的同志，党的工作将获得更多的效果。

情况，了解他们有保守性、但是他们的这种保守性又是可以被说服而加以改变的这样两方面的情况”。在发言稿论述“四大自由”处，加写：“所谓‘四大自由’，即土地租种自由，雇工自由，贸易自由，借贷自由，这是一种明显的资产阶级的纲领，这是一条明显的富农路线，这是同我们党的限制资产阶级和限制富农的路线完全不相同的。他们不是限制资产阶级和富农剥削自由，而是用法令允许资产阶级和富农可以进行无限制的剥削，并且加以提倡。”在发言稿论述合作化意义处，加写：它“是使城市资产阶级彻底地孤立起来，造成一种使他们非接受社会主义改造不可的形势，因而可以彻底地消灭一切城市资本主义痕迹的社会主义革命的运动”。

**同日**　下午，同陈伯达、胡乔木、廖鲁言谈话。晚上，在中南海颐年堂召开中共七届六中全会主席团扩大会议。

**10月10日**　下午三时，出席中共七届六中全会第六次会议。

**10月11日**　下午，中共七届六中全会闭幕，毛泽东作结论。他说：我们这次会议，是一场很大的辩论。这是在由资本主义到社会主义过渡期间，关于我们党的总路线是不是完全正确这样一个问题的大辩论。这场全党性的大辩论，是从农业合作化的方针问题引起的，同志们的讨论也集中在这个问题上。但是，这场辩论牵涉的面很广，牵涉到农业、工业、交通、运输、财政、金融、贸易、文化、教育、科学、卫生等部门的工作，牵涉到手工业和资本主义工商业的改造，牵涉到镇压反革命，还牵涉到军队，牵涉到外交，总之，牵涉到党、政、军、民各方面的工作。应当有这么一次大辩论。因为从总路线发布以来，我们的党还没有这样一次辩论。在讲到农业合作化和资本主义工商业改造的关系时，毛泽东指出：农业合作化和改造资本主义工商业的关系，也就是农业合作化和资产阶级的关系。只有在农业彻底实行社会主义改造的过程中，工人阶级同农民的联盟在新的基础上，就是在社会主义的基础上，逐步地巩固起来，才能够彻底地割断城市资产阶级和农民的联系，才能够彻底地把资产阶级孤立起来，才便于我们彻底地改造资本主义工商业。过去我们同农民在土地革命基础上建立起来的那个联盟，现在农民不满足了，对那一次得到的利益，他们有些忘了。现在要有新的利益给他们，这就是社会主义。要巩固工农联盟，我们就得领导农民走社会主义道路，使农民群众共同富裕起来，穷的要富裕，所有农民都要富裕，并且富裕的程度要大大地超过现在的富裕农民。我们现在有两个联盟：一个是同农民的联盟，一个是同民族资产阶级的联盟。同农民的联盟是主要的，基本的，第一位的；同资产阶级的联盟是暂时的，第二位的。毛泽东认为，这次全会的重大收获，就是解决了在农业合作化问题上许多争论。关于在最近一个时期应不应当办一些高级社的问题，他说：条件成熟了的就可以办，条件不成熟的不要办，开头办少数，以后逐步增加。毛泽东根据会上大家的发言，对全国农业合作化提出一个新的规划：多数地区，要有三个冬春，到一九五八年春就可以基本上完成半社会主义的合作化。一部分少数地区，有两个冬春就够了，其中个别地区到明年春季就可以基本合作化了。又一部分少数地区，需要有四个五个甚至六个冬春。毛泽东说：省（市、区）、地、县三级必须时刻掌握运动发展的情况，一有问题就去解决。如果遇到情况不对，立即煞车，省、地、县都有煞车的权力。必须注意防“左”。防“左”是马克思主义，不是机会主义。马克思主义并没有说要“左”倾，“左”倾机会主义不是马克思主义。又说：以后在发展合作社的工作上，要比质量，比规格。质量的标准是什么呢？就是要增加生产和不死牲口。怎样才会增加生产，怎样才会不死牲口？这就要遵守自愿互利的原则，要有全面规划，要有灵活的指导。我们务必避免苏联曾经犯过的大批杀掉牲口的那个错误。毛泽东说：邓子恢同志犯了错误，性质属于右倾的错误。他作了自我批评。虽然各小组会上有些同志觉得他讲得还不彻底，但是我们政治局的同志，还有一些同志，谈了一下，觉得基本上是好的。在现在这个时候，他有了这样的认识，已经是好的了。邓子恢同志在过去长期革命斗争中做过许多工作，有成绩，应当承认。

**10月12日** 晚上，和刘少奇在政协礼堂观看日本歌舞伎剧团的演出。演出结束后会见剧团负责人和主要演员。

**10月13日** 下午二时半，同陈伯达谈话。

**同日** 下午六时，为征求对《关于农业合作化问题》第三次修正稿的意见，给在京的十位中共中央政治局委员、八位副秘书长和邓子恢、陈伯达、廖鲁言写信，全文如下：“各同志：这是第三次修正稿。请你们于收到后，即予审阅，提出修改意见，于十月十四日下午二时以前退还给我。修改之处，主要是将原来的第二第三两节，合并为第二节；增加了解释工农联盟问题的第九节；在第二节中将落后乡除外一句改为一部分边疆地区除外；在第三节中将河北省的例子删去一部分；在第五节中，在谈社员成分问题的第一第二行和谈地主富农是否可以入社的那几行都作了一些修改，将第十节中谈地富入社的那几句删去；在第十节和第十一节中也各有一些修改。在第三节的第二行、第四节的第二行和第十三行，都说了注重质量的问题；在第八节的‘第三’中，加了要有停顿、间歇的意思，还加了要有及时的批评一点。”《关于农业合作化问题》在十月十七日《人民日报》发表。

**10月14日** 下午，在中南海勤政殿再次会见日本恢复日中、日苏邦交国民会议会长久原房之助，周恩来、廖承志在座。

**同日** 晚上，在中南海颐年堂召集部分省市委书记开会。出席会议的有：刘少奇、周恩来、邓小平、陈伯达、柯庆施、李井泉、陶铸、欧阳钦、林铁、王任重、舒同、吴芝圃、周小舟、张德生、江渭清。毛泽东说：农业合作化要反右防“左”，要抓紧领导。肃反，要强调材料，核实证据，定案就比较好办了。要有超然派，头脑清醒，不亲自动手，旁观者清才不固执，好转弯。都要对党负责，听招呼，反右纠“左”都要听，实事求是。对犯错误的人不要过分责备。关于合作社规划问题，生产规划问题，一个地委先搞好一个县（两三个月内），县计划要经区、乡讨论一下，不然完全主观主义。脑袋膨胀，空气要压缩。要什么有什么，有买的就必然有卖的，“上有好者，下必甚焉”，上行下效。领导者的担子很重要，不准乱刮风。合作社发展之后要有停顿，有间歇，防止冲昏头脑。不要怕说机会主义。不顾质量只重数量，不顾条件，这是不对的。人们注意了数量，出现了冒进苗头的时候就提出质量问题，不要去硬压硬顶。一有问题，即去解决，不使问题成堆。要及时批评，不要爱好事后批评，放马后炮。今春早两个月发指示，粮食问题就好办了。错误倾向一露头就批评纠正，不然许多人犯错误，要排成队打屁股。每次会议不要太长。要写文章，先出好题目，要有思想性艺术性，锻炼头脑的细致准确性。客观事物是独立存在的东西，全面地认识它，写成文章是不容易的事情。经过多次反复，才能比较接近客观实际，写出来经过大家讨论一下，搞成比较谨慎的作风，把问题把思想写成定型的语言文字，可以提高准确性。发现过去写得不对，改一下再发，我的农业合作化报告是经过六次修改。文化教育问题，七年之内扫盲，每人识一千字，主要靠各县来办，全县规划，编课本，各省要部署一下。过去军队打了胜仗，大家都是谈如何冲锋，如何捉俘虏，比谁缴获的多，什么都不管了，我们立刻提出新的任务，于是人们就又用脑子去了。

**10月15日** 晨，为再次征求对农业合作化问题决议的意见，致信刘少奇、周恩来、朱德、陈云、彭真、彭德怀、邓小平、康生、张闻天："此件我已全文再看了一遍，只作了一点小的修改，觉得整个文件是好的。请你们于收到即看，于十月十六日下午二时以前看完，注明修改意见，交陈伯达同志再作修改，于十六日下午交我为盼！"

**同日** 下午三时，和刘少奇、周恩来、朱德、彭真、彭德怀、邓小平等出席在北京先农坛体育场举行的中国人民解放军射击与体育检阅大会开幕式。

**同日** 下午五时，在中南海勤政殿会见以众议院议员上林山荣吉为团长的日本国会议员访华团，刘少奇、周恩来、宋庆龄、李济深、沈钧儒、郭沫若、彭真、陈叔通、陈毅在座。在谈话中，毛泽东说：我们两个民族现在是平等了，是两个伟大的民族。以后要多来往。相互有好处、相互有帮助，相互应该感谢。我们两国有个共同的问题，就是有一个国家压在我们的头上。中国现在没有完全独立，和你们的情况一样，你们也不是完全独立的，这是共同点。现在我们的台湾还没有解放，美国的手很长，它抓住我们的台湾，也抓住日本、菲律宾、南朝鲜。亚洲这样大的地方它都想抓。这件事情终究不能持久的。这里是我们的地方，这里的事情应当由我们的人民来管。我们之间的社会制度虽然并不一致，但这个不一致并不妨害我们相互的尊重和友谊。我们两个国家，需要相互帮助，你们帮助我们，我们帮助你们，完全没有界限的。互相之间也不捣乱，我们不捣乱你们的事情，你们也不要捣乱我们的事情。各办各的事情，在友好的关系底下办事，对你们有好处，对我们也有好处。我们互相帮助，互通有无，和平友好，文化交流，建立正常的外交关系（这并不是能强制建立的）。你们把恢复中日关系放在第一条，这是很好的。就人民的利益要求，应尽早建立正常的外交关系。

**同日**　晚上，在中南海颐年堂召开会议，讨论关于农业合作化的宣传问题，邓小平、陆定一、陈伯达、胡乔木、邓拓、张际春、吴冷西〔1〕、田家英出席。

**10月16日**　下午，同陈伯达、田家英谈《关于农业合作化问题》和中共七届六中全会《关于农业合作化问题的决议》两个文件的付印问题。随后，同彭真谈日本国会议员访华团的情况，并一起修改刘少奇准备当晚在欢送日本国会议员访华团宴会上的讲话稿。

**10月17日**　晨，同彭真谈关于全国人大常委会秘书长彭真同日本国会议员访华团团长上林山荣吉的联合公报问题。

**10月18日**　晚上，在中南海颐年堂召开会议，讨论有关抗登陆演习和出席最高国务会议的名单等问题，刘少奇、周恩来、彭真、彭德怀、邓小平、贺龙、陈毅、聂荣臻、陈赓〔2〕、谭政、黄克诚出席。

**10月19日**　阅刘澜涛十月十七日关于华北各省市传达中共七届六中全会精神的报告。报告说：各省市对于传达问题很重视，希望印发毛主席结论的标准记录，早日公布农业生产合作社示范章程，并提出关于中央农村工作部所犯错误的内容传达到哪一级为适宜等问题。毛泽东批示："刘、周、邓阅，退刘澜涛同志。（一）结论已请陈伯达、田家英二同志加以整理，经我看过，并送各同志审阅后，或者可以发出。（二）全会各人发言稿，拟编印一书，发至地级或县级（待商定），其中有子恢同志的自我检讨。中央农村工作部的错误，可以不要特别的传达了。"

---

〔1〕吴冷西，当时任新华社社长。

〔2〕陈赓，当时任中国人民解放军副总参谋长兼军事工程学院院长、政治委员。

**同日**　阅章乃器十月十八日的来信。信中谈了他学习毛泽东《关于农业合作化问题》的体会，并建议："应该号召搞宣教工作的人们学习一些巴甫洛夫的基础知识，让他们从那里找到了'与人为善'和'循循善诱'的科学根据，从而减少清规和戒律；同时，还可以帮助他们正确地划清唯物和唯心的界限，以至更好地掌握辩证法则。"毛泽东批注："此信的主要目的在这一段，意思是说，我们对资产阶级的清规戒律太多了。"并将此信送刘少奇、周恩来、陈云、邓小平、彭真、陆定一、陈伯达阅。

**同日**　下午，在中南海颐年堂主持召开最高国务会议第五次会议，讨论《农业生产合作社示范章程（试行草案）》和外交、肃反、资本主义工商业改造等问题。出席会议的，党内有刘少奇、周恩来、朱德、陈云、彭真、董必武、邓小平、陈毅、乌兰夫、徐冰。党外有宋庆龄、李济深、沈钧儒、程潜、张治中、傅作义、章伯钧、马叙伦、李四光、张奚若、郭沫若、陈叔通、罗隆基、李德全、许德珩、马寅初、何香凝、章乃器、李烛尘、龙云。

**10月21日**　晨，听取彭真汇报十九日最高国务会议后的一些情况反映。

**同日**　下午三时二十分，听取胡乔木汇报文字改革会议〔1〕情况。

**同日**　下午四时，在中南海颐年堂继续主持最高国务会议第五次会议。会后，接着召开中共中央书记处会议。

**10月23日**　审阅邓小平报送的中共七届六中全会《关于召开党的第八次全国代表大会的决议（草案）》、《关于召开党的第八次全国代表大会的决议草案的说明》稿、《关于党的第八次全国代表

---

〔1〕由教育部、中国文字改革委员会联合主持召开的全国文字改革会议，于1955年10月15日至23日在北京举行。

大会代表名额和选举办法的规定（草案）》，批示："退小平照办。"

**同日** 阅马明方十月二十日关于西北各省座谈讨论中共七届六中全会精神的情况的报告，批示："刘、周、陈、邓阅，退毛。第二页末数行所提问题，请小平、陈云同志注意。"报告第二页末尾所提的问题是：（一）训练办社干部、开会的钱不够用，希望中央财政部批准在地方财政节余中开支；（二）现在下面很忙，希望中央各部的会议能够有所控制。

**同日** 审阅中共中央十月二十三日转发卫生部五人小组《关于检查中直第四医院肃反运动中所犯"左"倾错误与无组织无纪律错误的报告》的批语稿，在批语稿的末尾加写一段话："一切确实发生'左'的偏向的单位就要采取措施加以克服，不要讳言'左'的偏向。同必须克服右的偏向一样，我们必须认真地克服'左'的偏向，才能使肃反运动自始至终地得到健康的发展。"

**同日** 阅林铁十月二十日关于检查博野县工作情况给毛泽东的信。信中说：在接到毛泽东九月十三日批转的警卫人员钟顺通写的情况汇报后，河北省委即派工作组协同当地干部在博野县三个乡进行了检查，其结果除与钟同志所说博野全县只有三个一类社和整社没有解决问题不相符外，其他情况均属实。通过这次检查，存在的问题已引起博野县委注意，除检查时已解决一部分外，县委正结合今年建社，在继续进行整顿中加以解决。毛泽东批示："叶子龙[1]电话告林铁同志：此信收到了，谢谢他。"

**同日** 阅彭德怀十月二十一日关于成立上海警备区的报告。报告说：鉴于上海地区在经济和战略上的重要性，为便于平时警备和战时指挥，拟成立上海警备区。其任务是：平时负责上海地区的警备治安、部队训练和国防工程构筑；战时统率上海地区部

〔1〕 叶子龙，当时任中共中央办公厅机要室主任、毛泽东的秘书。

队保卫上海。毛泽东批示："周、朱、邓阅，退彭照办。"

**同日** 下午，在中南海怀仁堂接见西藏地区参观团、西藏青年参观团全体人员。毛泽东说：现在的汉人是不会欺侮你们的。宪法上也写着，不能歧视和压迫，要尊重各民族自己的风俗习惯。宪法规定你们有自治权。改革要人民同意。人民怕，就等一等。现在不要去搞社会主义，西藏的事归你们管，你们藏人看怎么办就怎么办，你们不赞成的就不办。你们将来的改革，也不能一下子搞社会主义，要分好几步走。改革以后，贵族、喇嘛还要过和以前相等的生活。要不要改革，是你们自己的事，你们商量。改了以后，贵族、喇嘛的生活还是照旧，不能改坏。改革要你们下决心，你们不干，我们是不干的。贵族、喇嘛赞成了才干，我们不能替你们下决心。西藏几年来有进步，每年都有进步。西藏今后是会发展的，人口要发展，财产要发展，文化教育也要发展。接见时，刘少奇、周恩来、朱德、彭真、贺龙、陈毅、乌兰夫、廖承志、张经武、汪锋、刘格平、宋庆龄、李济深、陈叔通、章伯钧、郭沫若参加。

**同日** 晚上，在中南海颐年堂召开会议，讨论对工商界的宣传问题，刘少奇、周恩来、陈云、彭真、邓小平、李富春、李先念、陆定一、张际春、邓拓、徐冰、陈伯达、许涤新、平杰三〔1〕、吴冷西出席。

**10月25日** 晚上，在中南海颐年堂召开会议，讨论国务院第三办公室召开座谈会问题，刘少奇、周恩来、陈云、彭真、邓小平、李雪峰、李立三、高扬〔2〕、李富春、赖若愚、刘澜涛、

〔1〕 平杰三，当时任中共中央统战部副部长。

〔2〕 高扬，当时任中共中央书记处第三办公室副主任、中央工业交通工作部副部长。

陈伯达、宋任穷、谭震林、马明方、杨尚昆、胡乔木出席。

**10月26日** 晚上，同傅作义谈话。

**10月27日** 晨，同彭真商谈关于邀请工商界人士谈话问题。

**同日** 下午四时，在中南海勤政殿会见印度电影代表团，周恩来、陈毅、郑振铎〔1〕、周扬、蔡楚生〔2〕在座。

**同日** 下午五时，在中南海颐年堂邀请陈叔通、章乃器、荣毅仁、郭棣活、盛丕华、胡厥文、胡子婴、刘靖基〔3〕、李烛尘、周叔弢、陈经畬、胡子昂、巩天民、乐松生、黄长水、韩望尘〔4〕等工商界代表座谈。刘少奇、周恩来、陈云、彭真、邓小平等参加。毛泽东说：社会主义改造是三个五年计划基本完成，还有个尾巴要拖到十五年以后，总之是要瓜熟蒂落、水到渠成。

---

〔1〕 郑振铎，当时任文化部副部长，中国科学院考古研究所所长、文学研究所所长，中国科学院哲学社会科学部委员。

〔2〕 蔡楚生，当时任文化部电影事业管理局副局长。

〔3〕 胡子婴，当时任全国人大代表、上海市人民委员会委员、中华全国工商业联合会执行委员、上海市工商联秘书长。刘靖基，当时任全国人大代表、全国政协委员、中华全国工商业联合会执行委员、上海市工商联常委。

〔4〕 周叔弢，当时任全国人大代表、全国政协常委、天津市副市长、中华全国工商业联合会执行委员。陈经畬，当时任全国人大代表、全国政协委员、武汉市副市长、中华全国工商业联合会副主任委员。胡子昂，当时任全国人大代表、全国政协委员、四川省政协副主席、中华全国工商业联合会副主任委员。巩天民，当时任全国人大代表、全国政协委员、辽宁省政协副主席、中华全国工商业联合会副主任委员。乐松生，当时任全国人大代表、北京市副市长、中华全国工商业联合会执行委员、北京市工商联主任委员。黄长水，当时任全国人大代表、全国政协委员、广州市副市长、中华全国工商业联合会副主任委员。韩望尘，当时任全国人大代表、陕西省政协副主席、中华全国工商业联合会执行委员、陕西省工商联主任委员。

现在还是要劝大家走社会主义道路。要有一些人早些下决心拥护共产，因为迟早是要共产的。现在先搞半共产。农民在一九六〇年以前也只搞半社会主义的农业生产合作社。总之是要逐步地做，不使人们感到突然。生产关系、生活方式都要逐步改变，不要突然改变，最后是要改变的，但是要安排好，要使这些人过得去。一个工作岗位，一个政治地位，都要安排好。将来农民的生活要超过现在的富农。资本家如果将来饿肚子，这个制度就不好。如果大家生活不提高，革命就没有必要，因此生活福利都要逐步提高。总之，要逐行逐业安排好。社会主义改造完成了，大家都领薪水，资产阶级不见了，都成了工人阶级，我看这是好事。我总劝人赞成共产，也许一时感觉不好，但将来会说好的。社会主义会有缺点的，将来还要发展到共产主义，共产主义也要分阶段。旧的制度不行了，新的制度就要起来代替。生产力总要向前发展，同生产关系发生矛盾，这就推动着社会不断前进。几千年以后看马克思，就像现在看孔夫子。毛泽东最后说：中心目的是要经过一批先知先觉作思想准备，要大家掌握自己的命运。谈话于晚九时结束。

**同日** 晚上，在中南海颐年堂召开会议，听取彭德怀关于中、苏、越三方军事代表团会谈情况的汇报，刘少奇、周恩来、陈云、彭真、邓小平出席。

**10月28日** 致信彭真、邓小平："明日下午四时勤政殿的会议，在京各中共中央委员及各副秘书长，似宜邀集到会，陈伯达亦宜通知到会。座位挤一点，能有三百人左右为宜。是否可以，请酌定。我觉得此次座谈有重要意义，时机是好的。"

**同日** 晚上，和刘少奇、周恩来、陈云、邓小平、陈毅等去北京体育馆，观看印度国家排球队同中国中央体育学院排球队的友谊比赛。

**10月29日** 下午，在中南海怀仁堂邀集全国工商联执行委员座谈私营工商业社会主义改造问题，刘少奇、周恩来、朱德、陈云、彭真、彭德怀、邓小平、康生、张闻天等参加。毛泽东在会上作长篇讲话，开宗明义提出：工商业社会主义改造，前途如何？或者说趋势如何？他说：这个问题，在全国广大的人群中都是存在的，因为我们现在是要改变社会制度。现在我国存在两种私有制，一种是个体小生产者的私有制，一种是资本主义的私有制。在改变这两种私有制的过程中，凡是处在这两种私有制地位的人，都发生前途如何或叫趋势如何的问题，都处在一种动荡不安的情况之中，不晓得将来会如何。所以，我想就这个问题贡献一点意见，就是说，自己要掌握自己的命运。我总劝朋友们，大家安下心来，不要十五个吊桶打水，七上八下。我们的目标是要使我国比现在大为发展，大为富，大为强。我们还是个农业国。在农业国的基础上，是谈不上什么强的，也谈不上什么富的。但是，现在我们实行这么一种制度，这么一种计划，是可以一年一年走向更富更强的，一年一年可以看到更富更强些。而这个富，是共同的富，这个强，是共同的强，大家都有份，也包括地主阶级。地主过了几年之后，就有了选举权，他就不叫地主了，叫农民了。资产阶级，总有一天，大约三个五年计划之内，就不叫资产阶级了，他们成为工人了。农民这个阶级还是有的，但他们也变了，不再是个体私有制的农民，而变成合作社集体所有制的农民了。这种共同富裕，是有把握的，不是什么今天不晓得明天的事。那种不能掌握自己命运的情况，在几个五年计划之内，应该逐步结束。那时，全国只有工人、农民和知识分子。知识分子是工人、农民的知识分子。我们现在对资本主义工商业的社会主义改造，实际上就是运用从前马克思、恩格斯、列宁提出过的赎买政策。它不是国家用一笔钱或者发行公债来购买资本家的私有财产（不是生活资料，是生产资料，即机器、厂房这些东西），也不是用突然的方法，而是逐步地进行，延长改造的时间，比如讲十五年吧，在这中间由工人替工商业者生产一部分利润。这部分利润，是工人生产的利润中间分给私人的部分，有说一年四五个亿的，有说没有这么多的，大概是一年几个亿吧，十年就是几十个亿。我们实行的就是这么一种政策。全国资本家的固定资产的估价，有这么一笔账：工业方面有二十五亿元，商业方面有八亿元，合计是三十三亿元。我想，如果十五年再加恢复时期三年共十八年，工人阶级替资产阶级生产的利润就会超过这个数字。改变资本主义私有制，要有几年的准备工作。你们回去传达，请注意不要说是要共产了，引起一阵风，好像刮台风一样，那样不好。关于社会主义改造，我们需要有充分的准备，包括思想准备、宣传教育等许多工作在内，要有秩序有步骤地进行，而不是一阵风，以免招致可能的某些损失。我们要力求保障损失越少越好。我们的目标是要赶上美国，并且要超过美国。美国只有一亿多人口，我国有六亿多人口，我们应该赶上美国。哪一天赶上美国，超过美国，我们才吐一口气。现在我们不像样子嘛，要受人欺负。

**10月30日**　同陈伯达、胡乔木、田家英、许涤新谈话。

**10月31日**　晚上，在中南海颐年堂召开会议，讨论邓子恢向毛泽东请示的几个问题，刘少奇、周恩来、彭真、邓小平、邓子恢、陆定一、王稼祥出席。

**11月1日**　审阅中共中央军委关于在高等学校和高级中学实行军训的报告，批示："退军委照办。"报告说：根据兵役法的有关规定，在高等学校和高级中学应当进行军事训练，以便使学生养成必要的军事生活习惯和纪律观念，同时经过学校军训为军队培养一批预备役军官。准备一九五六年在二十至三十所高等学校进行军训，争取在一九五八年以前扩大到全部高等学校。高级中学的军训，预计以两年时间全面展开。

**同日** 阅陈嘉庚十月九日来信。信中说：此次访问西北，途经黄陵时，顺谒黄帝陵和轩辕庙，庙宇木料多腐坏，庭中草地多为农民耕种，陵山多处埋有私坟，据云自解放迄今无人看管，或中央主管部门因偏僻无暇顾及。毛泽东阅后批送周恩来："此件阅后，请批交有关机关处理。我看陈先生的提议是有道理的。"

**同日** 阅林枫十月二十九日来信。信中说：关于改善少年儿童读物的创作和发行等问题，我们根据主席和中央的指示，曾和文化部、教育部、中国作家协会、中国保卫儿童委员会、团中央以及有关出版社的负责同志进行了座谈。现将中国作家协会党组关于改进少年儿童读物创作问题的报告、文化部党组关于改进少年儿童读物出版发行工作的报告及教育部党组关于少年儿童读物问题的报告送请审阅。毛泽东批示："林枫同志：此信已阅，附件还来不及看。你们可以照你们的布置去做，不要等候我提意见。"

**同日** 为转发中共江苏省委十月二十七日的报告、山东省委十月二十五日的报告，起草中央批语。批语指出："现将江苏、山东两个省委关于在发展了一大批合作社之后，如何完成整顿工作，使它们巩固起来，以利明春大规模地发展农业生产的报告，发给你们参考。"全国各省、市、自治区，"都可以将合作社的建社整社工作提早一季，即夏季完成建社的准备工作，秋季完成建社工作，冬春两季完成整社工作"。"合作社大发展一批以后，区乡干部感到问题很多，担子很重，难于解决，这种情况是存在的。其实，这是不难解决的。其办法，就是在每一个乡里，抓住一个至两个问题最多的合作社，深入进去，加以研究，找出解决的办法，就可以引导该乡一切合作社迅速地仿照办理。在一个区里，只要整好几个合作社，就可以引导全区各乡的合作社迅速地仿照办理。在这里，建立乡、区和县的合作网的组织，是很有用的。这一点，请你们向县区乡干部加以强调。至于按照计划大发展一批合作社以后，及时地宣告停止发展，使运动转到整顿阶段，这是完全必要的。按照上述的季节规划，一年只有一季是发展的时间，其余各季都是整顿和准备发展的时间。其余各季也可以有一些零星的个别的发展，但是主要的发展时间只有一季，并且还只需一季中的两个月，这样就可以基本上避免由于漫无限制而引起的'左'倾错误。因为有了这样的有计划的发展和整顿，合作化的总的进展是好的，有一些县、一些区和一些乡，由于种种原因，合作社发展少一些，也就不要紧了，在以后几年中逐步地跟上去就好了，不要怕被批评为右倾机会主义。从现在起，全国各地的要求，主要是合作社的质量问题，而不是数量问题。因为数量问题已经引起全党注意，而质量问题则还没有引起全党注意。”毛泽东并批示：“即送刘、邓先阅，再送周、朱、陈、谭震林、子恢、鲁言即阅后，发。发后另印如前示。”

**同日** 阅中共中央军委八月八日的报告。报告说：为在军队系统开展对违法案件的审判工作和开展检察监督工作，需要根据中华人民共和国人民法院组织法、人民检察院组织法的规定，组建专门的军事法院和军事检察院。毛泽东批示：“退军委照办。”

**同日** 复信章乃器：“前后两信〔1〕均已收到阅悉。感谢通知我这些情状和你的意见。干部中的片面观点总是会有的，问题是好好帮助他们学会实事求是全面分析的方法。附件〔2〕还来不及看，待看后奉还。”

**同日** 晚七时，主持召开中共中央书记处扩大会议，刘少

---

〔1〕 指章乃器1955年10月18日和27日的两次来信。毛泽东在27日来信上批示：“周、陈、彭真、李维汉、徐冰阅，退毛。章乃器的信，值得一看。”

〔2〕 指章乃器1955年10月27日给毛泽东来信所附的关于教条主义在民主党派中的表现的专题反映等材料。

奇、周恩来、朱德、陈云、彭真、邓小平、陆定一、陈伯达、胡乔木、邓拓、许涤新出席。会后乘专列离开北京南下，沿途调查了解农业合作化和农业生产等情况。

**同日** 晚十一时五十分，到达天津，同中共天津市委书记黄火青、副市长万晓塘谈话。

**11月2日** 晨七时，到达山东德州，同中共德州地委书记谈话。上午十时四十三分到达济南，同谭震林、山东省委书记舒同谈话。晚九时十分，同济南市委书记、副书记、市长谈话。十一时五十六分到达泰安，在列车行进中，同泰安地委书记、副书记谈话。

**11月3日** 晨一时五十四分，到达兖州，同中共兖州地委书记、副专员谈话。六时四十五分到达江苏徐州，同徐州地委书记、专员谈话。上午九时四十分到达安徽符离集，同宿县地委书记、专员谈话。十一时四十五分到达蚌埠，同安徽省委书记曾希圣、副省长张恺帆谈话。

**11月4日** 晨一时四十五分，到达滁州，同中共滁州地委两位副书记谈话。三时到达南京浦口，同江苏省委书记江渭清、省长惠浴宇，南京市委书记、市长谈话，在了解有关肃反工作情况时指出：既要充分发动群众，又要掌握政策，做到“有反必肃，有错必纠”。七时二十一分到达镇江，同镇江地委书记、专员谈话，听取关于农业合作化运动等工作的汇报。上午十时五十四分到达无锡，同无锡市委书记、市长谈话，听取无锡市资本主义工商业社会主义改造情况的汇报。中午十二时四十七分到达苏州，同上海局书记柯庆施、上海市副市长许建国，苏州地委书记、副书记，苏州市委书记、市长谈话，听取苏州的经济工作和资本主义工商业改造工作等的汇报。专列于下午四时二十五分到达上海，柯庆施、许建国同行。毛泽东下车游泳一小时后，回到专列上。

**11月5日** 晨，同柯庆施、许建国和上海市其他领导人谈话，并共进早餐。中午，下车游泳一小时。下午到达松江，同松江地委书记、专员谈话。

**同日**　晚上，到达杭州，住刘庄。

**11月6日**　和刘少奇、周恩来致电伏罗希洛夫、布尔加宁、莫洛托夫，祝贺十月社会主义革命三十八周年，电文指出：“一年来，苏联政府为着和缓国际紧张局势和促进国际间的合作，进行了一系列的重大努力，并且收到了显著的成效。最近苏联政府就欧洲安全和德国问题、裁减军备问题和发展东西方之间的接触等问题所提出的主张和建议，是符合于全世界人民的共同利益的。中国政府和中国人民完全支持苏联政府所作的这些努力。”

**11月7日**　向警卫一中队的七名江苏、浙江籍战士了解农村情况。十日，又向刚刚探家归队的几名战士了解他们家乡的农村情况。

**11月10日**　召集有关人员座谈资本主义工商业改造问题，为起草《中共中央关于资本主义工商业改造问题的决议》作准备。参加座谈的有柯庆施、江华、陈丕显、陈伯达、张劲夫、张霖之、李丰平〔1〕等十九人。

**11月12日**　要陈伯达打电话给在北京的陈云，征求他对起草《中共中央关于资本主义工商业改造问题的决议》的意见。

**11月14日**　审阅修改《人民日报》社论稿《统一认识，全面规划，认真地做好改造资本主义工商业的工作》，批示：“可以照此发表。为了说清楚问题，在‘第二’中加了几句。”在社论稿的“所有的人只要沿着社会前进的方向前进，就都可以找到平坦而且广阔的道路。这种道路”之后，毛泽东加写的几句话是：

---

〔1〕 张劲夫，当时任地方工业部副部长。张霖之，当时任第三机械工业部部长。李丰平，当时任中共浙江省委书记处书记、浙江省副省长。

“对于农民、手工业者和其他小资产阶级分子说来，就是放弃小私有制，接受社会主义的合作制。对于资本家说来，就是放弃资本主义所有制，放弃对工人的剥削，接受社会主义的国有制。资本家真正放弃了剥削，以劳动为生，他们的社会成分就不再是资本家，而是自食其力的劳动者了，他们同工人、农民就没有矛盾了，他们就一身轻快不受社会责备了。这里说放弃剥削，不是说马上就要这样做，而是说现在要做思想准备，要在各城市的资本家的学习组织中逐步地适当地展开对于这个问题的讨论，如有疑问，要有适当的人加以解答，要准备经过公私合营、逐行逐业的改造，在条件成熟以后，最后达到生产资料的国有化。”

**11月15日** 上午，在杭州刘庄召集柯庆施、江华、陈伯达、田家英谈资本主义工商业改造问题。

**11月16日** 下午，在杭州刘庄召集柯庆施、陶铸、王任重、江华、陈伯达谈资本主义工商业改造问题。

**11月17日** 致信刘少奇、邓小平：“送上《关于资本主义工商业改造问题的决议》草案十三份，请予审阅处理。这个文件是陈伯达、柯庆施和我三人讨论、由陈伯达执笔写成的，因为时间匆促，来不及过细修改。陈伯达可于十八日或十九日飞回，可以帮助你们再加斟酌。这个问题，因为各省市委缺乏思想准备，似以作为草案于这次会后先行发出，待明春开中央全会时再行通过，较为适宜〔1〕。因为是一个大问题，故以全会决议的形式为好。这些，统请政治局加以酌定。我准备日内回京参加这次会议的末尾一二天。农业合作化的情况，根本好转，估计明年一年，即可达到全国基本上初级合作化，即达到百分之八十到九十的农

〔1〕《中共中央关于资本主义工商业改造问题的决议》草案，1956年2月24日由中共中央政治局作了个别修改后，成为正式决议。

户入社，大大有利于农业生产。为了商量这个问题，附带也谈一下工商业改造的问题，我召集了九个省的书记在这里开会一二天，情况容面报。”

**同日**　再次审改《人民日报》社论稿《统一认识，全面规划，认真地做好改造资本主义工商业的工作》，批示胡乔木：“此件看过，可用，可以不再给我看了。作了两点修改：（一）在第五页倒数第七行‘镇压的’三字不妥，改为‘按照他们的具体情况，有分别地加以惩处的’；（二）在第六页末行，‘私股’下加‘按照具体情况适当地’九字，下接‘分得’，此点请商陈云同志，是否这样较妥当些。”毛泽东所作的修改，一是在社论稿讲到“资产阶级里面是有反革命分子的”处，将原文“这种人是必须镇压的”，改为“这种人是必须按照他们的具体情况，有分别地加以惩处的”。二是在社论稿讲到“应该逐步地推行定息的办法”处，将原文“使原有的私股分得固定的利息”，改为“使原有的私股按照具体情况适当地分得固定的利息”。

**同日**　复信黄炎培：“从医院给我的信收到。尊恙全愈，极为高兴。尚望注意保养，恢复健康。工商界改造工作有进步，令人欣慰。惟须加强教育，使之普及到大中小城市的各行各业。看来在工商界是可以采用自我批评这个方法的，这次工商联合会讨论的经验〔1〕可以推广。因在旅行中，故未能早复。”

**同日**　下午和次日上午，在杭州刘庄召集中共山东、江苏、浙江、安徽、江西、河南、湖北、湖南、广东的省委书记及上海局书记开会，研究农业合作化问题和资本主义工商业改造问题，

---

〔1〕 1955年11月1日至21日全国工商联执行委员会举行会议，讨论了毛泽东10月29日在资本主义工商业改造问题座谈会上的讲话及国务院副总理陈云、陈毅关于资本主义工商业改造问题的报告。

并研究农业发展规划拟出了十五条。参加会议的是：舒同、刘顺元、江华、曾希圣、邵式平、吴芝圃、王任重、周小舟、陶铸、柯庆施。本日下午，毛泽东在会上讲话，谈农业合作化问题和资本主义工商业改造问题。（一）农业合作化问题。他说：一九五六年能不能达到农村人口的百分之八十至九十参加合作社，这有没有根据？有没有可能？许多省份可以超过百分之四十，华东各省百分之五十（山东百分之五十，江苏百分之五十五，安徽百分之五十五），不是勉强的，而是自然的。如果明年达到百分之八十至九十，经过了宣传，不是勉强，不是强迫，那就好了。主要看今年这一批合作社有无勉强的。明年在全国范围内基本上完成初级合作化，比原定一九六〇年提前四年。全面规划问题，明年能不能搞出一个来，有个粗线条的规划也好，一九五七年再加以具体化，每年更具体化一点。对于地主富农的政策，分别加以规划，有左、中、右不同情况。其中有没有那种人，他可以变成社会主义者？你们要努力。人们是在制度中生活，不完全靠个人。只有打没有拉不行。（二）关于工商业改造问题。他说：是不是能抽出手来去管工商业问题？农业手工业改造与资本主义工商业改造是不是同时进行？组织工商业者学习是不是都有？经过学习教育，偷税漏税减少了。要学社会进化史，资本主义比封建主义有余，比社会主义不足，资产阶级是起过进步作用的阶级。要他们学习法令。干部中有一种偏向，以"左"的形式表现出来的是被"三反"、"五反"吓怕了，怕沾上"五毒"。资本家请一个干部吃面，这个干部骂人家说你要腐化我？公股和私股开会，一个多钟头也不说一句话。"'左'比右好"，实际上是对资本家改造的悲观主义，自己不信任自己，"敬鬼神而远之"。"三反"、"五反"之后资产阶级对无产阶级屈服了，这种大变化在我们同志们思想中没有起变化，不采取积极态度去教育、改造他们，也不向有本事的资本家学习，学技术、管理能力，学打算盘，老死不相往来。表现出来的“左”，是引号里的左，我们是真正的左。是不是在最近几个月内，各省召开专门会议来研究改造资本主义工商业问题。全面规划，加强领导。这和农业改造密切相关。损失要尽可能地减少。会议中，毛泽东还作一些插话，主要内容有：要用一切力量争取夏季丰收。增加耕牛。中心是抓增产，增产也是要反保守。领导方法不要呆板，孤军奋斗不行，平素要吹一吹，每次会有一个主题，其他问题也吹一下。开会的时候吹吹闲话，引起兴趣，接触问题。统一领导，专门负责，不要乱搞。血吸虫病，威胁很大，比其他病都严重，必须消灭。可以消灭，七年完成。防治血吸虫病九人小组直属中央。九人小组一年至少开三次会议。政府要成立防治委员会。

**11月18日**　下午，乘专列离开杭州回北京。

**11月20日**　中午，到达天津，召集中共辽宁、吉林、黑龙江、河北、山西的省委书记和内蒙古自治区党委书记、天津市委书记开会，讨论农业发展规划，在杭州会议讨论的基础上，增加了两条，成为“农业十七条”。出席会议的有：黄欧东、吴德、欧阳钦、马国瑞、陶鲁笳、乌兰夫、白坚、吴砚农〔1〕。当天晚上，毛泽东回到北京。

**11月22日**　上午九时半，同杨尚昆、廖鲁言、田家英谈话。

**同日**　上午十一时，在中南海游泳池住处主持召开中共中央书记处扩大会议，讨论农业合作化和资本主义工商业改造问题，刘少奇、周恩来、朱德、陈云、彭真、邓小平、邓子恢、陆定

〔1〕　白坚，当时任中共天津市委副书记、天津市副市长。吴砚农，当时任中共天津市委副书记兼宣传部部长、统战部部长，天津市政协副主席。

一、李维汉、廖鲁言、许涤新出席。

**同日** 下午，在中南海怀仁堂出席由中共中央召开的关于资本主义工商业改造问题的会议。这次会议于十一月十六日开始，二十四日结束，各省、市、自治区和五十万人口以上的大中城市的党委负责人参加会议。会上传达了毛泽东在十月二十七日、二十九日两次座谈会上的讲话。这次会议讨论并通过《中共中央关于资本主义工商业改造问题的决议（草案）》。

**同日** 审阅修改李维汉十一月二十一日报送的准备在中共中央关于资本主义工商业改造问题的会议上的发言稿，批示："即送李维汉同志：此件可用。有一些修改，请你考虑是否可用。"毛泽东作了几处修改（加写和改写的文字用着重号标明）：（一）"经济部门不问政治工作，政治部门不问经济工作，或者彼此各不相谋地去作。这样，是不利于改造资本主义的所有制和改造资产阶级分子的。"（二）"在公私合营形式上的企业改造，首先是资本主义所有制在很大程度上的社会主义改造，这种企业已经是'四分之三的社会主义'企业了。既已合营了之后，即转入经营管理方法上的改造，即是经营管理方法上社会主义路线同资本主义路线之间的斗争，在开头一定期间内，这是合营企业中主要的阶级斗争形式。"（三）"我们又必须耐心地教育资本家和资方实职人员，帮助他们逐步地认识两种制度和两种方法的好坏优劣，批判和抛弃旧的（即资本主义的），站到新的（即社会主义的）这方面来。这样，他们在企业合营的时候过了一关，又在这时过了一关。过了这两关之后，改造他们的问题就会更加顺利了。"（四）"落后分子固然受反动分子（即具有严重情况的反革命分子及其他坏分子）的影响，但他们主要地要看中间分子的态度，如果人数众多的中间分子左转了，落后分子觉得自己快要孤立无援，也得勉强跟上去，我们应当使他们逐步地离开反动分子。"

(五)“反动分子不仅是可以孤立的，而且也是可以分化的。反动分子中也有一些不同的情况，我们也应当分别处理。”(六)“对资本主义工商业进行社会主义改造，要经过激烈而复杂的阶级斗争，因为资产阶级不会自动地退出历史舞台，他们的接受改造是由于大势所趋的形势和我们的政策所决定的，有一小部分人还一定要抵抗。”(七)“总结六年来改造工作的成绩，可以说，资产阶级的大多数，已经接受了公私合营或者准备接受公私合营这样一种改造，而在社会主义改造的道路上前进了一大步。”此外，加写一段话：“除了大约占百分之几的具有严重情况的反革命分子及其他坏分子以外，其余的应当肯定是可以用又鼓励又批评的教育方法加以改造的。批评就是对于他们的主要的斗争方式。当然还要加对违法者给予罚款等等一项斗争方式。”

**11月23日**　上午，召集刘少奇、周恩来、朱德、陈云、彭真、邓小平、陈毅、安子文、李维汉、徐冰、张际春、周扬、胡乔木、钱俊瑞开会，讨论知识分子问题。毛泽东认为，应该先在党内很好讨论，然后提出和解决这个问题。会议决定：在一九五六年一月召开一次大型会议，全面解决知识分子问题。

**同日**　下午，在中南海怀仁堂出席由中共中央召开的关于资本主义工商业改造问题的会议。

**11月24日**　上午，主持召开中共中央政治局会议，讨论陈云准备在中央召开的关于资本主义工商业改造问题的会议上作的总结，刘少奇、朱德、陈云、彭真、康生、董必武、张闻天出席。

**同日**　下午，在中南海怀仁堂出席由中共中央召开的关于资本主义工商业改造问题的会议并讲话，共讲了五个问题。毛泽东说：第一，在我们党内，特别是领导机关，总是思想落后于实际情况。这种落后的情况是相当严重的。当然，我们一提出问题，很快就可以解决。比如，农业问题，上半年是一种空气，下半年是另一种空气。资本主义工商业问题，几个星期以前很悲观，以为资本家是不能改造的，是不好惹的，但是经过这几天，以在座的同志而论，似乎资本家又变了一点。知识分子问题，昨天的知识分子，跟今天周恩来同志作知识分子问题讲话以后，或许也要不同了。农民还是那个农民，资本家还是那个资本家，知识分子还是那个知识分子，为什么前后就有那么大的不同呢？就是我们原来的看法右了。右，是我们很突出的一个东西。反右，我想中央各部门、地方各级党委都是值得注意的。从这许多事情看来，我们可以得出一个结论，我们的思想落后于实际情况。第二，解决这个问题的方法有两个，一是全面规划，一是接近群众。所谓全面规划，就是将许多侧面结合起来研究，这样就可以发现许多问题。但是不能只坐在房子里搞规划。办公室是要坐的，但总坐在办公室里，是危险的，在一年里要有几个星期到外面跑，跟群众接触，这样才可以发现问题。现在中央提出的一些问题，都是在跟群众的接触中发现的。第三，关于改造资本主义工商业问题。署名“上海工人”的这封来信，基本观点是把资产阶级跟地主阶级等同起来，否认它还有积极的一面，不承认资本家能够改造好。马克思主义历来承认资产阶级比地主阶级要进步。资本主义比社会主义落后，但比封建主义进步，比小生产也进步，因为它是用机器生产，而小生产是用手工生产。这封信是以“左”的面貌反对党的路线，不能代表工人阶级。不能认为，“五反”以前资产阶级有积极性的一面，现在实行公私合营了，资产阶级反倒没有积极性的一面了，资产阶级越搞越反动了。恰好相反，“五反”以前，它的反动性多一些，它的坏的方面多一些，“五反”以后逐步减少。现在，它是一只半脚踏进社会主义，人家快要变工人阶级了，已经是半社会主义者了。我们的社论上也写了，一只脚进了门，那一只脚也要进了，到了门槛上了。头一只脚占二分之一，第二只脚进了一半，它只有四分之一没有进来了。那末它积极的一面还有没有呢？现在来一个结论，说是没有了，它坏的方面不是越搞越少，而是越搞越多。这是一种机械的看法，否定了我们党的教育工作。这样看是不对的。第四，关于知识分子问题。这个问题要抓起来，有几个星期就搞清楚了。请你们回去要省委、市委在十二月上半月召开一次知识分子会议，把这个问题搞清楚。最后，谈一下农业问题。我在杭州找九个省的省委书记谈了一次，在天津又找六个省区的书记谈了一次，搞出了十七条。毛泽东逐条谈了十七条的具体内容。

毛泽东讲话前，写了一个提纲："（一）思想落后于实际。（二）全面规划（各个矛盾侧面）。（三）向资本家学习（又教他，又向他学习）。（四）两面性是否有变化。（五）上海一封信。（六）对工人和工作人员的教育，然后去教资本家（资本家现在有了主动）。（七）领导小组和政协的学习委员会。（八）市镇以上的会议。（九）对知识分子的会议。（十）自我批评。"

**同日**　复信达赖喇嘛："一九五五年七月六日给我的信收到了，很高兴。我时常想念你，想念你在北京的时候我们相处的那种愉快的情形。何时再能和你见面呢？大概要再等三年，等到第二届全国人民代表大会开会的时候那时你也许会来这里吧。你回去以后的许多活动，我觉得都很好。西藏自治区筹备委员会不久可以成立，各族人民都会很高兴。西藏是在前进。当然不要性急，每年有一些进步就好了。希望你好好保养身体。我们这里的情形还好。也做了一些错事，正在批评改正。中国是一个大国，但是现在还是不富不强，希望经过各族人民的共同努力，在几个五年计划之后，变为一个又富又强的国家。西藏是很有前途的地方，希望你们好好做去。很高兴地看到你在信里附寄的西藏鲜花，我在这里也附寄一朵给你。希望经常看到你的信，随便写几句，不拘形式，就是好的。馀事请问张国华同志。我已嘱咐张国华，叫他好好向你请教。”

**同日** 复信班禅额尔德尼：“你在一九五五年八月十三日给我的信收到了，很感谢！你们那里工作有进步，听了很高兴。希望你们和拉萨方面的团结日益增进和巩固，希望整个西藏一年一年地兴旺起来。”

**同日** 复信周世钊：“你的信好久就收到了，你的大作及附件各种都已读悉，极为感谢！嘱写的字至今未能应命。你那里还不那样急需吧，我想等一等再讲，如何？你下去跑没有？最好一年下去跑几次，每次两三星期也好。我最近出外跑了一次，觉头脑清新得多。你下去时，不只看学校，还可看些别的东西。再谈。”

**11月26日** 和刘少奇、周恩来致电铁托〔1〕等祝贺南斯拉夫联邦人民共和国成立十周年，电文说：“中、南两国人民过去在争取自己祖国独立和解放的斗争中就存在着深厚的友谊。中、南两国的友好合作自从两国外交关系建立以来，已经有了很大的进展。我们相信，这种友好合作还会不断地得到加强和发展。”

**11月27日** 审阅修改中共中央关于传达和讨论资本主义工商业改造问题的决议草案等文件的指示稿，加写两段话：“（四）在十二月下半月内，你们要召开一次关于研究改善我党同知识分子的关系的会议，准备派人出席在明年一月十日左右由中央召开的讨论这个问题的会议的意见和材料。此事将另有通知。”“（五）中共中央七中全会关于资本主义工商业改造问题的决议草案的修

〔1〕 铁托，当时任南斯拉夫共产主义者联盟中央总书记、南斯拉夫总统、武装部队最高统帅。

正本，日内即可送给你们。”

**11月28日** 就西藏贸易等问题，致信刘少奇、周恩来、陈云、邓小平、李先念、李维汉：“和张国华谈了一次，他提出对西藏贸易每年赔钱一千八百万至二千万元以求降低物价的计划，我认为很值得注意，似应实行他这个计划。因为我们去后，粮价涨了几倍，茶价涨了两倍，百货也涨了百分之六十，这对西藏人民是很不利的，长此下去，什么改革都谈不到，最后可能引起失败。因为西藏不能和新疆、内蒙相比，那是一个很特殊的地方，要用特殊的办法解决。而目前行得通的办法，就是经济上长期补贴办法。西藏面积很大，地质形成较全国许多地方为晚，很可能有极大的地下蕴藏，有待将来开发，目前赔一点钱，将来会补偿的。此事请陈云、先念、小平研究一下，在张国华走前，在书记处一谈。附件〔1〕请一阅。阅后退毛。”

**同日** 下午，在中南海勤政殿会见以片山哲〔2〕为团长的日本拥护宪法国民联合会访华团，刘少奇、周恩来、朱德、陈云、彭真、董必武、李济深、沈钧儒等在座。毛泽东说：我们两个国家、两个民族、两国人民的合作对于亚洲和世界和平是有利的。鉴于两次世界大战的经验，现在世界大多数的国家都希望着和平。联合公报中相互保证尊重国家主权、互不侵犯、互相不干涉内政的规定是很好的，是尊重目前世界上的实际情况的。战争已经结束了十年，美国还占领着日本，有将近一千个军事基地，在政治上和经济上束缚着日本，这同战争刚结束后美国的占领日本，是两回事。很明显的现在是美国侵犯了日本，美国的占领日

---

〔1〕 指中共中央准备发出的关于西藏目前工作中若干问题的指示稿。

〔2〕 片山哲，日本前首相。当时任日本拥护宪法国民联合会主席、日本社会党国会议员。

本，性质是侵略的。我们相信，日本人民有能力用各种方法包括非战争的方法把美国从日本赶出去。同样美国也侵占着中国的台湾。我们中、日两国都要求完全独立。

**11月29日** 审阅《中共中央关于资本主义工商业改造问题的决议（草案）》，写一题下说明："（这个文件曾经在一九五五年十一月十六日至二十四日中央政治局召集的有各省委、自治区党委和市委的代表参加的会议上，进行了讨论，并且作为草案通过。）"并批示："小平、尚昆同志：此件请将题目下括弧内的几句话加上，即付排，先打清样七份，于本日下午分送刘、周、朱、陈云、彭真、小平及我（送前标出修改的地方），再看一次，即可印发。"

**11月30日** 阅中共甘肃省委关于农业合作化问题的两个报告，为中央起草给甘肃省委并告青海、陕西、四川、云南、贵州、湖南、福建、热河省委及其他各省市区党委的电报。电报指出："看了甘肃省一九五五年十一月十日关于批判'甘肃落后论'等右倾机会主义思想的报告和十一月二十三日关于合作化进展情况的报告，我们认为你们的路线是正确的，只是合作化的发展计划小了一点。""你们应当改变这个计划，将已经积极要求入社占总农户百分之四十的农户，就在今冬明春分两批吸收入社，连同已入社的农户，共达百分之五十左右，这样你们就主动了，明年秋冬再来一个浪潮，就可以基本上合作化了。这样做对于用全面规划的方法去发展生产和发展文化教育是很有利的。"电报根据中南、华东、华北、东北十六个省入社农户占总农户的比例，大多数的省已经达到百分之五十以上等情况，指出："看来各省群众的积极性都很高，如果今冬明春全国各省入社农户最少的能达百分之四十以上，则可以肯定一九五六年下半年全国各省（除新疆自治区）均可以基本上完成初级形式的合作化，这对今后的工作极为有利。你们的意见如何，请你们和各地委联系加以研究，电告为盼。”

**同日** 在中南海颐年堂主持召开中共中央政治局扩大会议，讨论关于加速各方面建设，提前完成社会主义建设任务的问题。十二月一日，继续主持政治局扩大会议讨论这个问题。刘少奇、周恩来、朱德、陈云、彭真、康生、张闻天、邓小平、李富春、李先念、薄一波、谭震林、邓子恢、陆定一、陈伯达、王稼祥、李维汉、王首道出席会议。

**11月** 修改《中共中央关于资本主义工商业改造问题的决议（草案）》。加写的和作大部分修改的文字主要是：（一）“我国的工人阶级，在我们党的领导之下，在同农民以及城市小资产阶级结成了一个巩固的联盟的基础之上，又同民族资产阶级结成了另一个联盟。”（二）“为了结成和继续这个联盟，为了借助国家资本主义达到社会主义的目的，我们就需要对资产阶级偿付出一笔很大的物质代价。……在企业利润的分配中，资本家所得虽然不到四分之一，但是如果以十年左右的时间计算，这笔利润的数目，就可能达到二十亿左右人民币。这是逐步的赎买，不是一下子赎买。也不是由国家另外拿出一笔钱来进行赎买，而是由工人阶级在十年左右的时间内用给资本家生产一部分利润的方法进行赎买。”（三）“在对资本家进行教育的时候，引导资本家自己进行批评和自我批评这一种方法，值得特别注意。这个方法应当有领导地普遍地加以推广。……在我国的条件下，不承认资本家这个阶级的绝大多数（百分之九十以上）有用教育方法加以改造的可能，忽视或者否认宣传教育的方法在改造资本家的问题上的重大意义，这就是不承认中国革命的特殊条件，不承认工人阶级领导的人民民主专政的强大力量，不承认中国共产党强大的威信和能力，不承认中国共产党的同资产阶级结成联盟和采取国家资本主义作为过渡形式这一根本政策的正确性，这种观点无疑是完全错误的。”（四）“资产阶级分子腐蚀我们和我们反对资产阶级分子对于我们的腐蚀的斗争将是长期的，这个问题不是很快就可以完全解决的。但是在三反五反以后，党内在这个问题上明显的右的偏向已经不是一个主要的偏向，被腐蚀的事件是存在着，但不是很多的。在党内发生最多的是一种用‘左’的形式出现的偏向。……有些人对资本家采取若即若离的态度，有些人采取‘敬鬼神而远之’的态度。”

**12月2日** 下午，在中南海颐年堂主持召开中共中央政治局扩大会议，讨论关于西藏等问题，刘少奇、周恩来、朱德、陈云、彭真、康生、彭德怀、邓小平、李富春、李先念、谭震林、薄一波、邓子恢、陆定一、陈伯达、王首道、李维汉、张经武、张国华出席。

**12月4日** 阅中共甘肃省委十二月二日关于全省农业合作化速度问题的电报。电报说：中央十一月三十日对我省农业合作化规划速度的指示是完全正确的。我省农业合作化的发展规划确实是小了。根据目前各地合作化进展的实际情况看，在今冬明春的一个浪潮中，入社农户数发展到占总农户的百分之七十五左右是完全可能的。毛泽东为中央起草复甘肃省委并告上海局、各省市区党委的电报，指出：“像甘肃那样的情况，我们的意见，今冬明春分作两批，共发展到占总农户百分之四十多一点，如果不勉强，则占总农户百分之五十多一点也可以，再多就可能不适合了。一九五六年下半年再一个浪潮达到占农户百分之八十左右，那就很好。你们说‘在今冬明春的一个浪潮中，发展到占总农户百分之七十五左右是完全可能的’，这个数字太大，以控制在百分之四十左右或五十左右为宜。”

**同日** 阅新华社十二月三日编印的《内部参考》第二三九期

刊载的一则消息《江苏省农村宰杀耕牛现象严重》，批示："陈云同志：此件中江苏一条消息请看一下。这个问题，请在研究曾希圣提出的问题的时候，全面地研究一下，替中央起草一个回答曾希圣并告各地的电报，能在一星期内外，写好发出就好。"

**12月5日** 刘少奇在中共中央召开的有各省市负责人参加的座谈会上，传达毛泽东关于八大的准备工作的指示，说：主席提出，中心思想是要反对右倾思想，反对保守主义，提早完成我国的社会主义工业化和社会主义改造，要保证十五年同时争取十五年以前超额完成。

**12月6日** 审阅修改中央十人小组十二月五日关于目前肃反运动应注意事项的通知稿，在第二段末尾加写："在肃反运动中，对于高级知识分子的重点对象，必须也同其他方面一样，一般地控制在百分之五左右。超过这个控制数字的，必须得到各省市委、自治区党委批准，有些要得到中央十人小组批准。"

**同日** 为中共中央调查部召开的第二次政治情报工作会议题词："实事求是，努力工作。"

**12月7日** 下午，听取罗瑞卿汇报在江苏、浙江、安徽等地了解农业合作化的情况。晚上，听取杨尚昆汇报各省市农业合作化的进度和私营工商业改造的情况。

**12月8日** 下午，在中南海勤政殿会见印度驻中国大使拉·库·尼赫鲁和夫人。毛泽东说：我们同印度人好谈话，因为谈话时不要防备，讲错了话不要紧，你们不会抓住这些错话来整我们，同样我们也不会整你们。这是由于我们有很多共同之点，不仅我们的地位是相同的，而且我们大家都不做损人利己的事。有机会的话，我很愿意去印度。

**12月9日** 下午，在中南海勤政殿会见以总理格罗提渥为团长的德意志民主共和国政府代表团，刘少奇、周恩来、朱德、陈云、彭真、彭德怀、张闻天等在座。

**12月12日** 审阅修改《中共中央关于知识分子问题的指示草案》，写题下说明：“（这个草案发给各省委、市委、自治区党委征求意见，然后在中央准备召集于一九五六年一月十日开会的会议上再征求意见，加以修改，最后确定。）”十六日晨四时，再次审阅修改这个指示草案后批示：“刘、周、陈、彭真、胡乔木即阅，于本日阅完，交尚昆于本日晚上发出。另印如前示。这个文件可用。作了一些修改。最大的缺点是不通俗，只好将来再修改。”毛泽东主要修改了三处文字（加写和改写的文字用着重号标明）：（一）“对于只有严重错误思想、甚至反动思想、而没有反革命行为的高级知识分子，不应该将他们作为反革命分子对待；而应该采取严肃批评和耐心教育的方针，使他们逐步地认识和改正自己的错误。对于这种人，应该给以充分的时间，耐心等待他们的进步。”（二）“为了改善对于知识分子的使用，进一步地进行对于知识分子的改造，大批地培养知识分子，以加速我国科学文化事业的发展，必须加强党的领导。”（三）“过去六年中，各地党组织都没有注意吸收甚至拒绝吸收高级知识分子入党，这是不对的，这是一种关门主义的倾向。这种倾向必须纠正。中央组织部应当负责订出在高级知识分子中发展党员的年度计划和几年计划。”毛泽东还为中央起草了下发这个文件给上海局、各省市区党委等的批语，要求他们在准备召开的会议上对《中共中央关于知识分子问题的指示草案》加以讨论，征求意见，于一九五六年一月十日以前将应修改之点电告中央。

**同日** 复信翟作军[1]：“十二月二日给我的信收到，很高兴。你大概已回太原去了。过去的信收到一点，似乎没有收全。

---

〔1〕 翟作军，1937年至1939年期间曾在毛泽东处当警卫员，任警卫班长。

我们都好。希望你好好学习。下次到北京的时候，早日通知（用电话和我的卫士长李银桥联系），可来一见。”

**12月13日** 阅中共安徽省委十二月九日印发的《农业合作化运动简报》第三号。简报说：截至十二月五日统计，全省入社农户已占全省总农户的百分之六十点五，基本上合作化的有十个县，完全社会主义性质的高级社已办成三百六十七个，社的规模也扩大了。毛泽东批示杨尚昆，将此件发各省市区党委参考。

**12月15日** 晚上，在中南海颐年堂约张治中、邵力子、傅作义、卫立煌谈话。

**12月16日** 晚上，在中南海颐年堂主持召开中共中央政治局扩大会议，听取李葆华汇报治理长江的规划问题，廖鲁言汇报农业工作会议情况，王首道汇报交通运输问题，刘少奇、周恩来、陈云、彭真、康生、董必武、李富春、陆定一、谭震林、薄一波、陈伯达出席。

**12月18日** 晚上，在中南海游泳池住处主持召开中共中央书记处会议，讨论肃反等问题，刘少奇、周恩来、陈云、彭真出席，陆定一、罗瑞卿列席。

**12月19日** 晚上，在中南海颐年堂主持召开中共中央政治局扩大会议，周恩来、陈云、彭真、董必武、康生、张闻天、李富春、谭震林、李先念、薄一波、陆定一、陈伯达、王首道、钱俊瑞出席。

**12月上旬、中旬** 重编《怎样办农业生产合作社》，精心地选材料、改文字、拟标题、写按语。从原有的一百二十一篇材料中删去三十篇，留下九十一篇，从新收材料中选出八十五篇，全书共一百七十六篇，约九十万字。十二月十五日，批示田家英：“送上到江西为止的大部分校样，请即付改排。每省市都将有按语的篇放在前面。改换了的题目，在目录上注意改正。只有个别的按语需要誊正付排，大多数都可以不要誊正。”重编时，撰写按语八十五篇，并对九月所写按语的又加以修改。下面介绍的是部分按语的全文或摘要。

《书记动手，全党办社》一文按语中说：“我们提出了‘积极领导，稳步前进’，‘全面规划，加强领导’这样一些口号，并且赞成遵化县同志们所提出来的‘书记动手，全党办社’这个完全正确的口号。在遵化县，难道不是‘积极领导，稳步前进’的吗？难道不是‘全面规划，加强领导’的吗？当然是的。这是不是有危险呢？是不是‘冒进’了呢？危险在于‘绕开社走’，这一点遵化县的同志们已经克服了。危险还在于借口‘冒进’，大批地‘砍掉’合作社，这一点遵化县那里并没有。所谓‘合作社发展速度超过了群众觉悟的水平和干部领导能力的水平’，这对于遵化县的情况怎样解释呢？那里的群众就是要求合作化，那里的干部就是由不懂到懂。人人都有眼睛，谁能在遵化县那里看得出什么危险来呢？难道在三年内，由于一步一步地实现了合作化，粮食增加了百分之七十六，林木增加了百分之五十六点四，果树增加了百分之六十二点八七，羊增加了百分之四百六十三点一，这就算是一种危险吗？这就算是‘冒进’吗？这就算是‘超过了群众觉悟的水平和干部领导能力的水平’吗？遵化县的合作化运动中，有一个王国藩合作社，二十三户贫农只有三条驴腿，被人称为‘穷棒子社’。他们用自己的努力，在三年时间内，‘从山上取来’了大批的生产资料，使得有些参观的人感动得下泪。我看这就是我们整个国家的形象。难道六万万穷棒子不能在几十年内，由于自己的努力，变成一个社会主义的又富又强的国家吗？社会的财富是工人、农民和劳动知识分子自己创造的。只要这些人掌握了自己的命运，又有一条马克思列宁主义的路线，不是回避问题，而是用积极的态度去解决问题，任何人间的困难总是可以解决的。”

《勤俭办社》一文按语中说：“这里介绍的合作社，就是王国藩领导的所谓‘穷棒子社’。勤俭经营应当是全国一切农业生产合作社的方针，不，应当是一切经济事业的方针。勤俭办工厂，勤俭办商店，勤俭办一切国营事业和合作事业，勤俭办一切其他事业，什么事情都应当执行勤俭的原则。这就是节约的原则，节约是社会主义经济的基本原则之一。中国是一个大国，但是现在还很穷，要使中国富起来，需要几十年时间。几十年以后也需要执行勤俭的原则，但是特别要提倡勤俭，特别要注意节约的，是在目前这几十年内，是在目前这几个五年计划的时期内。现在有许多合作社存在着一种不注意节约的不良作风，应当迅速地加以改正。”

《五亿农民的方向》一文按语：“这个三户贫农的合作社，几个月以来，在全国农村中产生了很大的影响，大家都知道河北省有这么一个了不起的英雄的合作社，给贫农壮了胆。”

《他们坚决选择了合作化的道路》一文按语：“这是一个很有兴趣的故事。社会主义这样一个新事物，它的出生，是要经过同旧事物的严重斗争才能实现的。社会上一部分人，在一个时期内，是那样顽固地要走他们的老路。在另一个时期内，这些同样的人又可以改变态度表示赞成新事物。富裕中农的大多数，在一九五五年上半年，对于合作化还是反对的，下半年就有一部分人改变了态度，表示要入合作社，虽然其中有一些人的目的是为了想要取得合作社的领导权而入社的。另一部分人表现了极大的动摇，口里讲要加入，心里还是不大愿意。第三部分人则是顽固地还要等着看。在这个问题上，农村的党组织对于这个阶层要有等待的耐心。为了建立贫农和新下中农在领导方面的优势，某些富裕中农迟一点加入合作社反而是有利的。”

《只花一个多月时间就使全村合作化》一文〔1〕按语中说："只要我们党对于处理合作化问题上的各项政策是正确的，只要我们党当着发动群众加入合作社的时候所采用的工作方法，不是命令主义的或者简单从事的方法，而是向群众讲道理，作分析，完全依靠群众自觉自愿的方法，那末，完成合作化，并且达到增产，决不是很困难的。""一切合作社，都要以是否增产和增产的程度，作为检验自己是否健全的主要的标准。"

《所谓落后乡村并非一切都落后》一文〔2〕按语中说："现在全国农村中已经出现了社会主义改造的高潮，群众欢欣鼓舞。这件事给了一切共产党人一个深刻的教训：群众中蕴藏了这样大的社会主义的积极性，为什么在许多领导机关，在几个月以前，居然没有感觉到，或者感觉的那样少呢？领导者们所想的同广大群众所想的，为什么那样不一致呢？以此为教训，那末，今后对于有相似情况的事件和问题，应当怎样处理才好呢？回答只有一句话，就是不要脱离群众，要善于从本质上发现群众的积极性。"

《勤俭办社，建设山区》一文按语："这里说的是李顺达领导的金星农林牧生产合作社。这个合作社办了三年，变成了一个包括二百八十三户的大社。这个社所在的地方是那样一个太行山上的穷地方，由于大家的努力，三年工夫，已经开始改变了面貌。劳动力的利用率，比抗日以前的个体劳动时期提高了百分之一百一十点六，比建社以前的互助组时期也提高了百分之七十四。合作社的公共积累已经由第一年的一百二十元，增加到了一万一千多元。一九五五年，社员每人平均收入粮食八百八十四斤，比抗日以前增加了百分之七十七，比建社以前增加了百分之二十五点

〔1〕 这篇文章原题为《河北省邢台县东川口如何达到合作化》。

〔2〕 这篇文章原题为《应当怎样认识工作薄弱的村的合作化运动》。

一。这个社已经做了一个五年计划，实行三年的结果，生产总值已经达到五年计划的百分之一百零点六。这个合作社的经验告诉我们，如果自然条件较差的地方能够大量增产，为什么自然条件较好的地方不能够更加大量地增产呢?”

《严重的教训》一文〔1〕按语中说：“政治工作是一切经济工作的生命线。在社会经济制度发生根本变革的时期，尤其是这样。农业合作化运动，从一开始，就是一种严重的思想的和政治的斗争。每一个合作社，不经过这样的一场斗争，就不能创立。一个崭新的社会制度要从旧制度的基地上建立起来，它就必须清除这个基地。反映旧制度的旧思想的残余，总是长期地留在人们的头脑里，不愿意轻易地退走的。”“反对自私自利的资本主义的自发倾向，提倡以集体利益和个人利益相结合的原则为一切言论行动的标准的社会主义精神，是使分散的小农经济逐步地过渡到大规模合作化经济的思想的和政治的保证。这一工作是艰巨的，必须根据农民的生活经验，很具体地很细致地去做，不能采用粗暴的态度和简单的方法。它是要结合着经济工作一道去做的，不能孤立地去做。”

《一个受欢迎的农业技术夜校》一文〔2〕按语：“这样的技术夜校，每个乡，在目前至少是大多数的乡，都应当办起来，青年团的各级组织应当管这件事。农民的学习技术，应当同消灭文盲相结合，由青年团负责一同管起来。技术夜校的教员，可以就地选拔，并且要提倡边教边学。”

《应当使每人有一亩水地》一文〔3〕按语：“每县都应当在自己的全面规划中，做出一个适当的水利规划。兴修水利是保证农

〔1〕 这篇文章原题为《三娄寺农业社的教训》。

〔2〕 这篇文章原题为《解虞县西张耿乡的农业技术夜校》。

〔3〕 这篇文章是中共山西汾阳县委关于大办小型水利，扩大灌溉面积，争取在1957年实现每个农业人口一亩水地的规划。

业增产的大事，小型水利是各县各区各乡和各个合作社都可以办的，十分需要定出一个在若干年内，分期实行，除了遇到不可抵抗的特大的水旱灾荒以外，保证遇旱有水，遇涝排水的规划。这是完全可以做得到的。在合作化的基础之上，群众有很大的力量。几千年不能解决的普通的水灾、旱灾问题，可能在几年之内获得解决。”

《依靠合作化开展大规模的水土保持工作是完全可能的》一文〔1〕按语中说：“全国各县，都应当在一九五六年，由县委领导，做出一个全面规划，包括合作化，农、林、牧、副、渔业，工业或者手工业，水利，肥料，农具，改良耕作技术，改良种子，商业，金融，文化，教育，卫生等等各项内容。如果不能这样全面，首先抓住几个主要的项目也好。计划包括的时间，三年，五年，或者七年，都可以。如能计算到十二年（即第三个五年计划的最后一年），当然更好。省应当督促所有专、县、区、乡都这样做，着重点放在县、乡。做得粗糙一点，也不要紧，可以在一九五七年加以修正，使之具体化和完善化，一九五八年再加以修正，使之进一步具体化和完善化。”

《必须向贪污、盗窃的犯法行为进行严肃的斗争》一文〔2〕按语：“这篇文章应当引起一切合作社的严重注意。合作社应当设立监察委员会，负责检查合作社的账目，对于干部的贪污盗窃行为进行严肃的斗争。党和团的支部应当严重地注意这个问题。”

《一个从初级形式过渡到高级形式的合作社》一文〔3〕按语中说：“对于条件已经成熟了的合作社，就应当考虑使它们从初级

---

〔1〕 这篇文章原题为《依靠合作化开展大规模的水土保持工作》。

〔2〕 这篇文章原题为《农业生产合作社要向贪污、盗窃的行为进行斗争》。

〔3〕 这篇文章原题为《远大农业生产合作社从初级社过渡到了高级社》。

形式转到高级形式上去，以便使生产力和生产获得进一步的发展。因为初级形式的合作社保存了半私有制，到了一定的时候，这种半私有制就束缚了生产力的发展，人们就要求改变这种制度，使合作社成为生产资料完全公有化的集体经营的经济团体。生产力一经进一步解放，生产就会有更大的发展。转变的时间，有些地方可能快些，有些地方可能要慢一点。大约办了三年左右的初级合作社，就基本上具有这种条件了。”“现在办的合作社一般地是小型社，向高级社转变的时候，应当取得群众同意，把许多小型社合并起来成为大型社。如果能够在这两年使得每个区都有一个至几个这样的合作社，并且在群众中显出它们比较初级社具有更大的优越性，那就可以使以后几年的并社升级工作，获得有利的条件。这个工作，要同发展生产的全面规划配合起来。”

《红星集体农庄的远景规划》一文按语中说：“人类的发展有了几十万年，在中国这个地方，直到现在方才取得了按照计划发展自己的经济和文化的条件。自从取得了这个条件，我国的面目就将一年一年地起变化。每一个五年将有一个较大的变化，积几个五年将有一个更大的变化。”

《必须对资本主义倾向作坚决的斗争》一文〔1〕按语：“富裕农民中的资本主义倾向是严重的。只要我们在合作化运动中，乃至以后一个很长的时期内，稍微放松了对于农民的政治工作，资本主义倾向就会泛滥起来。”

《妇女走上了劳动战线》一文〔2〕按语：“为了建设伟大的社会主义社会，发动广大的妇女群众参加生产活动，具有极大的意

〔1〕这篇文章原题为《西郊王顶堤乡王顶堤村几年来的变化情况和应该特别注意的几个问题》。

〔2〕这篇文章原题为《津东郊区詹庄子乡民生、民强农业生产合作社如何发动妇女参加田间生产》。

义。在生产中，必须实现男女同工同酬。真正的男女平等，只有在整个社会的社会主义改造过程中才能实现。”

《新情况和新问题》一文〔1〕按语中说：“我们希望各地从事农村工作的同志们都注意观察和分析自己那里的各个阶层的动态，以便采取适合情况的政策。这个材料提到了注意合作社忽视互助组的错误倾向，提出了统筹兼顾的意见，这是正确的。”

《一个由农业生产合作社、供销合作社和信用合作社的会计员组成会计互助网的经验》一文〔2〕按语中说：“‘没有会计’，是反对合作化迅速发展的人们的借口之一。全国合作化，需要几百万人当会计，到哪里去找呢？其实人是有的，可以动员大批的高小毕业生和初中毕业生去做这个工作。问题是要迅速地加以训练，并且在工作中提高他们的文化和技术的水平。”

《一个在三年内增产百分之六十七的农业生产合作社》一文〔3〕按语：“这是一个办得很好的合作社，可以从这里吸取许多有益的经验。曲阜县是孔夫子的故乡，他老人家在这里办过多少年的学校，教出了许多有才干的学生，这件事是很出名的。可是他不大注意人民的经济生活。他的学生樊迟问起他如何从事农业的话，他不但推开不理，还在背后骂樊迟做‘小人’。现在他的故乡的人民办起社会主义的合作社来了。经过了两千多年仍然是那样贫困的人民，办了三年合作社，经济生活和文化生活都开始改变了面貌。这就证明，现在的社会主义确实是前无古人的。社会主义比起孔夫子的‘经书’来，不知道要好过多

〔1〕这篇文章原题为《今年互助组的新情况和新问题——黑龙江省讷河县平房、双泉、王福三个村互助组情况调查》。

〔2〕这篇文章原题为《彰武县第三区的农业生产合作社、供销合作社和信用合作社会计互助网》。

〔3〕这篇文章是中共山东曲阜县委1955年11月15日的报告。

少倍。有兴趣去看孔庙孔林的人们，我劝他们不妨顺道去看看这个合作社。”

《莒南县高家柳沟村青年团支部创办记工学习班的经验》一文[1]按语中说：“列宁说过：‘在一个文盲充斥的国家内，是建成不了共产主义社会的。’我国现在文盲这样多，而社会主义的建设又不能等到消灭了文盲以后才去开始进行，这就产生了一个尖锐的矛盾。现在我国不仅有许多到了学习年龄的儿童没有学校可进，而且还有一大批超过学龄的少年和青年也没有学校可进，成年人更不待说了。这个严重的问题必须在农业合作化的过程中加以解决，也只有在农业合作化的过程中才能解决。农民组织了合作社，因为经济上的需要，迫切地要求学文化。农民组织了合作社，有了集体的力量，情况就完全改变了，他们可以自己组织学文化。”“山东莒南县高家柳沟村的青年团支部做了一个创造性的工作。看了这种情况，令人十分高兴。教员是有的，就是本乡的高小毕业生。进度是快的，两个半月就有一百多个青年和壮年学会了两百多字，能记自己的工账，有些人当了合作社的记账员。”

《只有合作化才能抵抗天灾》一文[2]按语中说：“这是一个组织起来抵抗灾荒的生动的例子。一切劳动农民，不论是哪个阶层，除了组织起来集体生产，是无法抵抗灾荒的。”

《多余劳动力找到了出路》一文[3]按语中说：“过去三个人做的工作，合作化以后，两个人做就行了，表示了社会主义的优

---

〔1〕 这篇文章原题为《青年团高家柳沟村支部组织青年学习记工的经验》。

〔2〕 这篇文章原题为《葛世玉农业生产合作社是怎样通过生产自救获得巩固与扩大的》。

〔3〕 这篇文章原题为《肥东芦陈乡青春、陈祠农业生产合作社对多余劳动力的解决办法》。

越性。多余的三分之一甚至更多的劳动力向哪里找出路呢？主要地还是在农村。社会主义不仅从旧社会解放了劳动者和生产资料，也解放了旧社会所无法利用的广大的自然界。人民群众有无限的创造力。他们可以组织起来，向一切可以发挥自己力量的地方和部门进军，向生产的深度和广度进军，替自己创造日益增多的福利事业。这里还没有涉及农业机械化。机械化以后，劳动力更会大量节省，是不是有出路呢？根据一些机耕农场的经验仍然是有出路的，因为生产的范围大了，部门多了，工作细了，这就不怕有力无处使。”

《这个乡两年就合作化了》一文〔1〕按语中说：“群众中蕴藏了一种极大的社会主义的积极性。那些在革命时期还只会按照常规走路的人们，对于这种积极性一概看不见。他们是瞎子，在他们面前出现的只是一片黑暗。他们有时简直要闹到颠倒是非、混淆黑白的程度。这种人难道我们遇见得还少吗？这些只会循着常规走路的人们，老是对于人民的积极性估计过低。一种新事物出现，他们总是不赞成，首先反对一气。随后就是认输，做一点自我批评。第二种新事物出现，他们又按照这两种态度循环一遍。以后各种新事物出现，都按照这个格式处理。这种人老是被动，在紧要的关头老是止步不前，老是需要别人在他的背上击一猛掌，才肯向前跨进一步。哪一个年头能使这种人自己有办法走路，并且走得像个样子呢？有一个治好这种毛病的法子，就是拿出一些时间到群众中去走一走，看看群众在想些什么，做些什么，从其中找出先进经验，加以推广。这是一个治好右倾顽症的有效的药方，奉劝人们不妨试一试。”

〔1〕这篇文章原题为《昆山县西宿乡的党支部是怎样领导全乡走向合作化的》。

《沂涛乡的全面规划》一文[1]按语中说："这个乡做了一个合作化、增产措施、水利、整党整团、文化教育等项工作的两年计划，全国各乡也应当这样做。有些人说计划难做，为什么这个乡能做呢？一九五六年，全国各县、区、乡都要做一个全面性的计划，包括的项目，比这个计划还应当多一些，例如副业、商业、金融、绿化、卫生等。哪怕粗糙一点，不尽符合实际，总比没有好些。"

《大社的优越性》一文[2]按语："现在办的半社会主义的合作社，为了易于办成，为了使干部和群众迅速取得经验，二三十户的小社为多。但是小社人少地少资金少，不能进行大规模的经营，不能使用机器。这种小社仍然束缚生产力的发展，不能停留太久，应当逐步合并。有些地方可以一乡为一个社，少数地方可以几乡为一个社，当然会有很多地方一乡有几个社的。不但平原地区可以办大社，山区也可以办大社。安徽佛子岭水库所在的一个乡，全是山地，纵横几十里，就办成了一个大规模的农林牧综合经营的合作社。当然，这种合并要有步骤，要有适当的干部，要得到群众的同意。"

《发动妇女投入生产，解决了劳动力不足的困难》一文[3]按语："在合作化以前，全国很多地方存在着劳动力过剩的问题。在合作化以后，许多合作社感到劳动力不足了，有必要发动过去不参加田间劳动的广大的妇女群众参加到劳动战线上去。这是出于许多人意料之外的一件大事。过去，人们总以为合作化以后，

---

〔1〕 这篇文章是中共江苏淮阴地委生产合作部关于沭阳县沂涛乡农业社会主义改造的全面规划的调查报告。

〔2〕 这篇文章原题为《新海连市朝阳乡朝阳大社的发展和巩固》。

〔3〕 这篇文章原题为《千鹤农业社发动妇女投入生产，解决夏收夏种中劳力不足的困难》。

劳动力一定会过剩。原来已经过剩了，再来一个过剩，怎么办呢！在许多地方，合作化的实践，打破了人们的这种顾虑，劳动力不是过剩，而是不足。有些地方，合作化以后，一时感到劳动力过剩，那是因为还没有扩大生产规模，还没有进行多种经营，耕作也还没有精致化的缘故。对于很多地方说来，生产的规模大了，经营的部门多了，劳动的范围向自然界的广度和深度扩张了，工作做得精致了，劳动力就会感到不足。这种情形，现在还只是在开始，将来会一年一年地发展起来。农业机械化以后也将是这样。将来会出现从来没有被人们设想过的种种事业，几倍、十几倍以至几十倍于现在的农作物的高产量。工业、交通和交换事业的发展，更是前人所不能设想的。科学、文化、教育、卫生等项事业也是如此。中国的妇女是一种伟大的人力资源。必须发掘这种资源，为了建设一个伟大的社会主义国家而奋斗。要发动妇女参加劳动，必须实行男女同工同酬的原则。”

《这里养了一大批毛猪》一文〔1〕按语：“养猪是关系肥料、肉食和出口换取外汇的大问题，一切合作社都要将养猪一事放在自己的计划内，当然省、专、县、区都应有自己的计划。猪的饲料是容易解决的，某些青草，某些树叶，番薯藤叶和番薯都是饲料，不一定要精料，尤其不一定要用很多的精料。除了合作社公养以外，每个农家都要劝他们养一口至几口猪，分作几年达到这个目的。某些少数民族禁止养猪的和某些个别家庭因为宗教习惯不愿养猪的，当然不在此内。发展养猪事业要有一套奖励办法，浙江省上华合作社的经验可供各地参考。”

《福安县发生“中农社”和“贫农社”的教训》一文〔2〕按语

---

〔1〕 这篇文章原题为《上华社采取有效措施积极发动社员增养毛猪》。

〔2〕 这篇文章原题为《“中农社”和“贫农社”的教训》。

中说："这里所说的问题，有普遍的意义。中农是必须团结的，不团结中农是错误的。但是工人阶级和共产党，在农村中，依靠什么人去团结中农，实现整个农村的社会主义改造呢？当然只有贫农。""贫农必须向中农做工作，把中农团结到自己方面来，使革命一天一天地扩大，直到取得最后的胜利。现在的农业生产合作社的社务管理委员会，如同过去的农民协会一样，必须吸引老下中农和一部分觉悟较高的和有代表性的新老上中农参加，但是人数不可太多，以占三分之一左右为适宜。贫农（包括现在的贫农和原来是贫农的新下中农）委员的人数应当占到三分之二左右。社的主要领导干部，除了老下中农和若干觉悟很高、确实公道能干的新老上中农仍然可充当以外，一般应当由贫农（再说一遍，包括现在的贫农和原来是贫农的全部新下中农）来充当。"

《一个整社的好经验》一文〔1〕按语中说："一个新的社会制度的诞生，总是要伴随一场大喊大叫的，这就是宣传新制度的优越性，批判旧制度的落后性。使我国五亿多农民实行社会主义改造这样一种惊天动地的事业，不可能是在一种风平浪静的情况下出现的，它要求我们共产党人向着背上背着旧制度包袱的广大的农民群众，进行耐心的生动的容易被他们理解的宣传教育工作。"

《机会主义的邪气垮下去，社会主义的正气升上来》一文〔2〕按语中说："一九五五年，在中国，正是社会主义和资本主义决胜负的一年。这一决战，是首先经过中国共产党中央召集的五月、七月和十月三次会议表现出来的。一九五五年上半年是那样的乌烟瘴气，阴霾满天。一九五五年下半年却完全变了样，成了

〔1〕这篇文章原题为《先锋农业社整顿巩固的初步经验》。

〔2〕这篇文章原题为《新泾区虹南乡的农业合作化运动是怎样发展起来的》。

另外一种气候，几千万户的农民群众行动起来，响应党中央的号召，实行合作化。到编者写这几行的时候，全国已经有六千万以上的农户加入合作社了。”“这一年过去，社会主义的胜利就有了很大的把握了。当然还有许多战斗在后头，还要努力作战。”

《在合作化运动中，工人家属的积极性非常高》一文〔1〕按语：“想要阻挡潮流的机会主义者虽然几乎到处都有，潮流总是阻挡不住的，社会主义到处都在胜利地前进，把一切绊脚石抛在自己的后头。社会就是这样地每天在前进，人们的思想在被改造着，特别在革命高涨的时候是这样。”

《诸翟乡把大批兼营小商贩的农民吸引到农业合作中来了》一文按语：“这个乡的情况也证明，发展多种经营，剩余劳动力就有出路了。现在的小社和初级社，对于充分地利用劳动力和诸种生产资料，还是一种束缚。到了办大社和高级社的时候，就可以冲破这种束缚，而使整个生产力和生产向前发展一大步。那时候，更加需要发展多种经营，发展为城市和为乡村服务的许多大规模的事业。这样，才能充分利用整个生产力，首先是人力。”

《真如区李子园农业生产合作社节约生产费用的经验》一文〔2〕按语中说：“任何社会主义的经济事业，必须注意尽可能充分地利用人力和设备，尽可能改善劳动组织、改善经营管理和提高劳动生产率，节约一切可能节约的人力和物力，实行劳动竞赛和经济核算，借以逐年降低成本，增加个人收入和增加积累。农业合作社也必须是这样。”

---

〔1〕这篇文章原题为《一个工人家属多的郊区乡的农业合作化运动》。

〔2〕这篇文章原题为《真如区李子园农业生产合作社降低生产成本的经验》。

《谁说鸡毛不能上天》一文[1]按语中说："富裕中农说：'穷光蛋想办合作社哩，没有见过鸡毛能上天。'鸡毛居然飞上天去了。这就是社会主义和资本主义的两条道路的斗争。在中国，富农经济很弱（在土地改革时期，征收了他们的半封建的那部分土地，老富农大多数已无雇工，他们在社会上的名声又很坏），富裕的和比较富裕的中农的力量却是相当强大的，他们占农村人口的百分之二十到三十。在中国的农村中，两条道路的斗争的一个重要方面，是通过贫农和下中农同富裕中农实行和平竞赛表现出来的。在两三年内，看谁增产：是单干的富裕中农增产呢，还是贫农和下中农组成的合作社增产呢？在开头，只是一部分贫农和下中农组成的合作社，同单干的富裕中农在竞赛，大多数的贫农和下中农还在那里看，这就是双方在争夺群众。在富裕中农的后面站着地主和富农，他们是有时公开地有时秘密地支持富裕中农的。在合作社的这面站着共产党，他们应当如同安阳县南崔庄的共产党人那样，坚决地支持合作社。""富裕中农之所以敢于宣传鸡毛不能上天一类的从古以来的真理，就是因为合作社还没有增产，穷社还没有变成富社，个别的孤立的合作社还没有变成成千成万的合作社。就是因为党还没有在全国范围内，大张旗鼓地宣传合作化的好处。还没有明确地指出'鸡毛不能上天'这个古代的真理，在社会主义时代，它已经不是真理了。穷人要翻身了。旧制度要灭亡，新制度要出世了。鸡毛确实要上天了。""总之，一九五五年的下半年，我国的阶级力量对比起了一个根本的变化，社会主义大为上升，资本主义大为下降。一九五六年再有一年的努力，过渡时期内的社会主义改造的基础，就可以从基本上

[1] 这篇文章原题为《安阳县南崔庄的党支部依靠贫农带头办社，实现了全村合作化》。

奠定了。”

《在一个乡里进行合作化规划的经验》一文[1]按语：“这也是一篇好文章，可作各地参考。其中提到组织中学生和高小毕业生参加合作化的工作，值得特别注意。一切可以到农村中去工作的这样的知识分子，应当高兴地到那里去。农村是一个广阔的天地，在那里是可以大有作为的。”

《长沙县高山乡武塘农业生产合作社是怎样从中农占优势转变为贫农占优势的》一文[2]按语中说：“合作社的领导机关必须建立现有贫农和新下中农在领导机关中的优势，而以老下中农和新老两部分上中农作为辅助力量，才能按照党的政策实现贫农和中农的团结，巩固合作社，发展生产，正确地完成整个农村的社会主义改造。没有这个条件，中农和贫农就不能团结，合作社就不能巩固，生产就不能发展，整个农村的社会主义改造就不能实现。”“工人阶级和共产党如果要用社会主义精神和社会主义制度去彻底地改造整个农村的小农私有生产资料的制度，便只有依靠过去是半无产阶级的广大的贫农群众，才能比较顺利地办到，否则将是很困难的。因为农村中的半无产阶级，是比较地不固执小农私有生产资料的制度，比较地容易接受社会主义改造的人们。他们中间的大部分现在已经变为新中农，但是他们同老中农比较起来，除了一部分新富裕中农以外，大多数在政治上有较高的觉悟，他们过去的困苦生活还是容易回忆起来。还有，老中农中间的下中农，他们的经济地位和政治态度，和新中农中间的下中农比较接近，而和新老中农中间的上中农，即富裕的和比较富裕的

〔1〕 这篇文章原题为《郏县大李庄乡进行合作化规划的经验》。

〔2〕 这篇文章原题为《长沙县高山乡武塘农业社的严重问题及整顿巩固的做法与经验》。

中农不相同。因此，在合作化的过程中，我们必须注意：（一）现在还处于困难地位的贫农，（二）新中农中间的下中农，（三）老中农中间的下中农，这样三部分比较容易接受社会主义改造的人们，首先分批分期引导他们加入合作社，并且选择他们中间觉悟程度较高、组织能力较强的若干人，加以训练，组成合作社的领导骨干，特别要注意从现有贫农和新下中农里面选择这种骨干分子。这不是在农村中重新来一次划分阶级成分的工作，而是在合作化的过程中，党的支部和派到农村做指导工作的同志们应当注意掌握的一种方针，这个方针应当公开告诉农民群众。”“在合作社的指导方针方面，必须实行贫农和中农的互利政策，不应当损害任何人的利益。要做到这一点，也必须建立贫农优势。”

《湘阴县解决了剩余劳动力的出路问题》一文〔1〕按语：“这个县的情况也告诉我们，乡村中的剩余劳动力是能够在乡村中找到出路的。一年内每个男女劳动力的工作日，依照经营方法的改进，生产门路的扩大，还可以增加，不是如同文内所说的男的一百多个工作日，女的几十个工作日，而是可以做到男的二百多个工作日，女的一百多个工作日，或者更多一些。这个数目，现在别处的有些合作社，已经做到了。副业必须要有确实的销路，不能盲目发展，这是对的。农村副业，就全国说来，一个很大的部分是为农村服务的，但是必须有一个不小的部分为城市服务和为出口服务，将来这部分可能扩大起来。问题是国家要有统一的计划，一步一步地去掉盲目性。”

《中山县新平乡第九农业生产合作社的青年突击队》一文按语中说：“青年是整个社会力量中的一部分最积极最有生气的力量。他们最肯学习，最少保守思想，在社会主义时代尤其是这

〔1〕这篇文章原题为《如何解决农业社剩余劳力出路问题》。

样。希望各地的党组织，协同青年团组织，注意研究如何特别发挥青年人的力量，不要将他们一般看待，抹杀了他们的特点。当然青年人必须向老年人和成年人学习，要尽量争取在老年人和成年人同意之下去做各种有益的活动。老年人和成年人的保守思想是比较多的，他们往往压抑青年人的进步活动，要在青年人做出了成绩以后他们才心服，本文就是很好地描写了这种情况。”

《琼山县第一区红旗农业生产合作社，在同自然灾害和同资本主义思想作斗争中巩固起来了》一文按语：“办大型社和高级社最为有利这一点，海南岛红旗合作社的经验也是证明。这个大型合作社还只有一年的历史，它就准备转变为高级社。当然，这不是说，一切合作社都要照这样做，它们仍然要看自己的条件是否成熟，作出自己究竟在何时实行并社升级为宜的决定。但是，一般地说来，有三年时间也就差不多了。重要的是做出榜样给农民看。当着农民看见办大型社和高级社比办小型社和低级社更为有利的时候，他们就会要求并社和升级了。”

《台山县田美村农业生产合作社组织开荒生产的经验》一文按语：“这是短距离的开荒，有条件的地方都可以这样做。但是必须注意水土保持工作，决不可以因为开荒造成下游地区的水灾。”

《宜宾县天池乡集体农业生产合作社是怎样计划繁殖耕牛的》一文按语：“有些合作社，不但不注意繁殖小牲口，已有的小牲口也不重视，这是完全不对的。应当把一切大小强弱的牲口作出统一的安排，并且应当如同宜宾县那样有计划地繁殖小牲口。”

《凤冈县崇新乡是怎样在党支部领导下开展互助合作运动的》一文按语中说：“我国的农业的社会主义改造能不能和国家工业化的进度相适应，合作化运动能不能健康地发展，少出毛病，保证增产，就看各级地方党委的领导重心是不是能够迅速地和正确地转移到这一方面来。工作组是必须派的，但是必须讲清楚，他们去是为了帮助那里的党组织，而不是代替它们，使它们自己不动手脑，专门依赖工作组。”

《合作社的政治工作》一文〔1〕按语：“本文作者懂得党的路线，他说得完全中肯。文字也好，使人一看就懂，没有党八股气。在这里要请读者注意，我们的许多同志，在写文章的时候，十分爱好党八股，不生动，不形象，使人看了头痛。也不讲究文法和修辞，爱好一种半文言半白话的体裁，有时废话连篇，有时又尽量简古，好像他们是立志要让读者受苦似的。本书中所收的一百七十多篇文章，有不少篇是带有浓厚的党八股气的。经过几次修改，才使它们较为好读。虽然如此，还有少数作品仍然有些晦涩难懂。仅仅因为它们的内容重要，所以选录了。哪一年能使我们少看一点令人头痛的党八股呢？这就要求我们的报纸和刊物的编辑同志注意这件事，向作者提出写生动和通顺的文章的要求，并且自己动手帮作者修改文章。”

《酒泉县银达乡是怎样进行农民业余文化教育的》一文按语：“本书谈文化工作的篇幅不多，这一篇算是好的。为了要在七年内，即在第二个五年计划时期内，基本上消灭文盲，适应农业合作化的迫切需要，一九五六年各地就要做出全面的安排，并且完成第一年的计划。”

《乡、村干部有能力领导建社》一文按语：“这是一篇好文章。看了这篇文章，使人懂得维吾尔族的农民，对于走合作化道路，积极性是很高的。他们为了实现半社会主义合作化所需要的干部，也已经培养出来了。有人说，在少数民族中不能实行合作

〔1〕 这篇文章原题为《晨光等三个农业生产合作社是怎样进行政治工作的》。

化。这是不对的。我们已经看到蒙族，回族，维吾尔族，苗族，壮族和其他一些民族都已经办了不少的合作社，或者是几个族的人民联合办的合作社，并且成绩很好，这就驳斥了那些对于少数民族采取轻视态度的人们的错误观点。”

**12月20日** 《怎样办农业生产合作社》的重编工作结束。曾考虑将书名改为《中国农村的社会主义高潮》。晨，致信田家英，说“已看过。请即付排，照此校正勿讹。别的同志，可以不必送阅了，我也不再看了”。信中又对书名提出另一种考虑，说“书名叫作《五亿农民的方向》如何？如果用这个名称，那就要把补选的那篇《五亿农民的方向》放在第一篇的位置，请酌定”。田家英提出，书中有许多材料是反映反面情况的，并不能作为五亿农民的方向，主张仍用《中国农村的社会主义高潮》的书名。毛泽东接受了这个意见。

**同日** 下午，在中南海颐年堂主持召开中共中央政治局扩大会议，听取李先念汇报财经工作情况、李富春汇报工业情况，周恩来、陈云、彭真、董必武、康生、张闻天、薄一波、谭震林、陆定一、陈伯达、王首道出席。

**12月21日** 为征询对“农业十七条”的意见，起草中共中央给上海局，各省委、自治区党委的通知。通知指出：“今年十一月间毛泽东同志在杭州和天津分别同十四个省委书记和内蒙自治区党委书记共同商定的十七条，中央认为应当于一月十日中央召集的有各省委、市委、自治区党委书记参加的会议上，加以确定，以便纳入一九五六年的计划，认真开始实行。为此目的，请你们于接电后即召集所属各地委书记和一部分县委书记详细研究一下：（甲）究竟是否全部可以实现，还是有一部分不能实现，实现的根据是否每条都是充分的；（乙）除了十七条以外，是否还有增加（只要是可行的，可以增加）；（丙）你们是否准备立即纳入你们的一九五六年计划内开始实行。以上各点，请你们于一九五六年一月三日以前研究完毕，准备意见。”通知对“农业十七条”逐条作了说明，最后提出：“以上各项，请你们和有关同志加以研究，于一月三日以前准备完毕。中央可能于一月四日左右先行邀集若干省委书记开会研究几天，为一月十日的会议准备意见。”

**同日** 下午一时，在中南海勤政殿会见泰国经济文化代表团，周恩来在座。毛泽东说：中国并没有什么秘密，我们不是当面一套，背后另一套，我们只有一套，没有两套。这一点你们到印度和缅甸去就可以向他们了解。你们和我们接触再多一些，时间久些，也就可以了解到。中国会不会侵略你们？你们可以看，看他十年八年。中国尊重不尊重你们，是不是把你们当作兄弟看待，你们也可以看，看他多少年，就可以看清楚了。还有一点，我们究竟讲不讲道理，你们也看吧。有人说共产党是不讲道理的，不讲信义的，不好惹的，过去闹过别扭，就不好做朋友了，你们也可以看吧！美国同我们的别扭闹得最大，我们都还想同美国做朋友，就是美国它不干。我们想干，它不干，那有什么办法呢？只好等吧。这次你们来很好，以后有机会再来。我们也可以派人去你们那边访问，只要你们愿意，我们就可以去；如果你们不方便，我们也可以不去。如果我们去了，美国会同你们找麻烦，造成你们的困难，那我们也可以不去。我们也不在你们国家讲共产主义，我们只讲和平共处，讲友好，讲做生意。我们不挑起人家来反对他的政府。吴努总理害怕我们挑起缅甸共产党来反对吴努政府，我们说，我们只承认你们一个政府，一个国家不能同时有两个政府。你们国内也有共产党，我们也不去挑起他们来反对你们的政府。泰国有华侨，加入你们国籍的，就算泰国人了，没有加入泰国籍的才是中国人。要不华侨很多，人家会害怕。我们国外华侨的共产党组织也取消了，以消除华侨所在国政府的怀疑，使大家互相信任。我们究竟是否说的一套，做的一套，那你们也可以看。口说无凭，你们以后还可以看事实。看的时间久了，就看清楚了。

**同日** 下午四时，乘专列离开北京去杭州。晚八时半到达保定，在专列上召集中共河北省委书记林铁和副书记马国瑞、阎达开、张承先，石家庄地、市委书记，保定地、市委书记，邢台地委书记等，座谈“农业十七条”。毛泽东说：你们的问题是，高级社什么时候可以完成？是否可以每区办一个高级社，四年时间完成。要写合作社典型，各省每年要出一本书，中心内容放在合作化、大型社、高级社、增产典型。河北妇女劳动怎么样？同工同酬实行得怎么样？同工同酬要在县三级干部会议上讲，这是生产关系的一种，单解决所有制并不能解决全部问题。不同工同酬妇女没有积极性，一同工同酬积极性就来了。必须把相互关系搞好，多劳多得，少劳少得，积极性就高了。省、地、县、区、乡、社搞长期计划，要在一九五六年统统搞出全面规划。

**12月22日** 下午，到达郑州，在专列上召集中共河南省委第二书记吴芝圃，副书记杨蔚屏、杨珏，秘书长戴苏里，组织部长张健民，新乡、安阳、开封、洛阳、许昌、信阳、商丘的地委书记，座谈“农业十七条”。

**12月23日** 晨，到达武汉。召集中共湖北省委第一书记王任重，第三书记张平化，常委王树成、宋侃夫、李尔重，襄阳、荆州、黄冈、孝感的地委书记，座谈“农业十七条”。

**同日** 晚上，到达长沙。在专列上召集中共湖南省委书记周小舟，副书记周惠、谭余保，常委徐启文、胡继宗，长沙市委书记，常德、湘潭、郴县的地委书记，宁乡、益阳的县委书记，座谈“农业十七条”。

**12月24日**　上午，到达南昌向塘。在专列上召集中共江西省委第一书记杨尚奎，第二书记邵式平，副书记方志纯、刘俊秀，常委刘瑞森，南昌、上饶、吉安、抚州、九江的地委书记，丰城、鄱阳、瑞金的县委书记，座谈“农业十七条”。

**12月25日**　晨，到达杭州，住刘庄。

**12月26日**　审阅修改《中国共产党第七届中央委员会第六次全体会议（扩大）文件集》序言稿，主要修改一段话（加写和改写的文字用着重号标明）：“一九五五年十月以后，全国农业合作化的潮流是这样地勇往直前，以至一再地超过了任何最乐观的估计。成万万的农民涌进合作社，参加合作社的农户到一九五五年十二月下旬，已经达到全国农户总数的百分之六十以上。全国农村的半社会主义的合作化，到一九五六年下半年就可以实现。合作社由半社会主义到全社会主义的转化，也可以提前在一九五九年至一九六〇年完成。”改后批示胡乔木：“此件可用。即送刘、周、陈、彭真阅后，由你处理。”

**12月27日**　为即将出版的《中国农村的社会主义高潮》一书写序言。序言中说：“这是一本材料书，供在农村工作的人们看的。本来在九月间就给这本书写好了一篇序言。到现在，过了三个月，那篇序言已经过时了，只好重新写一篇。”“问题还不是简单地在材料方面。问题是在一九五五年的下半年，中国的情况起了一个根本的变化。中国的一亿一千万农户中，到现在——一九五五年十二月下旬——已有百分之六十以上的农户，即七千多万户，响应中共中央的号召，加入了半社会主义的农业生产合作社。我在一九五五年七月三十一日所作关于农业合作化问题的报告中，提到加入合作社的农户数字是一千六百九十万户，几个月时间，就有五千几百万农户加入了合作社。这是一件了不起的大事。这件事告诉我们，只需要一九五六年一个年头，就可以基本上完成农业方面的半社会主义的合作化。再有三年到四年，即到一九五九年，或者一九六〇年，就可以基本上完成合作社由半社会主义到全社会主义的转变。这件事告诉我们，中国的手工业和资本主义工商业的社会主义改造，也应当争取提早一些时候去完成，才能适应农业发展的需要。这件事告诉我们，中国的工业化的规模和速度，科学、文化、教育、卫生等项事业的发展的规模和速度，已经不能完全按照原来所想的那个样子去做了，这些都应当适当地扩大和加快。”“现在提到全党和全国人民面前的问题，已经不是批判在农业的社会主义改造速度方面的右倾保守思想的问题，这个问题已经解决了。也不是在资本主义工商业按行业实行全面公私合营的速度方面的问题，这个问题也已经解决了。手工业的社会主义改造的速度问题，在一九五六年上半年应当谈一谈，这个问题也会容易解决的。现在的问题，不是在这些方面，而是在其他方面。这里有农业的生产，工业（包括国营、公私合营和合作社营）和手工业的生产，工业和交通运输的基本建设的规模和速度，商业同其他经济部门的配合，科学、文化、教育、卫生等项工作同各种经济事业的配合等等方面。在这些方面，都是存在着对于情况估计不足的缺点的，都应当加以批判和克服，使之适应整个情况的发展。人们的思想必须适应已经变化了的情况。当然，任何人不可以无根据地胡思乱想，不可以超越客观情况所许可的条件去计划自己的行动，不要勉强地去做那些实在做不到的事情。但是现在的问题，还是右倾保守思想在许多方面作怪，使许多方面的工作不能适应客观情况的发展。”

**同日** 阅中共四川省委十二月二十五日关于提前实现全省基本合作化的请示报告。报告说：在毛主席批示的十七条下达后，对广大干部和农民的鼓舞很大，促使原规划明年秋季入社的广大农民积极要求提前入社。因此，省委同各地委及大多数县委商量，一致认为全省可能提前于明年春季基本上实现半社会主义的农业合作化。杨尚昆在送阅这个请示报告时附言：李井泉要求中央批准省委的计划，以便省委好早些进行各项准备工作。毛泽东批示："电话告尚昆：可以批准。"

**12月28日**　晚上，同中共浙江省委书记江华谈话。

**12月30日**　致信刘少奇、周恩来、陈云、彭真："社论〔1〕写得很好，陈伯达作了一点修改，请酌定。我已约陈毅、柯庆施二同志来此，先行商量一下准备一月五日开会的事情。陈云同志病情如何？不知一月四日能来此否？如未愈，则不要来。谭震林、廖鲁言请通知他们于三日或者四日来此。请周要尚昆用电话通知辽宁、山西、甘肃、陕西、四川，华东五省，中南六省的省委书记于一月四日到达杭州，准备于五日开始开会两天到三天，谈十七条的增加修改问题。除皖、苏、赣、闽可坐火车或汽车来此外，其余凡可用飞机的，要替他们准备飞机。为《中国农村的社会主义高潮》一书写的一篇序言，请审阅，看是否可用。如有修改，请告田家英同志。"

**同日**　下午，在杭州刘庄约郭沫若、冯乃超、尹达、翦伯赞、葛廷燧、茅以升〔2〕谈话，并共进晚餐，熊复参加。

**12月31日**　同刚到杭州前来看望的陈毅谈话，并共进晚餐。

**12月**　就国际宣传和报道问题，指示新华社：新华社驻外记者派得太少，没有自己的消息，有，也太少。应该大发展，尽快做到在世界各地都能派有自己的记者，发出自己的消息，让全

〔1〕指《人民日报》1956年元旦社论《为全面地提早完成和超额完成五年计划而奋斗》。

〔2〕他们分别是文学、历史、科技方面的专家学者。

世界都能听到我们的声音。

**本年** 作诗三首。《五律・看山》："三上北高峰，杭州一望空。飞凤亭边树，桃花岭上风。热来寻扇子，冷去对佳人。一片飘飖下，欢迎有晚鹰。"《七绝・莫干山》："翻身复进七人房，回首峰峦入莽苍。四十八盘才走过，风驰又已到钱塘。"《七绝・五云山》："五云山上五云飞，远接群峰近拂堤。若问杭州何处好，此中听得野莺啼。"

# 1956年　六十三岁

**1月1日**　《人民日报》发表经毛泽东审定的元旦社论《为全面地提早完成和超额完成五年计划而奋斗》，向全党和全国人民提出又多、又快、又好、又省地发展自己的事业。指出又多又快是反对保守主义，又好又省是反对潦草从事，盲目冒进，铺张浪费。

**同日**　晚上，同陈毅、柯庆施、刘顺元、江华、曾希圣等座谈，了解农业发展情况，商讨修改“农业十七条”。

**1月2日**　下午，约陈毅、柯庆施、刘顺元、曾希圣、陈伯达、廖鲁言看电影，晚饭后继续谈“农业十七条”修改问题。

**1月3日**　晚上，在杭州大华饭店召开会议，讨论修改“农业十七条”，陈毅、柯庆施、刘顺元、江华、曾希圣、陈伯达、廖鲁言出席。四日，陈毅致信周恩来：“昨天与主席谈话，我们提出知识分子的政治学习，应来一个三分政治七分业务的比例，主席点头。”

**1月4日**　下午，在杭州大华饭店召开会议，继续讨论修改“农业十七条”，出席会议的增加李井泉、舒同、陶铸、陈漫远、杨尚奎、江一真〔1〕、吴芝圃、王任重、周小舟。会后，形成由十七条增加到二十二条的修改稿。

**1月5日—9日**　在杭州大华饭店主持召开省市委书记会议，讨论修改农业二十二条。出席会议的，除一月三日、四日的与会

〔1〕江一真，当时任中共福建省委第一副书记、福建省副省长。

者外，增加谭震林、罗瑞卿、陈丕显、张仲良、张德生、陶鲁笳、林铁、黄欧东。会议期间，又由二十二条增至三十六条、三十八条，最后扩充为四十条，形成《一九五六年到一九六七年全国农业发展纲要（草案）》。在此期间，毛泽东对纲要草案作过多次修改，主要有（加写和改写的文字用着重号标明）：（一）在关于处理农村中的反革命分子的一条中，将其中的一段修改为："（5）对于由合作社管制生产的反革命分子，合作社应当采取同工同酬的原则，给他们以应有的劳动所得。（6）对于反革命分子的家属，只要他们没有参与犯罪行为，应当允许他们入社，并且应当同一般社员同等待遇，不要歧视他们。"（二）在规定农作物年产量指标的一条中，加写一句："农业生产合作社应当鼓励社员一律种植蔬菜，改善自己的生活。"（三）在关于农业生产合作社要在十二年内，储积起足够两年食用的余粮的一条中，加写一句："在同一时期内，国家也应当储积足供两年之用的后备粮，以应急需。"（四）关于修水利一条，加写一个导语"兴修水利，保持水土"，将这一段原文修改为："一切大型水利工程，由国家负责兴修，治理为害严重的河流。一切小型水利工程，例如打井、开渠、挖塘、筑坝和各种水土保持工作，均由农业生产合作社有计划地大量地负责兴修，必要的时候由国家予以协助。通过上述这些工作，要求在七年内（从一九五六年开始）基本上消灭普通的水灾和旱灾，在十二年内基本上消灭主要河流的重大水灾和旱灾。"（五）在垦荒移民一条中，加写一句："在垦荒的时候，必须同保持水土的规划相结合，避免水土流失的危险。"（六）对修缮和新建家庭住宅一条，修改为："为了便利社员从事生产活动和政治文化活动，为了改善社员的卫生条件，农业生产合作社应当根据需要和可能，鼓励和协助社员，在自愿和节约的原则下，有准备地有计划地分批分期地修缮和新建家庭住宅。"

（七）关于加强农业科学研究工作一条，修改为：“加强农业科学研究工作和技术指导工作，系统地建立、充实和提高农业科学研究工作和技术指导工作的机构。”会后，毛泽东对纲要草案又进行多次修改，删去了一些具体指标。[1]

**1月8日** 晨，致信周恩来：“几天来我们和各地负责同志一道，替中央拟出了一个‘一九五六年到一九六七年全国农业发展纲要’，现送上三十九本。有些错字，已在一本上改正，请令秘书处照改，即可发给政治局委员，在京各中央委员及其他若干负责同志阅看，请他们提出修改意见。请于知识分子会议[2]开幕以前，召开一次政治局会议，邀请在京中委和若干负责同志参加（云、贵、青、新、蒙、吉、黑、热、京、津各负责同志此次未到杭州的，应请他们参加），加以修改，作为草案通过，即可发给知识分子会议到会各同志征求意见；再加修改，即可发各地方党委，直至支部，征求意见。这里的会议，现在是汇报情况，大约九日可完。一部分到京出席会议的同志可于九日晚，或者十日动身赴京。北京的会改于一月十三日开始，正好接上。”

**1月9日** 晨，致信周恩来：“此件又作了一些修改，主要是增加了第二十四条讲勤俭办社和第四十条讲工农联盟，其余还有几处文字上的修改。印成后，我又在一本上作了一些文字上的修改。现派高智[3]于本日上午飞京，送上五十三本，请令秘书

〔1〕 毛泽东1956年1月20日在中共中央召开的关于知识分子问题会议的讲话中说，在这个农业发展纲要上，我们把一些国家的具体指标去掉了。为什么去掉呢？因为有许多东西还没有研究好，其中就包括一些没有充分根据的，恐怕实行不通的。

〔2〕 指中共中央1956年1月14日至20日在北京召开的关于知识分子问题的会议。

〔3〕 高智，当时任毛泽东的机要秘书。

处照我改正的一本，将未改的五十二本加以改正。各省同志都要求以草案初稿的形式马上印发给下级党委，我党可以，不知你们以为如何？可否请你于本日下午召集政治局或者书记处各同志开会一次，将此件看一遍，大略谈一下（其详待下次再讨论），决定是否可以让各省委用草案初稿立即下达各级党委（党外人士不在内）征求意见和安排工作，于本日下午六时以前用电话告我。待政治局讨论通过作为草案定稿，通知各省的时候，再行正式下达。我们这里的汇报会议本日下午七时即可结束，我拟于今晚十时动身返京。”

**同日** 下午，刘少奇在北京主持召开中共中央政治局会议，讨论《一九五六年到一九六七年全国农业发展纲要（草案）》。中央书记处把讨论的意见立即用电话报告毛泽东。

**1月10日** 晨，乘专列由杭州到达上海，陈毅同行。下午三时，在陈毅陪同下去江南造船厂，参观正在建造中的第一艘03型潜艇和部分车间。接着，视察申新九厂，了解该厂在公私合营后工人的生产、生活及劳资关系等情况。下午六时，在上海中苏友好大厦苏联展览馆同上海市各界人士及党内高级干部共七十多人座谈，并共进晚餐。陈毅向毛泽东介绍数学家苏步青〔1〕，毛泽东说：“我们欢迎数学，社会主义需要数学。”与毛泽东同桌进餐的有黄炎培、舒新城、周谷城〔2〕、盛丕华、荣毅仁等。

**1月11日** 晨，在陈毅陪同下，由上海到达南京。上午，参观陵园区玄武湖农业生产合作社和太平村十月农业生产合作

---

〔1〕 苏步青，数学家。当时任全国政协委员、复旦大学教务长和教授、中国民主同盟中央委员。

〔2〕 舒新城，出版家、辞书编纂家。当时任全国人大代表。周谷城，历史学家。当时任全国人大代表、中国农工民主党中央委员兼上海市委主任委员、复旦大学教授。

社。在田边地头同社员交谈，询问他们的生产和生活情况以及农业生产合作社的发展情况。还走访社员家庭，看了社员俱乐部、民校、养猪场等。毛泽东鼓励大家：你们要组织起来，走集体化道路，走共同富裕的道路，把荒山变果园，把荒地变粮田。随后，参观南京无线电厂，到车间工段察看和了解机床操作情况。后又视察军事学院，向刘伯承详问学院组织、训练等方面的情况，同学院的负责干部及苏联教官交谈，并合影。还在校内游泳馆游泳一小时，出水后，对刘伯承说：传达我的命令，大将除外，从上将到少校，都要学会游泳。明年和我一起横渡长江。

**同日**　中共中央政治局扩大会议在中南海西楼会议室举行，周恩来主持。会议讨论《一九五六年到一九六七年全国农业发展纲要（草案）》。

**1月12日**　中午，到达天津。下午，参观王顶堤高级农业生产合作社、立仁毛纺厂和拖拉机制造厂，接见天津市各界人士和党内领导干部共一百九十多人。晚上回到北京。

**1月13日**　下午，在中南海游泳池住处召集刘少奇、周恩来、陈云、彭真、邓小平、陈毅、谭震林、陆定一、陈伯达、廖鲁言开会，听取周恩来关于准备在知识分子问题会议上所作报告的说明、廖鲁言关于准备在这个会议上所作对全国农业发展纲要草案说明的汇报。晚上，同胡乔木、田家英谈话。

**1月14日**　给原警卫员齐吉树复信："十二月二十六日的信收到，很高兴。高血压病可以慢慢治好，不要性急。药已托人去找，如能找到即送给你。如无这种药，可用别种药。照片送上。"

**同日**　下午，在中南海游泳池住处同李井泉、曾希圣、陶鲁笳、谭震林、陈伯达、廖鲁言谈关于增产粮食问题。

**1月14日—20日**　中共中央在北京召开关于知识分子问题会议。出席会议的共一千二百七十九人。毛泽东、刘少奇、周恩来、陈云、彭真、邓小平等出席会议。周恩来代表中共中央作《关于知识分子问题的报告》。报告指出："我国的知识界的面貌在过去六年来已经发生了根本的变化。""他们中间的绝大部分已经成为国家工作人员，已经为社会主义服务，已经是工人阶级的一部分。"廖鲁言作农业发展纲要的说明。毛泽东在会上发表了讲话。会后，全国形成"向科学进军"的热潮。本年三月，国务院成立以陈毅为主任的国家科学规划委员会，编制一九五六年到一九六七年全国科学发展远景规划。〔1〕

**1月15日** 下午三时，同中共中央政治局委员、省以上各级党政军主要负责人，出席北京市在天安门广场举行的庆祝工商业全行业公私合营、手工业改造全部完成、郊区农民转入高级合作化的二十多万人的大会。北京市市长彭真在大会上宣布："我们的首都已经进入了社会主义社会。"在天安门城楼上，毛泽东和刘少奇、周恩来、邓小平、陈毅、贺龙、乌兰夫、李维汉、李济深、沈钧儒、郭沫若、陈叔通等，接见四川、甘肃、青海的各民族参观团、青海牧区各民族参观团、东北及内蒙古自治区各民族参观团及中国佛教协会名誉会长查干葛根。三个参观团的团长和查干葛根分别向毛泽东、刘少奇、周恩来、邓小平等献哈达。在北京市的带头下，天津、西安、沈阳、重庆、武汉、广州、上海等大城市也相继宣布实现全行业的公私合营。到一月底，全国累计有一百一十八个大中城市和一百九十三个县完成了对资本主义工商业的社会主义改造。

**同日** 下午六时，出席陈云在国务院他的办公室召开的讨论《一九五六年到一九六七年全国农业发展纲要（草案）》的会议。

---

〔1〕 1956年11月，科学规划委员会改由聂荣臻任主任，陈毅专管外交方面的工作。

**1月17日** 主持关于知识分子问题会议，专题讨论《一九五六年至一九六七年全国农业发展纲要（草案）》。先由中央农村工作部副部长廖鲁言对纲要草案作说明。他说：这个发展纲要是在“农业十七条”的基础上扩充发展起来的，中心是四、五、八，即：十二年内粮食平均亩产，在黄河、秦岭、白龙江、黄河（青海境内）以北要求达到四百斤；黄河以南、淮河以北达到五百斤；淮河、秦岭、白龙江以南达到八百斤。

**同日** 下午，在中南海游泳池住处同陈云、谭震林、陈伯达、廖鲁言一起修改全国农业发展纲要草案。晚上，在颐年堂主持召开中共中央政治局会议，讨论各地对纲要草案提出的意见，对草案作了若干修改。毛泽东说：农业发展纲要必须放在可靠的基础上，不能凭一时的想法，也不能把生产品增产后的出路放在出口的希望上，而应当以国内市场为主。现在已可以看到有一种忽视可能条件的盲目赶大的倾向，脑子太热了需要冷一下，所以在纲要上把许多指标删去了，而在每项重大措施上都加了一些条件限制，以免又发生盲目冒进的错误。这个纲要主要是动员农民来实行，是依靠群众，国家只给以一定的帮助，因此是个群众行动的纲领。国家方面的任务应在五年计划或者年度计划中去写，过去写上了一些国家要办的事，大多删去了。会议决定，由陈毅、彭真负责，用中央名义邀请在京的民主党派、科学家等一千多人，分组讨论纲要草案，收集意见，以备最后修改后提交最高国务会议讨论。

**1月18日** 下午，在中南海游泳池住处同陈毅、彭真谈农业发展纲要草案向党外征求意见问题。

**同日** 晚上，在中南海颐年堂召集一些省市委的书记、副书记开会，讨论棉花增产问题和农业发展纲要草案。

**1月19日** 阅廖鲁言报送的王任重关于湖北发展高级社的

控制数目问题的电话请示记录，批示："先送廖鲁言同志办，同意王任重同志的意见，控制在一万个左右。再送人民日报邓拓同志和新华社吴冷西同志，注意在宣传方面加以控制。"王任重在电话请示中说：目前湖北正在召开地委书记会议，关于高级合作化问题，一部分同志赞成省委的计划，即春耕前发展一万个高级社（达到农户总数的百分之二十五到三十），秋收前后再发展；另一部分同志主张放手发展高级社，达到全部农户的百分之七十或八十，基本上实现高级合作化。我认为，仍按省委计划发展比较稳当。最近一些报纸的宣传对一部分同志的急躁情绪，也有某种刺激作用。

**1月20日** 在关于知识分子问题会议上发表讲话，主要讲领导方法问题，阐述多快好省的口号。毛泽东说：有两种领导方法，一种是使我们的事业进行得比较慢一些，比较差一些；另一种是使我们的事业进行得比较快一些，好一些。我们的党，我们的政府，我们的各个部门，都必须执行促进生产力发展的任务。所以，就要反对右倾保守。这个右倾保守，现在是相当地存在于各个方面。两种方法中间，我们不选择那种落后的、使事业办得坏的方法，而要采取第二种方法，就是使事业办得更快些，更好些，又多，又快，又好，又省，使我们的领导机关促进事业发展，使我们的上层建筑适合这个经济基础，适合生产力的发展。在我们的机构中间有一些不适合事业发展的落后观点，对事情的变化估计不足，对农民、对资本家、对知识分子进步的一面估计不足。对知识分子，净说他们不好，而现在大家分析证明，有百分之三四十的进步分子，百分之三四十的中间分子，只有百分之一二十的落后分子，并且还是可以改变的。我们要看到这种情况在起变化。为了领导，我们要促进这种改变。我们党内还有许多这样的同志，他们就是看不到人家已经改变了，还说没有，就是准备一场决斗。那个对象都没有了，还准备决斗。现在完全是新的形势，看来，最近这几年是中国社会发生激烈变化的几年。这种情况反映到我们中间，也会使我们的观点起激烈的变化，来认识这么一种情况，适应这么一种情况。讲到促进，反对右倾保守，同时也要注意一点，就是不要搞那么一些没有根据的行不通的事情。现在看来相当有一点盲目性了，脑筋有点发热。在合作化的速度问题上，请各位同志注意，快是好，但是不要在相当多的人不愿意的条件下来快。现在是高级合作化的问题，听说有百分之三十左右的人对放弃土地分红这一点还放不下心。如果是这么一种情况，那么宁可等他几个月，慢慢说通。总而言之，标准是这样，就是要有百分之九十几的人，他们都想通了，只有百分之几的人没有想通，就容易办了。各部门搞计划指标，要放在可行的基础上。本来做得到的，本来应该办的，不去办，这就叫右倾保守。没有充分根据的，行不通的，也去办，那就叫做盲目性，叫做“左”倾冒险，目前这个时候恐怕也还不是一个主要的倾向，但是已经可以看出这么一种倾向。有一些同志头脑不那么清醒了，不敢于实事求是。因为右倾保守、机会主义这个帽子难听。如果经过考察，经过研究，确实办不到的事，那就硬要说办不到，敢于说办不到，敢于把它削下来，使我们计划放在有充分根据、完全可行的基础上。在讲到文字改革问题时，毛泽东说：关于文字改革，采用罗马字母〔1〕，我很赞成。因为它字母很少，只有几十个，向一边写，简单明了。我们汉字在这方面实在比不大上。现在全世界大多数国家都用这个罗马字母。凡是外国的好东西，有用的东西，我们就要学，并把它变成我们自己的东西。所以，这个罗马字母是以学到为好，恐怕要采用。在讲到战争与和平问题时，毛泽东说：是不是有可能给我们十二年的时间来完

〔1〕 罗马字母，即拉丁字母。

成我们的社会主义改造和基本上工业化？现在这个情况看来是有的。当然了，世界上可能出现疯子，乱搞一气，这种可能必须估计到。我们的工作要放在他可能提早突然袭击这么一点上。所以，我们的工作应该加紧一点，社会主义改造和工业化，只要是行得通的，有根据的，不是冒险的，不是盲目的，尽可能提早一些时间，那就越好、越有利，我们取得主动。现在我们的主动一天一天地多起来，农业改造方面主动更多了，资本主义工商业改造方面主动也更多了。但是，在知识分子问题方面我们没有主动，工业方面我们没有主动。大多数重要装备要从外国进口，精密仪器我们自己不能制造，在这上头我们没有主动。经济上没有独立，科学上没有独立。这几天会议上，有那么一些同志说了那么一些很不聪明的话，说是“不要他们（指知识分子——编者注）也行”，“老子革了一辈子的命，不要你也行”。现在我们在革什么命呢？现在是革技术的命，叫技术革命。要搞科学，要革愚蠢同无知的命，叫文化革命。没有他们就不行了，单是我们这些老粗那就不行。要向我们的党员作广大的教育。这是一种很没有知识的话。现在是打什么仗呢？现在是要飞机飞上一万八千公尺的高空，飞的速度是超音速。那个东西，没有他们不行的，而且我们自己也要变成他们。要在比较短的时期内，造就大批的高级知识分子，同时要有更多的普通的知识分子。将来我们还要作一个全面的规划，把这件事抓起来。最后，毛泽东号召全党努力学习科学知识，同党外知识分子团结一致，为迅速赶上世界科学先进水平而奋斗。

**1月中旬** 在关于知识分子问题会议期间，根据与会者的意见，对农业发展纲要草案作了一处重要修改，将第二条中老解放区和合作基础较好并且已经办了一批高级社的地区基本完成高级农业合作化的时间，由一九五八年提前为一九五七年，其余地区基本完成高级农业合作化的时间，由一九五九年提前为一九五八年。

**1月21日**　下午，和刘少奇、周恩来、陈云、彭真等在中南海怀仁堂听取中国科学院四位科学家的报告。副院长兼物理学数学化学部主任吴有训讲物理学、天文学、数学、力学和化学方面的问题；副院长兼生物学地学部主任竺可桢讲生物学、地学和农学方面的问题；技术科学部主任严济慈讲技术科学的问题；哲学社会科学部副主任潘梓年讲哲学、社会科学的问题。四位科学家共讲四个半小时。毛泽东提议今后每月可组织两次这样的科学报告，对大家都有好处。

**同日**　分别复达赖喇嘛、班禅额尔德尼祝贺新年的来电。对达赖喇嘛的复电说："我衷心祝你身心健康，并盼你在新的一年内在领导西藏人民实现民族区域自治和进行各种建设的工作上，取得重大的成就。"对班禅额尔德尼的复电说："过去一年内，日喀则地区的经济文化建设工作有进步，我们听到了都很高兴。现在由于全国人民的努力奋斗，我们的国家一年比一年繁荣兴旺，西藏地方和别的地方一样，都是要一年比一年兴旺起来的。在新的一年内，你们那里也将会有更大的进步。我祝你身体健康，学业精进，希望你在新的一年内为进一步加强民族团结，实现民族区域自治，做出重大的贡献。"

**同日**　阅中共中央书记处第一办公室编印的《情况简报》第二十二号，批送陈云："此件请你注意研究一下。"简报反映许多小学教师来信说薪金低、入团入党困难、工作忙累、找爱人难等问题。

**1月22日**　在中南海勤政殿会见南斯拉夫新闻工作者代表团，周恩来、邓小平、陈毅、张闻天等在座。参加会见的南斯拉夫驻中国大使代表铁托向毛泽东赠送了电影放映机和影片。毛泽东对客人说：你们要看我们的落后，看落后如何向前进行，怎样从一个落后的农业国逐步向工业国前进。我们现在不好，但将来会好的，我们是有希望的。你们这个国家是打出来的，奋斗出来的。我们过去没有很多东西，只是小米加步枪，我们的敌人是飞机加大炮，但还是小米、步枪战胜了飞机、大炮。这是从古至今的一条基本原则：弱小而进步的战胜强大而落后的。每个民族都有长处，都有缺点。各国经验可以互相交换，哪一个民族都有自己的经验。美国也是个了不起的民族，历史如此短，发展如此快。但现在处在最不利的地位，因为它手伸得太长了，手伸到哪里，哪里都不高兴它。我们主动，因为我们没有压迫别人。在谈到资本主义工商业社会主义改造问题时，毛泽东说：我们对资本家采取教育的政策，几个月就搞成了公私合营。中国资本家在一定条件下，给他们一定的利益，可以和平地改造他们的所有制。中国的这个特点，我们是严肃地进行研究的。资本家现在高兴的是三件事：和平转变，全行业合营，变成自食其力的劳动者。关于过渡时期问题，毛泽东说：过渡时期这一套政策思想是马克思列宁主义的思想。原则上我们没有增加什么新的东西，不过在实施这些原则的形式上、细节上，有些新的东西，有些经验。这些经验，对一些比较落后的国家有一些帮助。法国、日本将来要改变制度时，也可以参考，不搞那么凶，慢慢变。毛泽东还应代表团的要求，就国际局势问题发表了看法。他说：我们要准备着。我们没有原子弹，不想打，苏联有，也不想打，但如果帝国主义丢下原子弹来了，我们准备打。第二次世界大战，他们吃了亏，社会主义沾了面子。因此，若打第三次世界大战，社会主义一定要扩大，他们要大吃亏，这是第一条。第二条，他们不打，他们也研究历史，不打的可能性很大，大家都不赞成打。第三条，要对中间国家做工作，在敌人营垒内也做工作，使他们孤立，这没有秘密。世界在相当长的时间内可能维持和平，南斯拉夫和我们都要做工作，一面加强自己，一面争取人家。我们认为，保持十年的和平是有可能的。当然，我们不是艾森豪威尔的参谋长，要准备突然事变，但我们决不先打第一枪。

**同日**　晚上，在中南海勤政殿同周恩来、彭真、邓小平研究召开最高国务会议问题。

**1月23日**　下午，在中南海颐年堂主持召开中共中央政治局会议，讨论《一九五六年到一九六七年全国农业发展纲要（草案）》、国务院关于公私合营企业定息估产的两个指示（草案）和全国政协二届二次会议议程。会议根据在北京的各民主党派、各人民团体负责人，各方面的科学家共一千七百三十五人两天来对农业发展纲要草案提出的意见，逐条加以研究，凡可采纳的就吸收进去。当天会后，毛泽东对全国农业发展纲要草案又作了修改。把条文中关于粮食亩产指标在十二年内达到四、五、八百斤后面的“各地区并且应当在上述基数上争取各提高一百斤，分别达到五百斤、六百斤和九百斤”一句删去；把棉花亩产指标在十二年内分别达到七十、八十、九十斤后面的“各地区并且应当在上述基数上争取各提高十斤，分别达到八十、九十和一百斤”一句删去。

**1月24日**　在中南海勤政殿会见越南国会常务委员会委员长孙德胜，刘少奇、周恩来、陈云、彭真、邓小平等在座。

**同日**　晚上，审阅修改廖鲁言对农业发展纲要草案的说明稿。说明稿提出，农业发展纲要依靠工人、农民、知识分子一齐动员起来，通力合作，才能实现的。毛泽东在知识分子之后加上“和各界爱国人士”，并在这一句后加写：“这个四十条农业发展纲要草案，在今后几个月内将还是一个草案，要请全国工人、农民、知识分子和各界爱国人士加以讨论，提出意见。”在说明稿讲到解决城市失业问题的地方，加写一句：“解放以前遗留下来的这个一百多万尚未就业的失业人员，由城乡两方面去作安排，就可以在几年内使他们就业了。”次日晨零时，批示杨尚昆：“此件请即付印，校对勿讹，印三百五十份，于一月二十五日下午三时带到勤政殿，发给到会的人，每人一份（共有三百二十人左右）。”

**1月25日** 下午三时，在中南海勤政殿主持召开最高国务会议第六次会议，讨论农业发展纲要草案。刘少奇、周恩来、陈云、李济深、沈钧儒等三百余人出席会议。廖鲁言作关于纲要草案的说明。会议进行讨论后，毛泽东讲话。他说：目前我国正处在伟大的社会主义革命的高潮中。中华人民共和国的成立标志着中国革命由资产阶级民主革命阶段转变到社会主义革命阶段，即进入由资本主义到社会主义的过渡时期。在过去的六年中，前三年的工作主要是恢复国民经济和进行前一革命阶段中没有完成的各项社会改革，主要是土地改革。从去年夏季以来，社会主义改造也就是社会主义革命，就以极广阔的规模和极深刻的程度展开起来。大约再有三年的时间，社会主义革命就可以在全国范围内基本上完成。社会主义革命的目的是为了解放生产力。农业和手工业由个体的所有制变为社会主义的集体所有制，私营工商业由资本主义所有制变为社会主义所有制，必然使生产力大大地获得解放。这样就为大大地发展工业和农业的生产创造了社会条件。我们进行社会主义革命所用的方法是和平的方法。对于这种方法，过去在共产党内和共产党外，都有许多人表示怀疑。但是从去年夏季以来，由于农村中合作化运动的高潮和最近几个月以来城市中社会主义改造的高潮，他们的疑问已经大体上解决了。在我国的条件下，用和平的方法，即用说服教育的方法，不但可以改变个体的所有制为社会主义的集体所有制，而且可以改变资本主义所有制为社会主义所有制。过去几个月来社会主义改造的速度大大超过了人们的意料。过去有些人怕社会主义这一关难过，现在看来，这一关也还是容易过的。目前我们国家的政治形势已经起了根本的变化。去年夏季以前在农业方面存在的许多困难情况现在已经基本上改变了，许多曾经被认为办不到的事情现在也可以办了。我国的第一个五年计划有可能提前完成或者超额完成。一九五六年到一九六七年全国农业发展纲要的任务，就是在这个社会主义改造和社会主义建设的高潮的基础上，给农业生产和农村工作的发展指出一个远景，作为全国农民和农业工作者的奋斗目标。农业以外的各项工作，也都必须迅速赶上，以适应社会主义革命高潮的新形势。我国人民应该有一个远大的规划，要在几十年内，努力改变我国在经济上和科学文化上的落后状况，迅速达到世界上的先进水平。为了实现这个伟大的目标，决定一切的是要有干部，要有数量足够的、优秀的科学技术专家；同时，要继续巩固和扩大人民民主统一战线，团结一切可能团结的力量。我国人民还要同世界各国人民团结一起，为维护世界的和平而奋斗。在会上见到钱学森〔1〕时，同他谈到物质无限可分性的问题。

**1月26日**　阅廖鲁言为《人民日报》写的宣传全国农业发展纲要的社论稿，批示："即送人民日报邓拓同志：这篇社论不能用，因为完全和廖鲁言的报告重复，并且还不及报告的详尽。我看，有了那篇报告，不写社论也可以了。如果要写，要由你们自己写，并注意不要和廖的报告重复。"

**1月27日**　晚上，在中南海游泳池住处召开会议，讨论有

---

〔1〕 钱学森，物理学家、空气动力学家。1955年10月从美国回国。当时任全国政协委员、中国科学院力学研究所所长。1956年5月又任国防部第五局第一副局长兼总工程师。

关民主党派的问题，刘少奇、周恩来、陈云、彭真、邓小平、徐冰、胡乔木出席。

**1月28日** 审阅中共中央统战部关于民革、民盟、九三学社召开代表大会和民主促进会、农工民主党召开中央会议的请示报告，批示："小平同志：此件看过，觉得可用，请酌办。"请示报告提出三个主要问题：一、关于民主党派的性质、任务和作用。报告认为，民主党派现在正在我党领导下，为建成社会主义社会服务，因此，应当肯定它们已经是社会主义性质的党派了。二、关于学习马列主义和进行思想改造的问题。报告认为，可以要求它们的成员努力学习马列主义，不必强调自愿原则。三、关于组织发展问题。报告认为，民主党派在今后一个时期内应当根据需要和可能，发展它们的组织。

**同日** 阅中共中央书记处第四办公室关于团中央准备在全国农村推广青年生产队问题给邓小平的报告。报告说：经过征询有关同志的意见和初步的研究，觉得青年生产队的形式，在试建过程中确有一些积极作用。但也发现了一些值得注意的问题，主要是有些地方提出青年生产队的队员要身强力壮、思想进步，这样就会使得强劳动力和积极分子过于集中，影响到社内整个劳动组织的合理调配和其他队的生产。目前普遍建立青年生产队，条件和经验都不成熟。邓小平将这个报告转送毛泽东、刘少奇、谭震林核示时，提出如下意见："拟同意中四办的意见，我觉得他们的考虑是有道理的。"毛泽东批示："不要普遍建立单独的青年生产队。"

**1月29日** 晨，在中南海游泳池住处召开会议，讨论周恩来准备在全国政协二届二次会议上作的政治报告稿，听取中央十人小组召开的各省市小组负责人会议情况的汇报。出席会议的有：刘少奇、周恩来、陈云、彭真、邓小平、陆定一、罗瑞卿、胡乔木。

**同日** 晚上，在中南海颐年堂主持召开中共中央政治局扩大会议，讨论周恩来的政治报告稿。当天前后，审阅修改周恩来的政治报告稿。将报告稿中的“我们要求和平，但是我们并不惧怕战争”一句改为：“我们要求和平，但是如果国际侵略集团把战争强加在我们头上的话，我们也并不惧怕战争。”将报告稿中的一段话“我国政府一年来曾经再三指出：存在着用和平方式解放台湾的可能性。这样，我国大陆人民和台湾人民就有一项共同的爱国的责任，就是争取用和平方式解放台湾”，改写为：“我国政府一年来曾经再三指出：除了用战争方式解放台湾以外，还存在着用和平方式解放台湾的可能性。这样，我国大陆人民和台湾人民就有一种共同的爱国的责任，这就是除了积极准备在必要的时候用战争方式解放台湾以外，努力争取用和平方式解放台湾。”报告稿指出：“凡是愿意走和平解放台湾道路的，不管任何人，中国人民都将宽大对待，不究既往。”毛泽东在“不管任何人”之后，加写“也不管他们过去犯过多大罪过”。

**1月30日** 下午三时，全国政协二届二次会议在政协礼堂开幕。毛泽东出席会议。周恩来作政治报告。会上，全国工人、农民、手工业工人和工商业界代表带着社会主义建设和社会主义改造的伟大胜利的喜信向毛泽东、刘少奇、周恩来报喜。

**同日** 阅苏联驻中国军事总顾问彼得鲁塞夫斯基一月十二日同彭德怀谈话纪要，批示：“此件值得看一下。似须整个检查一次同各方面顾问专家的关系。刘、周、陈、小平、彭真阅，尚昆存。”总顾问在谈话中说，一些苏联军事顾问反映，中国同志目前已经不需要他们，也不交给他们工作做。他自己也有很多话无处谈。

**1月31日** 晚七时，在中南海颐年堂会见苏联驻中国大使尤金。九时半，同王震谈话。

**2月1日、3日、5日、6日** 每天晚上，和刘少奇、周恩来等在中南海怀仁堂出席全国政协分批招待参加二届二次会议的委员的宴会。

**2月2日** 晚上，在中南海游泳池住处召集刘少奇、周恩来、彭真、邓小平、陈伯达、胡乔木、徐冰开会，谈国际共运的有关问题。

**2月3日** 晚上，在中南海颐年堂召集刘少奇、周恩来、陈云、彭真、邓小平、谭震林、王稼祥开会，继续谈国际共运的有关问题。

**2月5日** 审阅修改中国人民解放军总政治部《关于军队参加和支援农业合作化运动及农业生产的实施方案》，批示："照发，抄中书〔1〕各同志及中央农村工作部和农业部。"

**同日** 审阅中共中央军委关于建立空军学院的报告，批示："照办。"

**同日** 晚上，在中南海游泳池住处召集周恩来、陈云、彭真、邓小平、谭震林、王稼祥开会，研究中共中央代表团出席苏共二十大等问题。代表团团长为朱德，团员是邓小平、谭震林、王稼祥、刘晓。

**2月6日** 晚上，在中南海勤政殿会见南斯拉夫青年足球队全体人员，彭真、陈毅、张闻天、蔡树藩〔2〕等在座。毛泽东说：欢迎你们，欢迎所有南斯拉夫的同志们。我们要向你们学习，你们有很多东西比我们强。我们也派足球队到南斯拉夫去向你们学习，请你们当教员，把中国教强了。又说：我们还有困难，可能

〔1〕 指中共中央书记处。

〔2〕 蔡树藩，当时任国家体育运动委员会副主任。

你们也有困难，我们共同克服困难。我们缺点很多，经济不行，文化也落后，体育也不发达。过去制度不好，封建制度，半殖民地国家，还受帝国主义侵略。现在来重新建设经济，发展文化体育，请你们教我们。我们是兄弟国家，不要客气，把中国人当作你们自己人看待。我们对你们当作自己人看待。亚洲国家有十几亿人口，大家在一起就不孤立。应该把和平地区扩大到欧美去。美国人民也不愿意打仗的，只有少数美国人好战。统治阶级里也不是个个不能打交道。希望和平能延长下去，这不是不可能的。最后，毛泽东请客人回去后，向铁托总统及其他领导人问好。

**2月7日** 下午，同周恩来商谈全国政协二届二次会议闭幕问题。

**2月8日** 下午，全国政协二届二次会议闭幕。毛泽东在北京体育馆同出席会议的全体委员合影，并观看游泳和体操表演。

**2月9日** 下午六时半，同张经武、陈毅谈话。九时半，在中南海游泳池住处召集周恩来、陈云、彭真、李富春、李先念、薄一波、陈伯达、王首道开会。

**2月10日** 晚上，在中南海勤政殿会见泰国人民促进友好访问团，周恩来、彭真、陈毅、陈叔通、张奚若等在座。毛泽东说：中国人民需要和平，需要建设自己的国家。我们需要许多外国朋友，不管这些朋友是什么国家的，只要他们愿意来中国看一看，我们都是欢迎的。亚洲国家都是很亲近的，泰国、缅甸和越南更是我们的近邻。你们到我们国家来，我们很高兴。你们想住多久就住多久，你们想到什么地方就到什么地方，一个人去或几个人去都可以。访问团团长说：我们在中国所闻所见，同我们在泰国所听到的传说完全相反。我们所看到的事实超出了我们的想像，这里没有什么隐蔽的，我们有充分的自由，各方面对我们都是公开的。毛泽东说：我们希望能够逐步地改善我们两国之间的关系，以后两国就会建立起邦交，按照你们情况所许可的条件去做，我们可以等待，我们的愿望是要使两国关系友好。美国提出了口号，要反共、反中国，在这里造了一道墙〔1〕，但实际上是为了控制墙南各国，损害这些国家的利益，使得各国的大米、橡胶卖不出去。亚洲各国可以相互帮助，泰国的大米、橡胶可以在亚洲找到市场，我们愿意同你们进行贸易。以后，我们有了邦交，你们要建设工业，中国可以帮助你们，比如轻工业的工厂，玻璃厂、纱布厂、纸厂，这样你们就可以少向外国买进这些东西。会见后，在中南海游泳池住处同周恩来、彭真、陈毅、罗瑞卿谈话。

**2月12日** 农历春节和藏历火猴年元旦。和刘少奇、周恩来、李济深、陈叔通、陈毅等党和国家领导人在中南海勤政殿接见在京藏族全国政协委员拉敏·益喜楚臣、欧协·土登桑却，西藏地区参观团团长拉鲁·策旺多吉、副团长安庆·定结活佛、仁青顿珠和部分团员，西藏青年参观团团长桑颇·登增顿珠、副团长才旺多登·悦希凭卓，达赖驻京办事处处长顿旺·坚赞扎巴，班禅驻京办事处处长孙格巴顿，四川省木里地区初基江错活佛。毛泽东说：对西藏地区的土地改革要采用不同的办法，要采用云南的办法。那里是通过和平协商的办法进行土地改革的，人民满意，土司也满意。总之，贵族的生活不变，照老样子，可能还有些提高。宗教信仰也全照老样子，宗教信仰自由。人们的宗教感情是不能伤害的，稍微伤害一点也不好。这件事不可随便对待，

---

〔1〕 指《东南亚集体防务条约》，又称“马尼拉条约”。详见本卷第263页注〔1〕。

就是到了共产主义也还会有信仰宗教的。西藏现在不是搞合作社的问题，而是进行民主改革的问题。什么时候进行，由你们自己去决定。自治区筹备委员会成立后，可以对这个问题进行研究，要由达赖喇嘛、班禅额尔德尼下决心，要由西藏的僧俗官员和寺院里的喇嘛、堪布们决定。要有一个酝酿的时期，一年、二年、三年，通过讨论，打通思想。有人赞成，也有人反对，两方面的意见都可以讲。多酝酿、多讨论有好处，大家都讲，慢慢地就讲通了。贵族、喇嘛有好多人害怕改革，你们回去后要对贵族、喇嘛多做工作，不论如何改革，对他们的政治地位、生活水平都要维持。少数民族自己内部也可以用批评和自我批评的办法，代替你打倒我、我打倒你，你毒死我、我毒死你的办法。要用互相信任代替互相不信任。藏族和汉族过去互相不信任，慢慢地就可以互相信任。我建议你们回去好好研究和协商，增强你们内部的互相信任互相帮助，也增强你们和我们之间的互相信任互相帮助。关于民主改革这一条，不要回去乱讲，说我讲了西藏现在要实行土地改革了。我是要你们回去酝酿，回去报告达赖和班禅，可行即行，你们如果都不同意，我也没有办法。我不能一定叫你们做什么，我只是提建议给你们，采纳不采纳是你们的事，不要误会。西藏是个了不起的地方，占全国面积的八分之一。西藏如果不参加祖国的大家庭，这个家庭的事便不好办了，西藏在祖国大家庭里占有很重要的地位。在经济文化方面，藏族是落后的，汉族也落后。我们的目的是使大家都发展起来，我们要经过几个五年计划来克服这种落后状况。我们支援你们，你们自己也要发展。你们应该发展人口，发展经济，发展文化。经济不发展，人口也不能发展，文化发展了，可以帮助经济发展。西藏的小学现在还赶不上内地的小学，将来是可以赶上的。西藏也要设立大学。只要努力去做，一年年地进步，就可以达到目的。解放军进入西藏后，西藏的物价上涨了，西藏人民是受了些损失，以后老是这样可不行。解放军到西藏，要给人民办好事，不然要解放军干什么？修了两条公路是好事，但这还只是为做好事准备了有利的条件。好事要西藏地方自己做，我们可以帮助。你们也可以搞五年计划这么一套，一年也可以搞一个计划，标准是提高人民的生活。人民生活提不高，便不能持久。民族区域自治地区要搞建设，便要有自己民族的干部，自己的科学家。青年要学科学，有很多科学要学，像电呀、机器呀这些东西。西藏地方大，地下有很多好东西。要有使用机器的人才，要有农业科学家，要有地质科学家。你们要有计划地培养科学干部。西藏内部要更加团结起来，看见你们团结，我很高兴。你们回西藏后要多去见达赖喇嘛，听听他的指示，多增长些知识。西藏有两三个头不好，我们尊重班禅的重要地位，也尊重昌都的地位，整个西藏要有一个主席，那是达赖为好。这样办好，对团结有利。

**同日** 接见在京藏族人士和西藏参观团后，向陈毅等交代此次赴藏应注意的事项。毛泽东说：并非只有中国重视西藏，西藏问题会引起世界的注视。西藏只有改革才有前途，但可以有别于内地的做法，采用赎买的办法。此次赴藏应该把中央坚持改革、民族团结的政策带去，处处说通道理，做好事，不强加于人。在谈到达赖明年出访印度时说：达赖是西藏一位宗教领袖，也是国家领导工作人员，他的行动是自由的，可以让他明年去印度。在谈到印度驻中国大使想取道西藏回国时说：印度大使离任返国或返任来京，需要经过西藏，可予批准。

**2月13日** 阅汪东兴关于江西部分农村合作化发展情况的报告，写批语："汪东兴的考察报告。此件提出了一些问题，可以一阅。"同时批示杨尚昆："此件请你印一百份，发各政治局同志、农村工作部及中央警卫队约八十人，每人一份。”汪东兴的报告说：据省委农村工作部统计，全省初级社入社农户已达总农户的百分之七十八。春耕前，群众结合搞生产规划，已在酝酿办高级社。有的地区已经铺开，计划今冬明春基本实现高级化。当前农村的主要问题是：抗水灾、旱灾能力差，农用机器短缺，劳动力不足，牲畜、种子少，购买困难等。

**同日** 和刘少奇、周恩来、彭真、陈毅等在北京饭店出席中共中央统战部举行的招待民主党派和无党派民主人士的酒会。

**2月14日** 自本日开始，在中南海颐年堂听取国务院三十五个部门[1]的工作汇报，以及国家计委关于第二个五年计划的汇报，至四月二十四日结束，实际听汇报的时间为四十三天。参加听汇报的有周恩来、彭真、薄一波等，刘少奇、陈云、邓小平有时参加。在听汇报过程中毛泽东发表了许多意见和评论，在此基础上形成《论十大关系》的讲话。

**同日** 下午，听取主管重工业的国务院第三办公室汇报。开始时，毛泽东说了一段话：我去年出去了几趟，跟地方同志谈话。他们流露不满，总觉得中央束缚了他们，地方同中央有些矛盾，若干事情不放手让他们管。他们是块块，你们是条条，你们无数条条往下达，而且规格不一，也不通知他们。他们的若干要求，你们也不批准，约束了他们。在汇报到设计问题时，毛泽东说：设计是客观实际在人们头脑中的反映，反映不可能就是那么完全，因此就要在实践中修正。世界上没有圣人那种人，有贤人就了不起了。事先什么都知道得很清楚，特别是地下的情况，不

〔1〕 通常说毛泽东听取国务院34个部门的汇报。根据现存的档案材料，向毛泽东汇报的是35个部门。

可能嘛！讲到技术问题，毛泽东说：我们就要像小学生写仿一样。找到苏联的样本也好，捷克斯洛伐克样本也好，我们就先学他们的。这和行政措施不一样，行政措施要看我们的具体情况，不能样样都学人家的，技术就非学不可。新产品试制，应该多鼓励、少批评。试制一件新东西，开始时总要差一点，限期改正就是了嘛！要搞一个奖励办法。关于生产资料的利润问题，毛泽东说：生产资料利润低一些，不收周转税，这是两件大事情，影响整个人民生活。这样做的结果，初看起来，国家财政收入似乎要减少一些，但是基本建设多搞了，生产也发展了，结果利润会更大。基本建设发展了，工人也增加了，消费性的、服务性的市场也扩大了。讲到本位主义问题，毛泽东说：批评本位主义的文章要写，但光批评，光从思想上解决问题不行，还要研究解决制度问题。人是生活在制度之中，同样是那些人，实行这种制度，人们就不积极，实行另外一种制度，人们就积极起来了。解决生产关系问题，要解决生产的诸种关系，也就是各种制度问题，不单是要解决一个所有制问题。农业生产合作社实行包工包酬制度，据说二流子也积极起来了，也没有思想问题了。人是服制度不服人的。

**同日** 复信刘松林："给我的信都收到了，很高兴。希望你注意身体，不使生病，好好学习。我们都好，勿以为念。国内社会主义高涨，你那里〔1〕有国内报纸否？应当找到报纸，看些国内消息，不要和国内情况太隔绝了。"

**2月15日** 上午和晚上，听取电力工业部等汇报。毛泽东着重谈一长制问题。他说：你们为什么对一长制那么有兴趣？党委领导就不好？党委的集体领导无论如何不会妨害一长制，可以

---

〔1〕 刘松林当时在苏联学习。

找两个厂子分别试验一下看，一个是一长制，一个是党委集体领导制，看后者是不是就一定搞得那么坏。苏联有些东西就不能学，内政部可以不受党的领导，这样一个武器不受党的领导，那还得了！一个工厂几千人，很不容易搞好，没有党的领导，很容易形成一长独裁。从前军队也是这样，有些人就是反对政委制，说政委不搞军事，只能搞政治工作，经过多次斗争才纠正过来了，政委不只可以管政治，也管训练，也管干部，也管打仗。中间也曾试过一阵一长制，李德就是一长制，结果就是光打败仗，败得只剩下个陕北根据地。看样子短期内还做不到行政干部一定要精通业务，那怎么发得出正确的指令呢？我这个人的指令如果不经大家议论一番，就不一定正确。大家互相督促帮助一番，就更有把握嘛。法院、检察院之类机构，有生杀予夺之权，如果不置于人民的监督之下，那最危险。工厂的领导应当是这么几条：党委的集体领导绝不妨害一长制，绝不妨害厂长行使职权；平日大的问题一定要党委讨论；来不及的时候先斩后奏，就先做了然后再讨论；有争论时，双方意见上报，上报期间先执行厂长的意见；厂内的事情党内讨论后，以厂长的名义下达或公布。任何情况下，党的集体领导这个原则不能废除。

**同日** 下午，在中南海勤政殿会见由首相西哈努克亲王率领的柬埔寨王国国家代表团，刘少奇、周恩来、陈毅、彭真、沈钧儒、陈叔通在座。交谈中，毛泽东赞扬柬埔寨政府执行和平中立政策以及执行这一政策的国际影响，希望加强两国的经济合作和贸易关系，加强两国的文化交流。西哈努克说，深感中国人民爱好和平，中国政府坚持执行和平政策的真诚，重申柬埔寨坚决执行和平中立政策，不参加任何军事集团。

**2月16日** 下午，听取第一、第二、第三机械工业部汇报。其间，针对昨天的汇报提出：写东西要发点议论，讲讲有些什么意见，不发议论，究竟那个部长能做到几时？毛泽东再一次批评一长制，说：家庭也不能搞一长制，没有商量是不行的，工厂总比家庭复杂些。工厂要有一定的纪律，按时、按量、按质完成任务。为达此目的，没有集体领导、个人负责是不行的。单有一个集体领导不行，还要有个人负责，又对立又统一才行，两者缺一不可。只有统一没有个人负责不行，是集体领导基础上的个人负责制。一长制有很大的官僚主义。当然一长制与分散主义不同。单讲集体领导不讲个人负责，或者单讲个人负责不讲集体领导，都很危险。总之，一个原则，不妨碍厂长的指挥，工厂生产一定要有纪律，保证质量、数量、时间，为了这个，有集体领导比没有好。当然，一长制不是绝对的，苏联就是一长制打了胜仗。我们党委制比较好些。苏联内务部、法院、检察院党不能管，我们宪法不学它，现在他们也搞委员会。集体领导分工负责总是比较好些。关于学习苏联，毛泽东说：要分两类，一类按中国的，一类规规矩矩老老实实地学。如土改，恩赐办法我们不学，我们是发动群众。财经方面有些建议，陈云不学。对资本家的政策，我们也不学它的。技术问题横直一概照抄，比较好的，或者我们根本不知道的，学过来再说。毛泽东又讲到好大喜功的问题，说：好大喜功好像是坏事，历来骂汉武帝好大喜功，可不名誉哩。木船变轮船，马车变汽车、火车，都是好大喜功，不加区别地说好大喜功都不好是不妥当的。

**同日**　电唁杨树达去世："请湖南省政治协商会议转杨树达先生家属：惊闻树达先生病故，深为悼念，特电致唁。"

**2月17日**　下午，继续听取第一、第二、第三机械工业部汇报。称赞第二机械工业部的汇报有议论有比较，有三年来的总结，讲了远景，讲了可能性。讲远景，又有高的低的作比较。总之，比较生动活泼。毛泽东说：工人提拔成工程技术人员，也是很大的一个出路，说一个重型机械厂厂长要有十五年工龄才能当，这条就不能信咧。我们要十二年接近世界水平，这里头看出希望。技术改革是很大的改革，带革命性的。思想是可以变物质的，设计变成房子，它从物质中来，又还原到物质中去。当二机部汇报说到一九六二年国防材料全部由自己生产时，毛泽东说：全部自给，不仅一九六二年不可能，一九六七年也不可能，基本的主要的可以。脑子太热不行。又说：尽强调数量，不强调质量不行。多快好省必须全面，是在好省、在有充分根据的基础上多快。你只讲多快，不讲好省，谁干？在讲到派往苏联学习人员的名额分配问题时，毛泽东说：不能搞平均主义，重点在重工业各部，次序总该是地质各部、冶炼各部、燃料各部、机械各部，其他交通、水利。他说：我们搞革命，很长时间不上轨道，从一九二一年到一九四一年整风以前，有二十年不上轨道，经过整风才上轨道。搞建设究竟多少年才上轨道？应该缩短。一九五三年各部还没有方向。一九五二年就提出总路线，未公布，财经会议中心问题是总路线，经过一九五三、五四、五五几年，但农业社会主义改造、手工业改造、资本主义工商业改造尚未上轨道。中央这期间没有怎么管工业。去年由于农业合作化、资本主义工商业改造迅速发展，反过来推动了建设。知识分子问题也是这期间提出来的，干部也是知识分子问题，高级知识分子要搞一百万嘛。搞建设，想缩短犯主观主义的时间。看样子三个五年计划可能加快，三个五年计划变成两个五年完成，甚至还要缩短，这是可能的。毛泽东最后说：目标是为八大做准备。五月会议〔1〕上提出工业问题才好，农业问题没有了，搞个高级社章程就行了，知识

〔1〕指原计划1956年5月召开的中共七届七中全会，后来在1956年8月和9月召开。

分子问题督促一下，资本主义工商业改造也不是基本问题。在这三个月中间，我们这些人就研究工业问题。

**2月18日** 晚七时，和周恩来在中南海勤政殿接受柬埔寨国王诺罗敦·苏拉玛里特赠予的柬埔寨王国最高勋章——大十字勋章。七时十五分，参加中华人民共和国国务院总理周恩来和柬埔寨王国首相西哈努克亲王联合声明的签字仪式。七时半，设宴欢迎西哈努克亲王和柬埔寨王国国家代表团成员。参加授勋、签字仪式和出席宴会的有刘少奇、彭真、张闻天、彭德怀等。

**2月19日** 阅中共中央宣传部给中央的报告。报告说：中山大学党委反映，苏联学者在华参观时，“讲了一些有损我党负责同志威信的话”，是否有必要向苏方反映，请指示。毛泽东批示：“刘、周、陈、彭真、小平、陈伯达阅，退定一办。我认为这种自由谈论〔1〕，不应当去禁止。这是对学术思想的不同意见，什么人都可以谈论，无所谓损害威信。因此，不要向尤金谈此事。如果国内对此类学术问题和任何领导人有不同意见，也不应加以禁止。如果企图禁止，那是完全错误的。”

**同日** 阅中共江苏省委关于农业高额丰产会议情况的报告，批示廖鲁言：“此件可以转发各地。”次日，将中央转发江苏省委报告的批语稿批送刘少奇、周恩来阅，杨尚昆办。中央批语稿肯定了江苏省委的报告，认为这个报告很好，他们的经验应当在各地推广。江苏省委的报告说：这次会议传达和讨论了农业发展纲要四十条，不断克服了各种保守思想，注意纠正了无根据的胡思

〔1〕 指当时在中国讲学的一位苏联学者参观广东中山县孙中山故居时，向中国陪同人员谈他对毛泽东《新民主主义论》中关于孙中山的世界观的论点的不同看法。

乱想。在此基础上，交流和总结了丰产经验，规定了各地不同的粮棉丰产指标。

**同日**　晚上，听取国家建设委员会汇报。毛泽东提出：建筑人数还可能减少，搞机械化嘛。关于从农村中招收工人，这一点现在还不能作结论说中国一定和苏联不同。他还提出，可以搞标准设计，没有弊病。学会成套设计要五年到七年，那太长，能不能缩短到三年五年。协作要变成计划，变成制度，不是求人，不是可办可不办。建筑材料不就地取材，是要增加铁路运输的压力的。

**2月20日**　晚上，听取建筑工程部汇报。在听汇报前，从万里〔1〕是山东人没有看过《水浒传》和《金瓶梅》谈起，说：《水浒传》是反映当时政治情况的，《金瓶梅》是反映当时经济情况的，是《红楼梦》的老祖宗，不可不看。当刘秀峰汇报到劳动生产率提高的例子和措施时，毛泽东说：你们的书面汇报这些都不写，只写骨头。一个工人砌砖，从四百块提高到一千二百块，要把这些肉写上嘛。每讲一个问题，总要讲例证，讲措施，然后讲结果。要发议论，要有典型，要有前后的比较，引人入胜，使人想看下去。这样的文章不限字数，一万字也好，三万字也好。每个部写一报告，三月份交我。将来每一个局都要写一个报告，然后再发展到每一个厂都要写一个报告。然后来抽查，然后下去参观，叫厂长、书记来谈话，就可以摸点边了，才能看出一些东西来，主要看基层单位的。老看骨头，脑子里没有印象。工厂企业是生产力，也是基层生产关系嘛。写一个工厂要有历史，要有发展过程，有它的艰苦创业。要提倡到基层找材料，就可以研究些问题出来。汇报结束后，薄一波对毛泽东说：几天来向主席汇

〔1〕　万里，当时任建筑工程部副部长。1956年5月任城市建设部部长。

报，解决了不少问题。但有一些具体问题，各有不同看法，要求也不一致，希望主席把大家找在一起谈一次。毛泽东要薄一波把问题集中一下，答应一个月后一起讨论一下。

**同日** 朱德、邓小平、谭震林、王稼祥、刘晓三次致电中共中央，主要内容是：苏共二十大的报告和发言，都强调集体领导和反对个人崇拜；米高扬讲得较多，公开批评斯大林。米高扬和其他个别发言批评了《联共党史简明教程》一书，并提出重新编写联共党史。所有苏共中央主席团成员和代表的发言都特别强调列宁主义，引用列宁的话，没有一个人引证斯大林的话。从这几天苏共二十大会议中，我们感觉有两个比较突出的问题：一是关于通过争取议会的多数来实现社会主义改造的问题，二是关于斯大林和斯大林领导时期的估价问题。代表团觉得米高扬的发言对斯大林和斯大林整个领导时期的估价是有问题的。赫鲁晓夫在报告中说，利用议会的途径，由工人阶级及其先锋队的领导争取人民大多数到自己方面来，争取议会中的稳固多数，变资产阶级的民主议会为真正人民意志的工具，和平过渡到社会主义，这在新的国际情况下，在若干资本主义国家和过去殖民地国家中是可能的。

**2月21日** 下午，听取城市建设总局和第二机械工业部汇报。毛泽东提出，城市要全面规划。万里问：北京远景规划是否摆大工业？人口发展到多少？毛泽东说：现在北京不摆大工业，不是永远不摆，按自然发展规律，按经济发展规律，北京会发展到一千万人，上海也一千万人。将来世界不打仗，和平了，会把天津、保定、北京连起来。北京是个好地方，将来会摆许多工厂的。

**同日** 晚上，在中南海游泳池住处同刘少奇、周恩来、彭真、陈伯达谈苏共二十大等问题。

**2月22日**　晚上，听取第二机械工业部关于原子能问题的汇报，肯定二机部的工作做得很好，很有功劳。对几天来的汇报比较满意，说就是这样汇报，七搞八搞总可以搞出些东西来。

**2月24日**　就发表郭沫若访日诗，批示："送彭真同志：内件〔1〕请交《北京日报》发表。其中有些草体字须先改为楷书，以免弄错。"

**同日**　阅梁思成〔2〕二月六日托周恩来转送的一封信，信中表达了要求加入中国共产党的请求。毛泽东批示："刘、彭真阅。我觉得可以吸收梁思成入党。交北京市委酌处。"梁思成于一九五九年一月入党。

**同日**　阅杨尚昆的一份请示报告。报告说，河北省准备在北京召开区委书记会议（共一千五百人），他们提出希望毛泽东和中央政治局同志能与全体会议同志一起照相等要求。毛泽东批示："照办，请尚昆组织这件事。"二十九日，和刘少奇、周恩来、彭真等接见会议代表，并合影。

**2月25日**　莫斯科时间二十四日深夜，赫鲁晓夫向参加苏共二十大的代表作《关于个人崇拜及其后果》的秘密报告。会后，苏共将报告的主要内容通报中共代表团，并派米高扬到中国向中共中央送报告文本。

**同日**　下午，听取重工业部汇报。讲到发展速度问题，毛泽东说：我国建设能否超过苏联头几个五年计划的速度？我看是可

---

〔1〕　指信封内装的郭沫若访日诗7首。郭沫若应日本学术会议的邀请，于1955年12月1日至25日率中国科学院学术考察团访问日本。这些诗是他访日期间写的，1956年2月29日在《北京日报》发表。

〔2〕　梁思成，建筑学家、建筑教育家。当时任全国人大代表、北京市政协副主席、清华大学建筑系主任和教授、中国科学院学部委员、中国建筑学会副理事长。

以赶上的，工业也可以超过。中国有两条好处，一曰穷，二曰白，一点负担没有。美国在华盛顿时代，也是白，所以发展起来是很快的。要打破迷信，不管中国的迷信，外国的迷信。我们的后代也要打破对我们的迷信。我国工业化，工业建设，完全应该比苏联少走弯路。我们不应该被苏联前几个五年计划的发展速度所束缚。我们有可能超过它，理由有四：国际条件不同；国内条件不同；技术水平不同；中国人口多，农业发展快。同样，即使在技术发展方面，在现代技术发展方面，也可以超过苏联，有社会主义的积极性，群众路线，少搞官僚主义。讲到一长制问题，毛泽东说：我看不要这个一长制名义，应该认真搞集体领导。集体领导，个人负责，比较好。国务院，计划委员会、建设委员会、经济委员会、劳动工资委员会，还有省委、市委、工厂党委，都是集体领导的。我们真正实行工农联盟，真正实行集体领导与个人负责相联系，真正实行批评与自我批评。我们有群众工作的传统，有群众路线，还有整风嘛。讲到“第一”问题，毛泽东说：我们永远不要这个什么“中国第一”。你人口这么多，按人口比例一算，荷兰、挪威都比我们多，总不要吹中国第一。我们看苏联一切世界第一不舒服，也如同看我们自己第一不舒服是一样的。上海《大公报》不是有个“中国世界第一”，我们禁止了嘛！当周恩来讲到要派人到资本主义国家去学技术时，毛泽东赞成说：不论美国、法国、瑞士、挪威等等，只要他们要我们的学生，我们就派去。

**同日** 审阅中共中央《关于资本主义工商业改造问题的决议》，批示：“照发。在最后一页上改了几个字，请给刘、周、陈伯达一阅。”

**同日** 阅中共中央宣传部关于组织编写中共党史、哲学、政治经济学、党的建设等课程教材给中央的报告，批送刘少奇：

"此件应提交政治局通过才好。"报告提出：高中级党校和高等学校中的中共党史、哲学、党的建设、中国历史、中国哲学史等课程，直到目前为止，还没有比较适用的正式教材。对上述书籍的编写工作，必须做全面的规划和及早准备。编写这些教材，不仅可以大大提高学校的教学水平，还可以对这几门学科的研究工作，发生很大的推动作用。

**2月26日**　下午，听取石油工业部汇报。当汇报到石油部原来合并在燃料工业部而该部又无力照顾时，毛泽东说：几年来石油力量发展不够，这也是个原因，看起来分部是个重要的东西。要调一些干部给石油部，各部门要平衡嘛！他最后说：今天汇报很好，比上次进了一步。

**同日**　晚上，在中南海颐年堂主持召开中共中央书记处扩大会议，听取罗瑞卿汇报，刘少奇、周恩来、陈云、彭真、李富春、王首道、贾拓夫等出席。

**2月27日**　下午，听取地质部汇报。毛泽东说：地质部主要搞普查，但其他如石油、有色金属、铁矿等也应搞些详查细测，门门要学整套的，否则学不会本事。各部都应该有自己的专业，分部是对的。最后说：今天汇报很好，收获甚大。

**2月28日**　下午，和刘少奇、周恩来、彭真等在中南海怀仁堂接见全国工商界青年积极分子大会的代表，并合影。

**同日**　晚上，听取电力工业部汇报。当汇报到一九五五年我国发电量为九十八亿度时，毛泽东说：就这么一点，怎么不受人家欺负呢？你们应该先解决劳动组织不合理的问题，把老厂多余的人搞到新厂里去，努力把劳动生产率达不到指标的第一个原因解决掉。当汇报到我国电力生产要五十年才能赶上美国时，毛泽东说：就在这个世纪赶上它，并且超过它。

**2月29日**　晚上，听取煤炭工业部汇报。毛泽东称赞他们的报告有材料有议论，大有进步。至此，重工业部门汇报结束。薄一波说：我们汇报了十三天十四次，第一轮完了，主席有什么指示？毛泽东说：刚开始接触问题，文字上略有挑剔，根本上赞成，没有任何意见。

**2月** 审阅修改中共中央转发广东省委二月十二日关于镇反工作报告的批语稿，批示："刘、周、瑞卿再阅，在尾上加了几句。发后，抄公安部。"毛泽东加写的话是："可以肯定地说，今年捕人的数目应当较去年大大减少，只捕少数非捕不可的人。杀人的数目尤其要少，只杀极少数非杀不可的人。今年三月底中央公安会议的时候，应当根据新的形势，重新拟订一个计划，报告中央审定。"

**3月1日** 下午，听取国务院主管轻工业部门的第四办公室和纺织工业部汇报。讲到发挥现有企业生产潜力时，提出：技术改造这个问题重要，这方面的潜力很大。在谈到对上海、天津等工业基地的利用时，指出：限制发展是错误的，不能限制发展，应该是充分利用或者充分合理利用。上海、天津的企业赚钱，内地建厂，这有什么不好？这和新建厂放在内地的根本方针并不矛盾。所以企业一般不内迁，个别有条件的，经济合算的，可以内迁。在汇报到划分中央和地方企业隶属关系时，毛泽东说：是不是中央部门想多管一点？要注意发挥地方的积极性，中央企业和地方企业划分的主要根据是供销范围。毛泽东从汇报材料中看到"新建一个八万纱锭的纺织厂，生产一年就可以收回投资"，得到启发，说：轻纺工业为国家建设积累资金，很重要，能多搞尽量多搞些；多积累资金，就是多搞重工业。

**3月2日** 下午四时，在中南海怀仁堂同周扬、刘白羽、老舍[1]谈话。随后，和刘少奇、周恩来、陈云、彭真、康生同出席中国作家协会第二次理事会议（扩大）的理事和代表合影。

**同日** 下午五时，听取地方工业部汇报。开头讲了一段怎样作汇报、写文件的问题，说：有什么办法使人听了不致忘记？讲存在的问题，要举事例，把人指出来。不举事例等于无用，别人不好懂。文件重要的是要使人懂，为了使人懂，长一点也不要紧。文字方面不是要反对标语口号吗？就是要有具体形象，有人物。没有具体形象，作品就没有生命。半个月来汇报都存在这个问题，这是使我强迫受训，比坐牢还厉害。坐牢脑子还自由，现在脑子也不自由，受你们指挥。你们这些条条，一定是从许多具体问题的材料中得出来的，应把具体问题写清楚。从地方工业部的汇报中，引起毛泽东进一步思考如何发挥地方积极性的问题。他说：苏联有一个时期很集中，也有好处，但缺点是使地方积极性减少了。我们现在要注意这个问题。地方政权那么多，不要使他们感到无事可做。关于沿海地区工业，毛泽东指出：要采取积极合理发展的方针。有的可以内迁，不能内迁的应该积极合理利用，不要加以限制。有的同志，好像战争就要来的样子，准备着架势等待战争，因此要限制沿海地区的发展。这样不妥。轻工业百分之七十在沿海，不积极利用还靠什么来提高生产？又指出：对私营工业社会主义改造要达到什么目标，要订出一个规格，如产品的数量、质量、品种、花色比过去稍好不算改造得好，一定要大好才算改造得好。在汇报到对有些产品采取选购办法时，毛泽东说：这个办法好像是要打倒落后，其实主要是为着提高落

---

〔1〕 刘白羽，当时任中国文学艺术界联合会委员、中国作家协会理事兼创作委员会主任。老舍，当时任中国作家协会副主席、北京市文学艺术工作者联合会主席。

后。价值法则是基本工具，过去资本主义是靠平均利润来调节，我们运用价值法则，要有各种措施。

**3月3日** 阅刘少奇转来的中国科学院水生动物专家秉志的来信，批示："送中央卫生部徐运北〔1〕同志：原定今年三月在上海召开第二次防治血吸虫病的会议，是否按期召开？准备情形如何？望告。开会时可邀秉志先生前往参加。"秉志来信提出，消灭钉螺用土埋不行，必须用火焚烧，以期永绝后患。

**同日** 下午，在中南海怀仁堂休息室召开会议，听取邓小平关于参加苏共第二十次代表大会情况的汇报〔2〕，刘少奇、周恩来、彭真、康生、聂荣臻、刘澜涛、谭震林出席。

**同日** 晚上，听取轻工业部汇报。在汇报到烟叶质量下降时，毛泽东说：你们心平气和，程朱哲学，没有气，没有长角，不敢斗争。农产品质量下降，要向农业部作斗争，农业部要设技术作物局。在汇报到对沿海地区工业的利用时，毛泽东说：鞍钢、石景山钢铁厂、上海造船厂等沿海的重工业都利用，轻工业为什么不利用？要积极合理利用。汇报到上海地区不做大的扩建时，毛泽东说：还值得考虑，沿海都要利用。上海赚钱，内地建厂，这有什么不好？这同新建厂放在内地的根本方针，并不矛盾。多搞些轻工业，就是多搞重工业。只要有原料，有销路，尽量搞。投资一元，回来四元、三元，为什么不搞？在汇报到培养干部问题时，毛泽东说：你们搞得落后了，学校搞得太少了，要办几个学院，这是大问题。要开展科学研究，搞些技术人员自己干。

---

〔1〕 徐运北，当时任卫生部副部长、国务院科学规划委员会副秘书长。

〔2〕 以朱德为团长、邓小平为副团长的中共代表团，在莫斯科出席了1956年2月14日至25日召开的苏联共产党第二十次代表大会。邓小平于3月3日回到北京。朱德在参加苏共二十大后，又对苏联等7个国家进行访问，于4月2日回到北京。

**3月4日**　下午，听取手工业管理局汇报。在汇报到手工业改造速度时，毛泽东说：我觉得慢了一点，一九五五年底以前只组织了二百万人。今年头两个月就发展了三百万人，今年基本上可以搞完，这很好。手工业的总产值，你们设想在三个五年计划期间平均每年增长百分之十点九，似乎低一点。在汇报到组织铁、木业合作社为农业生产服务，下乡修理农具的时候，毛泽东说：这个办法很好，农民一定欢迎。中国手工业几千年来就有这样做的。组织合作社以后，提高了技术，就能更好地为农民服务。在汇报到手工业改造高潮中，修理和服务行业集中生产，撤点过多，群众不满的时候，毛泽东说：糟糕！现在怎么办？"天下大势，分久必合，合久必分"。在汇报到手工业劳动生产率和手工业合作社半机械化、机械化的时候，毛泽东说：手工业生产的劳动生产率，同半机械化、机械化生产比较，最高最低相差达三十多倍。把劳动生产率作一个比较就清楚了，手工业要向半机械化、机械化方向发展，劳动生产率必须提高。在汇报到行业安排、产品分类时，毛泽东说：你们都是做好事的，吃的、穿的、用的都有，还有工艺美术品，还有烤鸭子可以技术出口。有些服务性行业，串街游乡，修修补补。这些人跑的地方多，见识很广。提醒你们手工业中许多好东西，不要搞掉了。王麻子、张小泉的刀剪一万年也不要搞掉了。我们民族好的东西，搞掉了的，一定都要来一个恢复，而且要搞得更好一些。在汇报到提高工艺美术品和保护民间老艺人时，毛泽东说：这些办法很好，赶快搞，要搞快一些。开办学院，召集会议，给予名艺人学术头衔。杨士惠[1]是搞象牙雕刻的，实际上他是很高明的艺术家。在汇报到要求将手工业的供产销纳入国家计划时，毛泽东说：手工业产值

〔1〕 杨士惠，象牙雕刻艺术家。当时任北京市象牙雕刻生产合作社主任。

占全国工业总产值四分之一，手工业这样大，应当纳入国家计划。

**3月5日** 阅中共四川省委防治钩虫病、血吸虫病五人小组办公室三月二日给中央防治血吸虫病九人小组办公室的电报，批示杨尚昆：“请你电话告知上海柯庆施同志和中央卫生部徐运北同志，今年三月召开第二次防治血吸虫病会议的时候，应当邀请福建、广东、广西、四川等有血吸虫和钩虫病的省区派出代表到上海参加会议，并问他们此次会议何日召开，有无准备？”

**同日** 下午，听取主管交通、邮电部门的国务院第六办公室汇报。

**3月6日** 下午，听取铁道部汇报。在汇报到铁路运输营业人员的分类人数时，毛泽东说：以后，我出门不要你们部长、副部长跟着一同去，不然将来要检讨的。一九五〇年，我到苏联去就闹了个大官僚主义，铁路沿线两侧每隔二十公尺就有一个人站岗，从北京一直到满洲里。在汇报到铁道系统不少领导干部安于现状，滋长着骄傲自满情绪时，毛泽东说：铁路人多，家底大，成绩也不小，容易骄傲，应该注意这一方面。当汇报到在铁路基本建设方面，自一九五三年批判冒进之后，又产生了右倾情绪时，毛泽东说：一九五三年反对急躁冒进，中央提出了反对主观主义，同时还提出反对分散主义。反分散主义有好处无害处，反主观主义的好处是深入地研究了各部门的工作。过去革命经过多少年，到延安之后才找到既不是陈独秀的右倾，也不是后来的“左”倾，而是不“左”不右之倾，那是花了很大代价才找到的。在延安我们还找到对党外关系的正确态度，既不是只有团结，也不是只有斗争，对党内的关系也不再是“无情的残酷的斗争”。这是讲从前的反主观主义。我们想，搞建设，犯主观主义的时间是否会短一些。自从一九五三年反主观主义之后，到一九五五年，我们对现实的认识进了一步，但是带来了一个右倾。所以必须要在去年提出反对右倾的口号，先从农业开始，以后又在私营工商业改造方面也反对右倾。共产党要反过来反过去，多反复几次就要好些。

**3月7日**　阅徐运北关于召开防治血吸虫病会议问题的来信，批示："除长江中下游六省外，其他已发现血吸虫病的省份如四川、广东、福建等也应当请他们派代表参加，请与柯庆施同志商处。会议除讨论血吸虫病为主要任务以外，钩虫病及其他最严重的疾病也宜加以讨论。会议应当订定下一次会议，下半年再开一次会议（即每年开会两次）也就可以了。"

**同日**　下午，同蔡畅谈话。

**3月8日**　下午，听取交通部的汇报。看了交通部的汇报目录，感到一目了然，要求各部都要这样作才好。他说：世界各国海船吨位表很好，我国不到百分之零点三，这表明我国太穷。公路少应多修，地方工业和修公路都要发挥地方积极性。在谈到运价问题时说：运价高束缚生产力，工农业产品交流不起来，税收减少，结果害自己。工农业都在发展，两方面交流靠运输纽带，中间路太狭，通不过去发生矛盾，就影响两方面发展。讲到进一步改造合营航运公司时说：对资本家实行赎买政策，列宁想干而不能干，那时对资本家无利益。中国资本家的特点之一是许多人有经营管理知识。资方有能力的骨干，应放在领导地位。私有财产是否三年收归国有，还要考虑。将来可以给他们福利基金。讲到肃反，认为交通系统的肃反数字太多了，说：不要太多，要清除真正的反革命，不要搞错。汇报远景规划时，毛泽东说：一九六七年造船达到五百七十一万吨，这还像个样子。中国地势比较完整，东面是大海，西面是高山，统一起来帝国主义不易进来，发展航运有重大意义。汇报结束时，毛泽东说：你们对的意见，我都支持，我已说过，把事业办得又多、又快、又好、又省。

**3月9日**　下午，听取邮电部、民航局汇报。

**3月10日** 下午，在中南海颐年堂会见程潜、章士钊、王季范等，同他们叙旧，看电影并共进晚餐。

**3月12日** 晚上，在中南海颐年堂主持召开中共中央政治局扩大会议，讨论苏共二十大问题。毛泽东讲话，他说：我们党从一开始就对苏共二十大有保留意见。我们《人民日报》发表了两篇社论〔1〕。第一篇是根据大会开始时赫鲁晓夫的公开报告写的。那时我们不晓得他会反斯大林，从大局考虑给予支持。但社论中只谈了和平共处与和平竞赛问题，没有谈和平过渡问题，因为我们对这个问题有不同意见。苏共二十大结束的第二天，中央收到代表团发来电报，报告赫鲁晓夫大反斯大林，但不了解详细内容，不好仓促发表意见。所以在第二篇社论中，我们采取顾左右而言他的方针，只讲他们的第六个五年计划，笼统地表示支持。赫鲁晓夫的秘密报告值得认真研究，特别是这个报告所涉及的问题以及它在全世界所造成的影响。现在全世界都在议论，我们也要议论。现在看来，至少可以指出两点：一是它揭了盖子，一是它捅了娄子。说揭了盖子，就是讲，他的秘密报告表明，苏联、苏共、斯大林并不是一切都是正确的，这就破除了迷信。说捅了娄子，就是讲，他作的这个秘密报告，无论在内容上或方法上，都有严重错误。是不是这样，大家可以研究。会后，同刘少奇、周恩来、陈云、彭真、康生、邓小平、杨尚昆继续讨论苏共二十大问题。

**同日** 阅彭德怀三月七日的请示报告。报告说：为了逐渐减少我国在越南的军事顾问人员，增派越南军队所需要的技术人员，拟将现在越南担任军事总顾问职务的韦国清同志撤回，另派一个驻越武官担任两国的军事联络工作。毛泽东批示：“刘、周、

〔1〕 指1956年2月19日发表的《具有历史意义的文件》和2月28日发表的《苏共二十次代表大会胜利闭幕》两篇社论。

陈、邓阅，退彭，照办。武官人选，要是很好的。”

**3月13日**　晚八时，听取国务院主管农林水利的第七办公室汇报。

**同日**　和刘少奇、周恩来致电波兰国务委员会主席萨瓦茨基等，对贝鲁特〔1〕去世表示深切哀悼。晚十一时，和刘少奇、周恩来、陈云等到波兰驻中国大使馆吊唁贝鲁特去世。

**3月14日**　下午六时，在中南海勤政殿会见并宴请越南劳动党中央总书记长征、印度尼西亚共产党中央总书记艾地，同他们进行交谈。参加会见和宴请的有刘少奇、周恩来、陈云、彭真、彭德怀、邓小平、王稼祥等。长征问：《毛泽东选集》第四卷什么时候可以出版？毛泽东说：因为我怠工，所以拖延了。出版之前想把过去的东西再看一遍，但总懒得看。对已发表过的东西，完全满意的很少。如《实践论》就是比较满意的，《矛盾论》就并不很满意。《新民主主义论》初稿写到一半时，中国近百年历史前八十年是一个阶段、后二十年是一个阶段的看法，才逐渐明确起来，因此重新写起，经过反复修改才定了稿。艾地问：《毛泽东选集》出了第三卷之后，毛主席对第一、二卷有没有打算作什么修改？毛泽东说：现在还没有这个打算，只是想到还可以补一些注解。艾地问：《毛泽东选集》里有一篇谈革命的武装斗争的问题〔2〕，不知道那是就中国的特点说的，还是指所有国家说的？毛泽东说：那不单是说中国的问题，也包括外国。艾地问：现在是不是也还那样说？毛泽东说：现在也还是那样说。波

---

〔1〕贝鲁特，1956年3月12日在莫斯科去世。去世前任波兰统一工人党中央第一书记。

〔2〕指《战争和战略问题》一文中开头的一段话：“革命的中心任务和最高形式是武装夺取政权，是战争解决问题。这个马克思列宁主义的革命原则是普遍地对的，不论在中国在外国，一概都是对的。”

立特同志到北京时也提到这个问题，问要不要修改。在这个问题上，我们和波立特同志的意见是不一致的。要不要武装斗争，不是我们单方面能决定的，我们并不是资产阶级的参谋长。我们可以而且要这样说：我们要争取和平进到社会主义。但还要说，即使一时不说也要这样考虑问题：当资产阶级用武装来进攻我们的时候，我们就要被迫进行武装斗争来取得革命胜利。恩格斯生前曾经说过，在特定的条件下，英、美也可以和平进到社会主义。但到二十世纪，到帝国主义时代，美国和英国都成为帝国主义国家，情况就不同了，列宁就不再那样说了。自然，也可以设想，今后会有少数国家，在整个力量对比发生了根本变化的条件之下，可能不再经过国内的武装斗争而和平取得革命的胜利。力量的因素是很重要的，它包括武装力量。现在我们的阵营还只包括全世界三分之一的国家。到我们占大多数、绝大多数的时候，是会有一些国家在我们的巨大力量包围之下，不必经过国内的武装斗争而和平取得革命胜利的。在资产阶级掌握国家机关和军队的国家，我们如果只作和平取得革命胜利的打算，那是要吃亏的，因为我们并不是资产阶级的参谋长，他让不让你和平取得胜利，并不决定于你的主观愿望。我们现在也说要争取和平解放台湾，但我们并不是美国和蒋介石的参谋长，我们不能替他们做答案。艾地说：印尼有许多同志认为毛主席思想成熟，写文章一定是一气呵成，不必修改。毛泽东说：那样的说法是不符合实际的。我们的头脑、思想反映客观实际，谁都不可能无论什么时候一下子就反映得完全正确，无遗无误。客观实际是错综复杂，不断发展变化的。我们头脑、思想对客观实际的反映，是一个由不完全到更完全、不很明确到更明确、不深入到更深入的发展变化过程，同时还要随着客观实际的发展变化而发展变化。写《新民主主义论》时，许多东西在起初是不明确的，在写的过程中才逐渐明确起来，而且经过反复修改，才把意思表达得比较准确。过去写的文章很多现在并不满意。迷信是不好的。你们听我们的意见要分析，要从你们本国的实际出发。我们对中国国内问题的意见还不都是一点错也没有的，何况用来处理外国的事。现在传播的关于我的故事，有些并不符合实际，是不可信的。例如：香港有一家报纸（或杂志）说，我曾在一个深夜到离延安四十里地的地方去看一个伤兵，因为他说他死前一定要见一见毛主席。但并没有这回事。伤兵是看过的，但就在延安，而且在白天，并不是应一个快断气的伤兵的要求而赶去看他。还有一篇故事说我八岁就不相信神，成为一个唯物论者。但当时我还是相信神的，后来又曾经是唯心主义者、无政府主义者。那篇文章说的话不符合实际。那也是一种迷信，那样是不好的。会见于晚十一时四十分结束。

**同日**　晚上近十二时，同陈毅、张经武、汪锋谈话，再次交代中央代表团赴藏任务和应注意的问题，罗瑞卿参加。毛泽东说：藏族和汉族的隔阂不是一天两天就能消除的，我们在精神上应该准备等他十年二十年。这次去西藏主要是庆祝西藏自治区筹委会的成立，而不是去做更多的事。我们主要地反对大汉族主义。反对了大汉族主义，才能说服各民族放弃地方民族主义。这点不能颠倒过来。这次去的任务不要多，希望不要大，对于土地改革、稳定物价、妇女工作等，要看情形去做，步子不要太快。次日晨零时四十分，和刘少奇、周恩来、陈云、彭真、邓小平听取罗瑞卿汇报。

**3月15日**　中午，听取彭德怀汇报自三月六日开始的中共中央军委扩大会议的情况和讨论中提出的问题。同意会议当天可以结束，提出会上关于战略方针和国防建设问题的报告应当报中央政治局。

**同日**　下午，听取农业部汇报。之后，同刘少奇、彭真、邓小平商谈工作。

**3月16日**　下午，听取水利部汇报。

**3月18日**　晚上，听取林业部和气象局汇报。之后，同刘少奇、周恩来、彭真、邓小平、陈伯达谈西方通讯社对苏联国内情况的报道等问题。

**3月19日**　下午二时，同陈伯达、胡乔木谈话。

**同日**　下午四时半，听取国务院主管财贸金融的第五办公室汇报。

**3月20日、21日**　晚上，继续听取国务院第五办公室汇报。

**3月23日**　晚上，在中南海游泳池住处主持召开中共中央书记处扩大会议，讨论赫鲁晓夫的秘密报告和中国共产党的对策。王稼祥发言分析赫鲁晓夫秘密报告中的内在矛盾，刘少奇对斯大林的主要错误作系统发言，周恩来就中共历史上几次重大错误同斯大林的关系问题发言，邓小平发言着重谈反对个人崇拜问题。毛泽东着重讲了四点意见。第一，共产主义运动，从马克思和恩格斯发表《共产党宣言》算起，于今只有一百年多一点。无产阶级专政的历史，从十月革命算起，还不到四十年。实现共产主义是空前伟大而又空前艰巨的事业。不艰巨就不能说伟大，因为很艰巨才很伟大。在这艰巨斗争的过程中，不犯错误是不可能的，因为我们走的是前无古人的道路。我历来是“难免论”。斯大林犯错误是题中应有之义，赫鲁晓夫同样也要犯错误。苏联要犯错误，我们也要犯错误。问题在于共产党能够通过批评和自我批评克服自己的错误。第二，社会主义社会，仍然存在着矛盾。否认存在矛盾就是否认唯物辩证法。斯大林的错误正证明了这一点。矛盾无时不在，无所不在。有矛盾就有斗争，只不过斗争的性质和形式不同于阶级社会而已。第三，斯大林犯过严重错误，但他有伟大功绩。他在某些方面违背马克思主义的原则，但他仍然是一位伟大的马克思主义者。他的著作虽然包含了某些错误，但仍然值得我们学习，只不过在学习时要采取分析的态度。第四，赫鲁晓夫这次揭了盖子，又捅了娄子。他破除了那种认为苏联、苏共和斯大林一切都是正确的迷信，有利于反对教条主义。不要再硬搬苏联的一切了，应该用自己的头脑思索了。应该把马列主义的基本原理同中国社会主义革命和建设的具体实际结合起来，探索在我们国家里建设社会主义的道路了。至于赫鲁晓夫秘密报告的失误，我们要尽力加以补救。会议结束前，毛泽东提出，对于苏共二十大赫鲁晓夫大反斯大林，我们党应当表示态度，方式可以考虑发表文章，因为发表声明或作出决议都显得过于正式，苏共还没有公布赫鲁晓夫的秘密报告，而且此事的后果仍在发展中。这篇文章可以在支持苏共二十大反对个人迷信的姿态下面讲一些道理，补救赫鲁晓夫的失误；对斯大林的一生加以分析，既要指出他的严重错误，更要强调他的伟大功绩；对我党历史上同斯大林有关的路线错误，只从我党自己方面讲，不涉及斯大林；对个人迷信作一些分析，并说明我党一贯主张实行群众路线，反对突出个人。文章不要太长，要有针对性地讲道理，一个星期内写出来。会议决定由陈伯达执笔，中宣部和新华社协助。这篇文章初稿于本月二十九日写出，按照毛泽东的意见定名为《关于无产阶级专政的历史经验》。

**3月25日** 上午，同陈正人谈话。晚上，同邓小平、陈伯达谈话。

**3月26日** 下午，听取商业部汇报。之后，同刘少奇、周恩来、陈云、彭真商谈问题。

**3月27日** 下午，听取对外贸易部汇报。之后，同周恩来、陈云、彭真、邓小平商谈问题。

**3月28日** 复信拉科西[1]：“一九五六年三月十四日来信

〔1〕 拉科西，当时任匈牙利劳动人民党中央第一书记。

收到了。我们了解匈牙利人民共和国在对外贸易方面的困难，并且愿意尽可能帮助你们克服困难。根据你们的希望和我们的可能，我们准备在一九五六年内增加供应你们价值三千万卢布的货物。我们已经指示我们对外贸易部立即同匈牙利人民共和国驻北京大使馆商务参赞处商谈供应货物的品种和数量。”

**3月29日** 下午，在中南海颐年堂会见艾地，刘少奇、周恩来、陈云、彭真、邓小平、王稼祥在座。在谈到印度尼西亚打击的主要对象是荷兰还是美国的问题时，毛泽东表示同意艾地的意见，说：印尼共产党反对荷兰，但也要反对美国，两者都要揭露。必须反对美国侵入印尼的势力，一步一步地排挤荷兰的势力。前门打虎，后门拒狼。在谈到印尼共产党的工作时，毛泽东说：印尼共产党的工作有两方面：（一）上层；（二）下层。在上层分子中间，凡是能够争取过来的，都应当争取他们，党和他们的团结越久越好。在下层的工作，就是争取工人、农民和知识分子。革命领导权的问题主要是对农民的领导，没有农民就会麻烦，就会被孤立起来。民族资产阶级如果站在帝国主义一边，革命就不可能取得胜利。要把民族资产阶级争取到我们方面来，党就必须要有强大的力量，就是说党必须在农民中间生根。党必须在知识分子中间进行工作，而且要有军队，要掌握政权。只有这样，才能够争取民族资产阶级。党必须加强在农民中间的工作。最好艾地同志或其他政治局委员到农村去，和农民接触，调查农村的情况，以便详细地了解农村阶级关系、土地问题和生产情况。每个政治局委员一年利用两个或三个星期去调查农村的情况，这是好的办法。对于工厂也是这样。只有这样，政治局委员才能知道农民问题。如果不知道，工作就困难，就不可发出指示。在讲到争取中间势力时，毛泽东说：地主问题也要加以区别。在他们中间同样也有大、中、小之分。必须把封建剥削的地主和同资本主义有联系的地主区分开来。具有资本主义性质的那部分地主必须给他们加上民主人士和爱国人士的帽子，必须把他们包括在统一战线内。不能把他们和封建主同等看待，这样可以缩小打击面。毛泽东一再强调，在这次谈话中所提出的一切意见，希望只作为参考的材料来接受，不要认为我们的一切经验对你们都是正确的。

**同日**　晚上，在中南海颐年堂同刘少奇、周恩来、陈云、彭真、邓小平、王稼祥商谈陈云赴越南问题。

**3月30日**　审阅修改中共中央发给上海局、各省市区党委的《关于工业、运输、财贸等方面工作汇报提纲》稿，批送刘少奇、周恩来、彭真、邓小平阅后，由杨尚昆发出。汇报提纲稿说："中央最近分别听取了工业、交通、农林水和财金贸各部党组的汇报，在今后几个月内中央拟分别听各省委、市委、区党委关于工业、运输、农林水、财金贸等方面工作的汇报。为了便于各省、市、区党委准备汇报的意见，现在提出下列问题供作参考。"提纲稿共列出十个题目，要求"向中央汇报时，应当各自根据本省、市、区的经济特点，对本省、市、区财经工作中的主要问题，进行具体的分析，并作历史的比较。这种汇报应当有形象的材料，有批评，有议论，有主张。不要枯燥无味、千篇一律，同时，应当写成书面文件报送中央，字数不限，但亦不要太长"。毛泽东将"字数不限，但亦不要太长"改写为："字数以一万五千字左右为宜。但要看内容如何，内容好，写得有骨有肉，生动活泼，不妨长一点，否则宜短，几千字也可以。上开十项如果一次写不完，分别写成几个报告也可以。如果一时写不好许多问题，先写两三个或者三四个问题也可以。"

**同日**　审阅中共中央、国务院关于勤俭办社的指示稿，批示："刘、周、彭真阅后，退小平照办。国务院春耕指示[1]（此

〔1〕 指国务院1956年3月27日关于春耕生产的指示。

件已退习[1]办）于四月一日见报，此件应隔一二天，可于四月三日或四日见报。”

**同日** 在中南海游泳池住处主持召开中共中央书记处会议，刘少奇、周恩来、陈云、彭真出席，邓小平、王稼祥列席。

**3月31日** 上午，在中南海颐年堂会见苏联驻中国大使尤金。

**4月1日** 晚上，同陈伯达谈修改《关于无产阶级专政的历史经验》稿。

**4月2日** 晨，对《关于无产阶级专政的历史经验》稿审阅修改后，致信刘少奇、邓小平："社论[2]已由陈伯达同志写好，请小平于本日（二日）夜间即印成清样约二十份左右，立即送给各政治局委员，各副秘书长，王稼祥、陈伯达、张际春、邓拓、胡绳等同志，请他们于三日上午看一遍。三日下午请你们召集一次政治局会议（有看过清样各同志参加），提出修改意见，于四日上午修改完毕。四日下午打成第二次清样，由书记处再斟酌一下，即可发稿，争取五日见报。目前有了这篇社论就够了。"毛泽东对《关于无产阶级专政的历史经验》稿加写了一些内容。文章在讲到无产阶级专政的工作也会犯很多错误的地方写道："甚至会在某种情况下也会重犯过去的错误，这点恰恰是人们完全可以设想的。"毛泽东将这句改为："如果有些共产党人发生骄傲自满和思想硬化的情形，那么，他们甚至也会重犯过去自己犯过的或者别人犯过的错误。这一点，我们共产党人是必须充分地估计

---

〔1〕 习，指习仲勋。

〔2〕 指《关于无产阶级专政的历史经验》一文。这篇文章最初准备作为《人民日报》社论发表，1956年4月4日毛泽东修改时改为《人民日报》编辑部文章。

到的。”在文章讲到斯大林在后一个时期犯错误的地方，毛泽东加写了两段话：“他骄傲了，不谨慎了，他的思想里产生了主观主义，产生了片面性，对于某些重大问题做出了错误的决定，造成了严重的不良后果。”“斯大林在他一生的后期，愈陷愈深地欣赏个人崇拜，违反党的民主集中制，违反集体领导和个人负责相结合的制度，因而发生了例如以下的一些重大的错误：在肃反问题上扩大化；在反法西斯战争前夜缺乏必要的警惕；对于农业的进一步发展和农民的物质福利缺乏应有的注意；在国际共产主义运动中出了一些错误的主意，特别是在南斯拉夫问题上作了错误的决定。斯大林在这些问题上，陷入了主观性和片面性，脱离了客观实际状况，脱离了群众。”在文章讲到中国共产党历史上犯过严重错误的地方，毛泽东加写以下一些内容：在一九二七年到一九三六年的革命时期，我们党内出现了三次“左”倾机会主义的错误路线，“其中特别严重的是李立三路线和王明路线，前者是在一九三〇年发生的，后者是在一九三一年至一九三四年发生的，而以王明路线对于革命的损害最为严重”。抗日战争时期，又出现了“以王明同志为代表的右倾机会主义的错误路线”。“在中华人民共和国成立以后，在一九五三年，我们党内又出现了高岗、饶漱石的反党联盟。这个反党联盟代表国内外的反动势力，而以危害革命事业为目的。如果不是党中央发觉得早，及时地击破了这个反党联盟的话，党和革命事业的损失将会是不堪设想的。”“由此可见，我们党的历史经验，也是在自己同各种错误路线作斗争的过程中使自己获得了锻炼，因此取得了伟大的革命胜利和建设胜利的。至于局部的和个别的错误，则在工作中时常发生，仅仅是依赖党的集体智慧和人民群众的智慧，及时地加以揭露和克服，才使它们不能获得发展的机会，没有成为全国性的和长期性的错误，没有成为危害人民的大错误。”在文章末尾，毛泽东加写了两段文字。第一段中说："共产党人对于共产主义运动中所发生的错误，必须采取分析的态度。有些人认为斯大林完全错了，这是严重的误解。斯大林是一个伟大的马克思列宁主义者，但是也是一个犯了几个严重错误而不自觉其为错误的马克思列宁主义者。我们应当用历史的观点看斯大林，对于他的正确的地方和错误的地方作出全面的和适当的分析，从而吸取有益的教训。不论是他的正确的地方，或者错误的地方，都是国际共产主义运动的一种现象，带有时代的特点。整个说来，国际共产主义运动还只有一百年多一点的时间，从十月革命胜利以来，还只有三十九年的时间，许多革命工作的经验还是不足的。我们有伟大的成绩，但是还有缺点和错误。如同一个成绩出现了接着又创造新的成绩一样，一个缺点或错误克服了，新的缺点或错误又可能产生，又有待于我们去克服。而成绩总是多于缺点，正确的地方总是多于错误的地方，缺点和错误总是要被克服的。好的领导者不在于不犯错误，而在于认真地对待错误。完全不犯错误的人在世界上是从来没有的。列宁说：'公开承认错误，揭露错误的原因，分析产生错误的环境，仔细讨论改正错误的方法——这才是郑重的党的标志，这才是党执行自己的义务，这才是教育和训练阶级，以至于群众。'苏联共产党遵循列宁的遗教，现在正在认真地对待斯大林在领导社会主义建设中所犯的某些性质严重的错误及其所遗留的后果。"第二段是："世界上一切反动势力正在讥笑这件事，他们在讥笑我们阵营中克服自己的错误。这种讥笑会有什么结果呢？毫无疑义，结果将是在他们面前站着一个比较过去更加强大和永远不可战胜的以苏联为首的和平和社会主义的伟大阵营，而讥笑者们的吃人事业却是很不美妙的。"

**同日** 审阅彭德怀三月六日在中共中央军委扩大会议上的报告，批示："退彭德怀同志。此件看过，可用。中央各同志意见，在他们看过文件后，即会告知你。”彭德怀在会议上的报告分为两部分。第一部分关于战略方针问题，包括：争取持久和平，随时准备应付突然事变；积极防御的方针；阵地战结合运动战问题；作战指导上的几个主要问题等。第二部分关于国防建设问题，包括：军队建设和战备工作；动员准备工作；建立军事科学研究工作。

**同日**　下午，听取全国合作总社汇报。

**同日**　晚上，在中南海颐年堂主持召开中共中央书记处会议，听取朱德关于参加苏共二十大和访问苏联等七国情况的汇报，刘少奇、周恩来、彭真出席，邓小平列席。

**4月3日**　下午，刘少奇主持召开中共中央政治局扩大会议，讨论《关于无产阶级专政的历史经验》稿。晚十一时，毛泽东同刘少奇、周恩来、彭真、邓小平、陈伯达、胡乔木、胡绳，在中南海颐年堂修改《关于无产阶级专政的历史经验》稿。

**4月3日、4日**　对《关于无产阶级专政的历史经验》稿又进行多次修改。文章中讲到，鉴于教条主义的错误，中共中央在抗日战争时期，为了打败日本侵略者，提出“发展进步势力、争取中间势力、孤立顽固势力”的方针。毛泽东在这里加写一段话：“这里所指的进步势力，就是共产党所领导和可能影响的工人、农民和革命知识分子的力量。这里所指的中间势力，就是民族资产阶级、各民主党派和无党派的民主人士。这里所指的顽固势力，就是那些实行消极抗日积极反共的、以蒋介石为首的买办封建势力。”文章讲到即使到共产主义社会，人们本身也还将有矛盾的地方，毛泽东加写：“还将有好人和坏人，还将有思想比较正确的人和思想比较不正确的人。因此，人们之间也还将有斗争，不过斗争的性质和形式不同于阶级社会罢了。”毛泽东还将文章中“我们需要建立一定的制度来保证群众路线的贯彻实施，而避免个人的专断”一句中的“个人的专断”，改为“脱离群众的个人主义和个人英雄主义”。毛泽东为文章加了题下说明：“这篇文章是根据中国共产党中央政治局扩大会议的讨论，由人民日报编辑部写成的”。

**4月4日** 中午，在中南海颐年堂召集刘少奇、周恩来、彭真、邓小平、陈伯达、胡乔木、胡绳、吴冷西、田家英等开会，最后一次讨论修改《关于无产阶级专政的历史经验》稿。会上，毛泽东说：发表这篇文章，我们对苏共二十大表示了明确的但也是初步的态度。议论以后还会有，问题在于我们自己从中得到什么教益。最重要的是要独立思考，把马列主义的基本原理同中国革命和建设的具体实际相结合。民主革命时期，我们吃了大亏之后才成功地实现了这种结合，取得了新民主主义革命的胜利。现在是社会主义革命和建设时期，我们要进行第二次结合，找出在中国怎样建设社会主义的道路。这个问题，我几年前就开始考虑。先在农业合作化问题上考虑怎样把合作社办得又多又快又好，后来又在建设上考虑能否不用或者少用苏联的拐杖，不像第一个五年计划那样搬苏联的一套，自己根据中国的国情，建设得又多又快又好又省。现在感谢赫鲁晓夫揭开了盖子，我们应该从各方面考虑如何按照中国的情况办事，不要再像过去那样迷信了。其实，我们过去也不是完全迷信，有自己的独创。现在更要努力找到中国建设社会主义的具体道路。

**同日** 下午，在中南海颐年堂同刘少奇、周恩来、彭真、彭德怀、邓小平谈关于从朝鲜调回四万中国人民志愿军和部队装备及补充问题。

**同日** 审阅彭德怀三月二十八日关于将南京军区分为南京、福州两个军区的请示报告。报告说：在此次军委扩大会议期间，南京军区的同志建议，由于现在南京军区直辖江苏、浙江、福建、江西、安徽五个省军区，范围太大，领导不便，要求划为两个军区，即将江苏、浙江、安徽划为南京军区，另将福建、江西划为福州军区。经军委会议讨论，同意这个建议，由福建军区的领导担任福州军区的领导。但福建军区司令叶飞兼任福建省委书记、省长，兼职过多，请中央考虑叶飞不兼福建省委书记。〔1〕毛泽东批示："刘、周、朱、小平阅后，退彭德怀同志。此件看过。同意划分为两个军区。叶飞的省委书记是否可以不再兼了，何人充任省委书记的问题，请小平和谭震林商定告彭。"

**4月5日** 《关于无产阶级专政的历史经验》在《人民日报》发表。

**同日** 下午，听取粮食部汇报。

**4月6日** 下午，在中南海颐年堂召开会议，听取陈云汇报赴越南的情况，刘少奇、周恩来、朱德、彭真、邓小平、王稼祥等出席。会后，同刘少奇、朱德谈话。

**同日** 晚九时半，在中南海颐年堂会见苏联政府代表团团长米高扬。次日晨一时，在颐年堂召集刘少奇、周恩来、陈云、彭真、邓小平开会，通报会见米高扬的情况，商定同苏联政府代表团会谈的基本方案。

**4月7日** 下午，刘少奇、周恩来、朱德、陈云和中共中央政治局委员、中央副秘书长共二十四人在中南海西楼会议室同苏联政府代表团会谈。随后，李富春、米高扬分别代表本国政府签订关于苏联援助中国建设五十五项新的工业企业的协定和关于修建从中国兰州到苏联阿克斗卡（今属哈萨克斯坦共和国）的铁路及组织这条铁路联运的协定，周恩来、陈云、彭德怀、邓小平等出席签字仪式。

---

〔1〕这之后，叶飞所任中共福建省委第一书记、福建省省长的职务并未免除。1956年8月又任中国人民解放军福州军区司令员兼政治委员。

**4月8日** 下午，听取农产品采购部汇报。

**4月9日** 下午，听取财政部汇报。

**同日** 晚上，和刘少奇、周恩来、陈云、彭真、彭德怀、张闻天、邓小平等，在中南海颐年堂听取康生参加德国统一社会党第三次代表会议情况的汇报。

**4月10日** 接受丹麦首任驻中国大使格瑞杰生递交国书。在同大使交谈中，毛泽东说：中国地方大，力量并不强。中国是不会向别人翘尾巴的，如果中国翘尾巴，你们可以批评。我们很愿意向你们学习，我们愿意向世界上所有国家学习，如果美国人愿意的话，我们也愿意向他们学习。每个国家都有值得学习的长处。毛泽东说：你们老呆在北京，知识也受到限制。我想，驻北京的使节每年“五一”和“十一”以后，就是春耕、秋收以后，可以组织两次旅行，到中国各地去看看。大使说：我对中国的情况很关心，主席关于农业合作化问题的报告，我至少看了十遍。丹麦也有合作社。毛泽东说：我们也要学一学你们是怎样办合作社的。中国的农业合作化发展得很快，原因是：（一）农民很穷。（二）地少人多。（三）历史发展的原因，即从互助组、初级社逐步发展，适合农民的习惯，不感到突然，觉得有利无害或利多害少，愿意加入合作社。（四）由于政府和党的领导。你们有机会可以去看一看。你们也可以看一看对资本主义企业的社会主义改造是怎么进行的。资本家现在在半国有化的企业里还是担任着工作，有的还当经理、当厂长，将来也还是如此。政府采取了完全包下来的政策，使他们都有职业，而且有选举权。他们也是国家的主人，他们对此很乐意。当大使说到中国对资本家的收入不征税时，毛泽东说：我们现在没有所得税，因为大家的收入还不多。所得税的制度还是进步的，我们将来要采用的。不仅对资本家要收所得税，对工人、农民、机关人员都要收所得税。目前我们的薪水收入不算多，不过因为物价低，市场稳定，还可以过得去。你们在北京买东西大概也会感到这一点的。

**同日** 下午，继续听取财政部汇报。之后，听取中国人民银行汇报。晚上，同薄一波谈话。

**4月11日** 阅中共中央书记处第一办公室编印的《情况简报》第七十八号，其中反映目前小学教师中存在“三低”即待遇低、地位低、教学质量低的情况。批示：“刘、周、陈、邓、彭真同志：此件值得一阅，并应予以解决。”周恩来四月二十七日批示：“送董纯才〔1〕同志阅，望在国务院常务会议中提出解决办法。”

**同日** 下午二时，同罗瑞卿谈有关在押战争罪犯的问题。

**同日** 下午四时半，继续听取中国人民银行汇报。至此，国务院三十五个部门的汇报全部听完。

**同日** 审阅中共中央关于对蒋、日、伪战犯处理问题征求意见的通知稿，批示：“彭真同志：略有修改，主要是发到县级，于五月份收集意见上报。”毛泽东在通知稿末尾加写一段话：“请你们将此件印发给所属地委、省辖市委和县委。也请他们召集党内外的适当会议加以讨论，征求意见，于五月中旬以前由你们汇集报告中央。”中央通知发给上海局，各省、市、自治区党委并中央各部委，国家机关、群众团体各党组。通知说：对于目前在押的蒋、日、伪战犯，需要作适当的处理。中央经过总的利害权衡，觉得似以从宽处理为好。从宽处理，不处死刑，按其情节分别判处适当的徒刑，不需要再判刑的则陆续释放，并且陆续特赦一些已有悔改表现、愿意立功赎罪的较大的战犯。这种处理，有助于我们孤立、动摇、瓦解国内外敌人，巩固和扩大人民民主统一战线，对国家对人民都比较有利。但是，这样处理，也可能引

---

〔1〕 董纯才，当时任中共教育部党组书记、教育部副部长。

起一些人的不满，认为太便宜了这些罪犯，也可能使一部分反动分子感到无所畏惧，因而助长他们的反动气焰。为此，提请各省、市、自治区党委在四、五两月内召开当地政协常委扩大会，或其他适当范围的座谈会，征求意见，会后将结果向中央作报告，以便中央作出最后决定。这个通知，在中共中央政治局会议四月十二日通过后下发。

**4月12日** 下午，在中南海瀛台参观机械工业展览。从本日起连续六天下午参观这个展览。

**4月14日** 晚上，同邓子恢谈话。

**4月16日** 晚上，在中南海游泳池住处召开会议，讨论有关兄弟党的一些问题，刘少奇、陈云、彭真、邓小平、李富春、王稼祥、罗瑞卿出席。

**4月17日** 晚上，在中南海怀仁堂观看浙江昆苏剧团演出的昆曲《十五贯》。

**4月18日** 下午，和刘少奇、周恩来、朱德、陈云、彭真、彭德怀、邓小平等，在中南海颐年堂听取李富春关于第二个五年计划的汇报。当汇报到新产品问题时，毛泽东说：许多新产品都是在沿海工厂生产，可见沿海工业作用很大，应充分利用。沿海老工厂加以适当扩建，投资少，见效快。又说：农民的收入每年必须有所增加，就是说，百分之九十的合作社中百分之九十的人收入应有增加。现在的危险是基建投资太多了，非生产性的建设也多了，农民是负担不起的，这势必妨碍个人的利益，秋后个人不能增加收入或增加很少。一九五六年至一九五七年轻工业投资的比重稍有增加是好的，第二个五年计划轻工业投资的比例还要看看这两年农业实际的增产情况。总之，向苏联学，但也不能完全照搬。

**同日** 阅康生摘报的德国统一社会党中央宣传部部长哈格尔三月三日的谈话纪要，批示张际春：“此件值得注意。请中宣部讨论一下这个问题。讨论时，邀请科学院及其他有关机关的负责同志参加。陆定一同志回来，将此件给他一阅。”哈格尔在谈话中说：过去教条主义的错误，主要表现在过分强调苏联的先进经验和科学成就。这对于我们的科学研究是有约束力的。例如，我们宣传苏联农学家李森科的学说一切都好，将德国科学界很有权威的魏尔啸〔1〕一切都否定了，认为孟德尔〔2〕的一切都是反动的，而在德国的生物学家，绝大多数是孟德尔派。科学是可以有各种学派，我们相信，久而久之可以使一些真正研究科学的人走上唯物主义。苏联科学有好的我们应当学习，但不能将苏联科学界的每句话都认为是神圣的。哈格尔还说：在哲学上也要重新研究，我们与某些苏联哲学家一样对黑格尔采取完全否定的态度，这是错误的。

**4月19日**　下午，和刘少奇、周恩来、朱德、彭真、彭德怀、邓小平等继续听取李富春关于第二个五年计划的汇报。毛泽东再次强调必须充分利用沿海工业。他说：不仅原有的轻工业绝大部分在沿海，就是造船、机械、钢铁、水泥、化工等重工业也多在沿海，也必须充分利用。他指出，三个关系都必须很好地解决，即沿海与内地关系、轻工业与重工业关系、个人与集体关系。真想建设内地，就必须充分利用沿海；真想建设重工业，就必须建设轻工业；真想搞好集体所有制，就必须搞好个人所得。谈到农业增产问题时说：我国农业机械化的步骤要慎重，不能破坏了精耕细作。现在的危险是忽视个人利益，如果不注意个人收入问题，就可能犯大错误。命令主义和减少农村副业也是错误的。应该把积累、个人收入、发展副业、纠正命令主义都纳入规划之中。为此，四月底要召开一次省委书记会议。毛泽东提出“两个万岁”

〔1〕魏尔啸，即微耳和，德国病理学家。

〔2〕孟德尔，奥地利遗传学家。

的口号，说：共产党万岁，民主党派也万岁。他们可以看着我们，这也是一种民主。共产党有两怕，一怕老百姓，二怕民主人士。

**4月20日** 下午，和刘少奇、周恩来、朱德、彭真、彭德怀、邓小平等继续听取李富春关于第二个五年计划的汇报。毛泽东批评了一种说法“如果没有苏联的援助，中国的建设是不可能的”。他说：这种思想是不对的。当奴隶当惯了，总有点奴隶气，好像《法门寺》戏里的贾桂一样，叫他坐，他说站惯了。列宁反抗了第二国际，才取得了俄国革命的胜利，我们抵抗了第三国际的错误，才取得了中国革命的胜利。当然，第二国际、第三国际性质是根本不同的，第二国际不革命，第三国际有一时期革命太过火了。他说：重工业是重点是无可争论的。但如果把轻工业建设投资比重定得不恰当，轻工业定低了，就是立志不想搞重工业。要搞重工业就要适当增加轻工业的投资。除了轻工与重工，沿海与内地，个人与集体，地方与中央几个关系，还有经济与国防的关系。减少些国防，多搞些工业，正是为了国防。毛泽东针对在经济建设中可能出现盲目性指出：提出又多又快之后，可能产生盲目性，如在杭州开会时，有些省要种的红薯太多，就无办法处理。工业也可能有此情况。过去我们要他们提高，现在又要他们压缩。

**同日** 致电达赖喇嘛、班禅额尔德尼和西藏自治区筹备委员会各位委员：“我愉快地祝贺西藏自治区筹备委员会的成立，热忱地希望西藏各阶层人民在你们指导之下更加团结和进步，在发展西藏政治、经济和文化事业上获得更大的成就。”四月二十二日，西藏自治区筹备委员会正式成立。此前，毛泽东题词：“祝贺西藏自治区筹备委员会的成立”。

**同日** 为印发徐运北关于消灭血吸虫病问题的报告，批示：“小平同志：此件请印五百份或更多些，分发党内外高级干部及二十五日到京的各省委书记。”毛泽东为这个报告加了题目《关于消灭血吸虫病问题的报告》和题下注“（这是卫生部副部长徐运北一九五六年四月十八日给中共中央的报告，值得大家一阅。中共中央办公厅注）”。徐运北的报告说：今年三月在上海召开了第二次全国防治血吸虫病会议。会议一致认为，血吸虫病在我国流传面广，危害极深，不仅损害了广大人民的生命财产，而且严重地影响着国家建设的发展和整个民族的前途。要在全国范围内消灭血吸虫病，必须做到：一、加强党的领导，这是问题的关键；二、充分发动群众；三、加强对科学研究的组织和领导；四、追加防治血吸虫病的经费。

**同日** 复信毛宇居：“迭次惠书均已收到，甚为感谢！今借纯珠[1]兄之便敬致问候之意。”同日，致信毛笔珠[2]：“纯珠兄来说你已加入了合作社，甚为高兴。望你努力工作。”复信毛泽荣：“多次来信，均收到了。你今年不要来京，明年再讲吧。”

**4月21日** 阅邓小平报送的八大修改党章和修改党章报告的起草委员会名单，批示：“如政治局同意，即照此办理，交邓小平处理。”名单共九人：邓小平、胡乔木、李雪峰、谭震林、马明方、安子文、刘澜涛、宋任穷、杨尚昆。

**同日** 中共中央发出关于抽调干部和工人参加原子能建设工作的通知。

**同日** 下午，和刘少奇、周恩来、朱德、彭真、彭德怀、邓小平等继续听取李富春关于第二个五年计划的汇报。毛泽东说：农业机械化，实行一部分之后，还要看看情况，再考虑发展程度。人总是比机械会做工作，广东潮州每亩产量两千二百斤，有的国营农场每亩产量才一百多斤。一拖一拉一百多斤，不拖不拉

---

〔1〕 纯珠，即毛纯珠，毛泽东的房弟。

〔2〕 毛笔珠，即毛碧珠，毛泽东的房弟。

两千二百多斤。关于战时和平时工业生产的互相转化问题，毛泽东说：学两套本事，在军事工业中练习生产民用产品的本事，在民用工业中练习生产军事产品的本事。这个办法是好的，必须如此做。关于地方工业，毛泽东说：应立两条法律，一让地方搞，二不拿走。地方工业，中央部委在技术上、规划上、供产销平衡上还要管。还说：群众的事业由群众自办，也要加以限制，要分期分批来办，不要七年到十二年的事在一二年内解决。最后毛泽东说：汇报得好，下了工夫摸了一下，总结了经验。过去没有这些经验，现在总结了这些经验，可以发到各部各省市去。今后每年都要你们汇报一次。

**4月22日** 下午，在中南海颐年堂主持召开中共中央政治局扩大会议，讨论修改《中国共产党章程》的问题。出席会议的有：刘少奇、周恩来、朱德、彭真、康生、董必武、张闻天、彭德怀、邓小平、胡乔木、李雪峰、谭震林、马明方、安子文、宋任穷、杨尚昆。晚上，在游泳池住处同王任重、李先念、廖鲁言谈话。

**4月23日** 下午，和刘少奇、周恩来、朱德、彭真、彭德怀、邓小平等继续听取李富春关于第二个五年计划的汇报。谈到第二个五年计划基本任务的提法时，毛泽东说：关于社会主义改造的提法，应改为“除个别边疆地区外，完成对农业、手工业和资本主义工商业的社会主义改造”。第三个五年计划的目标，说“就要完成国家的社会主义工业化”，应加上“基本上”三个字。毛泽东指出：在第二个五年计划工业投资中，轻工业投资比重比第一个五年计划时略有增加，这就是与苏联不同之处，将来历史会判断谁正确一些。

**同日** 晚上，在中南海游泳池住处召集谭震林、廖鲁言、王任重、李井泉、吴芝圃、张德生、胡乔木开会，讨论《中共中央关于必须重视农业生产合作社社员的个人利益问题（草案初稿）》修改问题。

**4月24日** 下午一时十分，在中南海颐年堂会见程潜。

**同日**　下午四时十五分，和刘少奇、周恩来、朱德、彭真、彭德怀、邓小平等继续听取李富春关于第二个五年计划的汇报。毛泽东根据两个多月来听取经济工作部门汇报的情况，归纳出六大矛盾，也就是六大关系。一、轻工业与重工业：为了发展重工业，就必须注意在轻工业上多投些资。二、沿海与内地：为了建设内地，就必须充分利用沿海。三、国防、行政与经济、文化：要尽可能地减少国防和行政的费用，来扩大经济和文教的建设。四、个人与集体：要发展集体利益就必须照顾个人利益。增加工人工资，正是为了提高工人的积极性，达到增产。农民中有两重关系，即国家与合作社，社与社员，必须照顾社员的收入能年年增加，才能提高社员增产的积极性。五、地方与中央：分权正是为了集权，不注意地方，削弱地方的权限，对中央是不利的。六、少数民族与汉族：搞好少数民族的工作，对汉族大有好处。少数民族虽然人口只占十四分之一，而土地却占百分之五六十。毛泽东说：这几个矛盾如果调整得好，工作就会搞得更好些，犯错误也犯在这些矛盾上。如斯大林就在第四个矛盾上犯了错误，东欧兄弟国家在第一个矛盾上犯了错误。毛泽东还特别提出：个人与集体的矛盾是复杂的，农村中往往百分之五的干部社会主义积极性太高，而百分之九十五的农民则更多注意个人利益，这就是矛盾。财政一节，说还想从农民中多要一些，很值得研究。对农民总要经常照顾，不要一下使农民收入大为减少。去年〔1〕就是一个大教训，多购七十亿斤粮食，农民都骂我们。我们减少了征购，实行了三定，又加上丰收，因而改骂娘为鼓掌。总之，要小心谨慎，多要些，还可以多想些办法，如薄利广销等。

**同日**　晚上，在中南海颐年堂召集来北京参加中共中央政治

---

〔1〕 指1954粮食年度（1954年7月1日至1955年6月30日）。

局扩大会议的各省市自治区党委书记开会，了解各省市情况，并通报政治局扩大会议的内容。刘少奇、周恩来、彭真、邓小平等出席会议。

**4月25日** 下午，在中南海勤政殿主持召开有各省市自治区党委书记参加的中共中央政治局扩大会议，在会上发表《论十大关系》的讲话。讲话以苏联的经验为鉴戒，初步总结了中国社会主义革命和社会主义建设的经验，提出了调动一切积极因素，为社会主义事业服务的基本方针，论述了社会主义革命和建设中的十大关系。（一）重工业和轻工业、农业的关系。重工业是我国建设的重点，但是决不可以因此忽视生活资料尤其是粮食的生产。我们现在发展重工业可以有两种办法，一种是少发展一些农业、轻工业，一种是多发展一些农业、轻工业。从长远观点来看，前一种办法会使重工业发展得少些和慢些；后一种办法会使重工业发展得多些和快些，而且由于保障了人民生活的需要，会使它发展的基础更加稳固。（二）沿海工业和内地工业的关系。我国全部轻工业和重工业，都有约百分之七十在沿海，只有百分之三十在内地。这是历史上形成的一种不合理状况。沿海的工业基地必须充分利用，但是，为了平衡工业发展的布局，内地工业必须大力发展。好好地利用沿海和发展沿海的工业老底子，可以使我们更有力量来发展和支持内地工业。（三）经济建设和国防建设的关系。国防不可不有。我们现在已经比过去强，以后还要比现在强，不但要有更多的飞机和大炮，而且还要有原子弹。在今天的世界上，我们要不受人家欺负，就不能没有这个东西。怎么办呢？可靠的办法就是把军政费用降到一个适当的比例，增加经济建设费用。只有经济建设发展得更快了，国防建设才有更大的进步。（四）国家、生产单位和生产者个人的关系。必须兼顾国家、集体、个人三个方面，不能只顾一头。随着国民经济的发展，工资也要适当调整。要给工厂一定的独立性和权益。必须更多地注意处理好国家同农民的关系。必须在增加农业生产的基础上，争取百分之九十的社员的收入比前一年有所增加。（五）中央和地方的关系。目前要注意的是，应当在巩固中央统一领导的前提下，扩大一点地方的权力，给地方更多的独立性，让地方办更多的事情。有中央与地方两个积极性，比只有一个积极性好得多。（六）汉族和少数民族的关系。我们着重反对大汉族主义，地方民族主义也要反对。我们要诚心诚意地积极帮助少数民族发展经济建设和文化建设。我们必须搞好汉族和少数民族的关系，巩固各民族的团结，来共同努力于建设伟大的社会主义祖国。（七）党和非党的关系。究竟是一个党好，还是几个党好？现在看来，恐怕是几个党好。不但过去如此，而且将来也可以如此，就是长期共存，互相监督。（八）革命和反革命的关系。应当肯定，一九五一年和一九五二年那一次镇压反革命是必须的。应当肯定，还有反革命，但是已经大为减少。只要中国和世界上还有阶级斗争，就永远不可以放松警惕。但是，说现在还有很多反革命，也是不对的。今后社会上的镇反要少捉少杀。（九）是非关系。党内党外都要分清是非。对于犯了错误的同志，一要看，二要帮，采取“惩前毖后，治病救人”的方针。（十）中国和外国的关系。我们提出向外国学习的口号，我想是提得对的。我们的方针是，一切民族、一切国家的长处都要学，政治、经济、科学、技术、文学、艺术的一切真正好的东西都要学。但是，必须有分析有批判地学，不能盲目地学，不能一切照抄，机械搬用。自然科学方面，我们比较落后，特别要努力向外国学习。但是也要有批判地学，不可盲目地学。外国资产阶级的一切腐败制度和思想作风，我们要坚决抵制和批判。但是，这并不妨碍我们去学习资本主义国家的先进的科学技术和企业管理方法中合乎科学的方面。毛泽东说：这十种关系，都是矛盾。我们的任务，是要正确处理这些矛盾。我们一定要努力把党内党外、国内国外的一切积极的因素，直接的、间接的积极因素，全部调动起来，把我国建设成为一个强大的社会主义国家。《论十大关系》的讲话，于一九七六年十二月二十六日在《人民日报》发表。

**同日** 发布中华人民共和国主席令："中华人民共和国第一届全国人民代表大会常务委员会于一九五六年四月二十五日第三十四次会议通过了关于处理在押日本侵略中国战争中战争犯罪分子的决定，现予公布。"决定宣布对于这些战争犯罪分子按照宽大政策分别予以处理，并对处理原则和有关事项作出规定。

**同日** 晚上，在中直俱乐部再次观看浙江昆苏剧团演出的昆曲《十五贯》。

**4月26日** 下午，在中南海勤政殿继续主持中共中央政治局扩大会议。

**4月27日** 下午，在中南海勤政殿继续主持中共中央政治局扩大会议。陆定一在发言中讲到文艺问题时说：要写新人物，但写一些老人物也可以。如果现在有一个人能把上海三十年代社会的变化写出来，我说那是世界第一的小说。毛泽东说：《乌鸦与麻雀》，那是一部很好的电影。我们电影局就是不许它演，这两天可以找出来给大家看一看，见识见识，这是中国一篇很好的历史。周恩来问：最近看《十五贯》了没有？陆定一说：我看过，很好。毛泽东说：《十五贯》应该到处演，戏里边那些形象我们这里也是很多的，那些人现在还活着，比如过于执〔1〕，在中国可以找出几百个来。

---

〔1〕 过于执，昆曲《十五贯》中塑造的不贪污受贿、执法如山的清官无锡知县，因主观主义而错判案件。

**同日**　在《倡议实行火葬》的倡议书上第一个签名。倡议书说："实行火葬，不占用耕地，不需要棺木，可以节省装殓和埋葬的费用，也无碍于对死者的纪念，这种办法虽然在中国古代和现代还只有一些人采用，但是，应当承认，这是安置死者的一种最合理的办法，而且在有些国家已经普遍实行。因此，我们倡议，在少数人中，首先是在国家机关的领导工作人员中，根据自己的意愿，在自己死了以后实行火葬。"在这个倡议书上签名的党内外人士共一百三十八人。

**4月28日**　下午，在中南海勤政殿继续主持中共中央政治局扩大会议。毛泽东作总结讲话。关于党内生活问题，他说：七届四中全会以来，我们的党内生活有些呆板，不活泼。在我们党的历史上，曾经有很集中的时期，也曾经有很分散的时期，有一段时间事实上等于没有中央了，后头又逐步纠正，那个纠正，我们认为是必要的。现在我们讲，过分的集中是不利的，不利于调动一切力量来达到建设强大国家的目的。请同志们想一想我们党的历史，现在适当地来解决这个分权、集权的问题。关于社会主义整个经济体制的问题，他说：关于企业的独立自主，列宁所说的独立自主，应搞到什么程度，请大家注意研究。我这里随便这么讲，表述不是很准确，叫做要有点"独立王国"，就是要有半独立性，或者是几分之几的独立性。这个问题很值得研究。关于修改党章问题，他说：党章应当充分体现纪律性和创造性，体现群众路线。没有纪律是不行的。但是纪律太死了也不行，会妨碍创造性的发挥。还有中央究竟是设一个副主席还是设几个副主席的问题，也请你们讨论。少奇同志提出设几个副主席，这个草案上是设一个副主席。也可以谈一谈是否可以仿照人民代表大会的办法，设常任代表。设常任代表的好处，就是一年开一次会。关于百花齐放、百家争鸣问题，他说：艺术问题上的百花齐放，学术问题上的百家争鸣，我看这个应该成为我们的方针。“百花齐放”是群众中提出来的，人们要我题词，我就写了“百花齐放，推陈出新”。“百家争鸣”，这是两千年以前的事，春秋战国时代，百家争鸣。讲学术，这种学术可以讲，那种学术也可以讲，不要拿一种学术压倒一切。关于民主管理问题，他说：现在集体化了，能听命令，一起上工，这就有极大的利益。但是什么都得听命令，这就宽了。命令要正确，范围不要太广了，要有农民一些自己活动的时间，就是要有一点自由。关于全国平衡问题，他说：有一个同志讲，地方要有独立性，同时还要有全国的平衡，我看这句话很好。有一些事情地方是不享有独立性的，只有国家的统一性。另一些事情地方是享有独立性的，但也还需要有全国的平衡，没有全国的平衡，就会搞得天下大乱。没有全国的平衡，没有调剂，全国的工业化就搞不起来。毛泽东还讲到今明两年要切实摸一下经济工作，关于学习外国应采取的态度，关于这次会议的传达等问题。陈伯达在会议上的发言中，讲到“百花齐放”、“百家争鸣”这两个口号的由来时说：毛主席给文艺界提出的“百花齐放”这个口号，现在看起来起了很大的作用。后来中央组织历史研究委员会、文字改革委员会，要我参加委员会的工作。当时请问过主席关于学术界的路线和方针问题，主席提了一个“百家争鸣”，我在历史研究会传达了这个口号。

**4月29日** 下午，在中南海勤政殿会见拉丁美洲几个国家共产党的代表，彭真、邓小平、王稼祥、杨尚昆等在座。毛泽东说：争取中间势力很重要。在中国，在南北美洲，民族资产阶级都起很大的作用。他们人数不多，但影响很大，在某些时候比工人阶级的影响还大，所以对这些人的争取工作就很重要。我们对民族资产阶级，不但对他们的坏的一面作斗争，而且还给他们利益，一是给他们工作，二是给他们选举权。这样，他们才能拥护社会主义改造的道路。改造不是一下子就完成的，我们给他们时间，要好几年。这样做对工人农民是有利的，首先是生产不中断，市场上群众需要的物品不缺，物价稳定，货币购买力稳定。取消他们的私有制，我们的办法是教育他们，给他们上课、开会，在他们中间开展自我批评，我们也给他们批评，鼓励他们积极的一面，打通他们的思想。改造时，对资本家很好地进行安排，使他们变成自食其力的劳动者，变为工人阶级的组成部分。目前有的工厂的厂长是资本家，副厂长是我们的同志。要他们当厂长因为他们懂技术，但他们的企业逐步变为国营。资本家有技术，有管理能力。在这些方面，无产阶级必须向他们学习。中国对民族资产阶级的方针可供中南美洲兄弟党作参考。可考虑在革命前在这方面多做一些工作，争取他们反帝。他们对帝国主义是不高兴的，可以联合他们，争取他们或中立他们。如果你们能把全部农民争取在无产阶级的领导下，再加上争取资产阶级，你们的工作就好办了。无产阶级要团结小资产阶级，主要是团结不剥削别人的小资产阶级，即独立生产的农民和手工业者。这是很重要的问题，是被剥削者同不剥削的独立生产者例如中农的联盟。此外，还要有另外的联盟，在半殖民地国家争取得解放，没有这个联盟也是不行的，这就是同民族资产阶级、开明的宗教人士以及开明地主的联盟。用这种办法，可以把敌人变到最少，只剩下帝国主义和本国少数亲帝分子即同帝国主义密切联系的大资本家和大地主。对我们来说，朋友愈多愈好，敌人愈少愈好。为了这个目的，党必须充分利用一切可以利用的力量。对于党内犯过错误的同志要有正确的政策，帮助他们，而不是把他们整死。大敌当前，我们就必须调动一切可以调动的力量，包括社会的、党内的一切可以团结的力量。在国际上也一样。帝国主义是世界性的，就有必要调动一切国际力量，南美洲、中美洲、北美洲的，亚洲的，欧洲的，非洲的力量。毛泽东问巴西客人：有一些从大陆赶走的中国人在巴西吗？客人答：有一些，他们呆不长了。毛泽东说：对于在外的人，我们的方针是争取，不管他以前犯了多大的罪。我们争取一切愿意回头不帮助美帝的人。我们希望他们回来，回来看看再走也好，回来找工作也好。蒋介石愿意也可以，但他很顽固，不肯回来。对任何国家也是这样，不管多反动，只要愿意和我们做生意、建立外交关系的，我们都争取。最后，毛泽东说：有一点要跟大家说清楚，中国的经验只能提供参考。各国应根据自己的特点决定方针、政策，把马克思主义同本国特点相结合。中国的经验有好的，有坏的；有成功的，有失败的。即使是好的经验，不一定跟别的国家的具体情况相适合。作为参考则可，照抄则不可。照抄经验是要吃亏的，这是一条重要的国际经验。失败的教训很值得研究，能使人少走弯路。成功的经验在一国是成功的，但在另一国如果一模一样，不改变形式，反而会导向失败。

**同日** 晚上，在中南海颐年堂主持召开中共中央政治局会议，讨论召开中共第八次全国代表大会有关问题，刘少奇、周恩来、康生、彭真、董必武、张闻天、彭德怀、邓小平出席，谭震林、安子文列席。

**同日** 复信贺果〔1〕：“给我的信收到了，感谢你的好意。我情况还好。盼你保养身体。便时望将你的情况告我为盼！”

**4月30日** 下午，和刘少奇、周恩来、朱德等在北京工人体育馆出席全国先进生产者代表会议开幕式。刘少奇代表中共中央向大会致祝词。会前，毛泽东等党和国家领导人接见了全国先进生产者代表会议主席团和港澳工人五一国际劳动节观光团及一

---

〔1〕 贺果，毛泽东在湖南省立第四师范学校和第一师范学校读书时的同学。当时任贵州贵阳市教育局局长。

些国家的工会代表团。

**同日** 晚上，会见李烛尘。后同彭真谈话。

**5月1日** 上午十时，和刘少奇、周恩来、朱德等党和国家领导人出席在天安门举行的庆祝五一国际劳动节大会，检阅群众游行队伍。〔1〕晚八时，和刘少奇、周恩来、朱德等在天安门城楼会见来自五十多个国家的代表团负责人和著名人士，同他们一起观看焰火和广场的群众联欢。

**5月2日** 下午三时，同周恩来、张治中谈关于张治中给台湾当局有关领导人写信的问题，朱德参加。

**同日** 下午四时，在中南海勤政殿主持召开最高国务会议第七次会议。参加会议的共一百一十多人。毛泽东发表讲话，又一次系统阐述十大关系问题。在与会者发言之后，毛泽东再次讲话。关于“百花齐放、百家争鸣”问题，他说：我们在有省市自治区党委书记参加的政治局扩大会议上还谈到这一点，就是百花齐放、百家争鸣。在艺术方面的百花齐放的方针，学术方面的百家争鸣的方针，是有必要的。百花齐放是文艺界提出的，后来有人要我写几个字，我就写了“百花齐放，推陈出新”。现在春天来了嘛，一百种花都让它开放，不要只让几种花开放，还有几种花不让它开放，这就叫百花齐放。百家争鸣，是说春秋战国时代，有许多学派，诸子百家，大家自由争论。现在我们也需要这个。在大的范围内，让杜威〔2〕来争鸣好不好？那不好嘛。让胡

---

〔1〕 据《黄炎培年谱》记载：“5月1日 在天安门陪同毛主席和其他领导人检阅游行队伍。参加50万人。毛主席告知，我国对斯大林的公正批判，既指出其错误，又不抹杀其功绩，颇为外国重视。又言：批评与自我批评，目的在团结，在帮助。古人蓬矢桑弧，射不伤人。批评也要批不伤人。”

〔2〕 杜威，美国哲学家，实用主义“芝加哥学派”的创始人。1919年至1921年曾来中国讲学。

适来争鸣好不好呢？也不好。那末说胡适要回来可以不可以呢？只要他愿意回来，是可以回来的，让我们批评过他以后再回来，就批评不着他了，批评已经过去了嘛。只有反革命议论不让发表，这是人民民主专政。香港报纸、台湾报纸在北京出版是不是许可？应该不许可，不许可有好处。在中华人民共和国宪法范围之内，各种学术思想，正确的、错误的，让他们去说，不去干涉他们。李森科、非李森科，我们也搞不清，有那么多的学说，那么多的自然科学学派，就是社会科学学派，这一派、那一派，让他们去谈。在刊物上、报纸上可以说各种意见。在讲到斯大林问题时，他说：一方面批评斯大林，一方面保护斯大林。斯大林是一种财产，有一部分错误的东西，应该批评。正确的部分应该保护，当做我们的一种武器，不要把这把刀子丢掉了，因为有用处嘛。现在批评斯大林也有些倾向，把工作否定了，这不对，当然也不能说没有一点错误。苏联的批评会产生积极作用，因为那个国家，什么话也不敢讲，除了斯大林的话，造成了一种迷信。关于破除迷信，过去也谈过，我们的人经常有迷信。对斯大林不能迷信，对中国人，外国人，死人，活人，都不能有迷信。对的就赞成，不对的就不赞成，对自己也是这样。在讲到共产党与民主党派的关系时，他说：中央在同民主党派的关系问题上恐怕是有缺点的，地方上的缺点更多一些。地方对民主党派不重视，民主党派自己也不重视民主党派。共产党要重视民主党派，还要帮助民主党派自己重视民主党派。民主党派应该说有很大作用，直接做很多工作，并且监督共产党，监督国家工作。我们不但需要工人、农民广大群众监督，而且需要各民主党派、无党派民主人士来监督，避免苏联因为没有监督而犯了许多错误，长期不得纠正。讲到侨务工作时，他说：何老太太[1]讲的，这次下去，最好由华侨代表比较集中地视察侨务工作。视察是有效力的，不仅对中央的工作有帮助，对地方也有帮助。因为你们下去能看出问题，提出意见，他才能够改。在讲到犯人问题时，他说：对犯人不给报纸看，他们的生活不好，这个问题请彭真同志注意一下，给公安部谈一谈。犯人有权利争取改善生活，应该改善他们的生活。当然不能与我们一样的生活水平，发那样多的薪水，那也不行，因为他们是犯罪的人，但是应该按照他们应得的那种生活待遇予以改善。犯人既不让参观，又不给报纸看，就失掉了受教育的机会。在讲到工厂里设研究所和拨给经费时，他说：请国务院考虑这个问题，比较大的工厂、中等以上的工厂，要有研究所，要给予经费。关于技术观点太重，可能在批评时过火了一点。反对右倾以后，把发展农业合作化、资本主义工商业的社会主义改造、工业建设高潮提起来了，但也有犯“左”的错误的。技术方面也是这个问题，你们去视察，要当做一个问题，了解对知识分子、技术人员的关系是不是正常，或者已有所改变，改变得够不够。有发明的人不被信任的问题，也包括在内。对人不大关心，这是一个重要的问题。不帮助人，不关心人的死活，对人冷淡，这个问题应该注意。

**同日**　晚十时，到苏联驻中国大使馆同尤金大使谈话。次日晨一时回到中南海。

**5月3日**　晨二时，召集刘少奇、周恩来、彭真开会。六时，乘专机离开北京，上午十时半到达武昌，在东湖客舍（今东湖宾馆）同王任重谈话。下午四时半，乘专机由武昌到达广州，住小岛招待所（今珠岛宾馆）。

**5月5日**　晚上，同陶铸、罗瑞卿谈工业问题，刘亚楼参加。

---

〔1〕 指何香凝。

**5月7日** 晚上，同陶铸谈话。

**5月8日** 为转发中央代表团党组关于当前西藏动态和代表团工作情况的报告，起草中共中央给四川省委并转西康地委〔1〕的批语："西藏方面前往康区〔2〕的考察团，不久就会到来，你们应予以热情的接待，将叛乱原因、平乱情况、党的政策和工作办法老老实实地告诉他们，我们工作中的某些缺点错误也可以告诉他们，并请他们帮助你们做些安抚劝说工作。如果他们愿意到成都和北京走一趟则更好。"报告说：中央代表团自北京出发的同时，四川藏区发生叛乱的消息传到拉萨，在喇嘛、贵族上层中间引起很大的震动和恐惧，怀疑自治区筹委会的成立和代表团的来藏是来搞改革的，对这两件事的态度由热情转为冷淡。经过召开上层分子座谈会，广泛地进行拜会、访问和向寺院发放布施等各种活动，宣传中央的政策，解释误会，揭露谣言，局势已逐渐稳定下来。自治区筹委会成立大会已胜利闭幕。估计再继续进行一些工作后，拉萨的局势可进一步安定下来。达赖提出派人组成代表团去四川藏区，协助当地党政进行宣传和安抚工作，我们已表示同意。报告还说：拉萨对四川藏区叛乱发生的原因有多种传说，比较普遍的说法是，叛乱是由于斗争上层、收枪、收税和破坏宗教等四条原因造成的。毛泽东对这四条原因批注："请四川省委和西康党委注意：拉萨方面所说引起叛乱的四条原因，请按实情加以分析，对于即将到来的拉萨考察团予以符合情况的说明——中央注。"

**同日** 晚九时半，同陈云、陶铸谈话，次日晨一时结束。陈云是在上海、武汉等地对资本主义工商业社会主义改造问题进行

〔1〕 这里的"西康地委"和下文中的"西康党委"，应为四川省甘孜藏族自治州党委。

〔2〕 这里的"康区"和下文中的"四川藏区"，均指四川省甘孜藏族自治州。

调查之后来到广州的。

**5月11日**　下午，和彭真、杨尚昆在广州小岛招待所听取陶铸汇报广东省工业情况。参加汇报的还有广东省副省长、工业厅厅长、农业厅厅长、省委秘书长、广州市委副书记。

**5月12日**　下午，和彭真、罗瑞卿、杨尚昆在广州越秀山游泳池听取中共广东省委汇报农业情况。

**同日**　发布中华人民共和国主席令，公布第一届全国人大常委会于一九五六年五月十二日第四十次会议通过的关于县、市、市辖区、乡、民族乡、镇人民代表大会代表名额等问题的决定。

**同日**　根据本日全国人大常委会第四十次会议通过的决定，任命薄一波为中华人民共和国国家经济委员会主任、黄敬为国家技术委员会主任、王鹤寿为国家建设委员会主任和冶金工业部部长等一批国家工作人员。

**5月13日**　下午，和彭真、罗瑞卿、杨尚昆、陶铸在广州小岛招待所听取陈漫远汇报广西省工业情况。参加汇报的还有广西省副省长、工业厅副厅长、手工业管理局局长等。

**5月14日**　为中共中央起草关于各省市区党委向中央汇报工作的具体安排的通知。通知说："汇报的问题，可分为：(一)工业（重工业、轻工业、手工业，中央各部管的、地方管的和私人工业的社会主义改造）；(二)交通运输业（陆、水、空，近代的和落后的）；(三)商业（内贸、外贸、供销合作和私人商业的社会主义改造）；(四)农、林、水；(五)财政和金融；(六)干部（即教育工作）。以上各项都应作一些历史的和现状的叙述，并且应当有七年的或者十二年的远景规划，以地方管的或者希望由地方管的为主，中央各部管的为辅。写成书面文件，字数不拘，依内容决定，长的可以有一万字，或者两万字，甚至更长些，短的可以只有几千字。此外还有：(七)统一战线安排问题；

（八）反革命分子安排问题（主要是就业安排）；（九）失业安排问题；（十）少数民族问题（无此问题的地方则略）；（十一）其他特殊问题（例如广东的华侨和侨眷问题，渔民问题，盐民问题，港澳问题）。以上各项，每一个问题写几千字即可，均要分开写，各成篇幅，不要连在一起。以上共有十几个题目，不可能在一次准备好和汇报完，可以分为两次或者三次准备好和汇报完。希望都经过你们的委员会加以讨论和斟酌，但不必十全十美，不大完善也不要紧。汇报的时候除第一书记应来之外，可以带几个与工作有关的助手来。以上各问题，重点放在第一至第六各项，而以第一项为主要的重点，第一项准备好了，即可汇报一次。汇报文件中要有材料，有议论，要突出地批评中央工作和地方工作中的缺点错误，揭露矛盾（包括中央和地方的矛盾），并提出解决意见。不成熟的意见也可以提出。具体汇报时间，将用电话和你们商量。”

**同日** 下午，和彭真、陶铸等在广州越秀山游泳池听取陈漫远汇报广西省农业情况，广州市委汇报农业发展规划。

**5月16日** 下午，和彭真、谭震林等在广州小岛招待所听取中共广东省委关于造纸和制糖业的情况汇报。

**5月17日** 下午，和彭真、谭震林、陶铸等在广州小岛招待所听取杨尚奎汇报江西工业情况。

**5月18日—20日** 连续三天下午和晚上，在广州小岛招待所或越秀山游泳池，和彭真、谭震林、陶铸听取王任重关于湖北省工业情况的汇报，张体学〔1〕关于湖北省财粮贸工作的汇报，王延春〔2〕关于湖北省农村情况的汇报，宋侃夫关于武汉市产供销和职工生活情况的汇报。毛泽东在张体学的汇报提纲后面写了

〔1〕 张体学，当时任中共湖北省委第三书记、湖北省省长。

〔2〕 王延春，当时任中共湖北省委第二副书记。

一段文字："资本家企业国有化慢一点：（1）抓住他们的尾巴；（2）可得息钱；（3）有时间，我们主动一点。经验：人事与业务的安排要迅速；经济改造要逐步来。"

**5月18日** 从晚上到深夜，听取身边七个省籍的十名警卫战士回家乡所作农村调查的情况汇报。

**5月20日** 为中共中央起草关于各省市区党委向中央汇报工作的补充通知："最近广东、湖北、武汉、广州等省委、市委向中央汇报财经工作，均是以当地整个财经工作为对象（包括中央各部管的和地方管的）；在工业方面多从中央各部管的大企业，例如长江大桥、武汉钢铁公司、长江航务局、广州造纸厂、广东糖业公司等总结经验；在财贸方面，也是以当地整个财政金融工作和贸易工作为对象，加以分析，提出意见。中央认为这样做是很好的。中央五月十四日电报中所说各地汇报对象可以地方管的或者希望由地方管的为主，而以中央各部管的为辅这一点规定，应予取消。"

**5月21日—23日** 每天下午和晚上，和彭真、谭震林、陶铸等在广州小岛招待所听取中共湖南省委周小舟等汇报。

**5月24日、25日** 每天下午和晚上，和彭真、谭震林、罗瑞卿、杨尚昆、陶铸等在广州小岛招待所听取中共江西省委杨尚奎等汇报。

**5月26日、27日** 每天下午和晚上，和谭震林、罗瑞卿、杨尚昆、陶铸等在广州小岛招待所听取中共广西省委陈漫远、韦国清等汇报。

**5月28日** 下午，和谭震林、罗瑞卿、杨尚昆等在广州小岛招待所听取中共广东省委关于港澳问题的汇报。在汇报到香港政治局势时，毛泽东说：现在的形势比抗美援朝时，不是好一点，而是好三点。英国对我们的政策是看见的，它要和我们做生意，美国也要来的，明年不来，后年也会来的。香港暂时还是不收回来好，我们不急，目前对我们还有好处，现在拿过来不见得有利。在汇报香港统战工作提到张国焘可否回来时，毛泽东说：张国焘回来，不让他当委员，给他饭吃，我看比他在外边破坏好。又说：凡是回来观光过的人，回去后不要他们表现左，那样会失掉他们的作用。提到宣传工作时，毛泽东认为香港《大公报》等最近降低调子很对。他说：能够利用香港一些报纸登一些对我们有利的东西，透到台湾去，这就很好了。要他们不骂我们是不可能的，这样它就会起不了这个作用。一条消息又骂又帮是可以的，七分骂我、三分帮我这才对头。在汇报到争取港澳华侨投资问题时，毛泽东说：要有更积极的政策。港澳华侨拿外汇来拿外汇走，这是合理的，这对我们并无所损。就作为存款性质吧，在一定期限内，例如一年，他们可以拿外汇来，一年后随时可以拿外汇走，这样就可以来来往往了。但有一条，钱怎么用他们不要去管，由国家来计划使用。股息多少、股息给不给外汇，这个问题可以研究。要针对港澳华侨的顾虑，想办法争取利用这一大笔外汇。

**5月29日** 上午，和谭震林、罗瑞卿、杨尚昆等在广州小岛招待所听取中共广东省委关于镇反问题的汇报。随后，参观广东造纸厂和广州通用机械厂。

**5月30日** 晨六时，乘专机离开广州，上午八时五十分到达长沙。九时十五分，和谭震林、罗瑞卿、杨尚昆、周小舟在湘江船上听取中共长沙市委关于工业生产情况的汇报。下午一时半游湘江，上岸后访问了一户菜农。

**同日** 下午三时二十分，和罗瑞卿、杨尚昆、唐生智〔1〕等同往程潜家拜访。四时半，在周小舟家会见章士钊。晚上，邀请

---

〔1〕 唐生智，当时任全国人大代表、全国政协常委、国防委员会委员、湖南省副省长、湖南省政协副主席。

程潜、唐生智、曹伯闻、程星龄〔1〕、章士钊等一起进餐。

**5月31日**　晨七时二十分，由长沙乘专机到达武汉。上午八时四十分，在长江船上听取关于武汉长江大桥工程情况的汇报，罗瑞卿、杨尚昆、王任重、张体学、宋侃夫、陈再道〔2〕、李达等参加。随后，毛泽东下水游泳，从蛇山北边游到汉口的淡水池附近，约十五公里，历时两小时。这是毛泽东第一次横渡长江。

**6月1日**　上午，在汉口住处和罗瑞卿、杨尚昆、王任重等听取武汉裕华纱厂和六渡桥百货公司的情况汇报。随后参观国棉一厂。晚上，邀请几位民主人士一起进餐。

**6月2日**　上午，在汉口住处和罗瑞卿、杨尚昆、王任重等听取重型机床厂生产准备工作情况的汇报。下午，第二次游长江，在武汉长江大桥以上一千五百米的汉阳岸下水，从大桥第一、二号桥墩之间穿过，游到徐家棚以北上岸，约十五公里。对陪同游泳的王任重说：这是多么好的游泳场所，应当号召人们到大江大河里去游水，可以锻炼人们的意志。有些人害怕大的东西，美国不是很大吗？我们碰了它一次（指抗美援朝战争——编者注），也没有什么了不起。

**6月3日**　上午，在武昌东湖客舍和罗瑞卿、杨尚昆、王任重等听取武汉钢铁厂施工情况的汇报。下午三时半，再次游长江一小时。五时半，参观湖北省工业展览会。晚上，在湖北省政府礼堂观看楚剧。

**6月4日**　下午，乘专机回到北京。

---

〔1〕曹伯闻，1949年8月随程潜在长沙起义。当时任全国政协委员、湖南省高级人民法院院长、中国国民党革命委员会中央委员。程星龄，1949年8月随程潜在长沙起义。当时任全国政协委员、湖南省副省长、中国国民党革命委员会中央委员。

〔2〕陈再道，当时任中国人民解放军武汉军区司令员兼湖北省军区司令员。

**同日** 刘少奇召集会议，讨论《关于一九五五年国家决算和一九五六年国家预算的报告（初稿）》，周恩来、朱德、陈云、李富春、李先念、薄一波、李维汉、胡乔木等出席。会议提出既反保守又反冒进，即在综合平衡中稳步前进的经济建设方针。十日，刘少奇主持中共中央政治局会议，再次讨论并原则通过报告初稿，批准四日会议提出的经济建设方针。

**6月5日** 下午四时半，同朱德谈话，朱德谈视察山西省工农业生产的情况。

**同日** 下午五时半，在中南海颐年堂主持召开中共中央书记处扩大会议，刘少奇、周恩来、朱德、陈云、彭德怀、邓小平、贺龙、李富春、李先念、薄一波、王首道、陈伯达、廖鲁言等出席。

**6月6日** 晚上，在颐年堂设宴招待各民主党派负责人和全国知名人士宋庆龄、李济深、沈钧儒、郭沫若、黄炎培、陈叔通、张治中、李烛尘、傅作义、章伯钧、龙云、许德珩、罗隆基、李四光等。毛泽东谈到农业生产合作社情况、国际情况和第一届全国人大三次会议的安排问题。出席宴会作陪的有李维汉和童小鹏〔1〕。

**6月8日** 审阅陆定一写的《百花齐放，百家争鸣》一文，批示："退陆定一同志。此件很好，可以发表。在第九页上作了一点修改，请加斟酌。是否可以这样修改，请和周扬、袁水拍、何其芳〔2〕等同志商量一下。"

**6月9日** 下午，和刘少奇、邓小平、胡乔木、杨尚昆等在

〔1〕 童小鹏，当时任中共中央统战部秘书长。

〔2〕 何其芳，诗人、文学评论家。当时任中国科学院文学研究所副所长、中国科学院哲学社会科学部委员、中国文学艺术界联合会委员。

中南海颐年堂听取林铁、阎达开[1]等汇报河北省工业、农业、林业、水利等情况。

**6月10日**　下午三时，在中南海勤政殿会见印度尼西亚雅加达市市长苏迪罗和夫人、副市长达努布罗托等，周恩来、彭真等在座。毛泽东说：东方各个国家的情况都差不多，中国和印度尼西亚的情况也是如此，因此我们有着共同点。中国过去几乎没有工业，解放后才搞了一些，但需要很长的时间才能从农业国变为工业国。我们受了帝国主义的欺侮，主要是因为我们没有工业。要搞工业就要有知识分子、工程师和教授。我们欢迎你们的总统苏加诺来中国访问，我也希望去印度尼西亚访问，不过要迟一些时候。在印度尼西亚有很多中国侨民。我们曾经通过我们的驻印度尼西亚使馆，教育华侨尊重和服从印度尼西亚政府法令。在印尼的华侨可算是少数民族，你们算大民族，大家要合作。华侨不管是左的、中的、右的，都可以回来看看。台湾这些人要来也可以，看完回去也可以，回去骂了我们也可以，骂了再来还可以。

**同日**　下午五时，和刘少奇、彭真、邓小平等在中南海颐年堂听取林铁等汇报河北省工业问题。

**6月11日**　下午，和刘少奇、彭真、邓小平等在中南海颐年堂听取林铁等汇报河北省商业、财政、金融问题。

**6月12日**　下午，在中南海游泳池住处同刘少奇、周恩来、陈云、彭真、董必武、邓小平等谈召开最高国务会议问题。

**同日**　晚上，在中南海颐年堂主持召开最高国务会议第八次会议，讨论关于召开第一届全国人大三次会议的有关问题。

---

[1]　阎达开，当时任中共河北省委副书记、河北省副省长、河北省政协副主席。

**6月13日** 接受巴基斯坦新任驻中国大使阿哈默德递交国书。在同大使交谈中，毛泽东说：美国欺侮我们，侵占了我国领土台湾。大使说：对东南亚防务集团和巴格达条约组织〔1〕，巴基斯坦所强调的是上述组织的经济方面而不是军事方面，正设法将巴格达条约组织变成一个经济联盟。毛泽东说：希望有一天所有军事同盟都被取消，这样世界便和平了。印度怕这些军事同盟，我们也怕。我们怕的倒不是你们，不是泰国，也不是菲律宾，而是美国。我们愿意和所有亚洲国家友好，包括泰国、菲律宾、伊朗、伊拉克和土耳其等未建交的国家在内。

**6月14日** 为中共中央起草关于农业生产合作社要注意多种经营给各省市区党委的通知。通知说："现将两件调查材料发给你们参考。一件是谭震林同志关于湖南攸县农村情况的报告〔2〕，一件是河北省委关于河北省农业和副业产值中各项产物所占的比例。两件材料都说明，有必要号召各农业生产合作社立即注意开展多种经营，才能使百分之九十以上的社员每年增加个

---

〔1〕 1955年2月，伊拉克和土耳其在伊拉克首都巴格达签订《伊拉克和土耳其间互助合作公约》，简称"巴格达条约"。英国、巴基斯坦、伊朗相继于同年4月、9月和11月加入这个条约。1955年11月，成立巴格达条约组织，美国以"观察员"身份参加该组织，并是军事委员会、经济委员会和"反颠覆"委员会的成员国。1959年3月伊拉克宣布退出该组织，同年8月巴格达条约组织改名中央条约组织。1979年9月，该组织解散。

〔2〕 报告反映湖南攸县农村目前存在的问题，主要是：一、县、区、乡、社只注意粮食生产，放松了其他生产，因而不能保证百分之九十的社员增加收入。二、合作社对五保户实际上只实行了一保，即有饭吃，没有替他们做好生产安排和生活安排，实现五保。三、农村生活起了巨大的变化，讨饭和主要吃稀饭的人没有了，有的乡平均生活水准已达到中农程度，但吃不到豆腐、油、猪肉等，群众有意见。四、产稻地区对农业发展纲要提出的在12年内储备两年粮食的要求有异议，因为两年陈谷即变质。五、除四害，一般行动不多，信心不强。

人的收入，否则就是一个很大的偏差，甚至要犯严重错误。河北省的粮食产值只占该省全部农业产值的百分之二十八多一点，而粮食以外的农产物则占百分之七十一多一点，这是一个非常值得注意的数目字。河北省产棉花较多，产粮食较少，其他各省情形与此有些不同，但是粮食产值似乎不会超过百分之五十，而粮食以外作物及副业的产值至少占百分之五十，或者在百分之五十以上。我们如果不立即注意这个问题，不论在社员的收入方面，合作社的积累方面，国家的积累方面，势必都要大受影响。因此请你们自己，并且通知专、县、区、乡直到合作社，都对这个问题作一调查，加以分析，算出一笔粮食与非粮食产值比例的账，借以教育干部和群众。”

**同日** 下午，和周恩来、朱德、陈云、邓小平等在中南海怀仁堂接见参加制订全国长期科学规划工作的科学工作者，并合影。

**6月15日—30日** 第一届全国人民代表大会第三次会议在中南海怀仁堂举行。

**6月15日** 下午二时十分，和刘少奇、周恩来、朱德、陈云、彭真、邓小平在中南海怀仁堂听取中央代表团团长陈毅汇报赴拉萨祝贺西藏自治区筹备委员会成立的有关情况。

**同日** 下午三时，出席第一届全国人大三次会议开幕会议。

**6月17日** 下午，在中南海颐年堂主持召开中共中央政治局扩大会议，讨论李富春去苏联商谈中国第二个五年计划轮廓草案和苏联援助问题。

**同口** 审阅中共中央关丁学习《改造我们的学习》等五个文件的通知。中央通知说：今年五月是毛泽东同志所著《改造我们的学习》一文发表的十五周年。党内有许多新党员不知道整风运动，也有一些老同志对于我党历史经验的领会并不深刻，或者忘记了我党历史的宝贵经验，对教条主义和经验主义的危害认识不足。为了克服实际工作中的教条主义和经验主义，特别是克服学习马列主义和外国经验中的教条主义倾向，克服学术研究、报刊宣传、教学工作中的教条主义、宗派主义和党八股，中央认为有必要在全党相当于县委书记一级以上干部中，在高、中级党校学员中，在哲学、社会科学和自然科学研究机关的研究人员中，在高校毕业班学生中，根据《改造我们的学习》、《整顿党的作风》、《反对党八股》、《关于若干历史问题的决议》、《关于无产阶级专政的历史经验》五篇文章，进行报告和学习。

**6月18日** 下午，在中南海怀仁堂先后会见苏联青年代表团和南斯拉夫青年代表团，刘少奇、周恩来、邓小平等在座。在会见南斯拉夫青年代表团时，毛泽东说：我们两个国家的人民，老年和青年都是团结的。南斯拉夫是一个有英勇斗争历史的国家。你们的历史和我们有些相似，曾为独立自主而奋斗，所以我们看见你们时很亲切。庆贺你们，庆贺你们的胜利，庆贺你们建设社会主义的成就，庆贺你们在困难环境中坚持斗争所取得的成就。

**同日** 晚上，和周恩来在北京饭店出席埃及驻中国商务代表法尔举行的庆祝埃及共和国独立日的招待会。

**6月18日或19日** 在刘少奇送审的《人民日报》社论稿《要反对保守主义，也要反对急躁情绪》上批写：“不看了。”这篇社论于六月二十日发表。社论中说：“只有既反对了右倾保守思想，又反对了急躁冒进思想，我们才能正确地前进。”

**6月19日—23日** 每天下午三时，出席第一届全国人大三次会议。

**同日** 晚上，会见邓宝珊，并共进晚餐。

**6月21日** 晚上，在中南海勤政殿会见巴西五位众议员，刘少奇、周恩来、彭真、张闻天、李济深、沈钧儒、黄炎培、陈叔通等在座。

**6月22日**　阅廖鲁言关于对高级农业生产合作社示范章程（草案）作一处原则性修改的请示报告。报告说：合作社章程根据人代会小组讨论的意见，作了修改。在修改稿中，第十四条加了一句"必要的时候，对于完全丧失劳动力，历来靠土地收入维持生活的人，可以暂时保留适当的土地报酬"。毛泽东批示："可以这样修改。"

**6月24日**　下午，在中南海颐年堂主持召开中共中央政治局扩大会议，讨论第一届全国人大三次会议情况，党的第八次全国代表大会问题，以及陶里亚蒂〔1〕对斯大林问题的看法等。出席会议的有：刘少奇、周恩来、朱德、陈云、彭真、康生、董必武、林伯渠、张闻天、邓小平、彭德怀、贺龙、陈毅、罗荣桓、聂荣臻、叶剑英、邓子恢、薄一波、李先念、陆定一、王稼祥、陈伯达、黄克诚、谭政、李维汉、胡乔木、杨尚昆、张玺。

**6月25日—29日**　每天下午三时，出席第一届全国人大三次会议。

**6月27日**　晚上，和刘少奇、周恩来在中南海勤政殿会见芬兰议会访华代表团，宋庆龄、李济深、沈钧儒、彭真、张闻天、李维汉在座。

**6月28日**　晨，审阅周恩来准备在本日第一届全国人大三次会议上的发言稿《目前国际形势、我国外交政策和解放台湾问题》，批示："即退周总理，此件很好，有一点小的修改，请酌定。"周恩来的发言稿中说："我国政府曾经再三指出，中国人民解放台湾有两种可能的方式，即战争的方式和和平的方式；中国人民愿意在可能的条件下，争取用和平的方式解放台湾。毫无疑问，如果台湾能够和平解放，那么，对于我们国家，对于我们全体中国人民，对于亚洲和世界和平，都将是最为有利的。""我们

〔1〕 陶里亚蒂，当时任意大利共产党中央总书记。

愿意同台湾当局协商和平解放台湾的具体步骤和条件，并且希望台湾当局在他们认为适当的时机，派遣代表到北京或者其他适当的地点，同我们开始这种商谈。”

**同日** 接受罗马尼亚新任驻中国大使乔洛尤递交国书。在同大使交谈中，毛泽东说：我们不要迷信。认为在社会主义国家里一切都是好的，这是迷信。事物都有两面，有好的一面，有坏的一面。在我们的社会里一定有好的东西，也有坏的东西，有好人，有坏人，有先进的，有落后的。正因为是这样，我们才要进行改造，把坏的东西改造成为好的东西。我们必须准备着还有坏的东西，否则一个问题出来了，就会认为不得了了。过去认为苏联是没有错误的，现在斯大林问题出来了，许多人就惊讶不止。世界是美丽的，但也不是美丽的，世界上有斗争、有矛盾。希望一切都是好的，是我们的主观，而现实是客观。世界上有好的东西，也有坏的东西，自古以来就是这样，一万年后也会是这样。正因为世界上有坏的东西，我们才要改造，我们才要做工作。但是我们不会把一切都做好，否则我们的后代没有工作可做了。什么事情不能过分，过分了就要犯错误。斯大林基本上是正确的，是有很大功绩的，但是他犯了很大的错误，做了很多坏事，斯大林就是过分了。镇压反革命分子本来是好事，但是过了分，把革命同志也看做反革命分子，就是一个大错误。我跟苏联同志说，过去他们犯过错误，今后还会有错误，他们不大相信。我们也犯过很多错误，今后还一定会有错误。我们要使错误小一些，这是可能的。但是否认我们会有错误，那是不现实的。

**同日** 晚上，在中南海颐年堂主持召开中共中央政治局扩大会议，讨论关于公开发表陶里亚蒂答记者问的全文，关于镇压反革命和阶级对抗性矛盾等问题。出席会议的有：刘少奇、周恩来、朱德、陈云、彭真、康生、董必武、张闻天、彭德怀、邓小平、贺龙、陈毅、罗荣桓、聂荣臻、邓子恢、张鼎丞、薄一波、李先念、陆定一、王稼祥、陈伯达、黄克诚、谭政、李维汉、罗瑞卿、胡乔木、杨尚昆、高克林〔1〕、胡绳、郑绍文〔2〕。

**6月29日**　晚上，去印度驻中国大使馆同拉·库·尼赫鲁大使交谈，并共进晚餐。

**6月30日**　下午三时，出席第一届全国人大三次会议闭幕会议。这次会议审查和批准了一九五五年国家决算和一九五六年国家预算；讨论和通过了高级农业生产合作社示范章程；讨论和通过了全国人大常委会的工作报告；补选了全国人大常委会委员。

**同日**　发布中华人民共和国主席令，公布第一届全国人大三次会议六月三十日通过的高级农业生产合作社示范章程。

**6月**　作《水调歌头·长江》〔3〕："才饮长沙水，又食武昌鱼。万里长江横渡，极目楚天舒。不管风吹浪打，胜似闲庭信步，今日得宽馀。子在川上曰：逝者如斯乎〔4〕！　风樯动，龟蛇静，起宏图。一桥飞架南北，天堑变通途。更立西江石壁，截断巫山云雨，高峡出平湖。神女应无恙，当惊世界殊。"

**7月1日**　晚上，和周恩来在中南海勤政殿会见世界著名和平人士、黎巴嫩东正教大主教尼冯·萨巴，郭沫若、廖承志在座。

**7月2日**　晚上，在中南海怀仁堂同王稼祥谈工作，交待中央接待参加中共八大的兄弟党代表团的委员会的工作任务，刘少奇、朱德、陈云、彭真、康生、董必武、林伯渠、彭德怀、邓小平参加。

**7月3日**　晚上，在中南海颐年堂主持召开中共中央政治局

〔1〕　高克林，当时任最高人民法院副院长。

〔2〕　郑绍文，当时任司法部副部长。

〔3〕　这首词1957年1月在《诗刊》发表时，题目改为《水调歌头·游泳》。

〔4〕　后来毛泽东将"乎"字改为"夫"字。

扩大会议，研究有关干部文化教育和对教育制度、教学方法加以改进的问题。会议还讨论苏共中央六月三十日通过的关于克服个人崇拜及其影响的决议和印度共产党总书记高士提出的几个问题。出席会议的有：刘少奇、周恩来、陈云、彭真、康生、董必武、邓小平、陈毅、李先念、薄一波、陆定一、王稼祥、陈伯达、罗瑞卿、胡乔木、张玺、胡绳、吴冷西。

**7月4日**　晚上，在中南海颐年堂主持召开中共中央政治局扩大会议，讨论第二个五年计划。出席会议的有：刘少奇、周恩来、朱德、陈云、彭真、康生、董必武、林伯渠、张闻天、彭德怀、邓小平、邓子恢、李先念、薄一波、陈伯达、王首道、李雪峰、杨尚昆、张玺、杨英杰。〔1〕

**7月5日**　晚上，在中南海颐年堂主持召开中共中央政治局扩大会议，继续讨论第二个五年计划。会后，又同刘少奇、周恩来、陈云、彭真、邓小平、杨尚昆讨论工作问题。

**7月6日**　新华社发表中国共产党第七届中央委员会关于召开党的第八次全国代表大会的通知。通知说：中国共产党中央委员会已经决定第八次全国代表大会在一九五六年九月十五日在北京召开。这次大会的主要议程如下：一、党的中央委员会的工作报告；二、关于修改党章的报告；三、关于发展国民经济的第二个五年计划的建议；四、选举党的中央委员会。

**同日**　晚上，在中南海颐年堂召集中共八大政治报告起草委员会成员刘少奇、彭真、邓小平、陆定一、王稼祥、陈伯达、胡乔木开会，讨论起草八大政治报告问题。

**7月7日**　上午，同陆定一、陈伯达谈话。

**7月8日—10日**　每天晚上，在中南海颐年堂召集八大政治

---

〔1〕　杨英杰，当时任国家计划委员会副主任。

报告起草委员会成员开会，讨论政治报告起草问题。

**7月11日** 晚上，在中南海颐年堂主持召开中共中央书记处扩大会议，讨论周恩来会见原国民党中央通讯社记者、现任新加坡《南洋商报》特派记者曹聚仁的有关事宜和政协全国委员会讨论《关于处理城市反革命分子的办法（草案）》时提出的意见。七月十三、十六、十九日，周恩来在邵力子、张治中、屈武〔1〕、陈毅等陪同下，三次会见曹聚仁。

**7月12日** 晚上，在中南海颐年堂召集八大政治报告起草委员会成员开会，讨论政治报告起草问题。

**7月13日** 晚上，在中南海颐年堂主持召开中共中央政治局扩大会议。

**同日** 审阅中共中央军委关于今年首都国庆节阅兵问题的请示报告。报告提出：国庆由谁阅兵问题，军委会议讨论时有两种意见，一是从今年起由各元帅轮流担任，一是仍由国防部长担任，请中央确定。毛泽东批示："刘、周、朱、陈、彭真、小平阅，退彭〔2〕办。仍由国防部长阅兵，并照旧发布命令，不要改变。"

**7月14日** 下午五时，和周恩来在中南海勤政殿会见尼泊尔文化代表团。

**同日** 晚七时，在中南海勤政殿会见危地马拉前总统阿本斯和夫人。毛泽东说：中国人民欢迎你们，全世界都知道你们的斗争，很同情你们。美国干涉你们的内政，胜利是暂时的，危地马拉终究是你们的，是危地马拉人民的。一切民族都要独立。美国到处用反共的招牌为名，达到侵略别人的目的。美国到处欠账，全世界都不喜欢美国。一切会有变化。力量大的要让位给力量小

〔1〕 屈武，当时任全国人大常委会副秘书长、中国国民党革命委员会中央常委。
〔2〕 彭，指彭德怀。

的，力量小的要变成大的。现在美国很强，不是真强，美国政治很弱，因为统治者脱离广大人民，大家都不喜欢它，本国人民也不喜欢。外表很强，实际上不可怕。力量大的要让位给力量小的，我这一辈子就经历了这种变化。强大的失败，因为它脱离人民；弱小的胜利，因为它同人民联系在一起，为人民工作。美洲也是这样，美国要让位给你们。又说：不知道是不是你们的政策太进步了也是一个缺点，是不是一切地主的土地都没收？有民族资产阶级吗？对同美国关系少一些的地主，可以团结，包括一些虽对本地人歧视但又对美国不高兴的人，这样就能组成强大的统一战线。

**同日** 晚十时，在中南海颐年堂召集八大政治报告起草委员会成员开会，讨论政治报告起草问题。

**7月15日** 晚上，在中南海颐年堂主持召开中共中央政治局扩大会议，讨论八大政治报告《为实现过渡时期的总任务而斗争（初稿）》。毛泽东在目录页上写有："集体与个人"，"节约与积累"，"中农问题"，"资产阶级的个人改造"，"农业缺两头"，"台湾"，"价格"，"商业"。

**7月19日** 晨，同周恩来谈话。当天周恩来第三次会见曹聚仁。

**同日** 晚上，在中南海颐年堂主持召开中共中央政治局扩大会议，继续讨论八大政治报告初稿。

**7月22日** 对中共中央转发王观澜〔1〕关于江苏、浙江农村情况报告的批语稿作修改，加写一段话："王观澜同志报告中所述临海县情况，是农民不能增加收入的情况，如果这种县多了，则事情未可乐观，值得严重注意。请你们调查所属如临海情形的有多少县，好于临海的有多少县，摸一下底，电告我们为盼！"

〔1〕王观澜，当时任中共中央农村工作部副部长、农业部副部长。

王观澜的报告说：在浙江临海县曾为农民农副业的收支算了一次账，农业方面平均每人每月可得二元六角五分，副业有下降趋势，农家每人每月收入包括副业在内一般只有四元多，多数农民的生活仍然是贫困的。

**同日**　上午，同陈伯达、陈正人谈话。

**同日**　晚上，在中南海颐年堂召集周恩来、陈云、彭真、邓小平、陈毅、李维汉、张经武、张国华等开会，讨论四川省甘孜藏族自治州和凉山彝族自治州的平叛问题。李维汉作汇报，毛泽东作了许多插话。在李维汉汇报到关于平息叛乱，继续贯彻执行“以政治争取为主，结合军事打击”的方针，宣布停下来谈判时，毛泽东说：这个办法很好，应当坐下来谈判，我们有缺点就讲缺点，有错误就讲错误，这样也才能说服拉萨方面。李维汉汇报到对所有叛乱分子，宽大处理，不咎既往，在平叛中和平叛后都不杀人时，毛泽东说：可以一个不杀，民愤很大的，拖他一二年，群众气平了，就可以不办了。李维汉汇报到发展党团员问题时，毛泽东说：发展党是一个很重要的问题，一定要好好地发展。要注意培养少数民族的党员干部。现在，民族之间还有些不信任，这是可以理解的。我们是共产党，就要做到民族之间的完全信任。要做到这一点，就要听取少数民族的意见。正确的就采纳，不正确的要说服，说不服就等待。李维汉汇报到划阶级问题时，毛泽东问现在划的地、富占多少？廖志高说，省委意见，地、富占人口的比例准备到百分之七，个别不超过百分之八。毛泽东说：我看多了，汉族地区一些地方也不过百分之七到百分之八，划百分之三、四、五就可以了。对少数民族中的地主应该宽一些。我们对资本家都是赎买政策，对他们应该比对资本家更宽大一些。民主改革是必要的，改革的决心是正确的，战争的性质基本上是阶级斗争，而不是民族斗争。战争的那一方面即叛乱的头子认为是民族斗争性质的。他们用“保卫民族和宗教”欺骗了一部分群众，这个战争带有群众性。打是不得已的，现在又要停下来，就是要争取群众，解决这个群众性的问题，把民族和宗教的旗帜从他们手中拿过来。从我们方面说来，战争的目的是为了解放少数民族中的大多数人民，使他们生产发展，生活改善。李维汉讲到怎样讲就怎样做，要讲政治信用，现在少数民族对我们不信任时，毛泽东说：要做到叫人家相信，就要创造必要的条件，就是“唱对台戏”，先党内后党外，叫他们说心里话。不说心里话的团结是假团结，那种团结是不巩固的。应该说明白民主改革是必要的，改革的决心是正确的，但是我们是有缺点的。缺点就是：协商不够，听意见不够，准备不够，让步不够，灵活性不够。中央对这些事，也有责任。过去没有专门讨论过，今天讨论了四个多钟头，我们就主动了。

**7月23日** 晨二时，在中南海颐年堂召集周恩来、陈云、彭真、邓小平等开会，五时半结束。随后去瀛台参观。上午八时十五分，同刘亚楼谈话。

**同日** 上午十时，和刘少奇离开北京去北戴河。毛泽东住一号楼。

**7月27日** 下午，在北戴河东浴场召集八大政治报告起草委员会成员及胡绳开会，讨论政治报告初稿修改问题。

**7月30日** 下午，在北戴河东浴场主持召开中共中央政治局会议。会议决定，成立一个专门委员会，负责讨论中央领导机构的设置方案和研究中共八大的选举问题，陈云为第一召集人，邓小平为第二召集人。

**8月1日** 晚上，同邓小平谈修改党章和起草修改党章报告的问题。

**8月2日** 下午，同周恩来、彭德怀、邓小平、陈伯达谈中缅边界问题。

**8月3日**　下午，在北戴河一号楼召开会议，讨论《关于加强农业生产合作社的建设及生产领导问题的指示》稿，刘少奇、周恩来、朱德、邓小平、邓子恢、廖鲁言出席。

**8月5日**　上午，在北戴河一号楼会见印度尼西亚国会议员代表团，刘少奇、周恩来、彭真、郭沫若、张闻天在座。当客人说到我们这个代表团当中有各种思潮和各种宗教信仰的人时，毛泽东说：我们也有很多党派和宗教，有佛教、道教、天主教、基督教和伊斯兰教。我们很重视民族资产阶级，这个阶级虽然只占六亿人口的百分之三，但他们的影响是很大的。原因有二，一是他们有文化，二是他们有技术。一般地说，他们文化和技术都比较高。中国如果不团结民族资产阶级，就要犯很大的错误。在革命时期如此，在建设时期也是如此。民族资产阶级有很高的文化，又有管理经济的经验，因此我们不仅在民主革命时期团结他们，在社会主义革命时期也必须团结他们。他们对国家有很大贡献。民族资产阶级一方面看到大势所趋，另一方面在和我们合作搞五年计划中间，我国日有进步，比以前好，物价稳定，生产年年增长，他们的工作也得到安排，政治上有选举权和被选举权，他们的代表人物参加了中央和地方的人代会和政协。了解了这些，就会了解中国民族资产阶级为什么愿意跟共产党走社会主义道路。合作对他们来说，有暂时的好处，也有永久的好处。中国有几百万知识分子，其中共产党员只有一百万人，其余都是非共产党人。如果不团结他们，什么都办不好。但是在资本家和知识分子方面，也有不好的地方，例如有的党外知识分子认为美国的月亮比中国的月亮好。意见不同没有问题，只要大家爱国，问题就好办。我们中国有多种宗教，如像我是无神论者，你是有神论者，但我们有共同点——爱国主义，这是最主要的。宗教是会长期存在的，这是人民的感情，我们不能用行政命令取消或废除宗教，只有人民觉悟了，才会不相信宗教。伤害人民的宗教感情是没有好结果的。又说：我们国家的问题不少，缺点也很多。我国还是一个没有近代经济和文化的国家，我们需要几十年的时间来建设经济和文化。我们不仅主张在国内实行合作，也主张在国际上实行合作，争取所有可以团结的国家。当客人说到在印尼对待民族资产阶级有不同的主张，有过左的也有过右的时，毛泽东说：一个国家是有很多矛盾的，有各个阶级、各个民族、各个政党、各种宗教之间的矛盾，但是我们要通过协商的办法解决。只要大家有爱国主义，什么都好办。你们最大的矛盾是同外国的矛盾，荷兰和英、美还控制着印尼的经济。国家的主要工业应该掌握在本民族手里，不应在外国手里，这是一个很大的矛盾，你们一下子没办法把荷、英、美的资本收归国有，但可逐步增加民族资本，多盖工厂。虽然没有经验，没有技术，只要努力钻研，只要有爱国主义，各民族和各政党之间的问题都好解决。毛泽东最后说：我们必须普遍地保卫和平，反对战争，反对殖民主义，反对战争集团，反对使用原子弹和氢弹。你们有西伊里安问题，我们也有台湾问题。我们支持你们收回西伊里安，你们支持我们收回台湾，我们互相支持。

**同日** 晚上，在北戴河东浴场主持召开中共中央政治局会议，讨论关于中共中央机构设置方案。会后，同周恩来、邓小平谈话。

**8月7日** 审阅周恩来八月六日报送的各民主党派各人民团体为支持埃及宣布苏伊士运河公司收归国有的联合声明（初稿）。周恩来在附信中说：今晚政协常委座谈会上，大家已同意发表一联合声明，并推定起草小组，由罗隆基召集。他们要求我们先起草一个初稿，现将初稿送上请审阅。毛泽东批示：“似应有几句话劝告英法政府和英法人民不要做出违反世界人民和平意志的事，不应过于激动和走极端，致使事态扩大，不利于世界和平，也不利于英法。”

**8月8日**　下午，听取谭震林汇报工作。

**同日**　晚上，在北戴河东浴场主持召开各党派会议，讨论各民主党派各人民团体为支持埃及宣布苏伊士运河公司收归国有的联合声明（初稿）。出席会议的有：刘少奇、周恩来、朱德、彭真、董必武、邓小平、张闻天，各民主党派、青年团、全国总工会、全国妇联、全国青联、全国学联、全国文联、全国自然科学专门学会联合会、全国工商联的负责人和无党派民主人士，共三十多人。会前，曾就如何开好各党派会议问题，同刘、周、朱、彭、董、邓、张进行商谈。

**8月8日—10日**　审阅修改八大政治报告初稿。（一）在封面写下“经济数字太少（成就）”、“苏共二十次”、“国防”、“华侨、工、青、妇”等文字。（二）在报告初稿讲到只追求数量不管质量而造成一九五五年有些工程的质量事故处，批注：“不能完全归咎下面，中央也要负一部责任。”（三）在报告初稿“商业”一节，批注：“没有对外商业。”（四）在报告初稿“节约和人民生活”一节，批注：“改善生活问题讲得不够。”（五）报告初稿说：当劳动人民文化水平很低的时候，只要阶级觉悟逐步提高，并且有了马列主义思想的指导，就能够打倒帝国主义和封建主义的统治，并且能够实现社会主义的改造。如果那个时候，认为首先必须提高人民的文化水平，然后进行这些斗争，那是荒谬的。但是在已经完成了这些斗争以后，摆在我们面前的任务就是建设社会主义；而要进行建设，就要有文化，建设愈向前发展，对文化的要求也愈迫切。毛泽东对这段话批注：“革命也需要知识分子，也需要一些文化。”（六）在报告初稿讲到中国共产党居于核心领导地位而特别需要各民主党派监督处，批注：“首先是阶级的监督，群众的监督，人民团体的监督。”（七）在初稿讲集体领导处，批注：

"反个人崇拜。"（八）报告初稿说，"毛泽东同志在我们还没有进入大城市以前，就号召共产党员不做寿，不送礼，在中央和各级负责同志外出工作或作其他活动的时候不许组织欢迎欢送，不许献旗献花，不经中央同意不许以人名为地方、机关、企业等命名"。毛泽东对这段话批注："要讲一讲理由：即为了不要个人突出。"

**8月10日**　晚上，在北戴河一号楼主持召开中共中央政治局扩大会议，讨论八大政治报告初稿。会后，同刘少奇、周恩来、朱德、陈云、彭真、邓小平谈话。

**8月11日**　致信曹云芳〔1〕："罗哲同志英勇牺牲，早就听到一些消息。一九四五年在重庆的时候，见到张维〔2〕兄，曾打听你们的下落，他只告知你姐姐王夫人已故，你的情形他不知道。现知你仍健在，并有两个女儿能继承罗哲遗志，我很高兴。罗哲为党艰苦工作，我可作证，当时没有别的证件。恤金由谁领的问题，应由当地政府去作决定。如果决定给继子，不给女儿，也就算了，不必为此去争论。坟墓可由家属修理。现寄上三百元，请你酌量处理。今后如果还有困难，可以告我设法。你见过的两个孩子〔3〕，一个在战争中牺牲了，一个也已病废。你们在贵阳工作有成绩，向你们致贺。"

**同日**　晚上，同林彪谈话。

**8月12日**　晚上，在北戴河一号楼召集八大政治报告起草委员会成员及胡绳开会，讨论政治报告初稿修改问题。

**8月14日**　晚九时，同陈毅谈话。

---

〔1〕曹云芳，原是罗哲烈士的妻子。大革命时期曾随罗哲一起在毛泽东领导下做革命工作。

〔2〕张维，早年同毛泽东有较多交往。当时任上海中国人民解放军第二军医大学教授。

〔3〕指毛泽东的长子毛岸英和次子毛岸青。

**同日** 晚十时，在北戴河一号楼主持召开中共中央政治局扩大会议，讨论召开中共八大的有关事宜。

**8月15日** 晚上，在北戴河一号楼同程潜、张治中共进晚餐，并看电影。

**8月中旬** 审阅《中国共产党第八次全国代表大会关于发展国民经济的第二个五年计划的建议（第三次草稿）》，批注：“要一个说明理由的文件，供内部用。”第三次草稿中说：在“二五”计划期内，尽可能地缩减国防费用和行政费用的开支，而增加经济建设和文化建设的支出，使其占全部财政支出的比重，由“一五”计划期间的百分之五十八，提高到百分之六十到七十左右。毛泽东在此处批注：“400－450亿（军），130－140亿（政）＝530－590＝2350亿的22％，比现32％，减10％；其他支出：(1) 还外债，(2) 援外，(3) 物资储备，(4) 总预备费，(5) 信贷资金，共计10％左右。”后来，建议草案修改稿根据毛泽东的这一批注，加写以下的话：“而用于国防和行政费用的支出，应该从第一个五年计划的32％左右，下降为20％左右；其他部分用于国家的物资储备、信贷资金、归还内外债款和总预备费等。”

**8月16日** 晚七时十分，同陈伯达、胡乔木谈话。八时五十分，同刘少奇、陆定一谈八大政治报告稿修改问题。九时半，在北戴河一号楼主持召开中共中央政治局扩大会议，讨论周恩来《关于发展国民经济的第二个五年计划的建议的报告（第三次草稿）》。

**8月18日** 致信达赖喇嘛：“给我的两封信都收到了，很高兴。西藏自治区筹备委员会已经成立，得到各族人民的拥护，大家满意。西藏社会改革问题，听说已经谈开了，很好。现在还不是实行改革的时候，大家谈一谈，先作充分的精神上的准备，等到大家想通了，各方面都安排好了，然后再做，可以少出乱子，最好是不出乱子。四川方面出了一些乱子，主要是亲帝国主义分子和国民党残余分子在那里煽动，我们的工作也有缺点。我希望西藏方面尽量避免出乱子。陈毅副总理回来，转达了你的意见。我们大家对你很了解，相信你能把西藏的工作做好。我总是担心，汉人在那里和你们合作得不好，得不到藏人的信任。请你负起责来，对于犯了错误的汉人，给他们以严格的教育，把他们当作你自己的干部看待。望你保重身体。有事随时给我写信。这封信你能看懂否？草字尚多，一时改不过来，但比上次少了一点。遇到困难，务宜忍耐。困难总可以慢慢克服的。希望同你见面。祝你健康！”

**8月中旬**　审阅修改刘少奇八月十四日送阅的陆定一对八大政治报告初稿《党的领导》部分的修改稿，将修改稿中“在阶级消灭以后，资产阶级的思想残余还会存在一个时期。这就是我们今后还可能犯错误的社会原因”，改为“在阶级消灭以后，资产阶级和小资产阶级的思想残余还会存在一个很长的时期。这就是我们今后还可能犯错误的社会原因”，并紧接着加写“资产阶级和小资产阶级的残余思想消灭以后，社会中的生产力与生产关系的矛盾，人们的主观和客观世界的矛盾，是永远存在的，这又是人们永远都有犯错误的可能性的原因”。

**8月中旬、下旬**　审阅修改八大政治报告稿《国际形势和国内形势》和《党在过渡时期的总路线》这两部分的刘少奇修改稿，作了十几处比较集中的修改。其中有：（一）在报告修改稿讲到苏共二十大是具有世界意义的重大政治事件的地方，加写：“它不仅总结了这个在人类历史上第一次建立起来的社会主义国家许多年的工作经验，提出许多发展社会主义事业的新的政策方针”。（二）在报告修改稿讲到现在世界上的民族解放运动的高潮还在继续发展，它将继续取得重大胜利的地方，加写：“拉丁美洲各国的民族解放斗争势必受到亚非两洲的影响，而向前发展起来。亚洲、非洲和拉丁美洲是西方少数几个帝国主义国家的广大的后方，失掉了这个后方，帝国主义就将崩溃。现在这个后方的广大部分已经解放了，还有几个部分正在争取解放。”“美国是现在世界上最大最凶恶的殖民帝国主义，这个殖民帝国的崩溃，将是人类的最后解放。”（三）在报告修改稿讲到只要社会主义各国同各民族国家团结一致，进行坚决的斗争，建立世界持久和平的可能就确实出现了，任何一个好战的国家或集团都很不容易发动世界战争的地方，加写：“这一新形势，在抗美援朝时期已经出现，在最近苏伊士运河事件中更加鲜明地摆在人们的眼前，使得帝国主义国家不敢将局部战争扩大为世界战争，使得尖锐的国际争端不敢轻易动用武力。”（四）报告修改稿说美帝国主义为首的侵略性军事集团，口头上大嚷反对共产主义，但他们的实际目的不在这里。在这些话之后，改写一段话（加写和改写的文字用着重号标明）：“这个集团是坚决反对共产主义的。但是因为以苏联为首的团结得很紧的强大的社会主义阵营是不容易碰倒的，要碰这个阵营的壁垒，势将引起整个资本主义制度的崩溃，因而他们不能不考虑这一点。社会主义阵营按其本质和实际情况完全不需要向外侵略，所以他们实际上也没有什么‘共产主义侵略’可以‘防御’的。”（五）加写一段话：“以苏联为首的社会主义阵营的建立，民族解放运动的发展，殖民主义阵地的缩小，符合于西方国家要求社会解放的无产阶级及其革命政党的利益，他们从这里找到了有力的同盟军。而国际紧张局势的缓和，持久和平可能性的出现，则符合一切不愿意战争的人民和国家的利益。所以，就西方国家来说，那里有一个很大的力量可以作为我们和平事业的同盟军。我们必须重视西方国家内部的工人运动和人民运动的发展。”（六）在报告修改稿的“帝国主义者还会要在许多地方制造紧张局势”之后，加写：“还会要压迫一切他们可能压迫的地方，决不会轻易放手。爆发战争的原素，即垄断资本，仍然存在，并且要起作用的。”（七）报告修改稿分析了中国革命在第二次世界大战后取得迅速胜利的三条原因。一是中国人民不愿退回到半殖民地半封建的地位；二是中国共产党在政治上的成熟，能够把中国人民引向胜利；三是以苏联为首的强大的社会主义阵营的支持。毛泽东对第三条加写：“亚非两洲和拉丁美洲广泛的民族解放运动的支持，帝国主义国内和其他国家人民力量的支持，牵制了帝国主义的力量，从外部保卫了我们革命的胜利。这里特别重要的，是苏联的存在和声援”。（八）在报告修改稿分析中国革命胜利原因的地方，加写：“在准备用战争夺取政权和在实行用战争夺取政权这两个问题上，都是有过争论的。一些人不懂得中国的具体条件，他们在紧要关头反对我们准备战争和实行用战争夺取政权。这是一条机会主义的路线。如果我们遵循这条路线，就没有今天的中华人民共和国了。不要以为这是小事，这是一个关系到在一个六亿人口的国家内，当着时机成熟了的时候，是否应当夺取政权的大问题。”（九）在报告修改稿讲到中国革命将在世界上引起种种结果的地方，加写：“一百多年以来，尤其是二十世纪，世界上发生的大事件，没有不互相影响的。”（十）在报告修改稿的“我们希望一切有爱国心的台湾军政人员，同意用和平谈判的方式，使台湾重新回到祖国的怀抱”之后，加写：“而避免使用武力。如果不得已而使用武力，那是在和平谈判丧失了可能性，或者是在和平谈判失败以后。”（十一）在报告修改稿讲到社会主义制度在各国的具体发展过程和表现形式，不可能有一个千篇一律的格式的地方，改写一段话：“我国是一个东方国家，又是一个大国。因此，我国不但在民主革命过程中有自己的许多特点，在社会主义改造和社会主义建设的过程中也带有自己的许多特点，而且在将来建成社会主义社会以后还会继续存在自己的许多特点。”（十二）报告修改稿在讲到我们党在今后应当完成的任务时，列举了七个“必须”。毛泽东又加了两个“必须”：“必须继续巩固党的思想、政治和组织的力量，加强马克思列宁主义的理论的研究；最后，必须巩固和各兄弟党的团结，争取全世界一切进步力量对于我国建设社会主义的援助。”

**8月20日** 晚十一时半，从北戴河回到北京。次日晨零时十分，在中南海游泳池住处召集刘少奇、周恩来、陈云、邓小平开会，谈八大政治报告稿等问题。随后，刘少奇在毛泽东对《国际形势和国内形势》、《党在过渡时期的总路线》两部分的修改稿上，批示：“此件即刻排印，打几份清样送少奇、稼祥、定一、尚昆、乔木、伯达、胡绳、田家英、邓力群、张闻天、小平、恩来。”

**8月21日** 下午，在中南海勤政殿会见由首相富马亲王率领的老挝政府代表团，刘少奇、朱德、周恩来、陈云、彭真、彭德怀、张闻天、李济深、黄炎培、郭沫若等在座。毛泽东说：我们两国是邻居，是朋友，非常欢迎你们来中国访问。我们对大国、小国都一律平等看待。我们是不会侵略别人的，侵略别人是没有道理的。我们不会干涉你们的内政，不会在你们那儿宣传共产主义。我们是讲友好的，你们采取什么制度、政策，信奉什么宗教，那是你们自己的事。将来我们两国建交后，你们来中国可以走昆明，你们在那里可以设领事。富马说：我们要依靠中华人民共和国对我们的支持和友好。毛泽东说：我们一定支持你们，而且是在和平共处五项原则的基础上，这对双方都有利。

**同日** 晚上，在中南海颐年堂主持召开中共中央书记处会议，讨论中共八大主席团名单、七届七中全会决议草案、七届七中全会关于八届中委选举工作的建议、八大代表资格审查委员会名单、八大日程和八大预备会议安排等。刘少奇、周恩来、朱德、陈云、彭真出席会议，邓小平列席会议。

**8月22日** 下午四时，在中南海勤政殿会见挪威共产党主席洛夫林，朱德、王稼祥、刘宁一[1]在座。毛泽东说：我们的事业就是拆房子、盖房子。推翻了蒋介石政权，推翻了帝国主义和封建主义，这就是拆房子。这两件事帝国主义都不喜欢。我们做这两件事，需要各方面的帮助，你们工业发达，也需要你们的帮助。洛夫林说：我们目前的中心问题是推翻资本主义。毛泽东说：推翻资本主义时机是不是已经成熟？洛夫林说：自然不是明天早晨的事。毛泽东说：明天早晨不行，恐怕要后天早晨。

**同日** 下午五时，在中南海勤政殿主持召开中共七届七中全会第一次会议，并讲话。毛泽东说：这次全会的任务，就是准备八次大会。第一，有五个文件，一个是政治报告，一个是党章，一个是党章报告，一个是经济计划，一个是经济计划报告，请大家讨论修改。第二，关于新的中央委员会的选举问题。第三，准备发言问题。七次代表大会后我们得到革命的胜利，并且开始了建设。这一次大会后我们要得到建设的胜利，建设一个伟大的社会主义国家的胜利。这次大会的基本方针是：马克思列宁主义同中国的实际情况相结合，团结党内、国内、国际一切可以和应该团结的力量，为建设一个伟大的社会主义国家而奋斗。接着，邓小平就提交全会通过的六个文件[2]作说明。毛泽东插话说：政治局准备公推刘少奇同志作政治报告。现在的报告稿九万字，能缩减三分之一就好。请大家首先对大势提一些意见，看大局是完全要不得，还是勉勉强强，还是大体可以，还是有些要修改。当

---

〔1〕 刘宁一，当时任中共中央国际活动指导委员会副主任、中华全国总工会副主席。

〔2〕 这6个文件是：《八大日程草案》、《八大会议规则草案》、《七届七中全会关于第八届中央委员会选举工作的建议草案》、《八大各代表团正副团长名单草案》、《八大代表资格审查委员会名单草案》和《八大预备会议的工作安排草案》。

邓小平讲到大会发言的准备时，毛泽东说：原则是不要太长，内容要精彩一点。可以组织一些短稿子，比较生动。对工作要有批评，要有自我批评，要有分析，五分钟的发言也可以有分析。如果我们开一次会没有批评，净讲一套歌功颂德，那就没有生气，那无非只有一个“好”字就行了，还要多讲干什么？但不是说，每一个稿子一定要批评什么东西，如果没有批评根本就不许讲，那也不好。这一次重点是建设。有国内外形势，有社会主义改造，有建设，有人民民主专政，有党，报告里面有这么几个大题目，都可以讲。但是重点是两个：一个是社会主义改造，一个是经济建设。这两个重点主要的还是在建设。当邓小平讲到选举问题时，毛泽东提出：将李立三、王明选入中央委员会比较有利。因为问题不是他们个人的问题，而是涉及党内许多人，有同他们相同的思想；还有党外的观感，觉得我们不轻易抛弃人，犯了这么大的错误，我们还要他们。在邓小平作了说明之后，毛泽东又讲了三个问题。第一，关于常任代表制。过去十一年没有开会，战争那么忙是难开的。现在情况变了，完全可以经常开，有常任代表。这样，可以经常展开批评，民主生活可以发展。第二，关于中央的组织。主要为了国家的安全，为了工作的有利，准备设几层屏障，有总书记。中央政治局准备向新的中央委员会建议，推举邓小平当总书记。想组织一个书记处，管日常工作。政治局还设一个常委，相当于过去的书记处。还有主席、副主席。过去的几位书记都当副主席。此外，必要时设名誉主席。第三，关于过去两次代表大会之间的中央委员会的政治路线，应该肯定是对的，不是机会主义路线。中央是执行七次大会的路线，而七次大会的路线是正确的。

**8月23日**　晚上，在中南海勤政殿会见阿尔巴尼亚驻中国大使巴利里，张闻天在座。在交谈中，毛泽东向大使询问阿尔巴尼亚的地理情况、民族特点、宗教信仰以及同周边国家的关系等。

**8月24日** 下午，和朱德、周恩来、陈云、林伯渠、康生、陈毅，在中南海怀仁堂接见参加第一届全国音乐周的代表，并合影。随后，同中国音乐家协会负责人谈话。毛泽东说：艺术的基本原理有其共同性，但表现形式要多样化，要有民族形式和民族风格。作曲、唱歌、舞蹈都应该是这样。说中国民族的东西没有规律，这是否定中国的东西，是不对的。中国的语言、音乐、绘画都有它自己的规律。音乐可以采取外国的合理原则，也可以用外国乐器，但是总要有民族特色，要有自己的特殊风格，独树一帜。艺术上“全盘西化”被接受的可能性很小，还是以中国艺术为基础，吸收一些外国的东西进行自己的创造为好。艺术有个民族形式问题，艺术离不了人民的习惯、感情以至语言，离不了民族的历史发展。艺术的民族保守性比较强一些，甚至可以保持几千年。我们当然提倡民族音乐。作为中国人，不提倡中国的民族音乐是不行的。但是军乐队总不能用唢呐、胡琴。外国乐器可以拿来用，但是作曲不能照抄外国。社会主义的内容，民族的形式，在政治方面是如此，在艺术方面也是如此。要向外国学习科学的原理。学了这些原理，用来研究中国的东西，把学的东西中国化。中国的和外国的要有机地结合，而不是套用外国的东西。要用外国有用的东西来改进和发扬中国的东西，创造中国独特的新东西。文化上对外国的东西一概排斥，或者全盘吸收，都是错误的。应该越搞越中国化，而不是越搞越洋化。要反对教条主义，也要反对保守主义，这两个东西对中国都是不利的。学外国不等于一切照搬。向古人学习是为了现在的活人，向外国人学习是为了今天的中国人。中国的和外国的，两边都要学好。应该在中国的基础上面吸收外国的东西，把它变成中国的。鲁迅的小说，既不同于外国的，也不同于中国古代的，它是中国现代的。

你们是学西洋的东西，要重视你们，依靠你们。不要学西洋的东西的人办事，是不对的。要承认他们学的东西是进步的。但要说服他们重视民族的东西，不要全盘西化。

**同日**　审阅八大政治报告稿“关于无产阶级专政和统一战线”部分的刘少奇修改稿，批示：“退少奇同志：此件已经看了一遍，改得很好。我又作了一些小的修改，请酌定。觉得文中还有一些重复拖累的地方，还可以删节一些，可待下月上旬去改。这里已经讲了统一战线，李维汉写的关于统一战线那部分，似乎可以不要了。”毛泽东对这部分修改稿作了几处比较集中的修改（加写和改写的文字用着重号标明）：（一）“在资产阶级民主革命在全国胜利以前，虽然革命根据地包括了上亿的人口，因为革命的主要任务仍然是要动员全国人民的力量，推翻帝国主义、封建主义和官僚资本主义在中国的统治，并且在根据地内实行了由减租减息发展到最后没收地主的土地分配给农民这样的资产阶级民主革命性质的改革，但是我们并不去破坏民族资产阶级的生产资料所有制，也不去破坏农民小生产者的个体所有制，所以这时候革命的性质，仍然是资产阶级民主性质的，而不是社会主义性质的。”（二）“现在是工人阶级领导着农民及其他劳动人民和民族资产阶级对旧时代的地主买办官僚资产阶级专政。这样的专政，可以执行资产阶级民主革命的任务，也可以执行社会主义革命的任务。到了它执行社会主义革命任务的时候，它的无产阶级专政的性质就鲜明地显露出来了。”（三）“至于我国的社会性质，目前还是一种过渡性质的社会，一方面，它已经基本上摆脱了资本主义的各种因素的影响，另一方面，还有一些资本主义因素存在着，社会主义社会还需要几年才能完全建成。它正处在迅速变化的过程中。”（四）“无产阶级专政的实质，就是工人阶级经过共产党对国家政权的领导。我们中国共产党对于革命的领导，在过去为了执行资产阶级民主革命任务的斗争中，在各革命根据地的政权机关中，早已建立起来。那时候，民族资产阶级的主要代表人物还没有参加这种政权，但是已经有了一些党外民主人士参加了政府工作。在人民共和国成立以后，参加国家机关工作的不只是有农民及其他劳动人民，而且还有民族资产阶级，各民主党派、无党派民主人士和各少数民族的代表人物。这些代表人物和他们的团体都宣告他们愿意接受中国共产党的领导，承认中国共产党在国家政权中的领导地位。”（五）“我们要加强党内的自我批评和依靠广大劳动人民的监督来克服缺点和错误，这是主要的一面。但是我们还应当借助于各民主党派和无党派民主人士的批评来克服缺点和错误。不管他们的批评有许多常常是从右的方面出发的，但是能够引起注意问题的所在，使我们能够及时地解决这方面发生的问题。这也是监督的一个方面。这对于我们党，对于社会主义事业是有益无害的。”

**同日** 晚上，在中南海颐年堂召集刘少奇、陆定一、陈伯达、胡乔木、胡绳、邓力群、田家英开会，谈八大政治报告稿修改问题。

**8月25日** 晚上，在中南海勤政殿出席周恩来总理和老挝首相富马亲王联合声明的签字仪式。随后，在怀仁堂设宴招待老挝政府代表团。参加签字仪式和宴会的，还有朱德、陈云、董必武、彭德怀、陈毅、张闻天等。

**8月26日** 下午，同刘少奇、陆定一、陈伯达、胡乔木等谈八大政治报告稿修改问题。

**8月27日** 晨，同周恩来商谈对中共中央就老挝政府代表团访问中国情况致胡志明信稿的修改，和周恩来准备接见途经中国的缅甸驻苏联大使吴旺、驻中国大使吴拉茂就中缅边界问题交换意见的原则等。

**同日** 审阅修改《关于修改党的章程的报告（修改稿）》，批示："退邓小平同志。此件看了一遍，觉得大体可用。作了一些小的修改，请你们酌定。第二十三页上批了一点建议修改的意见〔1〕，请考虑。许多句子太长，不好读。我在第三十二页的一段中试增了一些标点，请考虑全文都增加一些标点。"毛泽东对报告所作的修改主要有两处：（一）在报告修改稿的"这个草案，同第七次大会所通过的党章比较起来，并没有根本原则上的不同，但是，在具体内容上却有了很多的改变"之后，加写"其中包含一些带有原则性的改变"。（二）报告修改稿分析我们党胜利的原因时，说"要归功于人民群众对于我们的信任和支持，要归功于全体党员的艰苦奋斗"，在这之前加写"首先和最主要地"七个字。

**8月29日** 审阅八大政治报告稿"关于民族问题"部分的刘少奇修改稿，批示："退刘少奇同志：这一部分改得很好，字数不多，清爽好看。前一部分〔2〕盼能迅速加以修改。今天晚上十时左右准备开书记处会议谈一些事。"

**同日** 审阅修改八大政治报告稿党的部分八月二十八日修改

〔1〕在报告修改稿第23页上，讲述党内民主并没有因为党的代表大会和代表会议开得不经常而受到严重的影响，这是因为从七大以来的这些年份里，无论党的中央组织和地方组织都召集了大量的干部会议，这些会议在很大程度上起了党的代表会议以至代表大会的作用。接着，报告列举了一系列重要会议。毛泽东在这段文字旁边写了两条意见："1955年3月的全国代表会议应在此处提出"；"没有说1953年的财经会议和粮食统购统销会议，也没有说1949年的扩大的二中会议"。

〔2〕指政治报告稿的"关于人民民主专政和人民民主统一战线"部分。刘少奇8月29日3时送审"关于民族问题"修改稿时，在给毛泽东的信中说："前面统一战线部分有些同志提出了修改意见，其中有些原则性的问题，要请示后才好修改。"

稿，批示："退陆定一同志：此件改得很好。我只作了一些小的修改，增加了两个小段，请加斟酌。"毛泽东加写的两段话是：（一）"中国革命和中国的建设，都是依靠发挥中国人民自己的力量为主，以争取外国援助为辅，这一点也要弄清楚。那种丧失信心，以为自己什么也不行，决定中国命运的不是中国人自己，因而一切依赖外国的援助，这种思想是完全错误的。但是我们在肯定这一点之后，又必须肯定另一点，即应当继续努力同苏联和一切兄弟国家团结一致，继续努力同世界上一切兄弟党、人民革命政党和广大人民群众团结一致，取得他们的同情和援助。如果我们不肯定这一点，那也是完全错误的。"（二）"我国的外交政策是以和平共处五项原则为基础的。为了缓和国际紧张局势和支援反殖民主义的民族解放运动，我国政府和人民已经做了许多有益的工作。今后还应当做更多的工作，争取世界上一切和平力量使它们更加发展，以有利于世界的持久和平，也就有利于我国的建设。为了和平和建设的利益，我们愿意和世界上一切国家，包括美国在内，建立友好关系。我们相信，这一点，总有一天会要做到的。"

**同日** 晚上，在中南海颐年堂召集中共中央书记处书记、八大政治报告起草委员会成员和出席八大的各代表团团长开会，讨论八大会议各项报告稿和在三十日召开预备会议等问题。

**8月30日** 阅刘少奇本日关于八大政治报告各部分编排问题的来信，批示："退少奇同志：可以这样编排，将来再考虑是否变动。在国防问题上还可以讲几句人民解放军的英勇奋斗的鼓励话。"

**同日** 阅彭德怀送审的八大发言稿《为中国人民解放军的现代化而斗争》，并作修改和批注。批示："退彭德怀同志：看了一遍，觉得可用。作了一点小的增减修改，请斟酌。"在发言稿讲到我军现代化水平必将进一步获得提高处，毛泽东加写：“在这里，我要表示对于我们伟大盟邦苏联的感谢，因为苏联在供应军事装备和帮助我们建设军事工业方面，作了完全兄弟般的努力。”在发言稿讲到对于资本主义国家的军事问题我们也应当研究处，毛泽东加写：“他们的技术科学，只要是对于我们有用的，我们也应当学习。”彭德怀在致毛泽东的信中说，发言稿有一万零数百字，长了一些。军委会议对于其中项目不同意再削减，文字上就难以压缩。毛泽东批注：“文字通畅，可以不再缩减。”

**同日** 阅李立三送审的八大发言稿〔1〕，并作修改。批示：“退李立三同志：看了一遍，觉得可用，只作了一些完全文字方面的修改，请加酌定。”

**同日** 晚八时半，在中南海怀仁堂主持召开中国共产党第八次全国代表大会预备会议，出席会议的代表九百四十六人。会议讨论并通过八大日程、会议规则、七届七中全会对八届中央委员会选举工作的建议、各代表团正副团长名单、代表资格审查委员会名单等。毛泽东在会上发表讲话。他说：这次大会的目的和宗旨，总的说来，就是总结七大以来的经验，团结全党，团结国内外一切可以团结的力量，为建设伟大的社会主义中国而奋斗。我们的经验很丰富，要抓住重点，从实际出发，根据马克思主义的观点，加以总结。这样总结会给我们全党一个推动力，使我们的工作比过去做得更好些。我们党是一个伟大的、光荣的、正确的党。我们进行了两个革命：一个是资产阶级民主革命，夺取全国政权；一个是无产阶级社会主义革命，实行社会主义改造，建设社会主义国家。两个革命证明，从七大到现在，党中央的路线是

〔1〕 李立三这个发言在1956年9月24日《人民日报》发表时，题为《对“惩前毖后，治病救人”方针的体会》。

正确的。经过这六年的改革，我们把中国的面貌改变了。领导我们革命事业的核心是我们的党。这次大会总结经验，首先要使全党更加团结。单有党还不行，党是一个核心，它必须要有群众。所以，要好好团结群众，团结一切可以团结的人一道工作。在国际上，我们要团结全世界一切可以团结的力量，借重一切有用的力量。毛泽东说：这次大会应当继续发扬我们党在思想方面和作风方面的优良传统，把主观主义、宗派主义这两个东西切实反一下，此外，还要反对官僚主义。所谓犯错误，就是那个主观犯错误，那个思想不对头。主观主义就是不从客观实际出发，不从现实可能性出发，而是从主观愿望出发。现在，我们反对的是社会主义革命和社会主义建设中的主观主义。马克思主义的普遍真理一定要同中国革命的具体实践相结合，就是说，理论与实践要统一。理论与实践的统一，是马克思主义的一个最基本的原则。思想必须反映客观实际，并且在客观实践中得到检验，证明是真理，这才算是真理，不然就不算。另一个要反对宗派主义。特别值得谈一下的，就是要团结那些跟自己作过斗争的人。所谓团结，就是团结跟自己意见分歧的，看不起自己的，不尊重自己的，跟自己闹过别扭的，跟自己作过斗争的，自己在他面前吃过亏的那部分人。过去我讲过，对于任何有缺点的人，犯过错误的人，不仅要看他改不改，而且要帮助他改，一为看，二为帮。毛泽东说：关于中央委员会的选举，刚才小平同志讲，第八届中央委员会的名额为一百五十到一百七十人，比七届中委增加一倍多一点，这样恐怕比较妥当。现在，很多有用的人才是在抗日战争时期培养起来的，这就是所谓“三八式”的干部。他们是我们现在工作的基础，但是这部分干部人数很多，如要安排，这届中委名额就要增加到好几百人，所以这次就不考虑安排了。毛泽东还就继续选举王明、李立三为八届中委的问题作了说明：如果不选举犯错误的人，我们就要犯错误，因为那是照他们的办法办事。这里，最基本的道理，就是他们不是孤立的个人，而是代表小资产阶级里头相当大一部分动摇的人。七大选举王明、李立三为中委，十一年来并无损失。十时半会议结束后，在怀仁堂休息室同刘少奇、陈伯达、陆定一、王稼祥、胡绳、田家英谈话。

**8月31日**　晨三时，审阅修改八大政治报告八月二十二日稿“社会主义改造”部分的修改稿后，批示：“伯达同志阅后，即送少奇同志。此部分修改得很好，可以作为定稿了。我只作了一些小的修改，请酌定。请伯达即行着手对‘国家政治生活中的若干问题’进行修改，在九月五日以前改好，打清样于九月五日晚上送阅为盼！”

**同日**　晨五时，审阅修改八大政治报告八月二十二日稿中“社会主义建设”部分的修改稿后，批示：“即退胡乔木同志阅后，即送少奇同志阅。此件修改得很好。我只作了一些文字上的修改。第七页上有一个问题〔1〕，请乔木注意。”毛泽东对这部分作了一处修改：在修改稿讲到国家工业化的任务，在对外方面可以在社会主义阵营之间发展充分有效的国际协作的地方，加写：“并且只要有可能，就发展同世界上任何愿意和我们往来的国家的通商贸易关系。”

**同日**　晨六时，致信胡乔木：“请你利用今天上午的时间，将报告的头几部分——导言，国际形势和国内形势，总路线，过细修改一下，缩小到八千字左右就好。改好后，即送少奇同志汇总看过，送我一看，以便下午或晚上会谈时和其他部分编辑付印。”

---

〔1〕指关于财政支出问题。这一页上讲到，在第一个五年国家财政支出中，国防和行政费用占国家财政支出百分之三十二，经济文化建设支出占百分之五十八。毛泽东批注：“还有百分之十的开支要作交代。”

**同日**　晚上，在中南海颐年堂召集中共中央书记处书记、八大政治报告起草委员会成员和各代表团团长开会。会前，约林彪、徐海东〔1〕谈话。会后，同刘少奇、周恩来、彭真、邓小平、王稼祥谈工作。

**9月2日**　中午，在中南海游泳池住处同陈伯达、李维汉、胡乔木谈八大政治报告稿修改问题。

**9月4日**　晚上，在中南海勤政殿会见日本前军人访华团，张奚若、廖承志、乔冠华、赵安博〔2〕在座。毛泽东说：我们欢迎日本朋友是真诚的。希望改善我们的关系，改善过去的关系，使它变为友好。现在的国际形势和日本的情况同当年的情况已有很大不同。有些是宜于当时讲的话，现在则不宜发表了。我们是刚开始进行建设的，我们需要时间、和平环境和友好。我们永远不要战争，要和平，要广大的朋友。因此希望和日本搞好关系。从你们国家来的人，有些人和我们打过仗，但我们也欢迎，骂共产主义的也欢迎。你们回去后还可以继续骂，骂了以后若想再来，我们照样欢迎。长期来往，才能更多地理解。中日若不友好，亚洲和平是不可能的。你们国家现在还有天皇。你们见到他，请转告我的问候。老挝、柬埔寨有国王，日本有天皇，我们尊重他们的制度。

**同日**　下午和晚上，先同陆定一、陈伯达、胡乔木三人，后又同刘少奇、胡乔木二人，谈八大政治报告稿修改问题。毛泽东交代陆定一将八大政治报告稿“社会主义建设”部分改好后，送陈云加以修正，请陈云在五日晚十时前退给毛泽东。

---

〔1〕徐海东，中华人民共和国成立后因病长期休养。当时任中共中央军委委员。1956年9月任中共中央委员、国防委员会委员。

〔2〕赵安博，当时任中国人民外交学会理事、中国红十字会总会顾问。

**9月5日** 晨，审阅陈正人九月四日报送的《中共中央、国务院关于加强农业生产合作社的生产领导和组织建设的指示》稿，批示："小平同志：此件请你看一下，并立即印发各中央委员，各省市自治区党委书记，并附上一个通知，请他们于九月八日以前于原件上批上修改意见，退还中央。意见收到后均交邓老〔1〕负责修改，于九月十日前退还中央，准备于九月十二日发表。此件我看了一遍，大体可用。拟在征集修改后，再看一遍。同时请总理提交国务院会议通过（十二日以前）。"十二日，审阅修改稿后，批示："此件用，退周总理。即刻送新华社，立即广播，明十三日必须见报。"

**同日** 收到陈云本日来信。关于八大政治报告稿"社会主义建设"部分，来信说："有几个地方与定一、乔木商量后改了一下。商业一节，还有一些修改，稿子在乔木处，由他改好后送我看，再送你。"

**同日** 下午四时半，同胡乔木谈八大政治报告稿修改问题。六时，听李富春汇报去苏联谈判情况，陆定一、陈伯达参加。

**同日** 晚上，在中南海颐年堂主持召开中共中央书记处会议，讨论八届中央委员会候选人名单及民主党派列席八大的问题。

**9月6日** 晨二时，审阅修改八大政治报告"社会主义建设"部分经陈云修改后的稿子后，批示："即送乔木同志：建设部分，除商业外，又看了一遍，用铅笔作了一些修改。请你将商业部分改好，于今天下午送我一阅，再送少奇同志。"在报告稿的"农业"一节中，讲到争取百分之九十的社员增加收入的地方，毛泽东加写："国家的税收也应当保持在一个适当的比例上。"

**同日** 晨七时，致信陈伯达："周恩来及洛甫同志今日开始

---

〔1〕 指邓子恢。

修改政治报告，请你与总理联系，或即与总理处合并举行。”下午，同陈伯达谈八大政治报告稿修改问题。随后，听取邓小平汇报中央政治局扩大会议讨论八届中央委员会候选人名单的情况。

**9月7日** 晨六时，致信胡乔木：“国家问题这一部分，也许你可以在一天内修改好，困难问题不很多。但对肃反问题写得太简单，没有提党对反革命分子的严肃与宽大相结合的处理政策，请加注意。”上午十时，又致信胡乔木：“‘国家’部分内容贫弱，和‘改造’、‘建设’、‘党’各部分分量不相称，似需大改。请你将一、二次稿看一下，好好想一下，再行动手。如今日不能完稿，可于明日完毕。如你需要，可找彭真、瑞卿谈一下。”

**同日** 晨六时，致信周恩来：“政治报告头几部分修改了以后，请你继续修改社会主义改造和社会主义建设两部分。这几部分今天一定要修改完毕，今晚一定要交付翻译，否则就来不及了。修改时请与陈伯达联系。”

**同日** 晨七时，致信陈伯达：“‘改造’、‘建设’两部分乔木改稿，我看可用，不须大改，但小改是必要的。务请你们在今日加班加点，请于今日晚上十二时以前全部改好，交我看过，再送少奇看过打样，于明日上午交付翻译。我们请总理同时修改，请你与他联系，于晚上九时以前索取他的改样，由你酌量采取。头三部分〔1〕，今日也要争取改好，我已告总理注意，改好后交你。”

**同日** 上午十时，致信周恩来：“政治报告的头三部分，请你主持，于今日改好。形势部分，可以大修或重写。但请于今晚十时前，交伯达看一下，然后交我。‘改造’、‘建设’两部分请你与富春一道修改，请需于今日修好，于晚上九时交伯达汇总。

〔1〕 指中共八大政治报告稿的开头部分、“国际形势和国内形势”、“党在过渡时期的总路线”这三部分。

以上各部分我和少奇看一下以后，必需于八日上午交付翻译。你担任的建议和报告两件〔1〕，亦须于九日交付翻译，请将最后修改本于八日交我看一下。”

**同日** 晚八时，同陈伯达、胡乔木谈八大政治报告稿修改问题。

**同日** 晚十一时，在中南海颐年堂主持召开中共中央书记处会议，讨论八届中央委员会候选人名单和八大政治报告稿。

**9月8日** 上午八时，致信陈伯达：“今日你和其他同志可以休息一天。请你将我准备讲的那段话〔2〕加以修改，并请饬你的秘书给我抄正一张，于下午交我为盼！”

**同日** 上午九时，审阅周恩来对八大政治报告稿“社会主义改造”和“社会主义建设”两部分所作的修改后，批示：“少奇同志：恩来同志的改本送上，我看改处均可用。如你同意，请饬人将改处准确地抄在一个本子上，和你我改的合在一起，立即付印，付翻译。”

**同日** 下午，同陈伯达谈八大政治报告稿修改问题。三时，同刘少奇、周恩来、陈伯达谈八大政治报告稿“社会主义改造”和“社会主义建设”两部分的修改问题。

**同日** 晚上，在中南海西楼会议室主持召开中共七届七中全会第二次会议，讨论通过八届中央委员会候选人名单。这个候选人名单共一百七十人，没有区分正式或候补的中央委员。其中七届中央委员会成员六十七人，新提名的一百零三人。会后，同周恩来、陈云、彭真、邓小平、王稼祥谈话。

---

〔1〕 指周恩来主持起草的《中国共产党第八次全国代表大会关于发展国民经济的第二个五年计划（1958—1962）的建议》和《关于发展国民经济的第二个五年计划的建议的报告》。

〔2〕 指毛泽东准备在中共八大作的开幕词。

**9月9日** 晨，审阅修改中共八大关于发展国民经济的第二个五年计划的建议（草案修改稿）后，批示："周总理：有一些小的修改，请酌定。"毛泽东的修改，主要是在"少数民族地区的社会改革，应该根据各民族人民的意愿和当时当地的具体条件有步骤地进行"一句中的"各民族人民"后，加上"和领袖人物"五个字。

**同日** 上午，审阅刘少奇对八大政治报告九月八日稿所作的修改后，批示杨尚昆："少奇同志修改处请交翻译注意照改。改印，暂可等一下，待各同志修改意见交来，汇总修改，并经少奇和我看过后，再行付印。"

**同日** 下午，在中南海颐年堂邀请各民主党派负责人和无党派民主人士座谈关于召开中共八大问题。出席座谈的有宋庆龄、李济深、沈钧儒、黄炎培、郭沫若、章伯钧、陈叔通、傅作义、张治中、程潜、蔡廷锴、龙云、李德全、马叙伦、章乃器、张奚若、何香凝、罗隆基、许德珩、黄琪翔、施复亮〔1〕、胡子昂、王绍鏊〔2〕、马寅初、沈雁冰、高崇民、陈其尤、谢雪红、梁希〔3〕等二十九人，周恩来、朱德、陈云、彭真、邓小平、李维汉参加。

**9月10日** 晨，致信陈伯达："国家政治生活部分，读改时，请邀彭真、罗瑞卿、董老〔4〕三同志参加，今日改毕，照前

〔1〕 施复亮，当时任全国人大常委会委员、全国政协常委、中国民主建国会中央副主任委员。

〔2〕 王绍鏊，当时任全国人大代表、全国人大预算委员会副主任委员、全国政协委员、中国民主促进会中央副主席。

〔3〕 谢雪红，当时任全国人大法案委员会委员、台湾民主自治同盟中央主席。梁希，当时任全国人大代表、全国政协常委、林业部部长、中华全国科学技术普及协会主席、九三学社中央副主席。

〔4〕 指董必武。

抄三份，分送刘、周及我。”

**同日** 下午，在中南海怀仁堂主持召开中共八大预备会第二次全体会议，讨论八届中央委员会候选人名单。会前一小时，曾主持召开中央政治局扩大会议，讨论这个名单。在预备会议上，毛泽东就八届中央委员会的选举问题发表讲话。他说：我们的民主革命搞的时间很长。从一九二一年到一九三五年遵义会议，经过十四年的时间，才结束了多次错误路线对全党的统治。经过延安整风，我们全党才觉悟起来，才搞出一套正确的政治路线、军事路线和组织路线。我们才逐步学会如何处理党内关系，如何处理党跟非党人员的关系，如何搞统一战线，如何搞群众路线，等等。这就是说，我们有了经验，才能写出一些文章。比如我的那些文章，不经过北伐战争、土地革命战争和抗日战争，是不可能写出来的，因为没有经验。现在是搞建设。搞经济，我们也有了一些经验，但现在搞这些新的科学技术我们还没有经验。世界上新的工业技术、农业技术我们还没有学会。我们还要作很大的努力，主要靠第二个五年计划和第三个五年计划来学会更多的东西。我们要造就知识分子队伍，计划在三个五年计划之内造就一百万到一百五十万高级知识分子。那时党的中央委员会的成分也会改变，中央委员会中应该有许多工程师，许多科学家。现在，我们这个中央的确有这个缺点，没有多少科学家和专家。这个中央委员会的名单里工人少。这反映了我们的革命过程，中国革命走的是农村包围城市的道路。有些工人将来发展起来，做了一些负责工作，当了工程师或者厂长，有能力了，我们中央委员会的成分就会起变化。不能因为工人成分少，就说我们这个中央不是马克思主义的中央。世界无产阶级的领袖马克思、恩格斯、列宁、斯大林这几位也都不是工人出身。应该肯定，我们的中央是马克思主义的中央，我们的党是马克思主义的党。在这个名单里，有很多同志，才也好，德也好，犯错误也比较少，但是没有列上。这是否公道呢？问题在于这个一百七十人名单如果要扩大，就要扩大到二百多，扩大到三百多。事情往往有很大的偶然性。今天没有列上名单的同志，很可能是将来在中国起很大作用的同志。当然这是说可能，也不一定是这样。凡事都是比较的，不是绝对的，绝对的公平或者绝对的不公平，是不可能的。代表们在预选时，这张一百七十人的名单里头可以调换某些人，可以减少某些人，就是不要超过这个总数。

**同日** 晚十时，审阅《中国共产党章程（草案）》和关于修改党章的报告后，批示："即退小平同志。两件改处都看过，同意这些修改。我只在党章第三条觉得应当添三个字，请酌定。"党章草案第三条是关于党员权利的规定。其中第一款为：在党的会议上或者在党的报刊上参加关于党的政策的实际问题的自由的、切实的讨论。毛泽东在"实际问题"之前加了"理论和"三个字。

**同日** 晚十一时四十分，在中南海游泳池住处同刘少奇、周恩来、彭真、陈伯达、胡乔木谈八大政治报告稿"共产党"部分的修改问题。

**同日** 阅王明因病向中共中央请假不能参加八大的电报，批示："小平同志：此件可以印发各代表。"

**9月11日** 晨，审阅刘少奇、周恩来对八大政治报告稿所作的修改后，致信刘少奇："你和周总理的修改，都看了，都同意。我也改了一些，请看是否可以。如你同意这些修改，请令人将三个本子上的修改处抄在一个本子上，并立即打清样，付翻译。总理改本，用后请送伯达，因为里面有批语处，需请伯达再修改的。此外，请将已定稿的各部分（帽子及一至四[1]）立即印成一本，于今日发给所有代表，每人一份，并附通知，请他们收到即看即加修改，于九月十二日下午送回中央。”

**同日**　晚九时，在中南海游泳池住处同陈伯达、胡乔木谈中共八大政治报告稿修改问题。

**同日**　晚九时五十分，在中南海勤政殿会见锡兰（今斯里兰卡）政府代表团，并同他们进行交谈。

**9月12日**　晨，审阅刘少奇对八大政治报告稿所作的修改后，致信刘少奇：“同意你的修改。我又修改了一些，另有两处是和乔木、伯达商量修改的，请酌定。周总理今晚没有时间看此件，他在改他自己的报告。因此，请即将这一部分[2]的两个改本合在一处，立即付印，付翻译。同时印发全体代表，请他们提意见，于九月十三日下午交中央。”

**同日**　晚上，在中南海颐年堂主持召开中共中央政治局扩大会议，讨论中共八大会议有关事项。

**9月13日**　晨，阅九月十一日印的八大政治报告稿的开头部分和前四部分修正稿后，批示：“即送少奇同志：这些修改都很好，可以即刻付印，付翻译。只是‘国际关系’第六页，‘以不同的方式（有的是在经济上，有的是在政治上）’这一些新增的字，可以不要，以求与周总理报告一致。这原是我提议的，现觉应该取消。请酌定。”

**同日**　上午九时，审阅《关于发展国民经济的第二个五年计划的建议的报告》稿后，批示：“即送周总理：看了一遍，很好。

---

〔1〕 指中共八大政治报告稿的开头部分和前4部分“党在过渡时期的总路线”、“社会主义改造”、“社会主义建设”、“国家的政治生活”。

〔2〕 指中共八大政治报告稿的第5部分“国际关系”。

作了一些小的修改，请酌定。”十一时，又致信周恩来：“你的报告全文很好。只是觉得头一部分（总结第一个五年计划时期经验）写得不甚清醒，不大流畅，不如以下各部分写得好，似乎出于两个手写的。如能在今明两天请一位（乔木没有工夫）文笔流畅的同志改一下，那就更好。如不可能，也就罢了。”

**同日** 晚上，在中南海怀仁堂主持召开中共七届七中全会第三次会议。邓小平对八大主席团名单、大会发言等问题作说明。会议讨论并原则通过向八大提出的七个文件。毛泽东在会上讲话，他说：大会的准备工作，到今天可以说大体上搞好了。政治报告的最后一部分〔1〕今天晚上大体上可以修改好。这次文件的起草，第一次推翻你的，第二次推翻他的，推翻过来，推翻过去，这说明我们是有民主的。不管什么人写的文件，你的道理对，就写你的，完全是讲道理，不讲什么人，对事不对人。关于“二五”计划的建议，搞了两个稿子，从前那个比较长，今天这个是十六条，简明扼要，采取谨慎的态度。这样长远的计划，许多事情要做到，支票不可开得太多，采取谨慎的态度比较好，年度计划再去按照情况发展。关于选举，毛泽东说：根据预选的统计，大家基本赞成中央提出的名单，个别同志还有意见，要减的只有个别同志，要增的也只有几个同志。这样，问题就好办了。七大那次选举，根据代表们的意见，也是有增有减的。关于大会发言，毛泽东说：发言要精，要生动，要多种多样，要短，要有内容，要有表扬，有批评，有成绩，也有缺点，要有解决问题的办法，不要千篇一律。一片颂扬，登到报上净是好事，那就不好看。关于中央领导机构的设立问题，毛泽东说：我在这里还要谈一下关于设副主席和总书记的问题。上一次也谈过，中央准备设

〔1〕 指中共八大政治报告稿的第6部分“党的领导”。

四位副主席，就是少奇同志、恩来同志、朱德同志、陈云同志。另外，还准备设一个书记处，书记处的名单还没有定，但总书记准备推举邓小平同志。这样的人选是不是恰当？当然，这是中央委员会的责任，由中央委员会去选举。但是要使代表们与闻，请你们去征求意见好不好？对于我们这样的大党，这样的大国，为了国家的安全、党的安全，恐怕还是多几个人好。首先倡议设四位副主席的是少奇同志。一个主席、一个副主席，少奇同志感到孤单，我也感到孤单。一个主席，又有四个副主席，还有一个总书记，我这个“防风林”就有几道。“天有不测风云，人有旦夕祸福”，这样就比较好办。除非一个原子弹下来，我们几个恰恰在一堆，那就要另外选举了。如果只是个别受损害，或者因病，或者因故，要提前见马克思，那末总有人顶着，我们这个国家也不会受影响，不像苏联那样，斯大林一死就不得下地了。我们就是要预备那一手。同时多几个人，工作上也有好处。我说我们这些人，包括我一个，总司令一个，少奇同志半个（不包括恩来同志、陈云同志跟小平同志，他们是少壮派），就是做跑龙套工作的。我们不能登台演主角，没有那个资格了，只能维持维持，帮助帮助，起这么一个作用。你们不要以为我现在在打退堂鼓，不干事了，的确是身体、年龄、精力各方面都不如别人了。我是准备了的，就是到适当的时候就不当主席了，请求同志们委我一个名誉主席〔1〕。名誉主席是不是不干事呢？照样干事，只要能够干的都干。毛泽东还特别谈到邓小平和陈云。他说：我看邓小平这个人比较公道，他跟我一样，不是没有缺点，但是比较公道。他比较有才干，比较能办事。他比较周到，比较公道，是个厚道

〔1〕 根据毛泽东的建议，中共八大通过的党章，增加一条规定：“中央委员会认为有必要的时候，可以设立中央委员会名誉主席一人。”

人，使人不那么怕。你说邓小平没有得罪过人？我不相信。但大体说来，这个人比较顾全大局，比较厚道，处理问题比较公正，他犯了错误对自己很严格。他是在党内经过斗争的。至于陈云同志，我看他这个人是个好人，他比较公道、能干，比较稳当，他看问题有眼光。我过去还有些不了解他，进北京以后这几年，我跟他共事，我更加了解他了。不要看他和平得很，但他看问题尖锐，能抓住要点。

**9月14日** 晨二时，对八大政治报告九月十三日印稿作修改后，批示："即送少奇同志：(一) 国际部分的一段增加和一些其他字句修改，请即令人抄正付翻译，并另打清样。(二) 党的部分，本日十二时前伯达等修改，已要他们直接付翻译。因为我们要下午才能起床，我们看了有意见，可再改。你在其余地方有修改，请直付翻译，并打清样，不要送我看了。"

**同日** 晨四时半，对八大开幕词进行修改后，批示："尚昆同志：此件请打清样（校正错字），并付翻译。清样请于本日上午十二时以前送各书记处同志及胡乔木、陈伯达、田家英请他们再作修改，于九月十四日下午三时交田家英汇集酌定交我。此件是否讲，要看十五日我睡眠的情况才能临时作决定。所以暂时不要印发各代表和外国人，请注意。"上午八时半，对开幕词再作修改后，批示杨尚昆："此件又有一些修改，请即将改处付翻译和付印也照改。"毛泽东修改时，增写了几段话："从我们党的第七次全国代表大会以来的十一年间，在全中国和全世界，为了共产主义和人类解放事业而英勇奋斗和辛勤工作，因而付出了自己生命的同志和朋友，是很多的，我们应当永远纪念他们。""在两个革命的实践中，证明了从上次大会到现在，党中央委员会的路线是正确的，我们的党是一个政治上成熟的伟大的马克思列宁主义的政党。我们的党比过去任何时期都更加团结，更加巩固了。

我们的党已经成了团结全国人民进行社会主义建设的核心力量。”“今天在座的还有我们国内各民主党派和民主人士的代表。他们是和我们一道工作的亲密的朋友。他们一向给了我们很多的帮助。我们对他们表示热烈的欢迎。”

**同日** 晨六时，审阅陈伯达、胡乔木、田家英对八大政治报告九月十三日印稿“党的领导”部分所作的修改后，写了两个批语。其一，写给陈伯达、胡乔木、田家英：“（一）‘党的领导’部分，看了一遍，可用，估计不会有太多的修改了。但是一定还会有一些修改。我们都要睡觉。你们在上午十二时以前改好后，直接交尚昆付翻译和付印。我们起床后再看改样好了。（二）开幕词又作了一些修改，已去打清样送你们，请再加斟酌，于下午交我为盼！”其二，写给杨尚昆：“政治报告中‘党的领导’部分，请即交帮助翻译的外国同志去作翻译，不要等候修改。陈伯达同志等的修改稿，要今天下午才能交出。据我看，不会有太多的修改了。总理报告的翻译工作，亦请抓紧。”

**同日** 晚上，和刘少奇、周恩来、朱德、陈云等在全国政协礼堂举行酒会，招待应邀出席中共八大的各国兄弟党代表团。酒会后，同刘少奇、周恩来、陈云、彭真、董必武、彭德怀、张闻天等商谈工作。

**9月15日—27日** 中国共产党第八次全国代表大会在北京全国政协礼堂举行。出席代表一千零二十六人，代表全国一千零七十三万党员。出席大会的还有五十多个国家的共产党、工人党、劳动党和人民革命党等的代表团。

**9月15日** 下午二时，中共八大开幕。毛泽东致开幕词。他说：“我们这次大会的任务是：总结从七次大会以来的经验，团结全党，团结国内外一切可能团结的力量，为了建设一个伟大的社会主义的中国而奋斗。”“在我们继续加强全党的团结的时候，我们还必须继续加强各民族、各民主阶级、各民主党派、各人民团体的团结，继续巩固和扩大我们的人民民主统一战线，必须认真地纠正在任何工作环节上的任何一种妨害党同人民团结的不良现象。”“我们必须争取同一切愿意和我们和平相处的国家，在互相尊重领土主权和平等互利的基础上，建立正常的外交关系。”“我国的革命和建设的胜利，都是马克思列宁主义的胜利。把马克思列宁主义的理论和中国革命的实践密切地联系起来，这是我们党的一贯的思想原则。许多年来，特别是从一九四二年整风运动以来，我们在加强党内的马克思列宁主义的教育方面，做了许多工作。现在，比起整风运动以前，我们党的马克思列宁主义的思想水平，已经提高了一步。但是我们还有严重的缺点。在我们的许多同志中间，仍然存在着违反马克思列宁主义的观点和作风，这就是：思想上的主观主义、工作上的官僚主义和组织上的宗派主义。”“要把一个落后的农业的中国改变成为一个先进的工业化的中国，我们面前的工作是很艰苦的，我们的经验是很不够的。因此，必须善于学习。”“我们决不可有傲慢的大国主义的态度，决不应当由于革命的胜利和在建设上有了一些成绩而自高自大。国无论大小，都各有长处和短处。即使我们的工作得到了极其伟大的成绩，也没有任何值得骄傲自大的理由。虚心使人进步，骄傲使人落后，我们应当永远记住这个真理。”毛泽东致开幕词后，刘少奇代表中央委员会作政治报告。

**同日** 晚上，中共八大主席团举行会议，选出毛泽东、刘少奇、周恩来、朱德、陈云、康生、彭真、董必武、林伯渠、张闻天、彭德怀、林彪、邓小平十三人组成大会主席团常务委员会。

**9月16日** 下午二时，出席中共八大全体会议。邓小平代表中央委员会作关于修改党章的报告，周恩来代表中央委员会作关于发展国民经济第二个五年计划的建议的报告。大会休息时，毛泽东会见了三个兄弟党代表团。在会见西班牙共产党总书记伊巴露丽时，伊巴露丽说：这次从八大的政治报告中得到很多帮助，尤其是在策略和与资产阶级联盟方面。毛泽东说：资产阶级人数不多，但影响很大。中国资产阶级是中国社会中文化最高的，如果处理不好，就会产生不好的结果。伊巴露丽说：这次参加八大，可以学到对待资产阶级的政策。西班牙资产阶级说，我们同意共产党的政策，可是共产党将来如何对待我们呢？毛泽东说：可以同他们组成联合政府到底，到一万年。

**同日**　晚上，在政协礼堂休息室主持召开中共中央政治局扩大会议。

**9月17日**　下午，接受埃及首任驻中国大使拉加卜递交国书。在致答词中表示：中国政府和中国人民将尽一切可能支持埃及人民维护苏伊士运河主权的英勇斗争，并且相信在这一斗争中埃及人民一定会取得最后的胜利。在同大使交谈时说：我们一看到埃及人就觉得很高兴，我们之间没有任何隔阂。埃及做了一件非常好的事情，全中国人民都支持埃及。据我看，美国也同意埃及收回苏伊士运河。美国有它另外的目的，想借这个机会，把英、法从中东赶出去，以便建立他自己的势力。有苏联在，英、美、法就不敢轻易行动。

**同日**　致信黄炎培："画册〔1〕、叙诗和另诗三首均已收到，十分感谢！张先生是否生活上有困难？是否愿意接受援助，请便告知。"黄炎培九月十九日复信毛泽东，告知张叔通生活穷困，如果政府给他照顾，他会接受的。十二月十六日，毛泽东写信给黄炎培，托他转送张叔通五百元。

**同日**　晚上，在中南海颐年堂主持召开中共八大主席团常委

〔1〕　画册，指上海中国画院画师张叔通所作的书画册，由黄炎培代送毛泽东。

会议。

**9月18日** 下午三时半，在中南海勤政殿会见印度尼西亚驻中国大使维约普拉诺托，章汉夫、黄镇[1]等在座。在谈到印尼的华侨问题时，毛泽东说：中国一向鼓励华侨要遵守所在国的法令，不要从事政治活动，并且鼓励他们把他们的人力和财力为所在国的利益服务。当然，也可能有些华侨从事了一些不利于印尼利益的事，但这是和中国政府毫无关系的。对华侨和商人的正当利益应该加以保护。

**同日** 下午六时，和刘少奇、周恩来、彭德怀、邓小平、王稼祥，在中南海颐年堂会见参加中共八大的苏联共产党代表团米高扬、波诺马廖夫[2]、尤金等。双方就两党处理党内关系的经验教训，并准备共同帮助兄弟党解决党内矛盾、增强团结的问题，交换意见。毛泽东说：对党内犯错误的人，应该采取什么态度呢？我们说，犯了错误，还是要给他工作做，还是要给他饭吃，不能一棒子打倒，要给他改正错误的机会。米高扬说：您讲的对待犯错误的人应该采取的这种正确的态度，我在一九四九年来中国时，就曾听您说过，当时给我的印象很深刻。我回到苏联后，曾经一字不掉地对斯大林讲过。可是，当我说完了以后，斯大林并不作声。他的办法同您的相反。我知道，他是不以为然的。毛泽东说：当国内只有一个党的时候，更应注意听取反面的意见。

**同日** 晚十时，在中南海颐年堂会见参加中共八大的朝鲜劳动党代表团崔庸健等，刘少奇、彭德怀、邓小平、聂荣臻、王稼祥、李克农在座。毛泽东就党内团结问题，党内发扬民主问题，谈了意见。他说：党内如果有不同的意见，应该展开争论，取得

---

〔1〕 黄镇，当时任中国驻印度尼西亚大使。

〔2〕 波诺马廖夫，当时任苏联共产党中央对外联络部部长。

一致的看法，或者进行表决，少数服从多数，同时应该允许那些少数同志保留他们不同的意见。

**9月19日** 中午，同陈伯达、胡乔木谈话。

**同日** 下午二时，出席中共八大全体会议。大会休息时，和周恩来会见希腊共产党代表团和巴西共产党代表团。

**9月20日** 下午二时，出席中共八大全体会议。晚上，同陈伯达、胡乔木谈话。

**9月21日** 晨，阅周扬送审的准备在中共八大的发言稿，批示："即退周扬同志：此件看过，可用。只是引证我的话觉得多了一点，减少一些为好。"

**同日** 下午，在中南海勤政殿会见印度尼西亚国会代表团，刘少奇、周恩来、宋庆龄、李济深、沈钧儒、郭沫若、黄炎培、陈叔通、彭真等在座。

**同日** 晚七时，和刘少奇、周恩来、朱德、陈云、邓小平等，在北京饭店出席中共八大主席团招待五十五个国家的兄弟党代表团、代表和观察员的宴会，八大主席团全体人员，七届中委和候补中委，中央各部门负责工作人员以及各省市自治区党委负责人作陪。毛泽东在宴会上致词说：我们党的这次代表大会，有五十五个国家的兄弟党的代表参加，这显出了各国工人阶级的伟大的友谊和团结的力量。我们衷心地感谢你们的党和你们的人民所给予我们的鼓舞和支持。

**同日** 晚十时四十分，在中南海颐年堂主持召开中共八大主席团常委扩大会议，讨论第八届中央委员会候选人名单。

**9月22日** 上午和晚上，两次同陈伯达、胡乔木谈话。

**同日** 下午二时，在政协礼堂休息室会见参加中共八大的意大利共产党代表团斯科奇马罗、拉约洛〔1〕，王稼祥在座。谈到斯大林问题时，毛泽东说：斯大林的错误，有它的历史和社会根源，但主要应从主观认识上找根源。苏联在阶级消灭以后，仍找对象，大批抓人杀人。客观形势已经发展了，社会已从这一个阶段过到另一个阶段，这时阶级斗争已经完结，人民已经用和平的方法来保护生产力，而不是通过阶级斗争来解放生产力的时候，但是在思想上却没有认识这一点，还要继续进行阶级斗争，这就是错误的根源。斯大林的错误还是小部分，七分是正确的，三分是错误的，也许还比三分少些，只有一分到二分。看历史问题是要时间，需要几十年，甚至几百年。又说：精神方面的问题，不能用粗暴的方法来处理。我们党开始时用粗暴方法来处理陈独秀、李立三的问题，结果出现了比李立三更“左”的王明路线，这就教育了我们，思想问题不能用粗暴方法来解决。斯大林这个问题不是一年、两年能够解决的。在讲到第三国际时，毛泽东说：第三国际两头好，中间不好。季米特洛夫同志是较谨慎的。日本投降前，第三国际解散了，我们的事就好办了，就像生产关系改变了，生产力得到解放一样。一九四五年当我们正在准备推翻蒋介石、夺取政权的时候，斯大林用他们中央委员会的名义，打了一个电报给我们，指示我们不要反对蒋介石，不要打内战，说如打内战，民族就有毁灭的危险。我们没有执行这个指示，革命就成功了。在成功以后，我们派了代表团去苏联，斯大林承认错了。

**同日** 下午五时，在政协礼堂休息室会见参加中共八大的德国共产党代表团雷曼、赫茨纳〔2〕，周恩来、朱德在座。毛泽东

---

〔1〕 斯科奇马罗，当时任意大利共产党中央书记处书记。拉约洛，当时任意大利共产党机关报团结报社社长。

〔2〕 雷曼，当时任德国共产党中央第一书记。赫茨纳，当时任德国共产党中央委员。

向客人询问了西德和德国共产党的情况。在问到阿登纳[1]政府是想和美国搞到一起，还是想独立起来的时候，毛泽东说：看起来战争难以打起来，向东是苏联，向西是英、美，都不敢碰。在谈到社会民主党时，毛泽东说：要大力做些社会民主党的工作，上层和下层，不要轻视上层工作。要做统一战线的工作，要做中间派的工作，要做社会民主党的工作，他们不过来就不能胜利。

**9月23日** 下午二时四十分，在政协礼堂休息室会见参加中共八大的德国统一社会党代表团乌布利希[2]等，刘少奇、王稼祥在座。毛泽东向客人询问了东德国内建设情况。当谈到西德有无打仗的可能时，毛泽东说：东面有华沙条约，这面墙碰不得。要么向西，打法国，但也有一座高墙，就是美国。东西都不好碰。这个时间至少可以争取十五年。又说：第一、第二两次世界大战之间隔了二十多年，以后间隔时间还要延长，也许不是一二十年，而是三十、四十年；第二种可能，根本不能打。当谈到共产国际时，毛泽东说：共产国际很长时期犯了很大错误，把我们的革命搞掉了百分之九十。共产国际解散了，就搞出了一个新中国来。我们不是不相信马列主义，而是更相信了。共产国际搞教条主义，情报局又搞教条主义，教条主义就不是马列主义。

**同日** 下午五时，在政协礼堂休息室会见参加中共八大的英国共产党代表团波立特等，刘少奇、王稼祥、刘宁一在座。在谈到一九四九年四月英国军舰紫石英号侵入长江人民解放军防区，引起中英双方发生军事冲突一事时，毛泽东说：这艘军舰是我们放它溜走的。我们放走了它，因为这是涉及中英两国关系的问题。我们的主要矛盾是同美国，不是同英国。我们有两手，我们

---

〔1〕 阿登纳，当时任德意志联邦共和国政府总理。

〔2〕 乌布利希，当时任德国统一社会党中央第一书记。

公开对美国说，反对美国阻挠我们进入联合国，实际上我们对进入联合国没有多大兴趣。再过六年，等我们的第二个五年计划完成后，我们进入联合国，与美国建立外交关系更好。我们的目的是先打扫自己的房子，再请客。波立特说：我党和其他资本主义国家各兄弟党一样，在苏共二十次代表大会后，处于极其困难的地位。毛泽东说：我们了解你们的困难，所有资本主义国家的兄弟党都是一样困难的。我们已经写了文章〔1〕。波立特说：你们那篇文章是共产主义运动中关于斯大林问题的最好文章，是对共产主义运动的伟大贡献。在讲到斯大林的错误时，毛泽东说：在斯大林时期，阶级没有了，社会已进入了没有阶级的社会，反革命更少了，但斯大林的思想仍停留在旧社会的时代。我认为这样才能够解释他的错误，即是认识的错误，认识不符合客观事实。又说：我们胜利只有七年。我们政权专政的职能，只剩百分之十了。由于没有那样多的反革命分子，所以专政的范围缩小了。现在我们的任务是解放生产力，保护生产力。生产力首先需要人，要人们不恐慌，要党内不恐慌，要民主党派不恐慌，要全国人民不恐慌。

**9月24日** 晨，致信杨尚昆："请于今日早晨用电话通知各代表团长和各省市区的小组长，立即阅读关于政治报告的决议草案，并于今日下午二时以前各开小组会讨论一次，将修改意见注在草案上，送交秘书处。请秘书处于今日下午将各组修改意见加以汇总送交胡乔木同志，以便修改。"

**同日** 下午三时，在政协礼堂休息室会见参加中共八大的南斯拉夫共产主义者联盟代表团，王稼祥在座。毛泽东首先对中国共产党在一九四八年支持共产党和工人党情报局通过的《关于南斯拉夫共产党状况的决议》和同年十一月七日《人民日报》发表

---

〔1〕 指《人民日报》编辑部文章《关于无产阶级专政的历史经验》。

《论国际主义与民族主义》一文批评南共这两件事，作了自我批评。他说：在报纸上批评外国的党，成功的例子很少。随后，毛泽东谈了斯大林对中国共产党所犯的一些错误。他说：在国际上，我们反对大国主义。我们非常谨慎小心，不盛气凌人，遵守五项原则。我们自己曾是被欺侮的，知道受欺侮的滋味不好受。在讲到对斯大林的批评时，他说：对斯大林的批评，我们人民中有些人还不满意。但是这种批评是好的，它打破了神化主义，揭开了盖子，这是一种解放，是一场“解放战争”，大家敢讲话了，使人能想问题了。去掉盖子以后，使人可以自由思考，独立思考。现在有点反封建主义的味道。由父子党过渡到兄弟党，反对了家长制度。我们社会主义国家必须想些办法。当然没有集中和统一是不行的，要保持一致。人民意志统一对我们有利，使我们在短时期内能实现工业化，能对付帝国主义。但这也有缺点，就在于使人不敢讲话，因此要使人有讲话的机会。我们政治局的同志都在考虑这些问题。

**同日**　下午六时二十分，在政协礼堂休息室会见参加中共八大的蒙古人民革命党代表团达姆巴〔1〕等。谈话时，客人表示感谢中国对蒙古人民共和国的援助。毛泽东说：这是我们的义务，是我们应尽的责任，而且我们的援助是小小的。中国有些工人去蒙古了，你们应该对他们进行宣传工作，以免他们称王称霸。应该教育他们，如果有人犯严重错误，就应当依法处分。十二月十六日，毛泽东将这个谈话记录批给外交部：“这个谈话，应抄送我驻蒙使馆，内蒙自治区党委，及各省、市．区党委阅看，因为各省市区都有少数民族问题，另抄给统战部和民委党组。以上请会同尚昆同志办理。”

---

〔1〕 达姆巴，当时任蒙古人民革命党中央第一书记。

**同日** 晚九时，在中南海颐年堂主持召开中共八大主席团常委和各代表团团长会议，讨论关于政治报告的决议草案。

**9月25日** 致电尼泊尔国王马亨德拉，祝贺《中华人民共和国和尼泊尔王国保持友好关系以及关于中国西藏地方和尼泊尔之间的通商和交通的协定》的签订，祝中尼两国人民的传统友谊，在这一根据和平共处五项原则签订的协定的基础上，日益巩固和发展。

**同日** 下午二时四十分，在政协礼堂休息室会见参加中共八大的拉丁美洲十一个国家的共产党代表团，朱德、邓小平、王稼祥在座。毛泽东说：美帝国主义是你们的对头，也是我们的对头，也是全世界人民的对头。它的手伸到全世界。它是一个世界性的帝国主义。全世界人民要团结起来，互相帮助，在各个地方砍断它的手。中国过去也是受帝国主义、封建主义压迫的国家，和你们的情况很接近。中国革命的经验，建立农村根据地，以农村包围城市，最后用武装夺取城市的经验，对你们许多国家不一定都适用，但可供你们参考。我奉劝诸位，切记不要硬搬中国的经验。任何外国的经验，只能作参考，不能当作教条。一定要把马克思列宁主义的普遍真理和本国的具体情况两个方面结合起来。农民是无产阶级最主要的同盟军。要争取和依靠农民，就要调查农村。方法是调查一两个或几个农村，花几个星期的时间，弄清农村阶级力量、经济情况、生活条件等问题。像党的总书记这样主要的领导人员，要亲自动手，调查一两个农村，心中有数，就可以帮助同志们去了解农村，弄清农村的具体情况。这样，党制定的方针政策才符合农村的实际。在受帝国主义压迫的国家里，有两种资产阶级，即民族资产阶级和买办资产阶级。买办资产阶级始终是帝国主义的走狗，革命的对象。买办资产阶级又分属于几个帝国主义国家的垄断资本集团。对买办集团的斗争，要利用帝国主义之间的矛盾，首先对付其中的一个，打击当前最主要的敌人。地主阶级里头也是有派别的，最反动的是少数，那些爱国的，赞成反对帝国主义的，就不要放在一起打。还必须分别大地主和小地主，甚至对大地主也只打击少数最反动的。什么都打，看起来很革命，实际上为害很大。中国革命有一条经验，对付民族资产阶级要谨慎。他们同工人阶级对立，同时又同帝国主义对立。在整个反帝反封建的历史时期内，要争取和团结民族资产阶级，在反帝反封建任务基本完成以后，在一定时期还要和他们保持联盟。对民族资产阶级要采取“又团结、又斗争”的政策。团结他们一起反对帝国主义，支持他们一切反对帝国主义的言行；对他们反工人阶级的、反共的反动言行，进行适当的斗争。斗争的目的是为了团结他们，取得反对帝国主义的胜利。在受帝国主义和封建主义压迫的国家，无产阶级政党要把民族旗帜拿在自己手里，必须有民族团结的纲领，团结除帝国主义走狗以外的一切可能团结的力量。

**同日**　下午五时，在政协礼堂休息室会见参加中共八大的叙利亚—黎巴嫩共产党代表团、摩洛哥共产党代表团、阿尔及利亚共产党代表团，王稼祥在座。毛泽东向客人了解这几个国家的地理、人口、民族、宗教、经济、政权等情况。在谈到党员干部可不可以做礼拜时，毛泽东说：要做，不然要孤立。公开宣传不相信宗教，但到庙里的时候，就要行礼，这样并不违反原则。摩洛哥共产党负责人说：我们主张全民族团结，反对帝国主义及封建走狗。可是有人不同意，说应当工农联盟，反对民族资产阶级。毛泽东说：同意你们的意见。工农生活应有所改良，减租减税。消灭地主，现在不是时候，大都办不到。对于工资、工作时间不要要求太高，要求太高是不适宜的。这是一种策略，不是一种改良主义。毛泽东最后说：我的意见并不见得合适，因为一个人看外国人的事常有错，所以只能做参考。你们的事由你们自己解决，错了吸取经验，对了就好。

**同日** 晚八时四十五分，在中南海游泳池住处同陈伯达、胡乔木、田家英谈关于政治报告的决议草案。

**同日** 晚十一时，在中南海颐年堂同刘少奇、周恩来、陈云、彭真、邓小平交谈会见各兄弟党的情况。

**9月26日** 下午二时，出席中共八大全体会议。会议选举中央委员，通过《中国共产党章程》。

**同日** 下午三时，在政协礼堂休息室会见参加中共八大的阿尔巴尼亚劳动党代表团霍查、谢胡〔1〕等，王稼祥在座。当霍查说到这次大会使他们学到很多东西时，毛泽东说：如果说经验，那么失败的经验最值得注意。错误有两方面的性质：有损害党、损害人民的性质，又有教育党、教育人民的性质，我们要利用它的教育作用。只有正反两面都研究了，才全面。

**同日** 下午四时十五分，在政协礼堂休息室会见参加中共八大的保加利亚共产党代表团于哥夫〔2〕等，王稼祥在座。谈到季米特洛夫时，毛泽东说：季米特洛夫同志给我们的印象很深，这是一位好同志，对同志关系好，没有教条主义，没有命令主义，不强迫别人接受他的意见。他在共产国际第七次代表大会的报告很好。毛泽东问：你们觉得我们这个大会怎样？于哥夫说：提出了许多问题，这些问题值得我们研究。毛泽东说：主要是总结一些经验。十一年时间是很长，斗争很丰富。又说：这次大会的空气，是反映人民的希望，建设工业。

---

〔1〕 霍查，当时任阿尔巴尼亚劳动党中央第一书记。谢胡，当时任阿尔巴尼亚劳动党中央政治局委员、阿尔巴尼亚部长会议主席。

〔2〕 于哥夫，当时任保加利亚共产党中央政治局委员、部长会议主席。

**同日**　晚八时，在中南海勤政殿会见尼泊尔首相阿查里雅等，朱德、刘少奇、周恩来、陈云、李济深、郭沫若、黄炎培、彭真、陈叔通、彭德怀、贺龙、乌兰夫、赛福鼎、张闻天等在座。毛泽东说：我们同贵国建立外交关系，这是很好的事情，全中国人民对这个事都很高兴。最近我们两国签订了一项协定，又是一件好事。印度是我们两国的共同朋友，同印度做朋友对我们两国都是有好处的。和平共处五项原则指导着我们之间的关系。我们不会侵略你们，你们也不会侵略我们。我们三个国家都需要一个和平的环境，来建设我们的经济生活和提高我们的文化水平。我们这三个国家应该联合起来，我们亚非国家都联合起来。谈到信教问题，毛泽东说：人们的精神生活是不应受到干涉的，这是人们的情感问题。对精神生活的任何干涉都会造成很大的反感。

**同日**　发布中华人民共和国主席令：西藏自治区筹备委员会组织简则已由中华人民共和国第一届全国人民代表大会常务委员会于一九五六年九月二十六日第四十七次会议批准，现予公布。

**同日**　晚十时半，在中南海颐年堂主持召开中共八大主席团常委会议，讨论关于政治报告的决议草案及政治局委员名单等。次日晨二时，在《中国共产党第八次全国代表大会关于政治报告的决议（草案）》上批示："即送胡乔木同志：照此付印，付翻译。我在第五页上加了'各人民民主国家'几个字。"〔1〕

**9月27日**　下午二时，出席中共八大闭幕会议。会议选举候补中央委员；通过《中国共产党第八次全国代表大会关于政治报告的决议》，批准刘少奇代表第七届中央委员会所作的政治报

---

〔1〕决议草案此处的原文是："一方面需要广泛地吸收苏联和世界上其他国家最新的科学技术成就。"毛泽东在"苏联"之后，加上"各人民民主国家"几个字。

告；通过《中国共产党第八次全国代表大会关于发展国民经济的第二个五年计划（1958—1962）的建议》。陈云致闭幕词。大会通过的关于政治报告的决议，是在毛泽东主持下由陈伯达、胡乔木负责起草的。决议正确分析中国社会的主要矛盾，指出国内的主要矛盾“已经是人民对于经济文化迅速发展的需要同当前经济文化不能满足人民需要的状况之间的矛盾”〔1〕，明确提出党和国家的主要任务是“保护和发展生产力”。下午六时四十分，大会闭幕。闭幕后，毛泽东接见担任大会翻译工作和服务工作的人员。

**同日** 下午三时，在政协礼堂休息室会见参加中共八大的罗马尼亚工人党代表团乔治乌-德治〔2〕等，王稼祥在座。乔治乌-德治说，他们在上海看了些工厂，印象是产品质量好，劳动热情高。毛泽东说：我们的质量还不好，只注意数量，不注意质量。要提高质量，成本就高，就不能得奖；要成本低，质量就不高。现在的制度有很多毛病。过去我们没有选购制度，今后将改变方针，实行选购制度。我们的制度较之过去只是相对的好，而不是绝对的好。资本主义在经营上有许多地方比我们好，我们也要学习他们的好东西。目前的国际形势是好转了，我们估计战争是很难打起来的。没有战争，资本主义国家就会有经济困难。我们的门是开着的，几年以后，英、美、西德、日本等都将与我们做生意的。他们有技术，我们需要技术，他们的经济有困难，就会向我们出口技术了。

---

〔1〕 政治报告决议中，紧接这句话之后是：“这一矛盾的实质，在我国社会主义制度已经建立的情况下，也就是先进的社会主义制度同落后的社会生产力之间的矛盾。”后一句话是在大会闭幕会开会前由陈伯达、胡乔木加上去的。送毛泽东审定时，距大会开会已不到一小时。不久，毛泽东对这后一句话提出异议。

〔2〕 乔治乌-德治，当时任罗马尼亚工人党中央第一书记。

**同日**　下午四时半，在政协礼堂休息室会见参加中共八大的波兰统一工人党代表团奥哈布〔1〕等，王稼祥在座。毛泽东说：中国还是一个未经开发的国家，人民是穷的。穷是坏，也是好。穷了就要革命，迫切要求提高生活水平。无文化，不好，但整个中国是一张白纸，好写字。奥哈布说：中国有悠久的文化传统，文物古迹很多。毛泽东说：帝国主义是不怕我们的几千年文化的。古董当然是要保护的，但我们更需要现代的科学和文化。在讲到波兹南事件〔2〕时，毛泽东说：就是一万年以后，人类还会有矛盾。现在我们把未来想得很美，可是未来到来时，人们又会感到不满意。那时，社会上还有善恶，无恶即无善；社会上还有美丑，无丑即无美。那时，还有真理，也有谬误。认为社会主义社会和共产主义社会没有矛盾的思想，是错误的。毛泽东说：我们将向你们学习。任何民族都有自己的长处和短处，否则就不能生存下来，也不会发展。应该学习任何民族的长处。哥白尼，他是一个天文学家，他不仅属于波兰一个国家，他属于全世界，凡是科学都是全世界的。

**9月28日**　下午二时，在中南海怀仁堂主持召开中共八大主席团常委和各组组长、副组长会议，商谈选举新的中央领导机构问题。

**同日**　下午四时，在中南海怀仁堂主持召开中共八届一中全会，预选新的中央领导机构。在预选前，邓小平就选举问题作说明，他说：刚才主席团常委和各组组长、副组长商量了一下，选举中央领导机构，想采取这样两个步骤，都在今天进行完毕。第

〔1〕奥哈布，当时任波兰统一工人党中央第一书记。

〔2〕波兹南事件，指1956年6月波兰波兹南发生的大规模游行示威和骚乱事件。

一个步骤就是现在要做的。原来主席团常委提的这个名单只是作为参考，现在由中央的正式委员各人写一个名单投到票箱里，然后主席团常委和各组组长、副组长根据预选的结果提出一个名单。今天晚上十一点中央全会再在这里开会，进行正式选举，还是无记名投票。邓小平作说明后，毛泽东讲话。他说：对这个名单有许多意见，因此我看还是讲民主吧，就是大家进行两次选举。今天下午四点钟开始，每个人提一张名单，你们提什么人就提什么人，只有一个数目的限制，原来那张名单供作参考资料。晚七时，毛泽东主持召开八大主席团常委会会议，讨论中央领导机构预选情况。七时五十分，主持召开八大主席团常委和各组组长、副组长会议，通报预选的结果和通过候选人名单。十一时，继续主持中共八届一中全会，正式选举中央领导机构。毛泽东、刘少奇、周恩来、朱德、陈云、邓小平等十七人当选为中央政治局委员，乌兰夫等六人为政治局候补委员；毛泽东当选为中央委员会主席，刘少奇、周恩来、朱德、陈云为副主席，邓小平当选为中央委员会总书记，由他们六人组成中央政治局常务委员会；邓小平、彭真等七人当选中央书记处书记，刘澜涛等三人为中央书记处候补书记。

**9月29日** 下午，在中南海怀仁堂设宴招待尼泊尔首相阿查里雅和夫人，刘少奇、周恩来、朱德等参加。毛泽东致词，对阿查里雅和他的夫人以及一道来中国的朋友们表示热烈欢迎。他说：尼泊尔同中国有长久的历史关系，两国人民间有深厚的友谊。我们两国之间有一座山，这座山是世界上最高的山，这座山不仅连结着中国和尼泊尔，而且也连结着中国和印度。所以，印度、尼泊尔和中国是连结在一起的，我们都是近邻。

**同日** 晚上，在中南海勤政殿会见以胡斯曼[1]为团长的比

---

〔1〕 胡斯曼，当时任比利时众议院议长。

利时国会代表团，朱德、周恩来、陈云、贺龙、陈毅、李先念等在座。胡斯曼说：到中国访问的目的在于实地了解情况。毛泽东说：你们有完全的自由到你们愿意去的地方，看你们愿意看的东西，愿意在中国呆多久就呆多久。中国经济文化还很落后，要实现工业化，非几十年不可。因此，我们需要朋友，需要和平环境。我们主张同所有国家建立外交关系和进行交流。现在我们同比利时、法国等尚未建交，主要是由于美国的关系。中国是一个经济落后的国家，现在正在进行建设，比利时的技术装备出口可以在中国找到广大的活动余地。随着中比外交关系的建立和经济关系的密切，我们之间的往来会更加频繁。

**9月30日** 上午十一时半，同周恩来、胡乔木谈话。下午一时，前往西郊机场迎接应邀来访的印度尼西亚总统苏加诺。同往机场迎接的有刘少奇、周恩来、朱德、宋庆龄、陈云。五时半，在中南海勤政殿会见苏加诺，双方就恢复中国在联合国合法席位等问题进行了交谈。会见时，朱德、宋庆龄、林伯渠、李济深、沈钧儒、张闻天等在座。毛泽东说：万隆会议是一次很好的会议，万隆会议真了不得。一年多来，整个世界有很大的变化。读了你在美国的演说，我们都特别高兴。去那样的国家，讲那样的话，非常好，代表了亚洲、非洲和拉丁美洲。当苏加诺提出中国应早点进入联合国时，毛泽东说：早参加或者迟参加，这两条我们都要准备，我们觉得慢一点好。对我们来说，最好再等五六年，再等十一年，那时候我们的第三个五年计划就完成了。现在，我们是弱国，不是强国。我们公开说要参加，这是我们的权利。六亿人民的代表不参加，台湾却参加了，这是不公平的。现在不是我们在联合国代表台湾，而是台湾代表我们，这是不妥当的。联合国里只能有一个中国，不能有“两个中国”，而那个中国是我们。美国是不赞成我们进入联合国的，它是要阻挠的。只要联合国里有一个小小的台湾，我们就不进去。不是我们不进入联合国，而是他们不让我们进去。问题的解决，不决定于我们这一方面，要对方改了才成。谈到台湾问题时，毛泽东说：一方面，我们要把自己建设强大，另一方面，要尽快收回台湾。有两个收回的时间。早一点，当然最好；迟一点，也可以。这不是一两天，也不是一两年，而是十年八年，甚至还要多。我们要同蒋介石恢复友好和合作的关系，我们过去合作过两回，为什么不能合作三回呢？但是蒋介石反对。

**同日** 下午六时，和刘少奇、朱德、陈云、宋庆龄等出席周恩来总理举行的盛大国庆招待会，招待来自五十多个国家的两千多位外宾。正在中国访问的苏加诺、阿查里雅也应邀出席。毛泽东致词：朋友们、同志们，欢迎你们来到我们的国家，欢迎你们参加我们国家的国庆节。祝贺所有朋友们、同志们的身体健康！